THE FOUNDATION OF DISCOURSE THEORY OF TRUTH

真理的话语理论基础：
从达米特、布兰顿到哈贝马斯

刘 钢/著

人民出版社

责任编辑:李之美

图书在版编目(CIP)数据

真理的话语理论基础:从达米特、布兰顿到哈贝马斯/刘钢 著.
　-北京:人民出版社,2015.8
ISBN 978-7-01-014759-8

Ⅰ.①真… Ⅱ.①刘… Ⅲ.①真理-研究 Ⅳ.①B023.3

中国版本图书馆 CIP 数据核字(2015)第 072834 号

真理的话语理论基础:从达米特、布兰顿到哈贝马斯
ZHENLI DE HUAYU LILUN JICHU CONG DAMITE BULANDUN DAO HABEIMASI

刘　钢　著

人民出版社 出版发行
(100706　北京市东城区隆福寺街 99 号)

北京汇林印务有限公司印刷　新华书店经销

2015 年 8 月第 1 版　2015 年 8 月北京第 1 次印刷
开本:710 毫米×1000 毫米 1/16　印张:35.5
字数:480 千字

ISBN 978-7-01-014759-8　定价:85.00 元

邮购地址 100706　北京市东城区隆福寺街 99 号
人民东方图书销售中心　电话 (010)65250042　65289539

谨以此书献给我的父母

目　录

前　言

　　当代哲学发展的走向表明，哲学即使没有走向它的终结，但也明显地发生了本质性的改变。从后期维特根斯坦哲学的角度看，哲学只是哲学本身的病症的"治疗"（therapeutic）的手段。这种"哲学观点"尽管并没有像罗蒂那样直接否定了哲学，但它理解哲学的方式也是对传统赋予哲学的使命的剥夺。这里至少存在一个共同点：它们都从根本上改变了哲学的功能的传统定义，因为它们都确信，以哲学的形式展开思想和言谈并不能告诉我们，我们与世界到底处于何种关系，或者说，它们本身根本就不能表明它们与世界有某种关系。从这种意义上说，如果哲学还存在或我们还需要哲学，那么它所能做的唯一的事就是，通过对哲学或总是存在的成问题的思想和言谈的重释，使处于迷惑中的哲学或我们的思想和言谈回到它们更为明智的"静观世界"的状态。——对罗蒂而言，只要哲学带有认知的目的，即保留了柏拉图式的认识论的意图，无论把它推进到哪一个阶段，它都是要失败的。罗蒂反哲学，他根本不能接受任何试图为哲学寻找替代形式的尝试，因此，他选择的是整个地放弃哲学。

　　维特根斯坦之后的另一种立场是相信我们与世界之间仍然存在一种可确定的真实的关系，而这也是哲学能发挥作用的地方，尽管传统的哲学的方式已失效。达米特、布兰顿和哈贝马斯的哲学的一个基本特征正是表现在这一方面，它们在根本上都是反对病理治疗式的哲学和反理论静默主义的。布兰顿发展了一种带有明确的真理论要求的理性主义的实用主义。尽管达米特从后期维特根斯坦的意义使用的理论出发，把意义和规范视为语言实践中隐含的东西，从而把语言的实践联系起来，并由此去考察隐含的意义和规范是如何能通过表达和语言的使用而明确地显示出来的，但他始终坚持通过有关语言的使用的语用学分析对语言的表达式的意义作出解释，因此，他也明确地拒绝了维特根斯坦的缺少任何系统的理论建构的病理治疗式的哲学。哈贝马斯也希望用一种康德式的实用主义来超越后期维特根斯坦的某些消极的观点。

这也就是说，与病理治疗式的哲学和理论静默主义的看法相反，他们都认为，概念的使用和内容、语言表达式的意义和意向性内容等，都必须在说理中发挥某种特殊的作用才能被理解。人类的实践决非只有单一的形式，相反，它总是双向的：一方面是人类作为一种类存在吸取环境信息所进行的工具性的干预活动（在这里它类似于非概念使用的生物）；另一方面人类又是使用概念的生物，它用概念的使用和判断对外部环境作出干预。这意味着，在这里始终存在概念的使用和非概念的使用的区分，因此，我们不能把一个同化为另一个或只寻找它们二者的同化：从人类非概念使用的实用形式理解概念的使用形式，从而把"概念的使用"还原为"非概念的使用"。在这个问题上，如果说病理治疗式的哲学选择的是"同化论"，那么，达米特、布兰顿和哈贝马斯选择的则是"区分论"。

但"区分论"不再采用传统的理解概念使用的真理性的方法。无论是达米特、布兰顿还是哈贝马斯，他们都改变了意义的验证条件，他们都试图借助语言交流理论，提供一种意义的普遍有效性的解释，即把真理条件的客观性概念（表征的概念）一般化为一种普遍的有效性概念，把有效性条件与由论辩所表明的证明的主体间性条件相结合起来，从而放弃世界的本体论。达米特通过其直觉主义逻辑的后证明主义方式，较为详尽地讨论了有关断言性的真命题的语用论证的可能性。从突破分析哲学狭窄的真理概念的角度看，达米特改变了弗雷格式的分析哲学的客观主义的抽象，因此也改变了我们对真理的成真条件的理解：他把说话者和听者的知识与真理的成真条件联系起来。确切地说，达米特把这里的意义的"成真条件"与理解者或说话者的"隐含的知识"以及整个理解的过程联系起来。达米特的意义证明理论摆脱了完全从认知条件衡量句子的真假的客观主义。尽管只有在哈贝马斯和布兰顿的理论中，有关真命题或客观的真命题的探讨才真正走出了语义学的抽象，但达米特的真理论仍然代表着一种新的理论的开端，因为它已明确地把完全基于逻辑常项的量化分析之上的语义学，转化为带有对说话者的意图和思想的推理的语义学。对于达米特而言，即使是最直接的指谓关系，也最终是含义（语句实际被接受的意义）决定指称（语义值）。这也就是说，语言的含义或它的命题内容只有在实际的语言的使用活动（语言交流中的表达和接受的活动）的过程中才能显示出来。

达米特的思想给了布兰顿以很大的启发：他曾直接表明，正是达米特关于意义与理解、意义与使用的关系的理论，为他提出语用学和语义学关系的理论以及厘清话语推论的本质（the nature of discursiveness）铺平了道路。[①] 哈贝马斯也认为，正是通过达米特的努力，人们才确信，真理的条件是无法通过对句子的语义分析获得的，真理的条件是由说话者和听者或接受者的知识构成的。的确，达米特不再单纯求助于形式语义学的形式推理的证明方法，而是采取一种从实质的命题内容出发，探究意义的可接受性的证明方法。尽管达米特并没有真正克服语义学、认知主义和客观主义的抽象，但他的意义理论的认知转向仍然支持了哈贝马斯的话语理论。

哈贝马斯与布兰顿的哲学之间的家族相似性也值得关注。对布兰顿的代表作《清楚地表达》，哈贝马斯不吝赞美之词，在他看来，布兰顿的代表作是语言哲学的里程碑，它在语言哲学的地位，可以与罗尔

---

① Cf. R, Brandom, "Reply to Michael Dimmitt's 'Should Semantics be Deflated?'", in *Reading Brandom*, edited by Bernhard Weiss and Jeremy Wanderer, Routledge, 2010, p.342.

斯的《正义论》一书在政治哲学中的地位相提并论。[①] 这也就是说，在哈贝马斯眼里，布兰顿耐心细致的工作（它最初就表现在所提到这部近700 页的著作中）对规范—功能的真理分析模式的发展所做的贡献，类似于罗尔斯的《正义论》在政治哲学中对建构主义的正义论在当代的重建所做的贡献。通过揭示语言与思想、语言与心灵的关系和逻辑的表达主义的本性，它对理性主义的规范—功能的真理证明模式作了关键性的发展（澄清和解决了其中的疑难）。的确，也只是在布兰顿这里，才有了一门推理主义语义学。

达米特、布兰顿和哈贝马斯的真理论的特点以及它们之间的关系，多少表明了本书把他们的真理论放在一起考察的理由。哈贝马斯的客观真理的有效性（Wahrheitsgeltung）的分析模式一直是一个令人关注的问题（它作为交往行动理论的另一大主题），把他基于这一真理的有效性分析模式之上的真理的话语论辩理论与达米特和布兰顿的推理主义语义学联系起来考察，找出他们共同关注的思想的核心或找出他们的不同，不失为对这一理论的意义作出有效判定的一种方法。从达米特这边看也是如此，若把他的真理论与哈贝马斯和布兰顿的真理论并列，探讨它走出语言学转向之后的真理论的困境的思想意义，不仅可以把对它的研究与已有的相关研究区分开来，而且能够挖掘或凸显其理论主旨被主流研究所忽略的一些方面。而本书把布兰顿的理论视为是对真理的话语理论的一种系统的建构，一方面是因为布兰顿的著作本身对推理主义语义学的系统的处理（这是达米特和哈贝马斯的理论所没有的）；另一方面是因为他非常系统地把推理主义语义学与规范的语用学紧密地联系起来的方式。

本书献给我的父亲刘世瑛（1931—2013）和母亲秦曼珠（1932—2013）。

感谢暨南大学社科部赞助了本书的部分出版费用。

---

① Cf. J. Habermas, "From Kant to Hegel: On Robert Brandom's Pragmatic Philosophy of Language", in *Europen journal of Pilosophy*, 8: 3. 2000, p.321.

导　论
走出语言学转向之后的真理论的困境

　　本书的目的是探讨维特根斯坦之后，由达米特、布兰顿和哈贝马斯引导的真理论的一种特殊走向，即真理的话语分析的道路。达米特、布兰顿和哈贝马斯都相信存在着我们与世界的一种可确定的关系，在放弃了分析哲学的真值语义学之后，他们都并没有倒向否定思想与世界的可确定关系的实用主义，他们所接受的都是一种理性主义的实用主义，在他们看来，基于概念使用的活动来形成对概念的解释，恰恰意味着这里存在一种解释，而哲学正好处于这一需要解释的关系中。因此，在放弃了借助于对概念内容的先验的或逻辑形式的分析的方法论承诺之后，或者说，在放弃了分析哲学传统的真理概念之后，他们都试图为真理概念提供一种基于话语的断言主义的推理的语义学，这就是说，他们都希望寻求真理的断言或话语的视域与概念的规范的关系。可以肯定的是，分析哲学本身的困境和危机以及它的实用主义变向的某些消极性，是他们转向寻求话语的断言主义的推理的语义学的根本原因。因此，在指出达米特、布兰顿和哈贝马斯的真理论所带来的理论变化之前，有必要首先阐明两个相关的问题，即语言学转向之后分析哲学的困境和危机，以及它的实用主义变向的得与失。

一

先验的（a priori）知识的问题自柏拉图就一直存在，而分清它与一般的经验知识的区别也一直被视为认识论的主要任务。在康德和实证主义阶段，什么是区别于经验知识的先验知识，仍然被视为是需要作出解释的最重要的认识论问题。康德看到，并非所有的先验判断都是分析的，因此，在先验的观点之外必然还有后验的观点，但他的哥白尼革命是用先验去解释后验：他把纯粹直观（统觉）置于他先验解释的核心位置。实证主义从一开始就不能接受康德的这种理论，它认为除了否认先验性之外（即使在逻辑中），没有别的方法可以走出先验性的矛盾。实证主义认为，承认纯粹的直观有碍于科学，应把它从先验性中排除出去，因此，也应该放弃康德关于数学和几何学的观点，但实证主义对先验性的否定是以走向极为狭窄和单一的经验论为代价的。

在这个似乎找不到一致的答案的问题上，布尔扎诺（Bernard Bolzano）和弗雷格的语言哲学带来了新的转机，他们都试图用语言／语言的认知条件的研究代替先验／后验的认知条件的研究。① 在布尔扎诺看来，先验性是存在的，但不能理解为是认知者心智上的一种建构能力（直观），先验性实际上只是某种纯粹分析的事实（语言）。如果可分析的是纯粹分析的事实，那么，我们关注的就应该是概念、命题和感知。因为从这个角度来看，我们只能通过相关的分析的事实的分辨，区别我们通过语言所说的对象的内容和结构，忽视与语言相关的语义学必然会使认识论处于混乱状态，语义学才是哲学的核心或第一哲学。布尔扎诺相信，正确理解先验性的关键是对概念、命题和句子的含义的本

---

① 根据 J. A. 柯发的研究，语言学转向最早可以追溯到布尔扎诺，因为他在弗雷格之前已开始用语义学的认知条件替代先验哲学的先验的认知条件，并创建了具有认识意义的认知的语义学。Cf. J. A. Coffa, *The Semantic Tradition from Kant to Carnap to the Vienna Station*, Cambridge University Press, 1991。

性和作用的正确理解。也正是基于这一认识，布尔扎诺对语义学做了研究。

　　布尔扎诺的语义学的一个根本举措是，它对表征这一概念做了重新的定义和解释，其目的是通过对表征的重新定义摆脱康德的心智主义的认知条件的先验性。我们知道，康德的表征概念是与纯直观联系在一起的，它在形式上具有先验的被给予性，因此，他的表征与"直观"或"意识"这样的认知"主体"的感知是联系在一起的。布尔扎诺推翻了康德的表征概念的内在联系，因为他明确区分了表征的不同层面，比如他区分了：a. 客观的表征或意义，b. 所表征的对象（比如，专名所指称的实体），c. 主观的表征（思考或表征对象时的心理过程）。① 康德哲学（至少是一般所理解的康德哲学）的谬误是，由于表征带有被给予的先验性，所提出的表征的概念本身就没有得到真正的理解，有时被混淆于思想，有时则被混淆于所思考的对象的事物。

　　从语义学的角度看，主观的表征是多种多样的，客观的表征只有一个，主观的表征是真实存在的，客观的表征并不真实存在，客观的表征只是一种世界的材料，即实体这个东西，它是被表征的对象，是主观表征的内容。比如，"桌子"的表征意义不能与它的可表征的对象混淆，二者中只有一个是真的，即是针对"桌子"一词的话语推论的。——莱布尼兹和康德也意识到了表征与所表征的对象的区别（比如，对绿色的表征与绿色本身的不同），但是他们又把主观的表征与对象相等同，即认为它反映了对象。但主观表征只能反映客观的表征，而不是对象。语义学分析把主观表征和客观表征置于同形状态匹配，因此区分了二者。布尔扎诺赋予语义学的使命为通向弗雷格的概念分析铺平了道路。一方面是主观的表征，它代表一个主观的领域，而主观的命题（标准的逻辑判断）是语言建构的一种认知状态；另一方面是命题本身，它们具有客

---

① 　关于布尔扎诺的语义学，Cf. J. A. Coffa, *The Semantic Tradition from Kant to Carnap to the Vienna Station*，pp.30-31。

观表征的内容。因此，命题包含了几个部分，它不只是逻辑或语言表达式表达的那一部分，它还有代表客观表征的内容的部分。以布尔扎诺为先锋的语义学传统提出的正是这样一种命题主义的语义学。

与布尔扎诺相似，弗雷格建构其语言哲学的目的也是确立具有语义学意义的命题的核心地位，他把思想和概念内容视为一种超越了具体时空的存在。弗雷格是通过对由词语构成的断言句的考察来分析判断的结构的，他把断言句视为可以判定真伪的最小单位。我们可以通过命题是如何建构的，以及指称和指谓是如何相对应的来作出判断，什么是思想的内容，什么是对象的观念。因此，从语言的使用上看，我们实际上面对着一个理想化的前提，即语义学意义上的思想也可能是一种反事实的概念，它是布尔扎诺的"客观的表征或意义"这个东西。这样的反事实的理想性的思想或概念，当然也是必须通过语言的使用者相互理解来显示的。弗雷格看到了语言与思想的这种复杂的双重关系，因此他使用了一种柏拉图式的意义理论的观点（在这一点上与胡塞尔极为相似）。

重要的是，这里发展起来的语义学把语义意义的确定与康德的"先验综合"判断区分了开来，它也不把分析命题的先验设置视为必然的。布尔扎诺按照一种类似亚里士多德把多样性内容引入逻辑的方法提出了完全不同的命题方式。这种方法不是首先确定命题 P，然后再通过改变检验的世界语境来检验，而是通过改变命题 P 来检验，即检验在改变了的命题的情况下是否会带来命题的真值的改变。也就是说，这种方法不是设置不同的可能世界的语境，而是在给定的语境下努力设想出新的命题。这就是说，对于布尔扎诺和弗雷格而言，如果说对分析性的真命题本身提出对错是无意义的，那么单个的命题的逻辑的真就没有检验的意义；只有命题本身的部分修改了，不再是原先的命题而是其他命题的时候，才可以考虑意义的问题。因此，所有模态性的断言都应采用此种方式来检验。用逻辑主义的或莱布尼兹的方式检验意义是不合适的或者说是多余的。只有考虑命题的替换或它的多样性的关系，才有可能建立有价值的命题检验方式。比如，按照布尔扎诺的看法，命题 P 是

相对于它的 x_1，…，x_n 的构成部分为真的，只有所有这些可替换的命题为真，命题 P 才是真的。① 在同一世界语境之下的不同的命题中确定唯一正确的命题，即在命题的一般的变量中来确定适当的命题才是有价值的检验方法。这一看法也适合于弗雷格的理论，因为他也有类似的"替换概念"。

　　命题主义的语义学的方法推翻了逻辑的分析命题的独立地位，即推翻了把逻辑的真命题（分析命题）视为先验为真的观点。后来维特根斯坦对逻辑的分析命题的批评也具有典型意义。维特根斯坦认为一切逻辑形式都是重言式的，② 意思就是，逻辑乃是自我关联的纯形式的东西。逻辑命题本身则是空洞的、没有内容的，尽管它在形式上是先验为真的。如果一个句子毫无意义，它就不可能有对错，因此，有关它的真的思考就是多余的。也正是在维特根斯坦的逻辑哲学论的影响下，意义理论成为了维也纳学派所关注的主题。③

　　但此后的语言哲学却陷入了本体论的疑难。布尔扎诺和弗雷格之后，罗素虽然接受了命题主义的语义学，并也因此拒绝了莱布尼兹式的分析命题，但他又接受了真值语义学（弗雷格为其真值语义学设立的逻辑也就成了罗素建立其新逻辑的榜样）。毫无疑问，罗素走出了直接依赖逻辑的真命题来引导认识论的前语言的哲学，因此他从一种全新的方向推进了哲学的语言学转向，他的摹状词理论也成为了分析哲

① 　Cf. J. A. Coffa，*The Semantic Tradition from Kant to Carnap to the Vienna Station*，p.34.

② 　以下所引维特根斯坦《逻辑哲学论》，均根据该书德英对照本：L. Witigenstein，*Tractatus logicao-Philosophicus*，Kegan Paul，London，1922。括号内数字表示该书章节。

③ 　必须看到的是，逻辑经验主义对形而上学条件的拒斥，使它很难真正把布尔扎诺或弗雷格的带有句子含义的意味的意义纳入经验主义的理论之中。大多数维也纳学派的逻辑经验主义者都坚信，只有那种清晰的意义，即出自于直接感知的意义，才能符合经验主义的要求。这就是说，尽管维也纳学派也发觉缺少意义是很难避免观念论的，但它只能接受经验主义所规定的那种直接感知的意义，而无法承认任何带有句子含义的意义这样的概念。

学的典范。但罗素相信，逻辑的经验事实是实在的，因此，句子的逻辑的经验事实可以使用排中律，它们表明了一种真值关系。罗素认为，这里并没有更多的选择，传统经验主义的基本要求所论及的范围太狭窄。"由于没有人愿意接受如此狭隘的理论，我们被迫转向真理的逻辑的理论。"①

　　罗素用逻辑的方式证明经验与世界的符合关系的方法，也是早期维特根斯坦的逻辑原子论中的图画理论所使用的方法。维特根斯坦也相信，关键的是逻辑的原子事实，而不是逻辑常项，因为逻辑常项并不代表对象。"每一个关于复合体的陈述，都可以分析为一个关于它们的诸构成部分的陈述，而且可以分析为完全描述了这些复合体的那些命题。"（2.0201）从这种逻辑原子论的角度看，命题与世界是一种同构关系。命题是事实的图画，相关的事实的部分与命题的部分相对应，一个命题的组成部分的方式，比如，名称与实在的组成方式是一样的，它们都与事实对应。（2.1514、2.16）这就是说，我们可以认为，名称与对象的符合关系可以用来说明命题的结构与事实的结构的对应关系，或反过来，命题的结构与事实的关系也可以用来说明名称与对象的关系。

　　但具有讽刺意味的是，尽管这里的本体论转向的目的是为了避免遁入唯心论，但它仍然无法摆脱布伦塔诺的"没有对象的表象"的魔咒，因为逻辑的真理符合论也一样存在对象性存在的悖论：它所借助的"同形同构关系的"或叠合式的实在论模式仍然摆脱不了符合论的不确定性，即摆脱不了那种符合可能是无穷的悖论。尽管罗素放弃了表象主义，因而他没有经验指示或摹拟世界的方式永远是多种多样的悖论，但这里仍存在逻辑的"事实"是否是唯一的或实在的问题。逻辑的"事实"能表明其与对象的唯一的语义关系吗？逻辑的"事实"是否在语义上或在其意义的真值上是饱和的？

---

① B. Russell, *An Inquiry into Meaning and Truth*, George Allen and Unwin Ltd., 1956, p.305.

　　这里所涉及的实在论问题的争论是：很难想象一个我们所陈述的事实的世界不是一个陈述的对象，因为所谓的"事实"都是我们的陈述所陈述的（因此没有陈述与事实的"符合"关系）。即使是柏拉图式的逻辑或数学实在论也有赖于某种本体论的承诺。一旦涉及本体论问题，这里的疑问就是无法消除的。叠合式的符合论也只能表明名称与对象或命题的结构与事实的结构之间有一种对应或符合的关系，但无法为这些对应关系提供任何本体论的说明，即证明有本体性的存在或证明有某种本体性的事实。

　　除了罗素和早期维特根斯坦较为严格的叠合式符合论，另一种符合论是还原论的符合论或相互关联的符合论。该理论认为，"符合"只是表明语言或思想领域与自然领域之间存在一种关联，而不一定指自然领域与语言或思想领域完全是相互对应的（J. L. Austin 提出了这种类型的真理论）。根据这种符合论的看法，一个陈述是否为真，我们不必通过表明陈述与其所陈述的外部对象的同构关系来证明，因为"符合"的关系只表示陈述与外部世界是相互关联的。因此，要表明一项陈述为真，只要表明其具有确定的语义外在性就可以了（具有确定的指示词的指示或单项词以及小句子的描述）。从这个意义上说，一个陈述是真的，即因为它具有确定的语义内容，而一个陈述是假的或错的，只是因为它的语义内容是虚构的。① 但即使我们接受相互关联的符合论，也仍然逃不出符合论本身固有的困境。这类符合论虽然把带有形而上学实在论争论的指称类陈述还原为不再有此类争论的感知材料（语义外在性内容），因而避免了本体论的疑难，但它还是暗示了一个独立于我们的经验和信念的实在世界的存在。这种实在论可能带来一个超出人类的经验和思维把握能力范围的实在。

　　本体论问题带来了语义一元论和语义二元论之争。如果认为与语

---

① 关于这类真理符合论的详尽的论述，Cf. Ralph C. S. Walker, "Theories of Truth", in *A Companion to the Philosophy of Language*, edited by Bob Hale and Crispin Wright, Blackwell Publishers Ltd., 1998。

句相关的语义实体无须更多，它只需要出自于世界这个对象的语义实体，那么这一观点可以被称为语义一元论（这也是实在论名下的经典逻辑的基础）；而如果认为，我们必须把不同的成分与一个语句联系起来，即把句子所说的成分和句子所说的对象的成分与语句联系起来，那么，这一观点则可以被称为语义二元论。弗雷格是语义二元论的创始者，他表明，每一个语句单位都有两种语义上相关的事物：**它表达了它的含义和显示了它的意义**。这里涉及通过语句显示我们所理解的和通过语句显示我们所谈论的区别，在这里，"意义"是有关所谈论的对象的（它涉及语句的真值），而"含义"则是有关我们所谈论的含义。

语义二元论所涉及的含义的领域，是弗雷格所揭示的一个与**命题理解相关**的领域。它至少和这样两个问题有关：我们所理解的是什么，以及在什么情形下产生了这种理解？一个显著的不同是，对语义二元论的承认使弗雷格用**对象和函数**代替了传统逻辑（莱布尼兹）中的**主词和谓词**。对于弗雷格而言，在形式理论和集合论之后，已没有传统的逻辑这一概念了。一个词总是与带有主观的表征联系在一起，但它并不是该词的意义，一个词的意义是它的客观的表征。因此，每一个说话者的可能的判断的内容（命题内容）才是研究的对象。这种命题内容就是理解、认定或断言。而这也意味着，适当地理解人类的可能的判断内容，是理解人类知识的基础。弗雷格的理论是革命性的，因为概念不再被简单地视为是已经确定的东西，它也不被看作是通过对多样性的抽演归类形成的，概念被视为判断的产物。弗雷格的新思想改变了传统逻辑，它是从命题态度中挖出概念，类似于在函数和它的值之间建立联结。而从亚里士多德到布尔，逻辑都被认为是概念的联结，即是概念间的推论，似乎概念是现成的。

但在弗雷格之后，罗素（作为早期分析哲学的标杆）所坚持的仍然是一种没有陈述句的概念空间的语义一元论。这里没有含义这个概念，意义是与外部对象联系在一起的。弗雷格的语义二元论使他把每一个陈述句与两个不同的语义成分联系起来，即与含义和意义（指称或意义的真值）联系起来，而罗素则把每一个陈述句与语义的对象联系在一起。对于罗素而言，当这些对象构成了命题，我们就可以把它称之为句子中的与经验相符的意义。

从表面上看，罗素的意义也是认知者的命题态度的构成物，但实质上不是。弗雷格的意义（指称）永远是处于非完成和不饱和状态的，而罗素的意义则始终是需要完成或要求语义上饱和的。后者关心的是句子的直指关系，前者关心的是句子的断言性的所指（客观的表征、思想或判断）。罗素的概念与对象的语义联系是饱和的，即与适当的对象在语义上是叠合的，他的概念不是一种对象的函项。因此，罗素的概念分析不具备评价的功能，他的概念分析是获得对象与概念的一致性，他的命题或命题的复合体指的就是这样一种一致性。罗素和摩尔发展的逻辑原子论就是一种试图拒绝意义的内在联系的观点，它追求的是意义的外在的联系。在这里它已经远离了弗雷格的寻求意义的内在联系的语义二元论。——罗素以及大部分经验主义者都把命题态度的目标与真实的实体联系在一起。罗素之后，蒯因走向了自然主义，而戴维森则仍然抱着经验主义的语言的客观化的理想不放，因而二者也都没有接受弗雷格的语义二元论：蒯因在取消了指称的概念的同时也取消了相关的含义的概念，而戴维森只相信弗雷格的指称的理论，不接受（不承认）含义的理论。

语义一元论使分析哲学的分析赋予了语义学以一种独立的地位，它往往只集中于对"词汇"之间的语义关系的分析。正像布兰顿指出的，对分析哲学而言，分析的一个典型的问题是：人们是否能或如何能按照由另一种措辞所表达的意义，使一种措辞所表达的意义变得可理解。该思想类似两种早期代表性的研究所表明的那种分析的观念：凡是有意义的或可表达的东西，比如，在数论的词汇中是可表达的东西，以及用限定性摹状词可表达的东西，在带有恒等式的一阶量词逻辑词汇中也早已是可表达的。——我们可以根据后者（逻辑词汇）的措辞的意义使前者的措辞的意义变得可理解。因此，分析哲学把逻辑词汇视为分析的唯一手段。这是一种完全依靠现代逻辑的语义学逻辑主义。①

布尔扎诺和弗雷格的命题主义的语义学推翻了古典逻辑和先验逻辑的独立地位，但分析哲学发展到今天，由于现代逻辑本身的发展，现代逻辑又成了金科玉律。然而，分析哲学对逻辑词汇（基于条件句之上的逻辑词汇）的使用，实际已把它置于困境之中。比如，在分析哲学内部，在运用表达事物显示为怎样的基本词汇（基础词汇或元词汇）时，不同的经验主义都求助于现象性的词汇，它们都把现象性的词汇当作它们的基本词汇，或求助于第二性质的词汇，或降低些要求，求助于观察性的词汇；而另一方面，经验主义又试图采用某些目标（target）词汇（被分析项）——典型的目标词汇包括关于事物实际是怎样的（与事物仅仅显示为是怎样的相反）客观的词汇、主要性质的词汇、理论词汇和模态的、规范的、语义的和意向性的词汇，但难处在于，当它们在经验主义那里是由逻辑的词汇来释义的时候，这些由对目标词汇表示的东西如何能通过使用基础词汇或元词汇来加以重建就根本得不到回答。这也就是说，由对目标词汇表示的东西如何能通过使用基础词汇或元词汇来加以重建的问题，是用逻辑词汇所不能解释的，即逻辑词汇的使用根本不能帮助回答由目标词汇表示的东西（比如一种意义的赋值）如何能够通过基础词汇重建的问题。

在基础词汇方面，自然主义主要求助于基本的物理的词汇，或更一般地求助于自然科学（包括具体的科学）的词汇，或径直求助于描述性的词汇，即使这些词汇与具体的科学理论并不相容。自然主义否认那种存在于科学之上的科学实在，它往往持一种自然的本体论的态度，认为凡是承认在具体的科学之外还存在某种可以推论的科学实在的观点都是形而上学的。这样一来，科学的描述性词汇就获得了压倒性的地位

---

① Cf. R. B. Brandom, *Between Saying and Doing: Towards an Analytic Pragmatism*, Oxford New York: Oxford University Press, 2008, pp.1-2.

（表达性的词汇和社会交往性的规范词汇被否定了），但自然主义也因此遁入了把科学的描述性词汇视为可以揭示世界的一切，或可以告诉我们世界是怎样的科学主义的形而上学。经验主义和自然主义都赋予某种词汇以普遍的表达力量，从而都陷入了把某种词汇等同于可知的实在世界的反映的形而上学。①

二

在哲学的语言学转向进入了实用主义阶段之后，真理论的问题变得更加复杂了。20世纪下半叶发展起来的实用主义，迫使分析哲学对哲学的语言学转向的意义重新作出解释。首先，语义学传统的逻辑分析是否是理解语言的认知条件的最好方法，语言的认知意义是否应该从日常语言或语言的具体的使用中去考察？其次，哲学问题的语义学转译具有建构性的意义，还是只起到消解矛盾和病症的"治疗"的作用？最后，语言分析是否具有元哲学的地位，它是否可取代日常语言分析？所有这些问题都表明，哲学的语言学转向中的纯粹的语言分析的观念受到了普遍的质疑。

从后来的发展看，语言学转向的实用主义变向是革命性的，它不仅可以从一种弱的意义上理解为是对哲学的更新，即在哲学传统的延续中把旧有的方法改变为新的方法，而且可以从一种强的意义上理解为是对哲学的基本理论取向的颠覆。当然，它还可以从一种最强的意义上理解为是**对哲学本身的否定**，即否定哲学作为有关事态和存在的语言分析的方法的地位。根据这里的最后一种类型，哲学只能是一种帮助我们改变常识的革命行为，一种推动新的知识实践产生的实践。②

---

① Cf. R. B. Brandom, *Between Saying and Doing*: *Towards an Analytic Pragmatism*, Oxford New York: Oxford University Press, 2008, p.219.

② Cf. M. Sandbothe, "The Pragmatic Twist of the Linguistic Turn", in *The Pragmatic Turn in Philosophy*: *Contemporary Engagements between Analytic and Continental*

如果说罗蒂的实用主义代表的是这里的最后一种类型，它是对哲学本身的否定，① 那么，蒯因和戴维森的哲学则介乎前两种表现形式之间：它们既提出了全新的理论方法，又颠覆了旧哲学的基本理论取向。蒯因的实用主义具有划时代的意义：它不仅驳倒了逻辑经验主义的理论，也推翻了整个分析的语义学方案的根本的方面，即它们假定的意义的观念。蒯因认为，整个意义理论的观点就是去解释、规定或揭示语言使用的特征。蒯因同意这样的比较：意义就是使用，就像理论就是观察一样。他认为，假定一些词汇具有某种意义只能带来坏的理论。但蒯因的实用主义又具有明显的自然主义的倾向，蒯因相信的是"自然化的认识论"，因此，他用整体论代替传统意义上的认识论。蒯因不仅把认识论从第一哲学的旧有的状态中分离出来，而且让认识论融入心理学和语言学中。② 坚持这样一种自然主义使蒯因认为，整个哲学学科的基础可以与经验科学结合起来，就像心理学和语言学那样。对蒯因而言，作为力图弄清事物的哲学，在其方法和目的上都不能与科学分离：常识、科学和哲学只是一个全体中的不同的等级。③

Thought, edited by William Egginton and Mike Sandbothe, State University of New York Press, 2004, p.80.

① 罗蒂关注的是语言实践的政治和社会上的变化的未来的法则，因此，他的"哲学"不再带有任何科学模式的认知要求，取而代之的是集中于对文学和艺术的美学和本体论的意义探究。在罗蒂看来，如果存在一门"哲学的"理论，它所能做的也只是寻求新时代的问题代替旧时代的问题。由于不仅否认一切逻辑和认识论中的表象主义，而且否认逻辑和认识论本身，在哲学的语言学转向中，罗蒂的实用主义变向是这里的最后一种类型的典型。

② Cf. W. V. Quine, "Epistemology Naturalized", in *Ontological Relativity and Other Essays*, New York and London: Columbia UP, 1969, pp.69-90.

③ 塞拉斯与蒯因的自然主义保持距离。在塞拉斯看来，把哲学与逻辑学区分开来固然是错的，但哲学仍然具有某种自主性，即它仍可以作为独立的理论发挥作用。从各个组成部分上理解哲学，哲学仍然具有作为一种理论话语的作用：哲学作出概念上的定义，逻辑进行分析；而基于由哲学澄清的术语之上的科学则处理经验的问题。分析并不只是对词项作出定义，而是梳理哲学的理论话语的逻辑结构，而哲学和逻辑等不同的话语组成一个大的话语，因此，语言之外的事实（经验表征）

　　但我们既可以把分析哲学的实用主义变向视为哲学本身的一种进步，也可以把它视为理论上的一种退却。问题的根本在于，在语言学转向的语义学传统中真正值得保留的或应该继承和发展的概念是什么？换言之，语言学转向之后的实用主义变向是否与语义学传统拥有共同的目标？在实用主义变向之后，蒯因仍保留了概念—内容的二分法：蒯因仍然坚持经验主义有关表征与概念的区分，即他拒绝了分析—综合／经验—概念的二分法，却没有放弃经验主义的经验的被给予性与概念的自主性的二元论；戴维森放弃了经验主义的概念—内容的二分法，但却保留了经验主义处理意义的真值条件的方法。

　　从蒯因这方面看，蒯因的自然主义所带来的意义怀疑主义或语义取消主义并没有被普遍接受（1），人们对他的整体论所具有的实质意义也报有怀疑（2）。

　　（1）统一了常识、科学和哲学的强的自然主义使蒯因相信，哲学的问题并不是有关词语的意义和指称的问题，哲学的问题是与如何使用逻辑和如何用具体自然科学的方法来规定自然实在的问题联系在一起的，那种认为我们的一般的语义观念包括意义与指称的"哲学"，在本质上都是前科学的陈旧的观念，它们所描述的实在，在真实世界中也没有相应的事实。实际上，关于意义与指称，我们根本无法给出表明它们为真所需要的经验的证据，因为指称的一致性不是由实在的真理（已知的和未知的）决定的。不同语言的相同的指称的意义是多样的，即可无限替换的（没有那一个可以被认为占有了所有的实在的真理）。不同的指称表达式的意义是不可公度的，即不可比的。它们之所以不可比，是因为每一个指称的意义都能很好地与实在的真理吻合（找到它们关联的依据）。对于它们所指向的事实而言，它们都一样是真的。因为并没有与事实相关的客观的对象的概念，因此没有东西能表明一个指称的陈述

————————

　　不只是面对某一单个的认识方式，而是面对哲学话语的全部。(Cf. Wilfrid Sellars, *Empiricism and the Philosophy of Mind*, second printing, Cambridge, Mass and London: Harvard University Press, 1997, p.81)

是对的，另一个是错的。——指称相似性也并非是由一系列物理学的真理（事实）决定的（知道的和未知的）。即使借助于物理学的手段，仍然不可能确定指称间的相似性，因为这里仍存在不同的测量之间翻译（解释）的不确定性。因此可以这么说，"指称、外延曾经是确定不疑的，而意义和意向性则是不确定的，但现在，翻译的不确定性使我们视外延与意向一样是不确定的"①。蒯因的意思很清楚，他所表达的意图也十分明确，我们必须取消对意义、指称和语义的依赖，因为没有我们可以依赖的意义、指称和语义，它们都是不实在的。

蒯因的语义取消主义将使任何命题态度失去在科学理论中的作用。按照蒯因的逻辑，因为存在不同的指称，而它们之间虽有一个相同的对象（实在），但却没有一个可以决定它们之间谁是唯一真理性指称的客观实在的概念。因此，没有（可理解的）指称这样的东西，没有人指向任何东西。这样也就带来了对命题态度的否定：没有一般的意义和指称也就没有一般的信念或断言。如果包括信念和断言在内的命题态度是确定的（有其真实的客观对象的），那么就不存在翻译的不确定性，但由于翻译是不确定的，所以意义和断言等命题态度也是不确定的。这里不存在与信念和断言这类命题态度相关的事实，正像不存在与翻译（解释和传达）相关的事实。这样，对于蒯因而言，各种命题态度在科学对世界的描述中根本就用不着。

但即使在蒯因所承认的经验的自然科学的范围内，这种强的自然主义也很难行得通。有一点是肯定的，即蒯因的语义取消主义会使他的不确定性和不可理解性的论点成为要么是错的或没有意义的，要么是没有根据的。因为蒯因的极端的语义取消主义和怀疑主义本身暗藏着自反性的悖论：他所作出的否定一切断言或指称的言语本身就是一种断言。②

---

① W. V. Quine, "Ontological Relativity", in *Ontological Relativity and Other Essays*, p.35.

② 索默斯给出了下述"蒯因式的悖论"：1. 蒯因认为或断言（他的物理主义的断言和翻译的不确定性的论点），没有人能说某物或对某物作出断言；2. 蒯因通过相信某物而认为，没有任何人能相信任何事物；3. 蒯因通过有意义的语句（翻译不确定性的

这就是说，如果蒯因的理论是正确的，那么蒯因的著作也就不能读或不能理解了，因为任何句子和语词并无确定的意义和指示。若蒯因的语义取消主义是对的，它也取消蒯因自己表达理论所使用的句子的词语的语义意义。

（2）从形式上看，蒯因的整体论拒绝了外在论依赖感觉材料的直接证明，以及避免了内在论的循环论证或无穷倒退悖论。就后一方面而言，在揭示逻辑演绎令人迷惑的证明能力的虚假性方面，它无疑有着极大的功效。科学语言本身就是一个由相互连接的语句构成的表达的结构，经验只存在于它的外围。虽然外围的经验是我们赋予内部语句以某种真值的根据，但与此同时，这些外围的经验语句本身又必须是通过与其直接相关的其他语句（那些接近外围的语句）的真值来理解的。因此它必须通过与其相邻的语句才能一步一步地对内部的语句施加影响，或其实施的影响才能为另一个与其相邻的语句所接受：也只有这样，它才能进一步对更为内部的语句施加影响。尽管这种理解推理的方式直接否定了推理的正确性与直接的感知材料的关系，但它仍然暗示着推理最终还是与观察相关的。具体地看，这样的方式避免了推理中的那些令人迷惑的方面：现在，我们可以把一些语句视为是属于内部的或不能直接观察的，而把它们与一些处于外部的可观察的语句区分开来。这样，一些推理的语句可以通过把其前提置于整个语句的意义的关联中获得承认。实际上，这也意味着，真命题或真语句只能来自于这种类型的演绎推理的证明，只要保证整个语言的真语句始终保持与外围的语句的关系，即保证整个语言始终都有一种外部关系这一点就不会有疑问（因为我们拥有可以直接追溯到最基本的可观察事实的语句）。

蒯因的整体论的特殊的推理形式消除了有关演绎推理的可用性和有效性的所有迷惑，但在这里，一些问题还是被遮掩了。实际上，具有

论点等）认为，不存在有意义的语句。（Cf. S. Somes, *Philosophical Analysis in the Twentieth Century*, *Volume 2*: *The age of Meaning*, Princeton University Press, 2003, p.284）

删因所希望的认知意义的推理并非机械地或单一地从外围开始再进入内部，有时推理的前提可能是从内部开始的，它要比其结论更靠近内部。因此，推理的结论有时不是直接得到的，而是间接获得的，是通过我们的**理解**这一额外的程序（在我们对陈述语句的意义的把握之外）的处理后得到的。这说明，推理的结论是在把握现有的陈述的意义之后，作了相关的理解后得到的（它们不是从现有的陈述的意义中直接推论出来的）。因此，删因所运用的推理仍然有令人迷惑的地方。"通过这种推理，我们何以能把那些没有如此直接建立起来的陈述当作是真的建立起来？即没有通过我们在其中表达性地加入了意义的方法提供的手段建立的陈述，何以能当作真陈述建立起来？"① 删因的推理方法暗示着，存在我们可以**直接**从现有的陈述的意义推论出结论的可能性：只要作为前提的现有的陈述的意义为真，其结论就是真的；在这里似乎不需要任何理解的环节，即那种我们在把握了现有陈述的基本意义后，为了用其解释另一个陈述，对其所作的理解这一环节。当然，若把理解加进去，则需考虑另一个问题，即如果认为通过理解，即通过一种合理的解释，间接地建立了一种推理的关系，那么如何保证它与我们先前对现有陈述的意义的理解一致，或保证仍然忠实于陈述的原有的意义？

这样看来，删因放弃理论的自主性的整体论是不能自圆其说的。假如原先用以作出哪些陈述有冲突的判断也是基于本身也是需要修正的经验之上的，那么，因此所作出冲突的陈述的判断也只能来自于其他的陈述。删因认为经验迫使我们必须对我们现有的理论作出修正的判断，本身就是现有的理论的一部分，即有关什么经验与现有的理论冲突，以及理论的哪一部分（哪一个陈述）需作修正的判断的根据就来自于理论。这样说来，所作出的陈述与所有的其他的陈述都"在一条船上"。因此，这里的"修正"意味着用世界的理论（它作为经验的判断）来修

---

① M. Dummett, *Truth and Other Enigmas*, Harvard University Press, 1978, p.299.

正世界的理论。蒯因根据经验获得的判断，不可能提供一种我们在修正我们的世界的理论所采用的方法的合理的解释，因为在蒯因这里，有关什么经验与现有的理论冲突，理论的哪一部分需作修正的判断的根据只能来自于一种理论。①

再让我们看看实用主义变向之后的另一个代表性的理论，即戴维森的理论。遵循弗雷格的道路，在反对语言的意义和指称的心理主义模式方面，戴维森提出了语言的客观化的问题。因此，戴维森把塔尔斯基有关 T 约定的理论运用于语言的分析。他的用意是建构一种不带任何说话者隐含的命题态度或意向性的纯粹语言的理论，以此把语言的意向性分析与语言分析区分开来。在戴维森看来，如果说语言总是与它的使用者分不开的，那么，要了解语言使用者的意向性或思想，也只有通过语言的理论去了解，因为思想只存在于语言中，而不是语言存在于思想中。也就是说，我们并没有一种可以帮助我们认识语言是什么的"表达思想的语言"。对于戴维森而言，借助于 T 约定才能确定句子的意义，因为只有它所显示的句子的等值关系才能说明句子的意义的客观一致性。因此，我们应有一种与说话者的思想或意向性完全无关的纯粹的语言的理论。

采用这种客观的语言的理论，戴维森就不必把述谓的真与外在的对象联系起来。现在的困难不是体现在这种意义的实体性承诺上，而是表现在语言中不同的说话者之间对词语的理解的差异上。只有解决了这些理解的差异，即找到它们的可能存在的共同点，词语的"意义"才能确定下来。戴维森把收集到的不同的语义意义（出于不同的理解）置于一个句子的系统中，用塔尔斯基的双向条件句来加以分析。这要求所有的语言的使用者必须说真话，而不是从其他的已存在的信念看问题，或从主观意向性的角度理解词语。但戴维森的"宽容原则"假定，所有语

---

① Cf. A. Miller, *Philosophy of Language*, London and New York: Routledge, 2007, pp.139-140.

言的使用者都是理性的，都会遵循前后一致的说话逻辑和遵循按事实说话的理性原则。事实上，也只有语言的使用者能做到这一点，才能得到有关词语的意义的最大限度的一致的同意。

但这样一来，戴维森的理论看起来就不是前后统一的。有一点是明显的：戴维森如果希望探求意义的初始解释的问题，那么，完全使用客观化的意义分析方式是不够的。在纯粹经验的分析框架内，根本无法获得那种共通的或相互认同的意义（这里的目的不是求得形式语言的意义的同一性）。戴维森承认，语言的使用者是理性的人，因为他可以对逻辑表达的语言命题内容采取一种意向性的态度，即他能用自己的理解来使用语言的命题或语义内容。但承认语言分析不能回避语言使用中的心智功能，就等于接受了意向性的语言分析，但如何在使用意义的客观性的分析方法的同时又采用语言的意向性的分析方式？

戴维森自己也看到了这里的矛盾，因此，他为了解决这一问题提出了一种"三角测量"的方法，以希望用此方式既能对说话者的意向状态作出分析，又不至于遁入意义分析的主观性之中，从而使意义分析仍保持它的客观性。戴维森希望用这种方式回到一个最简单最原始的意义起始状态，在同一时空或同一视角下指称事物。在他看来，在摆脱了语言本身的理解框架之后，两个语言的使用者将完全有可能摆脱意向性的主观性，即完全有可能获得一种彼此一致的指向同一对象的客观的"意向性"（意义）。戴维森的三角测量的优点是，它表明，只有从对话者的视角出发或采用对话和交流的模式，我们才有可能指称对象或意指对象，**不存在单个人的指称和意旨**（在这种情况下，我们无法确定意旨或意向性指向外部对象）。它假定了客观实在或对象不是刺激和感应可以直接获得的，相反，我们对外部世界所感受的刺激和感应并不构成与外部世界的一种直指的关系，语言的语义外在性并不表明它具有一种直指的意义，相反，它的外部性指的是，不同的直指关系构成的可重复性的关系。

这样的思想使戴维森提出了那个著名的观点："……一个人不可能有思想，除非他是另一个人的话语的解释者。"① 这句话表明，戴维森始终相信，个人的思想与信念只有通过整体的信念系统才能得到确定，我们虽然有单独的思想，但只能通过整体的信念系统才能表现出来。戴维森在另一处说得更明确："我们只是通过在语言的解释中信念所扮演的角色获得一个信念的观念，因为除了适应于语言提供的公共规范，个人的态度是不可理解的。这等于说，人必须是话语（speech）共同体的一员，如果需要拥有一种信念的概念的话。假定其他的态度也依赖于信念，我们可以更一般地说，只有能对话语作出解释的人，才可能拥有一种思想的概念。"② 戴维森认为，有一点是不会错的，类似于意义、指称等概念，它们与语词、语句和语言本身的概念一样，是从赋予它们内容的社会交往和规则中抽取出来的。③ 我们存在于一个由社会交往和规则构成的话语的世界，要详细了解一个人的意向和信念就不能独立于了解他的话语的意义的信念来源。

但在戴维森的理论中，一个根本的难题并没有真正得到解决：如果这里的最大限度的同意仅仅是某种共同的决定，那么，它事实上就仍不可能与信念区分开来，即它就仍无法证明它是一种"正确地被认为是真的"信念，在这种情况下，它只是一种"被认为是真的"信念。这表明，戴维森给出的真理条件是不能令人满意的。从这个角度看，戴维森的一个明显错误是没有区分作为解释者的人与作为话语者的人，由于没有作这种区分，他无法阐明何以真理和错误的观念能够在具体解释的语境中显示出来的问题。当戴维森说，真理的信念和错误的信念之间的不同，

---

① D. Davidson, "Belief and the Basis of Meaning", in *Inquires into Truth and Interpretation*, Clarendon Press Oxtord, 1985, p.157.

② D. Davidson, "Thought and Talk", in *Inquires into Truth and Interpretation*, Clarendon Press Oxtord, 1985, p.170.

③ Cf. D. Davidson, "Belief and the Basis of Meaning", in *Inquires into Truth and Interpretation*, Clarendon Press Oxtord, 1985, p.143.

只能出现在解释的语境中，① 即要显示真理与谬误（真理性的信念和错误的信念）之间的不同，我们就必须回到公共真理客观解释的语境中，他的表述是含糊不清的，因为他并没有把认知性的话语辩护与传统意义上的带有调节论色彩的话语辩护区分开来。换言之，戴维森的认知程序并不是真正话语推论的，因为它缺少的恰好是意义辩护这个十分重要的成分。

除了蒯因和戴维森的理论之外，实用主义变向的下述四种理论倾向也是值得怀疑的：(1) 没有表象的实在论；(2) 概念同化论；(3) 真理融贯论；(4) 真理冗余论。

(1) 实用主义变向之后，出现了一种典型的没有表象的实在论，即那种杜绝了基于对象性感知经验的实在论形式，无论它采取的是美国古典实用主义的形式还是后期维特根斯坦的实用主义的形式。维特根斯坦的实用主义像美国古典实用主义一样，赞同回到一个没有超感知的实在限制的经验世界，即一个没有先验的被给予的经验世界。在此种实用主义的意义理论中，句子并不是对事实的陈述，因为没有这样一种事实存在；句子是表达我们认为正确的事情。同样地，词语也不是指称对象，词语与句子结合是用来表达一种观念的。因此，可以这么说，实用主义变向之后，真，总是认为是真的，而不是描述为真的。

但问题是，失去了一个独立于心灵和语言的外部世界的约束的实在论的知识形式，如何避免在一种随意的观点上使用"……是真的"判断，即如何避免简单地把隐含的经验概念当作真概念。实践的意义或断言的语气能够决定我们认为什么是真的吗？毫无疑问，实用主义看待真理的方式，对我们对真理这一概念的使用作了非常有启发意义的解释，但这种观点却不像它看起来的那样站得住脚。实用主义之后的实在论对表象主义的批判，在实践或行动中寻找真理的条件，而不仅仅是在信念中去寻找这种条件，这个观点超出了表象主义及其符合论的观点，但对"真"的使用需要更多的解释，不能只把它解释为承担一种断言性的承

---

① Cf. D. Davidson, "Thought and Talk", in *Inquires into Truth and Interpretation*，p.170.

诺。一种真理论不可能只因为作出承诺而真。①

　　但这并不是说表征所具有的基本特征仍然是一种意义理论或真理论必须加以接受的方面。问题的关键并不是表征是否存在或是否有意义，问题的关键是该如何正确地理解它们存在的原因。它们是事实的概念的必然的组成部分，因而具有独立的语义意义，还是只是前概念的东西，即不是直接构成断言性的命题内容的纯粹的语义内容？如果回答是前者，那么就意味着，事实的概念本身带有异质性：它既有非表征的逻辑使用的方面，又有表征的方面。

　　实用主义显然低估了为康德所揭示的直观与概念的矛盾所带来的困难。把使对客观世界的认识成为可能的生活世界的结构，视为是世界本身显现的东西并不能摆脱"物自体"的难题，相反，把客观的或对任何人都一样的形式的世界还原为内在的概念的世界，必然会带来丧失认识的客观性的危险。如果在真理与指称之间具有一种联系，那么，客观有效性的真理的特殊性就是：我们不得不更多地考虑语言的指称或指示性等表征功能。这也就是说，我们不能忽略指称的问题。尽管实用主义把语言与世界的关系理解为一种整体的或一元的关系仍然是有意义的，但我们必须认识到这种理解模式的局限性。②

----

① 　实用主义真理解释的现象主义的方法是有意义的，但它必须意识到这种方法的局限性。"实用主义在解释真理时引入了一种大胆的现象主义的方法，不是从真理的**性质**和探究什么是用于判定真理的性质的概念表达开始，而是把**认为**是真的（taking-true）实践的性质直接当作解释的目标，以及把真理的概念理解为是存在于由一组表达式构成的使用中的东西。这种完全关注于作为不同的**语力**和语用意义的认为是真的方法的具体运用是有缺陷的（特别是在运用于对某物的断言的时候）。因为'真'也用于其他语境，比如用于条件句的前件中；因此，它所表达的语义内容，也不会为它的独立的断言的使用所穷尽。"（黑体原有）（R. B. Brandom, *Making It Explicit*: *Reasoning*, *Representing*, *and Discursive Commitment*, Harvard University Press, 1994, p.322）

② 　正因为这里存在的矛盾，我们看到，在实用主义变向之后，分析哲学仍处于分裂当中：分析哲学实际上并没有完全接受实用主义的概念实在论，分析哲学的经验主义信念仍然强烈。

（2）在后期维特根斯坦的影响下，在**功能主义**的语言哲学中，把语言实践与心灵的纯粹表达的活动区分开来是一种很常见的做法。这是一种把概念内容还原为概念的使用内容的还原论，它带来了一种先验地假定了理解的因果关系的"因果的语义学"。但这种功能主义的语言理论违背了一些基本的显而易见的事实：如果说人类是非推论的（感性的或工具性的）生物，那么，它同时也是推论的生物。对它来说，一方面是吸取环境信息和对外在世界的工具性的干预的非概念的活动；另一方面是概念的使用和判断。在这两者之间固然有密切的关联，但它们两者的区分是明显的。因此，这里始终存在着概念使用的分化，即始终存在概念的使用和判断独立于或超越现有的工具性行动的情况。如果是这样的话，功能主义的语言理论就是站不住脚的，即我们就没有理由认为，概念的使用在任何情况下都必须与现有的非概念的实践同化，或我们的整个语言实践应去实现这种同化。① 但除了格莱希、刘易斯、贝内特和塞尔之外，当代的一些具有自然主义倾向的语言哲学家，比如，福多、德雷斯克和米莉肯（Ruth Millikan）等人都试图把它们两者同化，即把它们变为一种单一的语言实践。

实用主义从如何做事的知识出发，对概念性的公共命题或原理，直接从实践知识中获取。这种方法的革命性在于，它摆脱了各种先验论或概念预设主义的制约：它从实际的断言的过程中，寻求对什么是作出断言的东西的解释；通过具体的要求的过程中寻找什么是要求；通过具体的判断的过程确定什么是判断；通过对信念者已有的信念的了解来确定什么是信念。但问题在于，实用主义不能因此不承认概念使用的分化的可能性。人类的实践行动不仅仅是一种工具性的非概念的活动，没有理由认为，我们可以在行动的理论的指导下，从根本上放弃对概念使用的活动和非概念使用的工具性的活动的区分，区分概念的使用和非概念

---

① Cf. R. B. Brandom, *Articulating Reasons：An Introduction to Inferentialism*, Harvard University Press，2000，pp.2-3.

的使用仍然是人类认知的一个最重要的特性。

（3）实用主义变向之后，实用主义只承认具体实践中业已存在的概念框架，否认一切外来的或人们刻意选择的概念框架，在此基础上，实用主义强调真理是我们的概念框架之间的一种融贯的关系。① 融贯论成为了实用主义真理论的主流，这一理论非常吸引人，特别是在摆脱表象主义和康德式的二元论方面。但与此同时，人们也发现，融贯论的真理概念太弱，它的"真理"只能算是"有用"、"适当"，而不是真正意义上的真理。融贯论认定概念是实在的，即认为概念本身就是真理性的，因此，融贯论可以作此假定：只要一个命题 P 与一个信念系统的概念融贯一致，它就是真的。但这里假定为实在的概念系统，真的能成为一个命题为真的根据吗？换言之，寻找一种命题与信念系统的组合，就能证明命题的真理吗？表明一个命题与信念系统的融合关系混淆了提出命题的理由与信念系统存在的理由。"命题 P 与一个信念系统的概念融贯"实际上是由一个信念系统的理由来说明所提出的新的命题的理由。在这里，新的命题的理由就根本没有给出。把一个命题视为是普遍接受的，即能为现有的每一种理论所解释的，与命题本身提出的理由是不同的两回事。

实用主义不得不面对一个必然会使它陷入困境的问题：为什么把所相信的信念与早已存在的信念联系起来是合理的，换言之，我们根据什么把命题或信念之间的联系视为真的。显然，这里的问题不容易回答，因为既使我们根据实际的信念能得到真命题，它必然又是随着现有的意义解释标准的改变而改变的，而一旦这种证明纯粹是论断性的，即它的证明超出了所有可能获得的证据，作任何的回答都没有意义了。

_____

① 在实用主义者看来，任何形式的外部的经验这样的概念都是不能接受的。比如，戴维森虽然在一些方面发展了蒯因的思想，但他不同意蒯因的概念框架与经验融贯的观点。戴维森反对概念框架—经验内容的二元论，在他看来，尽管经验对我们是重要的，但决定它的真假的却仍然是我们的信念间的融贯性，这就是说，蒯因的概念与经验的融贯性是不存在的。

真理融贯论是一种只关注句子之间的整体的意义关系的弱的真理论。在从根本上忽略了句子本身是否真正对事态作出了描述这一较强的真理要求之后，融贯论的真理概念恰好走到了真理符合论的反面：符合论的缺点是太过于注重句子与事态的描述关系，忽略句子本身作为语言的意义系统的一部分的使用关系，而现在，融贯论的真理概念则完全忽视句子与事态的描述关系，只关注语言的使用关系。

（4）实用主义变向之后的另一种真理论只注重语言表达式在某种真值条件下的可理解性，而不关心语言表达式的语义值与特定的命题内容的区别：对它而言，也不存在这种区别。这种理论坚持认为，问题的重点并不是词语或句子所构成的命题在何种意义上为真，而是作为一种断言句的语言表达式的命题的成真条件。这里完全没有必要区分句子的意义（句子的语义内容）与命题（它在特定语境中所表达的概念）。因此，关键的是句子的命题意义，即它的成真条件，只要找到了它的成真条件，整个句子的意义也就得到了证明。也就是说，不需要任何通过语义值与真值的关系来获得意义的证明（它认为这样的证明是不可能的），需要的只是，句子是否满足了意义的可接受性或可理解性的条件。

拉姆齐（Frank P. Ramsey）提出的正是这样一种真理论，它可以称为是真理冗余论。用实事或真理这样的词并不指示任何事物，而只是断言一种命题的方式而已。在类似“‘雪是白的’是真的”的句子中，谓词“……是真的”到底具有何种意义，或者说它到底具有何种功能的问题上，冗余论的看法是，根本没有必要加上“……是真的”谓词，在这里，说出一个短句子就够了。为一个“雪是白的”断言句子加上“……是真的”谓词并没有表达更多的意义。① 因此，真理或“……是真的”

---

① 真理冗余论的一个变体是去引号理论，它使用的是一个为蒯因等人改造了的塔尔斯基的模式：“说‘P’是真的”就是说 P。这就是说，用来表示对象语言的引号是不必要的，因此，对象语言与元语言的区分被取消了，因为如果是命题（思想），它就不能还原为元语言，或者说它本身就不是元语言的一个对象（这也是为什么说，“说‘P’是真的”就是说 P）。

一词完全可以取消，这样做不会有任何损失。而把这个词视为与判断分离的具有单独的问题的词，是一种"语言使用的含混"。

大部分的谓词都可以赋予主词以某种性质，但在冗余论看来，谓词"……是真的"似乎完全不能赋予主词以任何性质。不仅如此，冗余论甚至认为，谓词"……是真的"是一个空词，它丝毫也不能为一个断言加上什么额外的意思，这就是说，它只是重复着包含在它被用于其中的句子的命题，而没有给它加上任何性质。

但在否定谓词"……是真的"对主词或句子的作用上，冗余论过于绝对了。"'雪是白的'是真的"与雪是白的还是有区别的。另外，一些句子完全不像冗余论认为的那样可以省略，比如，"'哥德巴赫猜想'是真的"，这里的"……是真的"是无法省略的，因为"哥德巴赫猜想"与"'哥德巴赫猜想'是真的"是完全不同的句子。一般认为，真理冗余论的错误在于它把断言的命题的真等同于断言所陈述的事实。如果陈述符合事实，断言的命题内容即为真，在这种情况下，"……是真的"真理谓词当然就是一个多余的语气词了。

但真理冗余论的结论也只有在**由谓词判定的**断定句中才存在。问题是，在语言认知形式中，**非谓词判定的**论断句（claim or declaration）并不能由其谓词来判定（拉姆齐的真理冗余论是在没有作这样的区别的情况下提出的）。一旦我们把问题集中到论断句的语义意义之上，真理冗余论就不能成立了；论断句需要表明其命题的真理性，它与谓词的真理不同正在于它需要一种"真理论"，因为它的命题内容需要"……是真的"这样的话语推论的或一般推理的表达方式来确定，除此之外，它就无法表明其命题内容的意义。

真理冗余论的错误是，它把"真理"视为一种与谓词相关的概念（因此它认为"……是真的"是可以取消的），但"真理"并不是一个谓词所构成的判断，"……是真的"并不表示事物的性质。一旦我们把问题集中到论断句或句子的语义意义之上，"……是真的"就完全可以发挥一种赞同句算子的作用，它在句法上和语法上非常不同于述谓，因而并不表达一种主谓关系。①

从语用学的角度来看，实践的意义或断言的语气决定了认为什么为真，冗余论这种看待真理的方式，无疑也对我们对"真理"的使用作了解释，但这种看待真理的方式是极不完整的。"弗雷格的一个为人熟知的观点指出，语用论的基本观点是不充分的。真理的言论不可能完全由语用论的方式给出，因为并非所有的'……是真的'都具有断言的或判断的力量。"② 这就是说，并非所有的真理谓词都可以省去，或省去后仍具有断言或判断的力量。③

---

① 在赞同句理论（Prosentential Theory of Truth）中，"……是真的"不再是一个简单的真理谓词，它的作用只表现在回指或间接引语中，比如，如果你说"下雨了"，而我说"对"，它只是在重复你所说的内容（表示赞同）。显然，如果人们决定把"……是真的"当作赞同句的不能单独使用的部分来对待，并把这种新范畴以语义学的方式类比于其他的赞同的代词形式，那么就会产生真理的赞同句理论。在这种情况下，"雪是白的是真的"就可以当作赞同句来理解，与它的前件的代词一样具有相同的语义内容，因此，用语气的多余对真理的用语进行分析和界定是一种不甚完备的方法。这并不是说独立的语气的冗余性不是真理谈论中的主要现象，而是因为并非所有真理用语的使用都采取这种形式。当然，对"真"的使用需要更多的解释，赞同句理论也不能只把真理解释为作出断言或承担一种断言的承诺。实用主义的解释不可能只因为这一点而完全是真的。但根据布兰顿的看法，能很好地处理量化的真理用语的真正成熟的真理冗余论仍然是赞同句理论，它由 D. 哥洛维、J. 坎普和 N. 伯纳普等人根据回指（anaphora）的分析而构建的。（Cf. D. Grover, J. Camp, and N. Belnap, "A Prosentential Theory of Truth", in *Philosophical Studies*, 27（1975）：pp.73-125）布兰顿在其推理主义语义学中发展了这一理论。（Cf. R. B. Brandom, *Making It Explicit：Reasoning, Representing, and Discursive Commitment*, Chapter 7："Anaphora：The Structure of Token Repeatable"）

② R. B. Brandom, *Making It Explicit：Reasoning, Representing, and Discursive Commitment*, p.298.

③ 在赞同句中，过去被解释为是归于一种特殊和神秘的性质的真理，以及同样神秘的真理携带物（命题），不是简单地被消减了，而是转变为真正的语言内嵌的形式，因为赞同句形式的代词回指方式，仅仅指称具有自己的前件的句子的记号。实际上，一般的真理冗余论并没有像它想象的那样，通过消除真理谓词而结束它认为是语言使用的含混所带来的形而上学，只有赞同句理论才能做到这一点；在赞同句解释中，作为代词回指的"……是真的"只是记号之间的关系，它不是任何与外在的

毫无疑问，20 世纪中叶发起的语言实用主义是分析哲学对自身的传统的一种挑战，也是对这一传统的最富有意义的概念的发展。但实用主义如果要把它挑战自身传统的意义体现出来，就必须解决其内在固有的问题。这也就是说，实用主义不能停留在它已有的模式上，它还必须通过理论的自我修正发展出新的形式。

三

从当代一些较为激进的实用主义的角度来看，由弗雷格、罗素和卡尔纳普发展起来的传统的分析哲学已濒临死亡或已经死亡。后期维特根斯坦、蒯因和这一时期的实用主义者都有意识地走向了怀疑主义。罗蒂反认识论，因此他根本不能接受任何试图为分析哲学寻找替代形式的尝试：他选择的是整个地放弃哲学。罗蒂认为，分析哲学仍然与传统哲学分享同一种信念，即它仍然相信，有一种哲学的真理有待我们去发现，因此，他试图借用海德格尔的存在论、杜威式的黑格尔主义来与之对抗。罗蒂的反哲学衬托了今天的哲学中的一个奇特的景象：一方面是后期维特根斯坦的理论静默主义、蒯因的自然主义、海德格尔的存在历史的观念论、罗蒂的后哲学和德里达的解构主义对传统哲学的颠覆；另一方面是塞拉斯、达米特、麦克道尔、哈贝马斯、布兰顿和普特南等人的话语理论的蓬勃发展，后者顽强地扛起了在西方的哲学思维形态中存在了两千多年的哲学的求真信念。达米特、布兰顿和哈贝马斯都选择了一种带有认识论意图的哲学形式，由此人们难免会问，他们的话语理论的意义在哪里？这里的问题或许只有通过深入地理解今天的真理的话语理论才能作出回答。

在本书达米特这一部分中，本书的目的是指出达米特的意义理论

事物的性质相关的断言或命题。因此，可以这么说，赞同句理论最有意义的部分是从理论上排除了形而上学。

对话语理论的发展的贡献。达米特通过反实在论、真值语义学批判，实现了意义理论的认知转向（epistemic turn），并因此改变了意义的成真条件，以及语义学与语用学的关系。尽管由蒯因开创的后经验主义颠覆了逻辑经验主义和古典经验论的思想根基，在戴维森那里又有新的发展：戴维森使意义理论进入了一个全新的发展阶段，但达米特不仅不接受由此而形成的意义理论的探究方法，而且也不同意戴维森赋予意义的证明理论的哲学目标。由于对弗雷格的理解不同于戴维森，达米特对语言在认识中的功用的理解也有很大的不同。在他看来，尽管戴维森所承袭的蒯因的整体论的意义理论的出发点是革命性的（它彻底摆脱了逻辑经验主义的意义理论的教条），但由于把解释视为只是一种对自然语句的证明，或"寻找证据"，而不是把解释理解为是对意义本身的推断，这样的意义理论只能是适度的（modest），即有条件的。达米特认为，这也是为什么戴维森把意义视为给定的，而只去求证它的真值的缘故。由于含义不同于指称，我们仅仅根据指称的语义内容来解释含义是不够的。这种解释不是说毫无意义（指称的理论也是不可或缺的），而是在根本上不足以帮助我们把握语言的命题内容。意义的"成真条件"是与理解者或说话者的理解联系在一起的。从理解这方面看，如果一个说出的表达式不只是重复某种业已存在的思想内容，而是希望传达一种新的信息，那么，理解者只有指称的知识就不够了，相反，这意味着，理解者还必须有特定的隐含的知识（implicit knowledge），即那种支配或引导他对一般表达式作特定的理解的知识；这种知识不是公开的言辞的知识，即不是那种由语言表面的基本句法、语法，以及有关词语和语义整体的意义系统的知识。达米特相信，在放弃了实在论的证明条件之后，意义是在由隐含的知识引导的理解和推理的过程中显示（manifest）出来的：它要求在证明的过程中把语言的**非逻辑的原始意义**显示（表达）出来。为了表明他的看法，达米特提出了一种与意义的**理解**和话语的证明条件联系在一起的无条件的（full-blooded）意义理论。

达米特站在维特根斯坦的立场上，认为语言是基于交往行动的基础上的，只有通过了解说话者运用语言的能力，才能看清这一语言交往的结构。他特别强调了语言交往中的断言、评判和证明的言语活动相比于其他言语活动的重要性。在这些言语活动中，表明具有语义上的正当性的"承诺"和"资格"（什么是语言的原理要求的和给予的资格去说）是一个明确的主题。这种理性的话语推论的模式，可以理解为是给真值语义学以一种认知的转向。由于达米特已否定了从语言的角度理解句子的真值条件的方法，唯一的办法是去认识使句子满足真值的条件。只有通过理性的说理（或正确的说理）的方式才能帮助我们认识句子的真值条件。在否定了形式语义学的语言分析的真值证明之后，只有通过说话者本身对自己的断言性表达提供理由的方式来寻求断言句的真值。"判定某人刻意认为一句子为真，我们区分两个正确性的标准：说话者如何建构和承认句子为真；以及这样承认后如何影响了他们接下来的行动的原因。"①

达米特在这里采取了不同于后期维特根斯坦的理论寂静主义的方式，因为他在把理性的说服性的辩护当作获取断言句的真值条件的方法时，已经假定了一般的言语行为是不可靠的或需要修正的。达米特的修正主义表明，他不只依赖隐含的语言实践的规范，相反，他相信的是说话者所给出的理由，以及给出的理由的后果或影响。——达米特放弃了语义整体论，转而持一种命题主义的立场（即他所谓建构性的整体论的立场）。达米特要求把言语活动视为说话者彼此提供断言性表达的理由，以求得相互间对某一断言的承诺或接受的活动。达米特也相信，说话者提供合理的或可接受的理由来评价彼此的言语行为，不仅表现在断言性的言语行为中，而且也表现在一般日常交往的言谈中。

在有关布兰顿的部分中，本书所要表明的是，布兰顿通过其黑格尔的"理性主义的实用主义"（rationalist pragmatism），进一步发展了达米特式的带有推理和思想表达诉求的断言主义的思想。布兰顿否定了把

---

① M. Dummett, "Language and Truth", in *The Sea of Language*, p.143.

客观真理从"外部"，以表象主义的方式或符合论（因果指称的理论）的方法，但他与达米特一样，并没有因此像后期维特根斯坦和蒯因那样，在把反表象主义和消解意义逻格斯中心主义视为语言哲学的根本任务之后，采取处理表征内容的自然主义的方法或经验语用学的方法。布兰顿试图把表象主义的表征概念转换为推理表达的概念。这样的要求也给布兰顿的推理主义带来了极大的难度。与表象主义相关的最基本的实在论的问题本身是错综复杂的，它涉及表征的原始来源、表征内容与使用的关联，以及与原初的意向性表达的关系，以及是否具有推理的意义或如何可能获得推理的意义等。一种推理主义的语义学必须表明，对表征这一概念的推理主义转换是如何可能的。而问题的难处正在于这种解释涉及实在论的难题，这要求在与推理相关的语用学和涉及对象世界的语义学这两个方面拥有令人信服的理论。它除了要求对前语言的规范实践的意识作出分析之外，即要求对由这些语言实践活动所表达的语义内容作出分析之外，还必须把对那些在表象主义的形式语义学传统中已得到很好的发展的基本的范畴或逻辑表达式（谓词和单项词等）重新作出解释。

为此，布兰顿提出了社会性交往的制度性建构的概念、推理的语义整体论、概念实在论和模态实在论这就是说，布兰顿的理性主义的实用主义试图通过"描述和再现"话语推论的实践，使语言哲学摆脱经验主义的表象主义的纠缠，因此它与其他一些著名的实用主义语言理论具有完全不同的意旨。一般的实用主义都仅仅是对意义使用理论作了某种承诺的语言实践的理论。

在关于哈贝马斯的部分中，本书的目的是表明哈贝马斯的康德式的实用主义的视角给话语理论所带来的变化。对话语推论的解释，哈贝马斯与布兰顿有所不同，但他们的理论的一致性还是要远远大于它们的分歧；有些不同也可以看作论述风格的不同。布兰顿的论述更多的是从分析哲学固有的概念框架出发的，尽管影响他对话语推论的论述的一个重要方面与黑格尔哲学有关；而哈贝马斯的论述则一如继往地带有大陆哲学的风格：他一直坚持一种康德式的实用主义。本书的主要目的不是分析这两种真理的话语分析模式的差异或它们的家族相似性，而是希望通过对他们的理论的探讨，更为全面地揭示真理的话语理论的本质特征。我们将指出哈贝马斯的话语理论的一些根本的方面，比如，他的话语理论的内在实在论（语用的认知实在论）的承诺、真理调节论，以及话语理论对论辩或辩护的逻辑和实质推理的建构。

哈贝马斯坚持一种内在实在论，因为他认为，一旦我们把行动与知识形式之间的关系视为真理论的根本，我们对语言的认知功能的认识就既不同于融贯论，也不同于经验主义。融贯论是对实在论的拒绝或回避，经验主义则又陷入外部实在的幻觉。哈贝马斯使用与普特南相似的内在实在论这一概念的好处是，它既否定了实体性实在的形而上学假定，又不会混淆世界与内在世界的区分。哈贝马斯采取实在论的提问方式的优点是，它可以首先对语言学转向之后的实在论的问题作出澄清。对哈贝马斯而言，有一点是清楚的，即在对康德哲学的去先验化之后，我们所要理解的只是，"什么是形式语用学所假定的世界"以及由此带来的实在论形式的改变。在形式语用学所假定的世界中，我们所能拥有只是一个纯粹语用上的认知的实在这个"对象"。因此，传统意义上的"真理概念"现在只是一个具有"调节功能"的真理概念。这同时也意味着，在形式语用学所假定的世界中，我们所有有关世界的指称，都只能置于生活世界中来理解。重要的是，在形式语用学所假定的世界内取消现象和"物自体"的区分之后，经验和判断与应对实在的实践就可以完全结合在一起，它们就可以通过解决问题的话语行动与实在保持一种联系（而不必去考虑先验规定的被给予的直观的问题）。

康德式的世界观或康德式的实用主义的视角，是哈贝马斯给话语理论带来的最大的变化。哈贝马斯对语言学转向之后的去先验化和实在论的理解，始终是他不同一般的实用主义的一个标签。哈贝马斯不同于布兰顿的地方或许就是他看问题的这一特殊的视角。哈贝马斯要求话语理论应始终考虑这样两个问题：一方面，去先验化之后，我们仍然必须对自然主义作本体论的反思，作为具有言语能力的主体，我们总是会发现自己处于一种由特定的语言构成的生活世界之上，因此，从这个生活世界的参与者的角度看的规范性，如何能与自然而然地发展起来的生活、文化和社会形式的偶然性融合？另一方面，我们仍然必须对实在论的问题作出反思，我们如何把一个独立于我们的描述、对所有的观察者而言都是一样的世界的观念，与那种从语言的视角看，认为我们不可能有一个可以直接面对的、非语言接触的"赤裸裸的"实在世界的观念相协调？①

---

① Cf. J. Habermas, *Truth and Justification*, edited and translation by Barbara Fultner, The MIT Press, 2005, p.2.

第 一 章
达米特的意义理论的认知转向

一、概　述

　　达米特是第一个试图把分析哲学从狭隘的真值条件意义理论中拉回来，并给予它一个全新的发展方向的人。达米特指出了语言哲学的各个部分应如何构成，它包括语言哲学与形而上学的关系、哲学与逻辑分析的关系，以及形式语义学与哲学的语义分析的关系。他促使人们意识到下述观念的重要性：语言分析不能忽略或不顾语言与思想的关系，即不能只从语言的本体结构上关注语言，比如只从它的语义的逻辑常项的表征形式上关注语言，只满足于或止步于对语言的表征内容（指称）的分析。语言哲学还应该把分析推进或深入到断言性的命题内容（思想）的分析，不只是探究句子的指称关系或它的语义值（寻找它满足二值性原理中的真理概念的实证），而是关注于句子的断言性的含义。

　　这就是说，达米特要求首先把观察者或语言的使用者视为独立的能够作出判断的主体，加强意义探究的认知的力度。达米特希望通过对隐含的知识的承认，重建一门集认识论、逻辑学、行为主义和心理主义于一身的意义理论，并在此意义上，从一个全新的、更加广泛的层面上重新探讨意义理论与形而上学的关系。

　　达米特的哲学最富有革命性意义的举措是他对真值语义分析的否

定。弗雷格曾认为，真是与命题联系在一起的，即与他所谓的"思想"这个东西联系在一起的。在弗雷格那里，"命题"或"思想"就是陈述句的含义，它被看作是独立于可能依附于陈述句的断言性的语力的那种含义，即与陈述句中的断言性的语力有所区别的陈述句的含义。对于弗雷格而言，这样一种思想可以是对的也可以是错的。但真与命题或思想的关联在弗雷格后来的真值语义学中被放弃了。在达米特看来，由于受制于一种实在论的直觉，弗雷格最终采用真值语义学的方法不是由命题或思想开始，而是由语义值这个东西开始。因此，弗雷格最终也没能处理好他自己提出的富有革命性意义的问题。①

达米特在其意义理论的重建中之所以批评了戴维森的意义理论，也是因为戴维森在其意义理论中仍保留了真值语义分析：戴维森仍然把真视为单个句子或语言词项（linguistic items）的一种属性。"……戴维

————————————

① 弗雷格后来发展的真值语义学的特点是，它由多重语义值构成，但其意义最终由表达句的意义的真值所决定的。在第一个层面上有单项词、词项等表达句的每一个构成部分，它们都各自有其特定的语义值；第二个层面是表达句的真值，即表达句的意义或思想。这两个层面是在一种特定的真值条件下组合在一起的：单个的词语等的语义值是决定它们能在它们身处于其中的句子中发挥作用的因素，而从这种意义上说，句子的意义或其真值又是由这些多重的语义值构成的。更确切地说，多重的语义值是否为真，是看它是否对其身处于其中的句子的意义的表达有所贡献决定的，整个句子的含义是真值，因为只有它才能确定多重的语义值是否为真。但这种多元的值与一元的值的结合的真值条件论存在着明显的弱点，当我们把多重的语义值视为意义的真值的一种条件的时候，这种弱点就暴露出来了。因为一个明显的事实是，语义值并不是一个认知的单位，即我们对语言表达式和语句的理解从来都不是从它开始的。达米特赞同康德把对语句的意义或事物的存在意义的判断视为认知的最小单位的观点。"像康德所说的，任何一个对象都是以一种特殊的方式给予我们的。如果不这样说，一个人拥有的一项知识，就永远不能通过说他知道适合某物的诸如此类的某个特定对象的知识（比如，它正是某个词项所指称的），而把这种知识完全描述出来……"（M. Dummett, *Truth and the Past*, Columbia University Press, 2004, p.9）我们对语言表达式和句子的把握是从它们的含义或命题内容开始的，这里的语言理解是一个判断的过程，多重的语义值并不能直接帮助我们构成一种理解和判断。很清楚，多重的语义值只能通过表达式和语句的含义为我们所把握，缺乏对表达式或语句的含义的把握，多重的语义值就是我们不能真正把握的。

森把真视为是依附于语言词项的，即依附于实际的或假定的记号性句子的。虽然与弗雷格一样，至少在一种语言的意义理论的范围内，他把索引性的东西当作是为何不能把真视为是依附于类型句的仅有的理由：他还是把他的类型句视为三维的，每一个都把一个类型句、说话者和时间作为其三项。把真视为某种语言词项的属性的理由是十分明显的。"①但一种意义理论不能只对语言中能表达的概念作出解释，即不能只对已知的概念所表达的意义作出解释，它还必须把概念与语言的词语的具体用法联系起来，即指明或说明，哪一个概念可以用哪一个词语表达，而真值语义学的意义理论根本做不到这一点。因此，达米特把戴维森运用塔尔斯基的真理概念的意义理论称为适度的意义理论（modest theory）。所谓"适度的"，就是指它仅仅依赖于语言的原始语句固有的意义，即它有意回避任何与语言的意向性表达有关的"意义"成分。在戴维森的意义理论中，一种意义理论应该着重加以解释的两个方面都没有在这种意义理论中显示出来：第一，原始语句的说话者对他（她）所要表达的概念或含义的理解；第二，一个原始语句的理解者对一个给定的原始语句的理解是如何可能的。因此，虽然戴维森一开始就把命题性的判断归于说话者，但说话者所作的命题性判断本身却没有得到完整的或全面的解释，因为在这里，说话者的命题性判断是以他先已掌握和理解的一种语言及其概念为前提的——而戴维森也假定这里的语言及其概念是真的（他把它视为是位于塔尔斯基的真理定义的递归模式左边的 T-语句）、是命题性判断的依据。

达米特试图表明，真理的条件是无法通过对句子的语义分析获得的，真理的条件是由说话者和听者或接受者的知识构成的，只要这类知识形成或存在，真理条件就能够找到。而真值语义学的客观主义是一种经验主义实在论，也是一种符合论，它总认为句子的真值条件是在句子的论断的直接指称中获得的。达米特在多种场合指出，一种意义理论就

---

① M. Dummett, *Truth and the Past*, Columbia University Press, 2004, p.2.

是一种理解的理论，而且把这一结论视为唯一的选择。在他看来，弗雷格的真值语义学不能解决的问题，即使变换为戴维森的真值语义学也一样；这就是说，这一点已很明显了：（弗雷格也意识到）一种意义的理论不能简单地采用把意义直接归属于句子的语义分析的方式。在弗雷格之后，后期维特根斯坦以更加明确的方式提出了这种看法：意义与具体的句子的话语条件是密切联系在一起的，一个句子在什么情况下说出、它与具体的话语程序和习惯的关系，都决定了它可能具有的意义。因此，如果我们要确定一种语言的表达或陈述的意义，就不能不从该陈述的表达的方式，即它的具体的实践程序开始。由于任何一种陈述都是在一种特定情境中被说出的（不存在与说无关的句子），该陈述语句的意义就一定包含了由说话者隐含的知识所赋予的特定的命题性的内容。

尽管达米特形态的意义理论的革命有赖于后期维特根斯坦哲学的支撑，后者显然是达米特把意义理论从真值语义分析中解救出来，并把它置于整个意义的话语推论的领域的引导，但达米特却从未停留在这一在 20 世纪下半叶后具有重大影响和占有理论支配地位的理论之上，相反，他明确表达了他试图克服和超越这种理论的意图和决心：他正是在充分利用这一思想的前提下划清了与它的理论的界限。达米特充分注意到了后期维特根斯坦的语言哲学本身所具有的反实在论的特性（包括它对唯名论意义上的形式语义分析的反对）。正是从后期维特根斯坦的理论出发，达米特特别注意了语言实践中隐含的规范，并试图把隐含的规范与语言实践联系起来。但在另一方面，达米特又与维特根斯坦后期哲学保持距离，因为在他看来，维特根斯坦后期哲学的某些结论是不能接受的：比如，由于维特根斯坦否认语言具有思想载体的功能，因而他认为意义理论中的理解不能达到对语言概念原本所传达的内容之外的意义的把握。这样，维特根斯坦的理论就根本没有语用学与语义学相统一的概念。在他看来，这使得维特根斯坦的意义使用的理论从另一个方面带来了同样的消极的后果：维特根斯坦的理论与真值语义学一样，把任何与说话者的理解相关的内容，以及与说话者的理解相关的自我的知识（隐含的知识）排除掉了。后期维特根斯坦过于依赖经验的语用分析，他不仅否认系统的语言理论知识的意义，而且把与说话者的理解相关的知识当作一种与意义的使用形式无关的主观心理的东西。在达米特看来，在这一点上，弗雷格要好于维特根斯坦，因为弗雷格能辩证地对待逻辑的东西和心理的东西，即他并没有简单地把一切心理的东西都当作主观的东西而排除掉。① 在后期维特根斯坦那里，理解在其意义理论中没有特殊的地位：维特根斯坦把话语或表达式与言语行动联系了起来，这种联系是直接的，即他并不认为在它们之间还需要一个理解的中介。按照达米特的看法，后期维特根斯坦是排斥作为一种中介项的理解的（掌握一种语言及其表达式就是去体验或体察它是如何被使用的：这里不需要那种与主体的自我判断相关的理解，因为脱离了具体的语言的用法的理解只能是主观心理的东西）。

为了改变意义理论要么倒向真值语义学，要么完全与经验语用学混合的局面，达米特发展了隐含在弗雷格的思想中的意义理论的系统性的观念。弗雷格的系统的意义理论的观念，由他著名的含义与指称的二元性划分而来：一方面，含义并不代表一个指称的语义值，因为含义可以是**无指称**而具有自己的独立意义的（有许多论断性的句子属于此类）；另一方面，句子的含义可以通过**语力**（force）来表达某种意旨，或者说每一种句子都可能在其指称的含义之外带有某种语力。因此，我们除了不能缺少一种指称的理论（the theory of reference）之外，我们还应有一门有关含义的含义的理论（the theory of sense）和有关语力的语力

① 达米特认为，弗雷格与维特根斯坦一样把语言中句子的意义视为是存在于社会的使用中的东西，但维特根斯坦否定存在私人语言这样的东西，弗雷格则没有这么绝对的观点，对他而言，公共的语言的意义是独立于任何特定感知或想象的意义的，但这并不等于私人的语言意义不可能存在，公共的意义是奠定在私人的意义之上的。(M. Dummett, *FREGE*: *Philosophy of Language*, Harvard University Press, 1981, p.640)

的理论（the theory of force）。①"含义"、"指称"与"语力"都不是独立的范畴，它们是相互关联的，它们共同构成句子的可确定真假的"内涵"。而如果句子的含义与语力——句子的表达或使用方式——是相互制约的，那么，任何形式的对语言所作的真值语义学的分析都不能真正把握语言与思想的关系。句子总是由说话者带有某种语力（推断、疑问、命令等）而被说出的，没有不是在特定情境下被说出的句子，没有一种句子表达了某种含义却不带任何语力。②

达米特重视意义理论的系统性，因为在他看来，系统性意味着我们有某种理论，它能使我们通过对某一特殊的语言现象的解释导向另一种或其他的语言现象的解释。也正是在这种意义上"……系统的理论能揭示，在没有给定语义观念的条件下，我们对语言的意义的解释能做到何种程度"③。达米特始终认为，我们既可以通过思想来解释语言，也可以通过语言来解释思想，这是一种双向的要求。毫无疑问，语言学转向后，任何事态的表达都只有通过语言的断言性的命题形式来进行（只有通过这种表达形式才能清楚地得以表达），但正确的命题性的表达并不是因为它符合语言表达的规则或使用的规范而是真的，而是其正确的使用能获得合理和普遍的接受。

---

① M. Dummett, "What is a Theory of Meaning？（II）", in *The Seas of Language*, Oxford, 1993, p.40. 达米特认为，弗雷格最早提到了语力的问题：弗雷格发现，除了一个句子或表达式作为指称性的语句和作为纯粹含义性的语句区别之外，还存在含义与语力的区别。

② Cf. M. Dummett, "Language and Truth", in *The Seas of Language*, p.123.

③ M. Dummett, *Origins of Analytical Philosophy*, Harvard University Press：Cambridge, Massachusetts, 1993, p.20. 达米特指出，是否可以达到这种理想（对真理作出系统的解释）在弗雷格的著作中也是不清楚的。但他认为，真理的不可定义性（这也是后来维特根斯坦所坚持的一种观点）并不隐含着真理的不可解释性。也许，如果对断定和判断等概念进行实质性的分析，就能恰当地解释真理这个概念。但弗雷格没有为我们说明这一点，维特根斯坦对其理论的可实施性也没有作出证明。拒绝系统的另一个缺点是，它使我们在完全获得成功之前无法判断一种策略是否可能是成功的。

综观达米特的哲学，不难看出，达米特的意义理论的不同之处是，它使用了分析哲学的所有"分析的"方法，但它不再是传统意义上的分析的，而成为了带有语用诉求的话语推论的。一个根本的原因是，达米特的意义理论依赖对语言的使用者的理解和推理的分析，而不只是从形式上分析我们所使用的语言。这也就是说，达米特不仅放弃了弗雷格仍陷于其中的真值语义学，也改变了我们对真理的成真条件的片面的经验语用学的理解，他把说话者和听者的知识与真理的成真条件联系起来，统一了语义分析与语用分析，从而建构了通向真理的话语分析的系统的意义理论。在以下章节中，我们将着重探讨上述简单提及的达米特哲学特有的革命性的意义。"实在论和真值语义学批判"一节主要讨论达米特对实在论和真值语义学的悖谬和空洞性的揭示，这包括他通过弗雷格哲学研究所指向的意义理论的新方向。"语言中的理解的问题"一节分析了达米特的意义理解的理论，它涉及达米特对戴维森的意义理论的批评，以及达米特根据其意义理解的理论所提出的整体论的思想。"走向语言的理论与思想的理论的统一"一节探讨了达米特的语力的理论以及他的意义理论的系统性的观念。"从语用主义的角度对意义证明方法的重建"一节主要分析了达米特基于直觉主义逻辑之上的意义证明理论的语用主义的方法。

二、实在论和真值语义学批判

一直以来，分析哲学的形式语义分析从语言的理论出发，把意义理论视为是对说话者理解词语必须知道的东西的解释，但这种意义理论一直带有实在论的承诺，因此，一般的语言表达不仅被视为一种述谓性的语句，而且这种语句被视为是有固定的直接指称对象的。这种实在论一直保持了柏拉图、布伦塔诺和迈农的实在论的特性，因为它们都有一个本体论的基础。从这种实在论出发，人们认为用统一的语义学的方式来处理所有语境是可行的。无论用何种语义学的解释，在同类型的表达式之间都存在一种语义的等值关系：如果我们假设拥有一个语言的句子的真值概念，我们就可以把它当作等值的判定，即当作一种在所有语境下其真值都是不变的判定。但在维特根斯坦放弃了其早期的带有实在论承诺的语义学逻辑主义之后，人们很快发现，这样构想的语言理论是空洞的，因为它仅限于对世界（事实和事态）做一种类似于编码化的符号描述。这样的理论将迫使我们去区分内含与外延，如果我们想为我们的语言建立一门语义学的话。而这也意味着我们必须求助于一般的名称（name）的载体（bearer）的概念。这样做也一定会取消弗雷格早已提出的含义的概念。实在论保留指称的概念，仅仅是因为它可以找到直接的载体，而含义的概念不能。但由于实在论把自己与一个基于外部世界的语义外在性联系起来，它一直处于争论当中，因为在实在论中始终存在一种我们"没有办法证明或否决也有真假"的悖论。

从语义学上看，实在论必然持一种指称论，因为对它来说，如果存在语义外在性的事实，那么，任何陈述都指称实在对象，即它们都拥有实在的外延性，因此，任何陈述都可以还原为述谓（predicate）。实在论因此认为，我们不可能建构性地谈论这个世界，我们只能在最基本的语义事实的基础上谈论这个世界，而这个最基本的语义事实是直接来自于与其相关的实在的。实在论还有一种"伪装"的还原论形式。这种还原论是经验主义的一种，它试图通过把语义的外在性还原为内在的感知类来摆脱实在论的本体论的形而上学和二值原理的困境，但还原论的实在论在本质上还是实在论的，只要它仍接受真值语义学和传统的指称的概念，即接受语义外在性，它在本质上就仍然是实在论的。

达米特一直有这样的看法，弗雷格的哲学只有作为一种反实在论的哲学才有意义。达米特认为，弗雷格在其早期哲学中所发展的意义理论使用的是一种推理主义的方法，而正是这种推理主义对实在作了推理主义的还原，只是在后来，弗雷格才陷入了实在论，因为他又明确地提出了一种真值语义学，而实在论也正是导致他一直困惑于语义二元性

（含义与指称）这一语言现象的原因。① 我们将首先讨论达米特对实在论的困境的揭示；然后分析达米特的反实在论和反真值语义学的思想与弗雷格哲学的关系。

（一）实在论的困境

实在论这个概念在许多场合下被使用，其含义往往各有不同。一般而言，实在论都在语言或心灵与外在实在之间划定了界限，即认为有一个独立于语言与心灵的外部实在的存在；它关心的是我们的基本陈述与外在世界的关系。在它看来，我们关于世界的任何一种陈述的对错都是由世界本身决定的，因此，实在论的语义学不可避免地是与基于二值原理之上的真理概念联系在一起的：它把任何一种陈述都视为是有可确定的真值的，即在它看来，我们可以对任何陈述的真假作出判定。实在论也都持一种指称论，认为任何陈述都指称实在对象，即都拥有实在的外延性，因此，任何陈述都可以还原为一种述谓。在这里，陈述（statement）的真值是由它所指称的外在实在的性质决定的。这种决定的因素可能是它的外延也可能是它的一种性质。比如，"苏格拉底是必死的"这一句子是真的只是因为它所指示的"苏格拉底"这个人具有必死的性质，或他属于"是必死的"这一述谓的外延范围。这也表明，实在论的真理与语义外在论是相互关联的，即它的真理概念是建立在指称

---

① 在达米特看来，弗雷格的真值语义学固然通过引入与自然语言的普遍表达方法没有直接关系的量词和变元的设置，成功地解决了几百年来一直困惑逻辑学家的问题，即对通则式的表达式进行一般性的分析的问题，但他仍然没能给下述疑问以一个令人信服的回答：一个句子的意义存在于它的真值条件中吗？一个词的意义在于它决定了其本身也是从中产生的任何句子的真值条件吗？达米特认为，尽管真值条件语义学在《逻辑哲学论》中的维特根斯坦和戴维森那里都得到了肯定，人们也的确很难确定他们对真值条件语义学的肯定是否是错的（如果孤立起来分析的话），但可以肯定的是，真值条件语义学面临着很大的困难，其所设置的目标实际上是不能实现的。（M. Dummett，"What is a Theory of Meaning? （II）"，in *The Seas of Language*，p.42）

的概念上的，指称的概念反过来又支持了它的真理概念。因此，实在论也是一种意义证明模式，或用达米特的话说，它是有关陈述的某些种类型的一种语义学的观点，它并不一定是讨论外在世界存在何种实体或有多少种类型的实体的实在论。

达米特指出，即使我们放弃本体论的承诺，像还原论那样，但只要从语义上坚持了语义外在论，就仍然是一种实在论，也必然会陷入形而上学的外部承诺的困境。因此，语义外在性是一个衡量标准，只要认为存在某种外在的语义的"事实"（这意味着存在一种语言作出断言的语义事实），即使打着还原论的旗号，它也是一种实在论。因此，达米特不仅指出了实在论的指称理论的虚幻性，而且认为它带来了"非显示的"知识，即使它采用还原论的形式，也难以自圆其说。

1. 典型的实在论主要是关于我们的基本陈述与世界的关系的看法的一种理论，即认为我们不能**建构性地**谈论这个世界，而只能在最基本的语义事实的基础上谈论这个世界，而这个最基本的语义事实是直接来自于与其相关的实在的。数学上的柏拉图主义实在论认为数学的基本陈述不是建构的，而是对实在的一种描述。我们可以把这里的实在论视为数学实在论的一种扩大化：它把数学之外的许多种类的陈述都视为是对实在的描述。在这种意义上，陈述的语义内容是与实在直接联系在一起的，即直接来自于实在，因此，其真值条件也是为实在所规定的。尽管这里的实在可能独立于我们对它的认识（超出了认识的范围），但仍然是这里的实在决定了陈述的对和错。因此，坚持真理的二值性还不是实在论的根本特征，尽管是一个必要的特征。要成为一个实在论者仅仅认为我们的陈述的意义是由实在决定的还不够，它还包括这里的被决定的方法，即我们的陈述是**以何种方式**为实在所决定的。

按照实在论的理解，我们的陈述为实在所决定的方式就是一种指称的方式，基本的语义事实是建立在与实在的一种指称关系之上的。指称的关系可以是由单项词直指的，也可以是全称的或存在量词所表示的。这就是说，即使在没有单项词的陈述中，实在论通过全称的或存在的量词，同样可以表明一种指称关系。在这种情形下，每一个量化的实例的真值条件决定了量化陈述的真值。作为具体的量化实例在量化陈述中的作用，类似于一个存在于复合句中的作为组成部分的小句子的作用，全称量化陈述的真值是它的实例的真值的逻辑的结果（前者则是后者的功能化的条件），相应地，量词陈述则是它的实例的逻辑的总和。①实在论可以把这种决定陈述的真值的方法应用于每一个可以陈述的事实。采取了这种方式，任何全称的或存在量词运用于陈述或述谓中都会有其真值，即都会得出可以从真或假的二值性原理上作出判定的句子，尽管有些真值条件我们是不能获得的（比如，全称的量化条件）。

塔尔斯基的语义学之所以又被认为是实在论的，正是因为它坚持这样的处理方式。在塔尔斯基那里，复合陈述是由一些使用了单项词的原子式的开句的比较来获得的。它是通过对原有的语言的修正（通过对象语言对元语言加以纠正）来达到它的目的的。——它与弗雷格通过扩大原有的语言的使用方式不同（增加单项词替换的功能）。按照塔尔斯基的方法，量化的句子被确定为真或假的方式，不是通过各种不同的实例来决定的，而是通过量词和变项的开句来决定的。但要做到这一点就必须在自由变项的域内给开句一个对象以便在它身上使用真和假的概念。这就是常说的由域内的对象或组合促成的开句的满足（satisfaction）的概念。它不考虑不同的单项词的约束变项的替换，只确定一个自由变项，因而它把指称的概念视为发挥根本性作用的核心概念。②

① Cf. M. Dummett, "Realism", in *The Seas of Language*，p.232.

② 在达米特看，只有弗雷格语义推理主义才真正做到了不再为实在论所困扰。与塔尔斯基不同，弗雷格早期处理单项词的方式是推理主义的。在处理单项词与外在实在的关系上，它不是为语言去建构一种语义学的理论，而是在语言内部进行拓展，即丰富它的单项词的用法。这种做法的一个直接的结果是：用单项词去形成原子陈述，一旦给定了所有的原子陈述句的真值，通过量词和句子算子，基于这些原子陈述之上的每一个复合陈述的真值也就被确定了。而这里的原子陈述句正是通过在可争议的部分插入单项词的方式来获得的，比如通过单项词的**替换**来获得。这种做法的

　　的确，塔尔斯基的真值语义学又曾被认为是试图摆脱实在论的知识论困境的一种可行的方法：塔尔斯基的方式的独特性在于，它不再把原子陈述当作复合陈述的根据，而是把复合陈述看作是由比较单项词的原子式的变量语句获得的。但即便如此，在以这种方式去除了任何实体实在论的观念之后，仍然必须给量词以一个对象，以便在变量语句的比较中促成它"满足"的概念，而这又意味着，它又必须依赖真假的概念。①

　　按照达米特的看法，量化的语义学的分析方法，只是对于形式分析的语义学是有效的，而对于意义理论则是无效的，因为要了解一种量化的陈述的意义，不必了解它的所有实例的意义。当然，有实例的方式其实也是把有争议的陈述置于单项词的指示的范围，这似乎可以使陈述的意义最大限度的明晰化。但此种形式语义学理论不是意义理论，因为它根本不考虑说话者在对语言的使用时对语言的理解。一个不能不看到的事实是：对句子的理解并不是对它的真值的理解，而对一个陈述的理解也不等于去了解哪一个对象是与之相对应的。因此，达米特用直觉主义逻辑的语义学来对抗塔尔斯基的形式语义学。前者不坚持古典的真理的二值原理，即不坚守排中律的承诺，它的真理概念并不是满足了真或假的判定，对它而言，一个陈述能否由其自身建构某种相应的证据（proof）才是根本性的。这就是说，根本性的东西不是它是真还是假，而是它的推理的前提和结果的一致性，是否指称一个对象已不再是一个要求。

　　一种实在论的语义学肯定是客观主义的，但一个客观主义的语义

————————

直接的结果是：不是用单项词的变量去形成原子陈述（再经由原子陈述组成复合陈述），而是在它的推理性替换中寻求原子事实的存在。这种处理单项词的推理主义方式，将不再存在语义实在论的形而上学的难题。

① 追随塔尔斯基，戴维森的方法虽然放弃了内涵与外延的世界二分法，但却仍然没有放弃指称这一概念。戴维森和持本体论相对性观点的蒯因都把单个的词语的意义与言语行为的经验条件联系起来，这表明他们的理论仍带有传统实在论的一些固有的特性：在他们的理论中，世界的二分法消失了，但语言表达形式中的指称与对象的二分法却仍然存在。

学却不一定是实在论的。因为客观主义的语义学可以在弱的真理概念的层面上，避免去追究真理作为事物自身的一种性质的可能性（它实际上也否定了这种可能性，但在实在论中，真与假是要由我们对事物的性质的彻底把握才能知晓的）。直觉主义逻辑的真理以一个陈述自身所建构的证据（能够成为另一个推理的前提）为依据，而不以我们对一个陈述是否指称了事物的基本性质为依据。就这种语义学理论而言，即使我们没能分辨出一个陈述是否为真（超出了我们的分辨能力），它也可以是真的（只要它提供了相应的证据，即可以推理）。

达米特认为，我们完全可以不必从专名或单项词的**指称关系上去**判定一个陈述或句子的意义，我们可以从整体上把握一个陈述的意义，即从其所表达的基本的语义内容方面去把握它。但实在论的语义学则把每一个专名和单项词与相应的对象联系起来，因为它总是认为，语义值是直接来自对象的。这样，实在论的语义学把语义值当作与说话者的理解或说无关的一种语义意义，它并没有把语义值同时视为与说话或表达联系在一起的一种语义意义。达米特承认，一些特定的语义意义是直接与外在世界关联的，比如，原子陈述或单项词等，但就它们只能在复合的陈述句发挥作用而言，一般陈述句的真或非真又不是由它们直接决定的，相反，一般陈述句仍然是由复合的陈述句组成的表达式的意义（命题内容）决定的。从这个角度看，陈述句是否为真是由这里的复合的陈述的意义决定的，而不是与外在世界相关的特殊的原子陈述的语义值决定的。

从表面上看，一个陈述或句子是否为真是由世界是什么的呈现和意义（表达的命题内容）同时决定的，但实际上，世界是什么的呈现（原子陈述）并不是一个可选的决定因素，归根结底，仍然是复合陈述或作为一种表达的陈述所表达的意义才是唯一的决定因素。① 因此，达

---

① "……即使考虑到世界存在的方式，一个表达式的语义值仍只是基于它的意义之上的。"（M. Dummett，"Realism"，in *The Seas of Language*，p.236）

米特认为，语义意义必然是决定语义值的东西。如果用弗雷格的术语，就可以这样说：含义决定指称。如果这样理解，实在论的意义理论就完全偏离了方向。

达米特并没有否认语言与实在的关系，他也不反对使用实在这个概念，他所要问的是，如果说我们在实践中所使用的语言的意义也是我们所接受的世界的意义，我们是否理解了这种意义，即我们是否认为它们是不需要理解就可以直接为我们所接受的意义？是否可能有这种情形：我们从根本上误解了这种意义？因此，达米特关心的是，我们如何避免这样的情况发生：一种意义在根本没有保证无争议的情况下，或没有通过推理而被接受，或缺乏理解而只是盲目地被接受。

这里的问题的根本在于：拥有实在的语义内容，是否就不需要证明的推理的前提？即是否有我们在推理之前就可以先验地假定的推理的前提？实在论由于坚持指称的真实性而假定了有这样的前提存在，比如它把一些由外延决定的逻辑常项所构成的逻辑的推理形式，都看作是不证自明的。

2. 在达米特看来，实在论的指称理论之所以行不通，还有一个原因是：说出一个语句，而且这个语句也符合语义转换的规则，并不能表明我们对它有**实际的经验**，即不能表明我们能把这种经验**显示出来**。达米特认为，这种情况是有的，存在一种被说出的并被证明是符合语义转换规则的语句，其命题内容又是我们根本无法拥有实际的经验的语句，既不能说它为真，也不能说它为假。因此，说出一个语句与获得对这个语句的命题内容的实际经验是完全不同的两回事。

实在论相信，我们能认识完全的真理或最终的真理，思想与实在或语言与实在之间具有完全可辨明的表述关系，或者说，一个在基本条件上完整的语句或思想是不可能存在含糊性的，它们总是确定的，因为辨明它们的基本条件是清晰的、没有疑问的。从古典经验主义到现代经验主义，这一点都从来没有被怀疑过：通过把思想或陈述还原为带有经验的可证实的内容，它们就是确定的。但这些理论从来没有考虑这一点：是否有些经验的东西是我们不能获得的或不能证实的，即是否有些经验超出了人类的基本的经验观察或实证的能力。

实在论只要求说话者拥有理论的知识，但如果我们拥有的知识是理论的，这也就意味着它是隐含的（不可能完全转换成为外在的，这与我们所表达的命题是隐含的有关）。在柏拉图主义者那里，数学知识就被视为一种隐含的知识，这也就是说，柏拉图主义者始终把数学知识当作是关于独立于我们的心智的永恒实在的知识，这种关于实在本身的知识是永远也不能显示出来的，即证明其为真的真值条件是我们永远无法获得的。也正因为如此，对柏拉图主义者而言，我们关于数学的知识只能是一种隐含的知识。

但从今天的角度看，一个激进的后期维特根斯坦哲学的信徒会否认任何与具体的数学陈述的使用背离的隐含的知识，对他而言，去理解一个数学陈述就是去把握它的使用方式（而不是使其为真的真值条件）。根据这一理论，隐含的知识根本不存在，我们根本不应承认说话者拥有隐含的知识，我们所能承认的只是实践的知识，即那种说话者在任何情况下都知道，应该如何在一个数学陈述的使用方法中去理解和运用它的知识。① 在意义理论中，如果我们通过对使用方式的了解来认识意义，那么，我们有关句子的意义的知识就不是一种关于实在的知识了，在这种情况下，它就是使用中显示出来的知识。

从柏拉图的数学实在论到布伦塔诺和迈农的实在论，一般的语言表达不仅被视为一种述谓性的语句，而且这种语句被视为是有固定的直接指称对象的，即使这些指称对象**超出了我们的理解**，它也被假定是存

---

① 一般而言，达米特是赞同"意义即使用"的意义证明理论的，他不同意的只是出自它的那种完全排斥与理解相关的隐含的知识的偏激立场，而且，他提出知识的"显示性要求"显然是受到了后期维特根斯坦的意义理论的影响，因此，我们看到，他对后期维特根斯坦的语言哲学的抱怨总是夹杂着深深的同情；相比之下，达米特对实在论的批评则是不带任何的同情的，他的批评往往是十分彻底的，因为，他坚持认为，只有否定实在论的意义证明理论的根本前提，才能构建一种令人满意的意义理论。

在的。考虑到实际上存在着许多其真值无法确定的语句，实在论的这种看法的悖谬是显而易见的。如果我们思考和解释的实在对我们而言是独立于我们的认知能力的，我们如何认识它？即我们如何有关于它的可能性的真实的观念？不管怎么说，只要实在本身的一些东西独立于我们的证明，或超出我们的证明能力，实在论就必须意识到，我们是不能把无法满足证明要求的表达称为真的。一般而言，句子的真值不是我们都能加以确定的，有许多语句，我们关于它们的解释，即使采用一般的逻辑形式或现代逻辑真值表的形式，其真值也是我们无法辨认的。

但柏拉图主义者或一般的实在论者坚持认为，一个句子的真值依赖于理解者对其真值条件的认识，似乎这些认识与真值条件**是否能获得的**实际情形没有任何关系。这样一来，实在论导致了这样一种情况的出现：对于真假的观念，即使我们没有去证明它们或否决它们，它们也可能是真的或假的。这也等于说，是真的还是假的是独立于我们对它加以证明或否决的，即使我们没有去证明它或否决它，它们也可能是真的或假的。实在论的这种暗含的观点所包含的悖论是值得给予特别的注意的。关于世界，它的实在本身的一些东西要么是真的、要么是假的，但它又独立于我们的证明或超出我们的证明能力，因此，在很多情况下，我们要么把实际上我们无法满足证明要求的表达式称为是真的，要么对它的真的证明只停留在**语义分析**的水平上，即只求得它的语义真值（只满足等值的原理），而根本没有把它的真的内容"显示出来"（manifest），即作为一种可以操作的**知识**表现出来。实在论导致了这样一种情况的出现：对于真和假的观念，即使我们没有去证明它们或否决它们，它们也可能是真的或假的；更极端点说，即使我们根本无法证明它们或否决它们，它们也可能是真的或假的。

一直以来，默认一个非心智的物质世界的存在，是实在论的基本特征。既然世界是独立于我们的证明能力被构造出来的，那么，它就是客观的，因此，我们就可以采用一种**直接证明**的方法来判定关于它的语言陈述的意义是真的还是假的。实在论的兴趣主要就存在于这一论题上。但从后期维特根斯坦到蒯因，人们已清楚地看到，实在论所采用的直接证明的方法困难很多，特别是涉及一些复杂判断（复合条件句等）时更是如此。也正是看到了这一点，后期维特根斯坦转向依据一种语言本体论（不再是世界—语言的二元论）来寻求表达式的意义的方法；蒯因和戴维森的整体论虽然没有真正抛弃直接的证明方法，其基本设想的目的也是绕过实在论的意义证明方法的困难。此外还有波普尔的证伪逻辑、皮尔士更早的时候建构的指号学。这些理论都努力表明，表达式的意义的证明方法只能是一种间接的证明方法。对于那些无法确定的句子，我们不能满足于对它们只有隐含认知；只有相关的隐含的知识**能完全显示出来**，才可以说一个语句是确实的，即为我们所真正认识的，否则就不能说，该表达式的意义是可以证明的（要么为真，要么为假）。这也是达米特的意义证明理论的观点，即是他针对一般实在论的挑战所提出的反实在论的观点的基本依据，尽管他并不承认自己是一个反实在论者。①

　　在达米特看来，正是一种指称实在论的承诺，使基于真值语义学的意义理论陷入了"非显示"的困境。这一切不仅与实在论承认非心智的物质世界的存在有关，而且与它坚持二值原理的信念有关，如果坚持认为世界是独立于我们的证明能力被构造出来的——因此，其真假是无可非议的，那么，就会出现一种被认为是确实无疑的，但又不能在行为中表现出来（即"非显示"）的"真理"。实在论者不得不思考这样的问题，如果那些真值条件超出了证明条件的陈述不能在人们的行为中表现出来，那么就必须放弃实在论认为是理所当然的或首尾一致的概念

---

① "我认为实在论有必要对人们对它的反驳作出回应，而且我并不认为，实在论不能回应对它的挑战，我只是认为，时下占统治地位的观点没能对此作出回应。……我从来没有立志把哲学的世界转变为反实在论的世界，因为我觉得无法确定这是一种绝对真理（gospel）。我只是想向持实在论观点的人表明，一些问题是必须认真对待的。"（Barry M. Taylor editor, *Michael Dummett: Contribution to Philosophy*, Martinus Nijhoff Publishers, Dordrecht, 1987, p.269）

框架。

或许我们形成有关事态的概念的能力可以超出我们对它作出的证明，但我们终究没有理由认为，真理是独立于证明的，除非我们清楚，恰当的概念的理论形成能对真正无法证实的事态作出说明。无论概念的哪个方面在行为中的显现，都只从属于论断或证明的条件，因为没有超出了这种证明条件的有关真值条件的"领会"可以显示自身。因此，如果实在论对陈述的理解在行为中表现不出来，那么，实在论就必然是错误的。如果概念化和理解的归属在行为的基础上都无法确定，那么就没有理由认真对待它。可以肯定的是，从弗雷格所阐明的思想（语言）与实在的认识关系来看，对于思想与实在之间的关系，我们是缺乏那种明晰的或无可置疑的辨明条件的。

3. 从传统的实在论的角度来看，实在论的意义理论的自我辩护的关键点还是指称（外在对象世界的呈示）和真理。这里的指称的理论和基于二值原理的真理概念都有可能带有形而上学实在论的承诺。在这种情况下，还原论成为了避免形而上学实在论的一种常见的方法，比如把带有形而上学实在论争论的指称类陈述还原为不再有此类争论的感知材料，以及把带有形而上学实在论争论的心灵陈述还原为行为活动。前者一般可称为现象主义的还原，后者一般可称为行为主义的还原。一般意义上的还原论也就是把一类陈述还原为另一类陈述。实际上，维特根斯坦已经注意到了还原论是不可避免的，因为有些实在的基本陈述只能还原为另一种陈述才能被理解，否则我们将不能找到它的成真条件，这也就是说，一些陈述类的真值只能为它的还原类的陈述的真值所决定。如果缺少还原，真理的二值原理将无法使用。比如，心灵中的想象是实在的吗？我们如何能表明关于它的陈述是真的？在判定这种陈述时我们能使用真理的二值原理吗？可以肯定的是，我们很难或根本得不到有关心灵的陈述的意义成真条件。如果用真理的二值原理，我们只能说"一种想象在他的心中，要么不在他的心中：这里不可能有第三种选择"。但以这样的方式来判定这一陈述等于什么也没说；真理的二值原理在这里的运用是恶作剧的。在这种情形下，心灵状态（某人的想象）只能从行为中看出。维特根斯坦不是要否定真理的二值原理，而是说，我们不可能有关于心灵状态的陈述为真的任何形式的真值条件。他看到，真理的二值原理在某些陈述中的运用只能带来荒谬的结果。

　　把指称对象还原为感知数据或可描述的陈述类的还原论，也是一种容易与反实在论混淆的还原论，因为它在确定一个陈述的意义的直接条件中放弃了指称概念。比如，在量上和指称上涉及方向（direction）的陈述时，还原论可以把抽象的方向，还原为相应的可感知的直线的陈述。方向在指称上无法直接描述，因此，不可能存在与之相关的有意义的陈述（指称），但一旦把这种形而上学的陈述类还原为具体有关直线的陈述类，就仍能确定关于它的陈述。这就是说，我们可以把有关直线的描述视为就是对方向这个指称类的描述，即视为对它的某一特殊实例的描述（用不同的直线之间的关系描述它）。这样的做法也符合弗雷格的只有在陈述的语境中，词语才有意义的语境原则。——方向这个词可以在有关直线的陈述中获得意义（它似乎也只有采取这种方式才能做到这一点）。只要有关直线的描述是为它的真值条件所确定的，我们就可以把指称归属于它，即确定方向是它的描述的指称。现在，方向这个带有形而上学疑问的指称的真的问题，就变为有关它的还原类的描述是否为真的问题。这里不再是一个简单的相关的语义意义的问题，而是相关直线的描述的真值条件是否能够确定的问题。成功地做到这种还原，也就是对方向这个指称类作了证明，即证明了方向是一种存在。如果我们接受对方向的还原性的描述，我们实际上就放弃了这种描述的实在论的性质。

　　这样看来，还原论是与基于实在的描述之上的实在论对立的，因为实在论的基本原则是把任何陈述都理解为是有关外在对象（被给予的类）的陈述，并认为陈述的真值条件也是由外在对象的性质决定的。真正的实在论不会允许任何形式的还原，即它不会承认对有关被给予的类的陈述的任何形式的还原。从根本上说，它不认为还原类的陈述可以确定自身的真值条件；除非是**被给予的**陈述，否则任何陈述都不可能确定自身的真值条件。这是实在论的基本特征，一旦放弃了这一点，就等于彻底放弃了实在论。由于指称类在还原论中被还原为非实体的存在形式，因此有一种观点认为，还原论是走出实在论的指称理论困境的最好的办法，甚至有人认为还原论就是一种反实在论，达米特所能追求的无非也是这种形式的还原论而已。的确，维特根斯坦的例子表明，在还原论和反实在论之间有某种相似之处。

但达米特表明，还原论也是一种实在论的，因为它只是把指称类作了还原，这样做并没有影响它坚持真理的二值原理，而只要还原论还坚持真理的二值原理，它就是一种实在论。比如在方向的例子中，从表面上看，当被给予的类的陈述被证明是无意义的时候，指称这一概念就变得十分奇怪，我们不得不放弃它在被给予类的陈述中所扮演的重要角色，在还原类的陈述中它也根本起不了任何作用，但把方向还原为直线并没有损害真理的二值原理，这就是说，这里的还原仍然可以在被还原项（"直线"）中使用二值的真理概念。在心灵实体这个例子中，维特根斯坦已经说得很清楚，被给予的类的陈述（心灵的状态）被证明是得不到的，所能得到的只是还原类的陈述，但一旦这里把心灵状态（想象或疼痛的心理状况）还原为外在的社会可理解的行为或为神经生理的状态，那么，就会有一个真或假的判定（如果心灵状态是某种神经生理的反应，它即为真，反之则为假）。[1] 因此，在维特根斯坦那里，还原论是可以从社会的语言规范方面和行为主义方面制定一个真理标准的。

从达米特的反实在论的基本性质来看，一种在意义的真值条件上仍然坚持二值原理的还原论，是完全不能作为反实在论的一员的。达米特意义上的反实在论的一个重要特征是反二值原理。根据直觉主义逻辑的证明理论：一个陈述为真完全由它所提供的证明而定；如果陈述所提供的证明被驳倒，其意义则不真，在这里，并没有与实在相关的真与假的标准。因此，这一点是不容置疑的：任何形式的还原论，只要接受了

---

[1] Cf. M.Dummett，"Realism"，in *The Seas of Language*，p.245.

二值原理，就不能算是反实在论；如果按照一般的看法把它当作是一种反实在论的话，它也只是一种温和的反实在论，即一种只是对指称的概念在意义理论中的作用提出了质疑的反实在论。

达米特指出，激进的还原论甚至可以坚持古典的指称概念（把被给予的类当作不能还原的类），因此，还原论并不等于反实在论，不应混淆还原论与反实在论。达米特认为，实在论也可以是还原论的，他把那种把心理或心灵现象还原为神经生理现象来研究的还原论，称为"老道的或精致的实在论"（sophisticated realism），① 而把那种认为只有被给予的类的陈述，不存在可还原类的陈述的实在论称为朴素的实在论（naive realism）。只有反对真值条件的意义理论，即反对基于二值原理之上的真值条件的意义理论，才是真正的反实在论，对指称作某种还原性的解释并不是反实在论。达米特谈到了弗雷格算术哲学中的还原论、罗素的限定摹状词理论的还原论和斯特劳逊的指称理论的还原论。罗素的限定摹状词理论是一种现象主义的还原论，比如它把古典的指称的概念还原为限定性摹状词，但它仍坚持二值原理，即仍然发展了一种真值条件的意义理论。斯特劳逊和弗雷格的指称理论的还原论虽然不再坚持严格的真值条件理论（允许某些语义内容没有真值），但却又让限定摹状词保持与指称的一种非还原的关系，比如它仍然承认被给予的类的陈述与还原类的陈述之间存在一种平行对等的关系。无疑，这些理论观点都摆脱了古典的实体实在论，即摆脱了对那种迈农式的实体的承诺，但仍然不能说它们是反实在论，它们仍然是一种实在论，这些理论的实质的动机本身也不是反实在论的。

对于达米特而言，是否坚持一种真值条件的意义理论，是衡量一种理论是否是实在论的一个很重要的标准。坚持真值条件论是实在论的典型特征；实在论总是认为，真理是一个预先存在的概念，我们可把它附加于句子上：如果真理存在于所有论断式指称的对象的性质之中，似乎

---

① M.Dummett, "Realism", in *The Seas of Language*, p.247.

就可以这么认为。但许多我们指称或断言的对象的性质超出了我们可能有的知识的范围，在这种情况下，我们并没有任何有效的途径来帮助我们确定一个预先存在的真理的概念。因此，达米特希望用一种基于多值逻辑之上的推理证明的意义理论来代替基于二值的真值条件之上的意义理论。

（二）走出弗雷格的实在论的幻觉

试图发展一种真值语义学的弗雷格相信，意义理论在根本上可以消除极为矛盾的语义二元性，而也只有消除了语义二元性的语言分析才是真理性的（一种典型的客观主义的信念）。达米特希望彻底走出弗雷格的语义二元性的困惑，因此他对语义二元性作了全新的解释，而且他认为，他的解释是符合弗雷格的理论的内在意图的。承认语义二元性的存在意味着：（1）指称虽是意义的一个不可缺少的条件，但并不是意义的构成部分。[①] 我们不可能认为，两个具有同样指称的词具有同样的含义。说指称（reference、Bedeutung）并不是意义的构成部分的理由是：如果它是，那么，指称就会完全替代含义（sense、Sinn），因为，如果一个语句的意义已经由它的指称显示出来，即它的真值完全由指称给定，那么，就根本不存在一个句子的含义是什么这样的问题：在这种情况下，含义就是指称或指称就是含义（区分它们就毫无必要）。（2）若指称不是一个表达式或词语的意义，那么，在一般的逻辑形式和形式语义学的分析之外，就还需要一种特殊的意义理论。因此，意义理论不能采取直接对意义作出归属或确定的方式（像戴维森、克里普克等人那样），那种以"词和句子 x 的意义是……"或"词和句子意味着……"这样的命题形式对意义作出解释的方法是错误的。（3）只有含义具有"认知价值"，包括专名在内的任何语句都具有提供新的信息内容的功能，因此，名称或语句的含义不可能只包含在它所拥有的指称中，含义

---

① "认为指称并不是意义的构成部分，就等于认为，我们对一个词语或表达式的理解，并不在于我们把世界中的某物与那个词语或表达式联系起来（即使是部分地联系起来）。"（M.Dummett，*FREGE：Philosophy of Language*，p.93）

的概念与知识的概念是联系在一起的。从这种意义上说，把逻辑学（包括其在真值语义学中的运用）与意义理论分开是不合理的。(4) 我们永远也不可能为自然语言建构一门基于真理的二值原理之上的意义理论，这是因为：自然语言的含糊性是不能消除的，以及说一种语言的实践和对这种语言的实践**作出说明**的意义理论是不能分开的。

达米特认为，许多哲学家，包括维特根斯坦和蒯因在内，都在不同程度上像他的"这个弗雷格"一样，站在反实在论的立场上，他们都反对那种把意义实体化的做法，即反对把意义当作一种词语必须与之相连的实体，他们都把对什么是意义的探究改换为对包含了意义的复合句的澄清和应用的研究。

1. 但在达米特的弗雷格研究中，有一个"早期的弗雷格思想"这样的概念，而这个早期的弗雷格的思想被看作是一种推理主义的思想。达米特继而又认为，弗雷格 1890 年后放弃了把命题视为主要的研究对象的推理主义的立场，因为在这个时候弗雷格已开始在专名的标题下从技术上把句子与单项词结合起来考察，这种方法是把对一般表达式的考察排除在外的。

达米特对弗雷格哲学的这种"一分为二"的评价引起了争议，许多弗雷格研究者并不接受达米特的观点。在他们看来，采取具有推理性质的语义学方法的解释，要求对两种性质作出解释（即在句子的解释之外，同时需要对它的表征的原始材料作出解释），因此区分两个弗雷格是没有根据的。甚至在弗雷格研究上具有与达米特相同观点的布兰顿也反对这种看法。布兰顿认为，1890 年后，弗雷格的确由对推理的关注转向了对真理（语义真值）的关注，但并不等于说，他因此就一定转向了表象主义的形式语义学的观点（布兰顿要维护一个首尾一致的推理主义者的弗雷格）。这就是说，很难确定此阶段的弗雷格是否用先验原始的、与对象相关的指称关系来理解真理，只有确定了这一点，才能说他真正走向了一种表象主义的形式语义学。要知道，成熟的弗雷格把真理视为不可定义的和原始的，即使在 1890 年的文献中要抽出表象主义的承诺，也需要更多的证明；再说，用推理的方式来理解逻辑的主题，本身就与从逻辑的推理来看待它不一样。①

但不能不看到的一点是，弗雷格之后，塔尔斯基和戴维森等人所发展的后弗雷格哲学的实在论倾向，指向的就是以指称或专名为中心的语言的表象主义的处理方法。后弗雷格哲学中的语言表象主义模式的强势，似乎表明达米特的判断是有根据的，因为只有弗雷格哲学本身具有通向表象主义的实在论道路的迹象，或它本来就具有难以掩饰的表象主义的实在论的归宿感，才有可能有后弗雷格哲学的表象主义的发展。②当然，对于达米特而言，问题的根本并不在这里，问题的根本是，我们能不能把一种反实在论的思想与弗雷格的语言哲学联系起来，即能不能表明这一点：走向语言的反实在论的道路的起点正是弗雷格的语言哲学。

达米特试图给这里的问题以一个肯定的回答，因此他更多的是把弗雷格哲学当作反实在论的推理主义的语言哲学来解读的。但达米特又始终认为，弗雷格本人是摇摆于语言的表象主义和推理主义之间的，因而他对弗雷格语言哲学的推理主义解读是一种批判性的解读。他也认为，把弗雷格当作表象主义语言哲学的创始人是不确切的。如果硬要说弗雷格是表象主义者，那也是从 1890 年开始才是这样的。——根据达米特的看法，1890 年是弗雷格思想的转折期，之前是推理主义的，之后才转向经验主义的形式语义学方法。这就是说，之前的弗雷格不是用指称的概念而是用推理的概念来进行他的语义学探讨的。他的第一本著

---

① 根据布兰顿的研究（Cf. *Making It Explicit*；*Reasoning*，*Representing*，*and Discursive Commitment*，p.81ff），即便在《算术的规则》（*Grundgesetze*）中，弗雷格也还是把句子当作体现真值的基本单位；在弗雷格思想发展的每一个阶段，真理和思想（由陈述句所表达的内容）的重要性都一直是所强调的重点；甚至在 1914 年的《数学中的逻辑》一文中，弗雷格仍然坚持认为，只要我们把名称与真理联系起来，那么，它就应指派某种对我们而言是重要的东西。

② 至少弗雷格没有明确地表明句子的意义是基于单项词的意义之上，还是单项词的意义基于句子的意义之上。

作《概念文字》（1879），把对"概念内容"的解释视为其主要目标。它
对"概念"的本质的解释完全是用推理的术语来进行的。在达米特看
来，在后期思想中，弗雷格的确陷入了语义二元性或实在论的困惑当
中：含义与指称的矛盾和对立，使他转向了指称的理论，并产生了回归
二值真理的强烈愿望，而且他相信，自然语言的含糊性可以消除，因此
可以建立一门纯粹分析的真值语义学。弗雷格希望建构一种能避免自然
语言的缺陷的语言：它通过一种控制句子中的词语的原理来表达思想，
即在思想传达上完全依赖于一种普遍能被理解的指派词语的含义的原理
（形式语义学原理）。

为了表明他的这一看法是正确的，达米特把弗雷格的哲学划分为
六个发展阶段：第一阶段是 1879 年至 1883 年产生"概念文字"一书的
阶段。第二阶段为 1884 年出版了《算术的基础》后到 1890 年这一时期。
这一时期是弗雷格的思想的高峰期，没有其他著作像《算术的基础》那
样充分显示了他的思想，在该书中他提出了他的大部分的主要思想（包
括著名的反心理主义的原则和语境原则），除了区分含义与指称这一部
分的思想以外，弗雷格的一些重要观点基本上都出现在这本书中了。

弗雷格**哲学的**第三个阶段的思想从 1891 年到 1906 年，期间他作了
《函数与概念》的演讲并出版了关于几何学的两个系列的论文，以及出
版了《算术的基本规则》两卷本（1893—1903）。在这一时期，弗雷格
还写了《论含义与指称》、《论概念与对象》（两文都写于 1892 年）。自
从写了《概念文字》之后，弗雷格一直试图写一本逻辑哲学的书，以完
善自己的逻辑哲学思想。它的成果最初就是这几篇文章。其中最引人注
目的当然是"论含义与指称"。在该文中，弗雷格革命性地区分了"含
义的领域"与"指称的领域"。但此时，弗雷格也开始试图在意义理论
中追求科学的精确性和完善性，即用他的逻辑符号主义的方式为整个意
义理论奠定基础，这样的意图使得他这一时期的著作带有强烈的学究气
和理想性。达米特认为，此时弗雷格放弃了他最为重要的一个观点，即
句子在意义理论中的中心地位的观点。不仅如此，在这一时期的主要著

作中，词语的意义只有在**句子的语境**中才能被理解的观点也不见了。①此间，罗素指出了《算术的基本规则》一书中的悖论，弗雷格似乎已经认识到，他从逻辑中引申出算术的企图可能要失败了。弗雷格**哲学**的第四个阶段是 1907 年至 1913 年这六年。这六年几乎没有任何成果。在此期间，除了几篇评论文章和通信以外，他也没打算续写《算术的基本规则》的第三部。主要原因是罗素指出的悖论使他已无心再做这项工作。

弗雷格思想的第五个阶段由 1914 年至 1918 年，这时为第一次世界大战时期。弗雷格已从耶拿大学的职位上退休，但其思想构思又开始复兴，他写了《数学中的逻辑》以及写了作为他打算撰写的《逻辑研究》一书的准备材料，它包括三个篇章的内容，其中包括著名的《思想》一文，后作为遗作于 1969 年出版。弗雷格思想的最后阶段（第六阶段）是 1919 年至 1925 年。期间没有著作出版，但他又开始写数学哲学的文章。弗雷格晚年承认了他的逻辑主义计划的失败，这种逻辑主义（把全部数归于几种逻辑的类）是他早年在《算术的基础》一书中踌躇满志地提出的。

达米特肯定了弗雷格的第一和第二阶段的思想，以及在第三阶段的《论含义与指称》和第五阶段的《思想》等文中提出的重要观点。达米特完全不能接受弗雷格第三个阶段的研究中所试图发展的带有表象主义承诺的真值语义学。在他看来，"不管怎么说，这一点是很清楚的，语言的语义学包含了含糊不清的表述，它是不能简单地成为二值性的东西的，弗雷格相信二值性是语义学的唯一的一种可能性。但若我们要有一种能把每一个句子都当作确定了真值的，即确定了对和错的语言，那么，它就必须是一种排除了任何的含糊性的痕迹的语言"。②——弗雷格的担心是，如果允许没有完全确定的谓述性的句子的存在，就会不可避免地出现缺乏真值的句子，但在达米特看来，在恰当的条件下，情况

---

①　Cf. M.Dummett，*FREGE：Philosophy of Language*，p.643ff.

②　M.Dummett，*FREGE：Philosophy of Language*，pp.647-648.

并非必然如此。

在达米特看来，弗雷格的思想的最重要的部分不是建立在符号逻辑主义方法上的真值语义学，而是以语义二元论为中心所提出的一系列思想。语义二元论带来的是一种革命性的思维，它是一种把指称从意义的构成部分中排除出去的革命性举措。而且弗雷格还表明，含义具有认知价值，包括专名在内的任何语句都具有提供新的信息内容的功能，因此，名称或语句的含义不可能只包含在它所拥有的指称中，含义的概念与知识的概念是联系在一起的。这也表明，不管从何种意义上说，我们能够说明真值条件概念的唯一方法并不处于可能的事态或事实的对象范围，也不在逻辑空间的范围，**而是处于语句的含义之中**，它包含了说话者对语句被决定为真（命题内容）的方式的把握。

语义二元论也是弗雷格要求语言哲学从判断形成概念的原因，推理主义也不再允许他以逻辑的方式形成概念（从亚里士多德到布尔都是用逻辑的方式抽象地形成概念）。从这里开始，弗雷格明确区分了能作为推理的前提和结论的内容和不能作为推理和结论的前提的内容。他坚信，概念只有对于判断而言才是可以理解的，也只有这样的概念可以作为推理的前提和结论。弗雷格明确表明了自己的选择，比如他写道："在亚里士多德那里与在布尔那里一样，逻辑上的原始活动是以抽象的方法形成概念，判断和推理通过它们的外延与概念的间接和直接的比较而给出……而我从判断和判断的内容开始，而不是从概念开始……不是从个别中把判断当作主词和从早已形成的概念中把判断当作谓词组合起来，相反，我通过对可能的判断的内容的分析来得到概念。"①

达米特认为，早期弗雷格在写《概念文字》一书时肯定考虑到了作为一种自然语言的语言的特殊性（否则他不会觉得需要创立一门新的

---

① H. Hermes, F. Kambartel, and F. Kaulbach, eds., *Gottlob Frege*: *Posthumous Writing*, University of Chicago Press, 1979, pp.16-17.

逻辑），传统逻辑或语义分析对此则没有作出任何考虑。这样看待逻辑的弗雷格对达米特显然具有极大的吸引力。在达米特看来，至少此时这个弗雷格与他一样，是坚定地把实质的命题内容置于整个语义分析的核心位置上的。达米特认为，弗雷格的新逻辑表明它所考虑的问题是极其不同的。从理论上看，弗雷格的新逻辑所要表明的是，我们可以把意义、一种态度和言语行为归为一种语义学内容，这样就能从它们产生的不同的语境中决定其语用学的意义。这样也就可以弄清楚，这些语言表达式的使用是否恰当。

只有特定的命题内容才能决定这里的语用学的语言使用的意义，所以，对**实质的**命题内容作具体解释也必然是语义学解释的任务（这里需要的不是形式的语义学，而是推理的语义学）。从最基本或最简单的意图上看，弗雷格新逻辑的概念分析方法就是把命题内容的分析置于概念分析之中。弗雷格很清楚，只要人们用语言表达思想，命题内容的分析就一定是不可缺少的。即使是意向性的解释，也同样依赖于具有命题内容的陈述。一种姿态和言语行为，只有通过给出各种信念，言语行为才显得是理性的。而且，**可以作为**推理的理由的句子，必然是具有命题内容的句子。

在达米特看来，正是通过弗雷格对命题内容在语义学分析中的重要性的揭示，人们第一次清晰地看到了这样一种关联：只有把语义内容看作是直接出自意向性状态或直接就是某种表达的意图（而不是把它当作与语言表达式或句子固有的字面上的意义相关的内容），我们才能从不同的语境中去确定它的语用学的含义；否则，单纯的语义学分析将不可能给我们带来任何新的语言活动的内容。这也就是说，我们不能把语义学分析局限在与小句子和名称词的分析相关的范围之内。与小句子表达式相关的语义学分析只有在下述情况下才是有意义的：当这种分析直接有助于我们对完整的句子所表达的意义的分析。——实际上，语用学对句子使用的分析，也迫使语义学分析不能局限在小句子和名称词的意义分析范围之内，它必然要把对意义的分析扩大到整个句子。

　　达米特始终认为，如果我们从这个角度审视弗雷格的语言哲学，而不是从其后期理论的某个局部或片断审视它，那么，不难看出，尽管弗雷格一直抱有很强的实在论的信念，比如他始终认为指称的真值具有某种毫不含糊的确定性，但他又不是一般的实在论者。① 达米特因此认为，弗雷格仍信守二值原理这一实在论的根本信念是他的时代给予他的一种约束，若不是囿于时代的成见，弗雷格完全不必是一个实在论者。②

　　达米特相信，一个坚持推理主义的弗雷格对意义理论的贡献是巨大的。语义二元论及其语境原则使许多传统上归于形而上学的问题都成为了意义理论的一部分，特别是本体论的问题。比如，关于抽象实体的特征的问题，变成了一个可以转换为具有专名的意义的抽象的单个项的更为一般的问题，重要的是，形而上学的基本问题，以及有关实在论与观念论之争的解决办法，都可以被视为是意义理论所应处理的一般形式的问题；而原先真与假的概念扮演重要角色的理论，也有可能用非常不

———————

①　弗雷格从不讨论外在实在世界中是否有**独立于**思想的实体这样愚蠢的问题，他关心的始终是在决定句子的真值条件时，**意义如何发挥的作用的问题**，即我们如何确切地理解断言和专名等表达式的意义的问题。(Cf.M.Dummett, "Frege's Philosophy", in *Truth and Other Enigmas*, p.103ff)

②　在达米特看来，由于认为含义具有认知的价值，弗雷格的实在论要比迈农的实在论带有更强的**唯我论**的色彩，其唯我论的色彩也要强于反对黑格尔的观念论的罗素和摩尔早期著作中的观点。放弃任何形式的**观念论（唯心主义）**，也许是哲学进步的一个前提。弗雷格一直攻击心理主义，而且不止一次地指出，心理主义不可避免地会走向观念论，但除了指出这一点外，他很少直接攻击观念论，而是简单地把它放在一旁。他无疑会把他自己的实在论的观点，当作他的哲学体系思想的一个基本的特点，他的著作的对意义的实在论和冠以"柏拉图主义"之名的数学的实在论作出了经典的陈述。**但对于实现这里描述的语言哲学的革命性改变，弗雷格并非一定有必要是一个实在论者；他是一个实在论者也许只是历史的需要。**(Cf.M.Dummett, "Frege's Place in the History of Philosophy", in *FREGE: Philosophy of Language*, p.683)

同的可证明性和可错性的理论来替代。①

在弗雷格那个时代，经验主义的形式语义学传统是与弗雷格的康德式的认识论对立的，只是由于弗雷格的贡献，我们才看了到对康德的判断学说的重视。正是相信只有通过可能的判断，我们才可以从基本定义引导出"概念内容"，弗雷格在《概念文字》的语义分析中运用了函数的概念：他把函数概念直接运用于解析可能的判断内容的语义替换（推理），② 这里的函数概念的运用与真值语义学的分析毫不相干。在《算术的基础》中，弗雷格继续追随一种康德式的方法。他指出，我们必须随时拥有一种完整的命题。只有在命题中，词语才真正有意义，如果命题从整体上看是有含义的，这就足够了，正因为如此，它的部分所表达的东西也同样是它的内容。相比之下，一般语义分析偏向于逻辑，它把与表达式无关的语义真值当作句子分析的唯一目标，完全忽略了从表达式上看的句子的断言的（assertoric）真理与语义学的真值的区别。弗雷格对此不同有清醒的认识：他清楚地意识到，之所以要从句子分析的角度，把真理视为句子本身所固有的，或归属于句子的，是因为只有

① 正是基于这样的理解，达米特认为，与笛卡尔的哲学先提出证明的问题不同，弗雷格先提出意义的问题。弗雷格深刻地意识到，除非我们对相关的表达式的意义作出了成功的分析，否则我们就不可能提出证明和真理的问题，因为在这种情况下，我们对什么是需要我们作出证明的东西，以及我们所要寻求的真理是什么就不能有确切的答案。当然，如果认为先前的哲学家没有关注过意义的问题是荒谬的，但弗雷格的确是自柏拉图以来，第一个明确地区分意义问题与确定何为真理，以及基于何种理由接受一种真理的问题的哲学家；而且也许还是第一个指出了对意义作出满意的分析的困难是什么的人。(Cf.M.Dummett, *FREGE：Philosophy of Language*, p.667)

② 弗雷格的替换方法允许在非直接推理中对小句子（subsentence）的表达式的内容进行指派（即赋予小句子以一种间接推理的功能），这种指派或替换是按照小句子对自己出现于其中的判断的表达句的直接推理的贡献而定的。如果小句子所表达的内容可以从句子的表达式中获得，那么这就意味着，间接的推理是完全可能的。这也就是说，我们可以从第一个判断中得出的推理（当与其他判断结合起来），也总是可以从第二个判断中得出，当它与同一个另一个判断结合在一起的时候。关于弗雷格的替换方法或"替换原理"，更详尽地分析可参见本书第二部分布兰顿的相关研究。

句子是在特定的语气中被说出的，是一种带有说话者的判断和特定的命题内容的表达式。句子不只是具有语义内容，它还带有特定语境中说出的语气的含义，即实质的命题内容。弗雷格的这一思想与后期维特根斯坦的某些思想是完全一致的；他们都意识到，真正重要的是我们"认为什么是真的"或"把某物当成是真的"语用学的态度，即我们所作出的判断或断言（asserting）的行为，而一般的语义分析中的语义"真值"（truth-value）和"指称"（reference）等语义学词汇，只具有一种辅助性的作用。这也就是说，在语言实践中，把语言中隐含的语力和含义转换为清楚表达出来的东西的推理，才是根本性的环节，语义分析只有作为辅助工具置于这一环节中才能发挥作用。① 达米特把弗雷格视为分析哲学之父，其中一个理由就是，他认为弗雷格始终把对语言的思想结构的分析视为哲学的根本任务。②

2. 但与此同时，达米特也认为，试图建构一种能摆脱自然语言的有限性的形式语言，是弗雷格哲学的另一个显著特点。着迷于人工语言的精确性和对自然语言的失望，使弗雷格对自然语言的任何精确的描述都没有兴趣，甚至对这种描述的可能性也抱有怀疑。达米特认为，这也

---

① "只有在句子语境中，词语才有意义"。这句话在弗雷格的《基础》中不断被重复着，维特根斯坦在《逻辑哲学论》和《哲学研究》两本书中都同意这一看法。但弗雷格后来并没有再强调它的重要性。弗雷格曾明确地说，句子的含义是在它的构成词的含义的外部建立起来的（弗雷格从没有把单纯的语义或句法分析当作对语言与思想的认识的关系的分析，他明确地区分了二者）。这也就是说，不仅我们对句子的理解是通过对构成句子的词语的理解实现的，而且这里的含义也是复合的。弗雷格像维特根斯坦一样认为，只有通过说出或表达一个句子，而不能通过任何小于它的表达单位，我们才能在"语言游戏中走出一步"，即作出一种言语行为。弗雷格也相信，词语的意义完全包含在它对具体的言语行为所做的贡献上。如果不按此原理来理解，我们就会犯"孤立地询问一个词语的含义"的错误，除了某些少数情况，词语可以单独代表某具体的对象之外，如果不考虑包含了所关注的意义的句子的种类，直接专注于词语的意义，会使我们把某种头脑中的形象确定为它的意义。（Cf.G. Frege, *Die Grundlagen der Arithmetik*, 1884, English translation, *Foundations of Arithmetic*, by J. L. Austin, Northwestern University Press, 1959 Preface）

② Cf. M. Dummett, *Truth and Other Enigmas*, p.458.

是为什么在 1890 年以后，弗雷格把真理而不是推理当作语义学的主要研究对象的原因。达米特完全不能接受弗雷格的这种理论观点的转变，对此，他作了直接的批评：

> 在这方面（也只在这方面），弗雷格处理逻辑的方法是倒退的。他用这样的方式来解释逻辑的基本特征：尽管所有的科学都有一个真理的目标，但在逻辑中，真理并不是目标，它还是一个研究的对象。然而，对于什么是逻辑的主题，传统的回答是：它的研究对象不是真理，而是推理，或确切地说，它研究的是逻辑结果的关系。在整个逻辑的毫无生气的历史中，这一直是一个广泛被接受的观点，直到弗雷格重新提及这个问题；这（指把逻辑视为推理的工具的传统的观点——引者注）当然是一种正确的观点。①

尽管弗雷格处理逻辑的新方式亦有它的新颖之处，它区分了某些推理的形式的特性和基于前提与结论的推理证明形式，但情况仍然是，逻辑的表象与句子的特性和真理联系在一起，而不是在句子之间进行转换，这对于逻辑和哲学而言都具有不好的影响。在哲学上，这带来了把注意力集中在逻辑的真和它的普遍形式（把这些作为有问题的概念），而不是集中在对其它陈述具有演绎后果的概念关系的分析上。如果主要的问题从一开始就被当作只是对演绎之后果的概念关系的分析，那么，追求逻辑的真的方法就会显得是荒谬的和与主题无关的。因此，我们应去解决涉及两种完全不同的真理之间的区分的问题，即弄清楚分析的真理与有条件的真理的区分的问题。

由于观点的变化，最终的结果是，尽管弗雷格并没有接受布伦塔诺的实在论，但他仍发展了一种语义实在论。这种语义实在论阻碍了弗

---

① M. Dummett, *FREGE*：*Philosophy of Language*，pp.432-433.

雷格把对含义的把握当作一种能力来说明。① 不仅如此，由于持一种语义实在论的立场，对于弗雷格而言，为了对含义作实在论的解释，"就不是把它与我们确定句子的真值的程序联系起来，而是独立于我们的知识，把它与事物客观地表现为真或假的确定性联系起来：这就像是通过实在本身来解释。因此，我们对含义的把握就不取决于确定句子的真值或认识它具有某种真值的能力，而是取决于什么是把它们归于真或假的知识"②。

　　弗雷格的语义实在论信念带来了一系列的矛盾，特别是当我们把它与推理主义相比较时。不管怎么说，有一点是肯定的：如果含义与指称是一致的，或指称是意义的一部分，那么我们就可以满足于真值语义学了，而这并不是弗雷格发展语言的逻辑分析模式的初衷。当然，弗雷格也的确这么相信过，他也曾认为，大部分的含义与指称是相吻合的。但如果这样，含义这一概念还有存在的必要吗？但含义又的确是一个可以设想的概念。达米特认为，在这里，走出这一困境的唯一的途径是承认：

　　　　指称并不是句子的意义的构成部分。如果指称是意义的一种成分，那么，一个词的指称将穷尽或决定它的含义，因为，为了对任何一个句子所产生的真值作出确定，关于它的意义，我们就不必知道得更多了……这样，含义就真的没有任何可能进入与语气（tone）和指称并列相处的那种地位了。但指称不是意义的组成部分，而含义却仍然可以被视为是一个词或表达式（那些需要把握，以确定其所包含的真值语句的表达式）的意义的构成部分；而这意味着，它的意义的部分决定了它的指称。一个对它所拥有的指称没有影响的词的意义的任何特征就不属于它的含义：我们不可能认为，两个具有同样指称的词具有同样的含义。③

① Cf. M. Dummett, *Origins of Analytical Philosophy*, p.107.

② M. Dummett, *Origins of Analytical Philosophy*, p.107.

③ M. Dummett, *FREGE：Philosophy of Language*, p.91.

把指称排除在意义的构成部分之外，必然会使意义成为一种直觉性的东西，而且会变得非常不精确。但许多哲学家，包括后期维特根斯坦和蒯因在内，都在不同程度上反对那种把意义实体化（意义直接由相应的指称决定）的做法，即反对把意义当作一种词语必须与之相连的实体。对于达米特而言，正是意义领域中的意义的"松散性"为意义理论拓展了研究的空间，因为它暗示着，一种意义理论不能缺少理解和认知的因素。实际上，也只有把对什么是意义的探究改换为对包含了对"意义"一词的复合句作出澄清和应用的研究才是有益的，因为只有这样做才有认知的意义。我们可以问，在什么情况下，某个特定句子的表达有意义或缺少意义，或在什么情况下，两个句子的表达式具有或没有相同的意义。我们对可能存在于意义中的含义部分加以理解的东西，可以说就是某人理解了一个词或表达式所隐含地把握了的东西，以及在这种把握中，他的理解所包含的东西。

当然，说"指称不是意义的构成部分"，并不是说，指称与意义没有任何关系。——按照弗雷格的真值语义学，正是通过一个句子中的词语的指称，它的真值才能确定下来。实际上，大部分的语义学对意义的分析完全依赖于与之相关的某种指称的分析，对构成的词语的真值和句子被确定的方式，以及它们的组合的方式作了非常正确的揭示。它们的错误是直接把指称与原始符号联系起来，但指称实际上只能是一种被指派的东西（它并不是原始符号直接赋予的东西），它只能出自于对句子的真值条件的归纳化分析，即只有通过制约单个词语的公理，为相应的词语指派适当种类的指称。由于缺少指派的东西，真值语义分析虽然假定了每一个原始符号和一些适当的指称之间的关系，但它却没有告诉我们，这些联系是如何建立起来的。就逻辑学的目的而言，这样做（弄清楚这些联系是如何建立起来的）是没有必要的，而对于意义理论的目的而言，这样做却是必不可少的。说指称不是意义的构成部分，并不是要否定指称是意义的一种结果，或否定指称在意义的一般理论中扮演着重要的角色，而只是说，一个语言的说话者对语言的词语的理解，决不在于他把某物作为它的指称与它联系起来。

　　从这个角度看，真值语义学并不像它认为的那样，能够获得意义理论所要的意义证明的"证据"。在达米特看来，要证明一个句子的意义，通过确定真值的方法是行不通的，唯一的方法是去了解或揭示使它成真的条件（the condition for its truth）。① 在批评戴维森的意义理论时，达米特把意义的"成真条件"与基于说话者的隐含的知识的整个**理解的过程**，② 以及直觉主义逻辑的"间接的证明"（推理）的方式联系了起来。达米特始终认为，意义理论应该把（非形式的）实质推理视为它的主要任务，并为这种推理的有效性提供一种判定标准，而不是仅仅满足于形式的语义学分析。如果意义证明的实据不可能有（没有实在论相信的直接的证明条件），那么，意义就只能由"隐含的知识"引导的理解和推理的过程来显示，因为也只有通过这样的方法，我们才能在证明的过程中把语言的**非逻辑的原始意义**显示出来。③

① Cf. M. Dummett, "What is a Theory of Meaning? （II）", in *The Seas of Language*, pp.35,40,41.

② 对于达米特而言，如果一个说出的表达式不只是重复某种业已存在的思想内容，而是希望传达一种新的信息，那么，理解者只有指称的知识就不够了；从理解者的**语言资质**这一方面来看，他还必须有特定的隐含的知识，即那种支配或引导他对一般表达式做特定的理解的知识；这种知识不是公开的知识（explicit knowledge），即不是那种由语言表面的基本句法、语法，以及有关词语和语义整体的意义系统的知识。

③ 由于受经典逻辑的纯粹形式分析的影响，大部分的分析哲学家的理论都没有给出语言的非逻辑的原始意义，它们的理论只限于给出语言的逻辑常项的意义，因此也都没有实质的内容的显示（表达）；它们仍只采用逻辑的形式的推理，而没有逻辑的实质的推理（蒯因和戴维森的解释理论也不是为讨论逻辑的原始意义设立的）。蒯因和戴维森哲学之外的一些分析哲学甚至仍然采用了类似"'伦敦'指称伦敦"这种从表面上看似乎满足了真理性要求，但本质上却是十分肤浅或缺乏实质内容的意义证明方式。弗雷格的由含义的理论构成的意义理论的重要性正在于，它表明了，说话者或接受者要了解一个公理表达的命题，他所要知道的是什么，以及他要怎么说，其话语的论断才能被接受（证明）。——如果我们只是理解逻辑常项的意义，我们除了去了解真值理论是如何制约或规定它们的就够了。对逻辑表达的功能的重要性的强调，也是布兰顿的推理主义语义学的核心。

在我们所熟知的或普遍具有固定意义的词语的范围内，探究意义问题是较为简单的，因为一些表达式可以用不同的其他表达式替换或做些类似的定义，而在一些我们不太熟悉的语言表达的对象领域，事情就没有那么简单了。达米特认为，这也就是"意义理论"要去寻求答案的领域。很明显，在带有认知性的语言表达式中，刻板地运用传统的意义分析方式是无效的，那种"寻找和给出真值表"的常规的意义分析方法也是行不通的。对句子的算子的释义就是一个很明显的例子，问题的关键不在于真值表是否给出了，而是所给出的真值表对相应的算子的解释是否正解。这也就是说：

> 对传统的句子分析的怀疑，首先不应去怀疑，对于各种算子，真值表是否给出了，而是应去怀疑所给出的真值表对这些算子的意义的规定是否是正确的，或若如此，它是否应该是二值的。①

如果我们不采用真值表的方式，而是采用其他方法，比如直觉主义的方式，在这里，就不是个别算子的特殊的分析方式是否恰当的问题，而是整个分析模式是否恰当的问题。不管怎么说，如果只有句子的语义内容能由语义分析的方法所确定，而命题内容或"思想"则不能，那么求助于理解及其相关的推理就是唯一的选择。

真值语义学的形式主义的缺陷，使后期弗雷格的意义理论处于一种十分尴尬的境地。而弗雷格的早期著作表明，他对意义理论的形式主义的危害是有充分的认识的。在达米特看来，在写《概念文字》一书时，弗雷格就已经清楚地认识到了这一点，在这本著作中，弗雷格清楚地表明了他对意义理论的形式性的不满意。在《概念文字》一书中，弗雷格写道："……并非仅仅在下述意义上从意义开始，比如说在对有关自然数的基本法则的探究之前，先对'自然数'的表达式的意义进行探

---

① M.Dummett, *FREGE：Philosophy of Language*，p.669.

究，而是通过采用把意义理论当作其结论不依赖于任何其他部分，所有其他部分都以它为基础的哲学的唯一的一部分来开始的"。①

3. 尽管选择了一种真值语义学，提出语义二元论的弗雷格的正式的语义学理论中仍然有两个显著的特点：它有指向不同的语义范畴的两个词，即含义与指称。在弗雷格以前，德文"Sinn"和"Bedeutung"这两个词也在其他语义学理论中出现，但弗雷格使用它们的特殊之处是，他不是把它们当作有关语句的语义对象的名称，而是把它们当作语句本身的语义范畴。弗雷格之后，早期维特根斯坦也承认有"Sinn"和"Bedeutung"这两个词的区分，但他当时是一个语义一元论者，对他而言，只有名称才有一种"Bedeutung"（指称），而只有图像才有一种"Sinn"（含义）。而对于弗雷格来说，每一个语句单位都有两种语义上相关的事物：**它表达了它的含义和显示了它的指称的意义**。②

弗雷格是一个语义二元论者，他也正是基于语义二元论的基本观念对含义这一概念进行了区分：他区分了含义的两种不同的功用：一种功用是纯粹语义学的，它的功用是表明句子的一种所指的语义关系；另一种功用是属于哲学语义学的：这个时候，含义这一概念指的是一种本体论状态（ontological status），因而牵涉到思想这一领域。第一种含义与指称的关系是由句子的语义内容决定的：它说明了词语的含义是如何根据其语义值被指派的；而第二种含义与思想相关，它并不是直接表示某种语义含义，它的含义也不是简单地被给予的，相反，它由句子的命题性的内容构成。但在含义的两种功用中，矛盾一直存在：因为在第二种情况中，含义代表的是语句的一种**命题内容，而命题内容总是不能直**

① 达米特认为，通过这样做，弗雷格在哲学中发起了一场革命，它与先前笛卡尔所发起的革命一样伟大；他能够做到这一点，即使他只是在作为哲学的其他一部分的意义理论中应用他的思想并取得成效。因此，我们可以把弗雷格的著作视为哲学的一个时代的开端，正像我们可以把笛卡尔视为一个时代的开端那样。

② 这里关于弗雷格的语义二元论和语义一元论的解释，参见 J. A. Coffa 的界定（J. A. Coffa, *The Semantic Tradition from Kant to Carnap to the Vienna Station*, p.79）。

接等于语句的**语义含义**，但我们可以把任何一个句子都视为表达了一个命题内容，它不仅仅只有语义含义，即它不只是通过词语及其句法结构"说了什么"而且还"表达了什么"。由词语的语义值指派的含义只是句子的语义内容，而由理解给予的含义才是命题内容，它们之间总是有区别的。这里的区别也关系到通过语句显示我们所理解的和通过语句显示我们所谈论的区别，在这里，"指称"是有关所谈论的对象（它涉及语句的真值），而"含义"则是有关我们所谈论的观念。

含义（作为命题内容的含义）的概念是在弗雷格提出它之前为大部分哲学家所忽略的，而由于弗雷格的语义二元性分析，与整个语义学传统的理论对含义的理解完全不同，这一含义的概念也为弗雷格以后的大多数哲学家所反对。① 但毫无疑问，这一含义的概念是弗雷格对遗留

---

① 罗素最早对弗雷格的语义二元论所划定的含义的领域提出了质疑。罗素承认，弗雷格的语义二元论揭示了语言的不透明性（比如，语言有可能是虚构的或在约定指称上是混乱或随意的），但他并不认为弗雷格的方法是有效的。罗素的疑问是：如果说句子的词语的所指有助于理解由它构成的句子的意义，但在不知道所指的情况下，如何知道句子的意义（meaning）？除非我们在不存在所指的情况下规定一个所指（哪怕是一个空的所指），否则，只有抛弃所指（指称词组）与句子的意义的理解相关的命题。可见，罗素坚持语义一元论，他把指称与意义视为某种"同质"的东西。语义一元论是排斥弗雷格所划定的含义的领域的。尽管与弗雷格一样，罗素所谈的句子的意义也是认知者的命题态度的构成物，但其性质完全不同：弗雷格的意义永远处于非完成和不饱和状态，而罗素的意义则始终是需要完成或语义上饱和的。原因是，后者关心的是句子的直指关系，前者关心的是句子的断言性的所指（思想或判断）。罗素的概念与对象的语义联系是饱和的，即与适当的对象在语义上贴合。因此，罗素的概念不是一种对象的函项（只有弗雷格的概念才是），他的概念分析不具备评价的功能，他的概念分析的目的是获得对象与概念的统一。罗素的命题或命题的复合体指的就是这样一种统一。戴维森在另一种情况下提出了对弗雷格的语义二元论的反对，他认为语义二元性的区分并不能解决任何问题，反而使问题变得更为困难：在他看来，弗雷格通过把谓词的指示意义的符合关系视为不饱和或不完全的（只承认名称或某些词语的意义与对象的饱和或完全的关系）来逃避意义与指称的符合论的困境，这样的处理方式只能把意义理论带进死胡同。"从指称（reference）转向意义（meaning），对于句子的意义如何建立在构成它的词语的意义（或其他结构特征）之上，并没有带来有用的解释。"（D. Davidson, "Truth and Meaning", in

至今的语义学的一个中心问题的回答，即什么是**命题理解**的特征的回答。这涉及至少两个问题：在对句子的理解中，我们所理解的是什么，以及在什么情形下产生了这种理解，或者说如何明确地把命题的理解和真实的事物区分开来。

弗雷格的语义二元论等于承认，一个句子的含义与其指称是不同的，因此，我们可以拥有不同的含义但却又是指向同一指称的句子，这就是说，句子的含义可以有变化，但句子的真值是不变的。就像我们已经看到的，弗雷格的这一观点的革命性在于，它打破了传统哲学中**把语言与实在当作一种直接的对应关系的观点**；说语言表达式中的含义与指称不同，实际上就等于说**指称**不是一种语言可以**直接描述**的对象（亦即，它不是一种可以在主词和谓词之间确定的关系。由此得出的结论有："存在不是一个谓词"或"存在乃变元的值"的观点）。如果语言能直接描述指称，那么区分含义与指称就没有道理了。"指称不是意义的构成部分"，这的确是一个具有很强的颠覆性的观点。

对于达米特而言，这是攻击实在论的一个最好的依据。[①] 实在论的一个典型的理论就是，相信我们能认识完全的真理或最终的真理，思想与实在或语言与实在之间具有可完全辨明的表述关系，因而一个基本条件完整的语句或思想总是确定的，**辨明它们的基本条件是清晰的、没有疑问的**。从早期经验主义、逻辑经验主义以及实证主义，这一点都从来没有被怀疑过：通过把思想或陈述还原为带有经验的可证实的内容，那

Inquires into Truth and Interpretation，p.20）——罗素和戴维森的反对意见表明，语义二元性的确是令人困惑的。语义二元性是作为自然语言的人类语言的缺陷的一种表现，明确命题的理解和真实的事物的区别本身就是一个难题，而要求人们接受语义的非饱和性或不完全性、空名以及在名称上的约定所指，也让人觉得难以接受。

① 达米特认为，可以肯定的是，弗雷格的语言哲学指向了一条否定传统实在论信念之路，但在他那里，我们还不能看到对实在论的批判。只有删因在"经验主义的两个教条"一文中攻击逻辑经验主义以后，对传统实在论的有意识的批判才开始。在当时，弗雷格还无法作类似的批判，但很明显的是，含义概念的出现已使弗雷格意识到坚持传统实在论的困难。

么它们就是确定的。但这种观点从来没有被考虑过，是否有些经验的东西是我们不能获得的或不能证实的，即是否有些经验超出了人类基本的经验观察或实证的能力。弗雷格对思想（语言）与实在的关系的认识显示，对于思想的实在性，我们是缺乏那种明晰的或无可置疑的辨明条件的；由于含义（它构成思想或意义）不同于指称，这里就一定存在着下述矛盾：当我们只考虑句子的含义、它的思想性或意义时，我们并不能保证它们的真，而当我们只考虑指称时，又必然会丧失语言**表达思想或认知的**功能："如果一个句子的真值就是它的指称，那么一方面所有真句子就有相同的指称，另一方面所有假句子也是如此。由此我们看出，在句子的指称上，所有细节都被除去了。"① 单只考虑指称，就等于把语言表达思想和在认知上的丰富性和多样性抹去，而单只考虑含义，就等于取消真，即取消"从思想到真值的推进"② 的认识过程。弗雷格由此看到了从一般实在论的角度看似乎是十分简单明了的认识的问题的复杂性。对这一复杂的问题，我们可以认为，弗雷格采取了一种谦逊的姿态："从思想到真值的推进"可以理解为是一个无限的过程，即它意味着，思想的真值并不是直接能获得的，思想的真值是相对的。但如何确定一种认识或一种意义理论是"从思想到其真值的推进"，而不是一种思想的幻觉呢？弗雷格的方法是，不去讨论外在实在世界中是否有独立于思想的实体或实体是什么的问题（以此来排除思想的谬误和幻觉），而是把问题集中在决定句子的真值条件意义所发挥的作用的问题上。因此，他把如何确切地理解专名和论断等表达式的意义视为语言哲学的根本任务。当然，问题的复杂性仍然存在，只要我们仍固守实在论的二值原理的真理观，即使把认识的问题转换为意义的问题，对意义的问题的探讨仍会陷入迷茫和困境。

---

① G. Frege, "On Sense and Reference", in *Modern philosophy of language*, edited by Maria Baghrarman. University College Dublin, 1999, p.12.

② G. Frege, "On Sense and Reference", in *Modern philosophy of language*, edited by Maria Baghrarman. University College Dublin, 1999, p.13.

达米特认为，正是弗雷格把意义的概念与真理紧密地联系在一起，才使人们意识到，我们的语言与对象的关系远不是符合论所理解的那种简单的指称关系；仅仅有一种指称理论是远远不够的。在达米特看来，弗雷格的语言哲学的高明之处是，它从一开始就没有接受传统的实在论，特别是没有接受他那个时代的布伦塔诺所宣扬的实在论。按照布伦塔诺的分析，心智的活动总是指向心智自身的内容物。弗雷格当然不会这样认为，他并没有去讨论意向性与对象的关系的复杂的问题。弗雷格并不赞同布伦塔诺的实体性实在论，因为后者认为，一个真思想或句子可以表达一种内容，并一定有一个相应的外在对象。而弗雷格则总是认为，句子的指称即句子的真值，在这里，指称并不一定就是指称外在世界的某个东西。包含了空名的句子也可以有意义。一个句子总是表达了某种思想，但它并没有说出任何真和假的判断。

这也就是说，弗雷格所发展的语义实在论并没有阻止他把真理与**意义的概念**联系起来——这还是要归功于他没有简单地采用把真理与**实体性的实在**联系起来的实在论的做法。正是弗雷格打破了符合论的真理观。由于坚持实体性的实在论，符合论把意义视为是**给定的**。它们不问"什么是使一个句子（言语表述）成为真的"，而是问"一般而言，什么使一个命题成为真的"。它们都把构成命题的句子的含义视为给定的东西（当作一种直接的指称），所要确定的只是命题的真而已。这是一个先验的预设，一个句子总是指称某物，而且其指称就包含在句子的含义中，句子的含义是与直接指称的对象同一的。这样一种预设当然是没有根据的。

达米特认为，弗雷格的这一思想极为重要。含义和指称之间的差异是很难否认的，说话者肯定知道比一个复杂的表达式的指称更多的内容，比如，他至少应知道，指称是如何外在于它的构成词语，按照它的复合构词法而被决定的。一个表达式在语言上是简单的，而却很可能有复杂的含义：它的含义可能是由某种复杂的表达式给定的，就像"这是素数"的弦外之音是："恰好具有两个除数"那样。因此，对于思想的把握，弗雷格最终给出的答案是：要把握语言所表达的思想就是去把握它的成真条件。

由于弗雷格区分了含义与指称（尽管他反对心理主义），他实际上也就区分了逻辑与认识。[①] 在弗雷格区分了含义与指称以后，这一点就变得很明显了：逻辑学探讨的是由推理模式表达的论证形式的有效性，它必须兼顾对某一公式或句式的各种可能的解释，它所要求的是某种解释之下的真。相反，意义理论只探讨对某一种语言的某一种解释，即正确的或选定的解释，因此它的基本概念乃是绝对的真这一概念。严格意义上的逻辑学研究的是推理，所以它可以把真理概念理所当然地确定下来。它可以完全正当地去分析，是什么东西决定了一个语句为真或假，相反，**对于意义理论而言，真理概念的意义却是至关重要的，真理概念与意义概念密切相关**，因此，一种意义理论必须首先表明存在着这样一种关联。换言之，对于逻辑学的目的而言，我们不必知道什么是真，或真理是如何与意义关联的。如果能确保一个推论的前提和结论是真的，我们就可以知道它是有效的；这对于逻辑而言就足够了。

因此，与罗素等人不同，弗雷格认为，专名的含义不只在于它有一个指称，我们应从一种**"认知价值"**的角度来看待专名，即把**信息内容**的提供与否，与专名的指称的作用联系起来。如果专名的含义只是存在于它的指称中，它如何能提供一种新的信息呢？——这里的"信息"指的是我们原先不知道的关于某物的知识。但如何能理解一个专名与其指称的关系，并从它们之间的被认为是真的判断中获得我们原先没有的知识呢？如果认为，专名的含义就包含在它所拥有的指称里，那么我们就无法回答这里的问题。如果我们对两个由名称和指称联系起来的陈述或专名的理解，只是我们对能把它们两者联系起来的知识的一种理解，即我们不知道，哪两个名称拥有同一指称，因而它们之间的等同关系是

---

① 这也包含了弗雷格对论断性的语力（assertoric force）与陈述（predicate）、假设性的句子的构成与一般的逻辑形式之间的区别。

真的，我们就不能说我们理解了这两个名称所要意指的是什么意思，我们就不知道它们是真的还是假的。

在达米特看来，通过提出信息内容的重要性来支持含义不可能只包含在它所拥有的指称中的观点，弗雷格实际上就暗暗地**把含义的概念与知识的概念联系起来了**。而这也就证明了，他归于弗雷格的那个观点是正确的，即含义是意义的组成部分，而意义则是理解者理解了词语后他所知道的东西。因此，为了确定一个句子是否为真，了解所具有的关于指称的各种表达就够了，但要了解它所传达的信息，我们就必须知道它的含义。

含义的概念之所以十分重要，是因为它不仅对我们的语言的实践作出了解释，而且使语言实践系统化。不应认为，语言中的每一个逻辑表达式，都能够以一种特殊的方法被引入或被解释（无论是通过定义或其他方法），即不应认为，对于那些第一次熟悉它的使用的每一个人而言，它们没有一点的歧义。——我们也不能认为，由于实际使用的语言与理想的要求有很大的差距、是有缺陷的，因而需要通过纯化进行弥补。从理论的角度看，我们可以很容易地通过设置一种我们试图对之进行分析的对象语言和元语言，但如果对象语言是一种形式性的语言，而不是真正的自然语言，要在它身上构建一种纯粹语义分析是不可能的。通过区分对象语言和元语言，我们是可以建构一种对所要分析的语言进行"正确"还是"错误"的判断的标准，但如果有疑问的是我们的自然语言，区分对象语言与元语言的方法在实际的语言实践中是根本无法应用的。实际上，这一点是清楚的，没有哪一种语言能比自然语言更丰富，可用作我们所需要的元语言。任何一种具有很强的语言表达功效的新的语言设置，或具有丰富的概念上的内容的语言设置，都有可能成为自然语言的一部分，即成为我们刚好使用的自然语言的一部分。就语言总是在使用中的这一点而言，我们既不可能也没有必要为自然语言建构一门纯粹的语义学。区分对象语言和元语言的人为性质，并不是因为我们无法构建任何一种可以很好地用作元语言的语言，而是因为下述事实的存在：我们可以对语言及其运作做理论化的处理，但这种理论化的处理又只能是在这种语言自身来进行的，即只能在我们唯一拥有的语言中来进行的。说一种语言的实践和对这种语言的实践作出说明的意义理论是不能分开的。

三、语言中的理解的问题

如果像弗雷格所说的，单个的语词只有在句子中才有意义，那么，语言与世界的关系就不是对应的图解式的关系，而句子所表达是一种命题内容，因此，可以说，**所有语言表达式中的理论知识都是命题的知识**，即每一个断言性的知识都是基于某些命题性的知识之上的。为此，我们就必须考虑把一种完全基于逻辑常项的量化分析的语义学，转化为带有对说话者的意图和思想的分析的语义学。可以肯定的是，虽然我们不能放弃语义的形式分析，但也不能直接把这种分析视为意义的理论的全部，达米特与基于形式语义分析之上的意义理论对抗，目的也在此。由于有了一个完全不同的意义理论的出发点，达米特认为，首先，我们应通过一种意义理解的理论，赋予传统语言哲学的一些基本分析对象以一种全新的解释。

但实用主义变向之后，戴维森仍然在意义理论中使用了真值语义学的方法，他的意义理论也因此充满了矛盾：一方面，他秉承实用主义传统，把意义视为是某种社会性的东西（这意味着有某种与语言关联而又不为语言所决定的思想的东西的存在），试图用意义的话语解释替代实在论的语义分析；但另一方面，他又试图建立一门基于真值语义学分析的纯粹语言的理论，因为他始终相信存在一种作为话语解释的基础而存在的客观化的语言形式。因此，对于戴维森而言，意义理论总是有条件的，没有纯粹的断言性的命题内容或思想这样的东西。

达米特反对戴维森的基于真值语义学的意义理论，因为他认为，首先，尽管戴维森转向了基于语言的内在实在论，但他的真值语义学仍不恰当地把意义视为给定的（在形式上类似于实在论的那种"被给予性"），它只求意义的真值。由于把意义的解释视为只是一种对自然语句的证明，或"寻找证据"，而不是把意义解释理解为是对意义本身的推断，戴维森的真值语义学的意义理论最终把存在于意义理论中的解释当成了一种"翻译"。把意义视为给定的、即把它视为一个原初的假定，这决定了这种意义解释是有限的（它不能传达某些不属于原始语句的新概念的意义）。其次，由于把意义归属于原始语句（这是翻译性的解释的一种必然的选择），在真值语义学的意义理论中，就没有**理解**这一概念的地位，或者说，它根本就不需要理解这一概念。一旦把话语视为是对不同的原始语句的意义的确证，在对句子的解释的过程中，解释者关于原始语句的命题性的知识的理解是如何显示出来的，我们就一无所知。真值语义学的意义理论从一开始就没有提出或关注这样的问题。最后，真值语义学的意义理论对塔尔斯基的真理定义或约定 T 的应用是无价值的。约定 T 所规定的 T–语句的全称量化双向条件的递归方式，能确保每一个原始的自然语言都能明确的转化为要么为真要么为假的语句。因此，真值语义学的意义理论严格遵守二值原理的原理：它认为，只要满足了句子的真值条件，就不排除这样的可能，我们对任何形式的论断性的句子都可以有明确的真或假的判定。但如果把论断性的句子推广到一些无法寻得直接证据或至少目前无法获取证据的领域，真值语义学的意义理论的这种真理概念将面临严峻的挑战：也许最终的结果是，它将不得不放弃真理的二值原理。

　　达米特始终认为，意义理论不应只局限于对意义的语义值的探究，还应深入到对句子的含义的把握。他把这种要求认识句子含义（判断性的命题内容）的意义理论称之为无条件的（full-blooded）意义理论，而把那种把真与语义值联系起来，不谈真与语言理解中的判断性的命题的关系的意义理论称为适度的（modest）意义理论。① 尽管麦克道尔和罗

---

① 在达米特看来，戴维森是适度的意义论者，这就意味着他不是一个**简单的**指称整体论者，但适度的意义理论的局限性又使他总是处于一种指称整体论中：由于适度的意义理论没有探讨意义产生的问题，实际上已把自己囚禁在没有理解的理论（关于意义的产生的理论）的指称整体论中了。但适度的意义理论是可以转化为纯粹的意

蒂都为戴维森辩护，**但达米特仍然认为，戴维森的意义理论是适度的意义理论，而适度的意义理论是缺乏认知性的，因为它把意义视为给定的，只去求证意义的真值。**换言之，戴维森的基于真值语义学之上的意义理论是成问题的，是因为它把语言的命题和语句当作一种固定的语义形式来分析，它是建立在一种我们似乎已完全理解了语言的观点上的。我们的确拥有一种"现成的"语言，但这种对我们而言是可以完全掌握的语言并非只是一个僵死的符号交流形式，它的原始的意义并非是固定的。

另一方面，由于对后期维特根斯坦的语言哲学作了某种消极的理解，蒯因对隐含的理论知识同样不感兴趣，他只相信由语言的规范或真值原理指派的语义的知识，他还相信，我们的知识是**语言的意义的整体系统强迫给予的，而不是与认知者的理解相关的经验强迫给予的**，这意味着我们不能拥有任何脱离此系统的知识；与说话者的独立的理解相关的认识（知识）是毫无意义的。但这样一来，蒯因的整体论就变得十分的单一：原先的那种"整体"与"部分"的关系丧失了，即那种原本一直存在的、由语言的规范意义系统与特定的经验情境下的独立的理解与认知所构成的相互制衡的关系丧失了。蒯因的"外围句子"由经验的刺激而来，但它的真值却仍为"整体"所决定。①

　　义理论的，因为它不是不能对含义在意义产生中的贡献作出解释，问题是戴维森没有这样做。（M.Dummett，"What is a Theory of Meaning? (I) APPENDIX", in *The Seas of Language*，p.25）

① 在蒯因看来，应该区分构建了以语言的本体的内在性为依据的整体论的意义证明方法，因而给传统实在论（特别是逻辑经验主义）予以毁灭性的打击的蒯因和把整体论绝对化或教条化的蒯因。蒯因在"两个教条"一文的结尾中已提到了这一点：语言构成了一个相互联结的网络。但蒯因忽略了能组合在一起的句子是无限的这样一种事实，我们可以把这种网络视为是包含了所有语言的所有的句子的网络，其中在任何时候，它给出了部分的真值指派。经验与这一网络的关联只是在外围部分，它迫使外围的某些句子被认为是有真值的。每一个句子都是与其邻近的句子联系在一起的。以这种方式，每一个句子都在外围施加某种压力，并由此传输到内部。因此，虽然句子不在外围，没有依据纯粹的经验而被赋予真值，但对它赋予真值却可以依据其与其他句子的推论关系来进行，这才是它的意义之所在，它也是经验的最

达米特始终认为，只要内心的东西与语言表达的相互制约的关系存在，那么对意义理论有可能陷入心理主义的担忧就是没有必要的。词语或名称的意义是由它的使用决定的，我们归于说话者的只能是一种可以显示的隐含的知识，但这并不意味着，不存在词语的内涵性的含义。我们对语言表达式的意义的证明，不能化简为自然主义的证明（例如蒯因的整体论的证明），即不能化简为只通过词语的原始概念以及由逻辑常量构成的语义分析。达米特表明了他反对把心理的东西与逻辑的东西对立起来的理由。我们将首先阐述达米特关于意义与理解的关系的基本观点。其次，我们将指出，达米特对戴维森的批评如何促使他提出了一种"无条件的意义理论"，以及由此引发了意义理论之争。最后，我们将讨论达米特为了抵制蒯因的缺少意义理解环节的整体论，如何发展了一种"建构性的整体论"。

（一）意义与理解

就像施莱马赫尔的解释学第一次明确肯定了在认识的过程中认知者理解的积极意义，从而揭示了意义的被给予性或客观存在的错觉，达米特在现代意义理论的层面上扫除了赋予意义理解以流动性和创造性的障碍，并因此彻底走出了分析哲学的客观主义的幻象。[①] 达米特表明，一种表达式或语句固然可以脱离其说出的语境和语力而有它的概念和命题的内容（任何一种语言表达式和语句只要被正确地使用，也会带有概

终的效果。这就是蒯因的语言图像论。这种语言图像论**把特殊转化为普遍的补充性的理论**；按照它的解释，把真值赋予任何一个句子，**决不可能是按照经验强制赋予的**；如果拒绝接受这一点，就必然会对在网络中对其他句子重新赋值作出弥补。正是这一点使得蒯因的理论的整体主义保持在一种强的意义上，而这也是达米特对这个术语（整体论）持保留态度的原因。

① 吕色尔（B. Rössle）对施莱马赫尔的理解概念与达米特的理解概念作了比较研究。Cf. B. Rössler, *Die Theorie des Verstehens in Sprachanalyse und Hermeneutik*: *Untersuchungen am Beispiel M. Dummetts und F. D. E. Schleiermachers*, Duncker & Humblot—Berlin, 1990.

念和命题的内容），但当我们去深究这些语言表达式和语句隐含的思想内容（它是否表达了说话者的隐含的知识）时，概念和命题内容就必然会有另一种含义，这里的含义将肯定不是表达式或语句所固有的语义意义上的概念和命题。因此，对于一种有效的意义理论而言，所要做的就既不只是探究、分析语言固有的概念和命题，即表达式或语句中的词语或句子本身所表达的概念和命题，也不只是揭示其在规范的使用中的意义，而是要完成更进一步的工作，即确定一种表达式或语句是如何与说话者的理解结合在一起的，它是否表达了一种可以称为是概念和命题的东西，因而可以称为是一种思想的东西。

对于达米特而言，问题是清楚的，意义、理解和知识三者是必然与意义理论相关的概念。这是因为意义与具体的句子的话语条件是密切联系在一起的，一个句子在什么情况下说出、它与具体的话语程序和习惯的关系，都决定了它可能具有的意义。因此，如果我们要确定一种语言的表达或陈述的意义，就不能不从该陈述的表达的方式开始。由于任何一种陈述都是在一种特定情境中被说出的（不存在与说无关的句子），该陈述语句的意义就一定包含了由说话者隐含的知识所赋予的特定的命题性的内容。从这个意义上说，只有理解的意义理论才能抓住人们在听到句子或说出句子时，他们对句子的实际的理解。从哲学上看，它的描述是概念的（即非心理学的）。它的目的是对实践知识加以澄清，掌握这种知识，就是把它作为理论形态的知识显示出来。就此而言，一种意义理论就不能简单地采用把意义直接归属于句子的形式语义分析的方式。

达米特也承认，对理解的理论的探讨是非常具有挑战性的问题。由于理解本身是一个十分复杂的认识过程，它与人的理性思维相关，要谈意义与理解的关系所要面临的困难很多。"事实上，意义、理解和知识三者的关系是语言哲学中最有趣的没有解决的问题。"[1] 他承认，有些

---

[1]　M.Dummett, "Appendix 2: Sluga", in *The Interpretation of FREGE'S Philosophy*, Harvard University Press, 1981, p.530.

东西可能没有那么简单，把意义理论视为一种理解的理论的问题，比他原先想的要难。①

　　1. 达米特不断重复这样一种观点，即一种意义理论就是一种理解的理论，这也就是说，一种意义理论所要解释的是，当某人知道这门语言的句子和表达式的意义时，他所知道的什么。这里存在一个意义理论应采用何种形式的问题，这个问题是：是否能把它的意义直接归为下述命题的形式来处理："这个词或句子 x 的意义是……"或"这个词和句子 x 的意味着……"。如果人们肯定这种完全基于形式语义分析的意义理论，那么意义理论看起来就不必具体地涉及知识的观念。② 但一种意义理论若不涉及知识的观念，它就不能产生一种理解的理论，就不能在哲学上满足我们对意义理论提出的要求，即不能满足一种意义理论必须让语言的运作展示于我们的眼前的要求。认识一种语言，就是能够运用一种语言。③ 如果一种意义理论是理解的理论，那么，它就必须解释人们为了理解语言中的每一个表达式，人们所必须知道的是什么。用达米特的话说就是："……了解词语或句子意味着什么，有两个部分：我们必须去把握它所表达的概念和命题，我们还要了解那**正是**它所表达的概念和命题。"④——达米特坚持认为，这两种释义具有同样的重要性，他始终认为思想是必须通过语言来表达的，而语言也离不开思想的表达。因此，任何一种试图对词语或句子的意义作出完整解释的意义理论，都必须作此两个方面的分析。如果没有把理解包括进来，而是直接对话语和名称进行分析的话，意义理论就不能把语言的认知的特性揭示出来。

　　但由于弗雷格的影响，语言学转向之后的常见观点是：对于逻辑学而言，个人理解是不重要的，甚至是应该加以排斥的，只有分析、演绎

---

① Cf. M. Dummett, "Meaning and Uderstanding", in *The Interpretation of FREGE'S Philosophy*, p.74ff.

② Cf. M. Dummett, "What is a Theory of Meaning?（Ⅰ）", in *The Seas of Language*, p.3.

③ Cf. M. Dummett, "What is a Theory of Meaning?（Ⅰ）", in *The Seas of Language*, p.3.

④ M. Dummett, *Truth and the Past*, p.10.

性的推理才是根本，意义理论所要表明的只是一种逻辑的推论的关系，而不是判断者本身的知识。与逻辑分析的基本程序脱离的主体的知识只是主观的心理的东西。① 但我们并不能把弗雷格视为一个**纯粹的逻辑主义者**。达米特认为，由于弗雷格并没有放弃含义与指称的区别，对他而言，在一种语言哲学中就仍然存在一个与逻辑不同的认识的问题。这对弗雷格而言的确是一个矛盾：他不可能不感觉到，由于含义与指称的区别的存在，逻辑并不足以使他确定，**含义在对确定一个含有它的句子为真的条件时，它所做的贡献是什么**，即逻辑并不能使他确定，哪一种含义是真正具有**认知价值的**含义，哪种含义仅仅是心理的主观表象。在这种情况下，弗雷格必然需要一种与纯粹逻辑学的演绎推论或语义分析不同的认识的理论。但问题是，这样一门认识的理论，如果它不是纯粹逻辑的，那么又怎么可能不是心理的？对此，这里选择的回答只能是：它必须是一种意义理论（对于弗雷格而言，它就是另一种逻辑学），只要是一种意义理论，它借助于语言分析，而不是意识分析，它就不会必定是心理的东西。这也就是说，对弗雷格而言，一种祛除了心理的东西的观念论（idealism）是可行的，换言之，坚持一种实在论并不一定要

————————
① 在弗雷格的早期著作《算术基础》中，我们就看到了他排斥心理主义的观点。在后来的《算术的基本法则》一书中，弗雷格不同意胡塞尔提出的意向性对象的理论，他认为，类似于胡塞尔的意向性对象（noema）不是那种真正能通过语言的语义分析来判定的东西，因为胡塞尔的意向性对象的理论模糊了表象与概念、思想与表象之间的关系。如果不能在我们的思维中清楚地把表象与思想或表象与概念分开，那么在我们的表达中，一切就会只是表象的东西。这里的区分标准是，表象的东西是不能传达的，它类似于私人的主观感受，而思想和概念则是能够传达的，因为它们是通过其原始意义早已积淀于可传达的公共的语言中的表达式来表达。胡塞尔的意向性对象显然不是一个通过具有公共的可传达性的语言来表达的一种意向性对象，相反，它是直觉或意向性**意识**的产物。如果表象不能为他人理解，我们就无法达成判断的一致，一切有关语言的意义的证明也就无从开始。正因为如此，从一开始，弗雷格就十分强调把逻辑置于优先地位的重要性。令弗雷格担心的是胡塞尔的现象学的反逻辑主义的倾向：胡塞尔的意向性对象（noema）虽不能说是心理的东西，但它决不是一种逻辑的东西，即不是那种真正能通过语言的语义分析来判定的东西。

与观念论对立。因此，弗雷格把句子的**认知的含义**当作一个单独的意义问题来看待，并认为，在由句子的真值条件给定的句子的含义（语义含义），与我们所把握的或理解为真的句子的含义（作为命题内容的含义）之间完全不会有任何冲突。句子的意义（认知的含义）就是当你理解它时，你所知道的（即关于句子你所知道的意义）；一旦这一点表现出来后，它也就同样满足了句子的真值条件，因此，它与前一种句子的意义是不矛盾的。当然，尽管弗雷格已为这门意义理论找到了它的发展的正确方向，但他并没有真正解决意义理论的问题，因为他本身原有的实在论还是带来了负面的影响。在达米特看来，弗雷格的实在论在提供意义证明的证据方面总是会面临巨大的困难。"被当作接受一个句子为真的根据的东西，是基于句子的意义之上的另一件事；而且正因为实在论在确定一个陈述为真的东西与那种基于它之上我们能辨明一个陈述为真的东西之间带来了如此巨大的鸿沟，以至于实在论很难解释如何从对前者的知识中得到对后者的把握。当接受一个句子为真的依据并非演绎的时候，特别是当这些依据并非结论性的时候，这种困难就更大了。这也是弗雷格所没有探索的领域。"①

弗雷格的实在论尽管已不再是一种实体性实在论，但古典的实体性实在论的一个很重要的特点它还是保留了下来，这就是它基于二值原理之上的真理观（当然，我们很难想象一种没有二值原理的真理观的实在论）。从弗雷格到戴维森，他们的真值语义学的意义理论，都由于把自己局限在经典的二值原理的范围之内而陷入困境。当然，这一困境对于弗雷格还不完全同于戴维森：弗雷格的困境的根源是，由于坚持实在论，他把应用于判定语句的语义真值的二值原理，同时当作具有认知的含义的语句的真值的判定标准（达米特所说的他在"**确定一个陈述为真的东西与那种基于它之上我们能辨明一个陈述为真**的东西之间带来了如此巨大的鸿沟"这句话，实际上就是指这样一种转换是不可能的，如果

_____

① M.Dummett,"Idealism",in *The Interpretation of FREGE'S Philosophy*, p.71.

它们使用二值原理的**同一个标准**的话）。

因此，重要的是区分逻辑与认识，让认识论与意义理论会合。"弗雷格所没有探索的领域"就是一个认识论与意义理论如何会合的问题的领域。达米特强调，意义理论必须与认识论会合，而不能局限于基本的句法理论或语义分析领域的范围，弗雷格实际上已进入了这一领域，但实在论的坚强信念影响了他，使他在这一领域并没有展开实质性的探索。但一旦我们不再像弗雷格那样坚守实在论及其二值原理的真理论，那么就能真正展开这一探索。后期维特根斯坦的意义使用的理论是这样一种探索，在这里已没有了实在论的二值原理的意义判定标准，语句的意义的使用的有效性的判定标准替代了意义的真理这个极为抽象的标准。因此，在现在的问题上，如何找到意义理论与认识论的会合之处，即在意义理论中，把语言的认识价值（对世界和对自我等的认识价值）充分地揭示出来，而不是仅仅满足于对语言的实际运作方式的说明，或满足于对语词在指示或传达某种固有的、业已形成规范意义的作用的分析。对于达米特而言，这里的问题涉及我们是去建构一门围绕着意义的理解，因而是需要从某种知识开始的意义理论；还是建构一门没有理解，因而也无所谓有相关的知识的意义理论。在达米特看来，有一种意义理论是无须系统的语言的理论知识、也不依赖个人的隐含的知识的：它从基本的句子的语义内容的分析开始或从作为这种语义内容的可判定性基础的语言的实践开始。这样一种意义理论当然是没有真正的认知的价值的，因为它所能告诉我们的语言表达式的意义，就是实际存在于语言实践中的基本的表达规范的意义，或一种表达式所实际陈述的内容这种语义上的（字面上的）意义。而语言的认知意义不可能只停留在这样的层面上，至少我们不能认为语言的认知价值就是指示相应存在的事物，或帮助我们认识实际的语言实践的基本特性（以使我们能有效地加入它所展开的语言游戏中）。

2. 由于弗雷格早已指出，在意义理论的分析中，心理的东西不同于逻辑的东西，如果我们不希望像被弗雷格批评的胡塞尔那样，模糊思想与表象或表象与对象的区别，意义理论就不能把自己建立在一种理解的理论之上。如果我们承认，一种具有普遍的可传达性的语言表达式的意义决不可能是一种心理的东西（其意义独立于你我的心智），那么，理解就不能先于语言，如果理解先于语言，那么，它必然是主观的。

语言学转向之后，前后期的维特根斯坦都持上述反心理主义的立场。如果说维特根斯坦早期根据弗雷格和罗素的启示，用形式语义分析抵制了心理主义（传统意识哲学），那么维特根斯坦后期则用经验语用学抵制了心理主义。——这说明后期维特根斯坦通过回到经验的语用领域，以一种不同的方式重新支持了语言的理论。后期维特根斯坦把语言只当作指称的工具或意图—交流的工具，而不是同时把语言当作**思想的载体**。根据这种语言观，理解一个表达式、陈述或断言，理解者所拥有的就是实践的知识（know how），这里并无任何理论的命题的知识（know that）的存在的可能（也不需要）。这种观点的依据是，如果语言是指称性的、直接表达的（其语境总是透明的），对于理解而言，就没有外于语言的关于语言的知识，理解者也不可能根据某种外在的"语法"或"知识"来进行语言的理解（类似于乔姆斯基的深层语法理论也是没有实践意义的），人们对语言的掌握和运用，比如，理解它的表达式，是完全从语言内部出发的。要求人们运用额外的或非语言的知识来理解语言违背了下述事实：人类对语言的掌握是一项技能，它是一种实践的能力，就像游泳是一种实践能力，而不是理论能力一样。

意义使用理论使维特根斯坦坚持一种极端的真理冗余论，即他因此根本不承认语言中论断性（assertive）句子是有必要进行**证明**的，或必须满足**有效性**要求的；他只承认语言的可接受性或可传达性的特征；他把真理的概念当作本质上是肤浅的概念。他的真理冗余论非常类似下述图式中的观点：对于每一个陈述"A"而言，"A 等同于""A"是正确的，因此，对句子的意义或一般陈述的形式的解释不是通过论证它的成真条件来进行，而是通过对它在具体的语言实践中的意义交换的描述来进行。的确，人们不会否认这一点：一切表达式或话语的意义，只有在交流中才能确定其意义的真值，离开了交流，我们就无法知道一个话语或表达式的内容是否有它自身的真值条件。

与维特根斯坦相反，从一开始，达米特就把理解视为一个先于语言的独立的环节，这倒不是说他认为在经验语用学之外还存在一个独立的**意义产生**的思想的过程，而是说他认为，一定存在一个独立于外在的学习和由规范制约的生活实践的理解的过程。在达米特看来，把理解**整个地**还原为外在的学习和规范实践的行为是错误的，尽管他没有否定理解与这些学习和规范实践的关系。

在达米特看来，语言固然具有很强的实践特性，但人类的语言技能不同于游泳技能；它们的一个根本不同是，语言是必须通过某种反思的理论活动才能学会的，而游泳这类技能则可以在**完全不需要理论**的情况下学会（当然，它也可以借助理论知识来学）。这也就是说，学游泳与学一种语言，是完全不同的两码事（从这种意义上说，后期维特根斯坦的语言游戏中的那种"抛砖块"活动就不能算作是一种真正的语言实践或学习）。

从这个意义上说，一定存在一种先于语言的理解活动。在《什么是意义理论》（II）一文的开头中，达米特把理解视为是一种包含了实践和理论知识在内的理解。① 在他看来，有许多事实可以证明，理解并不总是由实践知识引导的，理解还明显地与理解者的**知识**相关，而且他还认为，后期维特根斯坦也只是认为，一种意义理论对意义的解释通过对理解的问题的解释来展开是行不通的，而并没有批评一切先于语言的理解在意义理论中的作用。② 但一般而言，维特根斯坦不可能赞同建立一门独立于语言的理解的理论，因为对他而言，与理解相关的知识主要是一种实践的知识，而不可能与外在于语言的理论知识相关。由于后期

---

① Cf. M. Dummett, "What is a Theory of Meaning? (II)", in *The Seas of Language*, pp.35-36.

② Cf. M. Dummett, "Meaning and Understanding", in *The Interpretation of FREGE'S Philosophy*, p.76.

维特根斯坦否定理解者的隐含的知识的独立存在，他只考虑"习惯上说的"，因此把自己局限在对话语的外在使用的描述上。这一切也与后期维特根斯坦对语言的本质的理解有关：在他心目中，语言在本质上就是一种交往的工具。

达米特认为，虽然语言的使用必须是交往中的一种使用，在原则上语言也可以是运用他自己的语言的说话者的一种使用；在这种情况下，它就是独自地使用：它是用来表达一个人自己的思想、决定、判断，或命题的。语言使用的现象学描述虽然重要（因为它可以揭示语言的交流和使用的功能），但更重要的是，我们还需要表明语言是如何能够在具体的交流和使用中构造**新的**思想和意义的。因此，他认为，一种意义理论感兴趣的不应该只是一种可以从外部去观察的语言使用的现象，即我们不应认为，一种意义理论就是站在语言的外部去描述语言是如何使用的，而是应该正确地看到，意义理论乃是站在**说话者一边**的关于说话者的（隐含的）知识的对象的一种思想的理论。① 语言实践是如何在认知中拓展了话语原有的意义范围，并如何把这拓展了的意义传达出去的，对于达米特而言是一个十分重要的问题。这也就是说，达米特充分认识到了语言作为思想的载体的重要性，后期维特根斯坦似乎排斥语言与思想或认知的关系，他只关心语言与经验实践的关系。

后期维特根斯坦在克服真值语义学之后只相信意义与使用的关系，因此，在他那里，理解在其意义理论中不仅没有特殊的地位，而且还有被冷落的嫌疑。维特根斯坦虽然在联系话语与行动时并没有省掉理解这一中介环节，但他的确不是从把语言当作人类的一种最卓越的理性活动

---

① "一种意义理论并不是从语言使用的外部去描述的，而是站在说话者一边的关于说话者的知识的对象的一种思想理论。说一个说话者把握了他的语言，它的意思是：说话者知道了一种关于该语言的意义理论；正是这样，他才在话语中把他的话语的含义表达出来，而且还因为两个说话者把语言视为有相同规则的或视为具有相近的规则的，通过这种语言，他们就能相互交流这种意义理论。"（M.Dummett，"What do I Know when I Know a Language?"，in *The Seas of Language*，pp.100-101）

的角度来解释其中的理解的环节的。实际上，由于后期维特根斯坦把话语或表达式的意义与生活形式直接联系了起来，他并不认为意义的建立还需要一个理解的中介；在他看来，掌握一种语言及其表达式的意义就是去体验或体察它是如何被使用的：这里不需要那种与主体的自我判断相关的理解。后期维特根斯坦所承认的理解仅仅是满足了语言的可交流的功能的一种理解（会意），因此，他只在这种理解的意义上说"心智上的认知"。

达米特不同于维特根斯坦的地方是，他始终把语言视为人类最卓越的理性活动，因此，对他而言，在话语交流中，不仅存在着理解这个中介环节，而且这里的理解还不是一般会意式的理解，它包含着复杂的、由说话者隐含的知识引导的命题态度和规范性的推理承诺。在达米特看来，如果我们把语言视为在本质上是一种交往的工具，那么也是因为若不涉及语言的交往性的使用，真值条件的指派就没有了内容。无疑，单独的真理论是没有内容的，如果它没有与语言使用的方法联系起来的话。

从理解与理解者的隐含的知识的关系来看，有些关联可能永远是无法真正解释清楚的，也许我们只能把它们归于形而上学诸迷中的一种。或许正因为考虑到了这里的困难，后期维特根斯坦把意义的理解整个地还原为语言的使用者的学习和规范实践的行为，并以此方式把脱离具体的语言实践的意义理解归为某种无法探测的心理的东西。但尽管承认有困难，达米特仍然把意义的理解视为一个独立的环节，即他仍然认为意义的理解是语言实践中的一个很重要的"思想的"过程，它是独立于外在的学习和由规范制约的生活实践的。

后期维特根斯坦的意义理论是无须系统的语言的理论知识、也不依赖个人的隐含的知识的：它从基本的句子的语义内容的分析开始或从作为这种语义内容的可判定性基础的语言的实践开始。这样一种意义理论是没有真正的认知的价值的，因为它所能告诉我们的语言表达式的意义，就是实际存在于语言实践中的规范的意义，或一种表达式所实际陈述的内容（字面上的）的意义。而语言的认知意义并不在这样的层面上，至少我们不能认为语言的认知价值就是指示相应存在的事物，或帮助我们认识实际的语言实践的基本特性（以使我们能有效地加入它所展开的语言游戏中）。

3. 蒯因和戴维森都追求一种客观化的意义理论或相关的语言的理论，在他们的理论中，**理解同样没有任何地位**。我们从蒯因关于指称的意义是如何在经验刺激中产生的，并如何由此变得可传达或释义的理论中也可以看到这一点。蒯因探讨了指称的发生学，并且对指称中的释义问题采取了一种翻译手册的解决方式，其目的旨在消除在同一经验"刺激"的背景下，言语行为中的言语所表达的观念的差异性或使它们变得可交流：在他的翻译手册的概念中，句子的指称被视为是给定的，它们由具体的经验刺激的证据（指称的载体或对象）给定，这就是说，它们与说话者的理解或认知无关，它们的意义都来自于确定的观察句。——蒯因把一切论断性的句子（assertion）排除在外，他的可观察的语句都属于那种与经验的言语行为和特定的语境相关的述谓性的句子（predication）。但在达米特看来，蒯因的述谓性的句子只是在语言的外围（基本的观察句）受到经验的冲击而形成的，它省掉了很多东西。比如，它遗漏的一个最重要的现象是语言的**内部修正**。此外，它还忽略了这一重要问题，即何种经验迫使我们承认，我们必须构造一种理论和假说，以用作对经验的解释？蒯因的理论不可能帮助我们回答这些问题，他的整体论与他的指称的发生学并没有内在的逻辑联系。

任何一种对语言理解或运用都不是一种机械的语言操作的活动，语言的使用者是把语言当作认识事物和表达思想的工具的。① 因此，达

————————

① 为此，达米特批判了早期罗素把弗雷格的意义理论视为一种摹状词理论的做法，认为这是毫无根据的。摹状词理论和因果指称论相似，都把指称与指称的载体（名称的携带者）联系起来考虑，因此关于语言的表达式或一个专名，它的载体或携带者成了一个标准：指称（比如，专名）必需满足是否与之相符的要求。在这里，与言语者的知识联系起来的含义就失去了在有关专门和表达式的言说中提供新知识的可能（这里的问题也根本没有被考虑）。

米特一再认为，如果一种意义理论不去把握或揭示一个语句与**说话者和理解者的理解的关系**，那么，这种意义理论将流于平庸。[①] 蒯因正确地认为，如果我们问什么样的事物有意义，我们就会失迷失方向，而应去探讨语言本身的意义问题，但"蒯因遗漏了'意义'一词产生的背景这个最重要的情境，这个背景条件可以说就是'去了解意义'"。[②]

戴维森的意义理论与蒯因一样，它也是把特定存在的说话者的语境与指称这一概念联系在一起，因此他的意义的解释理论也采用了类似蒯因的翻译手册的方法。所不同的只是，由于他迷恋真理的二值性原理，他同时引用了塔尔斯基的约定 T 的分析模式。在戴维森的意义理论中，是没有需要从语言的内涵方面来看的**理解**这一概念的地位的，或者说，它是根本就不需要理解这一概念的。在戴维森的意义理论中，一旦把意义理论视为是对不同的原始语句的意义的确证，在对句子的解释的过程中，**原始语句的命题性的知识是如何显示出来的**，我们就一无所知（这也是翻译手册式的解释的必然结果）。

在达米特看来，问题的根本在于，蒯因和戴维森都有一种实在论的承诺。实在论的承诺使他们把意义视为给定的，即视为一种由说话者在实际的经验行为中的话语给予的。这样一来，似乎说话者不是根据自己的理解，而是完全根据特定的语境或经验"刺激"说话，因此，意义理论就不是去分析和解释说话者如何把语言当作思想的表达手段、理性

---

① "众所周知，蒯因和其他一些人选择了绕过这里的问题（即意义的理解的难题——引者注）的方法：他们对结构下的原理的探究并不采用意义理论的方式，而是采用把它转译为其他已知的语言的制定翻译手册的方式。这样做的好处是我们知道应采用何种形式来翻译，把对应的句子翻译成另一种语言的句子，已存在有效的确定的规则：我们可以全心关注我们如何达到在翻译手册中的系统的翻译的问题，什么样的可接受的条件能满足这里的要求。它的不利的方面是，我们无法确定，对翻译的研究的结果对意义观念有何影响，正因为它的翻译并未求助意义的观念。"（M.Dummett, "What is a Theory of Meaning? （I）", in *The Seas of Language*, p.2）

② M.Dummett, "Meaning and Understanding", in *The Interpretation of FREGE'S Philosophy*, p.74.

地运用语言、赋予语言以某种特殊的意义，而只是在整体的语言和经验背景下，用整体论的等值性原理来分析它们，以确证它们是否可传达或能够被普遍公度（意义的真值）。在这样一种意义理论中，我们就无法真正把知识归于说话者，或者说根本就不可能去思考**意义的产生**与说话者之间的关系。达米特要我们注意，这种意义理论是违背了弗雷格的设想的：弗雷格同时拥有指称的理论和含义的理论，并且对它们的不同作了严格的区分。在含义的理论中，弗雷格认为，含义的理论与说话者的知识相关，因为他认识到，不能认为理解者或说话者有关表达式的知识只是关于指称的或语义的。

如果弗雷格区分指称的理论与含义的理论是正确的，我们（语言的实践者）实际上所拥有的知识是一种超出了指称的知识（如果能把指称的知识称为一种独立的知识的话）之外的命题性的知识，那么，区分命题性的知识和指称的知识，对于正确认识意义理论的目标所在以及它的难点是十分重要的。当然，要了解什么是命题性的知识，就必须首先了解什么是与之相对的指称性的知识，反过来也一样。这两种知识的关系说明了，纯粹的指称知识是没有的。

也只有一种知识是指称性的，比如，那些可以在**透明的**语境中获得的知识（某些索引性的知识）。但在基本的语言陈述中，并没有普遍存在的透明的语境（因而是不能简单地通过一种"关于某个或某些对象的知识类型"来获知的），相反，基本的语言陈述所指谓的东西总是内在的，其语境也总是**不透明的**。在这种情况下，我们要求说话者和理解者的，就是一种完全不同的知识。这里所要求的知识，可以称之为是命题性的知识。① 很明显，如果只是对事物作了简单的外在描述的话，关于某对象或某些对象的知识就是很不完善的。因此，重要的是命题性的知识。无论关于对象的知识是否正确，若它不能随即进入命题性的知识，它的意义就非常有限。

---

① Cf. M. Dummett, "What is a Theory of Meaning? (I)", in *The Seas of Language*, p.24.

如果一个指称指什么这种最基本的语言实践就已经包含了个人的理解在内，那么，我们就必须对此作出解释：说话者对具体的表达式作了何种理解、是什么东西使这种理解成为可能的。在这里，说话者的理解与他所拥有的理论的知识是联系在一起的，因此，我们可以把说话者对一个表达式的理解视为就是他所拥有的关于它的知识的表现，这也就是说，我们可以把一种知识归于说话者。电脑、机器人或外星人，通过学习和模仿也可以掌握人类的语言，因此，它们也能把握一个表达式的意义，并按规范程序应用这一表达式，因为在这里，语言表达式的指称的意义是可以在整体的语义指派中获得的。但说话者对一个表达式的应用和理解就完全不同了：可以肯定的是，我们不能在把一个信念或其他命题态度归属于说话者时，求助由整体的语义指派所获得的有关词语和表达式的意义。在达米特看来，这正是戴维森的解释理论所犯的错误：他没有对此作出**真正的**区分：由整体的语义真理论指派的指称的意义与说话者的理解所形成的、带有特殊含义或**命题内容**的意义，或者说，他看到了两者的不同，但却没有把后者当作一个与说话者的理解结合在一起的意义产生的过程来看待，而仍然采用了一种真值语义学和整体论的意义指派的方法来解释命题内容的真理性问题；但证明我们能把命题性判断**归属于说话者**，来自于**描述的**，在某种程度上是真的 M 句子陈述是不够的：不仅解释者，而且说话者也有必要理解语言，意义的解释不能只停留在"外部"。

显然，我们不能认为，说话者自己意味的东西，也就**直接是**公众语言意味的东西，因为这是说不通的；我们说"他知道某个指称指的是什么"（比如，"他知道'牛津'的指称是那个城市"），这实际上就等于说他已把他的理解包含在内了，即他已经赋予该指称以一种他所理解的含义，否则，我们就不能说这句话。不可能出现这样一种情况：一个人知道一个指称是什么，却没有赋予这个指称一丝一毫的他个人的理解；如果某人知道一个表达式的指称是什么，那么，这些指称就是以一种特殊的方式给予他的，即以一种包含了他的理解的含义在内的意义给予他的，它不可能不包含他的理解的含义在内；总之，我们不能说一个人知道一个指称指什么，但这里的"知道"又完全不包含个人的理解的含义在内。①

从某种意义上我们可以认为，一个说话者就是一个解释者，一种意义理论至少要知道或相信什么是解释者知道和相信的东西：说话者以何种方式理解他的语言中的句子，他如何把它们视为正确的或不正确的；因此在这里，它必须揭示，部分地包含了说话者的理解或相信的关于一种具有语义的真理形式的句子所表达的命题的意义。一句话，意义理论必须对说话者（也就是人类语言的实践者）的命题性的知识或信念是如何构成的、它们包含了什么或它们是如何表达的问题作出解释。但这却是一个为戴维森忽略的问题。

如果表达式的意义必须被当作思想来看待，即必须承认作为意义的构成条件的句子的含义具有**认知价值**，那么，意义就不能被视为是某种**外在于**我们的思维（理解）的实在的反映，不管这里的实在指的是传统实在论中的对可直接指称的对象实体，还是指的是戴维森和蒯因的特定的语境或经验条件，我们只能把它当作与我们的理解相关的认知的产物。②

因此，如何把语言的认识价值充分地揭示出来，而不是仅仅满足于对语言的实际运作方式的说明，或满足于对语词在指示或传达某种固有的、业已形成规范意义的作用的分析。对于达米特而言，这里的问题涉及我们是去建构一门围绕着意义的理解，因而是需要从某种知识开始

---

① Cf. M. Dummett, "What is a Theory of Meaning? (I) APPENDIX", in *The Seas of Language*, p.23.

② 早期弗雷格已为意义理论找到了它的发展的正确方向，但他后来日益严重的实在论情结还是带来了负面的影响。在达米特看来，弗雷格后期思想中的实在论，在提供意义证明的证据方面面临着巨大的困难。实在论在**确定一个陈述为真**与**辨明一个陈述为真**之间存在巨大的鸿沟，它很难解释如何从对前者的知识中得到对后者的把握。如果弗雷格仅仅采用"确定一个陈述为真"的真值语义学的方式，那种"辨明一个陈述为真"的认知就无法建立起来。

的意义理论，还是建构一门没有理解，因而也无所谓有相关的知识的意义理论。

（二）走向无条件的意义理论

戴维森一直认为，一种语言理论在对语言的推论性句子进行解释时，不可能采取"外部"（外在于所使用的语言）的方法，如果我们不想遁入唯我论或符合论的话。再说，如果认为应采用"外部"（外在于所使用的语言）的方法，那么需要与现有的语言保持多远的距离？或者说，它们又是处于一种什么样的关系之中？实际上，语言学转向之后，意义理论是刻意避免超出使用中的词语和句子的语义内容的意义解释的。维特根斯坦和蒯因的理论也清楚地表明，意义理论只能从语言的理论去解释意义。意义理论必然是一种"语言的理论"，而不可能是一种"表征的理论"或"思想的理论"，我们不能拥有一个超出所使用的语言的规则的意义理论，因为任何一种理论都必须假定它使用了某些已知的概念名称或已知的句子。原始词项是完全不需要作出解释的，我们也无法对它们作出解释：一切解释都必须在某个地方停止。

达米特并不反对戴维森的语言的内部主义的立场，他所反对的是内部主义把自己局限在语言之内、仅仅做相关的语言分析的保守立场。在达米特看来，如果我们要获得思想（命题内容），对一种语言的适当说明，就必须"从已知的概念名称或已知的句子的外部来进行"。达米特的"外部"指的不是外部的表征，它指的是一个与固有的语言相对的思想的领域。如果意义理论完全是内在的，意义理论就不能把语言的认知性充分揭示出来的。因此，达米特不仅不接受由此引入的真值语义学的意义理论的探究方法，而且也不同意"语言的理论"赋予意义的证明理论的哲学目标。在他看来，维特根斯坦肯定不会支持这样的观点，即我们所拥有的只是 T-语句（相信 T-语句，也就是相信，一个句子或命题是否有意义，只能取决于另一个句子或命题是否为真）。这种解释完全忽视了"说一种语言是实际活动的一部分或生活形式的一部分"的事实。语言中的词语和句子的意义实际指什么，是根据包含了语言运用的庞大复杂的社会实践来决定的。对我们的语言活动的**这种理解**并未超越语言，因为语言具有把使用它的任何东西加以吞噬的扩张的本性。

1. 戴维森的意义理论带有语言学转向之后的反心理主义的特点，它刻意避免把意向性状态当作与语言无关的心理活动（至少在传统意义的弗雷格式反心理主义的意义上）。从语言的理论看，意向性状态和普遍的言语行为是结合在一起的或相互关联的，它们无论哪一方缺少了另一方，都不能清楚地显示自己。就一种意义理论而言，这意味着，是语言共同体中的成员通过语言把一种意向性状态归属于说话者（说话者根本不能独自表达）。因此，对于戴维森而言，"富有内容的意向性状态"指的不可能是说话者出自于其隐含的知识的断言，因为我们有关信念是正确的或错误的观念（思想）只有在具体解释的语境中才能形成，这就是说，要知道什么是真信念和什么是错误的信念，我们必须去寻求客观的公共的真理。实际上也只有这样，才能区分什么是我们认为是真的，什么是实际上为真的。① 由于这种整体论的信念，戴维森把出自于信念的词语或句子的意义与说话者出自于其隐含的知识的概念和命题区分开来，并因此否认词语或句子可以用来表达或表达带有说话者本身的意图的概念和命题的意义。对于这种意义理论而言，词语或句子只有作为语言表达式固有的概念和命题的意义才可以理解，离开了语言表达式所能表达的概念和命题，词语或句子的意义就是不确定的。

但戴维森的意义理论太过于偏向语言的理论了，因此它在意义分析方面表现出很大的局限性。一个明显的事实是，如果缺少了对语言表达式的由特定说话者在特定语境中表达的概念或命题内容的揭示，一种意义理论实际上也就不能把一个表达式的意义向接受者传达。从以下"戴维森纲领"中，可以清楚地看出戴维森的适度的意义理论的局限性：

---

① Cf. D. Davidson, "Thought and Talk", in *Inquires into Truth and Interpretation*, p.170.

（A）我们可以为自然语言建立一个关于它的真值的有限的可公理化的理论，即确定可以赋予自然语言的每一个句子以真值的T-语句。T-语句来自对语言中出现的词语和短语的具体的指称的性质作出解释的真理论公理。

（B）这种有关语言的真理论给出自然语言中的每一个句子的真值条件，并因此为自然语言建立一门有效的意义理论或解释的理论。

（C）通过经验地比较具体的说话者的言语的不同条件，以确定这一意义理论是否正确。

．

就戴维森所提出的为自然语言建立一门有效的意义理论或解释的理论这一点来看，是不会引起什么争议的，这里的（C）一般也不会有太大的争议，但如果认为一种关于语言的真理理论能满足这些条件，那么就会有争议。人们仍有理由反问道，**把一种可确定的言语行为或话语当作"证据"，它就能解释意义的问题吗**？换言之，消除陈述和表达句的内涵（"含义"），把意义理论转换为一种由经验条件限制的塔尔斯基式的真值语义学，能带来一种有效的意义理论吗？

即使戴维森在这里赋予了"真值条件"这一概念的意义以一种完全不同于逻辑经验主义所赋予的那种意义，他的这种理论也是难以令人满意的。最根本的一点是：如果像戴维森认为的那样，这种真值语义学的公理建构好后，剩下的工作就是对自然语句是如何符合它的真值条件作出解释，那么，这种解释就会成为一种十分机械刻板的解说，而且它的确类似于下述这种单调的"翻译"：根据T-语句，把没有任何限定的自然语句中的纯粹内涵式的"表达"（"s"means"m"）所可能引起的误解排除掉，留下那些符合"'s是真的'当且仅当p"的形式约定的真语句。尽管解释和翻译这个概念是塔尔斯基在定义真理谓词时有正当理由来使用的概念，但这种理论对于意义理论是无法起作用的。说戴维森的意义理论看起来非常像一种"翻译"，完全是因为它根本"没有把对对象语言的理解所包含的东西显示出来"。所不同的只是，"翻译手册以我们理解将要翻译成的那种语言的理解为前提，但适度的意义理论以**我们理解或掌握的**某种（虽不是特定的）语言为前提……"①

　　戴维森从技术的意义上引进的关于一种语言的意义理论，是一种对语言的原始表达句所表达的**概念**不作说明的理论，它完全不同于达米特心目中的那种理想的无条件的（full-blooded）意义理论。达米特的具体说法是：

　　　　要求意义理论应把新的概念向那些并没有这些概念的人解释，对它来说是一项负担过重的工作，因此，对于这种意义理论我们所能要求的只是，它向那些已有了所要求的知识的人对语言作出解释。让我们把目的旨在完成这项有限的工作的理论称为适度的意义理论，而把实际上是在寻求对语言的原始词项所表达的概念的解释的理论称为无条件的意义理论。②

　　在达米特看来，对于戴维森的基于真值语义学之上的意义理论而言，原始的自然语句中所使用的概念不仅是不需解释的，而且针对它的整个语句的意义解释或证明还必须以它为依据。但这样一来，原本一种意义理论应该着重加以解释的两个方面都没有显示出来：第一，原始语句的说话者对他（她）所要表达的概念或含义的理解；第二，一个原始语句的理解者对一个给定的原始语句的理解是如何可能的。因此，虽然

---

①　"翻译手册对被翻译的语言理解只是通过对将要翻译成的那种语言的理解来进行的，这是一种它自身不能提供的理解；因此，我们可以说，对于翻译的语言的理解包含了什么，它并没有予以揭示。但与此相同，适度的意义理论也只是通过它自身并不能解释的、由原始表达式表达的概念的把握来理解对象性语言。因此，看起来我们同样可以说，这种意义理论没有把对对象语言的理解所包含的东西整个显示出来。因此，翻译手册以我们理解将要翻译成的那种语言的理解为前提，但适度的意义理论以**我们理解或掌握的**某种（虽不是特定的）语言为前提……"（黑体为引者所加）（M.Dummett, "What is a Theory of Meaning？（I）", in *The Seas of Language*, p.6)

②　M.Dummett, "What is a Theory of Meaning？（I）", in *The Seas of Language*, p.5.

戴维森一开始就把命题性的判断归于说话者，但说话者所作的命题性判断本身却没有得到完整的或全面的解释，因为在这里，说话者的命题性判断是以他先已掌握和理解的语言及其概念为前提的——而戴维森也假定这里的语言及其概念是真的（他把它视为是位于塔尔斯基的真理定义的递归模式左边的 T-语句）、是命题性判断的依据。尽管戴维森也明确说过，命题性的知识或真理，是存在于具体时空和事实条件下的说话者的话语的特性中的，但按照适度的意义理论，意义理论必须被视为是接受而来的。——这也是为什么戴维森只把其意义理论中的解释视为只是一种对自然语句的证明，或"寻找证据"，而不是把这里的解释理解为是对意义本身的推断的原因。

基于真值语义学之上的意义理论把语言的命题和语句当作一种固定的语义形式来分析，这样的方法是基于我们已完全理解了语言的假定之上的。从某种意义上说，的确可以这么认为，我们拥有一种"现成的"语言，并因此"掌握着"它，但这种为我们完全掌握的语言并非只是僵死的符号形式，它的原始的意义并非是固定的。如果一种意义理论对语言的原始表达句所表达的**概念**不作说明，而是把意义视为给定的，那么，由此构建的意义解释的理论必然是有限的（它不能传达某些不属于原始语句的新概念的意义）。但一种真正富有成效的意义理论不能只对语言中能表达的概念作出解释，即不能只对已知的概念所表达的意义作出解释。一种真正富有成效的意义理论必须把概念与语言的词语的具体用法联系起来，即指明或说明，哪一个概念可以用哪一个词语表达。

戴维森的工作只是澄清语言的不确定之处，使它能准确地表达事物。——这也说明了为什么戴维森认为，这样的意义理论只能建立在塔尔斯基的真理定义（对象语言与元语言是被刻意区分开来的）模式之上。戴维森如此设置的真理理论也必然会把真理视为是早已知道的。在戴维森那里，真理理论将对象语言的每一个句子都用 T-语句来衡量，要么得出一种双重条件：它左边一行包含下述语句："句子 S 是真的"；要么得出一种双重条件的普遍的闭合句子：它的左边一行是"由一个说话者 X 在某一时间 T 说的 S 句子是真的"。

在达米特看来，这种确定意义的真理性的方式是机械的，它对自然语言所作的元语言或程序语言的解释没有实质的意义。这种形式的元语言分析永远也不能替代实质的自然语言的分析。戴维森之所以依赖语义学的程序化的分析手段，是因为他相信一种使用了这种手段的真值语义学能使我们弄明白，一般的陈述句的意义究竟在何种意义上为真。但如果这种解释没有把说话者的理解显示出来，它所揭示的意义就十分有限，因为重要的是**派生**的含义，而不是寄生的含义。①

由于在达米特的无条件的意义理论与戴维森的适度的意义理论之间存在着巨大的反差，在这里，有关意义理论的真理问题的提问方式就具有了一种完全不同的含义（尽管达米特与戴维森有一点是相似的，即他们都反对真理冗余论或真理最小化论，即他们都把真理概念视为不可或缺的）。达米特说：去了解一个句子的意义，就是去了解在具体的语言实践中使它成真的条件。② 在这个定义中，达米特所使用的"成真条件"这个术语与戴维森的用法完全不同。如果说戴维森的"真值条件"假定存在一个先于意义的"真"的概念——它是从早期维特根斯坦到塔尔斯基的形式语义分析一直使用的概念，它作为一种真值条件是任何一个语句必须与之相符合的，那么，达米特的"使意义成真的条件"并不是一个先于意义的真值条件，它实际上也不是一个真值条件，也不独立于意义而存在，它可以说只是用来说明**意义在何种使用（实践）情况下为真**的一个**语用学的**规定。

这个语用学规定的一个关键的概念是理解，达米特根本不能接受意义是在使用中"非反思地"（无须任何依据系统的理论的推论或说话者和听者的隐含的命题知识）被给定的观点。在他看来，"理想的情况

---

① 在公众语言中意指一个语句所要说的，我们可以称它为一种寄生的"含义"。但只有在派生的含义中，即由说话者或理解者的理解显示出来（"派生出来"）的含义中，词语才展示了它所具有的意义。

② Cf. M. Dummett, "What is a Theory of Meaning? (II)", in *The Seas of Language*, p.35.

是这样的：解释语言的意义，而又不接受任何给定的概念：因为如果不是这样，就会很难说明我们何以能获得这样的概念，或者对于什么是掌握了它们，就很难用任何非循环的方式作出说明"。①

在达米特看来，弗雷格早就指出，把对指称的纯粹知识归于说话者是愚蠢的，指称也可以说是一种机械的指示，如知道某个事物是某个专名的对象等；这类知识是毫无意义的。指称的理论并不能充分说明一个说话者理解一个表达式他所知道的东西是什么，命题内容才是说话者所要了解的。达米特同意弗雷格的看法，但他作了下述补充：由于说话者的知识都是一种隐含性的知识，含义的理论就不仅要把说话者的具体所知展示出来，而且要把这种知识是**如何显示出来的**做具体的展示。②如果意义（meaning）的知识包含了纯粹指称的知识，该意义的句子就等于没有任何信息内容。因此，表达式或句子的含义的观念是与知识联系在一起的。而关键的是，如何从对一种语言的句子的意义的知识（通过指称和含义的理论所获得的）过渡到对一种语言的理解。

这就是说，关键的是区分知道一个句子为真与知道一个句子所表达的命题为真的两种不同的知识。因此，我们不能把含义的理论与指称的理论混淆在一起，即一定要像弗雷格那样，区分指称与含义。一旦区分了指称与含义，我们对一种语言的适当说明就必须"从语言的外部来进行"。由于含义独立于指称，我们仅仅根据指称的语义内容来解释含义就是不够的。这种解释不是说毫无意义（指称的理论也是不可或缺

---

① M. Dummett, *Origins of Analytical Philosophy*, pp.20-21. 达米特指出，是否可以达到这种理想（对真理作出**系统的**解释），即使在弗雷格的著作中也是不清楚的。但他认为，真理的不可定义性（这也是后来维特根斯坦所坚持的一种观点）并不隐含真理的不可解释性。也许，如果对断定和判断等概念进行实质性的分析，就能恰当地解释真理这个概念。但弗雷格没有为我们说明这一点，维特根斯坦对其理论的可实施性也没有作出证明。拒绝系统解释的另一个缺点是，它使我们在完全获得成功之前无法判断一种策略是否可能是成功的（Cf.M.Dummett, *Origins of Analytical Philosophy*, p.20ff）。

② Cf. M. Dummett, *Origins of Analytical Philosophy*, p.85.

的），而是在根本上不足以说明我们把握语言的命题内容。适度的意义理论无法回答下述问题：对于语言的所有词语而言，一种意义理论的解释，如何能把这些词语表达的概念向**事先没有掌握任何这些概念的人**传达？[①] 在某种程度上，我们的确可以说，意义的掌握是由公理的现有知识促成的，但是："……掌握一种语言的知识，不可能只包含在知道句子拥有公理而是真的知识中，它还必须被视为一种对那些句子**所表达的**命题性内容的知识。这使我们可以这样问，如果他要说他拥有这些命题性的知识，他需要些什么呢？一旦我们问这个问题，这一点就变得很清楚了：正像维特根斯坦在那个简单的例子中对专名所作的论述那样，他为了知道这些命题的知识，以及为了知道作为真理论赖以建立的基础的大部分所谓的事实：他就必须知道，哪一个句子一般是被语言的说话者认为是真的"[②]。

达米特始终认为，在这两者之间是有区别的：知道或证明一个句子为真与知道和证明一个句子所表达的命题为真。我们不能要求一种服务于逻辑的语义学对句子的意义作出解释，但我们却可以要求一种意义理论对句子（作为一种对象语言的话语）的意义作出解释，这种解释是不能被元语言的解释（转译）所替代的。换言之，我们不能认为，一个句子的真，完全可以是一种语义内涵上的真，它可以通过对句子所使用的词语的语义内容来判定，即通过类似戴维森的真理论来判定。——根据戴维森的这种真理论，句子所使用的词语的语义内涵或含义是给定的，我们只是根据真理论求其真值。

这里的问题所涉及的最终还是语言的功能到底是什么的问题，其中的一个根本问题是：在语言的使用中是否允许包括单个的命题的运用？一些研究者把达米特的无条件的意义理论视为语言学中的康德主义的理论，就因为达米特对这个问题给出了肯定的回答：达米特始终要求

---

① Cf. M. Dummett, *The Logical Basis of Metaphysics*, Harvard University Press, 1991, p.108.

② M. Dummett, *The Logical Basis of Metaphysics*, Harvard University Press, 1991, p.110.

把单个的命题的运用置于语言的运用之上，即他始终要求赋予语言以一种强的认知的使命，而不只是把语言简单地当作意义交流的工具。达米特赋予语言以明确的语义认知的功能的做法无疑是康德主义的。相比之下，戴维森的适度的意义理论则完全放弃了人们在听到句子或说出句子时，人们对句子的实际的理解和命题运用这个关键的环节，因而他实际上极大地缩减了语言的认知性。这实际上也就是戴维森否定理解的知识，即那种隐含的知识的原因。但完全属于理解者的知识都是隐含的知识，它不同于现有的概念本身所规定的明示的知识。达米特经常爱用下棋的例子来表明隐含的知识的重要性，比如他说，一个天才的棋手所知道的决不只是规则的（明示的）知识，对他（她）而言，更重要的是应用规则的知识——这种知识因为不是来自于规则或概念，而是在理解及其应用的过程中显示出来的，所以说它是"隐含的"。对于达米特而言，隐含的知识的存在也表明，语言所表达的意义和概念是不能用简单的二值性的真理定义来判定的。

2. 达米特对戴维森的适度的意义理论的批判，引起了麦克道尔的不满。麦克道尔坚持概念实在论，这使他根本不能接受任何区分语言与思想的二元论。麦克道尔断然否定我们可以像达米特那样从语言的"外部"解释语言。在他看来，外部的释义必然会使意义理论超出我们实际的语言能力，而且从外部考察语言必然会导致语言的表象主义，即导向对语言的经验主义的研究，而这恰好是**语言学的**康德主义所反对的。而罗蒂站在一种典型的维特根斯坦和戴维森的立场上指出：达米特对语言所作的分子论式的理解是对语言学转向的倒退。

麦克道尔认为，任何理论都要运用某些概念，因此需假定，在表达对象时，听众已事先把握了它们。这也就是说，任何有关一种语言的意义理论都必须确定，在那种语言中，至少有某些概念是可以表达的（否则，表达或解释就无从开始）。由于必须假定所使用的语言和概念有其所表达的意义，我们总是必须屈从于适度性，至少是屈从于部分的适度性。在麦克道尔看来，只要达米特提出一种意义理论，他就必须至少在某种程度上接受适度性。这也就是说，达米特没有充分的理由要求意义解释必须是无条件的或纯粹的，他的意义理论也必须建立在某些已知的概念上。如果一种意义理论缺少这样的适度性，它的一切解释将无从开始。①

对于麦克道尔而言，把语力理论当作派生的矛盾是明显的。如果像达米特那样要求我们从语言的"外部"解释意义，那么，要求我们在外部多远呢？看起来，我们能想象一个用一种**特别的语言**给出的**语言理论**，并且在这种意义上，该语言是从它所使用的语言的"外部"给出的。但问题是：我们如何区别该语言的解释不是根据第一种语言的语义内容来推断的？很明显，如果一种语言使用了它所使用的语言的句子的推论，它就不是"从外部"进行的解释了。达米特的意义理论中的"外部主义"的立场根本是站不住脚的，一种语言理论的解释只能依赖它自身所使用的语言的推论，这里没有"外部的"解释，因为它根本走不出去。

基于这里的"内部主义"的理由，麦克道尔支持戴维森的意义理论，他认为，根据适度性的要求，意义的真值条件是哲学中的一个健全的有关真理的概念。意义的真值条件概念的基础是这样一种思想：在适合于推断性表达的句子中，对所要做的推断具体化，就是对句子（由此说出的）是真的条件作出具体的说明，在这里并没有由额外的语力理论构成的求真要求，一切都是对说出的语句的一种判定。从这个意义上说，意义的真值条件概念也包含了使思想成真的真理的概念，但没有超出句子的语力所带来的真理。这种真理概念不同于语言学转向之前的任何"前语言的"真理概念，它抓住了那种有关句子所表达的"……是真的"观念的正确性，它起一种去引号的作用，或更一般地说，它消除了

---

① Cf. J. McDowell, "In Defence of Modesty", in Barry M. Taylor editor, *Michael Dummett: Contributions to Philosophy*, Martinus Nijhoff Publishers, Dordrecht, 1987, p.59. 达米特认为，在意义的真值论中，应把语力理论认定为是派生的（具有超出了语言之外的能力）——达米特认为这一点很重要——它出自于从句子的"核心"的成分出发的推断内容，即出自于对意义成真条件所作的具体的解释。但麦克道尔否认语力理论的派生性，对他而言，在语言的意义系统中并没有这样的派生物。

语义追溯。① 而达米特的无条件的意义理论在强调语言概念的原始含义的情况下，已退回到了"前语言"的真理概念，它是一种倒退到语言学的康德主义以前去的做法，它将陷入语义追溯的无穷循环中。

在麦克道尔看来，戴维森式的适度的意义理论至少在这一点上是正确的：它是从内容中间开始的，而达米特的无条件的意义理论则把内容当作**取得的**（achievement）东西来显示。把内容当作取得的东西，即把富有意义的内容，视为是通过某种**外在的定理性的解释**所获得的东西，而不是由说话者的表达所显示的东西或语言实践本身所获得的东西，这样的意义理论是错误的。隐含的知识的概念本身就是一个成问题的概念，语言首先是交流的工具，它的求证命题之真伪的功能因此是受制于语言本身所表达的内容的，它不像达米特认为的那样，存在某种从语言内容的外部理解的过程。表达一种观点的思想并不是隐匿的，而是公开的，即说话者能把他的思想放入他的词语中，让他人能听明白或理解。适度的意义理论最优雅的地方就是，它是"同声的"：它使要表达的观念与语言的字面意义没有任何差异。它充分显示了，语言的思想表达的功能一点都不神秘。思想的表达是语义透明的，它并不假定包含了任何隐含的原初的意向性，就像说"那里有张桌子是正方形的"，能被他人通过句子"某种桌子是方的"听懂并理解。②

麦克道尔借用人们对启蒙运动的语言工具论的批判来批评达米特，因为在他看来，从某种意义上说，达米特的意义理论就是启蒙运动的语言工具论的翻版。孔狄亚克在其历史哲学中，用语言表达思想的观点来解释语言的起源，在这样做时，他把思想的内容看作是语言之外的东西。但赫德尔随后对孔狄亚克的回应表明，这种解释方法显示了启蒙运动不仅把自然客观化（通过证明语言是外在世界的认识的工具而赋予

① Cf. J. McDowell, "In Defence of Modesty", in Barry M. Taylor editor, *Michael Dummett: Contributions to Philosophy*, p.60.

② Cf. J. McDowell, "In Defence of Modesty", in Barry M. Taylor editor, *Michael Dummett: Contributions to Philosophy*, p.69.

自然以一种客观性），而且把人类主体客观化（把认知主体与其生活于
其中的语言分开）的工具主义的倾向。但把人类主体客观化，并不能把
保证语言是内在地充满了客观的内容的，同样的，把自然客观化也不能
保证自然是内在地存有某种目的性的。用客观化的方法来看待语言的行
为，语言的行为也可以是有内容的，但很难避免这些内容的主观性或片
面性。当赫德尔抗议这种语言的内容不能被认为是理所当然的，他攻击
的是整个启蒙运动所描绘的理论基础。赫德尔的表现主义拒绝了对语言
的客观化，因为他认为这会使我们把它所带有的任何内容，都视为是通
过存在于它之外的思想所取得的。在赫德尔眼里，隐匿于语言的外衣背
后的赤裸裸的思想是没有存在的理由的。语言的功能是对世界的揭露，
我们可以称之为"概念意识"的东西并非由收集到的种种外在的数据构
成的，而是具有表现活力的语言的把握所获得的。如果不退回到语言工
具论，就不能把思想的内容视为某种特殊的部分，即不能认为思想是完
全外在于语言的可交流的内容的。无条件的意义理论所犯的正是启蒙运
动时期把语言客观化的错误。

　　麦克道尔支持赫德尔对启蒙运动的语言工具论的批评，在他看来，
只有适度的意义理论才能避免一切"客观化"的幻想，因此，也只有这
样的意义理论才能为我们所承认和接受。对于哲学而言，除了去理解世
界的内容（它存在于语言中）之所在，即去理解概念意识之所在，就不
可能还有什么更好的计划了。在关于人以及人与自然的关系的观点占支
配地位的启蒙运动时代，对语言共同体的世界揭示的理解被放在了一
边。但赫德尔的表现主义做得还不够，尽管它对启蒙运动的客观真理概
念的怀疑具有非常重要的意义，但那个时代仍然像黑格尔认为的，人们
根本没有去理解一个由语言共同体显示的心灵是如何实现的过程，因此
它也就不可能去想象一种适度的意义理论。

　　麦克道尔认为，达米特的本意固然是建立一门统一语言的理论与
思想的理论的意义理论，从这个意义上说，达米特也是反对从启蒙运动
一直发展到逻辑经验主义的所谓分析哲学的语言工具论的，但无条件性

的要求远远超出了一门统一的意义理论的极限，因此他根本无法去展现"语言共同体显示的心灵是如何实现"的过程。实际上，在建构一种意义理论上，无条件性非但不是必需的方法，反而是一个障碍。意义理论只有适度的才是最好的，只有屈从于这一点才是有益的，对于意义理论而言，屈从于适度性是一个绝对的本质性的前提。①

3. 达米特为自己的理论立场作了辩护：他认为，他所谓的"从外部"对构成语言的实践能力的解释，部分是通过语言的实践能力的显示来证明的，部分是通过已知的知识来证明的。从这个意义上说，这种解释视域是介乎于语言与思想之间的。达米特认为，他担心的主要是，人们完全接受那种相信一个字的意义在语言实践中是看得见的意义理论。他特别想强调的一点是，简单地省掉有意义的话语与心灵的关系的说明，有遁入行为主义和肤浅的实用主义解释模式的危险。因此，带有强烈的断言性的言语实践最好必须从内容的外部（即从理解者或说话者的隐含的知识的角度）来描述；也只有通过否弃适度性，我们才能避免把语言简单地当作意义的交流工具。

这里争论的焦点在于，达米特始终认为思想是先于语言而存在的，因此，说话者的隐含的知识与语言共同体的知识并不是同一个东西。在他看来，如果思想在先，那么，"内容"，即意义，必然是通过外在的定理式的解释获得的。说思想在先，就是说存在下述两种情况：第一，我们可以解释对于某些人而言是特殊的思想，或某种思想类型，即我们可以独立于主体的语言表达去把握某种类型的思想；第二，我们可以先于对语言表达的东西的理解，把我们的理解能力用于把握思想和概念。②如果真像麦克道尔和戴维森那样，不把思想当作是语言之前的东西，我们就必须解释，在不求助于对先前的概念的掌握，或不要求拥有思想的

---

① Cf. J. McDowell, "In Defence of Modesty", in Barry M. Taylor editor, *Michael Dummett*：*Contributions to Philosophy*，p.76.

② Cf. Michael Dummett, "Reply to John McDowell", in Barry M. Taylor editor, *Michael Dummett*：*Contributions to Philosophy*，p.255.

能力的情况下，是什么使得语言的词语和句子具有意义。

　　由于麦克道尔单方面地接受了一种语言本体论，因此，对他来说，这里的问题（在没有先于语言的原始概念之前，是什么使得语言的词语和句子具有意义的问题）是完全不能解释的；这样的问题也不存在，因为不存在这样的情形：思想所授予的内容，像是发生在话语行为的背后，它原本藏于心灵中。如果思想所授予的内容真的是发生在话语行为的背后，那么就会出现这种情形：一个知道一种语言的人，去听那个语言的一段话或句子，却没有听出它具有这种语言所带有的意义，或者说，一个已经知道一种语言的人还需要额外的，通过某种外在的定理的解释才能明白语言所带有的意义。

　　但达米特认为，语言具有某种不透明性是无法否认的。我学会了我的母语，我却不能理解其他语言表达"牙痛"的句子，这是为什么呢？我必须先学会那门语言，并被告知那个字词的意思，我才能理解；由此可见，思想或概念并不是在语词中，它们不是通过语词就能了解的。我们不知道，蜜蜂是否知道它们的舞蹈是在引导向合适的花的方向飞行，所以对这种实践作出描述就够了，无须对个别的蜜蜂对这种活动的掌握作出描述。但一个说话者在说他做事的目的时，是基于他对语言的理解的，因此，一种对语言的工作的完全的解释，就必须对说话者对语言的理解所包含的内容作出解释。达米特坚持不放的一个观点是：思想作为一种心智的意向行为是完全能在公共可观察的语境中得到解释的。一种语言的词语的意义当然就是它们实际使用中的意义，这是借助于它在复杂的社会实践中所扮演的角色来做到这一点。而意义理论的使命就是对这种实践作出系统的解释，并对语言借助于何种词语和句子表达它所表达的意义作出解释，或更确切地说，解释它在什么情况下具有这种意义。在这样做的时候，它显然不能只运用那些被认为是已经理解的概念，[①] 相

---

① Cf. Michael Dummett, "Reply to John McDowell", in Barry M. Taylor editor, *Michael Dummett: Contributions to Philosophy*, p.259.

反，它必须为解释或理解的目的引入某些理论的概念。在这种情况下，对内容的理解必须依赖相关的理论，而不能完全基于任何事先把握的表达它们的概念。

对于达米特而言，这里的问题的重要性还在于，如果缺乏无条件的意义理论的基本方法，在面对不同思想范式的冲突时，我们就会束手无策。比如，在复杂的语言实践中，对于任何一种意义理论而言，都要面对不同的意义理解范式相互沟通的问题。① 用达米特的例子来说，② 一个只熟悉古典逻辑的人遇到了一个直觉主义者，他必然会对后者拒绝接受排中律的法则十分困惑。令古典逻辑学家迷惑的问题的根源是，在他看来，排中律是由其真值表而被认定为有效的，但直觉主义者却认为，除非假设真值表的两行**穷尽了**所有可能性。在直觉主义者看来，古典逻辑学家回避了这个问题（真值表的两行是否穷尽了所有可能性）的实质，他只满足于认为，假定"A"要么是真的要么是假的，等于假定它要么是真的要么非真：他**只是这样**把他假定的排中律当作是**已经证明的**。再者，如果古典逻辑学家遇上了一个他接受排中律但拒绝接受分配律的量子逻辑的支持者，当他向后者表明，分配律亦是真值表的显示时，与前面相似的对话又会出现。显然，这样的对话根本是不会有结果

———————————

① 在达米特之前，伽达默尔的解释学对这里的问题所作的解释令人印象深刻。解释学的解决办法虽然与纯粹的意义理论并不一致，但它对这个问题所作的回答却仍有重要的参考价值，因为解释学不仅看到了制度化的语言及其生活形式，而且看到了运用和理解这种制度化的语言和生活形式的**视域的相对性**：语言和制度化的生活形式既制约着人们的视域（人们的视域受到他的历史性的限定），但人们的视域又是开放的，而且不断改变。我们是徘徊地进入一种视域的，即我们是**带着自己的视域**进入一种视域的，不存在我们不带任何视域把自身置入于一种视域的情况。这种理解的概念，与维特根斯坦**单子论式的概念**所提出的看法正好相反，由语言游戏的语法建立起来的生活世界并非一个封闭的生活世界。（H. G. Gadamer, *Truth and Method*, New York, 1975, pp.271-273；另见伽达默尔：《真理与方法》，上海译文出版社 1999 年版，第 391—392 页）

② Cf. Michael Dummett："Reply to John McDowell", in Barry M. Taylor editor, *Michael Dummett: Contributions to Philosophy*, p.253ff.

的。如果对于古典逻辑学家来说，他只是无法确定，他是否能向直觉主义者或量子逻辑学家表明他理解句子算子的方法，那么，对于直觉主义者和量子逻辑学家而言，他们则是完全不能向古典逻辑学家交流他们是如何理解句子算子的。古典逻辑学家和非古典逻辑学家如何能做到彼此相互理解？显然，只有通过对逻辑常项的说明，以及给出一种语义学的理论，而且他们还需要一个在潜在的逻辑的变化中尽可能稳定的元语言。

　　对于解决这里的不同思想范式的冲突，适度的意义理论完全不起作用。适度的意义理论采用了命题内部联结的系统（一种整体论的观点）的方法，它对说话者的理解，要么解释为他对这些命题的理解，要么解释为关于这些内部联结的命题他所知道的知识。按照麦克道尔的理解，对说话者的知识的解释只能"从内部"给出。当麦氏说，"戴维森牙疼"，我们知道他在说戴维森牙疼，一方面是因为我们懂英文，另一方面是因为我们听说过戴维森这个人。当然，即使我们不知道戴维森是谁，或牙疼是什么意思，也能理解它，他之所以知道这一切，是因为他知道"戴维森牙疼"这一句子的意思，以及"说"（to say）这一表达式的意思。但这种理解方式对理解"戴维森牙疼"这句话的含义是没有真正的帮助的。①

　　的确，我们说和做，这早已假定了我所说中的任何东西，但只有求助于**额外的语言领域**（extra-linguistic realms），才能把我们从**不同思想范式的冲突**，以及语言实践的怀疑主义中解救出来。只有我们缺少把握规则的方法，或我们称之为"遵守规则"和"违背规则"的东西，我们才会陷入克里普克所指出的那种出自于维特根斯坦的怀疑论的困境。无条件的意义理论的推理的社会性，能保证它不会陷入维特根斯坦所说的，一种解释的背后总还会有另一种解释，以至于根本不可能有最终的

———————

① Cf. Michael Dummett: "Reply to John McDowell", in Barry M. Taylor editor, *Michael Dummett: Contributions to Philosophy*, p.268.

解释的困境。① 在达米特看来，生活形式并非一种不能从内部渗透的严格的体系的世界，它并不是一种消除了主体间性的空隙的实体，它仍然可以保持个人与个人之间的一种理解的距离，即在个别与全体之间保持一种微妙的平衡关系；否则，"遵守规则"的行为便是不可理解的。

4.上述分析多少表明了这一点：分析哲学的主流观点一直是站在基于真值语义分析的"语言的理论"的立场上的，戴维森的意义理论代表的正是这样一种主流的观点。尽管戴维森承认语言与思想之间的关系，即承认富有内容的意向性状态与富有内容的言语行为是相互联系在一起的，但在"思想"到底可以给予"语言"什么东西的问题上，他最终还是使"思想的理论"屈从于"语言的理论"。达米特把戴维森的使"思想的理论"屈从于"语言的理论"的意义理论称为适度的（modest）意义理论。在他看来，戴维森根本不承认词语或句子可以带有说话者的理解、判断和相关的命题内容（作为此种概念和命题的意义的一部分）。② 戴维森把意义理论局限在对词语或句子与**现有的语言的**命题意义的关联分析的范围内，这就是说，他并不考虑词语或句子与说话者所表述的语言命题内容的关系。戴维森的意义理论来自于这样的信念：语言并不能表达弗雷格意义上的思想；从本质上看，思想是非语言的心理现象，因此不在语言的分析范围之内。坚持"语言的理论"使戴维森把针对意义本身的推断的意义解释视为是不可

---

① L. Wittgenstein, *Philosophical Investigation*, Oxford：Basil Blackwell, 1958, p.81ᵉ.

② **戴维森的意义理论是适度的，主要是因为他的对命题态度不做任何追究的真理融贯论的立场。**达米特始终认为，掌握一种语言的知识，不可能只包含在知道句子拥有公理而是真的知识中，它还必须被视为一种对那些句子所表达命题性内容的知识。在这里，人们可以问，如果一个人说他拥有这里的命题性的知识，他需要些什么呢？一旦我们问这个问题，这一点就变得很清楚了：说话者为了知道相关的命题的知识，必须知道作为真理论赖以建立的基础的大部分的所谓的事实，即他要知道哪一个句子被一个语言的说话者认为是真的。但戴维森从来没有用这样的方式来看这里的问题。（Cf.M.Dummett, *The Logical Basis of Metaphysics*, pp.108-110）

能的。

达米特对麦克道尔的批评的回应尽管很有说服力，但最终也没能说服像罗蒂这样的实用主义者。在罗蒂看来，从胡塞尔的现象学到罗素的分析哲学已表明，对语言理论的说明是唯一正确的，不可能再寄希望于单个的分子论式的理解。他认为，戴维森把塔尔斯基的有关 T 约定的理论运用于语言的分析，目的就是排除语言学研究的主观性。对于戴维森而言，借助类似 T-语句这样的语句来解释真理概念和真理性论断，也等于是把这些在传统的意义理论中显得十分复杂和难以解决的问题明确化，去除它的神秘性质。采取这种语言分析的方式意味着必须放弃传统意义理论中的"意义"这一概念，因为这一概念超出了这样来理解的语言理论的范围，它只能理解为是某种与柏拉图的实在论相关的指称关系的产物。对 T 约定的理论的运用的用意是建构一种不带任何说话者隐含的命题态度或意向性的纯粹的语言的理论，以此把语言的意向性分析与语言分析区分开来。

按照罗蒂的看法，戴维森相信，只有 T 约定所显示的句子的等值关系才能说明句子的意义的客观的一致性，因此，戴维森取消了"确定的意义"、"有意图的解释"和"刺激性反应"，而一旦你"……取消类似于'确定的意义'、'有意图的解释'和'刺激性反应'这三种形式，你就不再有什么东西可用来把整个所知（know-how）分解为各个部分：就没有什么东西可用于回答你如何知道被称为'红'的东西？除了像维特根斯坦那样回答：'我会英语'。"①

罗蒂的意思是，戴维森在维特根斯坦之后再一次表明了这一点，在语言实践之外，已不可能再假定超语言的意义实体的存在："确定的意义"、"有意图的解释"，都属于超语言的形而上学假定，而"刺激性反应"这类简单的行为主义的意义归属，也不符合真正的语言实践的

---

① R. Rorty, "Pragmatism, Davidson and Truth", in *Truth and Interpretation*: *Perspectives on the Philosophy of Donald Davidson*, edited by Ernest LePore, Oxford, UK; New York, NY, USA: Blackwell, 1986, p.349.

基本特性；这是语言学转向的必然结果。因此，戴维森当然是对的。现在，我们只能通过现成的、使用中的语言来解释思想，离开了现成的或使用中的语言，我们就不知道认识是什么；即使像对颜色这样的外在对象的认识，也不能从表象的、单个的知觉的角度去理解，而应从使用它的语言的角度去理解。可以说，罗蒂比麦克道尔走得更远：对他而言，使用中的语言不只是具有独立的本体论的优先性，它甚至是唯一的。比如，罗蒂指出：

> 你观察什么东西是红的，你所作的就是达米特把握一个表达式的内容的范例。他认为，在"那是红的"和"恺撒渡过了鲁比肯河"，"爱好于恨"，以及"存在着无限的基数"这样的例子之间的差异，是任何语言的适当的哲学都应保留的。但对于戴维森和维特根斯坦的整体论而言，它们根本没有区别。按照他们的看法，在所有情况下，去把握一个内容，就是去把握语言的这些句子和其他句子的指称性的关系。[1]

达米特为其分子论区分了上述两类句子，他始终认为在"恺撒渡过了鲁比肯河"和"你如何知道称为'红色的'东西"这样的表述之间是有区别的，因为在他看来，我们回答第一个问题的方式不可能与回答第二个问题的方式相同。第一个句子涉及的是某种历史事实，而这些历史事实是通过语言记载的，我们只有通过语言所记载的事实的理解来把握该句子的含义；而这里的第二个句子是典型的观察推理的句子，"红色"是你把一个对象之物的颜色与你的感知进行比较而获得的一种认知；有一个具体的认知对象是这类句子的一个共同特征，而第一种句子

---

[1]　R. Rorty, "Pragmatism, Davidson and Truth", in *Truth and Interpretation：Perspectives on the Philosophy of Donald Davidson*, edited by Ernest LePore, Oxford, UK；New York, NY, USA：Blackwell, 1986, p.350.

则没有一个具体的认知对象，它显然只是一种事实句。①

　　罗蒂所有的理论批评都集中在达米特视为圭臬的世界解释的分子论。一切哲学的区分都是罗蒂不能接受的，他并不承认原始词项和非原始词项之间的区别。从罗蒂的自然主义的角度来看，承认这种区分与承认"概念图式"与内容、世界与"世界存在之条件"的区分是一样的。这一区分在语言学转向的哲学语境中，以及在戴维森的整体论的语境中，早已是不可能的事。在罗蒂看来，这一点已变得愈来愈清楚了：在经过了语言学转向和戴维森哲学的洗礼之后，希腊人那里的普遍者与特殊者之分、康德的概念与直观之分，以及《逻辑哲学论》中的现成可得者、可说者与非现成可得者、不可说的"世界的实体"之分，都因为坚信世界本身的不可分（用罗蒂的话说就是，在我们的世界中，没有 A 类实体和 B 类实体之分）而变得不可能了。②

　　罗蒂相信，经由后期维特根斯坦、蒯因到戴维森，要整体论承认语言理解中的原始词项及其原始意义，等于要它在语言与世界之间承认一个第三者、一个完全独立于语言与世界的交互关系的东西。整体论否认语言与世界的关系是分子式的多样性关系构成的，因为这种解释会带来无穷追溯，因此整体论认为语言与世界完全是由一个可以相互解释的网构成的：一种观念与另一种观念并非独立相处，相反，一个只有通过另一个才能得到解释，这也就是说，不可能有单独与世界发生关系的观念。也只有这样，这个世界才不会遁入可无穷追溯的深渊，即才是一个"看不到边界"或没有边界的世界，但又是一个能获得自我解释的世界。按照罗蒂的解释，戴维森的整体论比维特根斯坦更彻底：他用蒯因的自

①　当然，达米特区分这两类句子，并不是说，他认为，在第一类例子中，我们是按照一种经验主义认识论的精神来处理直接的观察的：与罗蒂怀疑的理由相反，达米特的有机论承诺使他不可能接受这种朴素的原子论式的解释，即他不会否认我们对"那是红色的"把握涉及"颜色"这一术语的把握，以及其他颜色词的把握，但这只是对英语语言的约定的把握。

②　参见《罗蒂自选集：实用主义哲学》，林南译，上海译文出版社 2009 年版，第 204—205 页。

然主义把它彻底化了，他拒绝了任何把语言具体化的行为，即拒绝任何类似达米特的那种基于理解者和说话者的隐含的知识之上的对语言的理解和应用；不仅如此，他还取消了哲学的探究与科学的探究的区分，取消了语法的东西与经验的东西之分，以及像蒯因那样取消了必然真理与偶然真理的区分。尽管罗蒂不可能毫无保留地接受戴维森的整体论，但仍然把它当作一种语言学转向之后的自然主义化的意义理论予以接受。

（三）走向建构性的整体论

分析哲学在经过实用主义变向之后，走向了一种排斥任何单个的解释的整体论。这种整体论相信，我们不能拥有任何脱离整体系统的知识，与说话者的独立的理解相关的认识是毫无意义的。但达米特认为，这种整体论的一大缺陷是，它不仅忽略了能组合在一起的句子是无限的这样一种事实，而且完全否定了在某些条件下，内容也可以归属于个别的句子的事实。比如，在蒯因的整体论中，由于经验被嫁接于意义的整体的网络，个别的句子就只有在网络中才能保持它特有的位置：它也只能以这种方式保证它与其他句子的推论关系，但这样一来，就不再有按照经验把真值赋予句子的方式，也不可能在整体的意义网络中对其他句子进行重新的赋值。由于整体论使对个别句子的赋值与任何层次上的经验都相容，赋予这种句子的真值的知识就没有给我们有关世界是什么的知识。达米特并不认为，满足需要一种句子的内容的概念，我们可以把分子限于逻辑算子。

蒯因有理由把科学的概念系统看作根本上是根据过去的经验来预测未来的工具，对他而言，物理对象可以作为方便的中介物引入。但把"过去的经验"当作经验认识和判断的依据是一种特殊的整体论，因为这里的"整体"正像蒯因自己说的，是一个"人工的编造物"，它从最偶然的地理和历史事件到最深刻的原子物理学甚至纯数学和逻辑的规律，它是业已存在的由科学的和人类生活实践构成的陈述。因此，对于蒯因而言，那种完全基于个别的语句，甚至个别陈述之上的独立的经验的证明，并不是科学陈述真正应该做的事情，这样做也没有意义；一旦我们意识到根本不存在独立于具体的实践经验的纯粹分析的陈述，以及不存在基于"被给予的神话"之上的真理符合论式的综合陈述，那么，我们就会意识到，本体论问题与自然科学问题是同一个问题；我们会觉得，这样一种本体论是科学认识的方法论的基础不可或缺的部分。

从某种意义上说，整体论是很难被反驳的，因为对于任何一个句子的意义的证据，原则上很可能都包含了那个句子的用法，或与其他句子分享一个或更多的句子构造模式。除了与其他说话者的语言反应关联之外，没有其他任何方式可以对其作出限定。这也是为什么继蒯因之后，所有"事实"的东西都视为是内在于理论的东西。但达米特在整体论的名下，谈到了整体论的不同的特点，他并不认为蒯因的整体论是可行的；他有关整体论的评论的根本目的是，区分两种不同的整体论，即区分他认为是蒯因的整体论与他心目中的能够与分子论相容（基于理解的）的建构性的整体论。最终，为了反对蒯因的整体论，达米特通过基于命题主义之上的分子论，建构了一种推理的整体论。

1. 达米特认为，我们首先应区分"整体论"的两种形式来源：一是出于整体无法分离的事实的整体论的观念；二是建构性的整体论的观念。前者的意思是：由句子指称构成的含义（语义）必然是不可分的整体的（理论或意义的）一部分；后一种的意思是：由句子指称构成的含义（语义）必然是处于整体的语言网络之中的。对于这里的第二种整体论的观念而言，没有任何整体的经验可以强迫我们排斥句子，但也没有句子能免除被修正。达米特反对的是与蒯因的理论联系在一起的那种由原初的网络模式转化而来的描述的整体论或指称的整体论，即这里的第一种整体论。

基于这里的第二种整体论，在《直觉主义逻辑的哲学基础》一文中，达米特强调，从单个的理论或从数学和物理学的角度提问题是不明智的，任何一种陈述或演绎都有可能在多种与其他陈述或其他领域的相互联系中得到修正，因此，缺乏对整个语言的认识，就无法充分理解一个陈述。或可以这样说，下述看法事实上是错误的：一个陈述或理论，原本就有其原始的意义，它的意义充其量只是在与其他陈述和其他理论的联系中得到了某种补充或修正而已。达米特的直觉主义逻辑有赖于这样一种"整体的"观点：一个陈述或理论的意义的获得，取决于其本身所处的、建构了我们语言实践的整体的复杂的网络，离开了整体的语言实践的复杂网络，就无法确证一个陈述和理论的原始意义是什么。这也就是说，任何可以接受的意义理论，都必须承认语言的内在联系，决不可能有这样的事：掌握了一个字却没有至少部分地涉及由其他字词构成的句子。

在达米特看来，蒯因的整体论的致命缺陷并不是它的出于经验本体论的"整体的"观念，而是它看待单个的命题的方式。蒯因的"外围句子"由经验的刺激而来，但它的真值却仍为"整体"所决定。由于这种整体论的单一性质，不仅说话者的理解不再是意义理论的一个论题，与说话者的理解相关的知识也不再具有认知的意义（因为在这种整体论中，知识已完全被消解在了语言整体的意义网络中了）。因此，蒯因的整体论无法解释我们如何做和如何理解新句子。它不仅颠覆了（可以说是非常有用和正确的）外部与内部的区分的隐喻，而且对于演绎何以有用，它作了一种苍白无力的解释：它只是通过说它能得出结论、即能得出最简单的逻辑形式的方法（我们不可能用其他方式得出结论）来证明它有用。

戴维森的整体论也有类似的问题：他的整体论具有支配单个词的公理，以及有关习语和句子的形成的模式。戴维森根据任何给定的 T-语句设计的公理的正确性，并不是基于那种 T-语句的可接受性之上的，而是基于整个真理论的可接受性之上的。它依据整个判断性的句子的不同来评估，而且轮流基于 T-语句涉及的所有被认为是真的陈述。因此，一个 T-语句被认为是可接受的标准与任何其他 T-语句被认为是真的标准不相似，却是同一个，所以，戴维森的整体论是一个彻底的指称的整体论（referential holism）。如果按照戴维森的方式来建构整体论，那么，这样的整体论将无法解释我们如何做、如何理解新句子，它也不能解释我们如何使用语言作为交流的工具。这看起来正是戴维森的意义理论的整体论的一种观念。

达米特始终认为，我们对特定条件下说出的具体个别的语句的理解，并不是完全被作为整体的语言系统的意义所决定的，整体的语言系统充其量只是部分地决定着意义，语言的说话者对话语的理解仍然是独立的。我们只要对语言的某一个有决定性意义的部分有所了解，就没有理由认为，我们不能理解相关的句子。当然，赞同一种基于理解的分子论，并不是要表明，每一个句子原则上都必须单独地来理解才能把握它的意义。①

对于达米特而言，只要一种整体论既能保留陈述的个别性内容的存在，又不使这种个别性的内容与整体的意义网络成对立状态，或不能相互容纳，那么，这种整体论就是可以接受的，因为在这种情况下，它实际上就做到了整体与部分的统一；把个别性的内容视为陈述的意义中心的分子论，就与依赖整体的意义指派的高度理论化或演绎化的整体论相结合了。整体的关系在蒯因那里是不平衡的，它缺少内在的和谐：他的整体的意义网络是一张真正独立的网，它可以把任何具有自身个别性内容的陈述加以修正，而自身则无须任何修正。在蒯因的语言图像的整体论中，语言的整体的意义网络是可以逃避任何形式的修正的。蒯因坚持使用决定或构成意义的观点，但一旦意义完全是由使用决定的，我们又有什么理由对可以使用的或正在使用的意义系统进行批评呢？在数学领域，一旦我们完全相信使用决定意义，任何已经确定下来的数学实践形式，就必然是我们应无条件接受的实践，我们就没有任何理由拒绝这种实践。而且，任何一种数学陈述的实践形式，只要是可使用的，它就可以宣称它具有它所自认为的那种意义，而且没有人能否定它。对于这种整体论，达米特作了下述评论：

———————

① Cf. M.Dummett, "What is a Theory of Meaning? (II)", in *The Seas of Language*, p.44.

把意义完全当作由其使用所决定，看起来会忽视任何形式的修正主义。如果使用构成了意义，那么看起来，使用就逃避了任何批评：这样就不可能拒绝任何确定下来的数学实践，诸如某种论辩形式的使用或证明方式，因为与其他所有一般已接受下来的实践一道，它们就是我们的数学陈述的意义，无论做何种选择，我们肯定有权力使我们的陈述具有那种它们应该有的意义。这样一种态度，就是使用完全决定意义的理论所可能带来的后果。然而，它只是一种只有采用了语言的整体论才能最终得到支持的观点。①

可以肯定的是，如果完整的语言的知识或任何系统的知识能替代理解者的隐含的知识，那么，具有个别性内容的陈述就不可能存在，因为一旦整体的知识成为唯一的知识，我们也就失去了构成具有特定个别内容的陈述的条件；在这种情况下，如果我们要确定一个陈述的意义，所能依赖的就完全只是意义指派的整体论的方法，知识体系的内部统一性或自我协调性的整体论原理，就会成为一个陈述的意义的判定法则。以数学实践为例，我们能接受一种数学理论，并承认其公理是真理性的，只是因为我们在实践中发现，它在理论的复杂结构的内部，可以作为一个**子结构**发挥作用。从这样一种整体论的意义确定模式来看，任何数学陈述的理论的真值条件的显示都是毫无问题的，根据它们**预先设置的**真值条件可以单个地作出判断，这些数学陈述的理论是否可以接受，或是否可以与其他语言分离开来。② 但这样一来，整体的意义系统就失去了其内部所应有的一种张力，我们在某种类型的刺激中所获得的对固

---

① M.Dummett, "The Philosophical Basis of Intuitionistic Logic", in *Truth and Other Enigmas*, p.218.

② 在达米特看来，删因的那种语言图像整体论的概念"与希尔伯特的古典数学的观点具有明显的相似性，或更确切地说，与布尔的逻辑算法的观点十分相似。对于希尔伯特而言，一个可以个别地合法确定为正确还是不正确的确定的个别内容，只可以合法地归于基本的数论的陈述的非常有限的范围内……"（M.Dummett, "The Philosophical Basis of Intuitionistic Logic", in *Truth and Other Enigmas*, p.219）

有的陈述的同意和不同意，就不可能作为一种独立的认识活动而存在；如果这样，整体的知识系统就不能获得足够的压迫，它就不会感觉到它自身在某些情形下必须作出修正的必要性。若失去了这种张力关系，它就会把它对陈述的意义的确证当作是自明的。

达米特看到，以这种整体论的意义证明模式构建数学或其他任何理论，一个摆在面前的困难是去了解它是如何能被证明的。在这种整体论中，意义的证明显然是一个十分矛盾的概念。达米特指出，这里的证明问题在数学领域中很早就被认识到了。比如，尽管希尔伯特持一种整体论的数学观，但他对证明的要求仍然非常强烈，并且把对证明的回答视为他的数学哲学的主要任务；并且他把寻找证明的最明显的方法当作是对我们所关注的所有陈述和公式的解释的一种扩大。在希尔伯特那里，一旦一致性的证明被发现，就会一直解释下去，尽管它是与产生于其中的特别的证明相关的，但它并不是一种对所有语境都是一样的解释。

一旦整体论取消了证明的要求，它必然会给我们带来由于缺少一种证明而产生的不安，除非我们能够心安理得地接受一种缺乏真正的证明的整体论。如果缺少证明，就整体论的情况而言，就会产生这样的疑问：

> 我们有何权力觉得这一点是肯定的，即借助于数学和科学的方法或其他的方法得出的观察陈述，以及包含在总体的语言结构的内部的复合的理论中的陈述是真的，当这些观察陈述是以它们的刺激性的意义来解释的？对于这里的问题，整体论者将找不到答案，除了求助于下述引证：这些理论在过去"工作过"，就其绝大部分导致了真理性的观察陈述而言，我们有信心认为，它们在未来还会继续工作。①

---

① M.Dummett, "The Philosophical Basis of Intuitionistic Logic", in *Truth and Other Enigmas*, p.220.

忽视语言的整体系统与特定的观察陈述之间的证明关系，等于否定由特定的观察而来的陈述的个别内容的真实性，即否认我们可以在特定的观察陈述中获得意义的新的扩展。在这种整体论的意义证明的逻辑中，没有任何一个陈述能够具有它自身扩展的意义，因为任何一个陈述的意义都从属于语言（那个过去工作过，未来还会继续工作下去的语言），在这种情况下，它也就不可能有真正属于它自身的意义。这是这种整体论的意义证明逻辑不能容纳分子论的意义证明模式的必然结局。

达米特刻意要把蒯因的整体论与他心目中的建构性的整体论区分开来的原因是，他非常担心，如果完全按照排斥分子论的整体论来构建意义理论，我们将如何能接受弗雷格的带有认知意义的含义的理论？在这种整体论的模式中，当然不会有含义这一概念的存在。但否定含义的存在，实际上就是否定认识可以独立于逻辑而存在，或者说就是否定认识与认识者的隐含的知识的关联。弗雷格的意义理论区分含义与指称，这样的理论当然不能同意否定含义而完全依赖指称，它也不会放弃逻辑与认识的关系。而蒯因的整体论的意义证明模式，则使逻辑成为意义理论的唯一的方法。但缺乏认知的坏节，这样的整体论终究无法解释系统的指称关系的自我更新的问题。要解决指称系统的自我更新或修正的问题，就必须首先认识到，如果整体是由部分构成的，那么，部分就大于整体。这也就是说，语言作为整体应是一个包含了观察陈述的片断语言及其有限的外延的整体。因此，从具体的理论方面看，某些基础理论是可以具有超出它本身的扩展的理论的。达米特指出，在数学领域，希尔伯特也已认识到了这一点：希尔伯特的数学哲学以同样的方法要求古典的数论甚至古典的分析，必须是有限性数论的一种**稳妥的扩张**。①

2. 达米特始终认为，蒯因的整体论在哲学上是成问题的，它不仅忽略了能组合在一起的句子是无限的这样一种事实，而且完全否定了在

---

① Cf. M.Dummett, "The Philosophical Basis of Intuitionistic Logic", in *Truth and Other Enigmas*, p.221.

某些条件下，内容也可以归属于个别的句子的事实。由于经验被嫁接于意义的整体的网络，个别的句子就只有在网络中才能保持它特有的位置；它也只能以这种方式保证它与其他句子的推论关系。这样一来，就不再有按照经验把真值赋予句子的方式，也不可能在整体的意义网络中对其他句子进行重新的赋值。由于整体论对个别句子的赋值与任何层次上的经验都相容，赋予这种句子的真值的知识就没有给我们有关世界是什么的知识。基于意义的真值指派的整体论将使"整体"与"部分"的关系丧失，即它将摧毁原本一直存在的、语言的规范意义系统与特定的经验情境下的独立的理解相互制衡的关系。

达米特在这里区分了两个蒯因，一个是构建了以语言的本体的内在性为依据的整体论的意义证明方法，因而给传统实在论（特别是逻辑经验主义）予以毁灭性的打击的蒯因；另一个是把整体论绝对化或教条化的蒯因。蒯因在"两个教条"一文的结尾中提到，语言构成了一个相互联结的网络，但他忽略了能组合在一起的句子是无限的这样一种事实（并不存在一个封闭的网络），我们所拥有的网络实际上只是包含了所有语言的所有的句子的网络，在任何时候，它都只是给出了部分的真值指派。在蒯因的语言图像论中，他解决问题的方法是：假设每一个句子都是与其邻近的句子联系在一起的；以这种方式，每一个句子都在外围施加某种压力，并由此传输到内部。因此，虽然句子不在外围，不能依据纯粹的经验来获得真值，但对它的真值却可以依据其与其他句子的推论关系来获得。蒯因的这种语言图像论是把特殊转化为普遍的补充物，因而使其丧失任何"特殊的"性质。按照这样的解释，把真值赋予任何一个句子，决不可能是根据经验特别地赋予的。正是这一点使得蒯因的理论的整体主义保持在一种强的水平上（根本无法想象一种分子论的解释），而这也是达米特无法接受蒯因的整体论的原因。

从蒯因的整体论的角度看，不知道整个语言，就无法理解其中的每一个句子。语言的整体意义是具体特定的表达式可理解的基础，没有一个表达句能离开整体的意义网络这个语境而被理解。因此，把整体的语言的意义的理解视为是对特定的个别语句的理解的前提和依据是理所当然的。一旦能够确定，无论何种形式的个别的语句都是在整体的语言的意义背景下说出的，特定个别的语句就只能首先还原它与整体的语境的关联，其意义才能被确定（被理解）。

但这样的演绎推理的方式，是否可称得上是一种真正的哲学上的令人满意的方式？蒯因的整体论的方法有两个根本的目的：拒绝有赖于感觉材料的直接证明，以及避免遁入内在论的逻辑推理主义的证明的循环论证。从后一方面看，它无疑有着极大的排除逻辑证明本身令人迷惑的特征的功效。在"经验主义的两个教条"一文中，根据其特定的经验实在论，蒯因表明，一些陈述句的意义是逻辑推理从一开始就必须承认，在推理之前，前提并不存在或根本找不到前提的情形是不存在的。之所以一些陈述的意义是推理一开始就必须承认的，是因为语言本身就是一个由相互连接的语句构成的表达的结构，经验只是存在于它的外围。虽然外围的经验是我们赋予内部的语句以某种真值的根据，但这些外围的经验的语句本身又必须是通过与其直接相关的其他语句（那些接近外围的语句）的真值来理解的。因此，它必须通过与其相邻的语句才能一步一步地对内部的语句施加影响，或所实施的影响才能为另一个与其相邻的语句所接受。——也只有这样，它才能进一步对更为内部的语句施加影响。尽管除了那些外围的语句，推理并不直接与观察相关。具体地看，这样的方式避免了推理中的那些令人迷惑的方面：现在，我们可以把一些语句视为是属于内部的，因此不能直接观察，从而可以把它们与一些处于外部，因此是可观察的语句区分开来。这样，一些推理的语句是可以通过把前提置于整个语句的意义的关联中获得承认的，即我们可以认为推理的语句是建立在已有的结论之上的。实际上，这也意味着，真命题或真语句只能来自于这种类型的演绎推理的证明，只要保证整个语言的真语句始终保持与外围的直接给予的语句的关系（这意味着，它可以不断调整其真值的指派），即保证整个语言始终都有一个与外围联系在一起的内外的关联，这一点就不会有疑问（因为我们拥有可以直接追溯到最基本的可观察事实的语句）。这样看来，蒯因的整体论的推理论辩，可以消除此前有关演绎推理的可用性和有效性的所有顾虑和迷惑。不仅如此，这种推理论辩的方式还可以支持任何数学的推理模式，即使一些原本在哲学上仍然存有疑问的数学化的推理，从这种推理模式的角度来看，也会变得不再有疑问。

但在这里，一些问题被掩盖了。实际上，演绎推理并非机械地或单一地从外围开始再进入内部，有时推理的前提可能比其结论更靠近内部，即推理是从内部开始的。因此，推理的结论有时不是直接得到的，而是间接获得的，是通过了我们的**理解**这一额外的程序（在我们对陈述语句的意义的把握之外）的处理后得到的，即是我们在把握现有的陈述的意义之外，对句子作了相关的理解后得到的（它们不是从现有的陈述的意义中直接推论出来的）。对于蒯因所运用的这种演绎推理而言，这里仍然留有哲学的迷惑。因此，达米特反问道：

> 通过这种推理，我们何以能把那些没有如此直接建立起来的陈述当作是真的陈述建立起来？即没有通过我们在其中表达性地加入了意义的方法提供的手段建立的陈述，何以能当作真陈述建立起来？[1]

蒯因的推理方法暗示，我们可以**直接**从现有的陈述的意义推论出结论：只要作为前提的现有的陈述的意义为真，其结论就是真的；在这里似乎不需要任何理解的环节，即那种我们在把握了现有陈述的基本意义后，为了用其解释另一个陈述，对其所作的理解这一环节。

蒯因是通过一种经验实在论的承诺外在地给予演绎推理以一种内容的，这样，他就可以把演绎推理还原为内在于整体论的推理。达米特反对的正是这种还原，他坚持认为我们可以有效地或富有成果地使用演

---

[1]　M.Dummett, "The Justification of Deduction", in *Truth and Other Enigmas*, p.299.

绎推理。这也就是说，他认为，作为提出理由和从理由出发的推理形式，演绎推理仍然可以在它的推理的形式上拥有推理的内容，即拥有它作为一种理由或从一种理由开始的推理的内容。达米特相信，只要我们在演绎推理中加入理解的因素，就可以找到关于它的使用的合理性的解释。① 因此，达米特赞同密尔和弗雷格对演绎推理的解释。密尔同样以他对演绎推理的循环论证的特征的揭示闻名，但揭示演绎推理的弱点，从而在根本上放弃演绎推理不是他的目的，他的目的是希望表明，如果演绎推理的确很难避免某种形式的循环论证，我们如何证明它还是有用的；而弗雷格的推理主义承诺则使他特别关心演绎推理是否有内容的问题，这已表明他的目的不是把演绎推理当作空洞形式抛弃，他只是不能容忍分析缺乏任何命题内容。

蒯因的整体论对演绎推理的使用的确有它的优势：它可以在不求助任何外在的证明的情况下走出演绎推理的循环论证和无穷倒退的论证的怪圈，而其他的证明方式似乎很难做到这一点。在这种整体论的推理中，我们可以从一些默认的前提开始直接得出结论，而不必去追问它的前提是否可靠，因为作为推理的前提的正是我们整体的语言实践的部分。这意味着，对于整体论而言，我们的语言使用中的一般实践的特定组成部分，根本不需要做单个的证明，只要它是语言实践的一部分，它就是被默认的。

但这样的整体论并没有回答密尔和弗雷格的演绎推理的空洞性和无用性的问题，因为这样的整体论只是以一种新的方式或途径使用演绎式的推理，它回避了任何证明的要求，而且它只关注现有的实践，并只从现有的实践出发，并因此把推理对概念使用与使用中的概念相等同，即把我们推理中的概念与使用中的概念同化。这种整体论借助于整体的

---

① 若把理解加进推理中，则需考虑另一个问题，即如果认为通过理解，即通过一种合理的解释，间接地建立了一种推理的关系，那么如何保证它与我们先前对现有陈述的意义的理解一致，或如何保证它仍然忠实于陈述的原有的意义？这一问题对于蒯因而言是不存在的，它是推理主义语义学必须作出回答的问题。

语言的优先地位，把任何属于它的个别的语句的意义都视为是整个语言决定的。这样一来，演绎推理根本不必忠实于推理中的句子的个别的内容，因为对它而言，除了推理使用中的由整个语言所决定的内容，根本就不存在句子的个别的内容。因此，在这里，演绎推理完全成为另一种形式推理的工具：因为不再存在好和不好的推理，它只是一种表明概念思维的来源的工具。

　　达米特相信，只有当我们排除了这种整体论，即当我们认为每一个句子都基于它的语义结构拥有自己的内容，因而独立于它所处其中的语言，那么，对演绎推理的系统的使用才是有意义的。①

　　3. 直觉主义者认为复合的句子的内容必须统一地基于直接的子句子的内容上，分子就是真实的原理的直接的后果；我们理解一个句子也是因为理解它的组成部分，因为它的意义必然是它的组成部分的意义的一种结果。如果这个证明是充分的，那么，就没有任何理由赞同那种不能与分子论相容的整体论了。首先，如果排中律真像直觉主义逻辑认为的那样是空洞的，那么任何依赖古典的推理形式的推论都会是成问题的，即都不可能如想象的那样是实在的。肯定的证明不能通过排中律建立起来，这意味着所有的分析的推理都没有真正触及命题本身。从意义理论上看，这也是为什么达米特总是固执地认为，除非说话者自己理解了自己所要说的，否则不能保证他能通过说或推理意指什么。这就是说，在意义的证明上不能缺少说话者的理解这个环节。其次，只要理解的环节存在，意义就具有一种派生性。这意味着说一种话语时，说话者总是说了或表达了新的内容。

　　直觉主义逻辑对意义的理解迫使我们应区分语言的"公共意义"和语言的"派生的"的意义。一种表达在公共语言中具有一种意义，我们可以把它称为"公共意义"。如果根据公众的意义，说话者有理由认为他所说的是真的（或适当的），他就得使自己在使用字词时对公众的

_____

① Cf. M.Dummett, "The Justification of Deduction", in *Truth and Other Enigmas*, p.304.

意义负责。在这种情况下，他所说的，在公众语言中，的确能够意指他所要说的；但这里的话语的意义只是一种"寄生的"意义，因为它的传达完全依赖读者或听众对言语的公共意义的理解。这种寄生的意义不是最重要的，重要的是派生的含义。只有在派生的含义中，词语才真正展示了它所具有的意义，此时，词语的意义已不再是词语固有的意义。

达米特经常使用下棋的例子来说明这里的派生的意义理解。比如，人们学习一种游戏必须首先学会规则，但掌握了规则只能表明他能根据规则下棋，而不能证明他把握了下棋游戏中的任何一步的含义。然而游戏中的一种位置或行走的含义是十分重要的。尽管棋中的每一步都是有含义的，但如果它的含义只是由游戏的规则所赋予的，那它就缺少实质的内容：用弗雷格的术语来说，它就没有表达一种思想。如果游戏者对走法的含义一点都不了解，那么游戏就变成了一种纯粹凭运气来玩的游戏了，而完全没有了策略。而如果人们总是能彻底把握游戏的每一步的含义（犹如我们可以彻底把握一种语言的游戏规则），这个游戏也没有什么可玩的了。

因此，应该作出区分的是由真理论指派的意义与说话者的理解所形成的、带有特殊含义或**命题内容**的意义，并把后者当作一个与说话者的理解结合在一起的意义产生的过程来看待。一旦放弃这里的整体论的意义指派方法，意义理论就必须对说话者的命题性的知识或信念是如何构成的、它们包含了什么或它们是如何表达的问题作出解释。但蒯因的整体论仍然把意义视为一种"被给予之物"（由说话者在实际的经验行为中的话语给予的），似乎说话者不是根据自己的理解，而是完全根据一种语言和经验的规范或刺激说话，因此，在他那里，整体论的意义理论就不是去分析和解释说话者如何把语言当作思想的表达手段，理性地运用语言并赋予语言以某种特殊的意义，而只是在经验的背景下，用一种整体论的原理分析它们。在这样一种意义理论中，我们就无法真正把知识归于说话者，或者说根本就不可能去思考**意义的产生**与说话者之间的关系。

但很明显，无论从何种意义上说，我们关于对象的知识是很不完善的，如果它只是简单地与对象相关，或只是对事物作了简单的外在描述。

重要的永远是命题性的知识。无论关于对象的知识是否正确，若它不能随即进入命题性的知识，它的意义就非常有限。这实际上也表明了，不可能有纯粹指称的知识，即那种完全由对象的语义值所给予的知识。

命题性的知识之所以重要，弗雷格在他关于含义具有认知价值的理论中已表达得很清楚了。任何一种对语言的理解或运用都不是一种简单的或机械的语言操作活动，语言的使用者是把语言当作认识事物和表达思想的工具来使用的。人们对一个表达式或一个专名的理解和言说，目的都是希望获得新的知识：弗雷格早已指出，人们说一个专名，也不只是简单地重复它（"a＝a"），而是希望在说中表达一种有关这个专名的新的知识（"a＝b"），因此，说话者在言说中实际上运用了一些**非语言的知识**。①

在这个问题上，达米特的建构性整体论采取的是一种分子论的立场。分子论对整体的语言与个别语句的关系的规定，以及对个别语句的推演关系的规定不同于蒯因。在分子论看来，对个别语句的证明必须始终忠实于个别语句的单个的内容，即必须把它独立于每一个句子的个别内容显示出来（如果不是这样的话，就等于否认句子的意义与隐含的知识的关系）。② 这一点是肯定的，分子论的证明方法对与之相关的整体的或部分的语句的理解，并不是为了能直接根据整体的或部分的语句的意义直接推论出该单个语句的意义，相反，它只是为了对该个别语句的个别性内容作出证明而选定一个证明的起点或基本依据。

而蒯因的整体论的推论是从那些早已形成的和早已被接受的指称的原理中选择的，而这意味着，蒯因不可能选择其他与该推论提供的解

---

① 为此，达米特批判了因果指称论，因为它只把指称与指称的载体（名称的携带者）联系起来考虑，关于语言的表达式或一个专名的意义，它的载体或携带者成了唯一的标准。一旦指称（比如，专名）必须满足是否与之相符的要求，与言语者的知识联系起来的含义，就失去了在有关专名和表达式的言说中提供新知识的可能（这里的问题也根本没有被考虑）。

② Cf. M. Dummett, "The Justification of Deduction", in *Truth and Other Enigmas*, pp.303、304-305.

释不吻合的解释。对于蒯因而言，这里之所以没有其他的解释可以选择，是因为这种解释早已为我们的语言实践所证明，即早已为我们所接受的运用于语言实践过程中的指称原理所证明。这种整体论的观念也可以在戴维森那里看到：戴维森根据任何给定的 T-语句设计的公理的正确性，并不是单为那种 T-语句的可接受性所判定的，而是为整个已接受的真理论所判定的。与这样的整体论相反，分子论虽然也认为，任何可以接受的意义理论，都必须承认语言的内在联系，决不可能有这样的事：掌握了一个字词却没有至少部分地涉及由其他字词构成的句子，但它不承认有一个早已存在的真值分配模式。这种意义上的整体论实际上都是由一种真值分配模式构成的，它通过演绎的推演方式来达到它对"个别的语句的意义"的规定或意义的赋值。虽然在这种整体论中也有"个别"或"部分"，但在整体论的真值分配模式中，它们都是被规定的、其基本的意义是不能任意更改的（即使能更改，也必须满足它的真理论对整体的关系的要求，而不是相反，即使整体的真值分配模式发生改变，因此，它不可能有那种真正的**意义的扩展**）。

　　不应忽视这一点：把语言中的词语置于整体的语境关系中来解释，与认为我们可以从一个整体的真值分配模式来理解词语之间的关系是不同的。把语言中的词语置于整体的语境中来理解的唯一目的是确定，说话者的语句所带有的隐含的知识是否有意义，或者说，它的目的是确定一个说出的语句或陈述是否满足了"显示性"的要求，即确定一个说出的语句或陈述是否**可以交流或可以在具体情境中使用**。而在蒯因的整体论中，根本不存在这样的要求（它有与此完全不同的要求），尽管它也谈个别和部分。——达米特认为，戴维森就是从蒯因的整体论的共享的语言观来谈论个别和部分的，这也是他为语言设计一种真理论来建构意义的理论的原因。[1]

---

[1]　Cf. M. Dummett, "Reply to Tennant", in Barry M. Taylor editor, *Michael Dummett*： *Contributions to Philosophy*, pp.236-237.

但分子论要求保留"个别内容"的单独的意义，它要求避免把个别内容与整体的语句的内容混淆。分子论认为，若要把语言的非逻辑的原始意义显示出来，就必须首先把个别的语句置入与它相关的其他语句中来理解，即把它置入相关的语境中来理解。但分子论不承认整体与个别的真值指派关系，即不承认个别句子所不能脱离的语境或相关的语句是使我们获得该句子的意义的决定性的因素。分子论所承认的只是它们之间的一种相互交流的关系：分子论把每一个单个的语句都看成是一种语义打开的或开放的交流性的话语。① 而蒯因的整体论是不能解释我们如何使用语言作为交流的工具的，因为它不仅不会允许从一种含义的理论来解释意义，而且会否定任何与含义有关的"意义"。对于这种整体论而言，包含在任何一个陈述中的"意义"，都不过是它在语言的使用中所表明的一种**能使用的**特性而已；在这种整体论里，"意义"就是一种统一性的机能，一种能保持指称语义系统的一致性的机能。一旦证明一种陈述的内容可以为系统指派的语义值所规定或容纳，因而可以作为意义的整体的语义系统的一个附属的部分而归属于整体的语义系统，该陈述的语义内容就是有意义的，即真的。在这种整体论中，由于认为人们无法片断性地把握句子和词语的意义，产生于理解过程中的语言表达，在理论方面所发挥的作用就根本没有被提及。但对于达米特而言，只要对语言的某一个有决定性意义的部分有所了解，就没有理由认为，我们不能理解相关的句子。在达米特看来，我们对特定条件下说出的具体个别的语句的理解，并不是完全被整体的语言意义所决定的：它充其量只是部分地被决定，语言的说话者对话语的理解仍然是独立的。

达米特始终认为，确定单个句子的意义与构成它的词语的原始意义的关系，对于意义理论并没有太大的意义，意义理论必须对理解在句

---

① "按照一种分子式的解释，人们是通过了解分开来看的语言的每一个句子的意义来了解语言的，而按照蒯因的解释，理解一个句子就是去理解它所从属的语言，维特根斯坦也是这么说的。"（M. Dummett，"The Significance of Quine's Indeterminacy Thesis"，in *Truth and Other Enigmas*，p.378）

子或语词的意义真值的指派中发挥的作用作出解释。这样的分子论的观点不同于整体论的观点的关键之处就在于，在这种分子论中，单个的词语和句子的真值，不是**简单地或单方面地**由出自于语言整体的真理论指派的，它还包含了说话者的理解。而在蒯因的整体论中，由于认为人们无法片断性地把握句子和词语的意义，产生于理解过程中的理论表达，根本没有提及说话者自身的理解。这样的整体论实际上是一种纯粹描述性的意义理论的产物。①

把理解视为意义理论的核心，就不会同意，为了满足一种句子的内容的概念的需要，我们可以把分子限于逻辑算子。在这一点上，蒯因的整体论颠覆了哲学的认识的功能。但意义理论有赖于哲学的认识的功能。在具体的句子的概念解释中经常会碰到这样的情形：作为一个说话者，我们往往对所说的内容概念不清楚，虽然我们努力地去解释它。我们共同创造的语言的使用能力似乎超出了我们把握语言的运作的能力。一个最好的例子是量子力学，物理学家一致认为它是正确的，但最终对应如何解释它却陷入了无休止的争论中。就这里的理解而言，哲学实质上就是用来弥补这一点的，用维特根斯坦的话说就是，哲学使我们对语言的运作方式，以及我们的思想的过程有一个清楚的认识。意义理论如果只关注内容呈现的一般形式，它就会排除任何这种**阐述**的需求。因此，可以这么说，蒯因的整体论的表现是与整个哲学事业背道而驰的。②

————————

① 达米特认为，实用主义变向之后，一种理论倾向是把哲学的任何其他分科都视为是以纯粹的描述为目的的。一旦抛开实用主义的偏见，便不难发现，对语言的运作方式的理解越深入，对内容的表达就越清晰，其自身必然会影响到一般说话者如何使用语言。因此，并不存在纯粹的描述性的科学。实际上，对数学是什么的哲学的描述会影响到数学如何推理，构建一个语言如何运作的系统的描述，也会揭示我们的实践需要改革的一些方面。(M. Dummett, "Reply to Tennant", in Barry M. Taylor editor, *Michael Dummett: Contributions to Philosophy*, p.252)

② Cf. M. Dummett, "Reply to Tennant", in Barry M. Taylor editor, *Michael Dummett: Contributions to Philosophy*, pp.251-252.

四、走向语言的理论与思想的理论的统一

达米特告诉我们，如果表达式的意义必须被当作思想来看待，即必须承认作为意义的构成条件的句子的含义具有**认知价值**，那么，意义就不能被视为是某种**外在于**我们的思维（理解）的实在的反映（不管这里实在指的是传统实在论中的对可直接指称的对象实体，还是指的是戴维森和蒯因的特定的语境或经验条件），相反，我们只能把它当作与我们的理解相关的认知的产物——即是被我们的理解和语言模式所决定的认知的产物。因此，在关于语言作为思想的承载工具的定义中，达米特走向了一种反实在论的解释，对于他而言，这也是弗雷格区分了含义与指称的意义理论的一个可以想象的结果。但弗雷格之后，意义理论的语义学传统和经验语用学传统都极为片面地从意义理论的一个方面去探究意义的真：前者从表征性的语义方面去描述意义的真，即它只关注指称的理论；后者从语言的实际使用上去规定意义的真，它只满足于建立一种特殊的含义的理论。

一般的真值语义学都把词语或句子的意义与说话者出自其隐含的知识的概念和命题分开，即都否认词语或句子可以用来表达带有说话者本身的意图的概念和命题的意义。实际上，对于真值语义学而言，词语或句子只有作为语言表达式固有的概念和命题的意义，离开了语言表达式所能表达的概念和命题，词语或句子的意义就是不确定的。这也正是分析哲学的语言客观化理论的意图。沿着这条发展道路，蒯因和戴维森都不承认词语或句子可以带有出自说话者的理解和判断的概念和命题的意义（作为此种概念和命题的意义的一部分），即他并不考虑词语或句子与说话者的隐含知识相关的语言表达式所表述的概念和命题的关系。后期维特根斯坦的经验语用学，则从另一个侧面否定了说话者隐含的知识的独立存在（它只考虑"习惯上说的"）。维特根斯坦把自己局限在对语言的使用的外在的描述上。从这个角度来看，说后期维特根斯坦

最终走向了一种**特殊主义的**语言哲学，并为后来的日常语言学提供了理论依据是有道理的。特殊主义否认的就是与具体的语言实践脱离的普遍的语言理论的存在，即否认在语言的实际使用之外，还有关于语言的理论（一般概念）；因此，特殊主义不仅否认语言作为思想的载体的功能（没有独立于语言的思想），而且还否认下述区别：语义学和语用学方面的区别，因为这种区别所依赖的也恰恰是一种外在的理论（概念）。一般说来，任何一个人在没有掌握一种理论的情况下，必须首先区分句子的字面的含义（语义内容）与在某一特定情况下，某人说这话可能想表达的含义（命题内容）。但从特殊主义的角度来看，只有后一种观念是合法的：因为正是它构成了句子的"使用"；如果不能设想出一种语境能用来说明某人说出该话语的真实意图，那么，一个句子就没有任何意义。对于这种语用学来说，句子的字面的含义（语义内容）是根本不存在的，或者说是不能予以承认的。在这种理解中，句子本身的语义内容就被剥夺了其独立的语义内涵，而句子的使用的功能，即传达或交流的功能则被当作是唯一的。

达米特根据弗雷格的语境原则指出，一个系统的意义理论必须包括三个层面：一是指称的理论，二是含义的理论，三是语力的理论。就语力的理论这个重要的部分而言，在语义学传统理论中，它已被当作了指称的一部分而被取消了，因为在语义学分析中，含义的研究**已沦为**指称的研究。**而在另一方面**，由于对语言的本质作了片面的理解，后期维特根斯坦和戴维森等人不仅放弃了对普遍语用学和语义学的关系的探讨，而且直接把意义与使用相等同，即把语言的可接受性与意义的有效性相等同，否认它们之间的差异（认为使用能穷尽意义）。因此，对他们而言，语力的概念同样是不存在的。我们将首先讨论达米特对语言学转向之后，语言与思想的关联的问题的思考，其次，我们将讨论达米特在批评上述两种（真值语义学与经验语用学）意义理论的基础上，对基于语力的理论之上的系统的意义理论的建构。

（一）隐含的知识与意义的显示性原则

我们看到，达米特把基于说话者的命题内容之上的理解，视为意义理论的不可或缺的部分，并以此反对纯粹基于意义的公理系统之上的推理。区分说话者的言辞的知识与说话者的隐含的知识，无疑使隐含的知识（作为原初的意向性或说话者独立的言语意图的根源）成为了一个非常特殊的概念，达米特也充分认识到了这一概念的特殊性，他在其意义理论中把这一概念视为一个不可或缺的形而上学假定，而且他还认为，若缺少这一形而上学假定，要发展一种基于弗雷格的含义的理论之上的意义理论是不可能的。

但达米特对隐含的知识的承认，使他不得不面对一些更为复杂的语言问题，比如，隐含的知识的可显示性的问题，即隐含的知识如何可能在语言中表达出来的问题。达米特认为，在这个问题上，心理主义和行为主义都是不能接受的，如果说接受心理主义是对哲学的语言学转向的倒退，那么接受行为主义则是对人类作为智性类存在（sapient）的否定，它会极大地贬损人类认知的能力，语言学转向并不等于我们必须接受只能拥有"关于某物或某些事物"的描述性的意义理论。在他看来，思想在附加上语言的"显示性要求"之后，即找到或建立恰当语言表达形式（比如某种话语推论的形式），它是可以走出心理主义的，而强调思想与语言的统一，也是摆脱语言理论中的行为主义的唯一的方法。

在处理这个问题上，达米特使用了他独特的方法：他既想借用维特根斯坦的某些观点，又不愿接受他的心理主义批判的前提，即他不想在批判心理主义的同时，把转向行为主义当作前提。对他来说，这里的批判必须是双重的才能满足一种意义理论的认知性的要求：即它必须同时批判心理主义和行为主义。达米特力图表明下述情况是不正常的：似乎走出心理主义的唯一道路就是接受一种行为主义。因此，他试图探讨一种既能摆脱心理主义又不至于陷入行为主义窠臼的建构意义理论的方法。达米特深知，要解决"隐含的知识的疑难"，就必须首先表明，语言学转向之后，特别是弗雷格提出反心理主义的原则之后，我们仍然可以讨论语言与思想的关系（而不是出于逻辑主义或语义主义的立场，排斥语言与作为个人的一种意向性的思想的关系）。从意义理论上讲，语言的理论与思想的理论应该是统一的，不存在没有思想的语言的理论，也不存在与语言分离的思想的理论。但要证明这一点，达米特必须对下述棘手的问题作出令人满意的回答：他如何在坚持语言学转向的语言的理论的同时，把语言的理论与思想的理论统一起来，而且这种统一能表明它既超越了心理主义又超越了行为主义（没有遁入其中的一种）？对于达米特而言。最困难的或最关键的或许是：如何成功地或有说服力地表明，对隐含的知识的承诺，不会在建构带有原初的意向性状态的思想的理论的同时遁入前语言分析的意识哲学之中。

1. 从理论上讲，隐含的知识的概念关系到语言作为**思想的载体**（velchale）与作为**意义的交流**工具的统一的问题。达米特一再指出，与后期维特根斯坦的看法相反，语言不仅具有交流的功能，而且还具有**承载思想的功能**。那么，语言中的思想是什么呢？我们是否能说，思想就是作为编码化的语言符号体系所传达的**信息**？如果是，思想就只能通过语言的语义结构的分析来解释，脱离了语言的编码化的符号体系，我们就不能说，"我们赋予了语言以某种思想"。但这其实并不是思想，思想必须具有认知性，它是**需要**由语言中的"论断性句子"（assertoric sentence）来实现的一种功能；由于存在论断性的表达句（语言并非像后期维特根斯坦认为的那样仅仅是一种由应用性的表达式构成的语言游戏），思想总是以新的知识形态的方式显示（作为命题内容的含义并不体现在语义的字面信息上），看起来总像是"思想"赋予语言以某种思想。因此，达米特认为，一般而言，思想驾驭着语言，而语言则承载着思想。①

---

① 达米特也承认，"到底是通过思想来解释语言，还是通过语言来解释思想是一悬而未决的问题，但如果我们把后一种可能性视为一个开放性的问题则更好。实际上，在两种情况下，我们都需要一种意义理论—— 一种对语言的语词包含了何种意义作出解释的理论，但这种理论的难度多少要按它所显示的我们可以称之为语言的

但弗雷格之后的语言哲学却一直存在着把语言客观化的倾向，即只从逻辑上把语言当作意义的传达工具，而否定它作为思想的载体的功能。为了反对这种语言的客观化倾向，达米特十分重视语言作为思想的载体与作为意义的交流工具的统一的问题。他一再指出，与**客观主义的语言理论**的看法相反，语言不仅具有交流的功能，而且还具有**承载意义或思想的功能**。在他看来，语言学转向之后，我们不得不更为慎重地思考这一问题，这也是任何一种语言哲学无法回避的问题："语言哲学所面对的一个问题是，对下述哪一个（如果不是都重要的话）观点最重要作出决定：是因为语言可以用作思想的载体，所以它也可以用来进行思想的交流，还是因为它适合于交流思想，所以可以用来作为一种个体的人的思想的载体？"[①] 从一方面看，语言的基本的符号概念显示，它是必须满足于交流的目的的，因此，语言服务于交流是最重要的；但从另一方面看，如果以极端的形式采用此观点，语言如何能成为思想载体就变得不可思议了。确实的，怎么可能存在思想的载体这样的东西。因为它恰好代表着一种为维特根斯坦所强烈否认的可能性：当言语产生时，一种内在的过程伴随着言语的外在的行为。

语言学转向之后的普遍观点是：思想不能作为抽象的概念来理解，它总是被"说出的"；被说出的思想总是某个人的思想，它总是心智的一种内在的活动，但语言并不是一种内在的心智活动，语言是一个外在的符号的概念体系。因此，把语言视为思想的载体是不明智的。把语言视为思想的载体，就等于说，存在着不是由语言的符号交流功能来显现的思想这种单个的内在的心智活动。按照维特根斯坦的理解，除了通过语言的符号交流体系传达的思想，我们就无法想象思想这一概念。我们不能说，思想是独立于语言而存在的，因此，我们不能说，语言是思想

理论和思想的理论来衡量。思想的理论相信，能对思想的结构和特点作出**独立于它的语言表达形式的**分析，而且相信，解释语言的意义时可以求助于这种分析"。(M.Dummett, "Truth and Meaning", in *The Seas of Language*, p.152)

① M.Dummett, "Truth and Meaning", in *The Seas of Language*, p.151.

的载体。

按照后期维特根斯坦的理论，我们决无理由把语言视为思想的载体。有一点是明显的，我们不能把向他人说出的话视为思想的表达，因为"向他人说出"意味着语言只发挥交流的作用。即使是自言自语也不能表明是在表达一种思想。就思想的行为符合言语或用心智构造思想而言，无论默默说出还是大声说出，思想并不包含在词句中。的确，如果句子唯一的功用是交流，（我们无法想象一个不是用于交流的句子的"意义"），它就是一个编码化了的东西，词语在其构造性成分中包含了编码的符号，根本不会有独立的"思想"位于其中。实际上，语言与我们沿着电话线，通过输送电脉冲发送一种声音并没有根本的区别。

这也就是说，整个后期维特根斯坦的哲学要告诉我们的就是：语言仅仅是交流的工具，它除了通过编码化的符号体系传达某种指令以外，并不具备思想的功能，因为思想是心智内在的活动，它是与旨在传达某种指令的语言的编码符号体系不同的东西。

达米特对这里的语言哲学提出了挑战，在他看来，我们既需要通过思想来解释语言，也需要通过语言来解释思想，而这种双重要求才是我们需要一种意义理论的真正原因，这也正是意义理论是一门十分复杂的理论的原因（意义理论决非一种清晰明白的形式化的东西）。达米特承认，也正因为所涉及的问题极为复杂，任何一种简单片面的看法或结论都是错误的，在这个问题上持一种开放性的观点更符合事实的特殊存在，这就是说，我们应同时承认语言的理论与思想的理论的存在，而不应站在一方否定另一方。达米特认为，我们应同时重视这两种理论，把它们视为意义理论不能或缺的理论基础。从这两门理论各自不同的特点来看，它们各自所提出的要求反映了弗雷格的语言哲学所揭示的某些事实，它们的存在表明了弗雷格一直追求的一个真正属于意义理论的理想。

按照弗雷格的理想，思想的理论一定能对思想的结构和特点作出独立于它的语言表达形式的分析，解释语言的意义时可以求助于这种分析。而语言的理论则会否定思想分析的可能性，而且无论如何它不会求助这种分析。但语言的理论并不会否定，即使是其中最简单的语言功能，也没有在其中包含的对某一对象的指称中被充分地描述。这使得要了解一个包含了词项的句子说出了什么，听者必须用特别的方法来思考那个对象。这两种理论的区别实际上只表现在对这些要求的解释上。思想的理论相信，它能对有关某特定对象的思考的观念，以及以特殊方式对之所作的思考的观念作出解释，而不必直接涉及语言的问题，而且它还相信，在学习语言时，我们将不得不去把握那些不属于语言但又支配着语言的惯例或规范（convention）——社会生活中使用某些词语时要求我们以一种或其他特殊方式去思考对象的那种规范。当然，语言的理论会认为，在一种特殊方式中关于一个对象的思想观念，必须通过使用一种而不是另一种指称它的语言的方法，因此，语言的理论不会相信任何把试图独立于表达，而只对思想作出描述的方式，它只相信通过使用语言的方式来解释一个词语和表达式的方式。这两种理论的存在、它们的差异都是语言学转向的产物。尽管它们讨论事情的细节时，可以使用同一种讨论形式，但它们的理论基础显然是不同的。

达米特的观点很明确，哲学的语言学转向的最大教益是我们能把两种理论统一起来变为一种理论，而不是我们只能被迫放弃一种理论选择另一种理论，即排斥语言与原初的意向性的关系（在他的眼里，戴维森的客观主义语言理论在排除了原初的意向性之后，恰好做了这样一种选择）。当然，统一的意义理论也给意义理论带来了极大的挑战，因为这意味着它必须去寻求思想的理论与语言的理论的结合或统一，或者说，这要求我们充分把语言既有意义交流的功能又具有表达思想的功能的特性显示出来。达米特的看法是，如果我们把这两种理论看作是对语言所具的两种相互补充的功能的揭示，那么，只要我们正确运用弗雷格的语言哲学，我们也就能在一种统一的意义上把它们结合起来。其中，最重要的一点是，必须看到它们是互补的，而不是对立的，因此，我们必须正确理解这两种解释方式相互不能分离的特殊的方面。语言的理论面对的艰难的解释问题是，在放弃前语言的意识分析之后，在我们的语言分析中，什么是通过句子构成的思想的表达形式？我们如何在思考这样的问题时避免遁入意识哲学，即避免去假定语言拥有一种思想？思想的理论也面临着同样困难的任务，如果不能假定我们知道思想是什么，即不能把思想的概念视为**给定的**，那么，我们如何建构一个有关句子是如何表达思想的意义理论？但思想的理论又必须对一个人拥有思想意味着什么作出解释，具体地说，它的理论的目的是对词语和句子具有它们所拥有的思想意味着什么作出解释。

由此看来，语言学转向实际上是把对思想的关注集中到对语言的关注，而决不是放弃语言与思想的关联。在某些方面，语言的理论提出的解释固然必须不同于思想的理论提供的解释，比如，它不允许一个人谈论句子及其组成部分，另一个谈论有关思想及其构成部分，即它不能认为，能在思想赤裸裸（没有载体）的情况下把握思想（透过语言的交流形式，径直去把握思想），但只要思想的理论接受这里的要求，这两种类型的理论在很大程度上还是会走到一起；而这也就是为什么谁更重要的问题并不是最急迫的原因。①

对于达米特而言，回答到底是因为语言可以作为思想的载体，所以它可以用来进行思想交流，还是因为它适合于交流思想，所以可以用来作为一种个体的人的思想的载体的问题的重要性在于，它直接决定了我们是否需要一种理解的意义理论。如果我们的答案是后者，那么就等于说，客观化的意义理论是正确的，我们没有理由构建一种理解的意义理论。

不管怎么说，达米特想告诉我们的是：关于语言，人们不可能不会想到它有两种功能：它既有**传达信息**的功能又有**表达思想**的功能，即它既是交流的工具又是思想的载体。"我们不免会问，语言的这两种功能哪一种更重要。是否因为它是一种交往的工具，所以它又能作为思想的载体？或者相反，因为它是一种思想的载体，所以它因此能表达思想，

---

① Cf. M.Dummett, "Truth and Meaning", in *The Seas of Language*, p.153.

以至于一个人可以用来向他人表达他的思想？"①

通过对语言的理论与思想的理论的关系的阐述，达米特希望在其意义理论中表明，为什么一种意义理论必须从它的基于真值语义条件分析的意义理论走向基于语用学的话语分析的意义理论，即为什么我们不能再留恋意义的真值条件分析理论，尽管它看起来是如此的与我们追求清晰明白或真切的"求真本能"相近，而必须把意义理论拓展到意向性（思想）分析的领域。

2. 被弗雷格称之为心理主义的哲学观念具有深远的历史，它也是古典哲学的一个基本特征，它可以从柏拉图、笛卡尔、布伦塔诺一直追溯到乔姆斯基和布兰尼。柏拉图的实在论依赖于心灵的实在性条件，他的理念实在是独立的、不能完全在心灵的实在条件或思维逻辑中显示出来，即他的实在的知识总是隐含的或思辨的：只有回到内在的自我的原点，实在作为一个对象才是可辨认的。但这个自我或思维的原点是心理的或心灵的（缺乏彻底的对世界和自我的"悬搁"，是一种先验的假设），它是被当作某种可借用反思得到的先天的心灵的素质。笛卡尔的"我思"同样既是一种实在论的前提，同时又是心理主义的。作为思维的原点的"我思"决定了实在的可辨认性；笛卡尔借助于怀疑的"悬搁"来达到的"我思"的纯粹自我的原点仍带有心理主义的信念，因为他同样没有**全面地**将这个世界"悬搁"，即他仍然保留了一些**观念**的先验地位，比如，身体与心灵的分离、感性指向自在的存在、对普遍的和纯粹的物体世界的确信等。因此，他的"我思"是不纯粹的，仍然是一个带有心理主义信念的自我的原点。布伦塔诺的实体与"意向性"的关系也构成了一种实在论，同时也带有心理主义的承诺，比如他的由意向性构成的"无表象的对象"的概念。胡塞尔后来试图纠正这里的心理主义倾向，他指出了最为关键的一点：对象性意向并不是一种关系，即不是心理的意向活动与外在对象的一种关系，而是心灵活动本身构造一种

① M.Dummett, "Language and Communication", in *The Seas of Language*, p.166.

客观内容的活动；这种活动即意指或意谓，它表达一种指称性的意义。此前，弗雷格就已经表明，一个表达句的意义依赖于思想这个概念（对于弗雷格而言，"真理"这个概念反而是可有可无的），而思想是独立于任何个人的表象的。我们的表象实际上都是心理的东西；这也就是说，一个人所具有的表象都属于他意识的一种内容。因此，只有摆脱表象的心理内容，进入一个对于所有人都是共同的思想的领域，一个表达式才会是有意义的。而如果缺少这样的分辨，表象的东西就永远只是个人的和不能传达的。胡塞尔也由最初对心理主义的接受转向对它的批判。后来维特根斯坦的批判就更全面和彻底了。

但在语言学分析中，仍存在乔姆斯基所发展的心理主义的语言理论。乔姆斯基把语言视为心理的镜子，并强调心理（心智）在语言的表达和理解中的作用，因此他认为我们也可以通过研究语法揭示心理的某些性质。这样，语言学就被等同于心理学，它成为了一种研究人类大脑机制的科学。乔姆斯基在语言的两种功能的争论中支持语言作为思想的载体的观点，轻视语言作为交流—意图的工具的观点。在乔姆斯基的深层语法知识之外，波兰尼提出了内隐的知识（tacit knowledge）的概念。内隐的知识指在我们对话语的理解时所形成的一种无法表达的知识。这种知识无法表达也无法传达，对它的认识只能靠意会。波兰尼相信，"我们知道的比我们能表达出来的更多"，因此，他把内隐的知识视为一种超出语言的表现范围的、无法表达的知识。而乔姆斯基的深层语法知识则是一种引导我们正确运用语言的潜在的知识：这种知识控制着我们话语的"深层结构"，它是一种"转换生成语法"，它能帮助我们创造性地使用句子。

语言学中的行为主义的观点首先来自于蒯因的语言的外延性的观点：它认为，语言的外延性决定了它所具有的可传达的内容；心灵的知识也来自于经验的言语行为，经验的言语行为中的感受性的内容直接就是心灵的隐含的知识的内容，因此，表现在语言的可交流的内容中的东西，也就是心灵的隐含的知识所拥有的东西。这样就决定了意义理论所能做的就是去描述语言中的具体可交流或可使用的内容。这样，我们就只能把这些存在于语言的具体表达式或话语的意义视为给定的（不再探讨它与说话者心灵内部的知识的关系），并因此把整个语言哲学的任务集中在对给定的话语的意义的探讨上。正像我们已经指出的，蒯因或戴维森的整体论是排斥作为特定的个别内容的意义的，即它否定一种意指或理解能脱离整体的意义指派系统而有独立的意义，因此，对于它而言，引导说话者和理解者进行命题判断的隐含的知识的问题是根本不存在的，也不必去考虑。行为主义基于一种经验的本体论（经验的感受性、实践和操作**先于**或**决定**心灵的能动性），同样否认理解者和说话者的意指或理解具有特定的意义；它同样不考虑意义的扩展的问题，即它同样否认存在任何形式的由说话者或理解者"说出"的意义具有可能的意义派生的价值。它把离开了具体的经验形式的"意义"视为无意义的，它坚持这样一个基本原则：任何"意义"的含义都不能带有个人的"意谓"（否则就是心理主义的）；"意义"的含义是由语言内在的指称的语义值所给予的。

但达米特认为，在说话者说话和理解时，我们能归于说话者何种知识的问题上，我们既不做心理主义的理解，也不能做行为主义的理解（比如，把语言的知识直接与语言使用的知识等同起来）。隐含的知识是一种代表说话者和理解者潜在具有的引导他作出正确的理解和判断的知识。因此，在达米特这里，隐含的知识虽不是公开的理论的知识，但它作为一种"知识"却具有**理论的**形态，这也就是说，我们首先不应把它与一般的实践的知识或实践的技能相混淆。

的确，我们可以说，任何一种试图证明隐含的知识的客观性的企图都无法摆脱心理主义（因为所要说的或意指的，无论采取何种"显示的方法"，它也总是内在心理的东西），但我们也**同样可以说**，任何一种没有自身特定内容的意指或语句（没有由说话者隐含的知识构成命题性内容的话语），其所说或意指就不存在，因为，说出一句话或意指，必然总是表达"某种东西"或带有说话者的"个别的内容"，虽然使用的是公共的语言，但它总会带有派生的含义。

这也就是说，达米特不想在这里追随一个似乎观点前后不一致或在概念上自我否定的维特根斯坦；在他看来，有一点是无法否认的，即：如果归于说话者的隐含的知识能够在他**使用语言时**显示出来（通过语言使之被他人理解或接受），那么，我们就没有理由把这种隐含的知识当作与使用不同的心理的东西，即在这里就不能把隐含的知识视为与意义的使用不同的另一个东西。在这个问题上，达米特站在了一种他认为是与消极的维特根斯坦对立的立场上：他一方面强调在我们对语言的运用中，概念的形成与使用的密不可分的关系，即他同样认为，一个词的意义并不能通过思想内部的联想来确定，但另一方面，他也把概念的形成视为隐含的知识的显示。比如，我们对"正方形"这个词的理解，我们当然不能简单地把它看作是我们在脑子里把一种我们意识到的正方形的概念与"正方形"一词联系起来的过程；在思维内部的这种联系（一个词语与头脑中的概念的联系）是心理主义的，其所赋予词的意义是无法确定的。但是，把握一个类似正方形的词语的一个最基本的要求是："能够对什么是正方形和什么不是正方形的事物作出分辨。这种能力只能归于这样的人：他在特定情境中会用一种不同于对待那些不是正方形的方法来对待正方形；在其他可能有的方法中的一种方法是把'正方形'一词运用于正方形的事物，而不用于不是正方形的事物。只有参照对'正方形'的这种使用，以及至少参照能证明这样使用是有效的**有关'正方形'一词的某些知识**，我们才能对把正方形的概念与那个词联系起来的东西是什么作出解释。"（黑体字为引者所加）① 只有具有以这种方式使用词的能力，或拥有关于一个词的适当的知识，我们才能说理解者满足了对概念把握的显示性要求。（试比较维特根斯坦在"正方形"的概念的理解这个例子中提出的否定性的观点。）因此，值得我们注意

---

① M.Dummett, "What do I Know When I Know a Language?", in *The Seas of Language*, p.98. 维特根斯坦在《哲学研究》中用"正方形"的例子完整地说明了这一点（Cf. L. Wittgenstein, *Philosophical Investigation*, p.54^{e}ff）。

的是，由于受到弗雷格的含义理论的影响，达米特摆脱心理主义的方法是独特的，它不以转向行为主义为前提，它不同于行为主义者所理解的那个消极的后期维特根斯坦。

在达米特看来，行为主义的语言哲学带来的后果是：一旦我们把语言只当作指称的工具或交流—意图的工具，而不是同时把语言当作思想的载体，理解一个表达式、陈述或断言，理解者所要求的就是实践的知识（know how），这里就无须任何理论的知识（know that）。因为如果语言是指称性的、直接表达的（其语境总是透明的），对于理解而言，就不存在**外在于**语言的关于语言的知识：理解者决不可能根据某种外在的"语法"或"知识"来进行语言的理解（类似于乔姆斯基的深层语法理论也是没有实践意义的）；人们对语言的掌握和运用，比如，理解它的表达式，是完全从语言内部出发的。行为主义者总是认为，要求人们运用额外的或非语言的知识来理解语言违背了下述事实：人类对语言的掌握是一项技能，它是一种实践的能力，就像游泳是一种实践能力，而不是理论能力一样。

但把意指和理解还原为现存的语言和生活形式内部的活动，即剥离它们与说话者或理解者的认知的思想过程，我们就会把语言简化为一种其功能仅仅在于对固有的信息进行相互传达的工具，我们就很难或根本不可能说明人类的语言作为一种思想的显示手段的功能。如果只把语言当作对固有的信息的传达的意义交流的工具，或像蒯因那样从整体论的角度把语言视为一个意义的真值的指派系统，那么，我们当然就不需要以弗雷格式的含义理论为基础的意义理论。在这种情况下，以真值语义学的真值指派的整体论为基础的意义理论将会成为我们的唯一选择。以这种方式建立起来的意义理论当然是达米特所不能接受的：他把蒯因和戴维森的意义理论都视为是**消极地**理解后期维特根斯坦的语言哲学的产物。

实际上，达米特拒绝无条件地接受蒯因的整体论，其中有一个很重要的原因就是，蒯因的整体论同时是行为主义的。——我们知道，蒯因把经验本体论推演到极致：他把整个意义理论建立在一种刺激—反应的经验模式之上。达米特的意义理论反对的就是用概念图式、经验和系统的言辞的知识替代说话者和理解者的自我的知识的做法。达米特不能同意一种意义理论采取这样的直接的经验证明的方法，即纯粹的经验主义的方法。对于达米特而言，语言的意义不是由直接的经验构成的，因为如果我们承认，人类的语言除了用于作为经验的信息交流的工具以外，它还是思想的表达的工具，即思想的载体，那么，就没有理由认为否认经验世界的感受性与说话者和理解者的思想建构之间的区别。如果一个说出的表达式不只是重复某种业已存在的经验思想的内容，而是希望传达一种新的信息，那么，理解者只有公开的言辞的知识是不够的，这意味着，从理解者的**语言资质**这一方面来看，他还必须有特定的隐含的知识，即那种支配或引导他对一般表达式或事物做特定的理解的知识；这种知识不是公开的知识，即不是那种由语言表面的基本句法、语法，以及有关词语的原始含义的知识。

达米特始终认为，由于我们不可能把对语言的理解和它的基本表达功能简化为一种语境完全透明，其意义全表现在字面上的编码工具，我们就不能认为，只要是可以理解的或可交流的，任何语言表达式或话语的意义就是有意义的，即不可以把话语的语义内容视为直接给定的意义内容，因为语言在理解或交流和传达方面还涉及更深层次的与产生于说话者心灵的隐含的知识相关的思想。如果不这样理解语言，我们就会把语言简单化。这也就是说，达米特坚持认为，这样的论断是不能接受的：一个字的意义在语言实践中是看得见的。如果是这样，那么，我们就只能把语言理解为是一种编码化的符号体系（它肯定是语义透明的），其交流—意图的功能也就只能发挥传达这种"看得见"的语义内容的作用。人们可以很容易地把这种语言解释为一种行为主义的语言，因为它简单地省掉了在有意图的说话中心灵的卷入（赋予话语以"个别内容"或思想的过程）这一事实的说明。如果要避免这一点的话，那么，我们就必须把"从外部"对构成语言的掌握的实践能力的描述，具体化为说话者知道的内在东西；这里的知识当然只能是隐含的知识，一种部分通过实践能力的显示来证明自己的知识，部分通过对正确形成的已知的知识的承认来证明自己的知识。

对于达米特而言，如果我们把后期维特根斯坦的意义使用理论**无限度地**扩展为一种行为主义的社会语言学的话，就会误解我们的语言的本性。人类的语言固然带有实践的特性——它的确是与一种实践的能力联系在一起的：语句的用法、语词的原始含义都与人类实际的经验活动密切相关，从某种意义上说，它的确是一种在经验的刺激下，人类所作的反射性行为的表达符号；因此，要掌握语言，我们就必须把它当作一种在业已形成的规范的引导下的社会言语行为；只有加入这种规范性的社会言语行为活动中，从中理解词语和句子的用法（其意义包含在用法中），才能真正理解一般语句和词语的意义——但更重要的是，人类的语言还是一个十分复杂的包含了理性的**认知**在内的活动，语言是人类的一种最卓越的（per excellence）理性活动，[①] 这种活动极难解释，原因当然是：它既不是一种其表达式和词语在任何情况下都能还原为具有清晰的语义内容的指令性的编码符号，也不是一个封闭的或固定不变的意义符号体系，相反，它的陈述或述谓（predication）并非是直接指称的——它总是与论断性的（assertive）陈述交织在一起，其词语固有的含义也处于变化之中。因此，在达米特看来，一种意义理论仅仅对语言在**使用中的**理解（领会）作出描述是不够的，它还必须揭示语言是如何与思想结合的规律；若把对理解等同于对语言的使用的领会，就等于把我们掌握语言的能力归为一种实践能力，而不是带有理论知识的认识能力。但人类掌握一种语言决不仅仅是领会了它的使用方法这么简单，从某种意义上说，人类掌握语言是与掌握语言表达思想的功能结合在一起的，因此，这种掌握要远比掌握了语言的交流表意的功能和使用规则

---

① Cf. M. Dummett, "What do I Know When I Know a Language?", in *The Seas of Language*, p.104.

复杂。

3. 如果说后期维特根斯坦考察语言的交流和使用，其目的是揭示语言的社会和实践的性质，否定意义能独立于它们而存在，那么，达米特考察语言的交流和使用的目的则是表明语言是如何能够在具体的交流和使用中构造**新的**思想和意义的。达米特感兴趣的并不是一种可以从外部去观察的语言的使用的现象；他不能允许一种意义理论站在语言的外部去描述语言使用：在他看来，意义理论乃是站在**说话者一边**的关于说话者的知识的对象的一种思想的理论。他关注的是，语言是如何在认知中拓展了原有的意义范围，并如何把这拓展了的意义传达出去的。这也就是说，达米特与弗雷格一样充分认识到了语言作为思想的载体的重要性（后期维特根斯坦似乎排斥语言与思想或认知的关系，而只关心语言与经验实践的关系）。

达米特认为，人类的语言技能不同于游泳技能；它们的一个根本不同是，语言是必须通过某种反思的理论活动才能学会的，而游泳这类技能则可以在**完全不需要理论**的情况下学会（当然，它也可以借助理论知识来学）。用另一个达米特经常使用的例子也可以表明这一点：如果你没有学西班牙语，你就不知道什么是说西班牙语；你甚至无法确定某人是否在说西班牙语：这也就是为什么你没有学过西班牙，就不能认为自己可以试试。但游泳则不相同，我们完全可以设想一个没学过游泳的人跳进水中凭某种天赋能游泳（至少不会溺水）。这就像骑自行车，一个人从没学过，他也可以试试，也许凭借良好的悟性，他不用学就能骑自行车。游泳和骑自行车作为一种纯粹技能性的运动的实践性质决定了这样的设想是可能的；与此相反，虽然我们也可以把语言视为一种实践的活动，但语言却不是**一般的实践活动**，我们不能认为，一个从没学过西班牙语的人能试着说说西班牙语；如果他没学过，他是肯定不能说的（他当然也不能辨别他身旁的陌生人是否在说西班牙语）。——如果一个人真的说："我虽然没学过西班牙语，但我可以试试能不能说"，这就构成了一个笑话（一个没学过游泳和骑自行车的人，说他可以试试，则不构成一个笑话）。①

　　从说话者的角度来看，人类语言的特殊性决定了，把一种**领会性的**语言实践的知识归于说话者是不完整的，说话者还有一种超出了单纯的习惯性的语言知识（理论）。说话者并不总是按照由特定生活形式赋予的语言的原始含义来说话、表达某种观点，相反，他能在一系列的反思活动中赋予词语或语言的特殊用法（习语）以新的含义。这也就是说，生活形式和习惯并不总是制约他的言语行为，相反，由于理性意识的存在，他在许多方面能驾驭固有的生活形式；这使他能赋予它新的解释，改变原本由它决定的词语和习语的含义和用法。

　　正因为语言的使用必然是包含有隐含的知识的；我们说一句话或理解一个语句都带有我们自身的理解；如果我们直接去描述语言的使用，而不去分析这种使用与使用者自身的特定的理解的关系，我们就不能完全把我们的语言实践的特点揭示出来。达米特再次使用了下棋的例子来说明这一点②：如果我们不管语言的使用与说话者或理解者的隐含的知识的关系，而直接去描述语言的使用过程，就有点像我们直接去观察下棋时棋子的移动，而不去分析所走的每一步棋与下棋人灵活运用规则的思路或策略的关系。因为在很多方面，我们对语言的使用与下棋是相似的：下棋并不是机械应用规则的过程，而使用语言（表达或理解）也不是一种对表面的言辞知识的应用过程。下棋有着比直接观察它表面的棋子移动更多的意义；下棋不是机械地依靠下棋的规则的知识，它依靠的是棋手超出了规则的知识之上的、只专属于他的有关规则的理解的隐含的知识；因此我们不应只观察棋手如何按照规则下每一步棋，看看他是否符合规则，而应观察他下棋时是如何把自己下棋的策略应用于符合规则的棋子的移动中的。如果语言的实践也与此相类似，那么，单独去描

---

① Cf. M. Dummett, "What do I Know When I Know a Language?", in *The Seas of Language*, p.94ff.

② Cf. M. Dummett, "What do I Know When I Know a Language?", in *The Seas of Language*, p.103.

述语言的具体使用过程就不是一种合理的方法。

（二）语力与意义理论的系统性问题

根据达米特的说法，弗雷格最早区分了含义与语力（force），目的在于通过语力的概念帮助我们确定，一个句子的含义，到底是不是它的意义的组成部分。达米特极为重视这个最初由弗雷格提出的语力的概念，在他看来，除了含义与指称所构成的特定关系之外（它们之间的关系当然是句子的意义的根本来源），含义与语力的这层关系是不容忽视的，如果希望建构一种弗雷格式的完整的意义理论的话。他甚至认为，把句子所说的基本内容（**含义**）与它的所能引起的或促成的言语行为（语力）区别开来的重要性，是怎么强调也不为过的。① 给出一种意义理论，描述语言是如何工作的，就是对这些区分作出系统的描述；这样的描述会恰好在确定话语的范围内，决定每一个话语的意义。如果我们不做这样的区分，而是把属于句子观点的任何东西都算作它们的意义的部分，我们就失去了建构任何系统的意义理论的可能性和必要性。

实际上，达米特的意义理论的一个与众不同之处就在于它认为在一个句子的所说（含义）与它实际上所表达的观点（语力）之间存在区别。达米特明确地指出，整个意义理论也可以看成是对下述问题的一种回答："句子的意义包含在必须使它被认为是真的条件中的问题，现在等于：把真的观念当作承认在含义和语力之间有区别的意义理论的中心概念，是一种正确的选择吗？"②

但可想而知，不仅真值语义学不会承认类似的语力的概念，后期维特根斯坦哲学和日常语言学派的意义理论也不会承认存在一种体现了句子的说出方式的语力这个东西，在他们的意义理论中都没有语力这个

---

① 达米特甚至说，我们不知该如何构建一个没有区分含义和语力的系统的意义理论。Cf. M.Dummett, "What is a Theory of Meaning? (Ⅱ)", in *The Seas of Language*, p.41.

② M. Dummett, "What is a Theory of Meaning? (Ⅱ)", in *The Seas of Language*, p.42.

概念。对后期维特根斯坦而言，由句子在使用中所表示的基本的意图就是句子的含义，并不存在特定的句子的含义与语力的区别。我们更不可能在句子的使用之外建立一种能够对语力作出辨析的规范。尽管戴维森同意弗雷格关于在含义和指称之外还有语力的范畴的观点，他区分了句子的语气（祈使句、祈愿句和疑问句等）和它在具体的话语中的应用所表达的语力（作出一种论断、发出一个命令、表达一种希望和提出一个问题等），但他仅仅从形式上考虑语力，即从它作为用来辨明真实的语气的形式上考虑它。这就是说，虽然戴维森承认有语力这一范畴，但实际上是把它看成是某种寄生的东西，即某种寄生于实际的句子的语气或指称中的东西。对于他而言，语力并不是言语行为促成的，因而它并非一种可以通过话语来确定的东西。下面我们将首先指出，为什么达米特认为，语力的理论是不可或缺的，它是建构一门系统的意义理论的关键。其次，我们将讨论达米特对维特根斯坦和日常语言学派拒绝语力的理论的批评。最后，我们将指出，为什么在达米特看来，戴维森用指称的理论消解语力的理论是错误的。

1. 在达米特提出系统的意义理论之前，形式语义学把意义理论缩减为指称的理论，它只关心由语义外在性所指示的语义值，而后期维特根斯坦和日常语言学派则把意义理论还原为一种特定的含义的理论，它只注重句子本身在一种语言游戏中所固有的意义。[1] 在达米特看来，这

---

① 达米特注意到，在他开始写作的时代，为后期维特根斯坦和奥斯汀支配的英国哲学圈都倾向认为，把哲学系统化是基于对该学科的完全的误解之上的一个根本的错误。在美国，情况虽有所不同，但结果是一样的。卡尔纳普在美国被视为分析哲学的领袖，他代表了美国分析哲学的传统，从他以后到蒯因，大部分的美国的分析哲学都属于卡尔纳普的传统。但如果我们提出分析哲学系统化的问题，对于《世界的逻辑结构》的作者和这一分析哲学传统的接受者来说也会是一件很荒谬的事。尽管如此，在第二次世界大战后，对分析哲学提出系统化的要求的理由变得更充分了，因为在各种不同的分析哲学之间已开始出现了和解，弗雷格哲学受到了日益广泛的了解和关注。(Cf. M.Dummett, "Can Analytical Philosophy be Systematic, and Ought it to Be?", in *Truth and Other Enigmas*, p.440)

些理论都违背了弗雷格创建意义理论的初衷。追随弗雷格，达米特不仅要求把论断性的句子的真（思想）与那种由句子表面的论断性句子的成分区分开来，而且要求区分**依附于句子的语力与句子本身的含义**。

达米特认为，从根本上说，语力是语言的基本元素所拥有的一种意味，用来指示何种类型的语言行为已被使用或被接受：是说话者做了一个能被接受的论断，表达了一种可以实现的希望，还是提出一种切实的要求，一个中肯的建议，或一个实在的问题等。因此，尽管语力总是与语气（tone 或 mood）结合在一起的，但它却是一种客观的东西——就在不同的语境中，语力总是具有同样的语用学意义而言。因此，达米特认为，"语力的理论是意义理论中的最重要的一部分，因为它是把其余部分与句子在对话中的实际使用联系起来的部分，而且可以这么说，它可以告诉我们什么是真理"。[①]

不可否认，句子的含义（Sinn）可以被视为是句子的意义的成分，而且可以为属于不同范畴的句子分享，只要我们知道句子从属的范畴，以及它包含的含义，那么我们对句子表达的话语的意义就会有一个基本的把握。而且根据给定的句子的含义，我们还能对语言范畴影响话语的行为作统一的解释。[②] 但达米特认为，弗雷格最早注意到了这一点：句子的含义，即一个完整的句子的内容与实际说出它的意图和可能带来的言语行为（语力）是有区别的。因此，没有承认含义与其所促成的言语行为或话语之间的区分或它们的某种紧密的相似性，就很难知道一种语言的系统的理论是如何可能的（弗雷格曾试图对意义作系统的理解）。只有做此区分，按照为话语所影响的言语行为类型，我们才能把句子的表达形式划入范畴的确定的范围内。这种区分并不是否认句子的含义的独立性或客观性，而是能更好地或系统地对句子的意义作出解释。

按一般理解，语言总有一个由不同的句子组成的句子的范畴，我

---

① M.Dummett，*The Logical Basis of Metaphysics*，p.114.

② Cf. M.Dummett，"Can Analytical Philosophy be Systematic，and Ought it to Be?"，in *Truth and Other Enigmas*，p.450.

们不仅可以把不同的句子归于不同的范畴，还可以根据句子本身特有的个别性的内容在同一范畴内区分不同的句子。比如，我们可以有效地区分句子是属于命令句、祈使句，还是属于祈使句和陈述句等等，并且还可以再根据每一个句子自身特有的个别性内容，区分同一范畴中不同的句子。只要句子不是任意设置的，句子也就有不同类型的区分，或者说，就存在这样一种句子相互区别的情形：不仅每一个句子都是特定的（因为它总是为某人说出的），而且每一个句子都有它特定的个别性的内容。

但如果说大部分的词语的意义也可以是由句子的个别性内容决定的，而不只是由其所属的范畴类型决定的，那么，句子的个别性内容（也只有句子的个别性内容）也是我们确定个别词语的意义的依据，而不只是不同范畴类型的句子的形式。不同范畴类型的句子形式只是说明了句子所表现出来的一种不同的语气，而句子本身的语气是不能用来决定我们对一般词语的理解的。因此，达米特进一步指出，如果我们知道每一个句子所属的范畴（这只是意义分析的第一步），那么，通过了解在什么情况下一个命令的传达会被接受（以祈使句为例），我们就能确定一个命令句的个别内容。其他类型的句子亦如此，比如，只有通过了解在何种情况下希望的表达能实现，我们才能知道一个祈使句的个别性内容。——区分了语力与含义，我们还能确定，一个句子的含义，到底是不是它的意义的组成部分（我们可以设想，在相反的情况下，句子的含义或许仅仅是某种语气的表达）。

由此看来，除了含义与指称所构成的特定关系之外（它们之间的关系当然也是句子的意义的来源），含义与语力的这层关系是不容忽视的，如果希望建构一种弗雷格式的完整的意义理论的话。我们已经看到，达米特发展了隐含在弗雷格的思想中的观点：含义并不代表一个指称的语义值，因为含义可以是**无指称**而具有自己的独立意义的。因此，达米特的看法是，我们首先应知道一个句子或表达式作为**指称性的语句**和作为纯粹**含义性的语句**的区别：有许多论断性的句子属于此类，而指称性的语句则类似于由专名和单项词构成的小句子。其次，我们还要知道，句子可以通过**语力（它与说话者的命题态度相关）**来表达某种意旨，而每一种句子都包含某种语力在内，除了指称的含义（语义）以外。因此，对于达米特而言，语用学意义上的使句子成真的条件的很重要的方面就是，它要求理解者的命题性的理论知识。从这个角度来看，意义理论是包含一种有关系统的语言实践的基本特征的理论知识在内的。

语力的理论之所以重要，还因为存在着说话者的"隐含的知识"。也正因为这一点，句子总是会有潜在的两个部分：一部分表达句子的含义或思想，另一部分标示了依附于句子的语力。这也就是说，句子总是由说话者带有某种语力（推断、疑问、命令等）而被说出的，没有不是在特定情境下被说出的句子，**没有一种句子表达了某种含义却不带任何语力。**① 句子的真正含义或思想是不可能由虚假的语力构成的表达式来表达的，也许一个句子看起来像是真的，除了拥有含义或思想。因此，达米特要求建立一门包含了语力的理论在内的系统的意义理论。他的具体说法是：

> 把真理概念当作其中心观念的意义理论是由两个部分组成的。它的理论核心将是一种真理理论，即用归纳法对语言的语句的真值条件加以明确化的真理论。它的理论核心最好称为"指称的理论"(the theory of reference)，……围绕着指称理论的是一种初始程序，它组成含义的理论 (the theory of sense)：它通过把说话者特定的实践能力与某种理论命题联系起来，对指称理论中说话者的何种知识是必须包含在内的作出规定。指称的理论和含义的理论共同组成一个意义理论的部分：作为补充的另一部分是语力的理论 (the theory of force)。②

---

① Cf. M. Dummett, "Language and Truth", in *The Seas of Language*, p.123.

② M. Dummett, "What is a Theory of Meaning? (II)", in *The Seas of Language*, p.40.

对于达米特而言，区分不同的意义类型，我们才能明白，为什么说理解一个句子的意义就是理解使它成真的条件。[①] 如果句子的意义是通过句子的成真条件获得的，认识一个句子的意义，就是认识使它成真的条件，这里没有其他方法可寻，那么，意义的真值就不是与句子的意义分离的那种真值条件规定的东西，句子的真值只是作为它的可辩护性（verification）的条件或理由而存在的。而这也就意味着，尽管我们不能把真理与意义视为两个不同的东西（我们不可能知道一个句子的意义，却不知其是否为真，就像我们也不可能确认其为真，而不知其意义一样），[②] 我们也不能把意义**直接**当作就是真。意义的真理仍然是必须通过语言实践，即话语推论的活动来确证的。换言之，句子的意义只有通过基于说话者隐含的命题知识的推理才能显现，否则，我们就无法确定我们是否真的理解了一个句子的意义，即我们就无法作出一个句子是否表达了一种意义这样的判断。

很明显，作为一种基于隐含的知识之上的理解，不同于对句子的含义所作的语法式的或修辞性的语义确证，它涉及许多以言行事的行为。比如，它可能涉及亲身亲为的演示、口头的解说、引证他人的相关断言或引证相关的推理以及提供充足的理由等以言行事的行为。[③] 总之，这里的意义的显示方式完全不同于那种以语义分析为依据的意义确证的方法。类似于塔尔斯基和戴维森的等值原理，虽然能满足"在语言内部"确证一个词的真或假的功能性要求：即使它在确定**指称的语义值**的方面成功了，它也不足以充当一个解释句子或表达式的意义是否为真的

---

① Cf. M. Dummett, "What is a Theory of Meaning？ (II)", in *The Seas of Language*, p.40.

② Cf. M.Dummett, "Language and Truth", in *The Seas of Language*, p.118.

③ "如果我们的语言的使用的整个活动所包含的就是对句子的确证，那么它就显得毫无新意了，但实际上并非如此。学习使用一种语言涉及学习许多其他的事情：用行动表明，或用口头的方式作出回答，向他人作出断言；对缺少结论性的理由作出论断，对我们的论断提供理由；引用某些推理，提问和回答问题，作出让步、服从、蔑视某项命令等等。"（M.Dummett, "What is a Theory of Meaning？ (II)", in *The Seas of Language*, p.41）

角色。① 因此，达米特用下述定义进一步明确了他的观点：去了解一个句子的含义就是去了解关于它的一个特殊的方面，即去了解使句子的含义成真的条件，或确证句子的含义的方法，因为，从根本上说，"一个句子的意义就是它的确证方法。"②

2. 达米特出自于弗雷格的有关句子的意义的系统的分析方法，即对语力与含义的区分，并不能与后期维特根斯坦的语言理论协调一致，相反，它们是相互对立的。在《哲学研究》一书中，维特根斯坦明确反对这样一种出自于弗雷格的语言哲学的系统的意义分析：他一方面认为像弗雷格那样把"思想"（Gedanken）与句子区分开来的做法是行不通的（我们不可以把语言当作思想的载体，并把它与作为交流—意图的工具的语言区分开来）；另一方面否认我们可列出一个完整的或一目了然的句子的使用方法的清单（即达米特的句子的"范畴"和"语言行为"类型）。的确，在《哲学研究》一书中，维特根斯坦的确明确地提出了他对语言哲学的这种系统的分析的反对：

> 一共有多少种语句呢？比如说，断言、问题和命令？——有无数种：我们称之为"符号"、"词"、"语句"的东西有无数种不同的用途。而这种多样性并不是什么固定的、一劳永逸地给定了的东西；可以说是新的类型的语言和新的语言游戏的不断产生，而另外一些则逐渐变得过时并被遗忘。③

由于后期维特根斯坦完全相信经验语用学，他始终认为，我们是得不到任何语言类型的可观察的分类的，因为语言的表达形式与具体情境和具体的生活形式不能分离，有多少生活的交流方式，就会有多少种语言的表达形式；在这种情况下，就不可能出现含义与语力分离的句

---

① Cf. M.Dummett, "What is a Theory of Meaning？（II）", in *The Seas of Language*, p.43.

② M.Dummett, "What is a Theory of Meaning？（II）", in *The Seas of Language*, p.41.

③ L. Wittgenstein, *Philosophical Investigation*, p.11ᵉ.

子。我们也无任何依据或约定来区分一个句子的语力与含义，并根据不同形式的语力对句子的类型进行分类。因此，一个句子的语力正是含义的一种表达形式，不可能存在一种没有语力的含义。这也就意味着，我们只能按照每一个特定的句子本身说出的方式来理解句子，决不存在一种帮助我们解释句子的含义的统一的方法；有多少种句子，就会有多少种解释或理解句子的方法，脱离具体使用中的句子的普遍的句子的含义的解释方法肯定是没有的。这也就是说，没有单独存在的语力这样的东西，语力就是一个说出的句子的含义的显示方式，它不可能与句子的含义分开。

由于把语境特殊化，维特根斯坦完全不考虑是否存在说出的句子不能被接受，或作了错误的理解的情况。由于没有把语力视为与句子的含义不可分的表现形式，由含义构成的句子的个别性内容的独立性，即它作为一种具有命题性主旨的内容的独立性就被消除了。在这种情况下，我们将不清楚一个说出的句子是因为其所表达的个别性的命题内容为人所接受，还是因为其话语的类型本身的语力而被接受。当然，经验语用学会拒绝考虑这样的问题，因为在它看来，一旦我们列举一个说出的句子的类型（疑问句、祈使句或命令句等），那么，我们就是把它当作一个已经被接受的句子来看待的。

使用决定含义的经验语用学，使维特根斯坦放弃了对在含义与指称之间，可能会因为语力的存在而形成一种特殊的关系的考虑。实际上，句子和词语的含义并不是完全由其用法决定的，即句子和词语的含义并不完全包含在它们的使用中——因为使用并不能把含义与指称（名称的载体）的关系消解，这一关系仍然存在。不承认语力与含义的区别，是不承认存在着含义与指称的区别的结果。显然，如果没有含义与指称的区别，也就没有语力与含义的区别，甚至我们都不能单独地谈论语力这个概念。但如果意义的使用并不能穷尽名称或概念的含义，就像限定性摹状词或任何归属性的指称理论不能穷尽名称或概念的含义一样（因此，指称总是相对于含义而存在），那么，我们就不能因为放弃形式语义学的真值性要求，而放弃对句子的意义的证明。这也就是说，从真值条件的形式语义学直接过渡到特殊主义的语用学是不恰当的。因此，达米特坚持认为，虽然言语行为和句子是特殊的，多种多样的，但仍存在一种理解它们的一般方法，即存在一种依据它们的含义与指称的关系来确定其意义的一般方法。意义的使用并不是理解它的唯一的标准。如果反对这一点，我们就无法解释为什么我们总是可以不断地理解新的句子和新的词语。

由此看来，维特根斯坦反对系统的意义理论违背了明显的事实。**事实是，把握了给定的语言的人，都能理解语言具有无限多的语句，而且这些语句原则上也包含一些**他从来没听过的语句，这一点不仅为由乔母斯基引导的现代语言学学派的思想所强调，而且也为维特根斯坦本人所强调，因此，除了假定每一个说话者都隐含地把握了一些支配了语言的由词语构成的句法规则外，我们就无法解释这些事实。如果存在这种每一个说话者都隐含地掌握的一般的原理（它赋予了语言的词语的各种不同的意义的原理），那么就没有理论能够否定有关它的意义理论的存在。

对于达米特而言，否定哲学的认知功能的维特根斯坦是消极的。如果哲学的作用就是治疗语言应用中的谬误，它当然是不能系统化的。但这样一来，就没有任何方法可以事先阻止我们在语言的使用中会犯的种种错误，我们只能面对所发生的一切。如果我们并不处在一个随时可以获得相应的理论的环境的话，即使发现了某些极端的错误，我们也无法用正确的理论来代替错误的理论，以此解决所面对的错误。如果原本就没有系统的医学理论，我们又如何能治病呢？在语言理论或哲学中亦然。因此，我们的目标应该是，用一种清晰明白的语言理论代替错误的语言用法。

后期维特根斯坦反对系统分析，即反对建构任何系统的语言哲学，这与他对整个哲学的功能作用的看法相关。在后期维特根斯坦那里，哲学的主要任务并不是认识，它的任务是对我们语言的使用作病理学的诊断：维特根斯坦否定了哲学能够像数学和物理学那样具有认识的功能。对于维特根斯坦而言，构建一种系统的语言哲学，恰恰是哲学所犯的一种典型的错误，用某种事先建构的理论去解释语言就会破坏它的使用规则。构建一种系统的语言哲学，将干涉语言的实际使用；对于语言的使用，我们只能描述它，语言哲学不能给语言的实际使用提供任何基础。①

在消极的维特根斯坦那里发现的问题，我们也可以在日常语言学派那里看到，也许问题还更严重。日常语言学派有一个基本看法：统一的意义的解释是不可能的，只有特殊的解释方式才是可能的。特殊主义作为日常语言哲学的标签，尽管后来的显得越来越不起眼，但却是出自于维特根斯坦以及弗雷格的语境原则的。日常语言学派坚持这一看法：由于句子是语言的最小单位，通过说出它，可以表达任何事物，词语必须按照它对句子的意义的贡献来解释（这一直是弗雷格的理论的一部分），我们从构成句子的词语的意义中获得一个特别的句子的意义，但句子的意义的一般观念是先于词语的意义的一般观念的。达米特认为，这种看法一般而言是没有错的，它也没有被维特根斯坦和其他人所反对，但由于日常语言学派的这种观点本身是从特殊主义出发的，因此它不可避免地会有一个很大的缺陷，它必然会得出这样的结论：如果每一类范畴的句子都具有与其他类型的范畴不同的句子意义，而且如果词语的意义取决于它对句子所包含的意义的贡献，那么，在命令句的词语所具有的意义将非常不同于它们在祈使句中的意义。② 这样的观点当然是特殊主义的产物，因为它暗示着，我们对词语的意义的分析将不可能有任何统一的或一般的方法，我们只能根据它们属于哪类范畴的句子来确定它们的意义，这也就是说，词语的意义是完全为其所服务的句子的类型决定的。

---

① Cf. L. Wittgenstein, *Philosophical Investigation*, p.49ᵉ.

② Cf. Michael. Dummett, "Can Analytical Philosophy be Systematic, and Ought it to Be?", in *Truth and Other Enigmas*, p.449.

　　如果真是这样，那当然是荒谬的。在达米特看来，要避免这种混乱，就必须指出，实际上，大部分的词语的意义是由句子的个别性内容决定的，而不是由其所属的范畴类型决定的。这也就是说，句子的个别性内容（命题内容）才是我们确定个别词语的意义的依据，而不是不同范畴类型的句子的形式；不同范畴类型的句子形式只是说明了句子所表现出来的一种不同的语力（force），而句子本身的语力是不能用来决定我们对一般词语的理解的。因此，与日常语言学派的看法相反，达米特指出，任何句子中的大部分的词语，都不是用来确定它们属于哪类范畴的，而是用来确定它不同于其他范畴的成员的**个别性内容**的，而且还必须看到，不论何种范畴，句子的个别性内容都是由一种**一般的方法**确定的。① 因此，达米特进一步指出，如果我们知道每一个句子所属的范畴（这只是意义分析的第一步），那么，接下来要做的就是：通过了解在什么情况下一个命令的传达会被接受（以祈使句为例），我们才能确定一个命令句的个别内容；其他类型的句子亦如此，比如，只有通过了解在何种情况下希望的表达能实现，我们才能知道一个祈使句的个别性内容。用这种方法，我们可以设想大部分其他范畴的句子的个别内容是由句子与**某种情形联系**决定的；应如何确定这种联系，取决于所谈到的句子的范畴类型。

　　在达米特看来，走出日常语言学派不合理的理论的方法是，老老实实地承认，任何句子中的大部分的词语，都不是用来确定它们属于哪类句子范畴的，而是用来确定它不同于其他范畴成员的个别语义内容（命题内容）的。这样的话，语言哲学就还需要加上一个为经验语用学忽视的任务，即把握句子的个别性的命题内容的任务。之所必须这样做，是因为我们不能只根据句子的类型来判定它的个别性的命题内容，我们必须去寻找是什么使一个类型的句子正好带有它所要求的那种命题

---

① Cf. Michael. Dummett, "Can Analytical Philosophy be Systematic, and Ought it to Be?", in *Truth and Other Enigmas*, p.449.

内容的一般方法。① 假设我们知道每一个句子所属的范畴，通过了解**在什么情况下**一个命令的传达会被接受，我们就能**知道一个命令句的个别内容**，以及通过了解在**何种情况下**希望的表达能实现，我们就知道一个祈使句的个别性内容。

达米特对消极的维特根斯坦和日常语言学派的弱点的揭示，使他有理由认为，哲学家目前最重要的工作就是去构建一种系统的意义理论。达米特认为，幸亏有了弗雷格，我们不仅对语言潜在的句法结构有了充分的了解，而且也充分了解了一种系统的或各个部分相互合作的意义理论所要求做到的是什么。② 由于弗雷格的贡献，这一点已很清楚了：意义理论或语言哲学的系统化，必须是在下述**两种方式上**的系统化：它首先必须是一种体系性的理论建构，其次，它必须是按照公认的或普遍的可检验的标准来进行的。

3. 对意义理论中的特殊主义语用学的批判，只是达米特的理论批判的一个方面，在分析哲学的其他的传统中，一些从一个完全不同的角度对语力的消解（比如蒯因和戴维森的观点），也是它的一个重要的批判对象。

在达米特看来，由于采用了后期维特根斯坦的意义使用的理论形式，蒯因取消了从语言的内涵方面去探究名称和词语的对象的关系：他转向从语言的社会性和公共性的角度解释词语的外延性指称的关系，蒯因认为这样做可以避免一般的意义理论依赖于内涵的意义分析的困难。借助于行为主义，蒯因把意义使用的理论彻底化：他完全排除与实际的语言使用（这种使用往往是当作发生于实际的经验行为中的人们对外在环境的反映）分离的语言理解的问题。因此，对于蒯因而言，语言是我们处于经验世界中，与经验世界发生的一种行为的条件反射而产生的，

---

① Cf. Michael. Dummett, "Can Analytical Philosophy be Systematic, and Ought it to Be?", in *Truth and Other Enigmas*, p.449.

② Cf. Michael. Dummett, "Can Analytical Philosophy be Systematic, and Ought it to Be?", in *Truth and Other Enigmas*, p.454.

它不是经由心灵对经验世界的关系进行理解的产物。由此可以说，词语是没有那种与心灵的理解相关的意义的，词语只有其外延方面的规定。而且，蒯因认为，由于排除了词语内涵方面的意义的形而上学问题，这样一种语言是可以作出严格的系统化的规定或解释的，即我们可以以它为基础设计出（转译出）一种更精确完善的语言（蒯因把可以"转译"的要求视为语言的真值条件）。戴维森同样反对词的意义与心灵的理解所形成的观念有任何联系，因此他同样从词语的外延方面寻找建立一种语言的真理性条件。我们知道，戴维森是借用塔尔斯基的真理论来这么做的；在他看来，只要把塔尔斯基的真理论稍加改动，我们就能获得一个有关自然语言的真理性条件的判定标准。因此，无论是蒯因还是戴维森，他们都绕开了传统的意义理论的最复杂或最令人困惑的方面：语言与说话者出自于心灵的理解的关系；他们都假定自然语言的意义是给定的，我们所要做的只是为它寻找到它的确定的真值条件而已。在这种情况下，自然语言是如何产生的问题被假定为是一个已经解决的问题，因此，用达米特的话来说，他们都不考虑语言是如何工作的，即不考虑说话者如何赋予语句以特定的个别内容并进而进行传达和交流的；不仅如此，他们假定了真理论是自明的、先在的，语言分析的任务只是按照这种真理论的基本要求揭示自然语言的结构。

在达米特看来，这样作出的语言分析是简单化的，行为主义或出自于语言的社会性的整体论都不能真正把我们的语言的特点揭示出来；知识的概念固然重要，但同样重要的是意义的概念。有些东西在语言中已成为一种知识，它是确定的，并能够为我们所把握：我们至少能对它作出确切的描述，但这并不意味着语言不再与意义的问题相关；与心灵的理解一道构造意义仍然是语言的一种功能，这一点是无法否认的。只要自然语言存在，语言的问题就不能还原为逻辑的问题。①

---

① 达米特指出："众所周知，蒯因和其他一些人选择了绕过这里的问题的方法：他们对语言结构下的原理的探究并不采用意义理论的方式而是采用把它转译为其他已知的语言的制定翻译手册的方式。这样做的好处是我们知道应采用何种形式来制定翻译

戴维森虽然没有像蒯因那样直接否认内涵的意义的存在，但他把意义直接归属于**给定的**句子，即直接对意义作出归属：他以"词和句子x 的意义是……"或"词和句子意味着……"这样的命题形式对意义作出解释。按照戴维森的理解，如果一种意义理论使我们能指出，给定的词或句子的意义是某物而不是其他，比如是 Q，那么，可以这么认为，如果某人知道 Q 是词和句子所意味的东西，我们就可以说，某人知道了词和句子的意义。戴维森的真理的"最低限度论"，允许他采用一种意义理解的宽容原则：我们可以假定任何说出的话语都是真实的，或它的意图都是诚实的，尽管它的意义是否为真，还需经过真理论的形式语义分析。但这样一来，很明显，形式的语义分析已经不是对真正说出的语句的分析，因为说话者为何说它，说话者基于何种知识说它，或说话者基于何种自我内心的理解说它等等这类问题，并不在所要做的分析之列。按照达米特的看法，在这种情况下，戴维森与蒯因就没什么两样了：蒯因相信，人类的经验行为决定了词语或说出的话语的实在性，它的进一步确定（真理性），可以在基于科学的因果事实以及业已形成的知识体系之上的"转译"中实现；因此，蒯因排除了话语与说话者的知识与理解的联系。与此相似，戴维森也排除了话语与说话者的知识与理解的联系；在这种情况下，他也就不可能有正确的语力的理论，也不会考虑语力与含义在一个句子中的不同作用的区分。

如果按照戴维森的理解，句子必须在宽容原则的允许下想象为是真实的，那么，对不同形式的语力以及由它构成的不同的句子类型的区分也就不存在了。因为宽容原则必然使戴维森否认规范性的语力理论存

手册，把对应的句子翻译成另一种语言的句子，已存在有效的确定的规则：我们可以全心关注我们如何达到在翻译手册中的系统的翻译的问题，什么样的可接受的条件能满足这里的要求。它的不利方面是，我们无法确定，翻译研究的结果对意义观念有何影响……完全有可能这么认为，除了一种语言的彻底的意义理论之外（它对语言的工作作出完整的说明），没有其他东西可以作为对所提出的翻译的概念框架作出判定的恰当的基础。"（M.Dummett, "What is a Theory of Meaning? (I)", in *The Seas of Language*, p.2）

在的意义，即他必然会否认我们可以根据一套语力的理论把句子所陈述的特定内容与所引起的语言行为区分开来。因此，戴维森也不会同意下述说法：句子的特定的个别内容是句子命题性的内容，它也就是弗雷格称之为"思想"的东西，而由句子所引起的言语行为则不一定直接与"思想"相关，它也可能是借助于外在的语素的构成物实现的。戴维森接受的是一种消极的后期维特根斯坦的观点，在他看来，如果语力存在的话，它也就是说话者的有意识的意向的一种流露，而不是接受了已有的语力的使用规范或约定而"刻意"表现出来的；这也就是说，我们不能把语力视为句子的内容的组成部分，相反，我们应把它视为就是句子本身的意图。这实际上也就等于说，任何一个句子都不需要也没有与其自身的含义（所说）脱节的语力。在一个无须任何外在的辅助手段的话语中，我们不能有一套系统的、能够获得承认的或已经获得承认的具有规范的约定性的语力规则。因此，戴维森否定说话与约定的说话的方式相关：

> 我认为，有充分的理由拒绝这样的观点，即认为作出一个断言（或发出一个命令，或提出一个问题）就是在行使一个纯粹约定性的行动。正如我一直在提示的那样，一个理由就是，要说出这个约定是什么太难了。（比如，如果一个论断者有必要显示出他自己相信自己所说的东西，他就必须对这样一种约定作出描述，人们正是通过这些约定显示自己相信自己所说的东西。）①

戴维森进而反对根据语气来解释语力，他所作的第一步是通过强调话语的一个或另一个语力，能通过使用不同语气的句子来说这一明显的事实把语气和语力分开。一个**论断性**的句子可以由**质疑性**的句子说出，比如"琼又戴上了她的紫色帽子，你注意到了吗"，一个**请求**可以**用命**

---

① D. Davidson，"Mood and Performances"，in *Inquires into Truth and Interpretation*，p.113.

令的方式来表达："告诉我，谁赢了第三局！"，等等。它们都违反了语气和语力的通常的那种联系。

这恰好说明，约定（convention）并不能决定我们对句子的话语的解释，因为这些约定总是能被运用于其他不同的语言目的。要知道一个句子到底是一个什么句子，我们需要知道它的目的是什么，而以约定的方式构建起来的语气并不能引导我们达到这种认识。或许可以这么说，语气事实上是可以引导我们理解句子是如何作出的，但它之所以能这样并不是因为它能产生一个命令和作出一个断言，并没有一种规范的格式构成了这些不同的句子。

达米特当然没有否认在具体的语言的使用中，语气和语力并非都按照约定的方式结合在一起的现象，但他也不同意戴维森对这种现象的解释。命令式的话的语力可以是用来提问的语气（"把你的电话号码给我？"），这使人们有理由把语气和语力分开，并据此认为，语言的任何约定的特征，都可以颠倒过来用于其他或不同的语言的用途。达米特并不同意这一点。在他看来，像"把你的电话号码给我"这类句子也可以是请求性的句子，但这并不意味着它可以同时起着一个与请求性的句子相同的句子的作用，比如它并不能同时当作"你的电话号码是多少"这样的请求性的句子来使用。因此，在一个完整的话语中，总是存在着**所说的话**和**话中的观点**的区分。一个命令句以非独断性的语调说出，或用其所并不像一个命令的方式说出（比如，"高兴点！"），可以同时作为请求句和表达一种愿望的句子使用。但这样的情形不应使我们得出下述错误的观念：这句话不是一个命令。在这种情况下，它只是意味着，为了充分地理解一句话，我们必须首先回答这个进一步的问题：用以发出一个命令的那句话的内容的**观点**，在这种情况下是什么。话语的约定的意义，并不会为这进一步的解释的过程所损害，相反，它为解释话语的观点提供了一个基础。这也就是说，按照达米特的分析，使一句话成为一个论断或一个命令的条件是，它是在某种**作出论断和提出问题的约定性的方式**中来提出论断的。的确，决定一个话语在什么时候是一个论断的相关特征，是话语所表达的意图，但达米特要我们注意的是，对于大部分话语而言，说话的意图并不是最关键的。在大多数情况下，论断和请求是与所持的信念联系在一起的，因此，只有说话者有正确或适当的信念，才能真正作出一个论断。比如，一个人如果在撒谎，他就不是在做一个论断。

据此，达米特强调了下述认识的重要性：语力是语言的基本元素所拥有的一种意味，用来指示何种类型的语言行为已被使用：是说话者作了一个论断，表达了一种希望，还是提出一个要求、提出一个建议，或提出一个问题等，因此，它必然是与语气（tone 或 mood）结合在一起的。

实际上，戴维森并没有反对弗雷格的下述基本观点：对语言的一个完整的解释需要我们注意句子的三个基本特征：指称、含义和语力。但他一直为他的一个十分特别的考虑所驱使：即他认为，在塔尔斯基对真理作出定义之后的真理论模式，已告诉了我们对于含义我们所需要知道的一切东西；因此，对含义的研究，**已沦为**对指称的研究。如果真是这样，那么，对语力的研究也只能被当作指称的理论的一部分。根据这一判断，戴维森从一开始就从这个角度来思考语力的问题："我想仅从我确信语力是句子的特征的形式上考虑语力，即从它是用来区分语气的形式上考虑它。我关注的问题是：一种真理论能对语气之间的区别作出解释吗？"[1] 从这个问题出发，戴维森同意，语气是语力的指示词，但按照他的理解，它只是句子的说出所使用的语力的一种"不言自明的"（prima face）指示词，一个可能会出错的指示；在他看来，语气与语力的关系看起来并不像它们初次显示的那样简单；有许多指示性的句子的话语不是论断性的，虽然论断性的句子可以为其他语气的话语句子作出；而且与其他的语气相似，我们可以用命令式的或暗示性的方式提出一个问题，或以指示性的方式发出一个命令。所以，虽然句子的语气对我们如何辨认一个话语的语力提供了部分的答案，但回答是不完整的。

---

[1] D. Davidson, "Mood and Performances", in *Inquires into Truth and Interpretation*, p.109.

在戴维森看来，为了给出完整或确定的答案，我们就必须能够通过指示词或中立的句子（它们本身具有真值条件，而且能用一种真理论来处理）把语气算子呈示出来——戴维森通过把分析拓展为对间接话语分析来这么做。戴维森认为，在给定的语气中说出的句子，能被分解为"没有语气的核心话语的句子，以及特别表明了语气的另外一个句子的话语"；这个第二个句子被他称着为"语气装置"——戴维森的意思是，所谓语气的装置可以指明依附于句子的话语之上的语力，因此他希望把所有语气**还原为**指示性陈述。①

然而，达米特指出：有一个事实（包括修辞形式的存在等等）使我们无法接受戴维森所理解的这种弗雷格式的中立性的句子的观念，即我们不可能剥离出这样的事物（也决不可能有这样的事）：作为一种完整的话语，无论如何都没有带有语气，而是思想的赤裸裸的表现。因此，达米特明确地反对这种对语力所做的纯粹的形式语义学的分析。如果不存在没有真正的语气的话语，那么，我们就不能把话语所说的内容直接当作话语的观点（命题内容）来分析。

在达米特看来，有一点的确是很重要的，即当我们与他人交往时，我们并非总是注意**他们所说的东西**是什么，而是意在把握他们说**他们要做什么**的观点。再说，**某人说的东西是什么，并不是由他的特殊的意图决定的**，而是由所涉及的对这类语言的认识，包括他使用的词语，以及他使用这些词的条件决定的，即某人说的东西是什么，是由那些对语言而言是十分特殊的东西决定的。这就是说，有可能是一种在其他语言中是不同的东西决定的，换言之，"某人所说的东西**是由在语言的学习过程中获得的约定（conventions）决定的**。"② 给出一种意义理论，描述语言是

---

① 但这样的还原对于戴维森而言似乎又是多余的：因为对他而言，语气本身就是一种指示性的语气。"……不管怎么说，戴维森的理论确实有把所有语气还原为指示性的（indicative）语气的倾向。"（M.Dummett, "Mood, Force, and Convention", in *The Seas of Language*, p.206）

② M. Dummett, "Mood, Force, and Convention", in *The Seas of Language*, p.209.

如何工作的，就是对这些约定作出系统的描述；这样的描述能在确定话语实际上说什么的情况下，决定每一个话语的意义。如果我们不做这样的区分，而是**把属于说话者的话语的观点的任何东西都算作它们的意义的部分**，我们就有可能得出**没有任何系统的意义理论是可能的**结论。

从根本上说，戴维森的意义理论的缺陷就在于它所采用的真值语义分析的方法。在达米特看来，这使得戴维森"并没有区分依附于决定了说话者的话语所要说的东西的语气和他所说的话语中的观点，而是把两者都归于他说出话语时使用的一般概念之下；同样地，他希望排除任何从意义理论的角度对语力的解释，以及把它与获得某人的意愿的一般程序联系起来。他这样做很难行得通，因为语气是句子的一个无法否认的特征，因此一种意义理论必须对它作出某种解释；但如果没有对话语的语力和它的观点作出区分，就不可能对它作出正确的解释。"①

五、从语用主义的角度对意义证明方法的重建

达米特的意义证明理论是后证明主义的，是因为它通过那些被认为是内在的或属于一个陈述的关联的证据来确定一个陈述为真，它否定了证明就是获得某种语义的普遍存在条件的语义实在论的方式，也否定了证明就是还原到最基本的感觉单位的实体性实在论的方式。达米特认为，如果把直觉主义逻辑引入一般的陈述的意义证明领域，那么，可以说，意义的证明主要是一种类似演绎式的推论或一种相继演算。达米特一直认为，在演绎或论辩过程中使用的真理概念，它所使用的是一个非常特殊的真理概念，因为它与传统对它的理解完全不同。把句子的断言内容的真从推理的可接受性来判定，避免了语言学转向之后的两个根本性的错误：一个是只从句子的语义内容的语义值和它的真值的关系证明

---

① M. Dummett, "Mood, Force, and Convention", in *The Seas of Language*, pp.210-211.

句子为真的意义理论（真值语义学的方法），另一个是融贯论的意义理论，即认为语义的意义决定指称的真理最小化理论的方法。达米特认为，在放弃了真理的二值性原理之后，也只有直觉主义逻辑的推理主义的方式可以建构一种真理概念。这样的"真理观"实际上也是对语言学转向的错误的真理概念的回应。我们将首先指出弗雷格的语境原则对达米特的意义证明理论的影响，其次，我们将指出戴维森的意义理论和蒯因的整体论的证明模式的积极意义，以及他们的真理论，如何使真理的证明理论偏离了方向。最后，我们将具体分析达米特的后证明主义的语用主义的特征。

（一）弗雷格之后的意义证明理论的变化

真值语义学把词语或句子的意义与说话者出自于其隐含的知识的概念和命题分开，它必然要否认词语或句子可以用来表达带有说话者本身的意图的概念和命题的意义。对真值语义学而言，词语或句子只有作为语言表达式固有的概念和命题的意义，离开了语言表达式所能表达的概念和命题，词语或句子的意义就是不确定的。这也正是分析哲学的语言客观化理论的意图。

但达米特指出，作为推理主义者的弗雷格早已提出了这样的观点：一种哲学分析不能忽略或不顾语言与思想的关系，只从逻辑常项的表征形式上关注语言，满足于或止步于对这种形式的语言表征内容的分析；一种哲学分析还应把分析推进或深入到断言性的命题内容（思想）的分析：不只是探究句子的指称关系或它的语义值（寻找它满足二值性原理的真理概念的证据），而是关注于由句子各个部分组成的断言性的含义（语境原则）。达米特认为，在 20 世纪的早些年头，人们还不可能以这种方式来理解弗雷格哲学的意义，因为他带来的视域的变革还未被人们所认识。相反，人们更多的是强调弗雷格的实在论的意义，把他看作是像布伦塔诺和迈农那种持实在论观点的哲学家。但弗雷格的意义理论的潜在的意图已告诉我们：一种系统的意义理论并没有必要采用实在论的形式，这就是说，它并不需要把真理与谬误当作意义理论的中心概念，即没有必要认为，每一个有确定含义的句子，都可由它所说的实在判定为要么是真的要么是假的，从而把意义当作由真值条件决定的东西。

1. 弗雷格在《算术基础》中阐述的语境原则（context principle）是：必须在句子联系中研究词语的指称（Bedeutung），而不是个别地研究词语的指称。如果人们不注意这条原则，那么几乎不得不把个别心灵的内在图像或活动当作词语的指称。对于达米特而言，这个由弗雷格最初提出的语境的原则，是使分析哲学走出实在论的真值语义分析的狭隘性的重要的一步。由于语境的原则必然涉及词语与句子的关系，意义分析就不再可能是与具体说出的句子分离的词语分析，即一种语言的分析就不可能把一切句子都当作专名来处理（或者说，即使可以把句子当作相关的专名来理解，我们对专名的理解本身也要有很大的改变）。因此，第一，一种语言分析的理论必然把区分含义与指称，并把这种区分视为意义理论的重要概念。这也就是说，它必然要推翻把指称与实体性的实在论（类似布伦塔诺的实体实在论）联系起来的单一的语义分析的方法。第二，如果必须在句子联系中研究词语的指称，那么，我们就不能把句子的意义视为是主词和谓词的关系构成的，即与说话者的理解无关的一种意义；如果那样，它就会是一个类似于"5是素数，这个思想是真的"这样的无意义的句子，或像罗素的限定性摹状词理论那样，把词语对事物的指称的功能还原为对事物的归属性的（指谓的）功能。但弗雷格坚持认为，只有思想（句子的意义）与其指称，即真值结合才能提供认识，因此，只考虑句子的指称是不够的，我们还得考虑如何确定句子中的思想的问题。的确，由于语境原则的提出，以及意识到句子的认识的功能的作用，弗雷格对指称这一概念的理解是与众不同的，它不同于罗素的限定性摹状词理论中的指谓这一概念。如果我们像罗素那样把句子所表达的意义直接等同于一种指谓（denotation），那么，我们就会把句子的意义固定在对事物的外在属性的归属上，并会使得真值这个概念变得极为狭窄（因为它将不再表示任何与句子中的思想相关的意义）。

按照达米特的理解，弗雷格在《算术基础》一书以及在其他一些地方都明确指出，被当作关于是指称的语境原则，是禁止我们把可数项当作专名来理解的，因为否认它指示某个外在的对象。而与语境原则同样不同的观点则是，它代表着某个对象，但这种对象只是存在而非真实的实存（existence）。这种看法引进了一个十分特别的哲学意义上的"存在"，它完全不同于可量化的存在：它迫使我们承认存在一种 3 的三次幂，但又没有这样的数真正存在。当然，整个语境的原则是，否认存在任何特殊的哲学意义上的对象，或可以与我们的思想的正确的表达模式区别开来的对象。这也就是说，弗雷格确实认为，数和逻辑对象一般而言是客观的（objektiv）而不是现实的（wirklich）。[1] 对于词语而言亦如此：我们也可以说，词语是客观的而不是现实的。在弗雷格这里，"客观的"一词只表示一种不为主观的个人心智支配的事物的存在方式，比如处于某种恒定的关系中，或具有自己特定的秩序或结构等；而"现实的"一词则有作为物体的东西而实际存在的意思，比如空间中的可触摸的东西。因此，我们可以说，物理的定律是客观的，但不是"现实的"，或我们可以说，地球引力、太阳系的质心是客观的，但我们不能把它们像地球本身那样称为现实的。[2] 弗雷格的语言哲学中对词语的分析显然与他对数的分析是一致的。可以这么说，他的"数是外在事物的性质吗"的提问也可以当作"词语是外在事物的性质吗"的提问来看待（就数和语言都是对世界的一种表达而言，它们都可以被当作一种"语言"来看待，因此它们的问题是相同的）。我们知道，弗雷格并不同意康托尔把数称为一门经验的科学的观点，即他并不认为数最初是考虑外在世界的事物，只是从对象的抽象才形成了数。他的这一看法转换成语言哲学的定义则是：一门关于语言的分析的理论也同样不是一门经验的科学

---

[1] Cf. M.Dummett, "The Context Principle", in *The Interpretation of FREGE'S Philosophy*, pp.386-387.

[2] G. Frege, *Die Grundlagen der Arithmetik*.1884, English translation, *Foundations of Arithmetic*, Sec.26.

（以经验归纳为基础的科学），因为语言也并非是对外在事物的抽象。当然，弗雷格也不同意康德对数所做的先验综合论的解释以及心理主义对数所做的主观论的解释。弗雷格注意到，康德的二元论和意识分析必然使他持一种特殊的直觉性的数学观，但不管是"对量的直觉"还是"对量的纯粹直觉"这种说话都是错误的，我们只有在一种关系中才能得到数：他的解答所依赖的正是语境原则。弗雷格对数的先验综合论的批评，以及对分析的观念论（主观论）、归纳论（经验论）的批评，同样可以应用到语言哲学中。弗雷格的语境原则，作为他在《算术基础》一书中对数的分析的三条原则中的一种，既是对数的分析的一条指导性原则，也是对语言分析的一条指导原则，即它在两个方面同时起作用。在语言哲学的理论历史中一直存在观念论、归纳论和先验综合论的观点，对于弗雷格而言，这几种解释模式的最致命的缺点是，它们都导致我们接受一种特殊的哲学意义上的对象的存在，即接受一种可以与我们的思想的正确的表达模式区别开来的对象的存在。

在达米特看来，尽管在《算术基础》一书中，弗雷格还没有区分含义与指称，但由于其语境原则本身就是反实体性实在论的，因此，可以这么说，他的语境的原则既是为含义设计的也是为指称而设计的。作为一个关注于含义的语境原则，它把句子当作在任何有关含义的表达的解释中具有特殊功用的东西；而作为一个关注指称的语境原则，它确定一个表达句的指称是该表达句的语义值（semantic value），而不是把一个表达句的指称确定为外在事物（事态）的一种性质，而且它还决定带有指称的表达句的指称的真与假。相比之下，确定含义的语境原则使我们相信，一个表达式的含义之所以存在，是因为语言的说话者总是会把指称作为确定下来的东西来把握。① 当然，这个一般的原理并没有告诉我们，任何一个表达式的含义和指称是什么，甚至没有告诉我们它们应采

① Cf. M.Dummett, "The Context Principle", in *The Interpretation of FREGE's Philosophy*, pp.369—370.

取何种形式。但它却是可以用来评价所有对含义的解释。语境的原则把句子置于主要地位，去理解一句话，就是去理解构成话语的句子，但我们不能把对一个句子表达的思想的把握，以同样的方式视为是对构成句子的词语的逐渐的把握，因为我们只能从词语对句子所表达的思想的贡献的角度来理解词语的含义。弗雷格是对这一点有清楚认识的人，当然，其成熟时期的逻辑学说却又把这一点遮掩起来了。①

在达米特看来，重要的是，根据其语境原则，弗雷格就不可能去追随布伦塔诺，因此他也就超越了意向性这一概念所带来的意识与对象的关系的复杂的问题。② 这也就是说，弗雷格同样反对布伦塔诺的实体性实在论，因为他认为，一个思想或句子可以表达一种内容，并一定有一个相应的外在对象。这样，弗雷格就没有像罗素那样设置了一种"布伦塔诺式的难题"，然后试图解决这一难题（罗素通过摹状词理论的设计来解决这一难题）。弗雷格相信，句子的指称即句子的真值，但这里指称并不一定就是指称外在世界的某个东西；包含了空名的句子也可以有意义。一个句子总是表达了某种思想，但它并没有说出任何真或假的判断。

语境理论的第二个方面的意义是：与罗素等人不同，弗雷格从语境原则出发，他从一种**"认知价值"**的角度来把**信息内容**的提供与否，与词句的指称的作用联系了起来。如果一个语句的含义只是存在于它所具有的指称中，它如何能提供一种新的信息呢？信息指的是，我原先不知道的关于某物的知识。弗雷格的意思也是如此，我如何能理解一个语句与其指称的关系，并从它们之间的被认为是真的判断中获得我原先没有

———————————

① 在后来的《算术的基本规律》一书中，弗雷格又提出了一条支配所指而不是支配含义的原则：一个句子所表达的思想就是满足其真之条件的思想，并把一个句子的构成部分的含义描述为它对表达那个思想的贡献。达米特认为，尽管弗雷格后期的确没有再重申语境原则，但他也没有明确地拒绝它；弗雷格的后期哲学是发生了改变，逻辑学说占了主导地位，但其后期思想在许多方面还是与语境原则相关，或是忠实于语境原则的。（Cf. M.Dummett, "The Context Principle", in *The Interpretation of FREGE'S Philosophy*, p.373）

② Cf. M.Dummett, *Origins of Analytical Philosophy*, p.37.

的知识呢？如果认为，语句的含义就包含在它所拥有的指称里，那么我们就无法回答这里的问题：因为我对两个由语句和指称联系起来的陈述的理解，只是我对能把它们两者联系起来的知识的一种理解，倘若我不知道，那两个语句拥有同一指称，因而它们之间等同关系是真的，我就不能说我理解了这两个语句所要意指的是什么意思，即，我就不知道它们是真的还是假的。在达米特看来，正是通过提出信息内容的重要性来支持他认为名称的含义不可能只包含在它所拥有的指称中的观点，弗雷格实际上就暗暗地把含义的概念与知识的概念联系起来了。

2. 由于对弗雷格语言哲学的理解不同，从罗素到蒯因和戴维森，分析哲学都不承认词语或句子可以带有出自说话者的理解和判断的概念和命题的意义（作为此种概念和命题的意义的一部分），即他并不考虑词语或句子与说话者的隐含知识相关的语言表达式所表述的概念和命题的关系。但如果我们根据弗雷格早期理论中提出的"语境的原则"，不难看出，这样的理论的错误在于，如果缺少了对语言表达式的由特定说话者在特定语境中表达的概念或命题内容的揭示，一种意义理论实际上也就不能把一个表达式的意义向接受者传达。在达米特看来，无论是戴维森基于其内在实在论的语言客观化理论还是蒯因的整体论都回避了意义证明的最根本的部分。

以戴维森的意义理论为例，戴维森之所以对塔尔斯基的理论感兴趣，既不是因为它可以用来解决自然语言有可能产生的语义悖论或弥补它的含糊和多义性的缺陷，也不完全是因为它包含了对构建一种全新的真理论有重要作用的新元素，而是因为它可以帮助我们认清把语言的基本经验陈述与观念的表象联系起来的错误。具体地说就是，戴维森看到了这一点："塔尔斯基的'约定 T 和 T-语句'提供了在直觉上很明显的关于真理概念的真理与**形式语义学**之间的唯一的联系。"[①]这也就是说，正是塔尔斯基首先看到，若要回答一个表达式或陈述为

————————

① D.Davidson, *Inquires into Truth and Interpretation*, 2001, p.66.

真意味着什么的问题，把它的**外在所指之物（实体性的外延）**看作是使它为真的根据，我们就会陷入混乱之中，因为当一个陈述或语句的真理性必须依据它的整体的语句之外的实体性存在或事实和事态来证明时，就会陷入一系列无法自圆其说的论证的恶性循环之中。戴维森在本质上与蒯因一样都是一个传统实在论的否定者，① 他对这种真理论总会不知不觉地陷入其中的符合论的论证的悖谬具有同样深刻的认识；从这个角度看，可以想象，塔尔斯基从**形式语义学**的语句中寻找可以解释的真理概念的做法对戴维森是具有巨大的吸引力的。当然，存在大量的对塔尔斯基的理论的误解，对戴维森指出的塔尔斯基理论的重要性和意义，人们并没有真正的认识。② 但一开始，戴维森对此就有明确的认识：T-语句的独特性是能在避免上述悖论问题的情况下，重新提出原来的问题，即经验陈述的真理性问题。"T-语句的形式已经暗示，一种真理理论可以在不必找出具有真理性质的语句有差别地相符合的种种实例的情况下表征真理这种性质。"③ 不仅如此，约定 T 和 T-语句的形式已经表明，我们可以从一种语言整体论的角度回答经验陈述语句的真理性或意义的问题，比如，把具有真理性的内容归于一个交往共同体的语言的句子，归于它的言语行为，以及归于它们

① 但戴维森又不赞同达米特的"反实在论"的观点，为了把自己与达米特区别开来，他有时又特意针对后者的观点把自己的立场称为一种实在论，但他也做了下述补充：我称自己的立场为实在论，"唯一合理的理由是拒绝像达米特的反实在论那样的立场。我所关心的是拒绝实在或真理直接依赖我们的认识能力这种学说"。（D.Davidson, *Truth and Predication*, The Belknap Press of Harvard University Press, 2005，p.42）这表明，他实际上还是反对传统的实在论的。

② 戴维森本人早期也曾把塔尔斯基的理论视为一种符合论，但后来他承认这是错误的。

③ D.Davidson, *Truth and Predication*, p.70. 对于这种真理理论，戴维森的下述评论也很有参考意义："'语句依赖于其组成部分的意义'这个口号所求助的意义概念，当然不是那种使意义与指称相对的概念或一种假设意义是实体的概念……这种真理论的有益性质之一便是：它给出这种清楚的内容而又不引出作为实体的意义。"（D.Davidson, *Inquires into Truth and Interpretation*，pp.70-71）

系统地联系在一起的心理状态或信念，在这种理解方式中，就不存在"从整个对象语言的语义系统的外部"进行的有关把某一特定的内容归属于一个适当的语词或语句是否为真的解释。

戴维森很清楚，塔尔斯基的理论的确包含着解决自然语言的含糊性和歧义性的目的，即约定 T 和 T-语句的确带有把一般的自然语言转换为元语言的企图，因为他意识到，用自然语言来建构一种自然语言的理论是会陷入种种悖论之中的。但按照戴维森的理解，语言哲学最终关注的内容主要还是理解自然语言，放弃自然语言就使语言哲学失去了意义，因此，我们似乎别无选择：我们只能用自然语言去建构一种有关自然语言的理论，建构一种用**自然语言表达的**关于自然语言的真理理论应被视为语言哲学的理想。约定 T 所包含的内容可以略做调整用于这一目的，即只要放弃塔尔斯基所赋予它的那种更广泛的使命，只把它局限在求得一种自然语言的真理论的范围，约定 T 中的一些重要的观念就能为我们所用；比如，塔尔斯基关于各种自然语言在本质上是可以互译的，以及对象语言（所选定的一种自然语言）中的每一种语句都可以在元语言中进行翻译的思想等，都可以应用于我们对自然语言的真理论的建构中。

这也就是说，戴维森认为，塔尔斯基的真理定义的意义并不在于指出真的谓词是可以任意消除的，而是建构了一种有关真理的定义的本体论：真理谓词的确不可能有关于它的任何形式的语义定义，但真理又的确是由语句中的意义构成的，换言之，由任何一个语句所构成的意义（meaning），便是一种可能存在的真理，因为我们可以事先假定，只有意义是那种能被普遍理解的东西。当然，要获得一种意义或对任何具体的语句的意义作出判定，是必须满足某种条件的，如果我们把这个需要满足的条件视为真理论的要求，那么，一个真理理论的恰当定义就是它是否为语句明确地规定了正确的真值条件。在戴维森看来，塔尔斯基的真理论可以用来建构这一真值条件。

可以肯定的是，戴维森是借用塔尔斯基的真理论来研究**自然语言**

的意义理论的（而塔尔斯基的有关语言的真理的递归定义是在一个精确的元语言中来规定的），因为在他看来，一种意义理论便是一种经验理论，它的抱负便是对自然语言的活动方式作出解释。因此，戴维森利用约定 T 和 T-语句还有不同于塔尔斯基的目的，后者的唯一目的是，用约定 T 和 T-语句来建构一种可以使自然语言的意义得以证明（为真）的元语言，这就是为什么塔尔斯基是先解释一种对象性的自然语言如何能翻译为元语用来表明语句的真理性（T-语句的存在）的原因；在他那里，真理是依据对约定 T 的解释而得到，没有这种解释或转译，就得不到具有示范意义的 T-语句。而与此相反，戴维森则是先假定真理是由自然语句的可理解的语义内容给定的，因为他始终认为，T-语句实际上不是通过那种局限于元语言的语义分析中的解释获得的。T-语句固然可依赖于它的语义结构，但它终归是受限于经验条件的。这也就是说，塔尔斯基所进行的解释或转译是不能在纯粹元语言的范围来进行的，离开了具体的经验条件，或离开了戴维森所谓的"初始解释"（Radical interpretation）的情境条件，纯粹元语言范围内的解释或转译是不可思议的（一种解释若不以自然语句初始或原本已有的语义内容为依据，即不假定某些自然语句的原始词项的存在，就必然会遁入悖论之中）。

　　在戴维森看来，塔尔斯基为了证明 T-语句所做的那种"翻译"是完全可以省去的，因为如果我们 T-语句看作是建立在"初始解释"的原始词项的语义之上的，那么就可以在不求助于翻译概念的情况下来证明约定 T。换言之，在这种情况下，我们只要具有了"S 是真的当且仅当 P"的形式语句，我们就不必再做下述证明："P"语句是否对 S 作出了翻译；我们只要作出下述假定就够了："S 是真的当且仅当 P，其中'P'为任何一个这样的语句所替换，即这个语句为真当且仅当 S 为真。"① 当然，这并不意味着，我们因此就不需要一种解释的理论了，相反，一旦我们从具体的形式和经验的限制条件来运用 T-语句，T-语句

---

① D. Davidson, *Inquires into Truth and Interpretation*, p.134.

本身就需要建构一种解释。

　　戴维森随后对这一抽象的定义做了更加清楚的解释，这种解释基本反映了他的理论的意图。首先，为什么可以把塔尔斯基的基于元语言分析的真理论或约定 T 对 T-语句的形式规定颠倒过来，即把真理这一概念不是当作在进行了元语言的句法分析或句法检验之后获得的概念，而是把真理概念当作一种事先存在的概念？应如何理解塔尔斯基的真理论中的约定 T 在建构一种真理理论中的作用？其次，一种不同于塔尔斯基的真理定义的、带有经验条件限制的真理理论需要满足哪些基本条件？

　　关于第一问题，戴维森首先解释了他的看法与蒯因的哲学的关系。在他看来，要理解他为什么颠倒了约定 T 规定 T-语句的顺序，就必须理解蒯因的思想。他指出，蒯因的后经验主义改变了对词语的意义和真理的传统的实在论的观点，比如那种寻找词语独立于愿望、意向或信念的客观的证据的还原论，因此蒯因的思想是与属于米德、杜威以及维特根斯坦的传统联系在一起的。虽然蒯因并不满足于仅仅从词语的用法、目的和功能的角度的意义理论，但他还是坚持词语的意义是在社会交往或社会环境中产生的，他最为明确地提出了这样的观点：**人类的行为的倾向和所展示的事实是词语的意义和信念的一个向量**，因此，理解一个词语的意义就是去理解说话者的行为倾向和所产生的结果。在戴维森看来，蒯因在这里已首先颠倒了人们对词语的意义，即其指称的真值的传统实在论的观点：如果不是某种需要我们对之下定义的对象性的实体或指称决定词语的意义，而是所存在的人类的行为倾向及其事实决定了词语意义，那么，对于我们关于词语的意义的真理性的判断而言，它的判定标准（真理）就是先于我们的判定而存在的。换言之，只要词语的意义是由行为及其事实决定的，就可以把由行为及其事实所构成的本体性的存在（作为一种整体的语义内容）当作词语的意义的真理。这也就是说，"如果意义和信念像我们所提出的那样是相互连接的，那么，就不能在描述一种成功的理论的目标时求助于下述两种看法，即：每个信念都有一个确定的对象；每一语词和语句都有一种确定的意义"①。若要确定词语或语句的意义的真值，我们只有首先求助于整体的语义内容。

当然，这样确定下来的"真理"我们只能说对它只有部分的把握，因为它在这里仍然只是作为一种假定而存在的。这也是为什么蒯因把对被说出的话语或语句（戴维森的 M-语句）的证明视为一种翻译的原因。蒯因认为，证明无非就是把含混的或不完整的、因而也可以说是难以与满足理解的普遍性的词语转译成清晰明白的词语；蒯因甚至试图为此创建一种翻译手册。但他又认为，这样的翻译是有限的，甚至是不确定的，因为我们没有任何独立于证明的经验过程的任何其他的可用来证明翻译的准确性的证明手段。戴维森并没有蒯因的怀疑主义，在他看来，塔尔斯基的真理论中的约定 T 恰好能满足这种要求，即使用约定 T 能避免翻译或解释的不确定性的产生。

戴维森要我们注意，他的"初始解释"不仅与蒯因相似，而且与塔尔斯基的约定 T 的基本要求在形式上也是一致的，比如，首先，它们都不是指称论的，即它们都否认我们可以从单个的名词或简单词语的角度来建构语句的语义特征（一旦承认指称论，就必然会陷入实在论假定有非语言的对象存在的悖论），因此，它们都从作为一种**表达式的语句**的角度来确定语句的语义特征（如有必要，它们还可以在这之后对作为表达式的组成部分的单个的词语的语义特征作出解释）。这是一种**整体论**的意义证明方法，它完全不同于必然会遁入实在论的悖论之中的、从单个的词语开始的**分子论**的意义证明方法。② 一旦我们从一个相对完

---

① D. Davidson, *Inquires into Truth and Interpretation*, p.154. 戴维森的下述一段话，也能很好地说明这里所论述的问题："正像维特根斯坦坚持认为的那样，语言是内在的社会的，杜威、米德、蒯因和其他许多人则更是这样认为。这并不暗示着能够以可观察的行为定义真理和意义，也不隐含着真理和意义仅仅是可观察的行为。但**这确实意味着**意义是完全是由观察的行为，甚至是由可容易观察到的行为决定的。"（D.Davidson, *Truth and Predication*, p.56. 黑体为引者所加）

② 戴维森批评了罗素的限定摹状词理论，因为它的逻辑原子论显然与整体论的要求对立。

整的语句的角度证明语义之真值，就能跳出从单个词语的角度进行语义真值的证明的困境。塔尔斯基满足了约定 T 的 T-语句正是这样一种摆脱了指称论或实在论悖论的"经过了证明或检验的"的语句。当然，塔尔斯基的 T-语句的证明或检验是纯粹内部的，它是通过表明一种戴维森称之为"满足"的关系来完成这种证明的。即塔尔斯基并不依赖下述证明方法：把所指视为词语的一种语义性质，并通过诉诸词语的语义性质来定义句子的真理。相反，塔尔斯基的证明从最初始的条件出发来制定他的约定 T。人们经常认为，约定 T 所要表明的只是，一个对象性语句如何能转换为一个元语言的语句（即具有所谓的"去引号"的功能），T-语句所代表的正是这样一个范例。戴维森并没有直接否定这一看法，他只是坚持认为，对真理谓词的去引号，并不能理解为塔尔斯基把真理概念或真理定义视为是无关紧要的或是可以省去的（即不能把塔尔斯基视为一个真理冗余论者）。对于戴维森而言，约定 T 的主要作用是使人们相信，基础的初始的东西（基本的语义性质）才是真理，而不是**所指**，因为这里的"所指"作为一种实体性的对象（或可能的世界、内涵实体或特性）是无法确定的。

此外，塔尔斯基的真理定义还有一个方面吸引了戴维森，这就是它的 T-语句具有下述功能：它能表明，一个说话者每表达一个语句，这种表达将是真的，当且仅当它满足了一定的条件。这样，T-语句就具有自然规律的形式和作用，它是全称量化的双向条件，并且本身能够以一种反事实的方式来应用，并能同时被其个例情况所证明。[1] 对于戴维森而言，有了这种形式，他就不会担心蒯因的翻译的不确定性的问题，因为正像他在早期文章中说的，只要确保量化结构的一致性或唯一性，不确定性的程度就会降到一种最低限度。[2]

显然，这里所谈的一切都表明，戴维森实际上从一开始就是要求

---

[1]　Cf. D. Davidson, *Truth and Predication*, p.54.

[2]　Cf. D. Davidson, *Inquires into Truth and Interpretation*, p.153.

一种真理理论必须解决自然语言的真理问题。因此，他始终认为，一种真理理论是必须接受经验条件的限制的，即它必须为此寻找一种经验的"证据"，以便能够展开所要求的解释。——戴维森一直努力把塔尔斯基的基于纯粹的元语言或形式语言分析的真理定义应用于对象语言中。这与卡尔纳普一直希望把他心目中的"科学语言"应用于具体的经验陈述中的做法十分相似。卡尔纳普把这种可以成功地应用于经验陈述中的语言称为 L 语言。在下述观点上，戴维森似乎也与卡尔纳普相似：他也同样认为，如果获得一种真理定义的最终结果是完全把自然语言还原为形式化的语言，那么是不可取的。当然，对于 L 语言的经验性的理解，戴维森更多的是从蒯因和维特根斯坦的言语行为理论的角度出发的。

　　3. 在蒯因的《经验主义的两个教条》一文发表以前，逻辑经验主义都是通过单独对句子进行真值条件的语义分析来证明认知判断的。这种真值语义学的句子分析把句子视为一种独立的语句，似乎所分析的句子是与整个语言的实践活动分离的，我们可以针对每个单个的句子分析其意义，而不必顾及这一事实：任何一个句子都是整个语言实践的一部分，即不存在与具体的语言实践完全分离的句子。蒯因的后经验主义检讨了真值语义的分析方法，它特别意识到了这一点：意义或真是与活着的语言分不开的，没有那种人类的思想意义或真理不在语言之内。蒯因为一般意义上的真值语义分析理论指出了逃出基于还原论之上的逻辑经验主义的真值语义学的困境的出路，因为他提出了一种意义整体论：它认为任何一个句子的意义都不是"单独地"显示出来的，它的意义或思想总是与语言中的其他句子的意义或思想有密切的关系。蒯因的整体论也是一种摆脱把单个的句子与整体的语言实践（与各种不同的其他的句子）分离的方法。如果从这样一种整体论出发，那么确定或描述一个句子的意义，我们就不必了解这个句子是和何形成或发展的整个初始的过程，我们只要直接针对它在当下的情境中是如何被理解的就行了。但蒯因仍然非常注意这一点：我们在任何时候强调意义与语言的不可分割的关系的同时，都不应遗忘人类对外在世界的感知本身仍然是一个独立的环节这一事实；我们处于语言的经验整体中但又与世界发生一种感知性的关系（因为语言经验整体有一个边界条件）；语言的**内在性**与感性刺激的**外在性**是同时存在的。对于蒯因而言，我们承认一种整体的意义理论，即承认思想在语言之内或语言与意义不可分，并不等于我们因此必须否定这一点：对句子的确证，特别是对那些观察句的确证多少会涉及某种感知性的确证。这也就是说，对感知确证的相对独立性，还是应该有条件地给以承认。当然，这种超越活着的语言或表达式本身的感知性的确证除了对某种试验程序的观察、测量和计算，还应包括为早期逻辑经验主义所忽略的验证、检验。由于注意到了语言与意义的关系的复杂性，即注意到了外在世界引起的个别的感知和记号的独立性与内在的整体的语言或表达式的既统一又相互对立的复杂关系，蒯因并没有把语言或逻辑的表达式所表达的思想当作就是思想本身，即没有把内在的语言当作世界的全部。

在达米特看来，尽管正是蒯因引导我们走出了逻辑经验主义的陈旧的实证概念所陷入的困境，但他的整体论也暴露了一些问题，比如他的整体论是循环论证的。按照蒯因的整体论，确定由我们感觉接收器而来的句子或表达式的确实性，有赖于对其他的句子或表达式的理解，而我们对其他句子的理解又有赖于其他的句子的理解，以至于我们最后只能追溯到**最基本的观察句**，这样就绕圈子了。这里的问题是由蒯因的整体论的内在矛盾引发的。对于蒯因而言，要确定由我们感觉接收器而来的判断或思想是否是"沿着边缘同经验紧密联系"的"人工编织物"，唯一的方法就是把它与整个的语言相比较。但这样的方法的确难以避免循环论证。对于达米特而言，能否摆脱类似的循环论证对走出意义的语义分析的困境是非常重要。

达米特认为，如果通过整体论的内在整一性的论证来获得对思想的真的确证是不可行的，那么，就必须重新考虑句子的意义的内在关联的问题。在达米特看来，一个根本的原因是，整体论的意义的整一性这个概念要求太高，这就是说，我们实际上是无法拥有这一证明概念的。

关键的是必须放弃蒯因的整体论仍保留的确证的概念。达米特认为，一旦我们不只是关注在对句子的解释中应如何**确定**（establish）句子为真的问题，而是关注这样一个问题：是什么**后果**（consequences）或特定的接受关系使解释者接受句子为真，那么也就不会再有"证明的循环"这类难题了。

句子的意义的这种解释方式的改变意味着，在达米特的意义证明理论中，在进行句子的意义的解释时，我们不必总是为了解释每一个句子而考察**所有**接受一个句子的终极的后果或终极的因果关系，而且在以确证的方法解释其意义时，我们也不必去考察在任何一个实例中能使句子为真的**所有的**步骤。"我们所要做的只是，对接受句子为真的那个直接的后果作出解释，并对其他句子的意义作出假定。"① 因此，在具体的方法上，两者的不同是：如果我们用确定句子的意义为真的方法来解释句子的意义，那么，其推论的方法必然还是**经验论**的，它依据对较为不复杂的句子的假设推论出较为复杂的句子的意义（比如，从初始的观察句的意义推论出复合的判断句的意义），与此相反，按后果接受句子的意义为真的推论方法则并不是经验论的，而是语用论的，因为它直接依据对更复杂的句子的意义来进行推论的，在这里，判定句子是否为真是根据它在具体的应用中的前后的逻辑因果关系来进行的。从逻辑上说，它是一种**间接的推论**，因为它并不遵循蒯因式的整体论所要求的、达到对终极的因果关系的认识的推论逻辑。

在达米特的从认知的情境条件（作出断言的前提条件）与语用后果的关系考虑作为接受句子的意义为真的方法中，后果这个概念与确定句子为真中的"确定"相比，它的优点是：在对句子是否为真的判定中，我们可以从既定存在的知识，即所谓处于更高层次的"复杂的句子"中获得"接受一个句子为真"的理由（虽然不是所有的证明都能采用此方式）。在很多情况下，我们无法依据简单的或最基本的观察句来

---

① M. Dummett, "Language and Truth", in *The Seas of Language*, p.139.

推论（一个句子是否为真），我们只能依据更高等级的复杂子的句子来推论，即根据那些已为我们的知识所把握的相关的句子来推论。我们必须充分考虑到了我们的语言实践的特点。

在达米特看来，在蒯因或其他人那里，人们还总是摆脱不了早期逻辑经验主义的实证的观念。该观念中有一个根深蒂固的看法是，**直接的**经验材料构成的证明是最好、最真切的。尽管蒯因早已放弃了经验主义的两个教条，并走向了一种带有语用主义分析特征的整体论。但由于他还采取了一种激进的自然主义的认识论的观点，致使早期逻辑经验主义的这一古老的实证的观念作为旧时代的理论残余，以新的面目混入了他的理论观念中。因此，他及其追随者仍然相信，在对表达式或句子的意义的确证都必须或最好是一种"直接的证明"（direct verification）：它从最简单的观察句的分析开始（甚至是从某种可观察的"量"的关系开始），向逐渐复杂的句子前进，一步一步地完成对句子的意义的确证。在蒯因的整体论的意义确证方式中，句子的意义是通过其在整体的语言表达中的关系来确定的，但要获得这种关系，我们还得从最简单的观察句开始。

在达米特看来，如果我们把关于逻辑常量的直觉主义的解释应用于意义理论，总是与直接的证明联系在一起的"真"与"假"将不再是主要的判断概念，因为我们所要做的不是去表明一个陈述是真的还是假的，而是去表明一个陈述的证据（proof）是什么或什么是属于它的证据。

> 逻辑常量的直觉主义的解释为意义理论提供了一个范本，在其中，真理与错误将不再是一个中心的概念。一个最根本的观点是，我们对一个数学陈述的把握，并不在于知道什么情形对于它是真的（独立于我们知道它是否如此的方法），而在于我们从任何一个数学结构中辨认出它是否建构了一个陈述的证据的能力；这种陈述的断言不应解释为，它是在宣称自己是真的，而应解释为它

认为，关于它的证据存在，或可以建构起来。……在这样的意义
理论中，一点也不需要每一个有意味的句子都可以被充分地确定。
当我们知道如何去认识呈现在我们面前的有关一个给定的陈述的
证据时，我们就理解了一个给定的陈述。①

达米特的意义理论并没有放弃真理的概念，但有关意义理论的真
理问题的提问方式整个地改变了，现在，他用了一个新的定义用来替代
真值语义学的定义：去了解一个句子的意义，就是去了解使它成真的条
件（the condition for its truth）。② 这样一来，我们就不能笼统地说，一
个句子的意义就在于它有一个真值（可以转换为一种元语言），而应该
正确的认为，只要一个句子或表达式显示了使它成真的条件，它就是真
的。我们必须注意形式语义学的"真值条件"和达米特的"使意义成真
的条件"的区别，③ 前者假定存在一个**先于意义**的"真"的概念（它是
从戴维森、早期维特根斯坦到塔尔斯基的式语义分析一直使用的概念）。

（二）走向后证明主义的真理概念

提出真值语义学的弗雷格和戴维森都有这种观点：真理是一个预先
存在的概念，我们可把它附加于句子上，即用它来证明句子是否表达了
真命题或真概念。因此，意义的理论似乎有两个部分：一个是什么是真
概念或真命题的真理论的部分，另一个是什么是语言表达式所表达的概
念或命题的意义理论的部分。如果是这样的话，一种意义理论就必须同

---

① M.Dummett, "Language and Truth", in *The Seas of Language*, p.70.

② Cf. M. Dummett, "What is a Theory of Meaning? (II)", in *The Seas of Language*,
pp.35, 40, 41.

③ 单独地看，戴维森的真值条件意义理论也可以说是建立在一种成真条件之上的，但
在他那里，在话语与行动之间，真值条件是独立于说话者或理解者自身的条件的：
戴维森是在一种单独的意义上使用塔尔斯基的 T-语句的（作为把对象语言转换为
元语言的工具）；在这一部分，他对于一个话语的理解是抽象的，或仅仅是从语义学
的语义值的角度来理解的。

时对这两个问题作出回答。首先，对概念和命题作出解释，其次，根据词语或句子所表达的内容来阐述这里的概念或命题。但按照从真理概念来解释意义的理论方法，只要完成这里的第一步的工作似乎就够了。对真理概念与意义理论的关系的这种理解是达米特所反对的，因为这里暗含着一个他认为极不合理的结果：如果语言表达式的意义是按照真理的概念来解释的，那么，真理就必须视为是某种语言表达式的一种属性，而不是命题这种非语言实体的一种属性。达米特所要颠覆的正是这种真理分析模式，他希望建构一种完全相反的分析模式，把一切都颠倒过来，不是把真理视为先于意义存在的、由逻辑常项表示的句子的一种属性，而是把真理视为是作出的断言所表示的命题内容的一种属性。

放弃真值语义学之后，断言性的命题内容所寻求的真理概念，必然不同于其他任何形式的真理概念。达米特从来没有放弃真理概念，他只是提出了一种传统的真理理论从来没有想到的真理概念。达米特之所以看重直觉主义逻辑，就是因为他认为直觉主义通过推理的方式来表明一个陈述的真包含在它的证据之中，从而整个地改变了意义的证明方式。在直觉主义的断言性陈述的证明中，去了解一个句子的含义就是去了解关于它的一个特殊的方面——使它成真的条件，这也就是说，一个句子的意义就是它的证明的方法（the method of its verification）。① 达米特所要做的就是拓展这样一种证明模式。

达米特的经过拓展的证明方法明确了推理演绎的两个与经典逻辑完全不同的条件：一个是从作出断言推理的资格上考虑的条件，它主要是明确作出一个断言推理的理由，另一个条件是从作出承诺的要求上考虑的，它要弄清楚的是，所做的断言的结论是否具有可接受的理由。达米特也把这两个条件视为是直觉主义逻辑的自然的推理演绎在断言性语言实践中的一种扩展。推理的逻辑上的结论，在意义的演绎推理中是作为断言内容的可接受的理由而存在的，如果我们能表明接受一项断言是

① Cf. M. Dummett, "What is a Theory of Meaning？（II）", in *The Seas of Language*, p.41.

正确的，也就表明了它是真的。因此，自然的推理演绎并不完全取决于句子的断言内容，它还取决于它的可接受性。从这个意义上说，语言的断言性推理的实践是离不开语用上的（pragmatic）规则的。从语用上看，有资格作出一个可以作为推理的前提的推理（有理由的），就必须有资格作出一个推论性的结论。当然我们也可以反过来说，有资格作出一个断言性的结论，也就是有资格提出一种断言推理的条件。没有就一个断言下结论的资格，也就没有提出一个断言的资格。（"……如果我们有资格声称一种前提，我们就应该有资格声称一种结论。"①）

　　1. 弗雷格的真值语义学的目的是创造一种人工语言，这种语言没有他认为的自然语言所具有的那种弱点或缺陷，因此他要创造一种进行演绎推理的可靠的工具。达米特承认弗雷格在这方面的贡献：比如他认为，弗雷格解决了几百年来一直困惑逻辑学家的问题，即对通则式的表达式进行一般性的分析的问题；他通过引入与自然语言的普遍性表达方法没有直接关系的量词的和变元的设置成功地做到了这一点；对自然语言的机制的任何精确的描述他都没有兴趣，而且对这种描述的可能性抱有怀疑。② 后来维特根斯坦和戴维森也发展了类似的真值语义学理论。针对这种形式语义学理论，达米特提出了下述疑问："一个句子的意义存在于它的真值条件中吗？一个词的意义在于它决定了其本身也是从中产生的任何句子的真值条件吗？对于由目前存在的最流行的解决方法对这些问题所提供的肯定的回答，根本就无需刻意点明，那些不会完全抛弃意义的概念的哲学家中，都对会对这种概念作出解释，它也一直是弗雷格、《逻辑哲学论》中的维特根斯坦和戴维森明确地希望作出解释的。我很难确定这种肯定的回答是否是错的，但我可以很肯定地说，这些肯定的回答将面临很大的困难，而且我们也无法表明它是正确的，除非我们表明它能够克服那些困难。"③

① M. Dummett, *Truth and the Past*，p.35.

② Cf. M.Dummett, *Origins of Analytical Philosophy*，p.179.

③ M.Dummett，"What is a Theory of Meaning?（II）", in *The Seas of Language*，p.42.

在达米特看来，真值条件论面临着两种挑战：首先，它必须表明，语言中的任何陈述的**使用的基本特征**是如何从使它成真的条件中获得的，即我们如何从这种条件来确定作出一个断言性陈述的理由，以及接受它会如何影响说话者和听者的行为。在做此解释时，就必须找出语言的使用与作出语言的陈述的真值条件的关联，即找出那种戴维森认为是已知的真理与意义的关联。如果做不到这一点，真值条件论者就不能认为，真值条件的理论包含意义的理论。它或许不需要找出所有陈述的使用方法，它可以找出一些特定的语言规范，那些给予作出各种不同类型的断言的资格的语言规范。

其次，若要证明意义的真值条件论的必要性，那么就必须表明，不求助于有关陈述的真值条件，我们就不能对它的使用作出描述。这就是说对一个目的旨在对理解和意义作出解释的人而言，他必须表明，任何对一种语言的表达的使用方式的掌握都要求隐含地掌握真理的概念，以及语言陈述的隐含的成真条件的概念。只有这样才能证明，从使用上看的意义理论必须是一种真值条件的理论。

基于真值语义学之上的意义理论是成问题的，是因为它把语言的命题和语句当作一种固定的语义形式来分析，它是建立在一种我们似乎已完全理解了语言的观点上的。我们的确拥有一种"现成的"语言，但这种对我们而言是可以完全掌握的语言并非只是一个僵死的符号交流形式，意义并非是固定的，它也绝不像一种在演绎的逻辑形式上可以自我推演的数学公理体系。按公理体系的演绎关系，我们可以从某一部分推论或证明另一个部分，或对一部分的证明可以求证于另一部分，因为它们之间存在可以彼此相互转换的真值，我们只要根据它们之间的可推论的演绎关系去"赎回"它们的真值，或"兑现"它们的真值。但是，在固定的语义分析模式中，对词的含义所进行的完全的语义分析并没有触及意义与表达的真（指称）之间真正的关系（它对二者的关系的描述至少是不完整的），这一关系远比纯粹语义分析所揭示的复杂。而且，由一种语义理论的分析而建立的意义理论只能把的自己局限在经典的二值性原理的范围之内。

真值语义学的拓展形式首先有塔尔斯基提出的类型，它完全从语句方面解释意义和命题，这种语义分析针对的是句子，即作为对象语言出现的句子，它往往被用加引号的方式给出。在这里，语义分析的目的就是要对作为对象语言的句子的意义是否为真或在何种条件下为真作出解释，以解决对象语言作为一种自然语言纠缠于说话者的主观意图、语境而可能带来的意义的歧义性。塔尔斯基的分析形式用于对象语言的语义分析，在方法它表现为是上行的，它由基本的本体事实的证明上升到元语言的结论，比如，如果雪是白的，那么，"雪是白的"是真的。它的下行的分析方法是删因式的或内在的，它由基本的语义事实的证明下降到本体事实的证明（如果"雪是白的"这一陈述是真的，那么，雪是白的）。

"去引号的模式"试图颠覆这里的真值语义学，它带来的直接后果是普遍接受真理概念最小化的意义理论（真理冗余论），认为意义是先于真理概念的（意义决定指称），因此，任何一个语义的等值性都可以是有意义的，即为真的，不管这里的语义是命题上的还是陈述上的。真理的概念只是语义命题的一种属性，只要命题具有含义，便可认为，它带有命题内容，从而就可以把真理概念视为命题的一种属性。最小化论者的结论来自于他们认为语言只是一种陈述、一种由其词语和句子的语义事实所表达的命题构成的陈述，语言与表达某种命题（思想）直接相关；因此，在这里，意义或所表达的思想决定指称（语义真值）；在句子表达的意义或思想命题之外，并没有独立的、可用以决定意义是否为真的真理条件。"天鹅在临死前歌唱"这句话是真的，只要这句话表达的命题（天鹅临死前歌唱）是真的。反过来说，只要天鹅在临死前歌唱这一命题是真的，那么，"天鹅在临死前歌唱"这句话就是真的。这里完全不需要一个附带的真理概念。

达米特用真值条件论者的观点反驳了这一理论。假设"天鹅在临死前歌唱"这句话是用阿拉伯语写的，那么，我们如何确定它的命题表达了一种真？或者说，我们如何知道它表达了一种思想？在用英语说这句话时，我们可以直接从语言的语义获得命题，并因此确定它们之间存在必然的关联，从而找到判定该语句为真的依据。但它在用另一种语言写出或说出时，这样的语义关联就不存在了，至少是不能直接看出来了。这里就不得不使用一种"真理"概念用以判定句子和命题是否为真，并帮助找到它们之间的契合关系。这也就是说，为了判定阿拉伯语表达的句子（"天鹅在临死前歌唱"）的命题，它就必须确定一个使它为真的条件。

这也就是说，即使我们同意，命题可以是句子成真的条件，我们还是需要一种至少是针对句子的语义值分析的真理论，由于我们只能把英语句子的意义（语义内容）视为给定的，而不能把阿拉伯语或其他语言的句子的意义视为给定的，我们必然就需要一种用以确定句子的语义值的真理概念，以便最终确定它表达了何种命题。最小化论者的意义决定指称的理论，只有对一个把自己民族的语言当作元语言看待的人而言才是行得通的，一旦我们同时把作为自己的母语（在这个例子中就是英语）的语言当作一种对象语言来看待时，这一理论就行不通了。语义转向恰好是建立在把英语当作元语言来看待的条件之上的。① 因此，基于它的意义理论把句子的意义视为给定的。但对于理解一个句子的命题而言，这样的意义处理方式就不恰当了。基于事实之上的语义内容的确可以证明其所表达的语义内容的真理性，但这种证明关系完全不能说明一种语义内容是否真正被理解了或是否能被理解。用达米特的话来说就是，仅仅知道"天鹅在临死前歌唱"这一陈述是真的是远远不够的，包括知道其反向的模式，② 我们还必须把握由这种陈述所表达的命题，即它们所表达的思想。因为在许多情况下，如果不能区分对象语言与元语言，语言表达式难以避免会有悖论。

---

① Cf. M. Dummett, *Truth and the Past*, p.20.

② 其反向模式是：如果天鹅在临死前歌唱这一命题是真的，那么，"天鹅在临死前歌唱"这句话就是真的。

如果说上述真理概念都没有实质的意义，哪种真理概念是我们所需要的？对于达米特而言，可以肯定的是，真理的概念只能来自断言性的语言实践的一般概念，真理概念与作出断言的语言实践有不可分割的关系。① 在达米特看来，断言语句的命题内容也就是弗雷格称之为由陈述句（declarative sentence）所表达的"思想"的东西。确切地说，在弗雷格那里，思想就是陈述句的含义，它被看作是独立于可能依附于陈述句的断言性的语力的那种含义，即与陈述句中的断言性的语力有所区别的陈述句的含义。按照达米特的理解，弗雷格是把一个命题的真理与命题的整个系统融贯在一起的。但古典的真理概念却不这么认为，因为它不是把真理的基本特性视为句子的一种特性，而是把它视为狭窄的语义命题的一种特性。②

达米特承认，这里始终存在一种双向考虑，因为从另一方面来看，我们又不能说，真仅仅是依附于思想概念之上的，因为思想的表达仍然是一种语言的表达，它的命题内容是通过具体的语言词项来实现的（不可能有不符合语言词项的语义值的命题语句）。这也就是说，我们不应在这个问题上作出选择，即选择把真依附于语言词项，还是把真依附于思想或命题。按照达米特的理解，这里不存在选择的可能性。"我们因此看起来有很好的理由把真看作是可以归属于句子的，也有很好的理由把真视为是可以归属于命题的。然而，在句子和命题之间选择谁带有真值是错误的：我们应该把句子看作是依附于符号性的（token）语句之上的，即依附于那种被视为是处于特别的解释之下的符号性的语句之上的。"③ 语言表达式的语义内容，即语义真值决定了语言表达式可以做何种解释，这也就是说，语句的含义（包括与语句相适应的每个词语的含义）是解释的基础。这样做可以避免表达的意义含糊和难以理解的语

---

① Cf. M. Dummett, "The Philosophical Basis of Intuitionistic Logic", in *Truth and Other Enigmas*, p.165.

② Cf. M. Dummett, "Language and Truth", in *The Seas of Language*, p.118.

③ M. Dummett, *Truth and the Past*, p.8.

句。在某些情况下，表达式可能没有真值，即缺少弗雷格意义上的指称或没有真正表达一种思想，但我们仍然可以认为它表达了某种命题，因此同样可以说它是对的还是错的。

但不管怎么说，一种表达式或语句不可能脱离其说出的语境和语力而有它的概念和命题的内容，任何一种语言表达式和语句只要被正确地使用，它都会带有概念和命题的内容。当我们去深究这些语言表达式和语句隐含的思想内容时（它是否表达了说话者的隐含的知识）时，这里的概念和命题内容却有另一种含义，它指的就不是表达式或语句所固有的语义意义上的概念和命题。因此，达米特认为，有一点是可肯定的，即对于一种有效的意义理论而言，所要做的就不只是探究、分析语言固有的概念和命题，即表达式或语句中的词语或句子本身所表达的概念和命题，而是要完成更进一步的工作：一种表达式或语句中的词语或句子是如何与说话者的理解、判断（它们由说话者的隐含的知识所决定）结合在一起，从而的确表达了一种可以称为是概念和命题的东西，因而也就是可以称着为一种思想的东西。用达米特的话说就是："……了解词语或句子意味着什么，有两个部分：我们必须去把握它所表达的概念和命题，我们还要了解那正是它所表达的概念和命题。"[1] 但达米特坚持这两种释义具有同样的重要性：他始终认为思想是必须通过语言来表达的，而语言也离不开思想的表达。如果这样理解的话，任何一种试图对词语或句子的意义作出完整解释的意义理论，都必须做此两个方面的分析。[2]

---

[1] M. Dummett, *Truth and the Past*, p.10.

[2] 达米特认为，与形式语义学分析中的句子不同，"说出的"句子的语义内容可以分为含义（说出的话的字面上的内容）、语力（特定说话者的断言性推理或维特根斯坦意义上的"语言游戏"中游戏者所走出的那一步）与指称（单项词及其小句子）三个部分。特别是对引起争议的"语力"这个范畴，达米特做了大量的辩解（这也是他的意义理论与戴维森的意义理论的一个巨大的不同）。尽管始终有争议，但他相信，任何语句都不能说它仅仅表达了相关的含义而没有依附于其上的语力。达米特进而要求建立针对三者的关系的系统的意义理论：这里的"系统的意义理论"，也

2. 达米特的"双向的"意义证明理论的一大特点是，它求助于直觉主义逻辑，并以此试图把维特根斯坦的"意义即使用"的语用实践模式运用于意义的真理证明模式之中。在达米特看来，经典逻辑并未摆脱柏拉图主义的幽灵，而柏拉图主义的逻辑又是与经典逻辑交织在一起的。[①] 经典逻辑带有实在论的幻象，在数学理论的柏拉图的解释中，中心概念就是真理（而且这里的真理不同于语义实在论，它是以外在的实在的存在独立于我们的知识的假定为依据的）：对一个句子的把握，就是去确定，什么是包含在句子中的使句子为真的知识。但如果实在是独立于心灵而存在的，那么，一般而言，语言的句子就并非一种其真值总是我们能够有效地得出的句子；而且，肯定会有许许多多的其真值条件是一种我们不管什么时候也无法获得或无法辨认的句子，因为实在外在于我们而存在，我们就无法保证能完全再现一种能对它作出辨认的情境（证明条件）。但尽管这样，柏拉图意义上的意义理论却坚信，个人把握这类句子取决于他在什么情况下能使一个句子为真的知识。但经典逻辑所承诺的知识（有关真值条件的知识）可能是一种并不存在的知识。由于柏拉图主义的影响，经典逻辑并没有考虑这种知识的显示性条件。因此，达米特批评了**没有对使用者的知识做任何限定**的经典逻辑，因为在他看来，经典逻辑的概念多少违背了**使用完全决定意义**的原理。如果真

就是他的达于真理的途径或手段。确定句子的意义（亦即句子的真理）要依赖系统的意义理论的阐述，比如从句子的含义、语力和指称的相互关系上去理解一个句子，而不是片面孤立地去理解。

① 根据直觉主义逻辑的哲学观点，正像数是一种心灵的实体，传统实在论认为独立于我们的思维的实在也是一种心灵的实体。除非我们与世界是一种直接指称的关系，实在才外在于心灵而存在，我们也才有可能相信真理的概念是预先存在的。从其哲学基础上看，直觉主义逻辑承认心灵的构造性，与承认隐含的知识的存在是一样的，但由于直觉主义逻辑反对实在论和经典逻辑，所以**它又不同于**承认隐含的知识的存在却又持实在论的经典逻辑立场的柏拉图主义的观点。柏拉图主义的认识论或意义理论不同于真值条件的意义理论，**它试图在逻辑的运用中探究语言的非逻辑的原始含义**，但由于实在论的二值原理以及没有任何显示性要求的局限性，它的探究只能是心理主义的，或最终不能真正摆脱心理主义。

值条件的知识并不是总能辨认出来，那么，"在具有什么知识的情况下，一个句子可以包含有真理就非常不明确。"①

达米特以数学为例，对此做了进一步的论述："数学陈述的意义是由它的使用决定的和给予充分说明的。这种陈述的意义不可能完全存于把握它的意义的个人的脑子里，它不可能是那种不能在其使用中显示的东西，或它不可能含有任何不能在其使用中显示的成分：如果两个人完全同意对一个陈述的使用，那么，他们就会对其意义达成一致。理由是，陈述的意义是完全存在于它作为不同的个人之间的交流工具的角色中的，就像下棋的权力完全存在于根据规则的游戏的角色中一样。一个人不能用在交往中不见可的方式来交往：如果一个人在脑子想到了一个数学符号或公式，而他所想到的并不存在于他对这个符号和公式的使用中，那么他就不能通过这些符号和公式传达其内容，因为他的听众将不会意识到他的想法，也不可能有方法使他能意识到他的想法。"②

意义是不同的陈述者"对意义达成的一致"或"陈述的意义存在于不同的个人之间的交流中"，这些定义是全新的，它是经典逻辑的意义证明中根本没有的要素。建构这些要素是达米特抛弃经典逻辑，转而支持直觉主义逻辑的结果。③ 只有理解这些要素，我们才能明白

---

① M. Dummett, "The Philosophical Basis of Intuitionistic Logic", in *Truth and Other Enigmas*, p.224.

② M. Dummett, "The Philosophical Basis of Intuitionistic Logic", in *Truth and Other Enigmas*, p.216. 达米特说："有两种理由是反驳古典的推理支持直觉主义的推理的。一种理由是，数学陈述的意义是由它的使用决定的和给予充分说明的。……另一种反驳古典推理以支持直觉推理的方式是通过**数学学习的理念**。"（黑体为引者所加）(M. Dummett, "The Philosophical Basis of Intuitionistic Logic", in *Truth and Other Enigmas*, pp.216-217)

③ 达米特认为，现代直觉主义是基于关于语言作为社会交往工具的非常有价值的观点之上的，它不同于传统的直觉主义的说明，"后者的一个众所周知的做法是，给予语言或传达思想的符号以极小的重要性，因此常常陷入唯我论的危险之中。"(M.Dummett, "The Philosophical Basis of Intuitionistic Logic", in *Truth and Other Enigmas*, p.226) 一般而言，达米特并不完全赞同布劳维尔的直觉主义逻辑，因为

达米特赋予他的意义理论中的"证明"（verification）这一概念的特殊的含义。

对于达米特而言，若要改变经典逻辑，就必须提出下述显示性的要求："至少基于使用完全决定意义的理论，以及或许无论根据哪种理论，把隐含的知识归于某人，只有当他在适当的情况下，能够充分把那种知识显示出来，才是有意义的。"[①] 达米特的看法是，当句子是一种可以通过对确定的程序的把握而被认识的句子，这里就不会有问题，但如果句子不是这种能通过某种程序有效地加以确定的句子，像在数学理论中的大量语句中，情况就完全不同了。因为假定句子是无法有效地加以确定的，对于必须获得的表明其为真的条件，就不是那种无论是否获得（或我们使自己能这么做），我们都能够辨认的条件。因此，任何展示在所有情况下辨认出句子为真的真值条件是可以获得的能力的行为，其有关句子为真的真值条件的知识都是缺少充分的显示的。事实上，情况往往是，我们归于那种被认为是已理解了句子的人的知识，是一种超出了使用句子的方法来显示这种知识的能力之上的知识。

随着维特根斯坦对其前期的语言图像论的放弃等语言哲学的革命，直觉主义的推理已受到了很大的重视。在支持直觉主义推理的理由中，认为数学陈述的意义是由它的使用决定的和给予充分说明的，无疑是其中一个非常著名的、也是十分重要的理由。——这一理由实际上也被达

他认为，它带有唯我论的色彩，他更看重后来由海亭等人创建的更加形式化的直觉主义逻辑。当然，达米特把直觉主义逻辑转化为一种新型的意义证明的方法，即转化为一种能摆脱唯我论的纠缠的后证明主义的意义证明理论，也是与他对后期维特根斯坦的哲学的积极的理解相关的：他区分了忽视语言的非逻辑的原始意义和理解在语言实践中的作用的维特根斯坦与强调语言的建构世界的本体性地位，因而提出带有反实在论意味的"意义即使用"的口号的维特根斯坦。这个"积极的维特根斯坦"也是达米特针对实在论和唯我论而提出的隐含的知识的显示性要求的理论的一个重要的根据。

① M. Dummett, "The Philosophical Basis of Intuitionistic Logic", in *Truth and Other Enigmas*, p.224.

米特当作其反对古典推理和实在论的主要依据。他所提出的隐含的知识的隐示性要求，就包含了"使用"这一概念，因为，隐含的知识或意义的"显示"可以视为就是"能使用或运用"。相比之下，古典的推理形式把自己当作是独立于具体科学认识活动之外的推理形式，因此它没有显示的规定性，即没有对其所被运用的推理能否在使用中为他人理解作出规定。相反，正像我们已提到的，它经常处于这样的状况中：它作为一种推理被使用后（满足了它的推理形式的一切推理原则的要求），其有关事物的基本推论在许多情况下不能为他人理解，或其推论所给出的真值条件是否是真的也无法确定。古典推论形式由于脱离具体的科学活动的推理，它总是一种存在于个人的脑子里的推理形式：由于与具体科学活动推理的分离和对立，古典推理似乎可以从来不进入具体的科学的使用中而被"使用"。但如果一种推理形式的使用不能使他人理解，或达成关于它的观点和意见的一致，它就不能算作是具有可能的真理性的推理，它就还只是心理的东西，即还只是个人的东西。用达米特的术语来说就是，在这种情况下，它就没有满足显示性的要求。

对于达米特而言，如果我们把关于逻辑常项的直觉主义的解释应用于意义理论，总是与直接的证明联系在一起的"真"与"假"将不再是主要的判断概念，因为我们所要做的不是去表明一个陈述是真的还是假的，而是去表明一个陈述在使用中的可行性。因此，在一般的陈述或断言中，我们可以用更为一般的证明的概念替代作为意义理论的中心概念的真理的概念。因此，尽管达米特的意义理论并没有放弃真理的概念，但有关意义理论的真理问题的提问方式整个地改变了，现在，他用了一个新的证明的定义来替代基于经典逻辑之上的真值语义学的证明定义：去了解一个句子的意义，就是去了解句子在具体的使用中成真的条件（the condition for its truth）。① 形式语义学的真值条件和达米特的成

————————

① Cf. M. Dummett, "What is a Theory of Meaning? (II)", in *The Seas of Language*, pp.35, 40, 41.

真条件的区别是，前者假定存在一个先于意义的"真"的概念，它作为
一种真值条件，任何一个语句都必须与之相符合，而后者并不是一个先
于意义的真值条件，它实际上也不是一个真值条件，它也不独立于意义
而存在，它可以说只是用来说明在何种使用的情况下，或在何种知识的
引导下，一个句子能为我们所接受和使用。这种对句子的理解，对于达
米特而言，也就是对句子的意义的一种确证或证明。

直觉主义逻辑对成真条件的考虑是基于人类心灵在组织经验材料
方面具有创造性的或建构性的特性之上的，它认为存在着自然的推理演
绎系统。这也就是说，直觉主义逻辑是**根据能构造对象的心灵**或具有
隐含的知识的心灵主体去发展逻辑的推理形式。对于直觉主义逻辑而
言，一个能构造对象的心灵必然是一个拥有建构对象的能力的心灵。因
此，与经典逻辑不同，在直觉主义逻辑中，证明这个概念被赋予了特殊
的意义。在经典逻辑中，语义同一性或排中律可以当作一种证明的条
件，但直觉主义逻辑完全排斥类似的证明形式，对它而言，依赖这种证
明的推理是不清晰的。在经典逻辑中，公式 A 断言 A 是真（因为 A ＝
A，它们等值或可实现语义转换），但对于直觉主义逻辑而言，这个公
式没有任何意义，因为它相信，任何证明只有在下述情况下才有可能
有意义，即我们知道，A 和 A 具体指什么。经典逻辑所接受的排中律，
在直觉主义逻辑中也是根本不能接受的，**这主要是因为在这种公式的语
言中，有可能从 P∨¬P 中得出真的结论，而不必知道这个析取中哪个
是真的**（用达米特的话说，这里缺乏隐含的知识，因此它根本不可能
显示任何命题内容）。**这也就是说，在经典逻辑中有可能存在 ¬P 是错
的，但它仍为真的情况。**从效果上考虑，直觉主义逻辑放弃了这种基于
二值原理之上的"真"或"假"的判定性的证明，**而改用下述证明：证
明在 P∨¬P 中，至少 P 或 ¬P 中的一个可以被证明。**这样的证明的好
处是，它可以避免 ¬P 是错的，却仍有可能为真的情况，或避免我们可
以从 P∨¬P 得出真的结论，却并不知道在这个析取中，到底哪一个是
真的窘境。达米特曾用一个出自于克里普克的例子来说明这种荒谬的情

形："马被认为是'马'"。只要任何人知道"被认为是"在英语中的作用，就会知道这个句子表达了真理，而不管他是否知道马是什么：他所要知道的仅仅是"马"是一个有意味的英语单词。这也就是说，某人也许知道句子"马被称为'马'"这一句子的意思是真的，而不必知道句子所表达的命题。①

经典逻辑的意义理论的真值演算也表现出了这方面的缺陷。比如，戴维森认为，句子"雪是白的"是真的，是由句子"'雪是白的'是真的，当且仅当雪是白的"这一 T-语句所表达的（根据塔尔斯基，后一个句子在英语的真理论中是一个 T-语句）。但这样，在这里就出现了一个十分尖锐的问题：这种真值条件的说明的论证力量到底是什么。假若解释者错误地把"雪"的意思实际上当作"盐"的意思，那么，戴维森也许会说，他相信"'雪是白的'是真的当且仅当盐是白的是真的"。但相信句子"'雪是白的'是真的当且仅当雪是白的"实际上表达的是"'雪是白的'是真的，当且仅当盐是白的"会如何呢？如果真的存在这样一种想法，那么它只能产生于认为"雪"的意思实际上是"盐"的意思的思维（这也就是说，在戴维森这里，即使"雪"被替换为"盐"，他的这一命题仍会是真的）。② 因此，基于经典逻辑之上的 T-语句的等值的原理不可能扮演一个解释句子的意义（我们通过使用语言所获得的

---

① Cf. M. Dummett, "What is a Theory of Meaning? (I)", in *The Seas of Language*, p.9.

② Cf. M.Dummett, "Reply to Tennant", in Barry M. Taylor editor, *Michael Dummett：Contribution to Philosophy*, p.241. 达米特在《什么是意义理论》(II) 一文中指出，由于受经典逻辑的纯粹形式性的影响以及戴维森本人为意义理论制订的方案的有限性，戴维森的理论并没有给出语言的**非逻辑的原始意义**，它的理论只限于给出语言的逻辑常项的意义……为了理解语言的非逻辑的原始意义，我们就必须从**真理理论的外部**来分析。可以这么说，正因为它的公理对原始意义的制约使用的是诸如"'伦敦'指称伦敦"这种十分肤浅的形式，所以我们必须转向含义的理论；只有含义的理论能表明，说话者或接受者要了解一个公理表达的命题，他所要知道的是什么。如果我们只是理解逻辑常项的意义，我们除了去了解真值理论是如何制约或规定它们的就够了。(Cf. M.Dummett, "What is a Theory of Meaning? (II)", in *The Seas of Language*, p.67)

知识）是否为真的角色。①

但我们如果像直觉主义那样，不再把逻辑当作一种可以独立于具体的认知活动的推理的普遍形式，即不把逻辑当作是**先于**具体的数学活动的推理形式（而是把它的当作既是内在于心灵的，但又是为外部的使用条件限制的推理形式），那么，这里的意义的不确定性（非缺少非逻辑的原始意义）的状况就可以避免。对于达米特而言，这正是布劳维尔和海亭所发起的直觉主义逻辑的意义。从一般的哲学认识论上看，直觉主义逻辑的意义就更明显了。比如，它对作为一种普遍的推论形式的逻辑的**先验地位**的剥夺具有一种哲学认识论上的革命意义；它的革命性可以与康德用先天综合判断代替先天分析判断的革命或弗雷格区分含义与指称的革命相比较。在经典逻辑中，由于认为存在一种独立于具体的认识活动的普遍的逻辑推理形式，因此，真理的概念往往被视为也同样是先于认识活动而存在的。这也就是说，经典逻辑实际上承认了逻辑推理形式的先天性。这样一来，对经典逻辑而言，如果逻辑是一种先天的分析形式，那么，真理这一概念必然是预先给定的；当然这也意味着非真理的谬误的概念也是预先给定的。从某种意义上说，这仅仅是经典逻辑所相信的一种可能性。但逻辑是一种先天的推理形式，真理的概念事先就存在，这完全是一种理想。如果一切都真的像经典逻辑设想的那样，那么，纯粹分析性的推理活动就能直接等同于真理性的认识活动，弗雷格对含义与指称的区别，或康德对先天分析判断的有限性的揭示就变得毫无意义了；这也就是说，人类的认知活动就变得非常简单明了（因为不存在难以捉摸的含义的概念，也不存在复杂的先天的综合判断的问题）。如果真理的概念可以是预先给定的，那么，意义理论必然就是一种意义的归属的理论，即一种我们可以把意义直接归属于句子的意义理论；这样的意义理论也必然是一种无需任何理解和知识的证明条件、完全依赖真值语义学分析的意义理论。经典逻

---

① Cf. M.Dummett, "What is a Theory of Meaning? (II)", in *The Seas of Language*, p.43.

辑无法对知道一个句子为真和知道它所表达的命题为真的判断作出区别，基于经典逻辑之上的认识论（实在论）也就不可能对知识和知识的可证明条件作出区分。

3. 直觉主义逻辑的意义理论把推理式的证据的建构视为句子的意义的核心，因为它相信我们句子的意义是基于可能的语义世界之上的，句子的意义表明了其语义真值在某种可能的世界为真。按此方式，达米特提出了一种整体性的看待语义学的方式，即一种从表达了某种基本的语义性质的整体去看句子的语义内容的方式。整体的语义分析方式与原子论把语义内容、语义值和句子的真值分开，然而再探讨它们的组合的意义的方法相反，因为它求助的是意义的模态的分析方式。以这种方式，我们可以假设或推论语义的基本性质在一个可能的世界为真的情况，通过假设或推论，找到意义与可能的世界的关联域。在这里，句子的含义作为一种语义值仍发挥作用，即它们仍然可以被视为是由其对句子的真值的贡献的结果，但真值是理解为可能世界中的一种语义的契合关系（作为某特定的集合的部分）来理解的。

达米特认为，这样的理解也可以在我们的语言实践中找到支持。为了支持他的看法，他提到了维特根斯坦对语言的三种用法的区分。维特根斯坦区分的第一种用法是作为一种话语而被接受的语言使用。它的意思是，如果一种话语带有断言的特征，这种用法可以用来表明或确立其为真，它是作为作出一种断言性的陈述的基础的东西：它包括什么被认为是说话者有资格作出断言的东西，什么要求他收回他的断言，以及在什么情况下可以清楚地表明说话者的断言是正确的。维特根斯坦区分的第二种语言使用的特征包括，说话者在说话时他作出了何种承诺，什么可以被看作是对另一个话语的适当的回答；它包括当断言被接受时，构成人们对断言的反应是什么，以及做如此的断言，从陈述中得出的推理是什么。维特根斯坦区分的第三种语言使用的特征是：词语在语言中总具有某种形式，如果不按照它的形式使用它，我们就无法运用它。达米特认为，在维特根斯坦区分的语言的三种用法中，有两种很好地揭示了语言本身固有的模态的意义。① 维特根斯坦提到的三种语言使用的特征都没有涉及真理这样的概念。前两种使用特征当被用于陈述时，可以被认为与真理概念有关。在达米特看来，直觉主义逻辑在对数学陈述的意义的解释中已经按照这种方式这样做了，这也是他认为目前解释断言性陈述的意义唯一采用此种方式的理论。它放弃了那种独立我们的知识、完全按照使一项陈述为真来解释或证明它的意义的真值条件论的方法，取而代之的是从陈述依赖的推理的证据来进行解释的方法。这里的证据是为了证明一项数学陈述的断言所需要的那种"证据"（proof）。正像我们看到的，它的具体做法是，通过为断言性陈述提供进一步的推理的证据来表明作出此断言性陈述的资格。一项数学陈述是可以接受的，就是因为它表明，它可以使我们用它作为证明另一项陈述为真的证据。如果我们知道所有其他的数学陈述的意义，我们也就应该知道，从任何给定的陈述中得出结论需要知道些什么。②

但达米特并没有停留在直觉主义逻辑的推理方式上，他还看到了隐藏在这一推理形式背后的更深层次的语用的问题。实际上，直觉主义逻辑的推理形式已经暗示，作出一项推理性的陈述不仅必须表明推理必须具有其可使用的证据，还必须表明它的可接受性，因为使用与可接受性是联系在一起，一个以另一个为前提；有资格作出一项陈述，也就有资格作出相关的结论。从语言实践上看，一项断言的理由必然与推理的可接受性相关，因此必须弄清楚所提出的断言的要求可以被接受还是应被拒绝。断言性的言语实践的目的包括对自身的推论的判定：所做的断言是正确的还是错误的，是否可接受？而接受一项断言是正确的，也就可以认为它是真的。

达米特进而认为，如果说直觉主义逻辑给出了陈述的理由，那么，它也必然要从可接受性上提供相应的可接受的理由。换言之，直觉主义逻辑必须表明，我们从一个陈述中得出的推论的理由，是与接受此断言

---

① Cf. M. Dummett, *Truth and the Past*, pp.23-24.

② Cf. M. Dummett, *Truth and the Past*, p.25.

陈述的理由一致的（这正是真理论或真理概念发挥作用的地方），并且我们不管基于何种理由接受它，都可以表明我们从它当中得出的推论是正当的。在达米特看来，这种双向的要求是不可缺的，因为"我们从一个陈述中只能得出与断言它和接受它的理由相匹配的推论，而我们又是根据证明我们得出这一结论的任何理由接受这一结论的。"[1] 在语言实践中，说话者应用了断言推理的形式，并不能表明其话语中的断言或命题内容的真，确立一种话语为真的东西是说话者作出断言所提供的理由，无论是作出一个断言的理由还是接受一个断言的理由。

这里的问题涉及与经典逻辑完全不同的自然逻辑推理应如何形成的问题。达米特也注意到，此前根岑已经提供了一个很好的范例，它在具体的方法上表明了，一项陈述的意义的两个方面是如何通过给出理由和接受理由而获得的。我们可以把根岑的引导规则看作是对逻辑常项作出定义，即对意义作出确定，而把他的取消规则视为是寻找关于这一定义的结论（使之成为可接受的理由）。[2] 但达米特也指出了这一点：从严格的引导规则和消去规则的含义上讲，消去规则并不是引导规则的结论，即不能简单地把引导规则视为一个独立的部分。根岑的观点多少暗示了，引导规则是独立的，用达米特的话说是"自明的"（self-justifying）。[3] 但"说消去规则是引导规则的结论是混乱的；最好把它们的关系说成是通过对它们的相互参照而得到辩护的关系。"[4] 认为引导规则具有自明性，是因为此种观点认为固定下来的逻辑常项的意义在证明的意义理论中是原有的：引导规则可以直接通过一个与逻辑常项相关的算

---

① M. Dummett，*Truth and the Past*，p.25.

② 根岑（Gerhard Gentzen）提出了第一个有别于一般公理的公理系统的自然演绎系统 N，该系统共有 12 条用图式表达的关于逻辑联结词和量词引导和消去的推理规则。其中"引导规则"和"消去规则"具有十分重要的"自然的"推理的意义，前者对引入推理所必需的联结词的充分条件做了说明，后者则对使用联结词所必然要求的后果做了说明。

③ Cf. M. Dummett，*The Logical Basis of Metaphysics*，p.251.

④ M. Dummett，*The Logical Basis of Metaphysics*，p.252.

子来确定一个句子的真。但在达米特看来，有时确定一个句子的意义是采取间接的方式来确定的，况且规范的证明还必须表明，作出句子的断言总是具有作出此断言的资格。

如果这一点是不可缺少的，即我们必须通过对它们（引导规则和削去规则）的推理而得到二者的一种辩护关系，那么，我们就必须承认，存在着话语者的承诺与听者的反应之间的不同，简单地说，就是话语说出的条件和从话语中得出的结论的不同，即"话语说出的条件和话语的后果之间的区别。"① 像在数学中一样，我们视之为陈述的话语，即通过它某种断言能生效的话语，并不等同于从它的陈述中所得出的推论。可以作出断言的根据和可以从该断言中推论出的结论，始终是陈述的两个方面。就逻辑上复杂的陈述而言，引导规则制约着陈述中出现的逻辑常项，它是一种对陈述的直接的确定，它一步一步地按照它的逻辑结构来加以确证，但从陈述中推论出结论又是另一回事，它是一种复杂的推演，它要考虑一个陈述句与整体的语言的关系。

寻求断言的理由和断言的可接受的理由使达米特走向了命题主义的分子论。达米特认为，按照自身的构成方式给出的命题内容，都是独立于没有涉及这些构成的语言的其他句子的，这样的命题内容必然存在各个方面如何达于和谐的问题。只要没有显露出所需要的和谐，与之相关的语言实践就有可能受到批评。但什么样的或何种和谐是所需要的，取决于对语言而言是可接受的意义理论。但这一点是肯定的，即任何语言的表达式或句子形式，除了从属于语言，还应产生一种稳妥的扩张。这意味着，从一项陈述的断言中所推理地获得的结论可能会超过已有的断言所提供的理由。但扩张的概念是否正确或是否是规范的，则取决于我们所求助的**类似**真理概念的概念，即那些可以作出的论断或能够在原则上确立的论断或其他类似的论断的概念。

---

① M.Dummett, "The Philosophical Basis of Intuitionistic Logic", in *Truth and Other Enigmas*, p.221.

达米特把语言表达分为适当地运用情境与适当的后果两个方面，整个地改变了意义理论的意义证明的方式。这样一种改变既具有语用学的意义，亦具有认知的意义，或者说，同时具有二者的意义。达米特给出的不是一种经验语用学的模式，他给出是一种带有意义的普遍可接受性要求的认知的语用学模式。对达米特而言，证明或给出理由的辩护（justification）与真理还是完全不同的两个概念，因为证明所给出的辩护可能只是在非常有限的条件下做的，它也很有可能不为他人所同意。提出理由的辩护，不管是直觉主义逻辑的，还是实用主义的，都不能改变这一点：提出理由的辩护性证明必须能转化为某种真理的形式。这就是说，说话者或语言的使用者必须知道，他在什么时候有资格用给定的内容作出断言，有什么理由可以证明他可以做此断言，以及这个断言能按照你的理解而被接受，从而显示所提出的断言的意义与被接受的意义是一致的。语言表达式的意义是这两个因素决定的，我们判定语言表达式的意义也只有依据这两个因素（当实在论的真值条件的判定被排除在外之后）。一种令人满意的意义理论必须去探究这个问题，包括语言表达式的小句子是如何在这个方面发挥作用的。但这种和谐一致（句子表达某种断言的情境与其断言的推理被接受之间）是如何可能的？是否我们的语言实践本身就包含了这种和谐？在达米特看来，这里并没有任何保证，即不能想当然地认为，任何实际的语言的说话者接受的语言实践都会符合和谐一致的要求（断言它和接受它的理由相匹配）。一旦做不到这一点，那么这种语言实践就需要改变了。[1] 在这种情况下，最终还是需要一个真理理论才能表明它们之间的和谐一致。或者说，我们需要一种独立于语言实践中实际的语言接受过程的证明理论。[2]

---

[1] Cf. M. Dummett, *Truth and the Past*, p.26.

[2] 对于达米特而言，要建立这样一种完备的理论是一件困难的事，因为它毕竟是处于逻辑的证明之外的东西。因此，看起来，达米特对可接受性的理解仍然太过依赖于语境。(Cf. R, Brandom, "Reply to Michael Dimmitt's 'Should Semantics be Deflated'?", in *Reading Brandom*, p.346)

尽管在很多方面与维特根斯坦的语用理论保持着紧密的联系，但达米特并不接受一般的实用主义的观点（包括维特根斯坦语用理论中的某些消极的观点），因为他并不认为证明不需要普遍的有效性，在他看来，如果像实用主义者（比如，达米特所提到的罗蒂）那样把证明与普遍的有效性要求分开，就不可避免地会走向相对主义，不管对证明做了何种辩护。① 我们不能认为在实践中不会有问题的观念，对哲学而言也就不会有问题，即有关它的真理性的问题就不存在。相信一个命题 p 就是相信关于它的证明或所提供的理由，这样的证明模式太简单，因为它从根本上取消了真理与证明的区别，即把它们视为同一件事。仅仅提供理由而缺少普遍的有效性要求的辩护模式是实用主义变向之后，一般真理最小化理论的一种证明模式。该模式片面地认为，如果不可能有没有证明而直接求助于真理的情形，那么真理便是一个多余的概念，而这意味着，为一个命题提供证明才是关键，没有必要参照一个普遍为真的（具有普遍的有效性要求的）真理概念。

---

① Cf. M. Dummett, *Truth and the Past*, p.103.

第 二 章
布兰顿的理性主义的实用主义方案

一、概 述

从柏拉图对知识的真理性辩护到今天的分析哲学对真理一词的理解，真理理论经过了不同的发展阶段。古典的柏拉图式的基础主义的真理论证模式，一直是传统的真理论证模式中占有重要地位的一种形式。笛卡尔以后，经验主义则建构了一种有很大影响的因果—功能的论证模式。尽管此后康德把带有隐含的规范概念的判断视为认知的最小单位，从而在其经验理论中否定了表征式的因果解释，但进入 20 世纪之后，逻辑经验主义又发展了一种现代意义上更精致的因果—功能的论证模式。在此后发展起来的分析哲学中，我们则看到一种带有鲜明的经验主义和自然主义特征的语义学逻辑主义：它在分析真理或真信念时，要么依赖可经验实证的形式语义学，要么依赖建立在自然科学的新的逻辑词汇之上的语义理论。也正因为如此，分析哲学的"分析的观念"非常单一，分析哲学的地盘也因此显得十分狭小。

但后期维特根斯坦和蒯因的实用主义的语言哲学改变了这种状况。在这一实用主义的语言哲学中，对语言与世界和语言与逻辑的关系的认识发生了根本性的改变：因果—功能的分析模式被彻底地放弃了。在"不要关注意义，关注使用"的口号下，后期维特根斯坦揭示了分析哲学有关单项词必有所指、一项陈述必有其相应的事实的本体论的虚幻。这种实用主义不再相信世界是由时空中的个别"对象"构成的，即否认通过个别的"对象"我们才能说某些事件。蒯因的实用主义明确地指出，句子并不是对"事实"的陈述，因为没有这样一种事实存在；句子是表达我们认为正确的事情。同样地，词语也不是指称对象，词语是与句子结合用来表达一种观念的。此时的实用主义对真信念或真理的理解是：要证明什么是真理就是去弄清楚人们如何承认他人拥有知识，或对他人拥有知识作出规范的评价。

布兰顿的哲学引人注目的地方是，他追随塞拉斯，在拒绝了分析哲学的因果—功能的分析模式之后，并没有直接倒向实用主义（他只承认理性主义的或分析的实用主义）。布兰顿否定了实用主义奠定在隐含的规范概念之上的描述的语用学，同时也否定了蒯因的自然主义。在他看来，一种真理理论不可能完全由语用学的方式给出。因为并非所有的"……是真的"都具有断言的或判断的力量，基于隐含的经验概念之上的语用学方法最多只能对真理表达法的使用的部分作出解释。而对意义的自然主义还原也不可能给我们一个完整的语言使用的标准。

这也就是说，尽管布兰顿与后期维特根斯坦和蒯因一样，把反表象主义和消解意义逻格斯中心主义视为语言哲学的根本任务，但他既没有采取处理表征内容的自然主义的方法，也没有使用描述意义的使用特征的经验的语用学的方法。布兰顿认为，我们需要的是一种系统的规范语用学，并在这种基础上对包括表征在内的一般的语义内容进行推理主义的还原。因此，在拒绝了分析哲学的因果—功能的分析模式之后，他试图进一步发展为康德和黑格尔所使用的那种规范—功能的真理分析模式。

布兰顿的代表性著作《清楚地表达》正是基于这种考虑而写的。通过阐明和揭示语言与思想、语言与心灵的关系和逻辑的表达主义的本性，布兰顿对规范—功能的分析模式的发展作出了以下两个方面的贡献：

第一，布兰顿既没有追随一些实用主义者把表征直接还原为特定语境中的"经验"，从而把表征内容与概念内容对立起来，也没有像蒯因那样用自然主义的方式来处理表征内容。在区分了纯粹刺激性的反映与作为一种断言形式的感知两种表征之后，他用实质推理（material inference）、替换（substitution）和回指（anaphora）这些带有规范语用学特征的推理主义语义学原理来处理表征内容。布兰顿因此为规范—功能的分析模式解决了自康德以来就没有真正解决的表征的难题。

第二，布兰顿发展了一种道义的记分模式，既避免了经验语用学的描述性分析，又没有遁入真理的**非推论的**舆论一致性理之中（比如，戴维森意义上的意义融贯论，即布兰顿称之为 I-we 的意义共享模式）。在处理蒯因提出的推理性断言的可交流性这个十分棘手的问题时，他在否定了求助于外延的意义的相似性的因果—功能的方法之后，建构了一种规范的指称交流的方式：它把一些由附带承认所带来的理解的差异，置于指称的规范的记分方式中来处理。正是以这种方式，布兰顿把他的指称交流模式与简单的观念共享的交流模式区分了开来。并因此建立了一种判定推理性断言的客观性的方法。

布兰顿认为，他处理表征和意义的客观性的方式是黑格尔的。布兰顿一直希望像黑格尔那样，在继承康德区分自然与文化的理性主义传统的同时彻底走出概念—直观的二元论，用后来塞拉斯的术语来说，就是放弃"被给予的神话"（康德基于"物自体"之上的表征的约束概念），并通过把理性的推理的规范状态理解为一种社会状态，把一切"主体的世界—客体的世界"或"概念—直观"的二元性的先验规范问题带回现实的世界，从而把所有的先验的建构都当作社会的制度性的观点来理解。布兰顿也一直认为，黑格尔哲学是一种理性主义的实用主义，即黑格尔是在坚持一种推理主义的前提下发展去先验化的哲学的。

推理主义的承诺使黑格尔在杜绝各种形式的表象主义、批判认识论的基础主义的教条的基础上，建构了一种推理主义的语义整体论。布兰顿希望借助于黑格尔的语义整体论，从实用主义的原则出发重建分析哲学，即在理性主义原则下保留分析哲学的系统的理论分析和建构的特点，发展一种推理主义语义学。

在采用了黑格尔式的规范推理的概念之后，布兰顿抵制了过于保守的实用主义，布兰顿把基于说话者隐含的知识之上的表达视为推理的原始起点，在具体的推理中，推理表达是通过对一个表达式或概念的适当的应用情境，以及应用的适当的后果的论证来进行的，它的完整形式也就是一种完整的**实质**推理。——也正是通过实质推理，布兰顿试图提出一种有关逻辑（以及它与合理性的实践建构的关系）作用的**表达主义的**观点。按照他的说法，这种观点希望修改从苏格拉底开始就一直是哲学中的主要部分的逻辑研究。布兰顿始终认为，在推理主义的方法中，推理的内容的适当性是比形式逻辑中的推理的形式的适当性更重要的，或在整个解释的过程中，必须给予优先考虑的方面。相比之下，在形式逻辑的推理中，逻辑词汇只要能够使推理的关系清晰地表达出来就行了。实质推理不同于形式推理的地方是，它的推理虽然与客观世界相关，但并没有任何推理之外的非推理的内容（因为它总是从实质的命题内容开始）。这也就是说，即使实质推理与观察相关，其前提和结论也是实质的而不是形式的。因此，在实质推理中不存在把概念作为形式，把概念内容作为来自表征的世界的质料的区分（这种区分只存在于形式推理中）。

但推理主义必须面对经验主义的挑战（分析哲学的经验主义以及后弗雷格语言哲学都坚持某种表象主义）。布兰顿的推理主义必须表明它如何能处理表征的难题，如果他不希望把推理主义与理智主义等同起来的话，他就不能忽视表征。因此，他在否定了求助外延的意义相似性的因果分析方式之后，他建构了一种规范的指称推理模式。首先，布兰顿通过把推理观察中的推理明确地定义为塞拉斯意义上的实质推理（从实质的命题内容开始的推理），排除任何非推理的概念内容。在这里，表征内容亦是作为可以推理的概念内容（作为一种推理的前提）来使用的。其次，在处理单项词和小句子时，通过在间接推理中的替换，把它们的**个别性**融入推理之中（使它们的个别性不再作为直观的单个的对象与概念对立）。最后，通过由不能重复的记号开始的回指（anaphora）把所有因果条件下的直指式的表征纳入推理中，从而把属于观察的表征内容还原为概念性的推理。

另一个推理主义的敌人是实用主义之后的"感知—经验—行动"的实践模式。可靠主义充分利用了这一实践模式否定了知识的认知推理形式。布兰顿的应对方法是：他试图用推理主义的模式与可靠主义的非推理的模式同化或相互嵌入：通过把可靠主义归入其可接受的实用主义的知识形式之内，把推理主义植入可靠主义之中。布兰顿承认，可靠主义有一点是对的：基于"感知—经验—行动"模式之上的真理信念可以证明为是一种知识，即使相互竞争的认知者不能证明它们。我们应把信念者的信念形成与相关的资格及其种种外在条件的鉴定联系起来，而不应对真信念的证成抽象地设置证明性的辩护程序。因此，真信念可以是信念的可靠的"感知—经验—行动"模式形成过程的产物，即使是某种当下的感知性的东西，换言之，基于"感知—经验—行动"之上的"可靠性"，也可以是真信念的证成中的诸种理由的一种。但可靠主义的下述动机是错误的或没有意义的：它对真理概念存在的意义的怀疑，它对真理（知识）与辩护（无论是内在的还是外在的辩护）的关系的否定，它的"不需要任何真理或真信念的辩护模式的辩护"的反理智主义形式。这就是说，布兰顿肯定了可靠主义对传统的真理辩护模式的颠覆，以及它作为一种反传统的实用主义知识论的洞见，但批评了它单一的自然主义和经验主义的非理性的一面，即它的"概念的盲点和自然主义的盲点"。在他看来，可靠主义基于"行动"、"感知"和"经验"的因果关系的"做事原理"的"知识论"太简单了，它只适用一些个别的认知场合，它只有与推理主义的推理和话语推论结合起来才会有真正的说服力。

布兰顿的语言哲学的根本归宿是把推理表达同时当作话语推论的实践的一部分来看待和解释。因此，不能把他的推理表达主义和反表象主义孤立起来看，即不能以一般的推理主义的方式去看待它们。布兰顿的推理主义把推理表达置于话语的参与者的视域，以及现有的实践的概念的规范前提之下来讨论。在他看来，这也是一种黑格尔式的推理主义的根本主张。有一点是明确的，即从黑格尔哲学的角度看，一切推理表达都是社会性的。推理不可缺少的社会性或主体间的交互性，也是布兰顿心目中的塞拉斯的推理主义的基本要求。根据塞拉斯，推理性的断言式的语言行为必须同时具有这样两种功能：它既提供一种理由（推理的结果），同时也可以用来作为一理由（推理的前提）。布兰顿按照他的"黑格尔—塞拉斯"或"塞拉断—黑格尔"的推理模式，在用实质的推理、替换和回指的推理主义语义学处理了表征性的语义内容之后，又建构了一种从语用学的角度进行的话语推论的记分的实践，即道义记分（deontic scorekeeping）的实践。布兰顿知道，仅仅用推理主义语义学还不能解决语义内容中的命题的指派性的真的问题，只有进一步求助于一种道义的或规范的、在语言共同体内部展开的话语实践才能最终对命题内容的指派性的真作出正确定义。

布兰顿把推理主义语义学与规范的语用学结合在一起（把语义学的描述与话语推论的实践结合在一起），并因此发展了一种道义的记分模式，既避免了经验语用学的描述性分析的片面性，又没有遁入真理的非推论的舆论的一致性理论之中。按照布兰顿的这种模式，作出一个言语行为或一种推理性的断言，就是承认了某种承诺，即那种称之为"信念的"或"断言的"承诺。作出某种信念式的承诺，就是去拥有某种社会状态，这是作为语言共同体的一员，如果要表达某种思想的话，所必须拥有的一种态度。作出某种认知的承诺是走向规范状态的最根本的一步，这也必将涉及资格的问题（作出一种断言，即表达一种信念的资格）。一种被认为是具有命题内容的推理性的表达，取决于它与其他的道义的承诺和资格和关系，在这种关系中，一个断言可以把一种承诺和资格归于其他的断言——这样，该断言就能作为一种理由而应用于其他的推理当中。

因此，布兰顿在否定了直接求助于外延的意义的相似性的因果的方法之后，建构了一种规范的指称交流方式：它把一些由附带承认所带来的理解的差异，置于指称的规范的记分方式中来处理。正是以这种方式，布兰顿把他的指称交流模式与简单的观念分享的交流模式区分了开来。这也就是说，布兰顿回答了如何摆脱不同的附带承诺对获得意义的分享的限制的问题。一方面，通过把不同的表达当作相互可替换的（具有共同指称的），从而由推理的意义走向外延；另一方面，通过把这些推理的意义看作是相对于出自背景承诺的所有信念的，而把推理的意义与内涵联系起来。通过去本体的记分的方式揭示 de re（有关外延的）和 de dicto（有关内涵的）的命题态度的区别和相互之间的推论关系，把带有视角的、真正认知模式的交往模式的特点显示出来。

在这一部分中，我们将深入探讨布兰顿理性主义的实用主义对规范—功能的真理分析模式的贡献。"黑格尔哲学的元素"一节讨论了布兰顿的哲学的黑格尔的理性主义的实用主义的特征，包括对他向黑格尔哲学回归的基本意图的探讨，以及他如何使用隐含的黑格尔的规范实践概念，在康德和实用主义的规范概念的两极之间寻求规范实践概念的当代重建的方法。"概念推理主义与逻辑表达主义"一节分析了布兰顿继达米特之后对语言与思想的关系的理解，这包括对布兰顿的逻辑表达主义与推理主义的根本原则的分析。"推理主义的表征和经验实践概念"一节讨论了布兰顿对经验主义的回应，这包括布兰顿如何用推理主义的方法解决自康德以来就没有真正解决的表征的难题、他对可靠主义基于"感知—经验—行动"的实用主义原则的批评，以及所提出的推理主义的可靠主义的方案。"话语推论的承诺与交往"一节探讨了布兰顿的语言哲学的话语推论的模式，以及他对目的旨在达于理解的一致性的交往模式的建构的分析。

二、黑格尔哲学的元素

对布兰顿的分析哲学重建计划具有重大影响的两位英雄是塞拉斯和黑格尔。塞拉斯被布兰顿称为"英雄",乃是因为他非常有说服力地把分析哲学由休谟阶段推进到康德阶段,改变了分析哲学只能接受描述性的词汇和不能容纳模态词汇的休谟式的狭隘和偏激。黑格尔是布兰顿的另一位"英雄",也许是最重要的"英雄"。布兰顿曾明确地指出,他的代表性著作《清楚地表达》是一部黑格尔的书。①罗蒂和哈贝马斯也把布兰顿的整个事业看作是塞拉斯思想的扩展,其目的是使处理认识和实践的方法从康德向黑格尔的转型成为可能。黑格尔成为布兰顿心目中的英雄,是因为黑格尔哲学中具有一系列与当今最新的哲学思想相似的观念。这些观念包括用整体论彻底改变语言与世界的关系、把主体拥有的思想与客观的事态都看作是概念的表达,以及通过理性建构的规范对外来的、偶然的或仅仅是策略性的规范的区分等。因此,布兰顿提出的分析哲学的重建计划,不是直接以美国古典实用主义或后期维特根斯坦的语用主义为基础,而是依赖他称之为理性主义的实用主义者的黑格尔的哲学。②

由于残留的经验主义信念和自然主义倾向,今天的分析哲学在许多方面仍然固守一种语义学逻辑主义:它把可量化的描述性的逻辑词汇(带有恒等式的一阶量词逻辑词汇)视为分析的唯一手段,把描述性的目标词汇与意向性词汇和模态词汇的关联视为坏的形而上学。因此,分析哲学中的经验主义把任何形式的意向性词汇和模态词汇都视为无意义

---

① Cf. R. B. Brandom, "Fact, Norms, and Normative Facts: A Reply to Habermas", *in European Journal of Philosophy*, p.360.

② 在分析哲学早期的发展中,罗素跟随摩尔把对当时在英国已产生相当影响的黑格尔哲学的反叛,视为建立一门新的哲学的开始和必要条件,但分析哲学发展到布兰顿这里,却走的是完全相反的道路。

的或不可思议的，而分析哲学中的自然主义则只承认具体的经验科学中的特定的模态词汇。在这种情况下，分析哲学的地盘就显得十分狭小：任何与意向性（思想）的表达或与实质的推理相关的语言实践都被排除在外。布兰顿希望改变这样一种状况，他希望借助黑格尔的哲学拓展分析哲学的地盘。

从另一方面看，20 世纪中叶发展起来的实用主义思想产生了广泛的影响，这一思想运动的结果是：哲学更关注于意义的使用，而不是只关注意义本身，或更一般地说，在具体的哲学分析中，语用学比语义学更受重视。维特根斯坦当然是带来这些巨大变化的最重要的人物。不是关注词语的意义，而是关注各种不同的词汇的应用的实践成为了这种实用主义的口号。然而，与在杜威那里发展到顶点的美国古典实用主义一样，以后期维特根斯坦和早期海德格尔为代表的 20 世纪的实用主义思想，都带有明显的理论静默主义（theoretic quietism）的倾向。因此，尽管布兰顿把古典的和当代的实用主义都视为重建分析哲学的重要的思想资源，但他仍然不能直接从它们那里获得切实可行的重建分析哲学的理论工具。

因此，布兰顿引人注目地把他的实用主义的话语理论与黑格尔哲学联系起来，用他自己的话来说，他正是为了揭示实用主义传统的洞见，以便能够把它应用于推动当代语言哲学和心灵哲学，才回到黑格尔原初的解释的。在他看来，"在杜威那里人发展到顶点的古典美国实用主义、海德格尔的《存在与时间》和维特根斯坦的《哲学研究》的实用主义固然表达了实用主义思想的一些最重要的精华，但它们似乎还没有让实用主义成为真正的富有创造性的人类认知的工具。而与这三种社会实践的理论不同，黑格尔的解释是一种理性主义的实用主义的解释，与前三者的融合主义相反，在理解说什么和做什么的活动中，黑格尔始终把说理（reasoning）置于重要的位置上"①。布兰顿反对把去先验化与某

---

① R.B.Brandom，*Articulating Reasons：An Introduction to Inferentialism*，p.34.

些过于极端的自然主义思维联系起来：他仍然希望从整个感性的社会实践或社会的语言实践的角度，揭示原初的意向性作为其中的一种重要的认知活动的意义。换言之，他仍然希望揭示这一点，在作为一种感性的存在物的"我们"的身上是如何产生了理智的认识的能力的，即语言的能力是如何从非语言的"我们"的行为中产生。这也就是说，一个同时被看作是感性的存在物的生物，如何又能被视为是理智的生物？为了回答这里的问题，布兰顿尝试对能够把一种具有命题内容的意向性状态归于实践者的实践作出解释，同时又并不假定这种状态是参与者的状态，即他完全从社会的语言实践的角度对参与者的各自不同的意向性状态作出归属。我们将首先探讨布兰顿回归黑格尔哲学的原因，以及他所发展的黑格尔哲学的论题，然后，讨论他根据黑格尔的实践的概念，在实用主义与康德的实践概念之间寻求一种平衡的努力。

（一）向黑格尔哲学回归

在 2007 年出版的一本研究分析哲学的最新发展潮流的著作中，作者在导论中有关当今分析哲学的发展趋势的评论中写下了这段话："当非常卓越的分析哲学家的技术性著作，被描述为是试图'从康德到黑格尔的思想发展阶段引导分析哲学'你会感到惊讶么？比如像布兰顿《清楚地表达》这样的著作。"① 无疑，人们的确会为此感到惊讶，因为像布兰顿这样的最前沿的分析哲学家赋予分析哲学的东西（把德国唯心主义视为某种可为分析哲学所接受甚至从中吸取思想分析方法的哲学）正是早期分析哲学严加痛斥的。只要人们简单回顾一下罗素早期的一些评论，就不难看出这里存在的巨大的反差：罗素跟随摩尔把对当时在英国已产生相当影响的康德和黑格尔哲学的反叛视为建立一门新的哲学的开始和基本条件，他们需要一种全新的哲学、一种不再带有任何理性思辨

---

① P. Redding, *Analytic Philosophy and the Return of Hegelian Thought*, Cambridge, 2007, p.1.

或不再承诺任何先验性的哲学。①

第二次世界大战后的分析哲学的发展出现了明显的内部思想的分裂。也许是由于后期维特根斯坦的《哲学研究》一书的持续的影响的缘故，具体的分析哲学不再抱着传统方法论信条不放。这个时期出现的后实证阶段的分析哲学是一个典型，比如以塞拉斯为代表的一些"标新立异的"分析哲学。今天的许多分析哲学的评论家和研究者都指出，从塞拉斯开始，康德和黑格尔意义上的形而上学就在分析哲学的一些基本论题中复活了。比如，它们被运用于科学实在论的问题的探讨中。当然，塞拉斯的科学实在论借用的更多的是康德的思想而不是黑格尔的思想，但尽管如此，塞拉斯"还是播下了日后硕果累累的黑格尔大树的种子，而且在1994年出版了两本被视为那十几年以后的分析哲学的最主要的著作，即麦克道尔的《心灵和世界》和布兰顿的《清楚地表达》两本著作"②。

下面分三个方面探讨了布兰顿回归黑格尔哲学的意义。第一从总体上指出黑格尔的理性主义的实用主义哲学对布兰顿的哲学的影响；第二讨论布兰顿从黑格尔的语义整体论的角度对分析哲学的语义原子论和真值条件论的批评；第三指出，布兰顿如何把黑格尔的概念实在论和模态推理当作他的推理主义语义学的基础。

1. 一般而言，后分析哲学之所以对黑格尔感兴趣，有这样两个原因：第一，黑格尔揭示了康德哲学中的"物自体"的虚幻性，从而也把

---

① 摩尔和罗素都以不同的分析方法重新规定了哲学的性质和方法。摩尔倾向于对日常语言表达式的意义分析，他为哲学家规定的任务是：把复杂的概念转化为简单的概念，并对简单概念之间的关系进行分析；罗素的分析主要植根于弗雷格的语言逻辑和19世纪的数学和逻辑学的发展，他坚持认为通过对语言的逻辑分析来解决一切传统哲学问题才是科学的。通过摩尔、罗素和早期维特根斯坦的努力，这种哲学方法论一直支配着第二次世界大战以前的分析哲学。该哲学由此形成了几个鲜明的方法论的原则：强调语言分析的重要性、反心理主义（要求逻辑从心理学和认识论中分离出来）和否认纯理智能获得关于实在的知识。

② P. Redding, *Analytic Philosophy and the Return of Hegelian Thought*, p.12.

康德仍深陷入其中的主体和客体、经验和先验的二元论的悖谬彻底暴露了出来。因此，黑格尔哲学被看作是第一个推翻了认识论中的"被给予的神话"的哲学，而这是后来的诸种实在论哲学一直没能真正超越的。比如，罗素的摹状词与原子实在和早期维特根斯坦的命题与事态仍然是一种由二元论的认识模式而来的区分，尽管在这里，语言分析已代替了意识分析。实际上，在弗雷格之后，分析哲学一直存在一种顽强的倾向：用指称来解释意义。罗素是这种倾向的主要代表，他担心承认意义的观念会威胁到他的实在论。因此，单称词被过多地考虑了，由此形成了一种基于单一的指称概念上的严格的实在论的意义理论。这种把严格意义上的专名作为唯一的语言学特征的意义理论直接出自指称的理论（早期维特根斯坦的真值涵项理论也是如此）。但当指称的理论被应用于像限定摹状词这样复杂的词项时，它就显得很荒谬。

　　第二，现代黑格尔研究逐渐认识到，黑格尔的思想与实用主义认识论有许多相似之处。[①] 当黑格尔认为，认识并非孤立的个体的一种经验判断，而是一种基于潜在的经验知识之上的特定时代的社会自我规定的行为，他就已经表达了类似于今天的实用主义认识论的基本原则。与实用主义一样，黑格尔始终没有停止对只满足于对主体进行外在分界的心智概念的抨击。这些构想出来的概念带来了内在与外在、私人与公共、直接与间接以及确定与非确定的二元论。黑格尔消除了这些对立形式，他力图证明，主体只要始终被卷入相互竞争和交流的过程中，就会发现其自身总是处于具体的情境中，因为主客体之间的关系之网早已存在，这就是说，在主体进入社会关系，以及用世界的事实的方法与他人接触之前，与客体的联系的可能性早已产生。这种关系之网作为一个相互关联的因素在世界中发挥着作用。这一切与黑格尔对康德的二元论的认识论的批判有关。黑格尔始终认为，认识的真理性更多的是通过参照

---

① 黑格尔哲学在美国古典实用主义时期就被当作一种实用主义的哲学来看待：杜威、詹姆士和皮尔士都把黑格尔视为实用主义的同道。(Cf. R. J. Bernstein, *The Pragmatic Turn*, Cambridge：Polity Press，2010，p.89ff)

实际存在的社会实践规则建立起来的。在这里，社会共同体的证明或具有主体间性的表达的一致性本身就是一种真理性的尺度，一切有关经验判断的真理性、行为或信念的合理性都只有通过这一尺度的衡量才能得到确证。

但分析哲学仍然没有脱离传统认识论的窠臼，它的实用主义变向并不彻底，比如，戴维森为了避免没有内容的理智主义的主观性而所采用的"因果指称"的方法。因此，布兰顿批评了戴维森的意义理论。在布兰顿看来，感觉经验的东西只能理解为理性推理的内容，而不能把它们视为认知活动中的一种"因果发生关系"的原因，即不应把感觉内容当作一种"指证物"用以指证理性的思维，或对融贯论的一种限制，那样的话，就等于把感觉经验视为是在理性的空间之外的东西了。——戴维森的因果的三角定位原理要证明的似乎正是这一点：有一个"外在的"感觉经验之物。这也说明，戴维森仍坚持在本质上与传统的二元论无异的对象内容—概念图式的二元论。戴维森的确也说过，除了另一个他人的信念之外，没有什么东西能证明坚持一种信念是有理的。这看起来是一种不借助感觉经验的融贯论的证明，但它仍然是一种把他人的信念当作形成信念的一种"指证物"的情况下对他人的信念应用，它仍然缺乏真正的解释或推理。换言之，把他人的信念当作证明，还是"抹掉了推理得到的判断与感知的非推理的判断之间的显的区别"[1]。布兰顿坚持认为，经验的内容是在思维中发挥一种规范的作用的，不能把它们理解为一种限制理性思维的外在的原因，即把它们当作是对理性的语言表达的一种"指证"。我们应像黑格尔那样，把经验内容看作本身就是概念性的东西（把它当作概念思维的一种形式，因而否定概念内容之外还别有他物的观点），从而消除这种幻觉：认为感觉经验是独立地存在于**理性思维**的空间之外的幻觉。

对于布兰顿而言，康德之后，黑格尔放弃对超感知的实在（物自

---

① P. Redding, *Analytic Philosophy and the Return of Hegelian Thought*, p.24.

体）的承诺，把感知经验从"被给予的"先验性中解放出来，回到一个没有超感知的实在限制的"经验世界"是正确的。黑格尔选择的是一种彻底的观念论（idealism）或绝对观念论，它避免了经验直观与概念的矛盾。黑格尔始终认为，在概念之外并无他物，概念实在并没有一个外在的界限，即在概念实在之外并没有另一个实在，我们所有的"经验世界"就是一个概念的世界，因为它没有先验的"被给予的"特性。黑格尔的理解并不是反常识的，即并不是否认或忽视实在世界的独立性，它的根本意图是打破感知经验"被给予"的被动性或先验性，恢复感知经验乃是概念活动的自主性的一部分的"常识"。

黑格尔哲学表明，在我们的经验中并不存在非概念的内容，因此，人类的概念思维的能力并不是一种受制于外在的或先验的"被给予的"感知经验的能力。一旦排除有关经验的自相矛盾的解释，我们就可以更进一步，即可以回到任何感知经验都不是本源的或独立于社会—文化的历史实践的观点之上。黑格尔对康德的判断力学说的补充和改进是，他试图表明，当我们说，直接或"被给予的"单个的感知经验并不是概念思维的起点，我们并不一定要走向把概念思维的规范能力先验化的先验哲学的道路，表明概念思维不是独立于实在的主观的东西的关键因素是社会—文化的历史实践的规范。我们之所以说感知经验本身就是概念思维的表现形式，是因为任何感知经验都是从一定的社会—文化的历史实践的**规范视角**出发或开始的（从这种意义上说，由自在之物的刺激而"被给予的"感知从未发生过）。布兰顿求助黑格尔，实际上就是寄希望用黑格尔的解释排除康德哲学的内在矛盾所带来的悖论。

布兰顿的黑格尔转向不仅揭露了存在于分析哲学内部的矛盾，同时也显示了黑格尔哲学在大陆哲学与分析哲学的融合的思想运动中的重要地位。在布兰顿之前，塞拉斯为了反击分析哲学对模态概念的休谟式的偏见，已开始在分析哲学中复兴康德的哲学，以实现把分析哲学由他所认为的休谟阶段推进到康德阶段的计划，布兰顿本人也十分赞同塞拉

斯的分析哲学回归康德的计划，但他还希望把分析哲学从塞拉斯的康德
阶段推进到黑格尔阶段。布兰顿坚持把分析哲学从康德阶段推进到黑格
尔阶段的理由是：康德脱离经验的熟知的现象领域进入本体的领域，这
使得他在自然和规范的起源、概念的约束性方面，设置了许多困难的
问题（尽管康德认为判断与行动必须通过人的特定的规范状态联系起
来是一个伟大的洞见），正是黑格尔通过把规范状态理解为一种社会状
态，把规范认识问题带回现实的世界（从而消除了康德的难题）：他是
通过提出所有的先验的建构都是社会的制度的观点来做到这一点的。黑
格尔特别证明了这一点："……自然科学的词汇（像任何其他词汇一样）
的发展，其自身也是一种文化现象，它是一种只有在由精神科学提供的
概念的视域中，才能变得可理解的东西。自然研究自身具有它的历史，
而这种研究的性质（如果有的话），是必须通过历史的研究来加以探究
的。"① 因此，脱离整个社会历史的实践规范是无法真正把我们与世界的
认识的关系解释清楚的。

　　对于布兰顿而言，黑格尔哲学之所以代表了一个更高阶段，还因
为它不是一般的实用主义哲学，而是一种理性主义的实用主义哲学。在
布兰顿看来，就黑格尔的精神科学认为隐含的和明确表达的东西至少部
分是由它们相互表达的关系构成的这一点而言，它还是一种推理的关系
主义或语义整体论。黑格尔的理性主义的"说理"主要表现在，他在逻
辑（模态推理的逻辑）与自我意识之间建立了联系，他因此能表明，知
识（意识）是如何获得"授权"的，即隐含的意向性状态的自我意识是
如何成为清晰明白的实在的意识的。这也是一个公认的黑格尔主义的观
念，它提供了一种对具有意识的智性的人的感知的解释，它保证了能在
完全不依赖康德的先验逻辑的条件下对相应的自我意识的真理作出解释。

　　重要的是，黑格尔哲学在揭示经验与自然之间的语义关系的同时，
并没有把它们之间的语义关系工具化，即没有把它们之间的语义关联视

---

① 　R.B.Brandom, *Articulating Reasons：An Introduction to Inferentialism*, p.33.

为简单的工具性的关联（从而选择取消理论建构的纯粹经验语用学），相反，黑格尔哲学始终在寻找它们之间的一种推理的关系。黑格尔对概念内容或规范的去先验化的实用主义解释是从社会、推理和历史三个方面来进行的。① 这就是说，黑格尔的实用主义并不是只有社会和历史的维度，它还有推理的维度；而正是推理主义的维度，使得黑格尔对概念的社会性和历史性的理解超出了一般实用主义的理解范围。黑格尔称之为精神科学（Geisteswissenschaften）的东西就是这样一种包含了语言的推理性推论在内的概念实践的活动，对于黑格尔而言，即使是生物性的反应性行为，也必须置于精神科学中才能得到合理的解释，对于必然与自然发生联系的自然科学而言就更是如此。自然料学的词汇（像任何其他词汇一样）的发展，其自身也是一种文化现象，它只有在由精神科学提供的概念的视域中，才是可理解的。这也就是说，断言或判断等概念表达，都是与作出某种承诺和担负某种责任联系在一起。因此，尽管黑格尔消除了那种脱离具体的社会认知实践的真理和规范概念，他并没有因此把语言与涉及概念内容的推理性表达对立起来。对他来说，语言的社会历史性是与语言的**说理的特性**紧紧地联系在一起的。除非隐含地承认说理的规范力量，比如，什么与什么不相容、什么是什么的结果的形式，否则，我们就什么也不能表达。也正因为如此，在黑格尔这里，语言并没有因为实用主义的承诺而被"去中心化"，即被当作散在的生活形式的符号（比如像维特根斯坦所认为的那样）；相反，语言是被当作普遍的思想表达的工具或话语推论的媒介来看待的。②

① Cf. R. B. Brandom, *Tales of the Mighty Dead*: *Historical Essays in the Metaphysics of Intentionality*, Cambridge, Mass.: Harvard University, 2002, p.234.

② 这也就是说，按照布兰顿的理解，推理主义的承诺使黑格尔拒绝从一种**自然主义的**角度来谈论社会化的历史。对于他而言，尽管人类社会化的历史不是先验原则引导的历史，但它也不是一种非反思的自然史；人类的社会化的历史实践是一种远远超出了被动的反映性行为的语言实践。我们作为理性的人，在根本上是概念使用的生物；作为理性的人，我们总会关心概念的使用和非概念的使用（表征的或习惯的语言活动）的区分。

　　布兰顿在黑格尔哲学中找到了他的理性主义的实用主义哲学。对于布兰顿来说，由于黑格尔哲学在理解说什么和做什么的活动中，始终把说理或推理置于重要的位置上，因而能够成为一个代替表象主义的真理论的实用主义版本的真理论，因此，黑格尔哲学在布兰顿的理论中的作用是一般的实用主义哲学所不能替代的。① 具体地说，布兰顿在以下几个方面发展了黑格尔的理性主义的实用主义：(1) 拒斥主客体二元论或表象主义；(2) 以明确的**推理主义的方式**发展一种概念使用的理论；(3) 提出一种没有外在的规范调节观念的话语推论的（discursive）语言实践模式。

　　(1) 布兰顿用类似于黑格尔的理性主义的方式提出了一种推理主义的语义学，它继承和发展了传统的理性主义对概念内容的理解：它提供了一种逻辑主义解释的理性主义的版本。布兰顿从根本上反对卡尔纳普的新康德主义对待概念内容的态度，因此他彻底放弃了那种同时赋予概念内容以感知和逻辑推理两种属性的方法。站在一种黑格尔的理性主义的立场上，布兰顿从一开始就否认感知的内容具有独立的意义，即他并不认为感知的内容具有在逻辑推理之外的独立的意义。因此，在处理单项词和谓词等指称关系时，布兰顿提出了与福多（Jerry Fodor）和德雷斯克（Fred I. Dretske）等后经验主义者完全不同的解释：他与达米特一样认为，把单项词和谓词视为具有独立的指示意义的词语是错误的，因为它们的语义意义并不是决定一个断言句的语义意义的依据。这也就是说，由单项词和谓词等构成的语义内容并不是概念内容的组成部分；概念内容的真正的组成部分是由逻辑的推理关系表示的断言或判断；单

---

① "……杜威和詹姆斯、早期海德格尔和后期维特根斯坦，每一个都以自己的方式抵制了表象主义的语义学范式。但他们中没有一个最终提供了一个在结构上足够充分的和定义上足够明确的可替代的范式：要么可以代替由模型论（model theoretic）在发展表象主义时所做的那种真正的语义学的工作（包括可能世界的语义学所做的工作），要么为逻辑词汇的特殊功能提供一种解释。而在我看来，黑格尔继承的理性主义的、推理主义版本的浪漫表达主义的传统，正是作出了给出这种替代范式的保证。"（Cf. R. B. Brandom, *Articulating Reasons: An Introduction to Inferentialism*, p.34）

项词和谓词等构成的语义内容只有作为断言性推理的句子的组成部分才有意义。① 从这种观点出发，布兰顿的推理主义对我们说什么（about）不做任何直接或明确地说明，而是通过对为说而设置的"给出理由和要求理由的说理"的不同特征作出清楚的阐释，来确定所说的内容的客观性。

（2）黑格尔的带有推理主义承诺的概念使用的理论促使布兰顿重新思考了实用主义的基本观念。布兰顿承认，在黑格尔之后的实用主义传统中有一个观念是正确的，即它认为概念的东西既不是表征活动的结果，亦不是理性先验设置的，它来自于实际的经验，但他同时也指出，在这种实用主义传统中也有一个错误的观念：它把经验的东西**直接**就当作概念的东西，而没有去探究，实际经验的东西如何转变为概念的东西（在布兰顿看来，这正是黑格尔所做的和要求去做的）。布兰顿认为，真正具有认知意义的不是把内在的东西转化为外在的东西这样的抽象的过程，而是把**隐含的**东西转变为公开和**明确可表达的**东西的过程。这可以从实用主义的角度理解为，把我们原初只是**做的事情**转变为我们**可以说的东西**，即把某种知道如何做（knowing how）的知识编码化为知道是什么（knowing that）的知识形式。② 如果说经验作为一种所做的事情正因为它只是一种经验，那么它就仍然是隐含的、没有通过明确的理论讨论的，它还不是明确表达的东西（概念）。布兰顿认为，一种推理表达，就应该把还不是概念的隐含的经验，转换为（通过话语推论的形式）明确的概念（具有客观性的概念）。

（3）在意义的证明方面，布兰顿放弃了形式语义学的因果—功能的分析模式，改为采用一种黑格尔式的规范—功能的分析模式。从因果—功能的分析模式的角度看，若两个语言表达式具有不同的意义或正相反对，那么只有借助于真值条件或借助某种外在的"事实"（经验表

---

① Cf. R. B. Brandom, *Making It Explicit*: *Reasoning*, *Representing*, *and Discursive Commitment*, p.334ff.

② Cf. R.B.Brandom, *Articulating Reasons*: *An Introduction to Inferentialism*, p.8.

象），才有可能对它们的对错作出判定。但这种按照正确的表象和真值条件的判定方法，在布兰顿看来已被证明是失败的。规范—功能的分析模式采用黑格尔的话语的（discursive）方式，它把一般的语义分析建立在道义的（deontic）记分之上。它的一个很重要的特征是，语义意义的判定是根据说话者在其语言表述中所显示的道义状态和道义态度来决定的。① 布兰顿认为，如果我们选用这个模式，那么，基于正确的表象和真值条件的语义学评价，就会由具有话语实践的性质的评价所替代；具有命题内容的语义学的表达，就可以通过道义记分的方式被认定或被承认。这样一来，就不必把一切不相容的表达所产生的相互对立，当作是在真值条件下或从经验内容上看是永远难以解决的东西，而是可以把它们当作只是不相容的话语承诺所带来的对立——一种可以通过道义记分的方式来解决的对立。"……规范—功能的分析与因果—功能的分析相比，有一个主要优点，它可以把所出现的'不一致的信念'的现象当作不相容的承诺，用一种因果解释没有的方法，使它变得可理解。"②

2. 从方法论上看，删因以后的分析哲学的最根本的两种方法是经验主义和自然主义的。前者发展了一种以语义为核心的形式语义学，后者则建立了一种依赖于把新获得的逻辑词汇应用于语义学的语义理论。尽管在基础词汇的使用方面，两者看起来有些不同：经验主义求助于现象

---

① 在布兰顿看来，如果语言具有话语推论的性质，它就一定有其自身的规范。对于任何表达和陈述而言，都不存在独自作出的承诺和责任，一切都是相互给予和相互规定的。布兰顿认为，语言的话语推论的实践本身隐含的规范有以下两个方面：一方面是作出了推理的承诺和具有推理的资格的道义状态（deontic statuses）；另一方面是能够把一种承诺归属于他人和自己能够承担一种责任的道义态度（deontic attitudes）。这两种规范形式是至关重要的，因为可以用它们来表示语言实践是"语言的"还是"前语言的"，即语言实践是处于话语实践的状态还是处于非话语实践的状态；而话语实践的状态决定了语言是否具有表达客观的意义的功能。（参见 R. Brandom, *Making It Explicit*：*Reasoning*, *Representing*, *and Discursive Commitment*, p.159ff）

② R. Brandom, *Making It Explicit*：*Reasoning*, *Representing*, *and Discursive Commitment*, p.160.

学的词汇，而自然主义则求助于基本的物理的词汇，或更一般地求助于自然科学（包括具体的科学）的词汇，但它们在处理表征内容时都采用了表象主义的实在论的方式。这样，无论是经验主义还是自然主义都赋予了语义学以一种独立的地位：它们只热衷于"词汇"之间的语义关系的分析。这种方法总是认为，"……在解释被**分析项**和**分析项**（目标词汇和基础词汇）之间的关系时，求助于逻辑词汇总是被认为至少是**恰当的**。"① （黑体原有）在布兰顿看来，构成这种分析观念的是一种语义学逻辑主义（semantic logicism）。今天的分析哲学之所以仍固守一种语义原子论和真值条件论，与它坚持这样一种语义学逻辑主义有密切的关系。

　　由于坚持一种语义学逻辑主义，分析哲学首先把指示词和单项词等当作一种逻辑的主词来使用，因此，它的语义分析在一种原子论的层面上来处理表征内容。也正因为如此，它采用的是一种布兰顿称之为"自下而上的"方法。该方法首先从能够融合到句子中的多值的集合（由单项词或由谓词构成的小句子）开始，再由它们构成的复合的句子的含义赋予句子以一种形式的有效性。在这里，单项词等不是作为句子的语义推理的角色出现的，相反，它们是被当作实体性指称词来看待的。因此，这种形式语义分析完全是原子论的。对于这种分析而言，对简单表达式的指派可以一个一个来进行。把语义解释内容指派给一个构成部分（比如，一个专名），被认为理所当然是独立于把语义的解释内容指派给任何其他成分的（比如，谓词或其他专名）。人们不必知道什么是其他的表征的任何情况。

　　也正是语义学逻辑主义的承诺，使分析哲学一直坚持一种真值条件论。这种真值条件论的典型的特征是：首先人们规定好意义，然后用经验指示哪一种对它们的使用可以得出真理理论。第一种活动是独立于和先于经验的，第二种活动则作出决定，何种判断（信念和理论）是受制于经验的，并由此决定何种概念可以使用。这是一种独立于意义的使

---

① R. B. Brandom, *Between Saying and Doing: Towards an Analytic Pragmatism*, p.2.

用的真值条件论，它出自于这样的信念：必须有一种在概念的使用之前确定概念为真或有意义的有效性条件，因此，在概念使用之前，一定存在它是否有意义或必然为真的问题，直到蒯因的一元的叙述（整体论）的出现，这种两阶段的叙述才不再被视为一种必要的条件。

由于把实用主义视为发展或重建分析哲学的最重要的理论资源，布兰顿在重建分析哲学时采取了一种与蒯因类似的选择，即选择放弃语义学逻辑主义，但布兰顿不赞同蒯因的缺少推理的因素、又保留了感知经验的独立地位的整体论，因此他选择了黑格尔的整体论而不是蒯因的整体论。

但什么是黑格尔的整体论，它何以在布兰顿的心目中具有如此的重要性？在布兰顿看来，黑格尔整体论是一种带有推理主义特点的语义整体论，它用推理主义的方式处理概念与单个的命题的关系；因此，它对于布兰顿的重要性是，他可以通过发展黑格尔的语义整体论，一方面抵制分析哲学的语义原子论和真值条件论（1），另一方面建构一种基于逻辑表达主义诉求的推理主义语义学（2）。

（1）虽然经验主义之外的传统哲学（又特别是康德）曾谈到与语义整体论相关的问题，但黑格尔是最彻底地打算建构一种语义整体论并具体思考它的意义的哲学家。在逻辑学中，黑格尔首先把世界视为是由概念构成的整体，因为概念"是独立存在着的实体性的力量。概念又是一个全体，这全体中的每一个环节都是构成概念的一个整体，而且被设定和概念有不可分离的统一性。"① 但黑格尔的语义整体论又有其独特的一面，它并没有走向那种很难自圆其说或在具体证明上存在循环论证的强的整体论，而是发展了一种基于不相容关系之上的弱的整体论，这就是说，它在证明单个的陈述的意义时只满足于确定它的不相容性，而没有寻求它的绝对的不相容性。

因此，黑格尔在其逻辑学中真正关心的是一种能够表达单个性的确定性的推理，即能够表达一个事物与另一个事物的不相容性的推理。

---

① 黑格尔：《小逻辑》，贺麟译，商务印书馆 1996 年版，第 327 页。

如果任何确定性的内容都是通过不相容性来表达的（没有直接的知识），那么，这意味着确定性的内容只能在相互关系中才能表现出来（才能被表达），或者说，直接的个别的内容只能在排斥性的**间接的**关系中才能被理解。我们不能一般地说，个别的事物的存在只是理念的某一方面，而是应该看到它们之间的关系。"……只有在现实事物的总合中和在**它们的相互联系**中概念才会实现。那孤立的个体事物是不符合它自己的概念的……"① （黑体为引者所加）这也就是说，黑格尔发展的是一种推理的语义整体论，它不同于一般的融贯论意义上的整体论和删因的整体论。②

　　在黑格尔的推理的语义整体论中，任何直接的知识都被否定了。黑格尔明确地指出，判断可分为间接的和直接的两种，直接判断是主观的或是一种直接的感知经验，它并没有任何推理的意义，只有基于其他的判断之上的间接判断才是推理。从推理上说，间接判断是基于一种中介性关系之上的判断，它与仅仅是一种知觉或观察的直接判断完全不同。因此，只有通过作为一种间接判断的推理才能获得对"单个性"的明确的规定，而直接判断只能表明没有任何规定性的个别，而不能表明"单个性"或特定的"那一个"。③ 这也就是说，我们只能根据内容之间

①　黑格尔：《小逻辑》，贺麟译，商务印书馆 1996 年版，第 398 页。

②　对于融贯论意义上的整体论而言，特定的语言使用的部分，根本不需要做单个的证明，只要它是语言实践的一部分，它的内容就是被默认的。这种整体论完全否定任何单个的语句独立的意义，即否定独立于整个语言的意义真值系统的语句的存在。达米特很早就批评了融贯论意义上的整体论。这种类型的整体论只关注现有的实践，并且只从现有的实践出发，把推理对概念的使用与使用中的概念相等同，即把我们推理中的概念思维与使用中的概念同化。这种整体论借助于整体的语言的优先地位，把任何属于它的个别的语句的意义都视为是由整个语言决定的。这样一来，演绎推理根本不必忠实于推理中的句子的个别的内容，因为除了推理使用中的由整个语言所决定的内容，根本就不存在句子的个别的内容。(Cf. M.Dummett, "The Justification of Deduction", in *Truth and Other Enigmas*, p.303ff)

③　黑格尔并不否认直接性的内容，即感知经验存在的价值，而是否认它具有直接的知识内容。黑格尔在他的逻辑学的"本质论"中，集中考察了中介性与直接性的统一的关系。

的相互的排他性（不相容性）的关系来理解确定性的概念内容；任何认知的或明确表达的命题，都只有处于隐含的或已存在的知识的推理链或中介关系之中才是真正有内容的。

（2）在布兰顿看来，黑格尔的推理的语义整体论的重要性在于，它通过"中介性"这一概念，揭示了一种以间接的判断为依据的推理的基本特性。中介的意思是：间接判断作为一种推理形式，它的推理来自于另一个推理，而它的推理的结论也可以是另一个推理的前提。这样的推理，既基于另一个推理来证明其推理的前提，又作为另一个推理的前提来证明其自身的推理的结论。正是在这种中介的名下来讨论推理的表达，黑格尔一方面驳斥了表象主义的语义原子论，另一方面推翻了各种形式的柏拉图式的真理理论。

从前一个方面看，基于中介性关系的推理使黑格尔否定了那种笛卡尔式的推论、形式语义分析和传统逻辑的判断和推理（以唯名论的方式展开的）。对于黑格尔来说，它们都是缺乏任何中介性的主观或抽象的知识。因为直接的知识排斥任何中介性，它的孤立的排他性表明，它仍然陷入了非此即彼的形而上学的理智观念之中，即陷入抽象的知性的普遍性的观念之中。[1] 布兰顿希望借助黑格尔的推理的语义整体论，杜绝任何形式的把表象的词汇视为具有独立的语义内容的词汇的分析的观念。因为布兰顿始终认为，黑格尔的推理的语义整体论是用来抵制分析哲学仍固守不放的语义原子论的最好的工具。

从后一方面看，正是从一种推理的语义整体论出发，黑格尔以一种去先验化的方式来处理推理的有效性问题：他既保留了推理的客观形式，又没有对任何推理的形式规范作出承诺。在语义整体论中，基于中介性之上的推理方式，使黑格尔建构了一种特殊的有关意义的客观性的推理主义的证明，这种证明独立于形式逻辑的有效性法则：它用的是推理的情境条件与其结论的适当性关系的解释，而不是推理的前提与其结

---

① 参见黑格尔：《小逻辑》，贺麟译，商务印书馆 1996 年版，第 159 页。

论的有效性关系的解释。这样的转变避免了传统的推理的无限倒退的悖论，并能够解决传统知识论的证明主义或基础主义的循环论证。但在后来的分析哲学的思想中仍然可以看到一种理智主义的或柏拉图主义的真理理论，它总是用明确规定的方式，把对认识的正确性的评判与决定什么是正确的原理或规则联系起来。

　　但在黑格尔这种形式的整体论中，并不存在任何形式化的真理理论或形式化的真理证明模式：对于黑格尔而言，整体的语义关系保证我们的推理首先可以从实践中隐含的规范开始，即我们可以暂时不怀疑某些隐含的规范本身的正确性，根据整体的语义关系，我们可以假定它们具有某种默认的正确性。① 这样做并不是要放弃规范的辩护，而只是以一种相反的方式，把辩护视为是基于某种特定的规范条件之上的辩护（把辩护放后），避免把辩护变为没有任何出发点的纯粹的形式化的辩护，即避免把推理的辩护混同于形式化的演绎逻辑的辩护。② 对于布

---

①　布兰顿认为，从黑格尔式的整体论的角度看，在放弃了带有表象主义承诺的传统的因果—功能的证明模式之后，任何一种证明的活动都只是在表明有某种资格和授权，或拥有某种继承性。因此，在假定了存在某种自明的资格，即最初的资格，我们必须拥有一个评价模式，因为不管在什么情况下，所有的资格不能逃避针对它的批评。这也就是说，必须有某种机制，使它们在任何情况下都能受到检验。按照布兰顿的说法，一方面是自明的资格，另一方面是针对它的检查和批评，这就构成了有关断言的资格的"默认的和质疑的结构"（the structure of default and challenge）。这是一个动力的结构：资格的获得和失去都处于动态状态之中，在不同的对话者的话语中（根据它所做的认知承诺和它的资格的判定），自明的资格的确立、失去和重新获得都在不断变化。

②　在布兰顿之前，达米特已经指出，要获得新的认识的话，我们必须区分逻辑的语义上的完善性与纯粹形式上的完善性。传统的分析哲学的观点完全从形式上来理解逻辑赋值的完善性（从纯粹技术上说，这当然是没有的），而没有考虑逻辑赋值的语义上的完善性，或者说它根本没有区分二者。逻辑的语义上的完善性与语言的使用相关，因此关于它有正确或错误的标准；从语义上对逻辑形式的赋值的解释是使逻辑常项获得意义的一种方式，而纯粹从形式上对逻辑的赋值的解释则完全是数学式的，它只把逻辑赋值当作一种数学的对象（一种拓扑学式的开集或自然数），而与句子的使用没有内在的联系。（Cf. M.Dummett, "The Justification of Deduction", in *Truth and Other Enigmas*, p.293）

兰顿而言，这一推理方式的转变是重要的，采取这种语义整体论的推理方式看待事实和事态，也就是放弃康德式的以知性为元概念的认识论，它不再把知性判断视为根本的语义解释项，而是把处理不同的命题之间的关系的推理视为根本的语义解释项。用黑格尔所采用的康德的术语来说，这就是从知性的概念框架走向理性的概念框架。

按照布兰顿的看法，黑格尔的语义整体论有助于使分析哲学彻底地从语义原子论和真值条件论中走出来，并可以用来修正蒯因的在理论上并不是前后一致的整体论。黑格尔的语义整体论是彻底的推理主义的和表达主义的，它没有分析哲学仍然摇摆于（经验的）直观与概念之间的矛盾，它能使分析哲学不再像经验主义那样受表征性的词汇的束缚，也可以避免像自然主义那样只相信科学的或客观的描述性的词汇。这也就是说，采用黑格尔的语义整体论的方式，为经验主义和自然主义视为形而上学的非表征或非描述的表达性的词汇，便可以用一种全新的方式来处理。如果目标词汇（被分析项）可以表达所要表达的事物，而不只是限于表征的或描述的范围，那么，它们就可以通过与表达性的逻辑词汇结合而成为一种**实质的**而非形式的逻辑表达的词汇，从而为一种推理主义语义学奠定基础。

3. 在反表象主义方面，布兰顿以一种典型的黑格尔的语义整体论（观念论）的方式把经验内容看作本身就是概念性的东西（把经验内容当作概念思维的一种形式），因而否定了概念内容之外还别有他物的观点。布兰顿与麦克道尔一样认为，如果我们一方面把概念视为独立的、自身融贯的，它不受当下的感知经验的任何限制，另一方面又承认在概念之外有一个终极的实在，而概念在此意义上又不可能是不受限制的，那么，我们就始终走不出"被给予的神话"。感觉经验虽然具有清晰的直接性，但它们决不可能独立地存在于理性思维的空间之外；经验的内容只有在思维中才能发挥一种规范的作用。

但尽管人们意识到了感觉经验的有限性，人们仍然像是得了强迫症那样，不由自主地把感觉内容理解为一种限制理性思维的外在的原因，即把它们当作限制理性的语言表达的一种"指证"。即使作为先验观念论者的康德，也曾以人们很容易犯盲目地制造概念的错误为由，把经验的直观与非概念的实在的联系视为不能取消的：对于康德而言，缺少了外在的经验直观的联系，我们就无法以某种方式确定我们使用概念作出的论断或推理哪一个是真的或正确的。因此，为了保证论断的真理性，康德建构了一种由先验的规范概念调节的认识论。

黑格尔曾在其理论中严厉地批判了康德的概念与直观的二元论，后期维特根斯坦则在分析哲学的语境中以一种嘲笑的口吻数落了这种为"外部世界"所困的强迫性思维。比如维特根斯坦写道："'思想一定是非常特殊的东西。'当我们说和**意指**（mean）如此这般的事情是实际存在的，我们以及我们的意思除了基于事实，不会根据任何其他情况，但我们又意指：**事情是这样的**。但这种悖论也可以这样来表示：**思想**可以是不真实的。"① （黑体原有）这就是说，其实在人类的实践中，思想总是基于事实之上的，但我们又奇怪地对我们的思想抱有强烈的怀疑，我们又总是想通过强调"事情是这样的"，以显示我们的思想是真实的或是一种事实。对于维特根斯坦而言，这多少是可笑的。我们总是担心，"思想可能并非是真实的"；这样的顾虑阻止我们把实践中的思想视为具有非凡能力的。我们相信，我们要通过刻意的意指（比如，建构一种真理理论）才能表达一种事实。这样，我们只相信意指，而不相信实际的实践中的思想。因此我们总是刻意地去意指，"我们觉得似乎通过意指实在，我们才能在网中捕获它"。②

布兰顿和麦克道尔都同意维特根斯坦的嘲讽，由于顽强的经验主义的信念，人们在看待外部世界时仍然表现出了一种奇怪的思维，尽管人们意识到了感觉经验的有限性，人们仍然像是得了"强迫症"那样不由自主地把感觉内容理解为一种限制理性思维的外在的原因。

---

① L. Wittgenstein, *Philosophical Investigation*, 95. p.44ᵉ.

② L. Wittgenstein, *Philosophical Investigation*, 428. p.127ᵉ.

但这样的强迫性的思维是自相矛盾的，因为按照这一思维的逻辑，我们所做的陈述的意义是完全由我们决定的，而我们所表达的信念的真理性则不是由我们决定的（它有赖于外部的条件）。在布兰顿看来，维特根斯坦的看法可以用下述更明确的方式来说：在我们可以思想的事物与实际情形中的事情之间并不存在本体性的沟壑，即在心灵与世界之间没有沟壑。尽管思想会出错而有可能与世界不相吻合，但**真实的**思想与世界没有任何隔阂。这也就是说，我们在概念使用的世界和非概念使用的世界之间所划定的界限，并不能简单地理解为就是概念与非概念之间的界线。从严格的意义上说，并不存在这样的界线，因为在概念领域之外并无他物，即不存在非概念的世界。① 世界是由一系列的事实（确定的命题或概念）构成的，而不是由事物（可表征的对象）构成的。也只有事实才是一种真论断，它们在根本上是相互处于一种实质推理和不相容的关系当中的。没有事实（确定的命题或概念）的世界是不存在的；我们可以设想没人表达（应用或使用）概念的情况（如果不存在推论的实践），但决不会出现没有事实的时候（比如，没有已确定的命题或概念）。因此，在话语推论的实践中，说话者或推理者面对的实际上是一个事实的世界，而不是一个非概念的世界或对象世界。在这种情况下，对意义的证明，就完全没有必要刻意地使用各种形式化的真理理论或先验的规范调节论。

在布兰顿看来，如果我们从概念实在论的角度来理解思想与实在的关系，不仅形式的真值条件论是多余的，类似于康德的那种先验的规范调节论也是多余的。从概念实在论的角度来看，采用规范—功能的分析模式来判定意义的客观性或社会性，并不需要预先设置任何形式的先验的规范概念，因为它是与概念的推理的承续性联系在一起的。也就是说，独立于语境的规范概念在话语推论中并没有可立足的空间，话语推

---

① Cf. R. B. Brandom, "Fact, Norms, and Normative Facts: A Reply to Habermas", in *European Journal of Philosophy*, p.357.

论是在概念本身的承续关系中展开的。在话语推论中，"主体间性"的意思不是指带有先验的规范承诺的"视角的融合"，而是指一种相互关联的概念的推理关系。

因此，尽管布兰顿的基本理论是围绕着证明（justification）和意义（meaning）之间的关系问题来建构的，但他并未走向任何形式的规范调节论，即他并没有把话语推论与先验的或独立于具体的概念实践的规范联系在一起。在其概念实在论的引导下，布兰顿对话语推论的方法做了彻底的去先验化的处理。在他看来，在话语推论中，我们根本不可能把推理的资格与一个事先规定好的规范概念捆绑在一起。

按照布兰顿的理解，黑格尔也是这样来考虑推理的：黑格尔关于客观世界的可推理的模态实在的性质，就是一种典型的杜绝了任何规范调节概念的推理模式，它由下述基本的模态推理的论题构成：

——客观世界的确定性的本质就是模态上强的排他性（它亦是一种实质的不相容关系），它带来了模态上的强的推论关系。

——因此，作出推理或概念上的表达，就是把自身置于实质的不相容关系和推理的推论关系之中。①

黑格尔的一个基本观点是：客观世界是以一种确定性的方式存在的，因为它本身是一个整体的相互关联的结构。但这个结构是通过相互否定的方式表现出来的。黑格尔接受了斯宾诺莎的"一切规定都是否定"（omnis determinatio est negatio）的命题。这个命题所表示的并不是那种抽象的逻辑形式上的否定，而是实在世界自身的一种由其内在的差异所构成的否定性的关系。对于黑格尔而言，一切实在的总和就是一切否定的总和，它也是一切矛盾的总和。这也就是说，"……那孤立的个

---

① R. Brandom, *Tales of the Mighty Dead*: *Historical Essays in the Metaphysics of Intentionality*, pp.179-181.

别事物本身仍然是有区别的。因而**不同的事物**被设定为**自为的**。事物之间的相互冲突是这样的，即每一事物不是不同于自身，而只是不同于他物。但是这里每一事物**本身**被规定为**一个异于他物的东西，在它里面**包含有与他物的本质的差别……"[①]（黑体原有）而这也意味着，事物（在意识的更高阶段中）的统一性是建立在事物的不相容性之上的：规定性是肯定地建立起来的否定。[②]

从这种意义上说，我们所理解的确定性，比如命题或事物的性质，是各自处于实质的不相容关系之中的：许多确定性的性质只是由于它们的性质相互区别而处于确定性中。这也说明，事物是通过它们的确定性而相互排斥的，因为事物是自身确定的和为自身确定的。黑格尔讨论这些问题的方法，与可能的世界的语义学探讨可能的世界的模态关系的方法类似，但它没有后者的形而上学的疑难。从可能世界的语义学的角度看，只是因为一个命题具有在可能的世界的空间中形成一种分割的效果，我们才把它视为是有意义的；这也就是说，命题的正确性，是根据它作为一种被分割出来的可能的世界的部分，是否与实际的世界不同来判定的。黑格尔也给出了一种模态性强的可能的世界的空间分割，它允许对推论的关系作出界定。但黑格尔的模态性的空间分割完全表现在命题或事物的性质的排他性之上，例如，p 蕴涵 q，正因为一切与 q 不相容（排除或排斥），也就与 p 不相容；具有正方形的性质蕴涵了具有多边性的性质，因为任何事物与正方形在实质上不相容，也就与多边形不相容（一个东西不可能是正方形同时又不是多边形）。

如果说作为客观世界的确定性的表现形式的排他性，暗示着存在一个模态的空间分割，即现实的世界的部分（已知的命题）与可能的世界的部分（未知的命题）之间的区分，那么，它们之间的关系就是

---

① 黑格尔：《精神现象学》上卷，商务印书馆 1981 年版，第 83 页。

② 参见黑格尔：《逻辑学》上卷，商务印书馆 1996 年版，第 105 页。

可推论的。这也就是说，如果排他性就是一种**实质的**不相容关系，那么，它们就构成了一种模态上强的实质的推论的关系（consequence relation）。黑格尔使用"中介"这个源自古典三段论逻辑的词语，所要表明的就是一种由确定性的否定（实质的不相容关系）带来的推理表达。中介可以按照确定性的否定来理解，因为在推理中，推论（consequence）就在（否定性的）排斥性中：推理通过相互否定的不相容关系形成推论。①

因此，黑格尔否认存在康德式的作为判断的概念表达，在他看来，没有脱离实质的不相容性关系和推理的推论关系的概念表达。如果推理是处于客观的中介性关系之中的，那么，概念表达完全是一件客观的事情，它明显地或清楚地与主观的或心理上的活动无关。——当然，这并

---

① 按照布兰顿的看法，对概念世界的模态特性的揭示，使黑格尔的模态实在论与任何用蕴涵的模式来解释模态的客观性的理论完全不同。在黑格尔这里，人们用模态的词汇作出断言，也就是指出概念实在的不相容关系。这样，一些复杂的和难以解决的可能的世界的形而上学难题就不复存在了。而 20 世纪 50 年代发展起来的模态理论由于采用的不是概念推理的形式而是蕴涵的形式，则仍然陷入了一些不能解决的形而上学问题之中。克里普克针对 D. 刘易斯的模态问题，用彻底的外延性的语义学元词汇，为创立意向性的模态逻辑词汇提供了基础，它回答了在语义学的逻辑方面，一阶逻辑无法解释的逻辑词汇的外延的特性。这一理论经由蒙太古（R. Montague）、司格特（D. Scott）、开普兰（D. Kaplan）和斯泰内克（R. Stalnaker）等人的发展（包括刘易斯的贡献），形成了一个具有很大影响的模态理论流派，但在布兰顿看来，"……这种形式的发展并没有对残余的经验主义对模态概念的合理性的担忧作出充分的回答，因为有关模态的语义元词汇的外延性，是以任意使用模态的初始物，即主要是任意使用**可能的世界**（以及在这种可能的存在物中的**可触及关系**）的概念为代价的。"（黑体原有）（R. B. Brandom, *Between Saying and Doing: Towards an Analytic Pragmatism*, p.94）最终的结果是，无论这种形式的发展把可能的世界理解为是一个在时空上与我们没有联系的抽象的对象，还是把可能的世界解释为一个特殊的自成一体的世界，它都很难排除删因所担忧的那种概念的必然性的问题，即它并不能表明，它在用模态词汇表示一种推理时，一定是对一种经验性质的揭示。实际上，可能世界的语义学并没有对于我们应如何理解这类存在的可能性，以及是否可以通过相关的语义陈述，使它的存在看起来多少是合理的等认知的问题作出回答。

不是说，黑格尔认为，概念表达与表达者的意识无关，而是说，概念表达必然不是那种主观意识的表现。作为一个客观观念论者，黑格尔相信，世界是由客观的概念构造的：只要存在由不相容性关系构成的关系的实在，就存在模态上有效的事实，因此，一般的概念表达也就是对客观存在的概念实在的一种表达。从这个意义上说，可能性（事物能怎样）与必然性（事物必然是什么）并非一种虚拟的或反事实的模态词汇，它们本身就指向某种事实（由不相容关系构成的客观的概念实在）。没有这些概念实在的存在，我们就不能使一般的描述性的述谓和性质成为可理解的。因此，如果说世界总有某种存在的方式，那么，理解事物是怎样的，就是把握它们的内容。黑格尔要求我们关注的正是这种客观的内容的观念，而不是柏拉图—康德的"知识的对象"这个主观的观念。

布兰顿感兴趣的正是黑格尔的这种在康德哲学中所没有的、以概念实在论为基础的推理主义的思想。这一思想的核心是：概念和判断、意义与信念、语言和理论是相互关联的；主体拥有的思想与客观的事态都是概念的表达（不存在独立于概念表达的实在）。如果世界拥有某种性质而且处于一种不相容的关系之中，那么，在思想中把握这些概念的结构，就是使自己的实践与之相符，并对自己对它们的关系的承诺加以批评：接受他人对之作出承诺的实质推理的结论，拒绝那些与之不相符的承诺。

（二）实用主义与语言的规范实践的问题

黑格尔在反驳康德的先验概念时推翻了它的先验的主体架构，在他看来，先验的主体（那个能规定自然的主体）是不存在的，真理或意义的判定标准并不是直接地为"我"所拥有的，作为一种尺度的标准的真理是在"我"的对象性意识中自然而然地建立起来的。因此，"我"并没有权力（也不可能）仅仅凭借"我"的主观的自我意识去规定事物、去判定哪一种经验判断是真理性的，哪一种不是。这也就是说，

"我"并没有理由去考察知识的可能性条件，因为考察就意味着你首先抱有怀疑。但这里的怀疑是自我否定的：怀疑无非是，你把没有真正实现的或假想的概念视为真的，你又因此否定了早已存在的真实的概念！除非我们对怀疑本身也加以怀疑，我们才能"识别真理"。

黑格尔的"去先验化"的革命性后果是，社会实践规范和具体的历史经验的条件第一次被当作一个标准引入了认识论。黑格尔的考虑是，外在表达的同一性将不可能不依赖于具体经验的条件；有关经验对象的认识总是具体的（这正是康德的先验哲学所忽略的）。因此，基于主体间性的表达的同一性的真理就存在于那种能够为实际的经验所证实的表达的语义的一致性之中。这样，对于黑格尔来说，重要的就不是意识的先验的综合的统一性是否存在的问题，重要的是经验判断在世界或社会共同体的主体间的解释中的意义—批判的问题。

布兰顿赞同黑格尔整个去先验化运动以及由此构建的规范的话语实践理论，他试图发展的正是一种推理主义的黑格尔式的实用主义。从黑格尔到后期维特根斯的哲学皆反对理智主义，他们发起的去先验化的思想运动都要求对作为理性的人的意向性作出重新的解释。但后来的实用主义理论的发展表明，去先验化也有自身的难题，比如，如果规范不是先验的或某种明示的规则，那么是否可以说它们是社会实践本身固有的东西，一种具有社会自我调节作用的功能机制或社会自身的发展规律？如果没有先验性的东西，我们还能把理性的人的意向性视为是独立于其经验的感知意识或社会的？我们能不能说，理性人的意向性是与相关的感知意识和当下的生活背景的产物？布兰顿承认，在这个问题上黑格尔仍然是对的，而康德则犯有某种错误（由于先验承诺）。康德指出了服从于法则的意向性的反思的特点，但他的先验范式理论又使他的认知—实践的规范概念具有明显的调节论的特点，作为一种规范的规则在康德那里始终是被当作明示的或先于实践存在的。

为了既避免消极实用主义的功能主义和规律主义（及其社会评价理论），又不至于遁入康德的调节论，布兰顿提出把康德的规范概念与维特根斯坦的规范语用主义结合起来的设想。在他看来，通过这种方式，我们就可以在去先验化之后，构建一种后规范的或没有规范调节的规范概念。布兰顿的这种能够与维特根斯坦的语用主义规范相结合的规范概念是一个包容性极强的带有黑格尔哲学特征的规范概念：它把实践的和认知的规范统一在一个规范当中，即它把理性的规范在最广泛的意义上融合为一种行动的规范。布兰顿相信，在这个理性的规范"空间"内，理性可以自由地表达它的合理性动机，以正确的方式对心灵，即推论中参与者的实践的态度产生影响。

下面我们将首先讨论布兰顿对消极实用主义的批评；其次，分析他对康德的规范调节论的批评；最后，我们将讨论布兰顿的规范语用学的核心概念，即他的带有黑格尔哲学特点的"后规范实践"的规范概念。

1. 至少从美国哲学发展的走向看，实用主义开创了思想的一种"伟大的传统"。实用主义把哲学视为整个人类的一项探究真理的事业，而不是把哲学视为不同的哲学家宣扬各自不同的观点的一种手段。在皮尔士、罗伊斯、詹姆士、米德和杜威那里，我们可以看到一种拒绝从语境主义的角度来看待哲学和文化的问题的态度。从某种意义上说，实用主义是那种把现代性纳入它的最激进的形式之中的绝无仅有的思想。但实用主义流派众多，它难免也有消极的一面，比如，在实用主义阵营中，对抗科学主义的自然主义的方法不仅带来了罗蒂的反哲学，也带来了功能主义和规律主义等消极的理论。

维特根斯坦之后，实用主义的理论都明确地区分了自然因果的意向性状态与规范的意向性状态，但在一些实用主义的理论中，我们仍然能看到一种消极的功能主义的倾向：它只把意向性状态看作是对外在世界或具体的社会生活形式（规范）的感知或接受，即认为，规范的意向性状态是受制于公共的生活形式的。这也就是说，这种功能主义坚信，传统哲学中的独立的命题态度是没有意义的，正因为规范的意向性状态是受制于公共的生活形式的。

布兰顿批评了这种功能主义的思想。在他看来，没有理由认为我们可以通过制约语言使用的公共适当性原则来理解意义、理解、信念或意愿，并因此可以把这些意向性状态的表现形式视为主体的社会感知和实践的结果。这种理解意义、理解、信念或意愿的方式是消极的。这种观点错误地取消了我们对外在世界的理性推论的反应与功能性的反应的区别，即取消了概念的使用和判断与吸取环境信息的非概念使用的（生物的）工具性的干预活动的区别，它只关心外在世界与社会的功能性反应（工具性的干预活动）的关系。① 布兰顿认为，我们更应该关心概念的使用和非概念的使用的区分（differentiation），即区分两者。但实用主义之后，有许多语言学家（福多、德尔特斯克和密里坎等人）则关心它们二者的融合或同化（assimilation）。

　　尽管功能的解释也可以是规范的，即我们可以用规范的语言去解释一个统一的结构或系统之间的联系，但是，只有区分了认知的规范与非认知的规范，才有可能得出真正意义上的规范。如果不能区分这一点，规范的解释就会与各种目的论的或进化论的规律混淆起来；我们很可能会把不同状态之间的协调或系统的自组织当作一种规范的显示。把生活形式与各种不同的意向性状态的协调统一视为规范的，这种理解潜藏的危害是，它很有可能把包含着认知要求的规范还原为没有认知要求的规范。

　　功能主义解释也必然会是一种社会行为的因果解释，即它必然会以外在的合理性行动为原则。天下雨了，最好的办法是躲到树下避雨，以免被淋湿，因此，到树下避雨是最好的保持干燥的方法，这也就是说，你如果不想被淋湿，就**应该**到树下避雨。这种能表示行为具有合理性的意向性状态，首先是为行为的合理性决定的。如果行为本身缺乏合理性，意向性状态也就没有合理性，因此就无法从规范的角度对它作出解释。德内特和戴维森都在不同程度上持有这种观点，即他们都把合理性视为解释意向性所必然要涉及的范畴，但这种确定意向性的规范性的方法还是带有明显的因果理论的印迹。

---

① Cf. R. B. Brandom, *Articulating Reasons: An Introduction to Inferentialism*, p.2.

在布兰顿看来，重要的是用一种规范的词汇来确定一种意向性状态，而不是用外在的合理性的词汇来确定一种意向性状态，这是规范主义的意向性解释的基本立场。这种立场可以由下述口号来表示："确定一种意向性状态就是确定一种规范的状态。"[1] 在布兰顿看来，意向性状态的特殊性在于它具有强烈的自主性，它总是带有自身的观点或命题内容，因此，它不会满足于直接接受一种理由。要求有更好的理由的意向性是给出理由和要求理由的社会实践的关键。只有"要求有更好的理由的意向性"才会"关注人们承诺作出承认的进一步的信念是什么，什么信念是必须包含在内的，什么是承诺或具有资格去说和去做的。"[2] 但如果我们只提供一种对真理所包含的东西的描述性的或事实的说明，我们就看不到或会忽略这种看待真理的规范的方法或态度。具有基于事实之上的有关真理的描述性的说明，只表明我们理解一种与真理相关的事实，但并不能表明我们真正知道或把握了真理这一概念。因此，布兰顿赞同达米特在这个问题上的看法，即我们知道在何种情况下正确地应用一种断言和信念，还不能说我们理解了真理的概念，因为这只是一种实践的知识，它只是掌握了它们（断言和信念）在何种的应用的情境中的应用的知识。

在功能主义的理论之外，由于考虑到传统哲学对规范以及规范应用的理解的错误，实用主义提出了一种规律主义（regularism）的理论。在这种实用主义看来，不存在由规范的规则开始的实践，实践完全是一种无须任何外在的规范的评判标准的干预的实践。这就是说，规范主义试图区分规范的意向性状态与自然因果关系引发的意向性状态，而规律主义则否定可以做这样的区分。在规律主义看来，合乎规律的或某种恒定统一的状态就是规范的，并不存在与这种规律性状态脱节或相异的

---

[1] R. B. Brandom, *Making It Explicit：Reasoning, Representing, and Discursive Commitment*, pp.16-17.

[2] R. B. Brandom, *Making It Explicit：Reasoning, Representing, and Discursive Commitment*, p.17.

"规范性"的状态。如果我们承认，所有自然的事物（人或其他生物）都是受制于自然法则的，整个自然不过是一个由法则制约的系统，所有的自然事物都按照它所从属的法则合乎规律的运动，那么，作为自然世界一部分的人的意向性状态，又如何可能具有其特殊的规范的意义？对于这样的问题，似乎只有首先区分了什么是事实上做的和什么是应该做的，才有可能作出回答，但如果真的采取这种方法，也还存在困难，因为，什么是应该做的或被认为是正确的行为总是会有争论的。支持应该如何做的规范本身是可以改变的，因而，一种被认为是正确的行为，从另一种规范概念来看，则又可能是错误的。

　　规律主义对规范所做的"去规范的"解释，的确使它走出了传统哲学的规范证明的困境，但这种规律主义不能解释观念和思想的进步和发展的问题，它充其量只能借助于对规律的描述或对规律的认识的深化，来表明某种变化。按照规律主义的看法，如果我们把规范看作是隐含于实践中的，并为实践本身所确定的，那么，就不存在由规范的规则开始的实践，实践完全就是一种自主的实践，一种无须任何外在的规范的评判标准的干预的实践。但把规范还原为自然主义意义上的社会的自发的自我调节机制，即一种行为规律（regularities of behavior）是否合理，我们是否真的可以用一种规律主义的理论去解释隐含的规范，即从根本上消解它？

　　布兰顿认为，可以为规范解释的意向性是与直接受制于因果—功能关系的意向性完全不同的，因此，规律主义是站不住脚的。如果规范的实践被看作就是行为的规律的一种表现，那么，实践就不需事先知道什么是规范，即实践者就不必求助于规范。如果是这样的话，"在这里，'符合规则'就是促成规律性的行为，因为它按照规律可以（为我们）看作是正确的。"① 实际上，一旦把规范还原为行为的规律的理论，规范

① R. B. Brandom, *Making It Explicit*: *Reasoning*, *Representing*, *and Discursive Commitment*, p.27.

本身就完全失去了它的规范的特性，在这种情况下，我们就无法知道，一种行为是受制于规范的评价的，还是受制于自然的法则的。原本在自然的法则与规范的评价之间的鲜明的区别与对照，在规律主义的理解中将完全消失。

困扰着规律主义的还有一个更致命的因素：规律的多样性的因素。任何一个特定的行为种类都可能表现为许多不同的规律。作为一种行为的规律的东西只能是具体的东西，像一般的或普遍的行为规律这样的概念是抽象的，它实际上根本不存在。这主要是因为，行动本身是变化着的。只有某种行为具有优先的示范价值或特权，我们才有可能说它是另一个或其他行为的规律（作为其他行为是否适当的标准）。但这样做，实际上就超出了规律这一概念，因为作为一种规律的东西，是整齐划一的，决不可能有其中的一种优于另一种或一种能够成为其他规律的示范的现象。并不存在某些规律可以单独挑选出来，作为其他规律应该参照的示范或其他规律必须与它相符合的现象。实际上，规律主义者是不能说，某种行为的规律是另一个行为规律的示范，或一种行为规律在众多的规律中拥有应当特别加以保护的特权的，只有规范主义者才能这么说。

既使我们可以通过对规律的大量仔细的描述寻找出不相容的规律，从而挑选出正确的规律，即那种人们倾向于去做的规律，这些规律也不会是个别的，它也会是无限多的。但如果规律主义作出选择的话，它将陷入既想给出一种具有示范意义的规律模式，又不想因此而遁入任何规范选择的二难困境。有点是肯定的，把隐含于实践中的规范用规律主义的方式还原为实践中的行为的倾向性，必然会消除行为的正确和错误的对照（把倾向性当作就是规范性的东西，对错的二分法就不存在了），但这种对照正是我们有可能规范地去评价一种行为的基础。如果把人们做事的倾向性看作是合理的（仅仅因为它是行为的倾向性），所有关于对与错的规范的区别将不复存在。规范主义的规范选择有可能是对规范的任意选择（gerrymandering），即有不公正的选择某种规范的可能，而规律主义一旦作出选择也同样会陷入规范选择的困境：规律主义倾向于赋予一种规律以特殊地位的方式是自相矛盾的，因为规律主义就意味着它只能接受某种规律而不能作出任何选择！"求助于倾向性以便挑选出或树立一种独一无二的规律所表现出来的反不公正的选择，并不能拯救这种彻底的规律性的观点。"[①] 这就是说，规律主义的目旨在反规范主义的操纵或捏造的客观主义是不能成立的，它根本做不到这一点：用一种客观的规律性的解释代替规范主义的解释。

另一方面，哲学的实用主义变向之后，今天的社会化理论和公共评价理论都倾向于对规范的实践来源做社会化的解释。由于社会实践的社会的特性，单个人的行为总是会受到社会其他成员的评价，人们提出赞同或反对，因此，社会实践的特性是大家必须相互服从，不可能有人能单独地应用一种规范，在这里，人们也不承认有某种现成的规范。在特定的实践情境中，行为必须符合特定情境的其他社会成员的观点和要求，否则，它就不能被接受或必然会遭到排挤（惩罚）。与此相反，若一种行为表现得与实践情境中大多数人的观点相符，该行为则会受到赞扬。社会实践本身带有一种"抱团"的特点，异己的观点往往是不能被容忍的。这是一种个人的社会化的运动，它的直接的结果是带来了一种社会实践的准则。由于人们相互不断实施各种评价或对彼此的观点相互挑剔，逐渐地使社会实践的准则带有事实上（de facto）的规范的力量。这种行为准则的规范的力量由相互评价或相互监督的社会化实践所赋予，而不是来自于理论的规定。社会化的行为（相互监督相互评价）不断加深，人们对事实上的规范的认同也日益加深。

但社会评价理论仍然犯了规律主义的错误，因为它仍然使用了类似规律主义的社会学分析的方法，它回避了在社会化的相互评价的活动中，隐含的规范本身的定义的问题，即规范如何与不公正的或虚假的规

---

① R. B. Brandom, *Making It Explicit*: *Reasoning*, *Representing*, *and Discursive Commitment*, p.29.

范区分开来的问题。——规律主义取消了这里的问题，因为在它的自然主义式的还原论中，已不存在这种区分。在规律主义的解释中，规范的选择的问题被放弃了。在社会评价理论中，如何把一种特定的行为的规律看得比同一种相似的行为规律更有意义的问题再次出现了。然而，社会评价理论对这个问题无能为力，因为，如果我们不能区分什么是实际上做的和什么是应该做的，那么，我们也就根本不可能对行为的真正的规范意义作出解释。

社会评价理论没有把按照规则行动和按照我们对规则的理解行动作出区分，它的相互评价和相互限制的惩罚性的观点取消了区分，但评价本身可以是对的也可以是错误的，因为在这里没有对规则的理解，即没有明确的以对规则的理解为动机的行为，因此，对行为的评价性的惩罚本身也是缺乏规则理解的行为（可能错也可能对），它们都属于一种前规范的行为。如果一种处于前规范状态的不正确的行为，按照一种规范的态度把它作为不正确的行为加以惩罚，就会成了正确的惩罚，这样就假定了某种正确的规范的存在。这便显得自相矛盾了。必须看到，把隐含于社会实践中的规范解释为一种社会化（相互评价式的相互制约）的结果，也有自然主义的色彩，因为如果它把隐含于社会实践中的规范视为社会化机制自生的，而不是把它看作是在实践者的特定的个人观点或规范态度的调节下所实现的结果的话。显然，那种通过社会化的相互评价的"约束"磨掉每一个人思想观念上的"棱角"，并强化一种统一的观点的"社会化"，并不是真正意义上的规范的社会化。

布兰顿认为，后期维特根斯坦的哲学的一个重要贡献是，尽管他揭示了把规范理解为明示的或具有独立于实践的先验地位的调节论的悖谬，但并没有否认社会实践的规范的存在：他把规范视为是隐含于社会实践中的东西，对他来说，隐含的规范仍然是一种规范。"维特根斯坦所要讨论的问题就是要使这一点变得可理解：隐含于实践中的规范既不会像调节论所做的那样失去隐含的观念，又不会像规律主义所做的那样，失去规范的观念。"①

如果我们承认，在概念的应用上，存在一个基本的规范的层次，以及富有意向性状态的命题内容或推论的意义也存在规范的层次，那么，就有必要建立一门新型的规范实践的理论，以便对隐含的规范是什么作出解释，这种解释不仅必须摆脱传统哲学的明示的法则的倒退悖论，而且必须彻底地走出规律主义的还原论。②

2. 在如何看待规范实践的问题上，布兰顿打算回到他所认为的黑格尔的有关概念规范的实用主义的解释。在他看来，黑格尔的实用主义的解释与消极的实用主义不同：他通过把规范状态理解为一种社会状态，把规范实践的问题带回到了现实的世界，但却并没有因此把规范与任何非反思的"社会规律"或社会"功能"等同起来。他把一切先验的建构（transcendental constitution）都还原为社会的制度（institution）的建构的观点并不是对规范概念的取消，而是用一种理性主义的实用主义的观点对规范实践的本质和意义作出新的理解。

黑格尔的精神科学（Geisteswissenschaften）在研究概念的使用和它使事物成为可能的方面，具有其恰当的规范，它并非简单的或没有任何规定性的历史的东西，因为在这一点上，黑格尔表达得很清楚，可以称为精神科学的活动是一种只有**概念的使用者**才能做到的活动。黑格尔的精神科学的理论当然不是一种文化的理论，相反，它恰好是一种试图在文化的领域作出区分或建立它的可分辨的原理的理论，黑格尔的精神

① R. B. Brandom, *Making It Explicit*: *Reasoning*, *Representing*, *and Discursive Commitment*, p.29.

② 在布兰顿看来，维特根斯坦的理论静默主义（theoretical quietist）使他并没有打算建立这样一门规范的实践理论。但如果维特根斯坦希望把他的哲学视为一种诊断、一种使我们对语言实践的理解回到正确的立场上，从而变得健康的病理学，那么他就必须先有一门关于什么是健康正常的语言实践的规范的实践理论。——这正是布兰顿希望能做到的事情：他希望通过话语推论的方法，对隐含于实践中的规范作出解释，从而使维特根斯坦的作为一种诊断的哲学理论能够真正拥有一个规范的语用学的基础。

科学是建立在它自身的规范词汇或规范概念之上的，这就是说，它不是建立在任何自然主义意义上的概念词汇或规范之上的。布兰顿所感兴趣的正是黑格尔精神科学所包含的通过概念表达的可分辨的规范原理。正像他所说的：

> 我主要关心的是，黑格尔称之为"精神"的特殊类型的概念表达（conceptually articulated）的显现所可能促成的是什么。只有通过使用在原则上不会还原为自然科学的词汇的规范的词汇，文化的生产和活动才能这样清楚地显示出来（虽然相同的现象在另外的描述中，在那种词汇中是可使用的）。的确，自然料学的词汇（像任何其他词汇一样）的发展，其自身也是一种文化现象，但只有在由精神科学提供的概念的视域中，它才能成为某种可理喻的东西。自然研究自身具有它的历史，而这种研究自身的性质（如果有的话），是必须通过历史的研究来加以探究的。我们归功于黑格尔的正是这样一种图景和志向。①

在布兰顿看来，黑格尔哲学的影响正是表现在有关概念规范的实用主义的解释上。

康德的一个伟大洞见是：判断与行动必须通过人的特定的规范状态（我们在特别的意义上对事物负责）与只是自然的人的反映区分开来。他把概念理解为决定什么正是我们打算负责任的东西，以及决定什么是我们打算作出承诺的东西和什么是使我们有资格这样做的东西。然而，康德脱离经验的熟知的现象领域进入本体的领域，这使得他在自然和规范的起源、概念的约束性方面，设置了许多困难的问题。黑格尔正是通过把规范状态理解为一种社会状态，把这些问题带回现实的世界，即通过提出所有的先验的建构都是社会的制度的观点来做到这一点。在这种

---

① R. B. Brandom, *Articulating Reasons：An Introduction to Inferentialism*, pp.32-33.

背景下，使事物清晰明白和可理解的东西，就是基于隐含的社会实践规范的一种表达。①

康德在这一点上是对的：我们作为自然的人，面对的是自然的法则，而我们作为理性的人面对的则是概念的法则，这是康德的二元论对我们与世界的认识或实践的关系的一种说明。对于康德而言，作为一种概念的法则的东西是理性为自身设立的，因此它是明示的和先验的，即先于经验和实际的认识和实践而存在的。把规范性的东西视为明示的，也就是把它视为拥有自身的应用规则的一种规范，因此，规范性的状态是明摆着的或现成的，通过它，我们可以对意向性状态作出评判。也正是在这种意义上，康德把概念理解为决定什么是我们要负责的、什么是我们要作出承诺的，以及什么是我们有资格做的。但把规范当作明示的规则或原理来看待，规范的使用就没有具体的使用的情境条件这个中间环节，即我们就可以不必考虑具体的应用情境而直接使用一种规范。在这种情况下，也就不存在规范应用的适当性的问题。在这种规范体系中，规则或原理、命令、契约或约定，都是明确地规定好的，即都是在独立于具体的实践或经验的情况下制定的，它们都是通过规定来决定什么必须做或应该做。而行为的正确性就表现为它符合种种规则，亦是规则、原理、命令或契约所要求做的。在这种规范理解中，行为的规范评价是用一种程式化的方式来进行的，对一种行为的审议、思考或评判完全是从什么规则应被遵守的鉴定程序开始的。康德用一种法律的术语把合乎规范的称之为"合法性的"，这等于把规范当作一种具有法律的效应的东西来看待。② 规范可以像法律一样确定，什么样的行为是合乎规

---

① Cf. R. B. Brandom, *Articulating Reasons: An Introduction to Inferentialism*, pp.33-34.

② 康德把理性的概念规范比作法律，把规范性称为合法性，因此，合乎规范的认知和实践的行为也可以称为合法的行为。把概念性的规范与法律进行类比，是康德继承了格劳秀斯和普芬道夫的启蒙运动的传统的结果。这一传统把规范性的概念在自然法和实在法中的体现，视为是打破自然法和实在法只是单纯的本体和事实的反映的观点的关键。规范性概念的不同是，它是可以由理性以明确的条文的方式制定的、是理性自身的概念的产物，因此，相对于实际存在的本体性的经验世界，它具有独

则的，因此是合法的，什么样的行为不符合规则，因此是不合法的。在这种情况下，一些熟知的制度性的或经验性的惯例是没有任何合法地位的——这也就是因为它们没有规范性的概念并且不是明确地写下的或制定的原理性的东西。

布兰顿关心的是这里隐藏的规范实践的难题：把整个理性的规范（实践和认知的）比作法或与一种法的命令的形式相结合是否是正确的或合理的？从黑格尔式的理性主义的实用主义出发，布兰顿并不赞同康德的观点。对康德的观点，他评论道：由于热衷于一种较为偏激的启蒙运动的传统，"康德想当然地认为，不管是对适当性的判定或确定某些判断或行为是不是适当的，用'法则'或'法律'来称谓这里所做的判定是合适的。"[1] 康德像这个时候的其他哲学家一样，把理性的规范当作一种法来看待，即对他们而言，理性规范概念本身就可以当作法来看待。在这里，明确制定的法则，并不是规范的一种法则，而指的就是规范本身。而作为这样一种法的规范概念，具有类似法的效应，它是一切实践的适当性的评判标准。

在布兰顿看来，康德的不加区分的规范概念会带来一种不能自圆其说的调节论（regulism）。[2] 调节论所指明的规范状态摆脱不了一种被动的状态（尽管在康德那里，规范服从被赋予了强烈的反思的特性），由于认为合乎规范的或适当的行为就是规范的根本性原理所制约或引导的一种表现，规范实践的自主性的状态就受到了很大的限制或从根本上消失了。这也是一种理智主义或柏拉图式的规范概念的产物，它总是用

立的自主性或主权性。无疑，这一法律的启蒙运动的传统是激进的，因为它不仅认为法律必须符合规范性的概念，而且认为，法律具有独立于具体的经验实践，并能成为经验实践的命令性法则的特性。

[1] R.B. Brandom, *Making It Explicit：Reasoning，Representing，and Discursive Commitment*, p.19.

[2] 布兰顿把在任何情况下都始终把实践的适当性看作是为根本性的原理所制约的，称着为规范的调节论。(Cf. R.B. Brandom, *Making It Explicit：Reasoning，Representing，and Discursive Commitment*, p.20)

明确的规定的方式，把对实践的正确性的评判与决定什么是正确的原理或规则联系起来。布兰顿认为，维特根斯坦关于遵循规则的讨论，改变了人们对规范实践的适当性问题的看法。维特根斯坦之后，只有规范的应用是适当的，我们才能说，规范的实践是适当的。这也意味着，缺少了应用的适当性这个环节，就不存在规范实践的适当性的问题。规范的应用是一个独立的环节，它要求应用者（实践者）具有自主的判断能力。实际上，为明示的规则所制约的适当性，取决于为实践所制约的适当性，即由明示的规范开始的规范实践的适当性，取决于规范应用的适当性。以法则的形式出现的明示的规范，是以规范隐含于实践中为前提的，即它必须事先假定，规范是隐含于实践（自主的规范应用）中的。

作为规则或法则明示的规范，其规范的意义实际上是隐含于实践中的，因为一个规则决定某事是否正确（一个词是否该使用，钢琴是否应调弦等），必须在具体情境中才知道（康德没有考虑具体应用情境的适当性）。把法则应用于具体情境中才知道正确与否，因此，"只有在能够确定如何应用才是正确的实践的语境中，一个规则、原理或命令的运用才具有规范的意义。"[1]对于任何规则的应用，都有一种使用它们的方法。只有当正确地应用了，规则才决定行为的适当性。如果调节论者认为所有的规范的规则都是对的，那么，对一种规则的应用本身就应该理解为是正确的，只要它的应用所根据的是另一个规则，但这就要求有规则的应用的规则。这种属于调节论或康德式的范导性的规则的观点，把规则视为一个封闭的规范体系，它完全排除了规则的实践的适当性问题。[2]

---

[1] R.B. Brandom, *Making It Explicit: Reasoning, Representing, and Discursive Commitment*, p.20.

[2] 布兰顿把调节论、理智主义与维特根斯坦的语用学对立起来，在这种论述中，把规范视为先验的、存在于明示的规则或规则原理中的康德是被当作一个调节论者来看待的。但布兰顿也指出，如果更完整地看待康德的理论，康德在某些方面又不是一个调节论者或理智主义者。在《纯粹理性批判》中，康德甚至就判断力这个概念提出了与维特根斯坦相同的倒退论辩。(Cf. I. Kant, *Critique of Reason*, Translated by N. Kemp Smith, Macmillan and Co, Limited, 1929, A132/B171) ——由于在康德

但如果根据规则来确定行为的正确性，只有按照正确应用规则的情景来决定（规则的正确性不能用来决定规则应用的正确性），那么这**后一种**正确性应如何理解？即这种正确性是如何来的，即什么是规则应用的实践的适当性？我们根据什么说，一种规则在具体实践中的应用是适当的？在对这个问题的解释上，引人注目的正是维特根斯坦的观点。维特根斯坦认为，带有使用规则的规范不可能是一种语义自足的封闭的体系，其应用的适当性完全由规范自身所决定。即使我们能找到一种有关规则的应用的规则，这个规则实际上也只是我们的一种解释或释义。因此，维特根斯坦否认我们可以通过**对规则本身的解释**来表明规则的应用的适当性，相反，他坚持认为，规则应用的适当性是与应用情境的解释联系在一起的，离开了具体的应用情境，规则的应用就无法证明它是适当的。这也就是说，规则不能独自使用，用一个规则解释另一个规则，也还是把规则当作可以独立使用的规范来使用。只有在能够区分正确与不正确的使用的应用情景中，我们才知道，对一个规则的应用是否是正确的。如果我们把规则的实践的适当性本身看作是由规则制约的，就会遁入无限倒退的困境之中。

维特根斯坦把这里的规范应用的危机也看作是一种我们无法逃避的悖论：

> 我们的悖论是：没有任何行动的过程可以由规则来决定，因为每一个行动的过程都可以是按照规则给出的。答案是：如果任何事情都可以按照规则作出，那么，所做的任何事情也可以是与规则

的先验逻辑中，规范的确是被当作先验有效的明示的规则来看待的，因此，布兰顿认为他又有理由把康德当作一个调节论者。但布兰顿还是承认，康德有两个方面的理论：在理论方面和实践方面通过判断力显示的关于我们的意向性状态的理论，以及把规范理解为是具有明示的规则性的（先验制定的）的理论。第一种理论是我们可以接受的，而第二种理则是不能接受的。(Cf. R.B. Brandom, *Making It Explicit*：*Reasoning*，*Representing*，*and Discursive Commitment*，p.30)

相冲突的。所以，这里既没有符合规则也没有与规则相冲突的事。

这里可以看到一个误解，从我们作出论辩的过程中，我们一个接一个地作出解释的纯粹的事实来看，好像每一个解释都至少能给我们暂时的满足，直到我们想到这种解释背后的另一种解释。这些事实表明，存在一种不是用解释来把握规则的方法，它显示为是一种我们可以称之为"遵守规则"和在实际事例中"按照规则做"的方法。①

规则的使用能消除疑问，也只有正确地使用了规则才有可能，但问题正在于什么是正确地使用规则，而这个答案是不能通过对规则的解释获得的："在这一点上，规则能告诉我们该怎么做呢？按照某种解释，不管我怎么做，都是按照规则做的。——这并不是我们应该说的，相反，任何解释都与它的解释一道是悬而未决的，并且不能为此提供任何的支持。解释自身并不能决定意义。"② 对规则的解释可以替代规则，即没有任何解释可以排除对最终的规则的需要，因为解释本身也总是受制于规范性的评价。如果对规则的应用不正确，任何解释也是错误的。只有假定人们可以正确地做某事，即按规则做事，规则才能告诉我们如何正确地行事。这就是维特根斯坦认为，要避免这样的悖论，就必须放弃用对规则的解释来把握规则的方法，而采用一种把握规范应用的适当性的方式，没有这种实践意识，正确的和不正确的行为就无法作出区别：到底是符合规则还是违背了规则的评判就无从展开。

上述对规则的应用的解释的倒退悖论表明，需要一种语用学的规范概念，一种**隐含于实践中的行为的**正确性概念或规范，即一种先于对规则的解释而存在、对规则和原理做明确的解释所必须事先假定的正确性的规范概念。如果有这样一种隐含于实践中的有关行为的正确性的概

---

① L. Wittgenstein, *Philosophical Investigation*, 201, p.81ᵉ.

② L. Wittgenstein, *Philosophical Investigation*, 198, p.80ᵉ.

念，那么，我们对规则的应用的正确性就可以不依赖于对规则本身的解释，即我们就可以无需证明地使用词语或作出断言，而不必担心它一定是错误的，因为一种词语的使用或断言句可以是在符合语用学意义上的正确性概念的情况下为真。因此，维特根斯坦说："没有证明地使用一个词，并不等于错误地使用它。"① 这里存在一种不基于公开显示的证明的正确性，一种实践的正确性。因此，"'遵循一种规则'，也是一种实践。"② 就像一般逻辑的论断需要具有某种规范的语用学的意义一样，调节论者、柏拉图主义者和理智论者的规范概念必须由没有调节观念的语用主义的概念来补充，这就是说，基于规则的应用的适当性必须基于规则的实践的适当性之上。

维特根斯坦的倒退论辩以及他的语用学，迫使人们对实践的知识 (knowing how) 与理论的知识 (knowing that) 的关系重新作出反思。由规范或公理支配的规则的认识只是理论的知识，而如果能够真正知道，规则在具体应用情境如何应用才是正确的，即符合特点情境的要求 (时间、条件等)，我们才有实践的知识。只有理论的知识，就不可能知道规则在具体应用情境中的正确应用。维特根斯坦已经表明，在一个规范或公理系统内对规则的解释是循环论证的，即无限倒退的。规则与公理不同的地方正在于，它是用来指示事物的，因此是受制于特定的应用情境的。对于公理而言，独立于应用情境并不影响它的系统的自我解释的一致性。依赖于规则的推理与依赖于公理和规范的推理解释的不同正在于，它的推理的条件句中是包含了个别事物在内的，因此，规则必须指导如何应用条件句，即如何把一个具体的对象纳入推理的条件句中，

---

① L. Wittgenstein, *Philosophical Investigation*, 289, p.99ᵉ.

② L. Wittgenstein, *Philosophical Investigation*, 202, p.81ᵉ. 但布兰顿也认为，维特根斯坦的倒退论辩只是揭示了如果缺少了语用学意义上的隐含于实践中的正确性概念，规则就不能表明它应用的正确性，而并没有提供一个关于实践的适当性的概念。(Cf. R. B. Brandom, *Making It Explicit*: *Reasoning*, *Representing*, *and Discursive Commitment*, p.22)

从而构成一种有内容的推理，而公理或规范的推理解释则并没有这样的要求（它可以是没有内容的）。因此，把握这样的规则性推理的实践的知识是隐含的，它与明示的规则本身的知识（理论的知识）完全不同。

只有这两种知识的结合，才有可能告诉我们什么是正确的规则的应用，什么是不正确的规则的应用。调节论和理智主义把所有实践的知识还原为理论的知识，即把所有的隐含的知识都看作是明示的知识，从来没有想一下，是否有些知识是我们知道，但却说不出来的。维特根斯坦的倒退论辩的意义正在于，它深刻地揭示了这一点：明示的理论知识并不是获得规则的应用的适当性的保障，没有隐含的实践的知识，就无法对规则的应用的适当性作出判定。

布兰顿认为，在这一点上我们还应该比维特根斯坦理解得更好。维特根斯坦并没有考虑这样的问题：如果说一种实践的知识能使我们摆脱种种约束，对正确和错误的语言实践作出分辨，那么，它到底是一种什么样的能力？这种确定正确与错误的规范又是如何隐含在实践中的？

对于布兰顿而言，所有这些问题，独立于具体的实践是无法作出回答的，也不能对它作出回答。我们所能做的只是，"为根据一种实践**认为**某物为真的实践态度提供一种说明，然后通过这种态度对按照一种实践是正确的状态作出解释。"① 这是一种布兰顿认为我们唯一可能采取的有关隐含于实践中的规范的描述方法。它从隐含于实践中的规范概念开始，然后再去分析它是如何构成了以命题的方式清楚表达的论断或规则。这一方式正好与调节论的方式相反，后者是从原理中明示的或清楚规定的规范开始，然后再寻求它在实践中的应用的可能性。布兰顿的话语推论的实践就是要展开一种与调节论完全不同的、从隐含于实践中的规范概念开始的实践，它的最终目的是为断言性表达的真理性或客观性做话语式的记分评价。布兰顿这样做也就完全超出了维特根斯坦的整个

---

① R. B. Brandom, *Making It Explicit: Reasoning, Representing, and Discursive Commitment*, p.25.

倒退论辩理论的范围。

3. 布兰顿认为，我们不接受康德关于规范是公开的规则的观点，但我们却不能拒绝康德关于我们是通过判断力来显示我们的意向性的观点。如果说自然事物都是按照自然法则运动的，即受制于自然法则的，那么，作为能够进行推论（discursive），即能够使用概念、行动和判断的主体的我们并不是受制于法则的。我们和自然事物不同的地方在于，作为规范的存在物，我们受制于规范（康德视为法则）的方式是完全不同的。"作为自然的存在物，我们按照法则行动。作为理性的存在物，我们按照我们关于法则的**概念**行动。"① 这就是说，我们不是直接听命于法则，或像接受一种指令一样接受法则，相反，我们是在形成有关法则的概念、对法则作出独立的理解和把握的基础上应用规则。②

布兰顿非常看重这一点：法则如何在不像自然法则那样直接强迫我们行动的情况下"强迫"我们行动。规范性的法则的强制具有它十分特殊的方面，它与直接受制于自然法则的那种非反思的状态完全不同，康德指出了服从于这种法则的反思的特点：它是在理解法则并形成一种相应的概念或解释的情况下，把规范与自身的行为联系起来的行动。因此，我们是按照我们对法则的理解和把握来做的，法则不可能像一种指令那样指导我们的行动，即法则并不能像自然法则那样直接强迫我们。真正迫使我们去做某事的并不是法则，而是我们对法则的承认。我们对

----

① R. B. Brandom, *Making It Explicit: Reasoning, Representing, and Discursive Commitment*, p.30.

② 康德的整部《实践理性批判》所要解决的就是这个问题，所谓的理性的意志，其实就是把握和理解规则，而不是简单地听命于规则。因此，按照法则行动，并不是受制于某种必然性，按照法则行动，只表明我们受制于一种理性的必然性。像对待自然法则那样对待法则与把法则理解为是我们所理解和把握的东西，是两种不同的我们把自己与法则联系起来的方式。康德的整个实践哲学的重要工作就是完成了这种区分。它主要表现在下述两个基本观点上：（1）对因果模式的"应该"与规范的"应该"的区分，对出自于因果力量的"必须"与出自于逻辑或理性的"必须"的区分。（2）明确地阐明下述自主性原则：我们是按照我们对法则的理解和把握来行动，而不是直接服从于法则，法则并不能像自然法则那样直接强迫我们行动。

法则的理解和解释是我们与法则之间的一个中介,在自然对象和法则之间并不存在这种中介性的关系。因此,如果我们把自己与一种法则联系在一起时,不是通过我们对法则的承认和认识这个中介,我们就等于把自己被动地与法则捆绑在一起。

在布兰顿看来,尽管康德的规范概念有调节论的嫌疑,但他的判断力的学说却清楚地区分了两种完全不同意义上的对法则的服从:对自然法则的服从和对规范意识的服从。对自然法则的服从是一种直接的强制,而对规范的法则的服从则是对我们自身的规范意识的服从。后者带有强烈的自主性,它暗示着,规则是为我们所把握并为我们所利用的。因此,实际上是我们在使用法则,法则是被使用的。这种思想也暗示着,可以从作为具有规范意识的存在物的我们的身上看到一种属于我们的**自由**。康德因此说我们是自由王国的一员,我们并不像必然王国的自然对象那样没有任何自由地受制于自然的法则,相反,我们拥有充分的理解和解释法则的权力,我们可以通过我们对法则的理解来运用法则。由于把我们视为具有推论能力的存在物(理性存在物),在康德那里,我们不仅有能力理解法则,我们还有能力对是否正确地理解了法则作出判定。康德在这里所指出的自由与能力表明,在行为和世界面前,我们不是被动的,而是自主的。我们不是一种对行为或观念不做任何分辨的惰性的存在物或按习惯生活、凭借一种自然的习性行动的存在物,相反,自主性使我们总是带有一种积极的规范认知的态度:我们不仅承认适当的行为,否定不适当的行为,而且对正确与不正确的观念作出评价。

但由于康德的规范概念具有明示的或先验的特性,在实践主体与规范之间总是会存在一种调节的关系(正因为这里的规范被视为是先验的东西)。因此,为了摆脱调节论的影响,布兰顿认为,我们应把康德的规范态度的理论与维特根斯坦的规范的语用主义结合起来。要做到这一点,就必须把我们对隐含于实践中的规范的承认与先验的或明示的规则的承认区分开来,否则,康德在判断力的理论中指出的规则与实践者之间的那种积极的中介的关系就会失去。这也就是说，如果作为一个理智主义者的康德与作为一个强调规范态度的自由的康德是不能共存的，那么，康德的规范态度的理论也只有置于维特根斯坦有关规范的实用主义的解释中，才不会丢失它的积极的规范实践的意义。只有彻底放弃康德把规范视为先验给定的、独立于实践的规范性原理的观点，康德的区分了自然与自由、规律与规范，并把规范与自由联系了起来的规范态度的理论的意义才能显示出来。

现在，如果我们认为，康德称为法则的规范是隐含于实践中的，即是经验世界本身自我设立的，那么，康德的规范态度的理论对规范态度的解释就会发生很大的变化。一个明显的变化是，规范实践不再是对规范的理解，而是对实践的把握，这就是说，对实践的把握将彻底代替对规范原理的理解。我们将像维特根斯坦指出的那样，进入具体的社会语言的实践活动之中，把自己当作社会实践的语言游戏的一员，把规范的态度调整为符合语言实践的规则的一种态度，并在这种背景下判定正确或不正确的行动。

一旦这么做，衡量什么是正确和不正确的行为的标准也改变了，我们的规范态度具体地表现为一种实践的态度，一种在规范的实际的应用中应用规范的态度。在这种情形下，康德关于我们不只是受制于规范，我们还对规范有一种敏感或意识的规范态度，就不只是针对明示的或先验制定的规范而言的，而是针对隐含于实践中的规范而言的。隐含于实践中的规范，也只有通过我们的理解和把握才能认识到的，它不可能构成一种服从的关系。从另一方面看，我们也不是被规范评价的存在物，相反，我们是规范的评价者，即我们用规范评价自己和他人，而不只是作为被评价之物而存在。[①] 当我们把康德所描述的这一规范态度置于维特根斯坦式的语用主义的规范理论的框架中，它就有一种全新的含

---

① 布兰顿用"规范状态"（normative status）和"规范态度"（normative attitude）来区分两者。（Cf. R.B. Brandom, *Making It Explicit*：*Reasoning*，*Representing*，*and Discursive Commitment*，p.30）

义：在这里，规范评价的主体所作出规范的评价，本身也就是一种实践行为，因为规范态度必须是隐含于作为规范的评价者的实践中的一种态度，它不是一种理论的态度，即不是一种以命题的方式来表示的态度。

带有自身隐含的规范的实践，必然不是一种机械地服从规范的实践或与实践脱节的规范制定的活动。规范是内在于实践中的，这就是说，规范是具体的实践本身的产物，它是由包含着自主的相互评价的活动构成的——它是隐含在人们相互评价彼此的行为是否正确的活动中的。当然，如果这么认为，就必须解释这样一个关键的问题：我们如何把这些相互评价的活动与每一个实践者个人的主观特性区分开来，以便把这些相互评价的活动看作是一种判定彼此行为的对错的实践的规范态度？

在布兰顿看来，在有关外部世界的认知中，我们必须把推论的反映与刺激性的归类或非规范的反映区分开来。铁在一定的环境下生绣，而不是其他物体，这种现象可以看作是铁这个物体对它的环境的反应和归类（铁对导致生绣的潮湿的环境与相反的干燥的情况做了归类）。这就像动物作为一种自然反映所吃的东西，可以解释为它把所吃的东西当作食物（它因此做了可吃的食物的归类）。但这些反应性行动和归类都只是把某物当作某物的**原始的**实践形式。在布兰顿看来，实践的行为反应还是有正确性的或适当性这个标准，它不能还原为我们如何把所吃的东西归为食物以及其如何对外在环境作出归类的行为，因为，错误的行为是存在的，不能把一切反应性的行动都看作是正确的，因此，这里必然会有一种实践的标准或规范。

布兰顿认为，一个去除了康德的理智主义的规范概念的实践仍具有它的规范的特性，它与自然的反应性行为是不同的，它把任何实践都置于不同观点的交锋的社会实践中来进行，因此，它具有社会交往的意义，因而是规范的。这种实践的规范是构成性的，而不是现成的或明示的。因为这些特点，它也是一种"给出理由和要求理由"的推理的规范，由于它带有社会交往的性质，它也是一种话语推论的**规范**。

这里的"规范"表现在说话者必须具备的说话（断言）的资格和担保某种资格的承诺。这里的规范通过相互评价，即相互赋予资格和相互作出承诺而得以存在。因此，"规范的实践"完全依赖于实践者的规范态度和规范状态。一方面，认知者本身采取一种认知的立场（规范状态）：认知者总是把自己的观点置于某种具有可推理的理由之上，而不是简单地置于某种"事实"之上；另一方面，认知者彼此相互承认（规范态度），即彼此同时作为一种断言的鉴定者或评判者，对所提出的断言作出相应的评价。这种后规范的实践的一个很重要的方面就是认知者保持认知的状态，即始终作出认知的承诺，在此基础上，认知者相互检查，以确定彼此是否作出了这种承诺。布兰顿认为，在维特根斯坦的实践观中实际上已经包含了这种思想，他的上述想法正是根据维特根斯坦的思想得出的，他所做的进一步的阐释，也就是要把这种思想充分显示出来：

> 按照这种想法进行详尽的解释就是追寻维特根斯坦所赋予的三个主题：坚持语言和意向性具有**规范的**特性，从实践上而不是完全从规则上理解这些规范的**语用主义的**承诺，以及对这些规范的本质上的**社会的**特性的承认。①

在布兰顿看来，这种思想的第一个主题的优点是，通过把语言和意向性视为规范的、不是心理或主观的，可以摆脱有关它们的解释的心理主义的不确定性的弊端。一旦从一种规范的角度去理解语言的使用以及所表达的意向性，它们就是可确定的，即我们就能明确它们的客观意义。这也就是说，只有通过解释，一种通过语言的使用显示的意向性才能被确定，意向性的意义不是直接呈现的，它只能通过解释才能确定其

---

① R.B. Brandom, *Making It Explicit：Reasoning，Representing，and Discursive Commitment*, p.55.

意义。因此，意向性的解释就成了我们确定一种意向性状态的方法。社会实践的作用正在于它能显示这样的两极：一方面是意向性解释的实践活动，另一方面是为这种实践活动所确定的意向性状态。布兰顿认为，在维特根斯坦之后，把意向性状态与意向性的解释联系起来已是一种普遍被接受的方式。我们只有通过对意向性的认定来确定或理解一种意向性。意向性解释的重要性是，只有它才能赋予意向性状态以一种态度或"立场"，即认定它表达了一种可辨认的态度或明确的"立场"（不通过他人相关的解释，意向性本身无法做到这一点：表明自身表达了一种态度或带有某种立场）。

把原始的意向性视为共同体所赋予的，实际上也就完成了对维特根斯坦的另外两个承诺的承认：意向性状态的规范意义只有从实践中建立，而不是从明示的规则上建立，以及对意向性状态的规范意义的确证必须从社会的角度来进行。尽管维特根斯坦的理论静默主义阻止了他建立这样一门完整的规范语用学的理论，但他的**语用主义**的承诺，以及对这种语用主义的特殊的规范本质的**社会性**的揭示，仍然具有很重要的意义。它的重要性正在于，它表明，规范是由一种带有强烈的**认知倾向**（共同体成员对彼此的一般意向性内容相互认定）的社会实践构成的，而并不是那种由明示的法则所表明的一般的或现有的社会规范构成的。布兰顿希望发展的正是这样一种积极的认知主义的思想。

三、概念推理主义与逻辑表达主义

语言学转向之后，对概念的形成有了完全不同的理解。从语言的实用主义的角度看，概念的使用被当作是一种根本性的语言活动（不再从心智上讨论概念），因此，断言与信念被视为一枚硬币的两面（这意味着没有离开信念的断言）。后期维特根斯坦、蒯因、塞拉斯和达米特都是语言学的实用主义者，他们通过考虑表达式的意义使用的策略，抵消了弗雷格—罗素—卡尔纳普—塔尔斯基的对意义所采用的语言的表象主义的方法。其中，达米特的观点最具代表性：达米特的观点是那种把语言的使用看作是先在的和独立的智性的观点，因此他认为语言是一种可以用来对心智活动的产生提供类比性地理解的模式。

布兰顿同意达米特的语言与思想的统一的理论，他同意这一看法：若直接把概念归属于表象，就会产生柏拉图主义的解释。因此，他支持一种构造性的、基于实用主义概念推理主义和逻辑表达主义。与分析哲学的主流的观点相反，布兰顿并不否认，探究语言在世界表达方面的词汇的功能是一种形而上学的探究，因为它假定对象性词汇可以表达所要表达的事物，而不只是限于表征的或描述的范围，比如通过把它与逻辑词汇相结合构成一种实质的而非形式的逻辑表达的词汇。布兰顿不能接受语言学转向之后，经验主义和自然主义对待对象性词汇的那种偏激的立场：它们都把对象性词汇与其他词汇的关联视为坏的形而上学。布兰顿认为，形而上学的意义探究方式仍然是有益的，只要不狭隘地局限于某种词汇的使用，而是以一种开放的态度使用各种可能有的词汇。与推理主义一样，表达主义的逻辑的模态词汇的使用的确带有形而上学的承诺，但它仍然要好于只承认具体的经验表象的词汇和实际使用的词汇的经验主义和自然主义。我们将首先对布兰顿的推理主义的思想做一简要的分析，其次，讨论布兰顿的表达主义的思想。

（一）语言的推理的本性

从达米特开始，带有单一的真值要求的形式语义学就一直处于被批评的境地。达米特早已指出："至少就一般应用于形式化的语言中的'语义学'这一概念而言，它通常是表示对语言的句子的真值条件作出系统化的解释：这样解释的目的，即赋予了每一个语言中完整构成的句子以一种值，真的或假的值，被认为是早已理解的，但在语义学理论自身中，它们并没有得到解释。"[1] 布兰顿深化了对形式语义学的批评：他

---

[1]　M.Dummett，*FREGE：Philosophy of Language*，p.413.

明确地指出，基于可能的意向性状态的命题内容应成为语言分析的出发点，即语义学应把**实质性**的命题内容当作它的研究对象。对他而言，这一点是清楚的：如果意向性状态是一种具有内容的意向性状态，那么，"语义学就是对这种内容的研究，而语用学则是研究具有这种内容的意向性状态、态度和言语行为的语力或意味。"[①] 在他看来，如果做到了这一点，我们就有了一种推理主义语义学：一种用推理主义的方式，把对意向性内容的研究与对意向性内容产生的言语行为的意图的研究结合起来的语义学。这是一种与形式语义学完全不同的**实质的**语义学。形式语义学既没有把意向性内容当作其研究的对象，更没有（也不可能）把自己的语义学分析拓展到产生意向性内容的言语行为的意图和情境条件，因此它只是一种形式的推理。

布兰顿并不否认那些对表达式的基本的逻辑常项进行分析的形式语义学的作用；这也就是说，他一样认为一种意义理论需要一种语义学理论的基础，但他认为，形式语义学必须能够转换为哲学语义学。只要不颠倒它们的关系，即把形式语义分析或谓词的变元分析置于意义理论或哲学的语义学之上，或把它视为一个独立的部分，形式语义学就能与哲学语义学共存。而这也就是说，推理不能停留在形式的推理的阶段，它还必须是一种实质推理。

布兰顿的这一思想主要体现在他的两个相互关联的概念上：第一，必须对概念内容做推理的理解，即把有关命题内容的推理视为概念分析的主体；第二，必须有一种实质上好的推理的观念，从而把推理与知识的表达或陈述联系起来（而不是仅仅关注于推理与"真"的关系）。这个相互关联的概念，突出显示了布兰顿的推理主义的本质特征，即它不同于传统意义上理智主义的推理主义的根本方面。

1. 形式语义学的分析方法的基本特点是：首先提供与单个的和一般

---

① R. B. Brandom, *Making It Explicit*: *Reasoning*, *Representing*, *and Discursive Commitment*, p.68.

的名称相关的概念的意义解释（以一种唯名论的表象的方式：以名称所代表的事物为依据），然后通过与这些名称的关联建构一种判断，并最后根据这些相关的判断进行推理。这种逻辑的解释顺序，仍然应用于当代表象主义处理语义学的方法中。这是一种通过赋予陈述性语句的语义的解释内容（比如，一种可能的世界的集合）开始的柏拉图主义的表象主义的语义理论。但在布兰顿看来，形式语义学在这样做时，并没有考虑这一点，要形成真正的推理，在解释像由单项词和谓词这类小句子的表达式的内容之前，我们得先处理整个地由陈述性（declarative）句子表达的概念内容。因此，形式语义学犯有两个根本的方法论的错误，第一，它把句子化简为复合的名称；第二，把判断化简为述谓（predicating）。①

把句子化简为复合的名称是语义学中的典型错误。比如，它从来没有区分对一种复杂对象的指称（referring）与对一个复杂对象的陈述（stating）。我们对一个画在圆点和方块之间的曲线的指称，不同于我们对这一复杂的对象的陈述——我们可以通过语言**说**，曲线如何在圆点和方块点之间缠绕，而不仅仅是"指称"这一复杂对象的存在。传统语义学之所以没有看到这两者的不同，原因很简单，一旦我们只从表征方面理解语言的功能，就会把这两者都当成是一种表征（这样它们似乎就没有区别了）。还有一种常见的说法是，我们可以把对一种事实的陈述或有意的表述视为表明一种事态（state of affairs），这样就可以把指称某物和说某物的不同显示出来，这种看法仍然是表象主义的，因为它仍然相信存在一种可以加以表述的事态。

形式语义学的第二种错误也是十分典型的：它仍然赋予了命题这个概念以一种表征的功能（命题不带有表达的含义）。这与它用一种**语义归属性的**述谓来替代判断的做法有关。语义学的指派模式仍然相信下述

---

① Cf. R. B. Brandom, *Making It Explicit*: *Reasoning*, *Representing*, *and Discursive Commitment*, p.84.

表象主义的信条：一方面是作为指称或命名的表征，另一方面是作为述谓的表征。从作为述谓的表征来看，作出一种断言的概念因此变得十分特独：断言是按照它可以把一个特定的事物表征为一个普遍的事物的模式来进行的，即所谓的断言也就是一种类似于对事物作出某种归属的行为：它用单项词（singular term）把对象显示出来后，再用一般的术语（general term）对它作出述谓性的陈述。在布兰顿看来，这样来处理作为一种断言的判断是完全错误的，它与弗雷格从作为思想（含义）的命题内容出发处理断言性的判断的方式完全不同。

形式语义学是把表征当作词语、短语本身固有的一种意义来分析的，这样，单个的词语或单项词和短语可以在一个句子中使全句产生一种意义。对于这一过程，语义学可以使用公理化的公理来进行分析，即它相信，一种公理可以帮助我们指明，这些词语与短语本身的意义以及由它们构成的整个句子的意义。语义学分析之所以能这样做，是因为它早已把词语或短语的语义内容看成是已经表征的，即已经是一种确定的表征。它因此可以首先从语言本身的用法或语义公理中去推导个别的词语或短语的意义。词语或短语的意义是可以首先确定的，也就意味着它们的意义都是表征的——无论这个表征是否带有约定的意思（如果相反，它们是**表达的**，那么其意义就无法首先被确定）。这种语义学的意义分析总要假定词语和一般短语有其字面上的意义，并把这种分析局限在这上面。由于这一点，形式语义学分析总是把自身的分析与说出句子的语境分开，这样一来，从字面上看，词语和短语的意义就始终是表征的（因为只有在话语实践的语用学的语境中，它们才有可能是**表达的**），它们始终是"语义学的原始成分"，它们成了一种布兰顿眼中的那种僵死的"没有解释的解释者。"①

求助这种基本的解释方法，形式语义学的判断学说把概念的联结

---

① R. B. Brandom, *Making It Explicit*: *Reasoning*, *Representing*, *and Discursive Commitment*, p.79.

当作判断来解释，而判断是否正确则完全取决于这种概念联结的是什么以及如何联结。语义学的判断学说只在有关概念联结的前提与结论的推理中运用判断，这样，判断就被等同于逻辑中有关概念的联结的一种推理的能力，而推理是否正确就完全取决于联结的是什么以及如何联结。① 形式语义学分析因此偏向于逻辑，它把语义值当作句子分析的唯一目标，从而完全忽略了从表达式上看的句子的断言性的（assertoric）真理与语义值的区别。把真理视为句子本身所固有的，或应归属于句子的，是因为只有句子是在特定的语气中说出的，即只有句子是带有说话者的判断和特定的命题内容的表达式。这就是说，句子不只是具有语义内容，它还带有语用（特定语境中说出的）的语气和含义。

布兰顿追随达米特，因此他始终认为，决不能把对表征的内容的分析视为意义理论的基础，而是应该认为，没有一种意义理论，也就没有表征内容；像由"真理"、"指称"或"表征"这些概念表达的内容，只有在有关断言的语句的使用和理解所做的更为全面的说明中才能作出解释。这就是说，没有通过断言性的语句的表达和理解，表征内容就没有任何意义和作用（这是布兰顿又把他的推理主义称为表达主义的原因）。只有真值条件意义理论才相信这一点：由形式语义学所提供的指称或指谓关系是判定语句是否为真的标准。在这一点上布兰顿与达米特是完全一致的：一种意义理论必然是基于语言的使用者对其所要表达或呈示的东西的理解之上的，所呈示之物（由名称或单项词或小句子所指示的对象物）不能当作直接的或原始的"证据"。语言在本质上是与原初的意向性联系在一起的，它是思想表达的工具，脱离其作为"思想的载体"的形式，它实际上也就没有真正的表征的或表达的功能，在交往上也只能传达一些最简单的观念。

当然，这并不是说对表征的语义学分析是无意义的，布兰顿认为，

---

① Cf. R. B. Brandom, *Making It Explicit*：*Reasoning*，*Representing*，*and Discursive Commitment*，p.79.

他并不是要营造一种反对把表征当作语义学范畴的一个核心内容的声势。相反，他认为语义学分析对于充分解释表征这一重要的语义学概念提供了一般的标准。只不过他反对把表征当作语义学的原始之物来看待，即反对把表征当作一个没有解释的解释者来看待。布兰顿认为，语义学是通过语用学上的**命题内容**来认定的。这种看法可以从康德、弗雷格和维特根斯坦的思想中找到，他们的思想都支持这种看法，即他们都反对只把与认识的判断无关的表征的内容当作语义学的唯一内容。实际上，一旦我们思考语义学与语用学的关系，就会看到，存在着一种语用学上的命题的优先性，语义学实际上无法简单地拒绝带有自身判断的命题。

在布兰顿看来，康德提出判断学说的一个主要目的就是要改变古典逻辑推理缺少真正的命题内容的状况。康德认为，认知或感知的最小的基本单位是判断。这就是说，判断是认识中的一种认知的能力，所有的知性能力都可以看作是一种判断的能力，判断并不只是逻辑中有关概念的联结的推理能力，判断是一种形成概念的能力，而概念就是可能的判断的一种陈述。简言之，如何把概念应用于具体事物身上，这就是一种判断力，缺乏这种判断力，就是没有能力去寻找它们之间的关系。康德把这种综合思维视为一种判断力，并根据它在自然科学和精神科学中的运用的不同，把它区分为两种类型的判断能力：**确定性判断力与反思性判断力。**

根据康德的解释，所谓确定性判断力，就是在我们面对一系列有关外在实在的规定或描述的时候，能从中看出它们彼此之间的因果联系的能力。因此，它与一般的理解力是不同的。一般的理解力只是一种对不同的感知经验进行综合的能力，而确定性判断力则是一种在不同的概念或规律之间进行综合的能力。在确定性判断力之后，康德又提出了一种反思性判断力，用来说明表现在人类理性思维中的另一种能力。按照康德的看法，确定性判断力是"**他律的**"，这就是说，确定性判断力是受制于具体的对象的：它只有根据有关对象的概念或规律进行推论，因此，它只能在具体的对象性概念之间进行因果联系。与此相反，反思性判断力是"**自律的**"，这就是说它的推论是不受制于对象的。相反，它只有超越个别性的对象性思维才能寻找到事物之间的因果联系。因为，反思判断的对象不同，它的对象是社会、心灵和整个人类社会内在的价值体系。

由于建立了这种与传统逻辑中的判断学说完全不同的判断学说，对于康德来说，任何有关经验内容的讨论都必须从判断的内容开始，因为任何内容只有是有助于形成判断的，才能称为内容，除此之外，就很难认为什么可以算作是经验的内容。正因为如此，康德可以建构一种先验逻辑（这是把判断当作经验内容，而不是把表征式的理解当作经验内容的必然结果），并可以通过范畴，即通过"判断的统觉意识"来研究命题内容。

根据康德的理论，可能存在的这种判断就是命题内容，缺少这种判断就不能说有命题内容，表征性的感知和理解不能用来解释我们的知解力（知性），因为它们不能提供命题内容。这里的判断与传统逻辑中的判断不同，还因为它是带有一种积极的主动性，不是被动的理解（机械地寻找主词与谓词的概念与概念之间的联结）或被动的表征。布兰顿认为，康德的判断力学说因此是从语用学出发的，因为他把认知看作是主体面对具体的认识对象的经验应用语境中的一种知解力活动（仅从确定性的判断力的角度看）；对他来说，认知不是从分析开始的，而是直接开始于综合；他的语用学决定了他有关认知内容的形式语义学的性质。

但在经验主义那里，即在形式语义学或形式语义学的传统中，康德对判断的本质特征的认识论的描述已被整个地遗忘了，只是到了弗雷格这里，才能看到对康德的判断学说的重新的重视。弗雷格对语义学所做的主要技术贡献的函数的概念，在《概念文字》中提出来就是作为服务于分解可能的判断内容的替换性方法的一个主要概念。在《算术的基础》中，弗雷格继续追随这种康德式的方法。在弗雷格之后，后期维特根斯坦也把句子的命题内容视为根本性的东西：他同样认为，只有句子（而不是名称或各种独立的小句子）才能表达一种判断或断言，而判断和断言所构成的就是命题内容。句子的命题内容不是单一的语义内容。命题内容可以出现在一切类似说出的句子的言语行为或表达式中，比如，"兔子！"或"火！"这样的言语行为，它们不算是一种在句法上完整的句子，但同样表达了一种语用学意义上的语力（不只是带有字面意义），它们因此同样具有它们的命题内容（对事物的一种态度）。它们实际表达的含义，可以解释为是在表达一种惊叹："瞧那只兔子！""起火了！"它们可以构成一种维特根斯坦的语言游戏。一旦名称用于意指什么，即用于声称某物是什么和把某物当成什么，它们就不再是简单的名称词，而是带有语力的命题内容的最简单的"句子"。而实际的言语行为总是如此，它们总是在表示什么：把某物当成什么或声称某物是什么。因此，对于维特根斯坦而言，真正重要的是我们"认为什么是真的"或"把某物当着是真的"语用学的态度，即我们所作出的判断或断言（asserting）的行为。而一般的语义分析中的语义"真值"（truth-value）和"指称"（reference）等语义学词汇，只具有一种辅助性的作用：在我们把断言性的语言中的隐含的语力和含义转换为清楚地表达出来推理后，语义分析中的语义词汇才能发挥作用，即只有它们在作为这样一种分析的工具时，才能体现它们的作用。

从理论上看，只要我们把意向性状态、一种态度和言语行为归为一种语义学内容，就能从它们产生的不同的语境中决定其语用学的意义。这样也就可以弄清楚，这些语言表达式是否是恰当地使用的。这也表明，只有特定的命题内容才能决定这里的语用学使用的意义，所以，对命题内容做具体解释也必然是语义学解释的任务。只要人们不是简单地从语言的交流的使用方面去使用语言，命题内容的重要性是很明显的。即使是对非语言机制的意向性解释，也同样依赖于具有命题内容的陈述或姿态和言语行为，通过给出各种信念，言语行为才显得是理性的。而且，可以作为推理的理由的必然是具有命题内容的句子。这一点极为重要，给予句子以一种意向性内容，就是认为句子的言语行为是理性的，因此，命题内容具有语用学上的优先性：不仅可以作为评价言语行为的意义，还且还规定了哪种非交流用途的语句是具有命题内容的。

对命题内容在语义学分析中的重要性的揭示，促使布兰顿提出了语义学必须与语用学相协调的观点。① 现在，这个曾经也为达米特所强调的道理变得愈发清楚了：只有把语义内容看作是直接出自于意向性状态，或直接就是某种表达的意图（而不是把它当作与语言表达式或句子固有的字面上的意义相关的内容），我们才能从不同的语境中去确定它的语用学的含义；否则，单纯的语义学分析将不可能给我们带来任何新的语言活动的内容。因此，我们不能把语义学分析局限在与小句子和名称词的分析相关的范围之内；与小句子表达式相关的语义学的意义分析只有在下述情况下才是有意义：当这种分析直接有助于我们对完整的句子所表达的语义学意义的分析。语用学分析对完整的句子的使用的分析，必然会迫使语义学分析把对意义的分析扩大到整个句子。在形式语言中，我们可以把任何抽象的事物与一连串的形式语言的符号联系起来，但这种联系如果算得上是一种语义学的解释的话，它就必须满足一个先决条件：我们是否能确定这些联结的符号得到了正确的使用。

2. 按照布兰顿的推理主义的观念，尽管形式推理的推理的"完善性"是一个非常有吸引力的概念，但并没有实质的意义。形式推理的一个十分重要的特征是：它的推理的完善性完全是基于推理的**单一的**（monotonic）的"完善性或纯粹性"之上的，而一旦推理排斥推理前提中的任何**非单一性**（non-monotonicity）的条件，它也就失去了相应的"内容"。形式推理的空洞性是一个弗雷格很早就深有感受的问题：弗雷

---

① Cf. R. B. Brandom, *Making It Explicit: Reasoning, Representing, and Discursive Commitment*, p.83.

格为了摆脱形式推理的空洞性引入了一种实质推理。根据弗雷格的看法，在"概念内容"的分析中，其正确性在本质上涉及概念内容的前提和结论的推理就必然是一种实质推理。[①] 这些推理的有效性出自于对作为它的前提和结论的概念内容的理解，而形式推理的有效性则与概念内容的理解无关，也可以说它完全不依赖对概念的理解，它是一种纯粹由条件句所假设的推理。因此可以这样说，形式推理的前提和结论根本就没有使用有内容的概念！它使用的只是逻辑的形式。由于实质推理的前提和结论并不只是依赖逻辑形式，因此，它完全不同于只是基于逻辑的形式之上的推理。

实质推理的意义在于，它赋予了命题内容以彻底的优先地位。实质推理并没有任何推理之外的非推理的内容（因为它总是从实质的命题内容开始），因为在实质推理中，一切都是作为推理来使用的，没有可以超出推理使用的、直接可以作为概念推理的"材料"的内容。实质推理是非单一性的推理，因为从某种程度上说，它是以具体的命题内容或判断为推理的条件的推理，这种推理类似于作出某种断言，它是为具体的认知内容或判断所决定的。按照实质推理的要求，无论推理在哪些方面被同意，都是因为在特定条件下具有一种信念，即推理一定是开始于由信念或思想构成的命题，不是此类命题的假设条件不能作为推理的开始（前件）。形式逻辑的推理是形式的，就因为它是从假定的条件开始来处理推理的可能性诸问题的。比如，它的具体的推理就像这个例子所表示的："如果下雨，地上将会是湿的。"这是一个限制性的条件，它给出了一个前提，这样，推理就只是形式上有效的条件的一个实例，这样的教条把所有好的和不好的推理完全从形式上来判断；它们所涉及的断言的内容，只仅仅与**隐含的**前提的真理有关。按照这样一种处理事物的方式，就没有像**实质推理**这样的事了。形式推理往往认为，"好的推理"

---

① 实质推理的方式在早期弗雷格的推理语义学中已提出，后来，塞拉斯用"实质推理"（material inference）这一名称对它做了进一步的发展。（Cf. R.B.Brandom, *Articulating Reasons：An Introduction to Inferentialism*，p.49ff）

就是"形式上有效的推理"，所以对它而言，假定了一个隐含的前提是必要的。但这样的方式无论从何种角度来看，都只能算作一种形式主义的推理方式：它用推理的原始完善性来换取条件的真。——布兰顿认为，如果真是这样来理解逻辑推理，那么达米特针对后期弗雷格的逻辑思想的相关评论就是对的（达米特曾认为，后期弗雷格的形式语义学对待逻辑的方式是对逻辑学这门学科的一种倒退）。对于被认为是逻辑推理的东西是必须用一种隐含的方式来把握的，它不是通过直接的知识（有关形式逻辑的知识）来把握的，即必须有足够的能帮助我们把握命题内容的隐含的知识，才能把握这种推理。换言之，我们需要区分实质推理的好和坏的能力和知识，而不只是掌握逻辑词汇或进行同义反复的逻辑推理的能力和知识。

因此，在实质推理中，逻辑推理运用的是一种理性的推理能力，而不是逻辑演算的能力。在实质推理中，逻辑推理能力，亦是一种通过理性实践的形式把隐含于表达式中的意义清楚地表达出来的能力。通过这样的实质性的推理，逻辑就成为了一种表达的逻辑，推理的形式的有效性就为推理的实质的有效性所替代，或由后者来定义。而且这也表明，只有那些在语义上具有表达的功能的逻辑词汇才能发挥作用。这些可以在早期弗雷格和塞拉斯的著作中找到的思想，为推理主义奠定了基础。在弗雷格之后，达米特通过更为明确的方式表达了这一思想，比如他关于意义与理解的关系、隐含的知识的论证所表明的实质的推理的观念。按照这种推理模式，对任何语言表达式或概念的使用都有两个方面：它在其中可以被适当应用或使用的条件，以及它的应用、表达和使用的适当的后果。①

---

① 如果说任何一种陈述只有在实质推理中才是适当的和具有内容的（一个陈述的适当性或是否有内容，不能脱离具体的推理而由某种真值条件来决定），那么，推理主义语义学所要做的工作就是：从对人们做什么（人们使用语言的言语行为）的考察进入到对人们的意图（命题态度和命题内容）是什么的考察。(Cf. R. B. Brandom, *Making It Explicit: Reasoning, Representing, and Discursive Commitment*, p.134) 采

　　而一直以来，形式推理在否定心理的东西的同时，把一切带有特定的命题内容的逻辑表达也一块否定了，推理的表达被完全等同于没有任何实质的命题内容的形式的逻辑推理，推理的实质性的一面完全被忽视了。实质推理与通常的逻辑推理有一个根本的不同，这就是它属于一种"派生的或导出的范畴"（derivative category）的东西，① 即它是由逻辑外部的思想构成的，它带有说话者独立的**信念**。因此，必须把它与省略的三段论式的"条件句推理法"区分开来。我们不应把推理等同于这种条件句推理："如果下雨，那么，街上会是湿的。"这种推理完全以一种形式的条件为前提，它是一种典型的省略三段式推理（enthymeme）。按照这种推理，只要相信推理的条件，那么就会接受推理的结论。

　　形式推理的空洞性是我们需要一种非形式的推理的理由。从弗雷格开始，人们就一直试图建立一种能与形式推理完全区分开来的非形式的推理的方法，而实质推理正是这种追求的产物。实质推理的一个最重要的特征是，它不依赖推理的单一性，在一般的认知条件下，实质推理与临床诊断中的推理一样都是非单一的推理。

　　布兰顿举了下面这种非单一性的（实质的）推理的例子：

　　（1）如果我划这个干燥的质量优良的火柴，它就会点着。（p→q）

　　（2）如果 p 和火柴处于一种强电磁场的环境下，它就点不着。（p & r→~q）

　　（3）如果 p 和 r 和火柴处在法拉第笼中，它就会点着。（p & r & s→q）

　　（4）如果 p、r、s 和房间是一个抽去了氧气的房间，它就点不着。（p & r & s & t→~q）

　　用这种方式，一种适当的语用学就能建立在推理主义语义学的基础之上。因此，语义学的内容不是抽象的，而是具体的，它来自于说话者由其信念和意向性构成的话语内容。

① Cf. R.B. Brandom, *Making It Explicit: Reasoning, Representing, and Discursive Commitment*, p.98.

在这些非单一性的推理中，所得出的结论一直处于摇摆当中，从形式推理的角度来看，这种不确定的非单一性的推理是不能允许的，推理必须满足形式推理的单一性的要求。面对非单一性推理，形式推理往往会要求设置附加条件，比如，加上"在相同条件下"的限定性条件句(ceteris paribus)。在形式主义者看来，加上这种附加条件句，才能符合形式推理的单一性的要求。

但形式推理要求的形式上完满的推理形式往往是空洞无物的，或只存在于理想化条件中，因为它所谓的"附加条件句"的要求只有在一种理想的条件下才能得到满足，它在实际的推理中是永远达不到的，而且其推理的内容决不会因为加上这种附加的条件句而变得清楚明白。问题显然不在于应如何避免那种条件的非单一性的情形，问题在于单一性的条件是无法作出定义的。比如，什么是单一的"相等的条件"？有多少种条件属于它呢？我们能事先知道某种条件是相等条件的一种吗？再说，我们能穷尽这些"相等的条件"吗？（如果不能，这意味着即使存在单一性推理，它也是理想化的）。在形式推理中，加上附加条件句以获得推理的单一性是一种常见的方法，但这样做并无实际的意义，这样做甚至是自我否定的。比如，如果我们说：在相条件相同的情况下，q 从 p 中得出，意味着 q 从 p 中得出，除非存在某种**不明显的或有碍的**条件。但这样加上附加条件不是恰好等于说，q 从 p 中得出，除了在一些情况下它基于某种理由无法从中得出吗？[1] 因此，布兰顿认为，在形式推理中把"在相同条件下"的附加条件句，当作解决非单一性推理的矛盾的应急的方法来使用是没有意义的。

这里的比较揭示了一个重要的问题，即有可能存在没有内容的推理，如果推理本身不是基于意向性表达或基于对整个语言实践的隐含规范的把握，就会出现这种情况。只有表明，推理是从隐含的思想或实践的规范开始的，它才拥有特定的内容。因此，推理的内容是被捕捉到

---

① Cf. R.B.Brandom, *Articulating Reasons*：*An Introduction to Inferentialism*，p.88.

的。这里的比较表明了下述两个基本观念：第一个观念是，拥有特定的概念内容就是拥有能在说理中发挥某种作用的内容。最基本的概念内容是命题内容：由陈述句表达的那种内容（以及 that 短语或带有特定的命题态度归属的句子组合）；因为这种内容具有很好的可说性，它是可想的和可信的，它可以理解为是使某种东西清晰明白的陈述或表达。因此，拥有一种内容或表达这种内容，就是在推理的前提和结论的两方面发挥作用。第二个观念是，逻辑词汇无疑具有把推理的关系清晰地表达出来的功能，这也是为什么在形式推理中，条件句（conditionals）是被当作逻辑语句（locution）的范式来看待的原因。但实际上，只有人们把推理的性质当作超出了逻辑形式规定的范围的东西，这种条件关系才是有意义的。这是因为除了在逻辑的有效性意义上的推理的**形式上的**完满性，还必须有非逻辑概念内容应用于它的前提和结论之上的推理的**质料上的**完满性。

　　布兰顿提出实质推理的一个很重要的方面就是要形成一个对比：在依赖逻辑的有效性的形式的正确性与通过命题内容的评价形成的实质的正确性之间形成一个对比。布兰顿试图通过这种对比表明，以逻辑形式表达的推理的有效性，必须理解为是考虑得更周全的适当的推理形式，即它必须是一种对原始的命题内容做了适当考虑的推理。因此，提出实质推理也是对那些对推理采取形式主义的解释方法的一种批判。形式主义的推理方法错误地把推理的正确性视为是一种形式的逻辑的有效性（诸如满足了推理的前件与结论之间的逻辑关系的有效性）。如果我们意识到推理的有效性必须首先有一个基于原始命题内容的评价的有效性之上的推理的适当性，那么，就应放弃仅仅具有形式的有效性的推理方法。

　　但不能不看到的是，从休谟以后，经验主义只认同形式推理的有效性概念，推理的表达经常被等同于逻辑的表达。在经验主义那里，推理就只是形式上有效的条件独立性的图式的一个实例，它把所有好的和不好的推理完全从它们形式上来判断。布兰顿的推理主义的一个首要任务就是揭穿形式推理的有效性概念的虚幻性。在他看来，既然推理所处理的是一种衍生的范畴，它就与对外在的实质的对象的判断相关。这意味着，推理可以理解为是基于纯粹的理性能力之上的，它是一种实质推理能力。

采取实质推理，并不是因为形式推理不能作为一种好的逻辑推理的形式发挥作用，而是因为形式上有效的推理只有通过实质上正确的推理才能获得确定的定义。布兰顿根据弗雷格的替换概念认为，形式上有效的形式推理可以通过单项词和小句子的替换，成为具有实质意义的推理——这种转换正是使形式推理具有某种实质的认知性的手段（这意味着，不做这种替换，形式推理就不可能有实质的认知的意义）。在这种意义上，替换就是对形式推理语句的一种限定。如果一个语句，在其单项词或小句子被替换的情况下，其推理的意义保持不变，就证明它可以是一种实质上好的推理。如果替换带来矛盾和冲突，我们就不能仅仅从形式条件上把它称为好的推理。因此，一个在形式上好的推理是这样一种推理：它在单项词和小句子的替换中（即它在经验实在世界的实际**应用中**）不会导出**实质上**不好的推理，它只会导出**实质上**好的推理（能被有效地应用）。形式推理需要实质推理的限定，这表明，不是逻辑上好的推理论就一定是好的推理，相反，"……逻辑上好的推理的观念，只有用一种实质上好的推理的先验观念才能得到解释。"①

布兰顿始终认为，在推理主义的方法中，推理的内容的适当性是

---

① R.B.Brandom，*Articulating Reasons：An Introduction to Inferentialism*，p.86. 由此亦可见，尽管在实质推理中也需要条件句（比如，"如果 'Pittsburgh' 在 'Philadelphia' 的西边，那么，'Philadelphia' 就在 'Pittsburgh' 的东边"），但条件句不像在形式推理中那样，是帮助推理从前件推论出后件的前提条件，在实质推理中，条件句发挥着把仅仅是隐含的推理的实质的特性明确化，或清晰地表达出来（explicit）的功用。我们也可以把某些实质推理当作正确的推理，只要它们运用了逻辑词汇的表达的力量。只要满足了这个条件，我们就可以说一种推理是完善的。这也就是说，我们完全可以采用一种**逻辑表达主义**的方法赋予条件句以一种表达的力量。布兰顿甚至认为，逻辑的词汇正因为具有表达的力量，它才是逻辑的词汇。

比形式逻辑的推理的形式的适当性更重要的，或在整个的解释的过程中，必须给予优先考虑的方面。因此，一种适当的推理就必须对推理的逻辑上的完善性，是如何能够从原始的、以实质内容为依据的推理的完善性来解释的作出说明。有一种方法可以使我们对逻辑的解释另辟蹊径，即把表现在判断中的、对隐含的内容的表达作出推理承诺的语义学的逻辑词汇分离出来。实际上，需要在判断中清楚表达的都是命题内容，语义学的逻辑词汇必然要担当表达命题内容的表达形式的角色。也只有做到这一点，我们才有可能对此作出充分说明，即逻辑上好的推理是如何能够从实质上好的推理中获得的。

3. 无论是语义学理论、证明主义还是可靠主义都没有否认衍生的（derivative）意义的存在，即没有把意义视为固定不变的，只不过它们没有一个有关意义的衍生性与恒定性的关系的理论（它们甚至也没有考虑这样的问题）。在这个问题上，布兰顿延续了达米特的意义理解理论中有关意义的派生性和恒定性的关系的看法。后者的意义理解理论从一开始就把意义的衍生的或派生的问题与意义的理解联系起来。这种联系体现了一种反实在论的理论立场，它带有很强的对传统理论的批判性。达米特一直坚持的一个观点是，意义理论不能接受一种简单的或单一的意义证明模式，为此他批判了从传统实在论、逻辑经验主义到蒯因和戴维森的意义理论。在他看来，大部分对意义的哲学观察都包含了接受下述简单的模式的观点：一个句子的意义取决于使它成真或为错的条件，或取决于它的证明的条件，或取决于接受它的实践的结论。但这种断言是简单化的，因为它忽略了句子的使用具有许多其他方面的特征的事实。在句子的使用中必然伴随着使用者的理解，这种使用性理解必然会赋予意义以新的、超出简单的证明模式之外的特征。如果我们注意到句子与特定的语境是不能分开的事实，那么不难看出，句子的意义总是会产生不同的方面的特征，即它总会有派生的意义。这种意义的不同方面也并不是毫无联系的，它们反映的是意义的恒定性来源与其派生的意义的关系。对于达米特而言，意义理论的主要目的是揭示这种关系，即揭示这一点：所有其他句子的使用特征，是如何能够通过派生的意义的统一的说明来作出解释的。① 为此，达米特还谈到了逻辑推理的能力与逻辑演算的能力的区别：逻辑推理的能力是一种把隐含于表达式中的意义清楚地表达出来的能力，它不是任何形式规则或公式所能引导的。这种逻辑推理的能力也是达米特的理解的意义理论十分看重的一种能力。

布兰顿接受了达米特的下述观点："以一种给定的形式使用陈述，要学习两件事：人们据此有理由作出陈述的条件；以及什么是构成了接受它的条件。"② 归地结底，作出一个句子的论断就是隐含地对实质推理（从它的情境条件到它的应用结论的实质性推理）的正确性作出承诺。在布兰顿看来，这里的直觉主义逻辑已很好地表明了意义的衍生性的机制（这是形式逻辑或形式推理根本无法说明的）。在达米特的根岑模式的变体中，引入规则构成了主要的逻辑算子，它对逻辑常量作出制约或规定，以使陈述获得作出论断的条件；而消去规则则给出这种陈述的结论。这样，一方面是由引入规则制约的逻辑常量构成的恒定性意义，另一方面是消去规则制约的这种恒定性意义的延伸的或派生的部分。引入规则和消去规则的适当性保证在应用（前提）和后果（结论）之间的平衡或和谐，因为如果在表达中所表达的东西总是由逻辑常量构成的恒定性的内容，它不可能是别的东西，那么，反过来说，后者总是被表达的，不存在没有被表达的单方面的恒定的内容。③

---

① Cf. M. Dummett, "Can Truth be Defined?", in *FREGE：Philosophy of Language*, pp.456-457.

② M. Dummett, "Can Truth be Defined?", in *FREGE：Philosophy of Language*, p.453.

③ 在达米特那里，作为他的意义理解的过程的推理是与理解者的隐含的知识的显示（表达）联系在一起的，理解不仅需要在语言的表达中显示出来，还必须为他人所理解。达米特的直觉主义逻辑就是用来说明这种推理（理解）的。比如，达米达谈到了直觉主义推理借助于适当的应用情境提出论点和考虑论点的应用后果的推理方式。这种理解式的推理的方法属于他所认同的整体论（不同于指称整体论）。这种整体论相信任何理解式的推理都与意义的整体有关系，没有一个推理是"毫无依

　　意义的衍生性的问题在布兰顿是一个十分重要的位置，它是走向布兰顿的实质推理的一个必不可少的前提，甚至可以说，它本身就是实质推理的基本规定。达米特对直觉主义逻辑的认知方法的应用，也是试图寻找一条能把意义的认知情境与其应用的后果之间的关系体现出来的方法。这样的追求使他超出了后期维特根斯坦的意义使用的理论，尽管他的直觉主义逻辑的认识方法也把意义的使用视为一个基本条件。而布兰顿的一个主要贡献则是用实质推理的方法把达米特的意义整体论及其直觉主义逻辑的认知方法具体化。他走的是一条从达米特的直觉主义逻辑方法开始的、与后期维特根斯坦的语用学完全不同的道路，他与达米特一样并不承认意义与使用是完全一致的，即他并不认为，我们可以从所知道的关于一个事物的全部的使用中的意义获得对该事物的意义的认识；从他的推理主义的角度来看，意义具有派生性是十分明显的，意义不是单方面从使用中就能确定的。

　　也正因为实质推理具有意义衍生机制，它的应用的情境条件和后果会有缺乏"和谐"的情况出现，比如，人们有可能只相信情境条件下的概念内容或表达式的意义，而拒绝接受其相关的应用的结论。对于理解表达的合理性和逻辑词汇对概念的解释的能力而言，这是一个必须加以考虑的问题。因为概念可能会因为希望在表达式的含义的两个方面寻求和谐而发生改变。一些词汇的使用就会出现这种"不和谐"的情况。比如，像"Boche"这样的贬损性的词汇，从表面上看，这个词用在某

─────────────

据"地开始的，它总是建立在一种适当的推理的前件之上，没有推理的前提，就不会有恰当的推理。因此，在论及说话者如何将隐含的知识表现出来的表达时，达米特的直觉的逻辑揭示了一个十分重要的原理：对语言表达式和概念的使用涉及两个方面：正确应用的情境和适当的后果。前者指的是推理的有效条件，后者指推理的随带的结果的相关性。在布兰顿看来，这一原理的重要性在于，（对于实质推理而言）人们通过使用概念或表达所承诺的内容，可以在隐含的推理中再呈现出来，从而使推理不再只是形式的，因为现在它完全是根据适当应用（语句）的情境推论出推理使用的适当结论。这样，针对一个论断的必要的结论，我们就有足够的条件作出判断，即我们就知道什么是它作为一个推理的结论的可接受的条件。

人身上的意思是，他是德国人，而它的应用的直接后果却是指他是一个野蛮的人，一个比一般欧洲人表现得更为残忍的人。这两个方面的意思必须结合的足够紧密，以使该词的那种特定的意义显露出来（如果人们认为它仅指德国人，只是德国人的别称，其意义就没有显示出来或就改变了这个词的意义）。某人拒绝这个词，是因为他不接受把这个词汇应用于它的结论的做法。布兰顿认为，这显示了一个十分值得我们注意的问题，即概念是如何可能为实际存在的信念所影响的。人们也许相信从德国人推论出残忍性是一个好的推理，但人们可能会回避"Boche"这个概念或这个表达式，即不使用它，当然，人们也能以这个推理是他所不能接受的为由拒绝使用这个词。问题的复杂性在于，"Boche"这个词的确曾经与一些残忍的事实有关联。①

因此，我们总可以对一些词汇的使用所具有的暗指的结论（实质推理）的恰当性作出检查，对那些人们表示赞同的词汇的用法的适当性进行辩护。在这里，实质推理的功用在于，它可揭示那些基于意识形态宣传的或基于某种偏见的思想。实质推理所要表明的是，任何应用概念词汇所表达的思想都必须以明确的断言性的陈述提出，以保证它带有推理的承诺，即保证它能把自己公开置于相应的合理性的质疑之中，并有足够的理由为自己作出辩护。②

---

① 有很多词语带有这种特征，比如"nigger"、"whore"、"faggot"、"lady"，"Communist"、"Republican"，等等，都是会引起极大争论的词汇，因为这些词的表面所描述的东西总是可以推论出它们所暗指的某种结论。实际上，任何一个词语只要从其所具体描述的东西推论出某种结论，都会出现类似的情况。

② 这也表明，意义与使用的关系只有在特定的表达语境中才会有清楚的含义。在某种情况下，使用决定意义的定义是清楚的，比如在"用'不'这个词来表达否定"或"用恺撒个词语来指称朱利叶·凯撒"这种情况下。但在另一种完全相反的情况下则完全不是如此，如果此时的语言是在描述物质粒子的运动的物理语言，那么使用就不可能决定意义，无论是如此刻画的语言还是其他，它的意义都不能简单地在语言的使用中显示出来：因为这里是在探求一个完全不同的未知的领域（Cf. R.B. Brandom, *Making It Explicit*：*Reasoning*，*Representing*，*and Discursive Commitment*，p.xiii），这是一个需要非常专业的理论辩护的领域。

我们应该承认，有许多像"Boche"这样的在使用中有争议的词汇，不能认为，有关它们的意义的争论是因为它们可能没有一个恒定的外延，因此，有关这类词语的争论是无法解决的或没有答案的。如果说这些词语的外延是非恒定的（因此有争论），那么这也恰好说明了它们是有自身具体的内容的，它肯定是隐含地具有对于其他概念而言是不具备的内容。其实在逻辑学之外，词语的外延的非恒定性并不是一件坏事，对于科学而言，概念的进步总是取决于引进新的外延性内容。①

因此，真正的问题是，对词语的理解所带来的概念的评价，不是有关它的推理是否早已获得认可，所以不再会有关于它的新的内容的出现，而是有关这些概念的推理是否应该被接受。由"Boche"等这类容易引起争议的词汇所带来的问题是，一旦我们应用它们做某种实质推理，它们必然会产生新的内容，但它们又显得不那么令人信服或不恰当，好像我们根本没有理由做这样的使用似的。避免这种情况产生的唯一办法是，无论如何应用词语，我们都应把自己置于一种推理的状态，即必须意识到我们的应用性的理解应带有推理的承诺——使词语的意义清晰明白、避免争议或通过有效性证明使之达成某种理解的一致性的推理承诺，摆脱对词语的独断的使用。

有一点是肯定，即语义学或其他证明理论中的那种与推理脱节的**意义的恒定性**是不存在的。即使在用推理的恒定性来促使在句子的使用情境与结论之间保持一种和谐是有意义的情况下（对句子的意义的理解大家都一致），恒定性也是相对于一套实质推理实践的背景而言的，即相对于由所考虑到的词汇的恒定地扩张而言的。这就是说，静态的意义的一致性根本不存在。意义的恒定性是相对的，因为它总是与其他语境的概念内容相关联，这样的"恒定性"不是通过单一的概念内容来体现

---

① 布兰顿的实质推理，在这里也与古典类型的实用主义有了根本的区别。后者通过把命题内容与认可一个论断的结果联系起来，因此，它完全从结果上认可推理的有效性，这样，它就是从下行的方面来看待作为实践中的前提的论断的作用，而忽视了上行方面的适当的前提条件或推理的前件（提出一种论断是否适当的条件）。

的。只有在与其他内容关联的情境下，恒定性才是概念内容的一种性质：它显然不是它自身的某种东西。这里会有一对逻辑联结，但它们都不是自身为真的，因为它们都不能存在于公理化的系统中。这表明，概念的应用与概念本身总会有差异，概念的应用不可能像形式逻辑中的形式推理那样，直接从前提推出结论，相反，它需要借助其他**语境中的概念**以及相关的推理。也只有这样，概念本身的语义内容与其应用的结论才有可能获得一种和谐，即它的语义内容的应用的结论在应用中才有可能被接受。这是一个极为复杂的概念应用的问题，因为它涉及意义的理解和接受的人际间的相互认同的话语推论的难题。

布兰顿认为，借助于实质推理可以解决人际间相互认同的难题。实质推理与形式推理不同，它总是借助其他语境中的概念内容作为推理的内容，在给出理由和要求理由的实质推理中，概念内容不借助任何形式的证明条件。在这一点上，布兰顿的观点既与达米特相同，又不同于达米特：就他把实质推理视为总是由其他**语境中的概念**内容开始的，他与达米特是相同的，而就他特别强调推理本身的独立性（作为一种给出理由和要求理由的话语游戏），不把其他概念内容对概念的应用的决定性作用，视为一种单向的推理条件这一点而言，他又不同于达米特（达米特没有充分考虑实质推理的不同语境的交叉性）。一个根本的不同是，在布兰顿看来，使实质推理的承诺清晰显示出来的表达的任务，就是要把它置于给出和要求理由的游戏中：通过其他的承诺和资格条件的判定来表明它的有效性证明是否是成问题的。① 比如，科学家对非金属元素

---

① 达米特对推理主义的巨大贡献是指出，这种原本关于句子的联结的逻辑模式是如何能应用于对意义的理解的意义理论中的，这种模式能对句子、谓词和公共代词或单项词，如何应用于由整个陈述句表达的命题内容作出解释。对于命题内容而言，实质推理的引入规则（类似根岑的自然推理）就是它能作出断言的、在推理上有足够条件的东西，而不是逻辑的东西（否则一个命题内容中的任何断言都是无意义的）。因此，达米特所揭示的实质推理的问题迫使人们承认，"在语用学的意义和语义学的内容之间的联系是由下述事实提供的：作出一个句子的断言（在其他事情中），就是隐含地对实质推理的从其推理情境到应用的后果的正确性作出一种承诺。"（R.B.

"碲"的认识要比我们清楚，因为训练使他能对这一词的应用的推理的复杂情况作出把握，而我们只能做大致粗略的把握。由此可说，如果推理者的想法是清楚的，那么，他就必须知道，他的推理是如何通过论断作出承诺的，以及什么是他作出论断的资格。

（二）语言的表达的功能

至少从笛卡尔开始，启蒙运动以后的认识论和语义学的主要概念是表象主义的，这种认识论一直保留到今天。但笛卡尔之后仍有一个显著的正相反的模式，即表达主义的模式，比如在浪漫主义和解释学的传统中。当然，浪漫主义或解释学的表达主义只是存在论的意义上把内在的东西转化为外在的东西，而不是从认知上把隐含的东西变为公开和明确表达的东西。

布兰顿从理性主义的实用主义的角度重新提出了表达主义的概念、一种从纯粹认识论的角度提出的表达主义的概念。出于认识论的考虑，布兰顿是从一种更复杂的情形去考虑表达的问题的。首先，布兰顿认为，表达应该从实用主义的角度理解为，把我们原初只是可以做的事情转变为我们可以说的东西：把某种知道如何做（knowing how）的知识编码化为知道是什么（knowing that）的知识的形式。其次，在他看来，正像实用主义的表现主义的特点所揭示那样，解释的观念必然是概念的，即解释的过程必然是应用概念的过程：把某种主观的东西概念化。再次，我们不必像关注情感的外在表达的表象主义那样，去考虑什么是独立于相互关系的考虑的所表达出来的个人的东西。至少从特定的角度看，具体的隐含的东西取决于能够公开清楚表达的东西。

Brandom, *Making It Explicit*: *Reasoning*, *Representing*, *and Discursive Commitment*, p.118）但达米特只是把这个模式应用于具有概念内容的语言表达式，布兰顿则认为它还有更广泛的应用范围，比如，它还可以应用于意向性状态。这就要求我们拥有"给出理由和要求理由"的话语推论的游戏，并在这一层面上对实质推理进行记分式的规范证明。

有一点也是明显的，即语言能够把前语言的意向性状态转化为语言表达式的命题内容（比如，断言性的语句）。这说明，从认识上看，语言是表达的，而不是描述的。也可以说，语言把意向性状态转化为一种命题内容是通过断言性的语言来实现的。原初的、独立的或非源自外部的意向性完全是语言的事情，但一直以来，分析哲学中的形式性语义学却一直把它们排除在外。分析哲学在实用主义变向之后，其现代意义上的语义学理论则试图通过一种自然主义还原论来摆脱仅带有真值条件的形式语义分析的困境或对它的缺陷作出某种修补，但这样做并不成功。在布兰顿看来，在分析哲学领域，只是在塞拉斯以后，这种状况才有所改变。为了弄清楚一种语言与思想或意向性的关系，布兰顿建构了一种有关语言与心灵的关系的非自然主义的说明，即他试图表明语言与思想之间的联系，反对排斥原初的意向性的语言理论。

1. 布兰顿的实质推理强调了两个观点：概念的内容（命题内容）必须发挥推理的作用，以及与这种内容相关的推理必须是那些包括了实质上的正确性在内的推理，而不是那些仅仅在形式上具有有效性的推理。布兰顿认为，在弗雷格早期著作中，后一种因素已得到了承认。不仅如此，弗雷格还最早提出了第三种因素，即逻辑表达的（expressive）因素。弗雷格意识到，拥有了概念内容和正确的实质推理这两方面是不够的，为了使实质推理真正成为一种富有成效的认识的推理，还需要依附于表达这个因素。在传统的推理模式中，无论是归纳推理还是演绎的推理，除了它本身的逻辑的形式特性以外，都缺少表达的因素：前者求助于取证，后者求助于公理。早期弗雷格已开始怀疑这样一种推理是否能使推理本身成为认知的工具。最主要的是，他看到了这种推理类型可能带有的单一的形式性，比如它们缺乏交流的可能性，或没有给予交流式的传达的功能以应有的位置，因此它们更多的是寻求**证明**某物，而不是去**说明**某物。这也就是说，它们没有真正做到这一点：把隐含于任何事物中的涉及推理的内容清晰地表达出来。后来塞拉斯同样关注这个问题，与弗雷格一样，他也提出了实质的推理的表达的要求。

塞拉斯的一个贡献是：他把推理视为一种苏格拉底式的推理：不是简单运用形式的逻辑推理（归纳或演绎），而是追求一种表达和说明，寻求一种能把推理中隐含的内容清楚明白地显出来的方法。苏格拉底的启发法带有明显的表达的要求：它要求推理者把推理过程中隐含的内容清楚明白地表达出来。而这里的表达不是自我表达，而是向他人表达，因此，它也是一种交流。塞拉斯十分看重这一点：正因为是向他人表达，表达实际上就是把隐含的推理内容呈现出来。表达展示推理的前提和结论，并因此来寻求对其推理的结论的一种证明，比如，证明在何种情况下，推理的结论是可以接受的，或推理的前提是合理的。

布兰顿高度评价了塞拉斯的思想，认为他对推理中的表达的作用的解释是走向表达主义的重要的一步。它帮助人们正确认识到传统推理形式的不足之处。而塞拉斯的"苏格拉底式的方法"的重要性还在于，它强调了科学推理的可论辩或可讨论的特点（所谓反证法的用处也在于此）。如果说隐含于推理过程中的内容或命题的清楚显示，是通过逻辑的表达来实现的，而这种表达本身又意味交流，那么这就等于说，表达实际上就是把隐含的推理内容置于**给出和要求理由的**语言游戏之中，以便获得真正具有概念内容的东西，亦即确定什么样的内容可以作为推理的前提和结论。①

布兰顿指出，塞拉斯的观点也是对早期分析哲学的一种批判，他明确地对早期分析哲学的基本的方法论概念提出了质疑，比如他认为，像"释义"（explicative）或"分析"（analytic）这样的早期分析哲学使用的方法有很大局限性，因为它们的目的只在于对语言表达式的适当的用法作出解释，这样的目的就非常有限了，它完全不能揭示语言与世界的复杂关系。从人类学的角度分析，语言似乎也没有表达的力量，它要么是适应环境的产物，要么是对世界的一种反映性的表象，它们所涉及

---

① Cf. R. B. Brandom, *Making It Explicit: Reasoning, Representing, and Discursive Commitment*, p.106.

的只是作为种语义学和语用学活动的元语言的东西。但人类的语言活动具有比逻辑学家和认知论者所赋予它的"释义的"元语言活动复杂得多的内在的复杂性。

布兰顿认为，弗雷格的《概念文字》一书的主旨具有相同的意义。弗雷格在该书中的主要任务不是要证明什么，而是提出了一种推理表达的要求：如何去说某物。这也就是说，弗雷格的逻辑概念是设计来表达概念内容的，把隐含于任何事物中的涉及推理的内容清晰地表达出来是它的主要目的。弗雷格始终认为，一个好的或正确的推理离不开充分的表达，因此他并不赞同布尔的过于形式化的逻辑语言，而是认为内容必须通过说或表达来显示的。当然，他也认为，表达也不能停留在口头的言语（verbal language）上，表达要比口头说更精确。在他眼中，概念符号（script）就是概念内容的明确显示的编码（表达形式）。在《概念文字》的前言，弗雷格不无悲痛地评论道：即使在科学的概念中，概念也是随意构成的，所以某些对它的应用很少知道它的意思是什么，以及它的内容到底是什么。如果特定的推理的正确性是有争论的，这种不确定性将会把对问题的合理解决排除在外。我们所需要的观念是，在由数学开始的科学的简陋的概念内容中，能重新加以构造，以使它带有它自身的内容。在这里，解释的目标就是概念的内容，而不是真理。推理必须是带有实质的内容的推理，即表达了实质的内容的推理，这些推理的内容的适当性，必须在使用逻辑的词汇之前就已经确定，如果它们的适当性没有确定，接下来的逻辑推理也就毫无意义了。推理决不能是其内容的适当性只有事后才有可能知道的来源性的形式性的推理。

对于一种正确的推理所需要的不管是什么，都必须完整地表达出来。因此，弗雷格说："从一开始，我就把内容的表达放在心上……"①而布尔只从形式的推理方面考虑他的形式语言，因此没有也不可能表

---

① H. Hermes, F. Kambartel, and F. Kaulbach, eds. *Gottlob Frege: Posthumous Writing*, pp.12-13.

达实质的内容。"我的概念文字与布尔的逻辑相比，其目标要远大得多，当内容与算术和几何的符号相结合，力图使呈现它的内容成为可能……"① 由于内容是为推理所决定的，清楚明晰地把推理表达出来，将使任何内容的表达成为可能。

布兰顿认为，弗雷格的早期著作对逻辑的看法，对如何把隐含在概念内容中的东西做清楚明晰的表达，提供了一种很好的说明。这种解释需要的是表达的（expressive）概念或阐释的（elucidating）合理性，它可以像精确的表象的活动、逻辑有效的推理，以及工具性的实践推理那样发挥作用。逻辑是使推理编码化，还是用来寻求一种特殊的真理的？这是十分关键的问题。对这个问题，弗雷格已经做了回答。为此，他引入了一种词汇，它可以使某人在其他情况下只能（隐含地）做的东西清楚明晰地（explicitly）说出来（与达米特的隐含的知识的显示性原则相似）。因此，弗雷格十分看重条件句的作用——他的概念文字也是以它为基础的。布兰顿引用了弗雷格下述一段话："可能的判断的内容与假设的关系的准确定义，对于我的概念文字的基础的意义与**外延**的同一性对布尔的逻辑的意义是一样的。"② 这就是说，布尔的形式逻辑是建立在外延的同一性之上的，而弗雷格的概念文字的逻辑则是以**判断的内容**与假设的关系为依据的。布兰顿认为，对于理解弗雷格的《概念文字》的主旨的与众不同之处，弗雷格上述这句话的重要性是怎么强调也不过分的。当然，当代塔尔斯基式的语义学恰恰是建立在外延性的东西之间的关系之上的。弗雷格说的关于什么是现代逻辑的基础的与众不同的观念，则完全不是这样。③

为什么是条件句（对于弗雷格而言就是判断的）？在引入这种条件

---

① H. Hermes, F. Kambartel, and F. Kaulbach, eds. *Gottlob Frege: Posthumous Writing*, p.46.

② H. Hermes, F. Kambartel, and F. Kaulbach, eds. *Gottlob Frege: Posthumous Writing*, p.16.

③ Cf. R.B.Brandom, *Articulating Reasons: An Introduction to Inferentialism*, pp.59-60.

语句之前，人们可以做些什么：通过同意了各种推理和拒绝了其他的推理，人们可以认为判断是有它的内容的（隐含的归属于它的那种内容）。这就是说，在这种情况下，判断的内容是单方面假定的（只要你拒绝了一种推理并同意了一种推理）。一旦引进条件语句，人们就可以去说或表达了，作为一个论断的部分，说某种推理是可接受的或不能接受。这里的"说"就是表达，虽然它还不是布兰顿心目中的在给出理由和要求一种理由的游戏中的表达。

对于实质性的正确推理的作用，弗雷格并没有像塞拉斯那样做详尽的讨论。但他仍清楚指出了逻辑表达主义的观念和关于内容的推理的概念。用表达主义的方式来看待逻辑意味着弗雷格认为逻辑词汇具有特别的表达的功能：它能把在非逻辑的概念中的概念内容的**隐含的推理**清晰明白地显示出来。推理主义看待概念内容的方式意味着，它把概念内容视为是必须由推理的功能来加以确定的。在把所有的特定的逻辑词汇引出之前，或在形式上确定推理形式的正确性之前，要求首先能对推理有一致的认识；在推论主义理解概念内容的语境中，表达主义的方法假定了一种非逻辑的推论，通过这样的推论，内容也就成了一种非逻辑的内容。布兰顿的意思是，弗雷格很早就意识到了这一点，推理中的概念内容并不是形式逻辑中可以确定的语义内容，它是一种由判断构成的内容，以这样的内容为推论的对象，在很多情况下，它需要的是一种非逻辑的推理，比如，具有表达意图的推理，即一种把内容置于给出理由和要求理由的话语推论中的推理。尽管青年弗雷格并没有走到这一步，但他仍旧构想出了一个在句子中表达概念内容的实质的推理。所以布兰顿认为，尽管弗雷格没有提供一种完整的概念的解释，但《概念文字》一书中的表达性的计划仍使成为了后来塞拉斯发展的实质推理的基础。①

2. 按照推理主义者的看法，基本的概念形式是命题内容，而不是抽象的概念或语义内容，概念使用的核心或关键是把概念应用于具有命

---

① Cf. R.B.Brandom, *Articulating Reasons：An Introduction to Inferentialism*, p.61.

题内容的论断、信念和思想中。这是实质的推理的基本要求，也是它与
传统三段式逻辑和现代形式逻辑的推理不同的地方。这种推理主义把命
题内容，与是否能提供一种推理的前提或推理的结论的要求联系起来。
而传统的或现代形式逻辑中的命题内容是抽象、它只是归属于句子本身
的一种语义性的命题，它不涉及任何推理的关系（它是否可以作为一种
推理的前提或结论不在考虑的范围之内）。而布兰顿的推理主义则明确
提出，一个句子或表达式"要具有命题内容，就是能够既能作为前提也
能作为结论发挥基本的推理的作用。"① 传统的或现代逻辑中的命题内容
没有推理的功用，是它们的方法论本身的特点决定的，在它们的逻辑推
理中，遵循的是一种自下而上的方法：它们首先提供与单个的和一般的
名称相关的概念的意义的解释（以一种唯名论的表象的方式：以名称所
代表的事物为依据），然后通过与这些名称的关联建构一种判断，并最
后与这些判断相关构建推理的特性。它们在这样做时，并没有考虑这一
点，要形成真正的推理，"在解释像由单项词和谓词这类小句子的表达
式的内容之前，我们得先处理整个地由陈述性（declarative）句子表达
的概念内容。"② 在布兰顿看来，这种逻辑的解释顺序，在今天仍然应用
于当代表象主义处理语义学的方法中，其中最具有代表性的语义学方
法，当数塔尔斯基的模式理论。当然，还有通过赋予陈述性语句的语义
的解释内容（比如，一种可能的世界的集合）开始的柏拉图主义的表象
主义的语义理论。

　　实用主义的语义学理论采取的是典型的自上而下的方法，因为它
由概念的使用开始，而不是从名称、单项词或谓词的指称性分析开始。
布兰顿认为，我们最早可以从康德的理论中看到这种实用主义。康德与
后来的实用主义共同拥有的一种观点是，对概念的使用就是把它应用于
判断和行动中（当然，后来的实用主义不再相信建立在先验逻辑分析之

———————

① R.B.Brandom, *Articulating Reasons*: *An Introduction to Inferentialism*, p.12.

② R.B.Brandom, *Articulating Reasons*: *An Introduction to Inferentialism*, pp.12-13.

上的概念，而是从实践中寻找概念）。康德认为，判断是经验的最小的统一体（在他的推论的意义上，感知也是这样），因为判断在传统的逻辑秩序中，是人们能负起责任的首要的因素，即与人们的自主性认识联系在一起的因素，判断是逻辑与认识论连接的桥梁，缺少判断这个环节，逻辑分析就会与具体的认识论脱节。康德十分清楚，命名并不是使人能对什么都作出回答的活动。此外，弗雷格从可判断的概念内容开始，因为它正是实用的语力可加于其上的东西。维特根斯坦关注于使用，这导致他特别把句子当作其话语能在语言游戏中走出一步的语言的基本成分。布兰顿认为，我们可以把康德、弗雷格和维特根斯坦，当作三位同样站在实用主义的基本的关于命题内容（应用概念的判断）的优先性的观点之上的理论家。实用主义的推理主义是一种**意义整体论或语义整体论**，它必须以带有概念的判断性运用的特征的命题内容为基础。① 布兰顿认为，他的作为探究意义的使用的一般方法的命题主义与实用主义的关联，并不是一种随意的或强制性的关联，因为他的主要目的就是要表明，这样的思考会优先把内容与基本的表达式（带有判断意味的或断言性的表达式）联系起来。

　　如果说推理主义在本质上是一种关于命题内容的学说，那么，从

---

① 布兰顿指出，与由上而下的语义解释的问题密切相关的是语义**整体论**与分子论的对立的问题。毫无疑问，形式语义学的传统完全是**分子论**的，因为把语义解释内容指派给一个构成部分（比如，一个专名），被认为理所当然是独立于把语义的解释内容指派给任何其他成分的（比如，谓词或其他专名）。人们不必知道什么是其他点的表征的任何情况，……形式语义学的任务是由下往上地与语义相关的东西是如何能系统地指给复杂的表达式，前提是它已把它们指派给了简单的表达式。分子论补充道，对简单表达式的指派可以一个一个来进行。与此相反，推论主义的语义学家是坚定的**整体论者**。在一种推理主义对概念内容的解释上，除非某人有**许多概念**，否则他将不会有任何概念。如果对于每一个概念的内容而言，都是由它们与其他的概念的推理关系表达出来的，那么，它们就必须组合在一起（虽然这并没有得出它们必须形成巨大的一个组合的结论）。概念的整体论并不承诺，人们可以独立于引导人们思考概念内容的推理来使用概念。(Cf. R.B.Brandom, *Articulating Reasons：An Introduction to Inferentialism*, pp.15-16)

这个方面来看，这种自上而下的推理主义就与表达主义（expressivism）没有什么区别了。"因为表达主义的典型特征就是说某种东西，可以在前提与结论构成的推理中起作用的东西，就是在断言的意义上所说的东西。表达主义与推理主义一样，把我们的注意力首先引导到对命题的概念内容的关注上。"① 表达主义当然也不回避由感知而来的表象的内容。它所采取的进一步的措施是，把现在的命题性的概念内容分解为在低一级表达语句，比如单称词和谓词的表达句构成的概念内容（关于它们重新组合产生新的内容的具体程序，布兰顿在另处做了详尽的探讨）。与此相反，表象主义之所以不可能是一种表达主义，是因为它是受指派性的特征支配的：它把名称与其载体联系起来；它追求这种解释的标准的方法是，人们必须引入一种有关事态的特别的本体论的范畴，由陈述句表达的思想，是与由单项词表达的对象相似的东西。

但布兰顿所追求的表达主义是一种理性主义的表达主义（不应把它与浪漫主义的表达主义相混淆，也不应把它与表现在后期维特根斯坦的思想中的"无须睿智的理解"的表达主义相混淆）。理性的表达主义从推理的作用上来理解清晰明白的公开表达的东西（就可断言的意义上说是可说的、是某种已经表达出来的东西），即它把可以推理的东西视为表达的标准，如果表达出来的东西是不能推理的，它就不是一种"表达"。与语言的实用主义一道，这种观点给予给出理由和要求一种理由的活动以优先地位，并认为它在一般的语言活动中具有重要的作用。使某物成为一种特殊的语言实践的东西是，它给予某种言语行为以一种语力或论断的意义、或具有命题内容的承诺，它具有说理的作用，本身又是需要说理的（照此意义，它是推论的）。因此，布兰顿认为，没有涉及说理的实践不能称为语言或话语的（discursive）实践。因此，按照这里的划分的标准，维特根斯坦在《哲学研究》中提出的"石板"语言游戏，并不能算真正的语言游戏。它是一种传达信息的（vocal）实

---

① R.B.Brandom, *Articulating Reasons：An Introduction to Inferentialism*，p.13.

践，而不是交流的（verbal）实践或表意的实践。"与维特根斯坦相反，推理主义从概念上认定，语言（话语的实践）有一个中心，而不认为语言是混杂的。在语言实践的领域，产生和使用说理的推理实践是由上往下的。外围的语言实践使用并依赖于提出和给出理由的游戏产生的概念内容，是寄生于语言实践当中的。能够证明自己的论断，并用自己的论断证明他人的论断和行为的论断，并不是人们可用语言来做的其他事情中的一种。它也不是与某人所进行的其他游戏处于同一水平的东西。这里存在着使谈话和思想成为可能的最为重要的东西：一般性的睿智（sapience）。当然，作为概念的使用者，除了把概念置于判断和行动中并证明它的应用，我们还做了其他许多事情。但按照这种语义理性主义的看法（与类似德里达这样的当代新浪漫主义理论家提出的未做任何分辨的自我中心主义的观点相反），**只有基于推理和论断的实践的核心背景下**，那些成熟的，后来产生的语言，或从更广泛的意义上说话语的活动，在原则上才是可以理解的。"①

3. 值得注意的是，布兰顿并未因为批判形式语义学而接受把话语的意向等同于意向主义语义学中的约定的意向性，而是以一种与意向主义的理论完全不同的方式回答了"什么是基于话语者隐含的知识之上的表达"的问题。带有约定承诺的意向主义是自然主义思维的一种，它的意向性概念是与布兰顿所继承的达米特式的基于"隐含的知"之上的意向性概念完全不同的，为了避免误解，布兰顿特意做了仔细的区分。

从洛克的语言哲学开始，就一直存在这样的观点：语言乃是传达信息或表达意图的工具。一个说话者说出一种声音，只要在听者那里能唤起与说话者所赋予意思相同的意思，一个语言表达式就算成功能表达了。语言的功能也就在于交流和表达一种意图。按照洛克的解释，语言是受制于外在各种因素的。比如，首先，一个表达式实际上必须参照别

---

① R.B.Brandom, *Articulating Reasons: An Introduction to Inferentialism*, p.15.（黑体为引者所加）

人心中的观念：人们假设他们的话亦可以标记同他们接谈的那些人心中的观念，因为若不如此，则他们的谈话便会全无效果，因为同一种声音，他们如用以代表一种观念，听者又用以代表另一种观念，那他们就等于说两种语言了。其次，参照于事物的真相：人们并不愿意让人想自己只是在谈说自己的想象，而不是在谈论事物的实际情形，因此，他们永远假设，他们的话代替着事物的真相。这也就是说，语言包含了（由无数的他人的观念构成的）共有的经验的**信念**和**事实**两个部分，也可以说语言受制于这两个部分。如果真是这样，语言在这种意义上就是工具性的：第一，它在共有的信念中（或依赖共有的信念）传达一种经验或表达一种意图；第二，它依据一种"真相"尽量表达一种与"真相"相似的观念或思想。形式语义学因此认为，我们可以排除一切内涵的意义（因为它不符合这两个要求，因而不能被理解），我们可以通过相应的句法分析使意义（观念）的传达更精确或对事实"真相"的描述更逼真。

　　现代意义上的洛克主义的语言理论带有明显自然主义还原论的特点，在布兰顿看来，像格莱斯（H. P. Grice）这样的语言学家也不例外（他实施了另一种自然主义的还原）。按照格莱斯的看法，说话者独立的意向性状态，或达米特意义上的语言的使用者由隐含的知识构成的理解的资质是没有的，要具备表达或理解某种语言的能力，所要具备的只是有关**该语言的**一定量的知识。这种知识被认为是包含在一系列与其他认知系统（记忆、逻辑等）相互作用，从而决定人们语言行为的心理预期。这表现为，人们利用语言进行交际的过程中，交际双方的谈话都是朝着某一个特定的目标向前推进的而且内容和范围都有一定的限制，谈话双方不是答非所问或不着边际的。刘易斯、贝内特（Jonathan Bennett）和塞尔也都认为，由彼此的共同信念所构成的规范（convention）直接帮助了交往的意图的实现：彼此的交流不必担心不能相互理解，或是否需要对各自的意图和信念作出额外的解释。这种语言观显然把语言的功能局限在表达某种意图和交流的层面。事先拥有某种语言的知识和加入共同的信念，是理解或解释一个语言表达式的意义的条件。在布兰顿看来，这是一种带有约定承诺的意向主义语义学，因为，语言的意义是通过语言的使用者加入实践的说理的先验的能力来实现的。如果我们以这种方式来理解在话语和表达式中表达了语义内容的一般语言的使用，像信念、意欲和意图这类富有内容的意向性状态，就必须先于语言作出理解。这样一来，我们似乎就能在具体了解语言的话语内容之前、或独立于对具体表达的了解之前，就能理解与之相关的信念和意向性状态的内容。在布兰顿看来，如果真是这样的话，我们通过语言来表达的意向性内容，就是根据某种**约定**表达出来的联想的内容，它根本不可能是一种由语言的使用者的实践隐含地表达出来的内容。这样一来，语言就不是用来表达思想的，即表达出自于说话者的意向性状态的命题内容的。从这种观点来看，人们通过语言表达的内容，似乎并不是属于说话者自己的，这意味着私人语言是没有的。但对于布兰顿而言，这样的观点都是一种自然主义的还原论。一旦语言与出自于意向性状态的思想被分开了，语言所表达的思想只能是一种**适度的**"思想"：它要么是基于语言内在的规范而能被理解和传达的，要么是与某种外在的"真相"关联的**观念**，它决不可能表达出自于意向性状态的思想。在这种情况下，信念或意图似乎是先于和独立于说话者的说或表达就可以具体获知的，因为说话者所说和所表达的意图正是这一共同体的信念所能理解的。

当然，关键的问题还是我们该如何来理解意向性状态或意向性内容。布兰顿认为，不能把意向性内容视为一种我们有意识把握的或某种约定的东西；只有在一种语言的工具论的意义上，我们才能这么认为。这是一种错误的想法，因为它把隐含的意向性状态还原为一种由先在的信念内容构成的意向性状态。这是一种**功能主义的**自然主义的还原论。与此相反，布兰顿在这里所刻意强调的是，意向性内容不是一种由**外在的约定**表达出来的联想的内容，它是一种由说话者的实践隐含地表达出来的内容。但若从功能主义化的自然主义的观点来看，意向性状态中的意向性内容，只是思维主体在特定的生活形式或结构体系中扮演的角色中所拥有的一种内容。进入某种意向性状态是根据在具体情境应如何做以及所做的结果是否适当来决定的。

如果这种功能主义的观点是错误的,那该怎样来理解意向性状态及其内容呢?这当然是一个不容易回答的复杂的问题。之所以如此,是因为,一方面,我们可以从理性的自我表达方面去理解意向性状态,把意向性状态视为**非语言的**、由纯粹的行为意愿或意向构成的主体;作为这样的主体,它只在行动等非语言行为中表达信念或自身的意向性;另一方面,我们可以从语言实践的层面上去理解意向性状态,把它视为是一种在语言的断言性话语中表达的一种意向性。这里的问题牵涉到,我们到底应该把出自于意向性状态的概念内容视为纯粹个人的一种观念的表露,还是应该把它当作本质上是一种社会性的实践的话语活动?人们相信前一个观点的理由是,意向性状态可以基于信念这个概念之上,信念能使人们能"独自地"表达自己的观念,而相信后一个观点的理由是,意向性状态及其概念内容只能在语言的断言性话语中才能显示出来。但自然主义的观点总是极狭隘地把后者视为唯一可能的意向性活动。从语言学理论的角度看,这一点是肯定的,我们只能根据语言的表达式的意向来解释属于心灵的意向性状态,而不能反过来,从心灵的意向性状态来解释语言的意图。在布兰顿看来,由于自洛克以来的自然主义还原论都坚持一种表象主义的语言观,即坚持一种语言乃是表征某种观念的语言观,得出这样的结论也就不奇怪了。如果语言的功能只是表征的(representational),那么,语言就不可能作为表达思想的工具发挥作用。自然主义正是根据这样的看法否认语言具有表达的功能,它只把语言表征的功能视为语言唯一的功能。实际上,在后期维特根斯坦的影响下,在自然主义化的语言哲学中,把语言实践与心灵的纯粹表达的活动区分开来是一种很常见的做法。布兰顿把这种区分所产生的两种语言观,分别称为,理性动因(rational agency)的观点和语言实践(linguistic practice)的观点。在他看来,如果把语言的功能视为是表达的,自然主义语言观刻意强调它们的区别就是没有必要的,我们甚至应

该认为，这两种不同的看待语言的功能的观点是相通的。一旦我们认为，语言的功能是表达，而不是表征，那么，

> ……这两种方法就有共同之处：陈述、态度和言语行为凭借它们在推理表达和隐含的规范实践中的作用，就是具有意向性内容的。只要注意到为它者提供理由的某些陈述、态度和言语行为的实践是隐含地（构造性地）被承认的，从语用学的意义上把它们与意向性内容联系起来就是可以理解的。①

这也就是说，在语用学上表现出来的为一种理由进行推理或辩护的活动，实际上就是语言在扮演理性的代理的角色；语言可以成为一种理由辩护的工具，它表达一种理由，而这种理由是不能从语言表达式的意图来理解的。在这里正好相反：语言表达式的意图必须从心灵的意向性状态或思想的角度才能理解。从自然主义化的语言哲学的角度看，语言似乎只能表达某种基于共同的信念或基于表征确定的事实之上的东西，但这样一来，布兰顿所强调的语言的推理的作用就显示不出来了。表达和推理必然是一种由独立的不能理解的观点走向共享的可理解的观点的过程，或像达米特所认为的，语言的使用不仅仅是传递信息表达某种意图，它还是用来获得新的思想和观念的。对于布兰顿而言，语言最重要的功能不是表征也不是信息交流，而是推理及其表达。自然主义把语言的表征和交流的特征放在首要位置，而否定语言与理性的意向性状态的关系，这是对语言作为理性的意向性状态的代理的观点的还原。布兰顿深知，在自然主义的态度下必然不会有推理的语言观，而只有关注可传达的或可表征的内容的"语言的理论"，一旦语言的使用者本身使用语言的态度或他的言语行为的意图都还原为语言本身的意图，语言也

---

① R.B. Brandom, *Making It Explicit*：*Reasoning*，*Representing*，*and Discursive Commitment*，p.148.

就失去了任何话语承诺（discursive commitment）的成分。因此，布兰顿认为，他所做的一切都是与自然主义还原论相反的：从推理主义的语言观来理解我们的实践，上述两种相互对立的语言观就消失了：就他所发展的语义学解释策略而言，它"在语义学这一方面，首先关注的是推理，然后力图用推理的手段使意向性内容的表象的层面的东西变得可理解。因此，在语用学方面，它的策略是由对隐含于实践中的规范作出解释开始，并搞清楚它们与其自身的自然的背景的关系，以及在这一背景的关系中，最成熟的规范实践对规范作出的客观性解释。"①

四、推理主义的表征和经验实践概念

通过推理主义语义学，布兰顿系统和全面地揭示了表象主义语义学的谬误，特别是他对表象主义语义学的两个主要错误的批评非常有代表性。被布兰顿认为是表象主义语义学的第一种错误是它的原子论，即它的以直接感知的方式来理解表征的方法。② 布兰顿认为表象主义语义学的第二种错误形式是唯名论。这里的唯名论指的是在名称和载体、能指与所指之间作出区分、并以此区分方式寻找语义外在性的唯名论。这种唯名论把所有的表征和所表征的对象的区别，归入上述区别模式之中。这种唯名论因此违背了康德—弗雷格的意义的最小单位是判断或句

---

① R.B. Brandom, *Making It Explicit*: *Reasoning*, *Representing*, *and Discursive Commitment*, p.149.

② 布兰顿常用"鹦鹉"的例子来做批评：鹦鹉尽管有很好的第一层次的可靠的感知分辨能力，但没有第二层次的感知分辨能力，即观察概念的应用能力。由此可以认为，从语义学上看，如果缺少观察概念的应用能力，不带限定摹状词的索引结构或纯粹的直指关系就并无直接的语义意义（它们只能在限定摹状词或回指链中才能具有某种意义）。另一个例子是数学上的：数学上的圆和线 "$x^2+y^2=1$" 和 "$x+y=1$" 必须从整体的关系上去理解，而不能从原子论的表征上去理解，因为数学上的圆和线是通过方程的整个系统与外延性图像的整个系统相关的事实来表征这些事物的。比如，人们可以**同时**通过解决相应方程式来计算图像之间的交叉点的数，而这种通过总体上的同构形成的对表征的最初的理解在本质上是整体论的。

子的理论。①

为了表明与原子论和唯名论的区别，布兰顿特意对观察做了两层次的说明（two-ply account of observation），他把具有推理因素的观察与带有非推理因素的观察区分了开来。这种两层次的说明也符合达米特对表征或描述的理解。布兰顿认为，一般而言，观察是非语言生物以及一些机械装置也有的一种知觉事物的方式，它表现为一种可靠的分辨式的反应能力（reliable differential responsive disposition：RDRD），但观察还有它的第二层次。第二个层次是在观察报告中应用概念，即用推理的方式进行观察：这是只有语言的存在物或理性的生物（sapient）才有的一种能力。非语言的生物仅仅是感知的存在物（sentient），它们不能以这种方式来做感知的报告（只有理性的存在物拥有两层次的观察能力）。②

---

① 从后者的观点看，首先要作出分析的不是名称或指示词，而是句子（在特定语境中说出的句子），句子才是构成意义的部分。由于句子与说是紧密联系在一起的，语用学的解释就具有分析上的优先性。作出断言或判断，首先得使用某种表达式作出表达，只有在语言的实践中，说话者才能对所说的话负责（康德），或加入断言性的语力于其中（弗雷格），或在语言游戏中走一步（维特根斯坦）。从语义学上看，我们对世界的陈述，是包括了单项词和句子的使用在内的，但单项词并不能单独地发挥陈述或断言的作用，只有与带有语力的句子结合才行。对谓词使用意义指派的方式与对句子使用意义指派的方式是不能分离的，布兰顿把句子的范畴视为语义上最基本的东西，也正是因为它们具有语用上的优先性。布兰顿认为，表象主义语义学肯定是唯名论的（它不可避免地带有这样的承诺），但使用表征的词汇却并不一定是唯名论的。这就是说，不能简单地把对表征词汇的使用视为是唯名论的。对表征词汇的使用。只要满足了下述三个条件就不是唯名论的。首先，对表征的说明必须提供对表征的理解和把握：人们是如何看待它对事物的表征的，对表征的存在必须有权威性的保证，以便表明人们谈论它的规范性。其次，对表征的解释不能违背谈论句子内容的语用学的优先性。最后，必须承认语义内容的表达、状态或事件是与其他事件联系在一起的。

② 布兰顿对观察的分拆式的两层次的解释的结果是：a）它在作为语言的存在物的感知与非语言存在物的感知之间作出了区分。b）它表明了理论概念的应用并非无推理的应用，比如 RDRD 的那种应用。观察是浸透了理论的（theory-ladenness）的观察：我们根据所知道的来观察，即运用了概念思维来观察。c）它走出了笛卡尔式的经验概念"被给予的神话"，但又没有站在实用主义的行为主义的立场上，把表征彻底还原为实践中的经验。d）它强调了观察不能脱离概念的使用的重要性。

　　布兰顿之所以不放弃第一层次的观察，是因为他认为，概念并非纯粹推理的，有许多概念甚至是运用了可靠的分辨式的反应能力（第一层次的观察）**而非单纯推理地建立起来的**。[1] 比如，冥王星最初是作为一个理论实体进入我们的理解范围的，即它最初只是一个理论的概念，它被认为是在海王星的轨道附近运转的。它的存在、质量、位置和其他性质只能作出推理，即有关它的信息只能从我们在海王星中可观察到的现象中作出推理。但随后出现的更强大的望远镜让我们可以在运用概念对其存在的特征作出推理的同时，通过 RDRD 了解到它的具体的面貌（比如，它的颜色）。由此表明，概念不只是推理的，即不是纯粹理论的东西，它还与观察的使用相关，即它还可以用于观察中。按照塞拉斯的极端的立场，所有理论概念（胶子、基因、暗物质等等）在原则上都像冥王星的概念一样包括了它的第一层次的观察和观察使用的方面。[2]

　　布兰顿排斥表象主义，因此根本不可能接受表象主义的"词语先于句子"的观点，但他也不同意可靠主义者的实用主义的观点，在他看来，可靠主义者使用的"感知—经验—行动"的概念对表征概念的消解是错误的。在接受了达米特的意义成真条件理论之后，布兰顿唯一所要做的不是简单地放弃表征的概念或放弃实用主义的感知或行动的概念，而是在语言哲学中专门用推理主义的方法系统地处理像"真理"和"指

────────────

[1]　Cf. R. B. Brandom, "Reply to John McDowell's 'Brandom on Observation'", in *Reading Brandom*, Edited by Bernhard Weiss and Jeremy Wanderer, London and New York：Routledge, 2010, p.321. 布兰顿认为，一开始，塞拉斯就不是简单地放弃感知在概念思维中的作用，他放弃的是把第一层次的观察孤立起来的方式。由于第一层次的观察是非语言的感知，它与通过语言表达的感知或观察是不同的，因此塞拉斯否定了它的独立的意义（即否定了它的"被给予的神话"）。对观察的二层次的解释避免了用一种神话（理智主义的概念思维的纯粹性的神话）代替另一种神话（观察是一种"被给予的"感知的神话）的荒谬。不能认为概念在本质上是理论的，就像不能认为概念在本质上是观察的，必须排除这里的双重神话。

[2]　Cf. R. B. Brandom, "Reply to John McDowell's 'Brandom on Observation'", in *Reading Brandom*, p.321.

称"这些传统的表象主义的逻辑词汇。① 对他来说，这些带有实在论视角的传统的逻辑词汇并非是不真实的，而是只有转换为语用学意义上的具有表达功能的推理主义的词汇，即转换为回指（可推理性重复的"是真的"表达性词汇）和赞同句的话语推论形式才有意义。② 在第一部分"被给予的神话的终结"中，我们将揭示布兰顿的反表象主义的积极的推理主义的方法，即他如何通过对表征的推理主义转换显示了我们与实

---

① 除了一般的表象主义的语义学词汇，布兰顿还处理了只有在**推理的**使用中其语义意义才能显示出来的一些其他词汇。它包括真势模态（alethic modal）词汇和道义的（deontic）规范词汇。

② 但也正因为看待表征的特殊方式，布兰顿的反表象主义受到了来自不同方面的批评。在分析哲学中，对布兰顿的反表象主义方式的反对有属于表象主义阵营的，也有属于新实用主义阵营的。福多坚持表象主义的立场，他认为，不管采用何种解释的顺序，句子的意义从本体论上看是基于词语之上的，而不是相反，即词语的意义不可能建立在句子的意义之上。因此，福多认为，布兰顿的反表象主义语义学的"自上而下"的整体论的方法是不可取的，因为没有理由认为，词语的意义依赖于句子的意义。"自上而下"的整体论的方法假定了句子的命题内容乃思想的表达，因此，构成句子的词语的意义乃是服务于句子的命题内容的意义的，但这也意味着，思想或命题内容是独立于语言存在的，它是作为一种"原初的意向"而得以通过句子表达的。这样的理解秩序颠到了一般语言理论的观点，即我们必须先有语言的能力或掌握语言的意义才能表达思想的观点。如果语言在先，那么就不能把思想或命题内容理解为是独立于句子的言语内容。麦克道尔从新实用主义的立场对布兰顿的表征概念提出了批评，认为这样的表征的概念仍没有走出"被给予的神话"。麦克道尔的疑问是：布兰顿似乎给了反表象主义一个限度，因为他只反表象主义语义学，不反对使用表征的概念。但这样的"反表象主义"是否可以称得上是一种反表象主义？关键的是，走出表象主义，同时又无须放弃表征这一概念是否可行？反表象主义，又不放弃表征的概念正是麦克道尔所不能理解的。麦克道尔坚持认为，经验内容是在思维中发挥规范作用的唯一元素（这意味着应把表征排除在外），我们不能把表征理解为一种限制理性思维的外在的原因，即把它当作理性的语言表达的一种"指证"。因为经验内容本身就是概念性的东西（它是概念思维的一种形式），而概念内容之外别无他物。因此在他看来，布兰顿的观点是自相矛盾的，因为它在否认表征具有独立意义的前提下又承认了表征的作用。如果第一层次的观察是存在的，那么独立地存在于理性思维空间之外的表征就是存在的。既然布兰顿也承认在概念之外并无他物，概念实在并没有一个外在的界限，那么就应该老老实实地放弃表征这个概念。

在世界的独特的推理主义的关系。在第二部分"走向推理主义的可靠主义"中，我们将探讨布兰顿对可靠主义沉湎于经验主义和自然主义的自我辩护的幻觉的批评。

（一）被给予的神话的终结

布兰顿是一个推理主义者，他一直认为，对推理主义的最大的挑战就是如何处理表征的问题，用他的话来说就是，推理主义的最大的挑战是如何"用推理的关系解释指称的关系。"①

按照布兰顿的理解，解决表征的难题的一个首要问题是，我们必须首先作出分辨，避免混淆没有独立的语义意义的直接感知的表征和具有独立的语义意义的表征。没有独立的语义意义的直接感知的表征是生物性的感知，具有独立的语义意义的表征是观察报告中的概念应用，即一种用推理的方式进行的观察。布兰顿把区分了二者的推理主义称为"强的推理主义"，因为它不保留任何不可推理的原始之物。

因此，在对待表征的问题上，布兰顿既没有追随一些实用主义者把表征直接还原为特定语境中的"经验"，从而把表征内容与概念内容对立

---

① R. B. Brandom, *Making It Explicit*: *Reasoning*, *Representing*, *and Discursive Commitment*, p.xvi. 作为一个推理主义者，布兰顿并没有否定这一点：我们面对的是一个经验的世界，从外部看，感知经验的存在以及它的不可消除性证明了一般推理主义不可能绕过它；从内部看，经验行为亦是多样的，它也不能被消解并被还原为某种单一模式。由此可见，对象不是我们（主体）建构的。一方面，没有具体的感知经验，认知的推理将无从开始；另一方面，普遍的行为模式亦需来自于经验多样的行为（作为对它的推理的结果），它不应是规范调节主义的那种先天给定的东西。在具体的语言实践中，在某些的情况下，语言表达式需要发挥一种单项词的作用，或具有这种作用；在某些情况下，我们也会指责一些缺少单项词的表达式。这表明，单项词是一种不可缺少的语言的表达式，它指称、指示或指明一个对象。在语言中需要这样的词语发挥作用，主要是因为我们需要讨论特定的个别事物，通过这些描述的事物的性质以及它所涉及的关系，构成一个语言实践的世界。许多概念也可以还原为单项词，或者说它们本身就是单项词的一种集合。因此，存在着专门可用来谈论概念的单项词；而且，不求助于概念的单项词，我们就不能谈论概念。

起来，也没有像蒯因那样用自然主义的方式来处理表征内容。在区分了纯粹感知的反映性的表征与作为一种推理断言形式的表征之后，他用实质推理、替换（substitution）和回指（anaphora）这些带有规范语用学特征的推理主义语义学原理来处理表征内容。布兰顿试图以此解决自康德以来就没有真正解决的表征的难题。

1. 通过采用罗素从弗雷格那里发展而来的新的量化谓词逻辑，逻辑经验主义复兴了古典经验论。它的根本意图是，如果对直接获得的感知的推理表达采用逻辑的方式，那么我们就可以改变传统的经验主义用心理联想和抽象的理论手段讨论直接的感知的方式。而传统经验主义的方式已被证明在处理经验概念的内容上是失败的或有极大的缺陷的。蒯因之后，在当代分析哲学中，由于经验主义仍有很大的影响，事实的概念内容仍然被区分两个不同的方面，它带来了两种不同的理论：一个关注于概念的观察的使用，另一个关注概念的逻辑的使用，即一个把概念的观察的使用当作概念的最重要的方面，而另一个则把概念的逻辑使用当作概念的最重要的方面。福多和德雷斯克代表了第一种理论类型，该理论把人们对像"红色"、"正方形"这类词语的使用视为是一种非推理的反应，即它们仅仅指红色或正方形的事物。其关注点在于那些可靠的不同的反应倾向（类似于单个的"马"指示复数的"马"这种可靠反应倾向）。福多和德雷斯克的语义学理论采用了这种方法，他们的这种方法可以视为是古典经验主义有关概念内容的理论的当代的翻版。另一种方法把概念的逻辑内容视为是我们一般理解概念内容的关键。这种方法来源于根岑对逻辑的联结的意义的具体阐述：它用引入和消去两种规则来表示一个表达式的应用的情境（circumstances）和后果（consequences）的条件。达米特是这一理论传统的主要代表。这一理论可以说继承了传统的理性主义对概念内容的理解，但它提供的是一种逻辑主义解释的理性主义的版本。这是逻辑经验主义之后的两种截然不同的对概念内容的本质特质的解释，各自都排斥与自身对立的另一端，它们完全不像早期逻辑经验主义那样同时赋予概念内容以感知的和逻辑推理的两种属性内容，比如，像卡尔纳普的新康德主义的逻辑经验主义的解释那样。在对待概念内容的态度上，蒯因和戴维森也并没有真正走出逻辑经验主义，即他们仍然默认了概念内容的双重性的承诺。

布兰顿的语义学推理主义属于达米特的传统，它反对福多和德雷斯克等人的后经验主义的语义理论，它从一开始就没有把感知的内容当作概念内容的一部分，因为它认为，像单项词或谓词等直指关系的指示物并不能构成概念内容的一部分，即它们并不是概念内容的根本的部分。概念内容的真正的组成部分是由逻辑的推理关系表示的断言或判断；单项词等感知确定性关系只有作为表达这种断言性推理的句子的组成部分才能有意义，离开了它们所处于其中的断言句，它们本身就没有真正的意义（即不是概念内容的一部分）。这种解释方法与福多等人为代表的后经验主义的方法完全不同，后者把单项词等直指词视为具有独立的指示意义的词语；而说它们的意义是独立的，就是说它们的意义是决定一个断言句的意义的依据。

分析哲学的实用主义变向的一个结果是反表象主义。从实用主义的角度来看，20 世纪以后所有对康德的概念 / 直观的二元论的发展都一样无法摆脱这种理论本身固有的矛盾。[①] 康德的二元论解释等于承认，

---

① 弗雷格把概念视为一般（谓词指向的对象），把直观视为个别（单项词的对象）是一种康德式的二元论；而戴维森也效仿康德，提出了一种"图式 / 内容"的二元论。逻辑经验主义可以归入康德的二元论的阵营（康德的二元论既影响了理性主义也影响了经验主义），后经验主义也是如此，比如，开普兰把由索引词表示的非概念的、具体语境下的或因果反映的内容，把概念视为由谓词表达的命题中的概念内容，这样的划分与康德的概念 / 直观的二元论相似。康德对感性直观与概念的二重性的承诺始终是他的哲学的一个充满了争论的议题。康德相信，无论概念与世界有多么紧密的关系，世界仍然是由"事物"构成的，而不是由（概念所规定的）"事实"构成的；而由"事物"构成的世界必然具有它的本体论的含义，因为它指向的是实存的个别事物。因此，"知识要么是**直观**，要么是**概念**（intuitus vel conceptus）。前者直接与对象相关，是个别的，后者凭借多个事物可能相似的特性间接地与对象相关"。（I. Kant，*Critique of Reason*，A320，B377）康德的概念 / 直观的二元论既避免了伍尔芙—莱布尼兹的理智主义，也没有倒向洛克式的经验主义，但它却带来了

世界就是由个别事物构成的，它们是一般概念思维的特定的个别性的内容；因此，世界以一种因果反映的方式作用于认知的心灵。分析哲学中那些带有经验主义承诺的观点都沿着这条思路前行，即这些观点都认为，用思想或概念的方式来促使世界变得可理解的方式是不能接受的，即单一的概念图形论是不能接受的。

按照麦克道尔的看法，任何一种认识论像康德那样把直观与概念并置，都会遁入为塞拉斯所批评的经验主义的"被给予的神话"之中。麦克道尔为了一劳永逸地解决康德认识论中的概念与直观的二重性的矛盾，主张像放弃对超感知的实在（物自体）的承诺，把感知经验从"被给予的"先验性中解放出来，回到一个没有超感知的实在限制的经验世界：一个纯粹概念的世界。麦克道尔代表的是一种完全不同的解释康德的概念／直观的二元论的方式，他希望彻底地走出二元论的解释模式。但这种解释也不是没有矛盾的，把感知经验转换为具体实践中的本身就带有概念使用特征的"经验"，否定感知经验与任何非概念的观察的关系，保证了概念与经验的同质性，从而消除了概念／直观的二元性，但问题是，取消任何非概念的观察，将使不能重复的索引记号、直指的指示关系和单项词的存在变得不能理解。更重要的是，如果把一切观察都还原为特定实践形式中的"经验"，必然会出现不同的观察不能交流或无法实现语义分享的困境。

布兰顿并不反对用实用主义的方式解构康德的概念／直观的二元论，因为他同样坚持一种"在概念之外并无他物"的概念实在论的观点，但是，布兰顿走向概念实在论的方式与麦克道尔的方式有很大的不

一个令人困惑的问题：感知经验究竟有没有独立的语义意义？即它是否独立于概念单独具有作为概念内容的"材料"的意义？如果感知经验能够作为概念的内容单独存在，即具有独立的语义意义，那么，这意味着世界是以一种因果的方式作用于我们的，概念推理的规范认知的方式是受制于因果作用的方式的。按照这样的理解，康德的理论就是自相矛盾的，因为这样的理解等于承认，康德自己所相信的心灵的自主性是受限制的。

同：布兰顿不是通过直接排除经验中的观察（即把它还原为非观察的东西）来实现概念实在论的，相反，他通过把观察区分为推理的和非推理的观察，使观察同样能够作为概念推理中的要素与概念推理一同发挥作用，从而使概念实在论与实在论保持联系。这就是说，布兰顿接受了一种语义紧缩论（semantic deflationism）：他把观察可能有的表征的语义意义限定在**可推理的**范围之内。

布兰顿赞同达米特的语用主义的观点：只要概念发挥着推理的作用，任何**刺激性的反映**都应作为可以推理的前提和结论提出（可以作为进一步推理的前提来使用），而不是作为与概念推理不同的不需推理的因素提出，即任何与经验内容相关的概念都必须赋予其经验内容以推理的特性。这就是说，任何给定的概念内容都应是作出了推理承诺的内容，它应保证概念内容可以从任何适当的应用情境（appropriate circumstances of application）的概念推论出任何适当的应用后果（appropriate consequences of application）的概念。

对于布兰顿而言，这里的概念的推理与塞拉斯意义上的**实质推理**（material inference）是一致的，它超出了任何种类的形式推理，即它的推理的前提和结论是实质的而不是形式的：这里的概念推理放弃了把概念作为形式，把概念内容作为来自**表征的世界**的质料的形式推理的区分。一切都是作为推理来使用的，没有可以超出推理使用的、直接可以作为概念的推理内容的**表征内容**。也就是说，概念推理中没有不相容或异质的成分，所有的推理内容都是概念的，推理只是从一个概念到另一个概念，决没有借助于与概念本身不同的另一种材料（纯然的感知）来推理的现象（因为表征内容亦是作为可以推理的概念内容来使用的）。这样，把概念当作形式的东西，把概念内容当作质料的形式推理就被排除在推理之外了。

康德及其后的弱的推理主义只是认为，只有句子中有推理联结，才有必要对它所拥有的内容进行推理；而这意味着那些没有推理联结的句子则不必拥有它所拥有的推理内容：这暗示着有些内容（比如表征内容）是不能推理的（有些内容是不可能有推理联结的，因而也完全不需要推理）。弱的推理主义没有去追问，表征性的直观或感知的成分是如何转化为命题的东西，即它没有提出这样的推理的要求。对于布兰顿而言，在这里，我们面临的一个十分棘手的问题是：在推理之外是否还存在独立于推理（推理不应去考虑也无法去考虑的）的表征的内容？弱的推理主义承认表征的直观内容的独立性，因此对它而言，表征的直观内容是推理的界限（推理没有能力处理也不能去处理相关的表征内容）。由于认为在命题内容的心智构成的纯粹表达的内容之外，表征的内容总是存在的，弱的推理主义方式是有限的。弱的推理主义在本质上是康德主义的，这种推理主义的缺陷是：一旦像康德那样在命题内容的建构或意义的判断中，用表征性的直观限制推理，推理主义就会遁入某种自相矛盾当中。有一点是明显的，即如果对于具体的概念内容而言，进行与之相关的推理表达就足够了，那么，推理就失去了纯粹性：在推理中隐藏着某些不需要推理的成分。弱的推理主义总是相信，如果命题出自于理解或某种判断，它就可以被当作推理的前提，而其本身是不需要推理的。

强的推理主义认为，推理表达一般而言是可以确定其内容的真理性的，这一点是不容置疑的，它不像弱的推理主义那样认为是受限制的。但强的推理主义也反对在推理的要求上只提出狭义的推理的超级推理主义，因为强的推理主义认为只有满足了某种外在的条件，推理才能确定无疑地决定其内容的真理性。[①] 具体地说，布兰顿的强的推理主义

---

① 布兰顿把纯粹形式化的逻辑推理称为"超级推理主义"。对于这种推理主义而言，推理中的正确的逻辑联结已足以确定它们表达的内容的真理性。对于逻辑词汇的使用而言，超级推理是正确的，逻辑联结的引导法则，只求助于使用它的推理的基础，但应用于其他类型的词汇，超级推理主义是完全不可行的，特别是应用于那些具有观察的使用的词汇（比如，我们不能从"红色"直接推出"鲜红色"等等，在类似这样的词汇之间并没有直接的逻辑推理关系）。超级的推理主义只有应用的后果和情境的逻辑关系的纯粹推理的部分，因此又是一种狭义的推理，除了在数学领域，这种推理主义很难对具体的概念内容作出推理主义的建构。超级推理主义实际

有三个基本特点：首先，强的推理主义承认，概念通过它与语言的感知和特定的实践的关系，获得了特定的经验的概念内容，即由于语言具有感知和实践的特点，它因此带有感知经验的成分。但所有这一切都必须加入推理的过程中。对带有这些感知和实践特征的概念应用，坚持强的推理主义就是认为，一切概念内容的成分都应从它的应用的情境条件和后果以及它们之间的关系去考虑。其次，强的推理主义认为，推理的关系可以由严格的含义制约的模态的推理表现出来。一个有关论断或概念的应用结果的推论是确定的，它由一种性质推论出另一种性质是包含在事物自身的性质中的。比如，p 包含了 q，任何一个与 q 不相容的，与 p 也不相容。因此，若一个正方形包含了长方形，那是因为任何一个与长方形不相容的东西，也与正方形不相容。我们决不会知道了 p 包含了 q，而不能得出（或不能确定）任何一个与 q 不相容的东西也与 p 不相容的**结论**。因此，论断和概念之间的不可比的关系是可以通过推论来解决的。从（推理的）前提上看，不相容的语义关系可以依据同一个信念承诺（doxastic commitment）的规范状态，以及作出承诺的资格来理解。以这种方式，就可以对它们作出推理。换言之，根据同一信念承诺的规范状态及其作出承诺的资格，我们同样可以建立有关论断或概念的应用的同一性的规律，它不会出现我们不知道论断或概念应用是否可理解的不确定状态。最后，强的推理主义必然要讨论替换的原理和回指这样的关键的推理的问题（因为它始终把表象层面的东西视为推理的一个方面）。① 通过区分可替换的推理，它可以表明，替换的承诺亦即推理

上也可以理解为是推理主义中最弱的一种，因为它只要求得到**已知的**前提与可能的应用后果的逻辑关系，在它这里，推理与针对命题内容展开的实质推理无关。而它之所以被称为超级推理，主要是因为它的推理的纯粹化程度是超级的。

① 弗雷格最早明确了这一点：单项词的概念内容和谓词必须按照它们在**间接推理**中的角色来理解，它们只存在于句子的语境中（否则，它们不可能是推理的对象）。用布兰顿的说法，推理的语义学在技术上归功于弗雷格的地方是，他用替换概念来理解由句子表达的直接的推理表达，这带来了一种由直接推理在语义学上有意义的部分产生的间接的推理表达（不是简单的转述）。由于存在小句子的可替换性，语言

的承诺（对小句子或单项词的替换就是为了推理的目的）。以这种方式，推理主义就可延伸至对像单项词和谓词这样的小句子表达式的应用中。通过对替换推理的承诺的承袭，回指代词式的承诺就可以明确下来。如果这样做的话，推理主义的方法就可以进一步应用于像由证明性的、索引式的和代词构成的不能重复的记号的（token-reflexive）表达式中。①

　　布兰顿的强的推理主义直接来自于这样一种事实：如果只有断言才能作为推理中的前提和结论，那么，只有**句子**所表达的内容才具有推理的功能，并能够进行推理表达。因此，若小句子要发挥推理的作用，它就必须作为句子中的一部分，通过间接推理发挥推理的作用。这就是说，小句子是在不同的句子中出现，以推理性的替换（substitution）的方式发挥推理作用的。正是通过替换，小句子发挥确定一个句子是否具有完善的语义内容的间接推理的作用。就单项词而言，即使把它与小句子分开，它也不等于对象，因为只有首先知道该如何使用它，才知道与之相关的对象的观念。与小句子相同，单项词不能直接指出对象，只有通过替换，它才能确定一个对象。而就指示词而言，指示词也可以是推理的，即那些不能重复的直指词也可以是推理的，比如"这个"或"那个"也可以是概念的表达。布兰顿认为，如果不是作为推理表达来使用，指示词就没有任何认知的用途。正像推理需要进行小句子的替换，以便把小句子纳入推理中一样，指示词需要回指（anaphora），以便把不能重复的指示词纳入推理中。

　　在布兰顿的整个推理主义计划中，他所要做的就是维护一种强的推理主义。这是布兰顿的理论的特点，它所特别考虑到的一个重要方

　　就可以有**非直接的**表达句。在这里，单项词只有在推理的替换中扮演一个角色才有意义。布兰顿继承了这一传统，并把它运用于回指（anaphora）的关系上：布兰顿把回指的功能也当作一种推理的功能来使用。在布兰顿这里，回指主要指记号之间的能改变原有含义的一种推理关系。

① Cf. R. B. Brandom，*Making It Explicit*：*Reasoning，Representing，and Discursive Commitment*，p.132.

面。布兰顿始终认为，推理的基本前提必然涉及指称的问题，为此他重新解释了传统的表象主义的语义学词汇的作用，他取消了单项词和谓词构成的小句子的独立的语义意义，即认为它们不能直接用来构成概念内容。因此，对概念内容要做广泛的推理才行，概念内容就是推理表达的东西，它不可能有不需推理的成分。而在弱的推理主义中，却隐藏着某种不需要推理的成分。这就是说，从推理主义的或实质的语义学的角度来看，任何表征都只能从意向性状态中去理解，用布兰顿的话来说就是，任何表征都是**声称的**表征———一种总是与表征者的判断或态度和信念联系在一起的表征。对于布兰顿来说，如果这样倒过来理解表征（从判断中去追寻表征性的内容），那么它也就十分接近规范的语用学所要分析的（推理）表达这个概念了，这样，我们也就可以放弃表征这个概念，从而把表达与意向性状态联系起来，去考察一种**隐含的**（implicit）意向性状态是如何能通过表达而明确地显示出来（explicit）的。

2. 布兰顿对什么是单项词，以及为什么（在我们的语言中）会有单项词的解释，从一开始就是根据他的推理主义来进行的，这种解释改变了单项词在传统的形式语义学中的一般定义。在布兰顿的解释中，由单项词或单项词和谓词构成的小句子并不能单独作为一种表达句表达一种独立的意义，它们只具有组合的含义。这也就是说，它们只是相对于复合的断言句而存在：它们只有作为断言句的组成的一部分才具有其自身的内容（组合的内容），因此，我们能够把它们的"含义"（组合的内容）看作是多值的——它们可以在（也只是在）不同的复合句子之间进行替换而具有不同的含义，因而是多值的。就单项词的多值性而言，布兰顿的看法与形式语义学的看法并没有不同，但对它们在语言中的作用的解释就大不相同了。后者对单项词的作用理解是表象主义的，它采取的是一种"自下而上的"方法：它从最基本的单项词或谓词构成的小句子的正确性去寻求句子的正确性，即从对句子的指称的确定开始上升到对句子的含义的确定，并把句子的指称的意旨（语义值）视为句子的含义（指派值）的依据。而布兰顿的语义学推理主义的方法是"自上而下的"，它从对由整个句子所表达的命题内容的关注开始下行到它的构成部分的小句子或单项词等的关注，首先确定整个句子的命题内容，比如用一种可能的世界的集合的模态的方法来确定，然后再进行对句子的组成部分的小句子等的作用的分析，即确定它们在整个句子的构成上的作用，比如它们的现实世界的所指与整个句子的命题内容的可能世界的集合的关系。

因此，与后经验主义不同的是，推理主义的这一方法论本身是建立在对句子的语用学的优先性的承诺之上的。从语用学的角度看，必然存在两种句子内容的区分：一种句子的内容指的是说出的、以断言性的语气推理地表达的句子的内容；另一种句子的内容指的是没有做断言性地推理的可断言的表达句的内容。前者是特定情境条件下带有说话者的语气（因此有语力的特性）说出的，后者则是没有带说的语气的可断言性的句子。后一种句子表达式的使用往往是作为可断言的表达句的组成部分而表现出来的，因此是内嵌式的或非独立的句子。这种具有某种意义的句子并不是真正的句子，它并没有表达一种命题，它也不能作为一种推理的前提或结论发挥推理的作用。但传统的形式语义学并没有对表达式本身的不同作出分辨，相反，它只把表达式当作一种独立的句子来分析。达米特在弗雷格之后亦指出，我们应该从两个方面来看待句子，一方面，可以把句子看作是带有一种语气说出的（推理性的断言性的句子）；另一方面，句子也可以看作是其他句子的组成部分。因从，达米特提出要把握句子内容的两个方面，即把握句子的"独立的含义"（命题内容）与把握句子"组成的含义"，① 即要求区分非嵌入的独立的小句

---

① 达米特指出，"说到句子本身，我们可以有两种方式来看待它们，而且这也是关于它们的内容的两种不同的观念。一方面，可以认为句子是一个完整的表达，当一种特定的语气附于其中时，通过它就会影响一种言语行为：在这种联系中，我们需要一种内容的观念，以便通过它，对一种特定的语气作出解释；在另一方面，句子也可以作为其他句子的组成部分而出现，在这种联系中，它可以用来帮助确定整个句子的内容：所以我们必须考虑到，需要何种内容的观念，以便能对复杂的句子的内容是如何由其构成部分决定的作出解释。"（M. Dummett, *FREGE*：*Philosophy of Language*，p.417）

子的含义与作为复合句的构成部分的小句子的组成的含义。理解它们的
关系，对这里的有关单项词的作用的分析十分重要。有一点是可以肯定
的，传统的形式语义学根本没有做任何类似的区分，相反，它所关注的
主要是这里指出的作为独立的断言性句子的"组成的含义"的句子（小
句子）的含义。

如果句子需要从这样两个方面去理解，那么，对作为一种真值条件
下的内容的理解就会有很大的不同。对于**非嵌入的**独立的小句子而言，
它更多体现为是对单个对象的表征式的内容，而嵌入式的小句子则是断
言性推理的（表达一种命题内容）。如何从认知性的承诺和推理的概念回
到真值条件和表征的概念？或者说，我们应如何理解这两个不同的概念？
内嵌式的小句子的内容应如何理解，它与有关真理的讨论的真值条件是
什么关系？根据布兰顿的看法，如果我们不坚守弗雷格仍相信的外延逻
辑，那么，一种真值就不能同时应用于这两类不同的句子，即就不能用
一种真值标准去衡量独立的表征性的句子和复合的断言性表达的句子。
因为很明显，句子的第一种使用，即小句子的使用，其实指的就是一种
句子的"直接指称"式的使用，它往往是非断言性的使用，而第二种则
指的是复合句，它由多种断言性的句子构成。当然，前一种由单项词和
谓词构成的句子也是断言性的复合句的使用不可缺少的部分。**布兰顿认
为，在这种情况下，用**一种真值的概念来解释句子的不同使用是错误
的。关于句子，我们不仅有指派的值（带有语力的复合的断言性句子的
推理），① 而且还有多元的值（不同的单项词与谓词构成的小句子的表征）。
这样的话，就会有不同的值：指派的或没有指派的值以及多元的值。

由于单项词已不再作为"个别事物"置于作为"一般事物的概念"
的谓词相对应的位置上（这样的对应已经取消），"什么是单项词"的问
题在布兰顿这里就有了与传统意义上的观点完全不同的解答。一个根本

---

① "在这里，指派性（designatedness）指任何与语力相关的概念，比如真理，或更
一般地说，那个由好的推理所保存的东西。"（R.B. Brandom, *Making It Explicit*:
Reasoning, *Representing*, *and Discursive Commitment*, p.341）

性的变化是，单项词已不再被当作意向主义意义上的那种表象性的对象物的指示词，尽管从表面上看，它们的确是某种对象物的指示词。现在，单项词更多是从语言的角度来理解的，即更多地把它视为语言自身规定的一种对象性的指示词。这样的理解类似蒯因在《词语与对象》一书中指出的那种语言的"意旨"关系。当语言"意旨"一个对象，它并非是在意向性习语中隐含的表象主义意旨那样，指示一个无条件的对象。在这种运用语言所做的解释中，单项词的意旨在根本上与意向性的意旨无关。①

　　另一方面，由于由单词或谓词构成的小句子不再有独立的身份，即它不再有形式语义分析中的那种与特定语境中说出的句子脱离的独立的功能，句子就不是单独在纯粹形式语义学的层面上来分析的（原本支撑这种分析的理论条件已经丧失，因为单项词和谓词的本体性地位丧失了），语义分析的形式已彻底改变。如果只有在特定语境说出的句子中，而不是孤立的或抽象的句子中，小句子的使用才能发挥作用，那么，相关的语义

――――――――――

① 从这种意义上说，在布兰顿这里，谓词与单项词是没有区别的："作为断言的个别性和一般性的方面，单项词和谓词一样（虽然不是完全一样）是推理表达的，因此都一样在概念上是富有内容的。在这个概念中，个别性与一般性都是概念的东西。"（R. B.Brandom，*Making It Explicit*：*Reasoning*，*Representing*，*and Discursive Commitment*，p.620）它们的不同只是：单项词与谓词使用不同的替换方式，前者是以对称的方式替换的，比如从"本杰明·富兰克林说法语"推论出"著名的避雷针的发明者说法语"就是很好的推理，即对称的或可互换的，后者以**不对称的方式替换**，即它的替换是不可以互换的，比如从"本杰明·富兰克林会跳舞"推论出"本杰明·富兰克林能走动"是好的推理，但反过来就不是：这里的谓词的互换没有意义，因为"会走动"并不等于"会跳舞"，尽管"会跳舞"意味着"会走动"。单项词与谓词都可以替换，只是替换的方式不同，因此它们的区别就完全不像康德的二元论认为的那样，前者表明个别事物，后者是对个别事物的共性的说明（因此，似乎只有前者可以替换，后者是不用替换的）。事实上，就它们都可以在替换的概念推理中发挥一种间接的推理而言，它们的区别就并不像康德认为的那样，是谓词作为表达一般的事物的概念与单项词作为表达个别的事物的区别。而且一旦取消了个别/共相的区别，即取消了传统逻辑意义上的单项词与谓词的区别，那么，无论是单项词还是谓词，它们本身都不能独立地发挥指示对象或断定对象的一般性质的功能，它们只有作为"被替换的单项词"或小句子的形式、以内嵌的（embedding）方式置于一般的带有语境的或"说出的"的断言句子之中才能发挥作用。

分析是与语用分析结合在一起的。单独的句子分析或纯粹语义分析已不再有作用，语义学必须以特定的话语的语境为中介回应语用学，即把语义内容与说出的表达式联系起来，探究寄生于说出的表达式的语力（force）。由此发生的改变是，与一般表达式的小句子范畴相比，即与单项词和谓词相比，说出的或断言性的句子的范畴具有了解释上的优先性。

形式语义学并没有这样的理解，这是由于它受到表象主义语义学制约的缘故。但布兰顿认为，如果我们根据弗雷格的推理主义语义学，那么，这里就会有作为一种断言性判断的指派性这个概念（而不是语义的指派值）。因为弗雷格要求从**判断**形成概念，而不是抽象地形成概念，要求以推理为主要目标，而不是以求真为主要目标。因此，弗雷格构造了一种关于小句子的替换的方法论（substitutional methodology），它允许小句子表达式（由单项词和谓词构成的小句子）发挥**非直接推理**的作用，其作用的大小按照它们对它们出现于其中的判断的表达句的**直接推理的**角色的贡献而定。这样的替换的目的是：使单项词不只是服务于形式语义学的逻辑表象的分析，而是服务于推理语义学的有关句子之间的相互转换的推理。在推理语义学中，语义分析的注意力不是集中在逻辑的真和它的普遍形式（它把这些作为有问题的概念来看待），而是集中在对其他陈述具有推演的后果的概念的分析上。它所要考虑的是，从第一个判断中得出的推理，是否总是可以从第二个判断中得出。①

---

① 采用这种方法，布兰顿把他这里所谈的推理替换与仅仅是为了获得好的推理的替换区分了开来。他明确地指出："替换的机制可以做**两次应用**，第一次是为了获得独立的推理的内容的概念，再一次是为了获得复合的推理的内容。"（R.B. Brandom, *Making It Explicit*：*Reasoning*，*Representing*，*and Discursive Commitment*，p.348）独立的推理的内容仅仅涉及句子的独立的（freestanding）含义的发生，即不与那种与特定的使用所可能存在的、嵌入句子的使用的含义中的含义相关，**它来自只关心好的推理是什么的动机**，它只能得出类似于弗雷格称之为"概念内容"的东西。这只是由来自多值性的替换性原理的第一次应用的结果。但作为构成部分的概念内容，可以在引出多值性的替换性的方法论中的第二次应用中再次得到界定，这一次必须保留于替换中的就不是复合的句子的指派性，而是它们的**推理的内容**。

在推理中，单项词和小句子的内嵌式的使用，实际上说明了对象在本质上是一个能够再次被辨认的东西。布兰顿认为，在《算术的基础》中，弗雷格在论证数是如何给予我们的问题时实际上已指明了这个问题。弗雷格的解答表达了一个重要的思想，即我们是通过下**判断**来确定一个对象的，对象并不是通过专名或定冠词的形式直接给予我们的。我们虽然可以用定冠词代表"这一个"或"那一个"，或用"专名"来指示一个对象，但我们对对象的确定性的描述与词汇上的单项词是不同的。比如，在"弗雷格"与"《算术的基础》一书的作者"这句话中就显示了这种不同：后者是一个确定的对象，前者只是词汇上的一个词。"《算术的基础》一书的作者"就是确定"弗雷格"这个专名的一种方式，它也就是确定一个对象的方式；它是一种把对象符号化的活动，也是一种规范的认知活动。这也就是说，给予一个单项指称以一种确定的性质或把它当作一个确定的对象，就是作出一种认知的承诺。在这里，再次辨认出一个事物也就是做某种判断：弗雷格称之为"辨认的判断"。① 弗雷格深刻地意识到了这一点：如果我们关于数不可能有直觉（数不是心智的图像），关于单个的对象我们也没有相应的直觉，那么我们是怎么辨认出它们的呢，即它们是怎么给予我们的？显然，唯有的答案是：我们只能在它们归属的一个命题的语境中辨认它们，当然这意味着首先必须理解命题。

因此，如果要使用确定性冠词从谓词上作出一个确定性的描述（它按照一种对象与之相符的或属于对象的概念来作出描述，而不是一种任意的描述），那么，这里的资格就必须是双重的：（1）有一个与概念相符的对象；（2）只有一个对象与此概念相符。在论及这里的资格证明时，弗雷格认为，我们是否有资格使用定冠词把对象视为一个对象，就是看我们是否获得了一种替换性的授权。所谓的替换性授权的意思

---

① G. Frege, *Die Grundlagen der Arithmetik*.1884, English translation, *Foundations of Arithmetic*, sec.104, 109.

是，只有当我们把一个事物当作一个确定的对象来描述，能够不加怀疑
地对它作出再次的辨认，或能有某种方法保证它不会与其他对象混淆，
我们才能确定一个事物作为特定的"那一个"的身份。这也就是说，在
我们以两种（或以上）不同方式指示一个对象时，辨认的判断必须具有
把一个对象再次当作"同一个对象"加以辨认的能力。如果我们用 a 指
称一个对象，我们就必须有一个标准能显示，**在所有的情况下** a 与 b 是
不相同的，即使我们没有能力获得这种标准，即最大限度的替换的标
准。① 词的单个的指称的意图，实际上就是辨认的判断所确定的这些单
个的指称的含义；它是通过把它们置于一种相互等同的关系中来获得它
的含义的，就像用等号就是指定一个对象那样。弗雷格的方法是在克服
了心理主义的对象—心智图像的因果反映关系（对象在直观中被给予）
的理论之后所采取的一种解决问题的办法。这种方法其实并不神秘，用
辨认的判断来理解单项词的指称的意义的方法，来自于下述弗雷格辨认
数的概念的原理："为了获得数的概念，人们就必须确定一种数的同一
性的意义。"② 布兰顿接受了弗雷格的这一替换的原理，因此他说："有资
格提出一个作为一个对象的名称的新的术语的关键是，人们必须确定，
在什么时候把选出的对象再次辨认为同一个对象是正确的；通过这种方
式，人们把它与所有其他的对象区分开来。"③

但无论是获得数的同一性的意义，还是获得单项词的同一性的意
义，都不能回避这一问题：只有在普遍的可替代性中才包含着同一性的
法则，而这意味着，必须辨认出**所有**与之相关的特征的正确和错误，只
有这样才能正确地把一个对象作为同一对象再次正确地辨认出来。这要

① Cf. G. Frege, *Die Grundlagen der Arithmetik*.1884, English translation, *Foundations of Arithmetic*, sec. 62.

② G. Frege, *Die Grundlagen der Arithmetik*.1884, English translation, *Foundations of Arithmetic*, sec.62 (section heading).

③ R. B. Brandom, *Making It Explicit*: *Reasoning, Representing, and Discursive Commitment*, p.419.

求**最大限度**的替换，在单项词的替换中即意味着要求有无限多的断言句。要做到这一点当然是不可能的。布兰顿认为：弗雷格求助于对称的替换性承诺来解释单项词的表达式的使用，并没有真正求助最大限度的替换，而是确定了一种最小限度替换的意义。①

最小限度的替换的一个基本要求是：只要在表达式中备选的词语的出现具有某种**替换推理的**意义，即只要作为备选的词语的替换的结果具有促使人们作出进一步的论断的作用，它们就满足了一种替换的要求。如果做不到这一点，就完全不能确定单项词的替换是否发挥了作用。在这种情况下，词语的替换就肯定没有语义学的意义，它在替换上就是无价值的，在推理上也是无价值的；而对于辨认它们的出现，在语义上也是完全没有意义的。因此，把一个表达式当作单项词来使用的最低的条件，就是必须确定这一点：假定的单项词的出现是具有某种替换性推理的意义的。做到这一点就可以不必满足最大限度的可替换的要求。

对于布兰顿而言，弗雷格的最小限度的替换的思想十分重要，不是因为它排除了最大限度的替换带来的困难，而是因为它的推理主义承诺。它表明，如果对象在原则上可以作为同一对象再次被辨认出，即如果对象可以通过不同的方式给予我们，那么，通过推理性替换，就足以做到这一点。推理主义承诺使弗雷格多少意识到了这一点：对于作为单项词来使用的表达式，必须有某种由使用者承担的实质性的替换承诺（保证它的使用是可替换的）。一旦这种实质的替换性承诺把两个表达式联系起来，就能使它们的命题内容清楚显示出来，或者说，只要两个表达式中

---

① "对象在本质上是一个能够再次被辨认的东西，即使以不同的方式给出。这就是为什么针对事物会提出同一性的问题——用表达式使用一个同一性符号就是把它当作是指称一个对象。成为一个对象就是成为一个可以用不同的方式来指称的东西。把一个对象与一个作为它的指称的表达式联系起来，要求确定什么可以看作是**另一种**指出对象的方式。弗雷格的最大限度的观点是，把一个词语当作是指出一个确定的对象，要求确定**每一个**其他的指出同一个对象的方法。相应的最小限度的观点是，它需要至少确定**某些**其他的指出同一对象的方法。"（R. B. Brandom, *Making It Explicit*：*Reasoning*，*Representing*，*and Discursive Commitment*，p.424）

的单项词可以按替换性推理互换（一个代入另一个），它们就是可断言的、具有命题内容的。这也是为什么说，提出一个作为单项词的表达式，就必须以某种方式确定它的特性的至少一方面的真值。意指一个对象，必须被看作是通过替换性承诺联结各种不同的表达式的推理的行为。

人们也许会问，这种替换推理的限制是否一定是必要的，人们对此或许存有疑问。如果我们把使用单项词指示对象与使用汽车去机场或用箭射杀一只鹿相比，替换的限制就会显得很荒谬：因为即使只有一辆汽车和一支箭可以使用，或它们不可能再次使用，它们也可以帮助我们去机场和猎杀一只鹿，那么，为什么单一的指称就是无意义的，它必须以不同的方式来指称一个对象？即为什么指称必须不同，一个对象只能以两种不同的方式（或更多）才能显示，而用一种方式则显示不出来呢？布兰顿认为，这种处理单项词的方式，即替换性推理的承诺与词语指示对象的基本性质有关：对象与我们并非处于一种**因果的**关系之中，即对象与我们并不构成一种直接感知的关系。若语言只能以一种方式指称对象，或一个对象只能以一种方式来指示，它就永远像一个巴掌拍不出声音那样是无所指的。①

3. 把感知性的表征视为概念表达的限制，或认为概念作为自主性的断言与非自主的、被给予的表征内容是对立的，仍然是今天的分析哲学中的一种常见的观点。这些观点相信概念／因果的对立（概念表达与因果反映的区分）是不能取消的。因此，这些观点仍然认为下述直觉是正确的：无须说明的直指的指示词或索引结构是概念不得不依赖的非概念的东西。

在布兰顿看来，因果理论的错误是只看到了直接指称的，即类似于专名的指称，而从根本上忽视了间接指称，即类似于句子的指称。句子的指称表明指称并非表示一种词语—世界的关系，比如像"他"这一

---

① Cf. R. B. Brandom, *Making It Explicit*: *Reasoning*, *Representing*, *and Discursive Commitment*, p.425.

指称词在"维特根斯坦赞赏弗雷格的工作，所以**他**到耶拿去与伟人会谈"这一句子中的作用。在这类例子中使用的是回指的（anaphoric）指称用法，而不是直接指称的用法。指称的这样一种内在于语言的使用与形式语义学分析中的指称概念是完全不同的。形式语义学的指称概念使它把代词归入约束变项，并因此把回指指称解释为共有的指称的语法式的保证，而共有的指称又被理解为是指称同一**外在于语言的**对象的。但通过对回指的机制的分析我们会发现，这种实体性实在论的直觉是错误的。**外在于语言的**（extralinguistic）指称关系，实际上只能从**内在于语言的**（intralinguistic）关系上才能得到解释。① 我们的词语与词语所指称的东西或它的所指之物是有区别的，我们用各种表达式指称某物的断言的真理性，并不能从我们用以谈论的对象的关系去理解。从语言内部来理解，指称只是一种复杂的回指的代词形成算子而已，在这一点上，它与"……是真的"一词是一样的。布兰顿希望通过阐明一种回指式的间接的描述把语义外在性转换为一种推理主义的语义内在性。

从推理主义的语义内在性的角度看，任何一个记号所做的回指式的重现，都取决于它对另一个记号的替换性推理的承诺的继承，它是不同的对话者对一种承诺所作出的不同的看法。由于回指的存在，语言本身就不是直指的：它的回指的功能已打破了直指（deixis）的语义垄断的可能性。语言回指的一个最重要的意义在于，它使每一个对话者都能用记号的方式作出表达，把那些看起来被其他对话者独断地重现的话语加以再重现。在句子和词语的层面，这种再重现为在不同的承诺报告（包括推理的）之间进行接触（交流）提供了最基本的条件。

从推理主义角度看，指示词也可以是推理的，即那些不能重复的直指词也可以是推理的，比如"这个"或"那个"也可以是概念的表达。实际上，如果不是作为推理表达来使用，它们就没有任何认知的用

---

① Cf. R. B. Brandom, *Making It Explicit：Reasoning，Representing，and Discursive Commitment*，p.306.

途。正像推理需要进行小句子的替换以便把小句子纳入推理中一样，推理也需要指示词的替换，以便把不能重复的可替换的（可重复的）指示词纳入推理中。"认为一个表达式是回指式依赖于另一个，就是认为它从作为它的回指的先行词的记号中继承了它的替换推理的角色。"① 回指使作为回指的先行词的记号具有推理的功能。从这个意义上说，摹状词和专名等也只有作为回指的先行词才有意义，否则它们就是不能重复的。在回指的机制中，指示词可以作为推理中的前提发挥作用，它们此时就具有推理的意义，并且可以理解为是表达了概念内容的。对于直指表达式而言，回指的这种功能是非常重要的。因为如果不能以回指的方式指示事物，并且具有推理的意义，直指表达式就无异于我们面对事物时所制造出的噪音，而不是真正言说某物的语言表达。因此，回指比直指更重要，语言可以只有回指的机制而没有直指，但决不可以只有直指的机制而没有回指。这就是说，"直指是以回指为条件的"（deixis presupposes anaphora）。②

回指能够使直指表达式进入替换推理中，使这些表达式具有间接推理的功能，并具有概念内容。因此也就不存在限定性摹状词是否具有推理表达的功能或具有概念内容的争论。如果你说，"那是一只豪猪"，我针对这一推理的前提和结论说，"所以，它是脊椎动物"，我得出的结论的真实性要根据这里所做的替换，即由我回指性地依赖的指示性的先行词（根据某个解释者的意思）的替换是否适当来决定。③ 同样的，那些似乎具有独立的指示意义的时间和地点的指示词，也可以用这种方式作为回指的初始物来使用，从而构成一种回指链。在这种情况下，我们

---

① R. B. Brandom, *Making It Explicit: Reasoning, Representing, and Discursive Commitment*, p.621.

② Cf. R. B. Brandom, *Making It Explicit: Reasoning, Representing, and Discursive Commitment*, pp.458, 465.

③ Cf. R. B. Brandom, *Making It Explicit: Reasoning, Representing, and Discursive Commitment*, p.621.

可以选择把索引的使用当作直指式的使用，从而用回指构成一种论断句。我可以通过说一个记号类型（比如，"约翰**现在**离开了房间"）作出一个论断，只是因为我和另一个人随后可以说出这种类型的记号（"如果**那时**他已离开了，他就会准时出席会议"），在这种说话中，（"那时"）这个记号应理解为是回指性地基于早先的记号（"现在"）之上的。

乍看起来，指示词的功能是把对象找出来，并在它上面加上一个记号，确定记号指称一个特定的对象。但必须认识到的是：指示性记号**本身**是不能重复的，只有针对它们的替换性承诺才能带来可重复的表达式。单从指示词的角度看，只有在意外的情况下或很特殊的情境条件下，一个说话者才会重复一个对象的指示。即使重复的指示是可能的，它也只是简单地导致产生另一个不能重复的记号。因此，只有把指示词与回指的可重复出现的替换关系进行比较，才能看出指示词的表达的功能。在其他情况下，指示词就会变为没有谈论和显示对象的无意义的符号。这也就是说，只有凭借重现的结构，指示性的记号才能够扮演一种概念的角色。只要指示词具有回指的基点，它就可以在替换的推理中凸显出来。这也就是为什么说"直指是以回指为前提的。没有记号能够具有指示的意义，除非其他的记号具有回指的基点的意义；把一个表达式当作指示词使用，就是把它当作一个特别种类的回指的初始物来使用。"① 对于那些似乎具有独立的指示意义的时间和地点的指示词而言也是如此，它们也只能作为回指的初始物来使用。

分析哲学把直指性的（deictic）记号看作是经验认知的一种至关重要手段，但它对于什么是指出或指示一个对象的回答却仍停留在表象主义的语言—世界的指称概念中。根据这种指称概念，用索引的模式来讨论直指的关系就是要表明，直指的根本表现就是指出某物：它指示对象就是面对面地指着事物，好像是用食指来指出它。但事物并非如此简

---

① R. B. Brandom, *Making It Explicit：Reasoning，Representing，and Discursive Commitment*, p.621.

单，因为这种赤裸裸的指示可能是空洞无物的。只有作为有关它自己的回指的先行词（antecedent），记号才具有功能性的作用或意义，它必须能够为语义学和语用学所解释。同样的，把代词当作索引词，要求人们能够对与索引相关的语义评价作出具体的说明。在推论中出现的回指链并不是自然的记号，它们是话语推论者归属于推论的一种规范的特征，是有关承诺的条件或所继承的承诺的条件。

因此，只关注于语言的直指的功能的语言理论存在极大的局限性，它们对指称的关注，从表面上看揭示了表达式的指示性用法与世界的一种认知关系，但它们对指示性表达式的使用的思考，是在没有明白**何物**能被指示性地表明的情况下作出的。它们只是认为，语言的意义就是作为可能的话语和事件的记号的意义，因此，它们总是会通过强调非重复的指示词和索引的使用先于描述性的可重复的记号的使用，而把语言与直指的语义类型联系起来。这样一来，作为另一个基本的符号现象的回指就没有被当作本质的东西来看待；它们只处理那些不需回指，人们在原则上就能理解的有关事物的语言内部的特性。这样做给人的印象是，"……如果人们关注于类型以及记号，首先关注直指，随后才关注回指（如果关注的话）是很自然的。然而，这样的态度看起来似乎是很自然的，但不仅在策略性上是错误的，而且实际上也是不能自圆其说的。"[1] 对于布兰顿而言，这一点是显而易见的：直指不可能有先在的语义意义，因为没有记号之间的回指的联结，直指记号就无法发挥有意义的语义角色的作用，甚至也不能作为直指词而发挥作用。回指之所以是语言实践中的一种很重要的表现形式，是因为只有通过它，不能重复的事件和可以重复的内容才能够联系起来。"没有**重现**（recurrence）的可能性，就没有（具有语义意义的）出现（occurrence）。"[2]

---

[1] R. B. Brandom, *Making It Explicit*：*Reasoning*，*Representing*，*and Discursive Commitment*，p.464.

[2] R. B. Brandom, *Making It Explicit*：*Reasoning*，*Representing*，*and Discursive Commitment*，p.465.

布兰顿认为，直指的机制在概念上依赖回指的机制表明，在复杂的推论实践中，必须区分两种记号类型或两种基本的记号现象：总是通过指示词或索引结构表现出来的直指和带有特定推理意义的回指。从语用学的角度来看，推理的替换承诺与记号可重复相关，像由指示词构成的直指这类不能重复的记号，必须相应地改变为其他记号可重现的类型，才能使自身融入间接的推理之中或具有间接推理的意义。这样，由它们带来的推理才能对语言的推理游戏有所贡献。从这种意义上说，直指是以回指为条件的，构成直指关系的指示词与索引的结构本身并没有独立的语义意义。

从推理主义的角度看，如果不是作为推理表达来使用，指示词（包括那些似乎具有独立的指示意义的时间和地点的指示词）就没有任何认知的用途。如果说在推理中，小句子和单项词必须被替换才能把自身纳入推理中，那么，指示词则需要回指才能把自身纳入推理中。也就是说，只有回指才能够把直指表达式转化为替换推理，使这些表达式具有间接推理的功能，并具有概念内容。从这个意义上说，摹状词和专名等也只有作为回指的先行词才有意义（可重复），否则它们就没有意义（不能重复）。因此，回指比直指更重要，语言可以只有回指而没有直指，但决不可以只有直指而没有回指。没有回指就没有直指，布兰顿由此否定了那些试图从非推理的经验的实证中获得论断的内容的经验主义的语义外在论。直指的机制在概念上依赖回指的机制表明，尽管直指作为初始之物或"没有证明的证明者"① 具有它特殊的作用，但由它们形成的报告是没有自主的意义的。

（二）走向推理主义的可靠主义

我们专门讨论了布兰顿的推理主义对与推理相关的表征的问题的

---

① R. B. Brandom, *Making It Explicit：Reasoning，Representing，and Discursive Commitment*, p.222.

一般处理方式，这是一个对于推理主义而言极富有挑战性的问题。但对于布兰顿而言，问题本身并没有完全解决，比如，概念内容的形成及其成真条件中的"感知"（perception）和"经验"的存在的意义和作用的问题，以及与"感知"和"经验"相关的"行动"和"实践"的问题——作为理性的智人基于某种感知经验的行为模式——都需要作出解释，撇开"道德的实践说理"的问题不谈，① 这些问题由于可靠主义的认知模式的兴起而变得格外引人注目。

布兰顿为了解决这里的推理主义的问题，对可靠主义的认知模式做了详尽的批判性考察。在他看来，可靠主义有三个洞见和两个盲点。可靠主义的这三个洞见是：（1）基于"感知—经验—行动"模式之上的可靠形式的真理信念可以证明为是一种知识，即使相互竞争的认知者不能证明它们；（2）可靠主义把对真信念的甄别，与对信念者的信念形成相关的资格及其种种外在条件的鉴定联系起来，而不是为真信念的证成抽象地设置证明性的辩护程序；（3）可靠主义向我们表明，信念是信念的可靠的"感知—经验—行动"模式形成过程的产物，即使是某种当下的感知性的东西，因此，可靠性是真信念的证成中的诸种理由的一种，它不是一种出自抽象推理的理由。布兰顿肯定了可靠主义的这三个洞见，但他也同时指出，可靠性归属应从特别类型的推理的同意的角度来理解，这样才能避开可靠主义的两个盲点，即概念的盲点和自然主义的盲点。——相信在不借助任何认识论的情况下，甚至认知者不能提供

---

① 布兰顿的计划是全面的，他明确表示，他打算用话语的推论的方法对行动、规范和实践说理作出一种非休谟式的解释，这种解释的基本立场倾向于康德的规范主义，但又不是它的简单的翻版。**在道理的实践说理的问题上**，他试图避免康德主义的把实践说理的意向性当作先验的意向性，以及赋予规范先验色彩的做法，即他试图完全根据话语推论的可能性条件来分析规范词汇的含义和实践意志。用布兰顿的话说就是，他打算阐明下述三个主题：（1）对规范词汇把事情说清楚所要做什么，即"应该"意味着什么作出解释。（2）引入一种非休谟式的思考实践说理的方式。（3）提出一种有关作为实践说理的理性事实的意志的更广泛的康德式的解释。（Cf. R. B. Brandom, *Articulating Reasons: An Introduction to Inferentialism*, p.79）

任何推理的东西，他也能对事物有知识，这是可靠主义的概念的盲点；寻找可靠性完全以自然主义的思维为导向，根本不求助规范和理性，这是可靠主义的自然主义的盲点。布兰顿相信，为了避开概念的盲点，人们必须重视区别于表象的特别的推理表达的意义，即判断是如何区别于信念而可以成候选的知识的。为了避免自然主义的盲点，人们必须意识到，对可靠性的关心，就是对特别类型的人际间的推理的关心，在这种解释情境里对推理的作用的关心，才有可能是对可靠性的洞见的隐含的把握，因此，可靠性必须从推理的完满性（goodness of inference）的角度来理解，而不能从其他方面来理解。

1. 随着基础主义的证明理论的式微，对信念的形成的可靠性的各种方式的考察成为了当代知识论所侧重的一个重要方面。在这里，由柏拉图开始的、把知识理解为是得到辩护的信念的证明理论已不再视为是可行的，相反，信念的证成是从信念形成的可靠性或合理性的角度来思考的。可靠性（reliability）与辩护（justification）是两个不同的概念。辩护这一概念从古典基础主义开始，一直被当作一种具有其特殊要求的概念，比如，无论从经验还是从先验的角度看，它都指涉一种可辩护的条件：作出一个断言 p，总是意味着存在作为断言 p 的前提的 q，或在特定的情境条件下断言 p，必然与断言 q 相吻合。但证明作为一个独立的程序是与信念的形成完全脱离的。在最初的信念证成模式中，从柏拉图的真意见—说明到后来通常要求的三种要素：证据、理由和证明，都属于这种与认知信念的形成脱节的辩护程序。尽管这种辩护程序要好于依赖运气的经验探究的偶然性方法，但它仍面临许多其自身难以解决的麻烦。

从葛梯尔开始，人们已感觉到，这些要素或条件都还不是用来表明认知信念为真的唯一方法。一种真信念还可能有其他方法来证明，比如，一种信念在某种情况下，可以在实践中由经验本身来作出保证。依赖于某种操作主义式的可信赖的预期概念，也能够证明信念的持有者对信念为真所拥有的好的理由。一个典型的例子是：试想考古学家在考证古代美洲中部出土的陶瓷片时，她如何证明哪一块是托尔特克人的，哪一块是阿兹特克人的？或许她要花几年的时间去学会辨别这些陶瓷块，但不管她怎么学，她也只能靠预测或预期来对她的信念（确信的分辨）作出证明，因为这里并没有确定的记号可以帮助她作出证明。在这种情况下，事情往往是这样的：当她长久地仔细地观察一块陶瓷时，她突然会觉得，她相信某些陶瓷片是阿兹特克人的，某些是托尔特克人的。尽管有可能出现这种情况，即实践者对自己产生怀疑，从而可能不相信自己的情况，但这种"缺乏真信念"的认知状况仍改变不了这一事实，实践者最终还是能达到预期的目的的事实。

如果我们从她的同事的角度来看，可能会出现这样的情形：那些跟随她多年的同事，早已知道她是一个在辨别不同的陶瓷碎片上非常可靠的人，她的同事因此会完全相信，她偶然间作出的对这些陶瓷碎片的辨别是完全可信的。因此，当在某些情况下，她的辨别果然是对的时候，这些同事会认为，尽管她坚持采用确定的证据作为其信念的依据，而实际上，她早已知道所要作出辨别的陶瓷碎片是托尔特克人的，即使之前她动用了显微镜和各种试剂。对于可靠主义者而言，这一例子表明，如果这样来看待这类情况是对的，那么，知识的归属就可以通过信念者的可靠性来担保，即使信念者对其信念还无法提供理由。如果他们能这样来担保，那么认识论中的辩护性的内在论，把知识的归属限制在下述情形的做法就是错误的：相互竞争的候选的认知者能用推理的方法证明其（真）信念。

可靠主义是一种外在论，它不像内在论那样把知识的辩护限制在单一的推理性证明的范围内，而更多的是从信念的形成过程这一"外在的"因素去寻找使我们可以把信念当作真知识的理由。上述考古学家尽管自己并不十分相信她自己辨别古陶瓷碎片的能力，但她却早已有了相应的"资格"。对于可靠主义而言，这一点非常重要，如果信念者本身没有足够的资质（资格），我们就很难区分证明性辩护是可靠的还是不可靠的。信念者由经验或由加入共同的社会实践而形成的认知性承诺的资质，是一种信念是否可能是真信念的起点，在这里，起点不是抽象的推理性辩护，而是信念者作为认知者的资质（包括相关的其他外在条件）。因此，可靠主义有理由把对真信念的甄别，与对信念者的信念形成相关的资格及其种种外在条件的鉴定联系起来。

但可靠主义的可靠性理论，一定是与从古典认识论一直发展到今天的有关真信念的证成的辩护理论对立的吗？按照布兰顿的看法，我们实际上可以把可靠主义的可靠性理论，视为是对古典真信念证成论的一种一般的说明。因为，作为辩护依据的说理（reasoning）这个概念，也可看作是潜在的可靠性形成的一种因素。接受一种我们能为之提供理由的信念（即使我们还没有获得这种理由），也是获得信念的可靠性的方法（这与古典的辩护理论并没有冲突）。如果不是这样的话，就无法解释我们为什么接受一种信念，而拒绝另一种信念。再说，尽管归纳的理性为我们提供的理由是一种在推理上十分弱的理由（比如，在"晚霞行千里"的预测中有关天气好的理由），但它也还是一种理由，即还是能够作为一种真信念的证成的理由发挥作用。这表明，我们可以做如下理解：可靠主义不是把理由当作抽象的理由来理解，即它不是把理由当作信念的形成过程之外的某种推理的因素来理解。而古典真信念证成论中的理由是抽象的，它完全独立于信念者的资质或资格，以及种种对信念的形成至关重要的外在因素。具有一种好的理由，如果脱离了信念形成的过程也就变得没有意义了。古典真信念证成论要求信念者对其信念作出推理式的证明，但这会面临许多困难。可靠主义的优点在于，它向我们表明，信念是信念的可靠的形成过程的产物，只要信念者知道或相信，它是一种可靠的东西，那么，可以说他就是那种情况下的一个可靠的感知者，因此，他也就可以把他得到的这种可靠性当作其信念的理由。在这种情况下，这种可靠主义的"理由"就是与可靠的信念的形成过程结合在一起的。

把可靠性本身视为真信念的证成中的诸种理由的一种，而不仅仅求助于抽象的推理性的理由，是布兰顿一再强调的可靠主义的一个十分重要的洞见。可靠主义把真信念视为在信念的形成过程中表现出来的可靠性的产物，而没有把信念者是否有能力对其信念作出证明当作一个条件。在布兰顿看来，可靠主义对传统的真信念的辩护理论的方法论倒转，的确具有十分重要的意义。因为从许多方面来看，这种方法论倒转都更符合具体的认识实践的特点。的确，任何一项成功的实践总是带来它基于其上的真信念。但是，如果成功本身就足以说明一种信念的真理性，我们直接去描述这一成功的实践的过程就可以了，为什么我们又总是希望寻找区分知识与信念的特征？即为什么我们又总是不相信真信念是知识？布兰顿对可靠主义的信念过程论的合理性提出以下疑问：

1. 能把信念与理由的关系理解为一种非认知的关系吗？即我们是否应该相信，陶瓷专家在没有提供任何理由之前就能够具有可靠的辨别陶瓷碎片的知识，只要她有过成功的经验这个"理由"？

2. 可靠主义把原本认识论对理由与信念的认知关系的考察，改为对信念的形成过程的可靠性的说明是完全正确的吗？

3. 可靠主义对传统真信念的辩护理论的方法倒转，是否意味着，由推理、证据、辩护和理由的概念构成的解释不再有作用或不再需要了（它们有作用的话，也只是作为信念的可靠性的证明的外在的工具），它们完全可以为可靠的信念形成的过程所替代？①

无疑，可靠主义的方法论倒转是很有吸引力的，对此，布兰顿也未加否认，但从他的推理主义的角度看，除了可靠主义方法论中的基本洞见是可以接受的以外，**上述三个方面的问题都不应作出肯定的回答。**

---

① Cf. R. B. Brandom, *Articulating Reasons: An Introduction to Inferentialism*, p.101.

信念者首先必须是可靠的（他有一种资质和资格）这一点固然重要，信念者还必须表明（相信）自己是可靠的（这有赖于人际间的推理），因此，可靠主义还必须比它自身要求的做得更多。由直接的经验以及成功的社会共同体的实践等构成的种种外在条件的可靠性，还不足于表明，我们的真信念的形成可以不要做任何辩护，或者说，对信念者的资质、经验及其种种外在条件的说明还不能表明，认知性的推理的辩护完全是多余的东西。

2. 可靠主义的贡献在于，它的方法论变革为摆脱传统的真信念的辩护理论的内在困境提供了一条出路，尽管其方法论本身是不能接受的。可靠的真信念的形成过程是种种外在条件构成的：信念者的资质、资格和成功的经验等，在这里无须内在的理由，它的理由就是外在条件的可靠性，在这种情况下，信念者甚至不用去考虑其自身的信念是否是可靠的，只要各种的外在条件满足了，就可以不做此考虑。而传统的真信念辩护理论是内在论的，它往往求助于信念者对内在的理性认知形式（诸如逻辑的同一性和理性等）的遵循。但内在论没法逃脱基础主义的无限倒退的悖论，这使得它处于一个十分尴尬的位置上。布兰顿不愿接受内在论也是这个原因。在可靠主义身上，他发现了一个有助于他摆脱传统的内在论的知识辩护方法的途径。这就是说，他发现，信念者持有信念的资格，才是知识辩护的对象，信念者是否按照某种原则和规范思维并不是知识的辩护对象。

当然，这并不意味着，布兰顿认为我们应该赞同可靠主义的外在论不做知识辩护（针对知识本身的语义内容的辩护）的自然主义。虽然在可靠主义那里，信念是通过非推理的感觉机制获得的，它也可以因此而通过推理的方式来加以证明，但在上述陶瓷专家的认定过程中，实际上是包含着推理成分的，比如，在她这么认为并最终作出这种判断时，她是把认定当作一个好的推理来理解的。一个人有一种信念（相信某种陶瓷片属于托尔特克人）而不知道这个信念的理由是说不过去的。这也就是说，像可靠主义那样，把具体经验中的某种可靠的功能性直觉，当作可靠信念的理由是说不过去的；因为经验或功能性的直觉并不能成为一种理由。

布兰顿通过小鸡的性别鉴定和超级盲视这两个例子来表明，经验或直觉的东西从根本上说是不能作为一种理由的。通常因为刚孵化出来的小鸡在性别鉴定上没有任何外在特征，而只能完全凭有经验的鉴定者的直觉或经验来作出性别鉴定。据说这种鉴别是无方法可循的，就连老练的鉴定者也无法清楚地说出他们是怎么做的。但仅凭经验和训练，鉴定者就能成功地对小鸡的性别作出鉴定。这些鉴定专家自认为完全是通过视觉来作出分辨的，但对这一现象进行研究的研究人员却发现，他们实际上是靠嗅觉来做到这一点的。如果真是这样，即使这些鉴定专家对他们是如何作出鉴定的一无所知——也因此根本不能为他们相信某一个特定的小鸡是雄性的提供理由——他们仍然是鉴别小鸡性别的成功的或可靠的非推理的报告人。这一现象从表面上看似乎支持了可靠主义者的信念形成的过程埋论，但其实不然。在对被认为是盲视的人的视觉测试中也有类似的现象。有些视皮层损伤的病人声称，尽管他们看不到其某部分视野中的任何东西，但却可以接受呈现于该视野中的环境信息，并依照该信息行事。例如，这样的人可以具有关于该视野内物体如何放置的信念并根据这些信念移动身体，并能对物体的大小和颜色作出分辨。但在布兰顿看来，这些盲视者都是一般的盲视者，因为他们尽管有很好的物体和颜色的辨别能力，但他们并没有这样的信念：比如，有某个红色的立方形物体在他们面前，所以他们在判定物体的大小和颜色上的良好表现还不能说明他们具有这种知识，除非存在一种超级的盲视者，他与一般的盲视者不同，他对物体的大小与颜色的反映和判断比一般盲视者更准确更可靠。超级盲视者还能对外在事物形成确定的看法或信念，比如对眼前的红色的立方体的存在有无法解释的明确的信念。如果真是这样的话，那么，可靠主义的基本洞见，即真信念的可靠形成过程的理论就非常吸引人了。如果那样的话，我们就可以说，盲视者完全知道有红色的立方体在他眼前存在，就像我们可以说无经验的小鸡性别鉴定者知道，他所检查的是雄性的小鸡。①

　　但在布兰顿看来，即使我们假定存在这样的超级盲视者或小鸡性别的鉴定者，他们能根据非推理的直觉的知识对事物作出可靠的判断（在这种情况下，可靠的信念的形成是非推理的）也不能说明，非推理的知识就能完全替代推理的知识，即这并不表明，试图了解这种非推理的直觉的知识的人不能对这些非推理的直觉的知识作出辩护。这说明，内在论对知识提出的推理性辩护的要求还是有意义的。但内在论否认我们可以把非推理的信念的形成当作一种知识则是不对的。我们应该承认非推理的信念（这里主要指所获得的感知性的可靠信念）的形成是一种知识。而对于感知性的知识而言，它则需要作出推理性的说明，它的可信性是基于感知者是否有能力对它作出推理性说明之上的，它必须是一种经过推理的信念。

　　如果做此理解，我们可以首先接受可靠主义所给予的某些提示，我们根本不必像内在论那样，因为强调真信念的推理的因素而否定感知性经验（非推理的方式获得的信念），但与此同时，也必须给予可靠主义以某种限制：可靠主义的信念形成过程的可靠性需要在事后（ex post facto）发展出一种有关非推理性获得的信念的可辩护性的理论。在小鸡鉴定的例子中，一个可靠的小鸡鉴定者应该知道或相信他是可靠的，他应把自己的鉴定的可靠性信念以及他对自己如何做鉴定的总结，与对相应的非推理获得的信念的适当的推理性辩护结合起来。另一个例子中的情形也是如此：如果缺少相应的辩护，我们如何能想象一个不能对自己的行为作出说明的、仅仅依据非推理的报告（直觉性的观察或经验）进行古陶瓷分辨的专家是可靠的？即我们如何能表明一个在用化学试剂和显微镜给出证据之前，把某块陶瓷片认定为是托尔特克人的相关辨别是可靠的或真的？如果缺少相应的辩护，那个超级盲视者如何能真切地让他人相信，在他眼前有红色的立方体存在？

① Cf. R. B. Brandom, *Articulating Reasons*：*An Introduction to Inferentialism*，p.103.

布兰顿承认，我们的认知信念（真信念）的形成，在一些方面的确像可靠论者描述的那样是具有某种自然的或外在的特性，它由非推理的实践本身的效果规定。[①] 这也就是说，在很多情况下，这种"不负责任的"信念也可以成为真正的信念；而且在上述提到的那些例子中，这些不可靠的信念也能够成为知识。在这一方面，内在论的观点并不一定是正确的，即内在论坚持认为真信念一定要有与之相关的合理性辩护（否则就不是真信念）的看法并不一定是有道理的。事实上，我们拥有一种我们无法给出理由的信念并不是不合理的。在信念中总是包含着相信（faith），而相信并不是一种一定伴随着它的资格的承诺。如果像内在论那样要求认知的信念一定要有其可辩护的理由，我们可能就无法拥有信念——对于布兰顿而言，这意味着，如果我们坚持用一种内在论的方式理解认知信念，那么对认知的信念的解释就解决不了实际的问题，它就会是绕圈子的。包含相信在内的信念，不仅可以在相信者未知其辩护性的理由的情况下成为真的，而且也可以从可靠的信念形成过程中产生（因此，没有理由认为，这样的信念不能构成知识）。

但是，从总体上看，即使这样理解，可靠主义的洞见的意义还是有限的。可以肯定的是，可靠主义在处理传统认识论的辩护主义难题上非常有创见，比如，它从具体的、本身在效果上明显的可靠的信念形成过程中探究认知信念的真理性，揭示了真信念的形成与种种外在条件的关系，从而避免了坚持信念的内在合理性辩护而产生的方法论的困境（基础主义的无限倒退的悖论等），但可靠主义毕竟在方法论上犯了以偏概全的错误，即它把认识论的问题简单化了："我认为，从可靠主义引起我们注意的那些有关的知识的那类例子所涉及的冲突中，我们可以获得的适当教益是，不是这些例子是相互矛盾的，而是它们在原则上都是些例外。基于没有主体为之提供理由的可靠性之上的知识在局部的现象

---

① Cf. R. B. Brandom, *Articulating Reasons: An Introduction to Inferentialism*, p.105.

中是可能的，但它们不是一种普遍的现象。"①

3. 如果所有的知识和信念都像上述关于可靠主义的例子中那样，那么，它们到底会是怎样的一种知识？假设在一些特殊情形中，在认知上没有责任的（没有说明理由的）信念是可能存在的，但这种情况能从社会实践的总体去描述吗？即我们能说人们的确有真信念，但他们所有的人都没有为信念提供理由，因此在认知上都是不负责任的？换言之，是否可靠主义所揭示的那种可靠的信念的形成过程是唯一的认知模式？在布兰顿看来，这里的问题十分重要，它牵涉到我们应在何种意义上接受可靠主义，在何种意义上保留内在论的信念辩护要求。从传统的知识辩护理论的角度看，为认知信念提供一种理由是认识论理所当然的一部分。按照这种理论的看法，我们完全可以认为，一个实践共同体是在它认为已经能够为一种信念作出辩护之后，才拥有信念的，它的所有信念都是这样获得的。对于以非推理的方式获得的信念，必须坚持认为它是在信念者相信自己是可靠的时候获得的。这些信念可以反过来从其他人（他们是可靠的以及已经被认为是可靠的）那里获得。

我们不可能认为，具体社会中的认知者在没有为他们的信念提供理由的情况下，可以通过某种可靠性机制获得一种真信念。可靠性机制中的"可靠性"本身已是一个归属性的概念，即它总是一个"被认为"是可靠的可靠性——这似乎表明某种理由已经给出。而一个排除了对信念给出理由的社会共同体，实际上也就不可能拥有可靠性的概念，同时也就不可能有知识。共同体中的成员可以作为一个衡量的工具，对彼此的感知世界作出可靠的评判，如果他们没有对可靠的和不可靠的判定作出区分的话，他们就不能以一种正确的方式来对待自己和他人。缺少这种区分，也根本不能认为他们知道他们自己和其他人是一个判定者。只有对"可靠性"这一概念作出评价，即拥有了一个"可靠性"的概念，认知共同体中的认知者相互间才能理解什么真正的判定，什么只是一种

---

① R. B. Brandom, *Articulating Reasons*: *An Introduction to Inferentialism*, p.106.

反映。但从可靠主义的角度看，社会共同体中的认知实践者每一个人都是可靠的，他们不需依赖自己以及彼此依赖来获得可靠性，在一个没有可靠性辩护的认知实践中，他们也不需要这种依赖。他们只是彼此从效果上显示出可靠，而没有依赖可靠性概念。

　　布兰顿指出，有足够的理由可以使我们拒绝把这种非反思的"可靠的显示"当作知识。如果一种报告或陈述是非推理的，它只是作为对某种事实的记录或显示，那么，它在不同的认知者之间就不能形成一种推理的关系，在这种情况下，它也就不可能被视为一种信念。没有推理成分的"显示性"的知识并非真知识。实际上，世界本身就充满了各种可靠的显示：一块铁在潮湿的环境下必然会生锈，在干燥的环境下则不会；当某个物体在地雷之上超过一定的重量时，地雷就会爆炸；公牛一定会奔向抖动的红色布块，等等。我们对世界的各种事物相互之间的关系所感受到的刺激性的反应，其实并不能算是真正的认识，即不是一种认知，因为这些以不同的方式可靠地获得的反映，并没有应用概念。①没有应用概念就不构成一种认知的信念。从布兰顿的推理主义的角度来看，教会一只鹦鹉面对红色物体时说"这是红色的"与通过感知相信有红色的物体存在而说"这是一个红色物体"是有很大不同的（前者只是刺激性的条件反射）。对事物的真正认知性的反映必然是一种推理性的表达（inferential articulation）。认知的信念是必须能够作为推理的前提和结论的东西，非概念的刺激性反映不可能构成这样一种信念。只有具有**命题内容**，并且是明确地用"that"从句表达的概念性的判断，才能成为推理的前提或结论。真正的经验感知的信念，是在感知性的内容在给出理由和要求理由的语言游戏中提出后才能形成的，即它只有通过更进一步的概念的使用才能形成（不存在非反思的感知性信念）。在实质的（以命题内容为对象的）推理的逻辑秩序中，认知的信念者总是采取某种立场或持有一种观点，并因此引出进一步的结论性的看法（比如，

---

① Cf. R. B. Brandom, *Articulating Reasons: An Introduction to Inferentialism*, p.108.

他可能会进一步认为，红色的物体是光的反射而成为红色的），而且也有可能与其他人的看法冲突。信念者也可以借助于其他的看法（比如，这物体看起来是深红色的）来表明自己的看法的可靠性或正确性。任何刺激性的经验反应都不可能不是这一广义的推理的逻辑秩序的一部分。

对于可靠的经验世界的感知性的反应信念，比如铁矿、地雷和斗牛中的公牛的反映的必然性，与需要应用概念的真信念的区分是十分重要的。可靠主义不做此区分的依据是不充分的。真信念不同于一般非反思的感知的地方在于，它不仅能作为认知的推理前提，还能作为结果发挥作用，它既有实践的可靠性又有理论推理的逻辑性。因此，布兰顿再次作出强调，如果可以做这种思考，那么，认为可靠性的观念可以替代理由所扮演的解释的角色就是错误的，因为把命题内容和概念表达的信念（包括那些被证实的知识），与非认知的表征式的可靠反应区分开来的东西，是它们同时既可以作为理由又需要理由这种特性。可靠主义的"概念盲点"就是没有看到可靠性概念的解释力量的有限性。①

可靠主义的可靠性理论完全回避了语义学分析（认知的表达内容的分析），而只基于一种带有实践意图的经验论的观点，因而从表面上看起来显得非常有吸引力，但如果我们更全面地看待这里的问题，情况就不是这样了。可靠主义关于信念可以基于信念形成的可靠过程之上，而不必为信念提供可辩护性的理由的观点并不能得到完全的支持，因为可靠主义揭示的那种认识的规律毕竟只表现在某些局部的经验现象中。有鉴于此，尽管在改变传统知识辩护理论的独断性上，可靠主义的方法论始终是一种开创性的洞见，但可靠主义也只有把它的这一洞见，与给出理由的实践说理结合起来，其方法论的意义才能显示出来（它不能做单独或孤立的理解）。在一种实践中，信念被自动地赋予一种真实的状态并被证实，这样的实践就只能理解为是一种没有选择的实践：这似乎等于说，在这种实践中，信念在形成中可以自己为自己充当信念真实性

---

① Cf. R. B. Brandom, *Articulating Reasons: An Introduction to Inferentialism*, p.109.

的衡量尺度，而不必有其他的衡量尺度。但在一种实践中，我们要找出唯一的一种信念或更好的信念时，信念的真实性就不可能是自动被赋予的（理论的知识必然是有选择地给定的）。因此，不能对可靠主义的方法论的自然主义倾向予以过多的让步，或夸大其方法论的洞见的认识论意义。可靠主义的方法论可以成为理解我们认识的本性的一种理由（不能把它当作唯一的或根本的理由），但只有依附于对信念作出证实的推理实践（理论实践），它才能发挥作用；它决不可能代替给出理由和要求理由的推理实践在认识中的地位。

很明显，可靠主义依赖的是一种经验的理论，而不是一种语义学。在经验的理论的范围内，是否具有真信念只是一个理论的问题，有效的知识是否存在才是根本性的问题。因此，可靠主义无法对下述两类知识作出区分：以概念性方式清楚表达的知识类型（它特别带有明确的命题内容的信念态度）和通过类似工具性的测量的可靠指示所显示的可靠的知识。这样看来，可靠主义就根本不可能作为方法论变革的一种选择，比如，用它来代替陷入基础主义的无限倒退悖论的内在论。

从可靠主义的角度看，一种信念形成机制之所以是可靠的，是因为它显示了一种特殊情况，它在客观上最有可能产生真信念。如果用物理的或自然主义的方式来解释信念或真理的观念，那么，所有的方法上的解释就会集中在一个问题上，即就会集中在知识的客观的可能性的问题的解释上。但如果真是这样，方法论的解释只是对客观的可能性的解释，而不是对认知主体的确定性信念的解释，那么，这样的方法论的解释就变得是一件十分容易的事。因为客观的可能性也是自然科学中的解释的基本对象，即使在一般的物理学中也是如此。总之，可靠主义的洞见的吸引力仍然是，对于如何把知识与其他真信念区别开来，它能为我们提供一种纯粹的自然主义的解释。

布兰顿指出，在当代认识论中，对知识与真信念的区别的纯粹自然主义的解释，是一种广泛被接受的解释，即使在那些并不赞同这种解释的最终目的的人当中也是如此。因为可能会出现这样一种情况，只要人们发现在我们为这一种信念寻求理由和辩护之前，从信念的形成过程中就能获得某种客观的可靠性，我们就会放弃辩护（为信念提供一个好的理由，以便确立一种区分真信念与知识的标准），或认为辩护是多余的。因此，一旦对真理和信念的这种自然主义的解释可行，对知识的自然主义解释，也就被认为是可以接受的。但这样的推理也有缺陷，我们应该看到，自然主义有赖于认知过程的客观性的解释本身就需要解释，它并不是自明的。

4. 今天，可靠主义仍然有它的市场，比如，它的可靠主义的概念可以从自然主义发展的基本理论中获得某种支持，即可靠主义可以通过自然主义的解释，在具体的指称性知识（或与指称类型的知识相关的）上获得某种"客观性"，或获得与指称类型的知识相关的"客观性"。但是，应该注意的是，自然主义所依赖的观察词汇所描述的事实（客观的可靠性），并不能决定我们对正确的指称类的选择。用布兰顿的话来说，"这里一定有某种东西被遗漏了。"[1] 布兰顿认为，我们可以通过分析古德曼的"红谷仓"的例子来具体地表明上述观点。古德曼在 1976 年发表的那篇经典论文中所运用的"红谷仓"的例子揭穿了知识的因果解释理论的谬误，但也在不经意中暴露了可靠主义的弱点。

人们的感知性的知识是以下述感知的因果链为依据的：一个在感知上正常的人总是能正确地感知到眼前所看到的真切的物体的存在，只要在正常的视觉情况下（没有受到光线或其他物体的干扰），这一点是无疑问的。我们可以想象一个这样正常的感知者，当他看到他前面有一个红谷仓时，他一定会相信自己看到的是一个红谷仓，因为之前他已见过这种红谷仓。他也有足够的条件和理由来证明他的论断和信念。

但我们若对这种感知的情况略做进一步的考虑，比如，在感知的信念之外，再分析一下他的感知之外的事实情况，以及他的感知的过程，便会发现，事情并没有那么简单。尽管某人相信，他确实看到了一

---

① R. B. Brandom, *Articulating Reasons: An Introduction to Inferentialism*, p.113.

个红谷仓在不远处，但他却不知道，他认为自己看到红谷仓的地方，是一个专门用特殊的"谷仓式布景"来代替真谷仓的地方。在这个谷仓布景郡中，当地的习惯是用可以乱真的立体感很强的红谷仓布景来代替真谷仓。这个人所看到是这个郡中唯一的一个真谷仓，在这个郡中其余999个红谷仓都是立体感很强的布景谷仓。现在问题是，这些立体感很强的布景谷仓看起来非常真实，几乎很难把它们与真谷仓区分开来，如果某人所看到的不是真谷仓，而是这种布景谷仓，他也一定会形成像看到真谷仓时所形成的信念完全一样的信念。这也就是说，他会误以为自己所看到的是真的谷仓。这似乎表明，这个感知者由看到真谷仓而形成的知识的因果链，完全是因为偶然的原因（他碰巧看到了999个假谷仓之外唯一的真谷仓）促成的。因此，布兰顿反问道："他知道他眼前的是一个红谷仓吗？完全有理由认为他不知道。因为尽管他有一个真信念，但它却是碰巧为真的。只是因为他不经意地在出现在他面前上千个谷仓中碰到了那个真谷仓。""……求助于因果链把感知者与他所相信的东西联系起来的做法，还不足以区分知识与仅仅是碰巧的真信念——这也是古德曼所要得到的那个令人吃惊的结论。因为不仅眼前呈现的谷仓布景没有影响认知者可以用来作为证明其自身的信念的理由和证据的信念，而且对于信念形成过程，也没有因果的关联。"①

古德曼的例子表明，用感知来形成认知的信念容易为某些外在偶然的因素制约。在这一个例子中，一种信念（有一个红谷仓存在）的形成完全是一种偶然的原因促成的，在这种情况下，作为一个感知者的认知者是不可靠的。即使像红谷仓这样的东西，通过观看，我们也很难确定它是否真的存在，因此，亲身亲为的观看并不是一种帮助我们形成信念的可靠的方法。根据这个例子，我们也可以这样推断：即使换一种情况，感知者所看到的全是真的红谷仓（在这个郡中没有假谷仓），也无法表明认知者的认知信念的形成与其信念之外的事物有因果的必然联系

---

① R. B. Brandom, *Articulating Reasons: An Introduction to Inferentialism*, p.115.

（只要不能保证在另一种情况下没有假谷仓，这就是必然的）——它只能表明，它们之间只有偶然的联系，而没有必然的联系。布兰顿认为，古德曼的例子无论从批判的角度还是从积极的建设性的角度来看，都是极富有意义的。古德曼的确在某种意义上支持了可靠主义的外在论，并揭示了知识的因果解释理论的短处——这实际上也是古典的辩护性的内在论的短处。古德曼进一步表明了下述可靠主义的思路的正确性：如果我们试图寻找信念的原因是没有意义的（知识的因果解释不可行），那么只有从信念本身的形成的外在过程去寻找信念形成的原因才是一种可行的方法。但布兰顿关心的问题是，古德曼的这种可靠主义洞见，是否也支持认识论中的自然主义的方法论？当古德曼表明，我们不得不放弃方法论上狭窄的辩护性的内在论，而只能采用可靠主义的消解任何内在的辩护因素的方法论时，似乎有理由说古德曼的可靠主义洞见支持了自然主义。

　　古德曼的例子的一个优点是，它是从具体的指称类的范围入手的。这就给了可靠主义的"可靠性"论证留下了余地。在一个郡中，当布景谷仓占了绝大多数，感知者在这个范围内（这个郡内）的观察当然是不可靠的。但当我们设想一下，感知者不是在这个郡做这种观察，而是在更大的范围内做此观察；又假设使用布景谷仓的郡只是整个州的几百个郡当中的一个，在这个州中，除了它之外，其余的郡都没有用假的布景谷仓的习惯，而是用真谷仓；在这种情况下，如果观察者在整个州的范围内进行观察，而不是只在郡中观察，那么他通过的感知信念的形成过程就是相当可靠的。若全州几百个郡中，的确只有一个郡有假的布景谷仓，那么这一点是无疑的，而一旦这一点被证实，那也就证明了，感知的知识是存在的。再假设在整个国家中的五十个州都有用假的布景谷仓的习惯，在整个国家中除了某个州例外，使用假谷仓占了大多数，那么，在这种情况下，同样一种观察能力就会显得很不可靠，因此也就无法保证有感知的知识的存在。当然，如果情况相反，在整个世界中，使用真谷仓要远远多于使用假谷仓，那么，考虑到可观察对象（指称类）

的扩大，观察者的观察能力反过来又会被认为是可靠的。我们还可以设想范围更大的可观察对象，但我们是否有必要从太阳系的角度去了解真假谷仓的使用比例，或从整个银河系的角度去了解它们的使用比例，以便对观察主体的认知信念的状态作出解释？但如果我们不是尽量扩大可观察项，而是相反，尽量缩小它，那情况也会完全不同。这样做的最终结果是回到真实的观察对象本身，并以此确定真正的观察能力。在这种最小的观察对象范围内，形成真信念的概率就是1，因为在这种情况下得到的独特的信念实际上就是真的。因此，从最小的指称类或观察对象的角度来看，形成信念的机制则具有最大的可靠性。

但在哪类指称项中，观察者才是可靠的？面对上述情况，我们似乎无法作出回答。一切都只有根据情况来定了，即我们选择不出一个唯一正确的答案，因为事实不允许我们做这样的选择。上述分析表明，信念形成机制的可靠性（以及知识）完全是依据情况而定的，即它是根据我们对信念形成机制和信念者是如何描述的。如果把感知者当作是一个真实存在的东西的感知者，他就是可靠的，但当把他当作是一个在整个国家的范围内都有布景红谷仓的人，他就不可靠；若他是一个只有很少的地方使用布景谷仓的地方作出观察的人，他又是可靠的，并且是知情的认知者。以此类推。对于这个感知者而言，这些描述对于他来说都是真的。关于这个感知者的描述，与自然主义的语言所做的描述完全一样，即这种描述本身就是自然主义的。但这种自然主义的描述对感知者的认知的可靠性得出了完全不同的结论，它无法从这些描述中选择一种作为唯一正确的可靠性来认定，因此对其作为一个认知者的身份也就没有了一个明确的解释。对于感知者是否是一个可靠的认知者，自然主义的解释最终也没法给出答案。

布兰顿认为，即使许多事物的观察的可靠性可以用指称类的范围大小来判定，但只要还有其他事物不能这样判定（无疑有许多事物无法这样来判定），可靠主义的信念形成过程的可靠性实际上就是不可靠的。布兰顿也并不认为古德曼为之辩护的可靠主义没有认识论的意义——他也不打算完全否定古德曼的洞见，但在他看来，有一点是很明显的，即古德曼的红谷仓的例子具有双重含义，除了它成功地驳斥了辩护性的内在论（知识的因果解释理论）之外，它也揭示了可靠主义的自然主义谬误或"自然主义盲点。"①

5. 布兰顿不想完全否定可靠主义，因为他并不认为可靠主义必然是自然主义的，相反，他一直有这样的看法，只要把可靠主义在认识方法论上对认知信念的可靠性的思考，视为是有关一种什么是好的推理（区分好和不好的推理）的思考，那么，可靠主义就是有意义的。这样也能避免可靠主义的自然主义盲点，并保留它对内在论的批判的优点（其方法论变革的优点）。按照传统的认识论的理解，我们之所以认为我们作出了一种真实的承诺，是因为我们有一种信念，而这个信念又满足了某种方法论的规定或证明。但这样的理解非常容易陷入形式的认识方法论中。因此，我们也应该谨记可靠主义的那个非常有意义的洞见：一个信念者具有命题性的概念知识的资格，并不是因为他能够提供一种推理性的证明（这会陷入内在论的困境）。具有作出命题性内容的承诺的资格是在具体的实践中或在一个可靠的话语论辩的推论过程中才能确定的，它不是认知信念者单方面提供推理性证明所能做到的。②

作为一种知识论，可靠主义触及了一般认识的关键的问题，比如，在什么情况或条件下，我们能认为某种观点是知识，有何种方法可以帮助我们确定真信念，或有什么外在的可靠的信念形成过程能产生真信念。在布兰顿看来，可靠主义的方法论思考，体现了卡尔纳普很早就从一种语言学的方法论变革的角度提出的要求：我们不应问 x 是什么，而应问，在什么情况或条件下，对 x 一词的使用是恰当的（因此是可靠

① R. B. Brandom, *Articulating Reasons: An Introduction to Inferentialism*, p.117.
② 布兰顿的推理主义具有话语推论的（discursive）特点，而可以与内在论的辩护性的推理证明区分开来。我们也可以把布兰顿的话语推论的过程，视为认知者信念之外的信念形成的可靠过程。因此，布兰顿有理由认为，他在坚持"外在性"这一方面与可靠主义是站在一起的，尽管这是一种不同的"外在性"。

的）。这本身就是一种形式性的而非本体性的（笛卡尔式的）认识方法。如果坚持传统的 x 是什么的意义归属的理论，使用的必然是满足意义的真值条件的意义探究的方法，而不可能是实质推理的方法。可靠主义的优点是，它实际上已跨过了这一步：由形式的意义（知识）走向了实质的意义（知识）推理的知识论。但从上述分析来看，可靠主义并没有明确意识到，它的可靠主义论证可以从推理的角度来理解。

根据推理主义的要求，作出一项认知的承诺或表明一种信念，就是在推理式的表达关系中采取某种立场，即在推理中表达一种观点。这里不是证明也不是辩护，而是推理。"作出的承诺，应理解为是在推理的表达网中采取的一种立场——这就是说，采取这样一种立场：在这种立场中，人们作出承诺引出作为其推理的结果的各种其他承诺，并排除那些不相容的承诺。只有在这一推理网中占有一个位置，一种观点才能被理解为是具有命题内容的（因此是概念的）。"① 布兰顿认为，当我们说某人有知识或他获得了可靠的知识时，我们实际上是认为他已做了下述三件事：承认（attributing）存在既可以作为前提又能作为与其他承诺相关的推理的结论，承认那个承诺有其资格（entitlement），并且对该承诺作出担保（undertaking）。② 这样做也就是在给出理由和要求理由的游戏中，采取一种复杂的、本质上是社会性的表达姿态或立场。

一旦我们从断言的承诺和资格的话语推论的逻辑关系来理解真或知识，那么，情况就完全不一样了。在这里，什么是可靠的知识这一概念完全改变了。但由于缺少这种认识视角的转换，可靠主义混淆了真实和可靠的知识这两个不同的概念。首先，真实是一个特定情况下的有关事物的报告，比如，你在特定情形中说，你看到一个红谷仓。这样一种报告可以被视为是真实的（true），但知识则是另一种概念，对它而言，一种报告是真实的还不够，一种真的报告还必须被同意（endorse）是

---

① R. B. Brandom, *Articulating Reasons：An Introduction to Inferentialism*, p.118.

② Cf. R. B. Brandom, *Articulating Reasons：An Introduction to Inferentialism*, p.119.

真实的，它才有可能成为知识。而这也就意味着，一个人认为某人关于某物的报告是可靠的（有可能成为知识），就是说他对这个报告作出了一种特定的推理。他认可这一在特定情境下获得的命题内容的承诺是可能的知识的候选者，同时表明或作出担保，他可以把这一命题内容当作进一步推理的前提。只要推理展示了这种社会表达的结构，它就是可靠的推理。作出这样的推理就是去依赖其他人，愿意把他们的承诺当作自己的推理的前提和实践的前提。从他人的评论中获取信息的可能性，是断言性实践的最主要的工作，也是需要对他人承诺作出承认的原因。这样的可靠性推理在给出理由和要求理由的游戏中发挥着主要的作用。

从认识论的角度看，可靠主义是配得上称为外在主义的，因为在可靠主义那里，这一点已得到了清楚地表明：对可靠性的评价是外在于不同的认知者提出的理由的。在布兰顿的话语的推理中也一样（这里也坚持一种外在主义）：对任何一种断言的评价都是外在于相互竞争的认知者各自的理由的，断言的可靠性是由相互承诺和担保的推理性活动决定的；认知者不能在其信念之内，为其自身提供理由。对所提出的各种理由的评价，依赖的是处于话语实践中的评价者，而不是依赖于持有各自不同信念的知识的主体；断言的可靠性的判定不能外在于给出理由和要求理由的话语推论。

可靠主义的洞见也只有与话语的推理主义结合起来，才不会再出现古德曼的红谷仓的例子中所暴露出来的表象主义的悖论：求助于指称类的变化的可靠性的悖论。在排除了内在论的威胁后，即不用在为一种信念的理由提供另一种理由之后，把可靠性理解为一种推理的可靠性，把评价理解为一种推理，这样，非推理获得的感知的信念就能够与不同的相关的前提和附带的假设相结合，而不同的指称类恰好也能与之相适应。因此，推理的前提和假设可以来自于不同的指称类，就像它们可以来自于非推理的感知的信念一样。在这种情况下，古德曼的指称类的变化也就可以作为推理的前提和相关的假设来使用。不同的认知者都可以从这种使用中获取其自身的推理的可靠前提。

对于可靠主义无法作出合理说明的、没有理由、证明和推理的可靠性知识，只要从上述推理主义的角度来理解，就不再是一个问题。我们可以寄希望于我们对不同的感知报告的推理性作出说明的合理性。只有在推理的相互关系中，而不是在知识的因果解释的理论中，断言或知识的可靠性才能显示出来。这也表明，推理主义并非是一种单一的推理。把以表象为基础的信念与推理表达形成的信念区分开来，才能避免可靠主义的概念盲点。表象式的信念只有转换为推理性表达的东西才有意义，它本身也是作为知识的候选者而发挥作用的，它不能直接作为知识发挥作用。另外，为了避免自然主义的盲点，就不能简单地依靠信念形成的种种外在的条件或过程，而应依靠人际间的推理，把知识的可靠性问题置于推理结构中来处理。总之，布兰顿最终要达到的目的是完成可靠主义思维模式的转换：把可靠主义所依赖的"外在性"转换为人际间推理的"外在性"，一种外在于任何信念者自身的信念辩护的信念。因此，外在的或人际间推理的可靠性，才是真正的可靠性。只有做这样的理解，才有可能既保留可靠主义的某些优点，又避免犯可靠主义常常诱使我们犯的自然主义的错误。

五、话语推论的承诺与交注

在《经验主义和心灵的哲学》一文中，塞拉斯站在一种与达米特类似的立场上对观察获得的知识做了推理主义的分析：他认为，凡是可靠的，就是人们同意它是可以推理的。对于塞拉斯而言，可靠的报告人必须从推理上证明他的非推理的断言。而这样的推理恰恰必须基于其他的观察报告或断言之上，即以它们为推理的前提，或把它们作为一种结论而用于推理。这是一种"给出理由和要求理由"的语言游戏，即话语推论。这里的推理原则表明了塞拉所真正关心的东西，即那种与传统的推理概念完全不同的推理的社会性和内容的实质性。

如果说塞拉斯明确地赋予了实质推理以话语推论的性质，那么，布兰顿则希望把它发展为一种具有明确的交往性质的话语推论。布兰顿通过塞拉斯的"给出理由和要求理由"的话语规范明确了这里的要求："带有断言性的语力或意义说出一个句子，就是把它当作一个潜在的理由提出。断言就是给出理由，它并不一定是针对某种特别的问题、事情或某个特定的个人而给出的理由，而是表明，它的断言作为其他人的理由，是使他们的断言具有说服力的根本。断言在本质上是适合于推理的。断言的功能就是使句子可以用来作为推理的前提。"① 布兰顿认为，如果一种社会化断言性表达的陈述必须是他人的推理的前提，那么，在社会化的语言实践中，断言的客观性是通过相互的推理来表明的。而这意味着，有必要把基本的有关意义的理论的语义学问题改造为语用学的问题，即用针对说话者的言语行为和态度的考察替代针对句子的语义内容的证明。

从话语推论的语用学的角度看，对独立的概念构造的客观实在的承认是社会对客观性的说明的产物，而不是要么先于这种说明（比如某种经验的东西），要么可以替换这种说明的东西。我们的推论的实践是一种道义的（deontic）规范行为，因为我们表达的真之信念必须是由我们决定和负责的。权威不应像实在本身那样，是某种在一般的社会实践之前存在的东西。因此，布兰顿强调，应该避免下述情况的出现：我们面对的是一种我们无法交流的权威、一种不基于我们对它的承认的权威、一种对于所有的参与者都一样是无法使用的权威。为此，布兰顿提出了一种道义记分的模式。

布兰顿的道义记分的模式引出了一种新型的交往概念：在道义记分的模式中，所有真正的交往都是"I-Thou"（我—你）的对话，它完全不同于缺少明确的对话性质的"I-We"（我—我们）式的交往（一般实用主义者或戴维森所依赖的交往形式）。布兰顿还把他的"我—你"交

---

① R.B. Brandom, *Making It Explicit*: *Reasoning*, *Representing*, *and Discursive Commitment*, p.168.

往模式置于并非面对面的第三人称中来使用。在这种交往中，"我—你"的关系就是"说话者"与"评价说话者的公众"，即第一人称的"我"或说话者与第三人称的"他"或"她"或评价者的关系。在这里，第三人称上的评价者被置于了交往模式的核心位置，因此，每一轮对话都是从评价者（他或她）这里开始的，所有这一切并不需要面对面地进行。

使用这种交往方式，布兰顿的意图是对真理的话语理论的交往模式做一个基本的方法论的承诺，以保证在解释言语行为时，不求助于类似意向性和期望这种命题态度。内在于语言的交往模式的好处是，在解释什么是断言时，我们可以不用那些只有在断言活动的具体情境中才能在原理上变得可理解的概念（类似信念，意向性和期望）。尽量不随意使用这些概念，是因为这些概念并非是我们事先可以理解的（只有意向主义语义学才做这样的假定）。布兰顿提出交往概念的目的就是既对基本的断言性实践作出描述，但又不陷入意向主义语义学的假定之中。这也是他要求在这种断言性实践中明确什么样的行为，责任和记分态度是适当的或正确的原因。因此，在布兰顿这里，断言性实践总是根据他人的记分或相互记分来进行的。

布兰顿并不追求说话者相互达成共识这样的目标，他只是希望通过一系列相关的相互评价，使与信念或意向性相关的命题态度这类言语行为变得可理解。布兰顿不像哈贝马斯那样认为我们有必要坚持强的相互理解，即达于完全的共识，因为他认为这对于承担共同的承诺而言并不是所要求的。而且在他看来，这种过程中的所谓的共识或分享在原则上也是无法指明的，除非通过指称（一些简单的表征的观念）使它得以显示的各种不同的观点。概念内容本身所具有的可解释的开放的特性，表明了什么是命题内容的真正分享的目的，因此，达于共识是相对的，一种真正分享的信念或概念，甚至一种共同的意向的内容也可以适当地受制于各种各样的个人的不同的具体说明。重要的是相互理解和承认，而理解——无论是另一个人的侧重于一边的理解，还是彼此的相互理解——又是相互协调的推论的产物，在其中，观点的不同保持着并获得支持。我们将首先讨论布兰顿建构话语推论模式的基本意图和具体方法，以及它与哈贝马斯的话语模式的区别。其次，我们将探讨布兰顿的话语推论模式中的交往模式的本质特征。

（一）真信念与话语推论模式

自柏拉图以来，我们就认为，知识并不只是信念，而是能够被证明的信念，而且不只是被证明的信念，而是能够被真理性地证明的信念。但这里的错误是把信念的真理性与是否把握了事物的某种形而上学的性质联系起来，即把信念的真理性视为事物或存在本身固有的性质。因此，传统的真信念证明方式（JTB）都带有一种错误的信念，即它总是认为，要证明 S 知道 P，必须满足三个条件：认为 S 相信 P，认为 S 的信念是正当有效的，以及认为它是真的。JTB 证明模式依赖的是因果—功能的分析方法，它求助于基础主义的认知"信念"和表象主义的真值条件或"真"概念。

传统证明真信念的方法依赖经验主义的因果证明的方法，布兰顿给出的却是与此完全不同的推理主义的规范的话语证明的方法。规范的话语证明的方法是围绕着**断言者**之间相互作出承诺和评价的关系来进行的。按照这一分析方法，证明所要做的首先是（通过一个断言者）认定（attributing）S 对 P 做了承诺；其次，认定 S 有资格作出对 P 的承诺；最后，认定者同意或承认 S 对 P 所做的承诺。在这种证明方式中，认知者的信念是通过道义记分这种规范的语言实践的方式来判定的。在这种证明模式中，传统的真信念证明模式中的信念不再只是作为认知者本身的一种信念来看待，而是被当作一种**被认定的**（attributed）信念来看待，因此，传统的真信念证明模式中的真值条件已被断言者之间的承认和同意的交往条件所替代。

布兰顿认为，话语者的资格是与话语者作出的承诺是否能被接受联系在一起的，因此，话语推论的关键是话语者作出承诺的资格的问题。这一问题很重要，因为它关系到承担这样一种承诺的社会实践的后果。实际上，作为一种话语推论的承诺的不同之处，首先恰恰是作出承诺的资格的问题总是在原理上有争论的，它关系到说话者的陈述是否能或如何能让他人用来作为他们的推理的一个前提。布兰顿相信，只有在一种推理的交往中，才能真正保存断言性推理者本身的资格和命题承诺。一般人际间的话语的断言性的推理，仍然需要以断言性的推理者本身的推理为中轴来展开。因此，值得我们注意的是：布兰顿走向话语推论的承诺的基本动机，以及他的话语推论中的道义记分和人际间推理的模式。

1. 在布兰顿的心目中，不仅形式语义学的真值条件理论有极大的局限性，而且表象主义的认识论本身也走进了死胡同。因此除了揭示形式语义学的困境以外，布兰顿也十分重视表象主义失败后的认识论的可行性的方法论选择的问题。从另一方面来看，他非常赞赏康德对表象主义（经验观念论）的批判所带来的认识论的方法论革命。康德把经验观念论（表象主义）看作一种潜在的先验实在论（作为附带的承诺的结果），而把先验观念论（概念主义）视为一种同时包含了对经验实在论的承诺的理论，这也就是康德自己的理论。在这种理论中包含了一种认知转换的原则：不再求助于表象的真实性的信念，即不再先验假定表象是某种实体性的东西（比如，笛卡尔意义上的"物质"，就是一种实体化的表象），而是求助于概念的经验构成的解释。当然，康德的理论仍然带有一种"外部的"视角：他只是把概念的经验构成当作一种客观的"意识的现象"来分析和描述。

因此，布兰顿又指出，在这里我们应转向求助于黑格尔，即像黑格尔那样，把康德的解释的理论对概念的经验构成的外在描述转变为对概念的形成的内在的推理的过程的描述；这也就是说，把概念的经验构成当作一种复合的（人际间的）推理，而不是仅仅把它当作一种发生在单一的（匿名的或抽象的）思维中的思维。在黑格尔那里，概念的经验构成或经验的实在化，并非发生在抽象的思维本身的一种转化，概念的经验构成是通过推理来完成的，而推理本身就不是一种内在于个人的

（intrapersonal）思维，它是社会实践中的人际间的（interpersonal）思维。在布兰顿看来，黑格尔的这种推理主义十分重要，它正是后来得到更完整的表述的塞拉斯的推理主义的前身。

根据黑格尔—塞拉斯的模式，布兰顿指出，断言性的语言表达是用来进行推理的，即它只是推理的一种手段。"带有断言性的语力或意义说出一个句子，就是把它当作一个潜在的理由提出。断言就是给出理由，它并不一定是针对某种特别的问题、事情或某个特定的个人而给出的理由，而是表明这样一种看法，它的断言作为其他人的理由，是使他们的断言具有说服力的根本。断言在本质上是适合于推理的。断言的功能就是使句子可以用来作为推理的前提。"①而这就意味着，如果一种社会化断言性表达的陈述必须是他人的推理的前提，那么，在社会化的语言实践中，断言的客观性是通过相互的推理来表明的。这也表明，一种可以作为他人的推理的前提的断言，可以因为获得同意而传续下去：一方面，一个推理借助于另一个推理而获得认可；另一方面，获得认可的推理又可以成为新的推理的一个前提。一种断言性承诺可以为另一种断言性承诺所承认，反过来也如此。在这一推理链中，断言性的推理并不是空洞的或主观的，而总是客观的和有内容的。②

因此，传统意义上的信念（belief）这一概念必须按照一种目的在于作出一种断言性的推理表达的承诺来理解，即信念不应与进行断言性的推理上的承诺分开，不能拥有一种信念，而没有推理性表达的断言的承诺。只有把信念置于断言性的推理表达的话语活动中，才能摆脱表象

---

① R.B. Brandom, *Making It Explicit*：*Reasoning*，*Representing*，*and Discursive Commitment*，p.168.

② "要使言语行为发挥这种作用或具有这种意义，需要对某事作出断言性的同意或承诺，把一种同意赋予或促使它转嫁给另一种同意。对这种承诺的断言性承诺和获取资格的语用学意义，取决于它们可以继承的（heritable）方式；它们的传续性是为推理式的表达所采取的一种形式，通过这种方式，它们被看作是在语义学上有内容的。"（R.B. Brandom, *Making It Explicit*：*Reasoning*，*Representing*，*and Discursive Commitment*，p.168）

主义和非认知的语言本体论的立场。布兰顿把这种承诺称为"推理的信念的或断言性的承诺"（doxastic or assertional commitments）。① 这种解释改变了推理承诺的一般性质：现在，推理承诺被视为是与话语推论的承诺（discursive commitment）一致的，甚至被等同于话语推论的承诺。② 话语推论的承诺的意义在于，它可以帮助我们对什么是一种有内容的断言，什么不是，作出分辨。一种断言也可能只是表面上的，它带有信念或带有自身特定的语力，但可能根本算不上是一种断言，因为它很可能缺少真正的断言所需要的那种断言的内容。而一种有内容的断言，必须是那种可以成为话语实践的对象的东西，否则就很难理解断言的内容是什么。从这个意义上说，我们所说的命题内容，正是这个意思。所谓的**命题内容**，就是那种能够成为话语实践的对象、在话语实践中可以推论的内容。在话语实践中，推理不再是一种独白式的推理，推理是一种在人际间的语境中进行的实质的推理，它是在人际间的相互推理中，由提出理由和要求理由的语言游戏构成的。对于这一点，布兰顿说得很明白：

> ……是什么东西使我们按照实践所做的事情（比如，作出一种言语行为或掌握一种状况），可以算得上是推理？这里所作出的回答是，推理必须被看作是在给出理由和要求理由的游戏中所走出的一步。这样说就等于认为，应该在人际间的语境中，把推理当作交往的主要的**社会**实践的一个方面来理解。③

---

① 布兰顿用 doxastic 这个词，显然是因为这个词带有和推理和与认知有关的信念（reasoning and belief）的含义，因此，它不同于一般的信念。

② Cf. R. B. Brandom, *Making It Explicit: Reasoning, Representing, and Discursive Commitment*, p.157.

③ R. B. Brandom, *Making It Explicit: Reasoning, Representing, and Discursive Commitment*, p.158.（黑体原有）

布兰顿把问题看得很仔细，因为在某些情况下，推理很可能只在第一人称的模式中进行或在某种假想的第三人称模式中进行。达米特在其理解的意义理论中也曾非常松散地谈到了意义的理解中的推理的社会因素，比如他也认为，理解中的推理可以包括"用行动表明，或用口头的方式作出回答，向他人作出断言；对缺少结论性的理由作出论断，对我们的论断提供理由；引用某些推理，提问和回答问题，作出让步，服从，蔑视某项命令等等。"① 但他这里的推理的因素并不是严格意义的社会性的，它仍是一种带着第一人称视角的推理，尽管他也谈到了"向他人作出断言"这一点，但我们也完全可以从第一人称出发"向他人作出断言"。的确，我们往往也是在第一人称的视角下"为我们的论断提供理由"、"引用某些推理"或就某些观点作出"让步、服从和蔑视"，等等。达米特的解释实际上已经假定了推理者的意向性状态事先就是具有命题内容的（这也是第一人称视角的推理暗含的一个假定）。这就是说，在达米特那里，一个**未经推理的**推理者的意向性状态已被假定为是具有命题内容的（达米特往往把它称为一种直觉主义逻辑意义上的"隐含的知识"）。因此，在这种情况下，推理实际上是从这一假定的命题内容开始的。而在布兰顿看来，命题内容作为一种可断言的内容本身就是推理的结果，否则就不能说它是一种"可断言的内容"。对于布兰顿而言，从第一人称视角来看的个人的意向性状态或内容无疑也可以进行推理（内省式的推理并不是毫无必要），但只有当它与第三人称视角的推理的结合，才有可能获得命题内容。"表达了这种内容的推理实践（包括实践说理），不仅包含了第一人称的说理，它还包含了对这种说理所做的第三人称视角的认定和评价——这两者对于说理来说都是不可缺少的。"② 推理离开了进行断言的语言活动就不能理解，而作出断言，正是把自己置入社会的语言实践中。作出推言，实际上也就是提供一种理

---

① M.Dummett, "What is a Theory of Meaning？（II）", in *The Seas of Language*, p.41.

② R. B. Brandom, *Making It Explicit：Reasoning，Representing，and Discursive Commitment*, p.158.

由，或者也可以反过来说，在提出理由和要求理由的游戏中所包括的推理也就是一种断言。"给出理由和要求理由的实践必须被看作是包含断言在内的，因为，……给出一种理由总是作出一种断言。"①

布兰顿承认，这样一种推理化的话语活动是带有一定的理想化要求的，它不是现实生活中的一般的话语活动，它本身的求真的本性，也使它不可能是一般的话语活动。它甚至可能显得程式化或简单化，因为它总是带有直截了当的求真的特性。这种模式的理想性在于，它"只求助于语义学的推理，即只求助于涉及论断的推理。"② 这种推理总是坚持推理的可修正性或承认分歧的存在。因此，带有话语推论的承诺的断言性推理有一个重要特征：它不是一种从推理的前提条件和结果去考虑一种断言性的句子的意义的经验语用学的推理，而是就已作出的断言的内容的推理；这也就是说，它本身又是一种语义学的推理。

但从后期维特根斯坦到格莱斯，有一种推理是完全局限于经验语用学范围之内的。这种语用学的推理把推理置于只考虑推理的实际的前提条件和后果的推理模式中，它并没有对说出的或断言的语句的语义内容进行推理（它要么有意识地排斥了语义学的推理形式，要么用一种经验语用学的推理来限定语义学的推理形式）。对于布兰顿而言，话语的断言性推理的根本目的是，确定语言实践的各种表达式的推理是否表达了某种命题内容或概念内容；这也就是说，他把确定语言表达式的推理的命题内容或概念内容，看作是话语的断言性的推理的使命；他不允许用经验语用学对推理的前提条件和后果的考虑来代替对语言表达式的推理的命题内容或概念内容的考虑。

2. 布兰顿话语推论模式中的一个引人注目的方面是它的记分概念。刘易斯最早在《语言游戏的记分》一文中提出了记分的概念，他认为我

---

① R. B. Brandom, *Making It Explicit*: *Reasoning*, *Representing*, *and Discursive Commitment*, p.158.

② R. B. Brandom, *Making It Explicit*: *Reasoning*, *Representing*, *and Discursive Commitment*, p.158.

们按照记分的功能使用与相关的游戏匹配的概念，就可以把谈话看作是一种受规则制约的活动。在谈话中，说话者的话语中假定的前提是否恰当、谈话中可以允许和不能允许的行为是否明了，都可以通过相应的记分来显示。这就像在棒球的分数构成中，分数的显示一样。比如，打棒球可以表现为投球、击球或出局，它们都可以通过它们在比赛的记分过程中所发挥的作用来加以定义，即根据作为得分机制的分数的运动学来决定什么样的表现可以算是正确的表现。刘易斯的记分概念也的确是通过棒球游戏来说明的。但布兰顿对记分概念要比刘易斯最初提出它时的含义更广：它不只是用来确证心智的意向性状态的（比如信念等），它还是用来确证断言性的言语行为所表达的内容的客观性的。这就是说，"这些记分的态度及其态度的变化不仅能用来对内容和对话者作出定义，它们之间的证明的和交往的联系还可以用来对表征的概念作出定义。"①

记分的重要性在于，只有通过它，一种言语行为才能被确证为是有意义的还是无意义的。在某种程度上说，记分就是一种具有普遍性的语用学规范。有了记分的机制，才能走出基于习惯的承诺来理解言语行为的语用学意义的特殊主义语用学（经验语用学），也只有基于话语实践中的对话者的交互打分，我们才能确定，为什么两种不同的认知性承诺会拥有同一种内容，以及为何我们可以把两种不同的承诺归于同一个对话者。记分有一个累积的过程，一个阶段的得分可以成为另一个阶段的记分的依据。在语言的实践中，对言语行为的表征性的客观性的话语确定也只有通过话语的记分来进行。既然断言性的言语行为在表征方面所采取的是一种混合的方法，即它把有关事物的表征的内容用命题性的表达的方式提出，那么，要确定这种混合的断言性语句的客观性，也只有通过话语记分的方式才能做到（如果表象主义或形式语义学的直接指称理论是可行的，则不需要这种意义上的记分）。

---

① R. B. Brandom, *Making It Explicit: Reasoning, Representing, and Discursive Commitment*, p.187.

布兰顿在命题内容的理解上持一种混合的观点，即他认为命题性的内容是带有表征的内容的。在放弃了表象主义或形式语义学的单一的直接指称理论之后，断言性语句的表征的客观性也只有通过一种在话语共同体内部展开的道义的记分才能判定。因此，一个根本的变化是，在布兰顿的推理主义语义学中，表征的状态正确或不正确、成功与不成功，不是取决于与所做的表征相关的事物是怎样的，而是取决于表征者的态度。① 具体的表征的正确性的与众不同之处是客观性——表征的正确性的评价认为表征回答了所要表征的东西的方法，而不是回答了应如何看待所表征的东西。语义内容层面上的表征，脱离了它在其中被赋予了特殊意义的规范的语用学的语境就不能理解。② 因此，不存在可预先设置的句子（观察句或任何可事先分类的句子），句子总是与说话者的说话意图相关，句子只有在这种情况下才有不同类型的区分。从这个角度看，不仅每一个句子都是特定的（因为它总是为某人说出的），而且每一个句子都有它特定的个别性的含义。由于这样一种关系，弗雷格最早提出了语力的问题，达米特试图发展一种语力的理论。一旦认为不同种类的语力能依附于同一内容之上，那么就必须承认，同一种客观的思想的对象可以用不同的方式来表达。③

---

① Cf. R. B. Brandom, *Making It Explicit*: *Reasoning*, *Representing*, *and Discursive Commitment*, p.78.

② 布兰顿告诫道，他把表征置于命题中来理解，并不是要营造一种反对把表征当作语义范畴的一个核心内容的声势。相反，它的目的是要对于充分解释这一重要的语义学概念提供某种一般的标准。当然，布兰顿承认，他这样做，也的确提供了不把表征当作语义学的原始之物来看待的理由，即不把表征当作一个"没有解释的解释者"（Cf. R. B. Brandom, *Making It Explicit*: *Reasoning*, *Representing*, *and Discursive Commitment*, p.79）

③ 维特根斯坦曾经把内容视为现成就有的，因为从语用学上或语言的使用上就可以假定所存在的句子的内容。达米特批评了这种把内容视为就是不同种范畴的句子类型所指示的东西（有多少生活的语句，就有多少种内容）的特殊主义的语用学的观点。达米特根据弗雷格的理论已指出了这一点：包含了断言性的句子在内的句子的内容是在一种统一的语义学方法所建构的一般概念中获得的，因此，通过某种普遍的

实际上，由于原初的意向性状态在语言实践中始终扮演着重要的角色，语言的认知性断言是带有信念（belief）特征的，这样的信念往往是话语者的意向的自主性的表现。在这种情况下，如何表明自主的信念通过语言的形式已真正转换成了带有认知承诺的信念，即如何表明自主的信念具有客观的命题内容就显得非常重要。在这里，除了把断言转化为推理性的断言就没有其他更好的方式了。因此，记分就是要确定这里的断言在何种程度上可以算得上是一种推理性的断言。一旦我们能确定，一种断言已置于断言性的推理表达的话语活动中，我们也就能确定，断言摆脱了它的表象主义的（对象性意向）和非认知的（原初的意向性）性质。

布兰顿用记分的方式区分语力与内容（含义），目的就在于确定，一个句子的含义，到底是不是它的意义（内容）的组成部分。这里的作为一种规范的一般的模式的只能是社会实践的规范，它若不是习惯性（经验的）的或既定的生活形式的产物，就必须是话语解释的记分的产物。在提及语力这个概念时，布兰顿明确地指出：

> 在目前的情况下，语用学（同时包含了决定语言表达的实践的适当性和意向性状态）是用社会的道义记分的方式来表达的。一句话的语力，言语行为的意味，必须按照它为各种不同的对话者认为它承诺了什么和获得何种资格的不同来理解，即按照它所采取的道义记分态度的不同来理解。①

推理模式，不同种类的句子的内容才能得以确定。特别是断言性的句子，其内容必须通过这种方法来理解。达米特之所以要求建立一门基于一种语义学的解释和分析模式之上的语力的理论，原因也在于此。达米特希望以此作出分辨，一种语言行为的意义（内容）是如何基于它的含义和所依附的语力之上的。在布兰顿这里，把表达式的含义与依附于其上的语力完全区分开来，就是记分的一个根本目的。

① R.B. Brandom, *Making It Explicit*: *Reasoning*, *Representing*, *and Discursive Commitment*, p.188.

作出断言的言语行为是包含了复杂的相互间的认知承诺和资格授权的关系的。一个作出了断言的句子就代表一种认知的承诺，但承诺需要一个双向的认定或获得授权的过程（推理的和人际交往的）。一旦我们把这一话语推论的要求用于语力的分辨，那么，很清楚，一个句子要显示其意味（语力），需要各种不同的对话者和内容（作为一种已有资格的内容）来表明其认知承诺和资格，一旦句子所显示的意味，遇上新的质疑时，它也只能通过进一步的资格证明，即再次把自身置于不同的内容和对话者的话语的记分中才能表明其承诺的资格。因此，它需要话语推论的模式来确定，一个断言表达式的独立的命题内容是否具有断言的意义。这也就是说，如果问通过句子来显示的推理的内容如何能被视为一种命题内容，而不是主观的语力的表现？答案只有一个：被当作一种命题内容来看待的推理性断言，必须表明它的特定的断言的意味与普遍的言语行为所做的断言的关系，或必须表明它是如何出自于对断言的言语行为的一般解释的。①

作出一种断言，就必须满足这一标准。达米特交给他的语力的理论去解决的单个句子的断言的命题内容的问题，在布兰顿这里，是通过与推理相关的话语推论的记分来解决的。断言的内容总是与一种推理联系在一起，因此，记分实践首先必须理解与断言性的句子的内容相关的推理的基本特点，如果希望记分能真正把具有客观性的句子的命题内容显示出来的话。

布兰顿进而指出，与记分相关的、即能摆脱含义的主观性的推理表达式有三种：承诺性的推理、允许的推理和不相容性推理。它们分别表明三种推理形式：推理根据什么来进行（它所做的认知性承诺是什

---

① "……要获得一种由其可断言表明的、可以作为命题来看待的内容的**推理的**概念的资格，就要求表明特定的断言性的意义是如何从对断言的言语行为的一般解释中获得的（当特定的推理的作用是与所作出的断言联系在一起的时候）。"（R.B. Brandom, *Making It Explicit*: *Reasoning*, *Representing*, *and Discursive Commitment*, p.188）

么）、从推理当中能得出什么东西（它可以作为其他推理的前提），以及什么推理是相互排除或相互取消的（不相容的推理）。①

布兰顿希望用记分的方式对推理的状态进行跟踪，以便确定断言推理是否具有这三种推理所具有的推理功能。这就是说，布兰顿不是从形式推理的角度来考虑推理的，而是始终把推理当作实质的推理的一种推理形式来考虑。记分就是去检查，每一个单一的推理是否在形式上满足了这三种推理形式。因此，在这里，记分也就是对不同的对话者的承诺和资格，以及归属与接受的道义状态和道义态度打分，其根本的目的是表明推理是可证明或可辩护的。

从记分的角度来看，在第一种形式的推理中，对一个句子的认知承诺的推理的角色的具体解释，就是对一种承诺—保留的推理（commitment-preserving inferences）作出具体的证明。在这种推理中，句子是作为一种推理的（由特定的说话者说出的）结论来看待的，一旦其作为结论的身份被确定，它也就可以作为另一个推理的前提来看待。这是第一种实质的推理，它的逻辑上的根源是演绎这个推理形式。如果缺少这种推理，人们可能只是对一个推理的前提做了承诺，却可能没有对其结论作出承诺。第二种形式的推理与归纳推理的形式相近。对句子的允许—推理（资格）的功能的解释，就是对其资格—保留的推理（entitlement-preserving inferences）的解释。此种实质的归纳推理的方式是通过获得某种"允许"的资格，如果没有这种推理，人们可能对一种前提做了承诺并拥有资格，但却有可能对其结论没有相应的资格。第三种推理是不相容（incompatibility）推理，它同样是一种可以使我们避免语力的含糊性所产生的意义歧义性的方法，它同时也是一种表现道义的话语态度的方法。不同的是，上述两种推理方法的特点或规定性表现

---

① 在布兰顿这里，那些非推理的观察报告性的观察句也属于这个要求之列，即它也必须通过带有记分的普遍语用学要求的推理来获取认知承诺的资格（在《清楚地表达》一书的第四章，布兰顿专门讨论了这方面的问题，他并且从推理主义的角度反驳了可靠主义的说理模式）。

出某种同质性：对推理的前提的承诺与对作出推理的结果的资格，都是用同样的方式来审定的，要么看它们所做的承诺的真实性，要么看它的资格的真实性，而不相容推理则正好相反，说两种论断是不相容的，就是说，如果一个对前者做了承诺，那么它就没有做后一种论断的资格。

布兰顿还认为，在涉及非推理的观察报告时，弄清楚这一点特别重要，我们怎样才能相信一个人关于某物的观察陈述？即相信它是有内容的？唯一的办法是从推理上加以确定，看它的陈述中是否具有推理的成分，以及进一步地，看它的推理是否满足上述推理的要求，即其推理的前提承诺和作出推理的资格是否一致、其推理是否违背了不相容性原则，以及观察报告是否具有推理的可靠性。一句话，"把某人当作一个可靠的报告人，就是认为报告人的承诺（就这种情境下的内容而言）足以表明其有资格作出承诺"①。

这样，如果加上非推理观察报告，区分语力与含义（内容）的记分，其广义的推理就涉及四个层面：承诺性的、资格性的、不相容性的和观察的可靠性的。这四种广义上的推理，一旦与承诺和资格构成的道义状态联系起来，就具有双重的意义：一方面，在这四个层面中出现的话语表达式的记分的社会实践中，将非常清楚地表现出它们推理上的规定性。另一方面，这四种广义的推理和它们涉及的两种道义状态之间的联系意味着，一旦这种适当表达的内容与表达式联系了起来，它们就可以"按照普遍的模式"获得，并能够用承诺和资格来进行记分，以断言性的方式说出它们的意义。——由此亦可见，**推理**是联结语义内容和语用意义的关键概念。因为不仅命题性的语义内容可以理解为一种推理的角色，而且推理的适当性也可以在语用学上变得可理解，通过它们，特定的断言性的意义也变得可理解了。②

----

① R. B. Brandom, *Making It Explicit：Reasoning，Representing，and Discursive Commitment*, p.189.

② Cf. R. B. Brandom, *Making It Explicit：Reasoning，Representing，and Discursive Commitment*, p.190.

不难看出，布兰顿提出围绕着推理性断言的记分概念的首要目的就是要对语言实践提出的一种强的认知主义的要求，也是一种理想化的要求，因为在实际的语言实践中并非任何一种言语行为都能具有断言的承诺。[①] 的确，从某种意义上说，现实存在的语言游戏中的承诺并不成为语言的认知的规范或代替说话者的承诺。就作为一种具有普遍可理解的表达功能的语言而言（语言并非只是指明具体情境中的事态的工具），它一定是拥有属于它自身的规范语用学的。如果为了表明我们的信念具有普遍可理解的客观的命题内容，其语言的使用者的言语行为就必须符合规范的语用学，否则达于理解的普遍性是不可思议的。

达米特已揭示了一条隐含的规范语用学的原则：如果要表明一种语义学的内容具有语用学的意义，那么，作出一个句子的断言，就必须保证其语义内容既是在恰当的情境条件下提出的，其应用的后果也是恰当的。布兰顿一方面肯定了达米特的要求根据适当的应用情境和适当的后果建立一门规范的语用学解释，另一方面也认为，达米特的规范的语用学解释是不完善的（太过于实用主义化）。正是为了表明他对断言的更强的认知主义的要求，布兰顿提出了围绕推理性断言的记分。布兰顿想进一步通过刘易斯的记分概念开展记分式的跟踪，把为达米特所揭示的语用行动的轨迹加以明确的标示，或用他的话说，记录每一个说话者是否按照强的认知主义的要求行动。对他来说，记分也是说话者相互影响和监督的手段。因为有一点在记分中可以看得很清楚：用记分的方式，言语行为的意义取决于它如何用分数来相互影响，目前的分数如何影响所出现的言语行为的性质，而这种言语行为的性质又如何影响这些分数。在各种对话者身上，分数可以对他们的推理性断言的承诺和资格的状态作出明确的显示，所以对一种言语行为的意义的理解和把握，能用这种分数，对它在何种情况下说一句话（断言）是适当的，以及它如何

---

① 布兰顿明确指出，他对断言的推理实践的描述"并非我们实际的实践，而是它的一种人为的理想化的实践。"（R. B. Brandom, *Making It Explicit*: *Reasoning*, *Representing*, *and Discursive Commitment*, p.158）

能表明所说（断言）的后果也是适当的作出判定。这样，对话者该做什么就变得清楚明白了：在每一个谈话的阶段，对话者可以允许去做的或应该去做的，都取决于分数，就像从结果上考虑，对话者所做的目的也是分数一样。一个知道和懂得在要求理由和给出的理由的游戏中如何去做的说话者，就是在实践中把握了记分是如何进行的人。

因此，对于布兰顿而言，在语言实践中相互以推理的方式作出断言的承诺，与在棒球游戏中击球是一样的，它们都是人为设置的用来记分的装置。[①] 在断言活动中，作出承诺和获取资格的道义状态可以表明在给出理由和要求理由的游戏中，对话者所做的每一步是否正确一样。在棒球比赛中，球员如何打球：跑垒、挥杆击球等构成了分数的组成部分，在话语实践中，说出一句话的方式也是分数的构成部分：何种说出的话语可以算作是承担了一种责任，比如是否作出了真实的认知的承诺、遵从其他作出断言的人的权威（如果这种权威是获得了相应的资格的）或是否提出了非推理的权威性要求（真实性要求）等。具有记分意义的言行都是一种作出推理性断言的道义的行为，反之，断言或话语则完全是随意的、实然的、非推论的或私人性的。

3. 布兰顿之所以用上述四种推理形式作为推理断言的客观性的证明形式（道义记分的形式），是因为它们具有明确的推理的主体间性关系。为了进一步确定推理的主体间性关系，布兰顿要求在结构上把相互关联的不同的层面的推理结合起来。

在布兰顿看来，首先应从推理的相互关系中明确推理者的承诺（commitments）和资格（entitlements）（1），其次，区分推理的资格授权的不同来源：推理的资格授权是一种直接的推理继承的授权还是一种间接的交往继承的授权（2），最后，在推理继承和交往继承的关系上，明确推理的权威（authority）与责任（responsibility）的不同和相互关

---

① "语言实践中的承诺的概念发挥的作用与棒球中的击球发挥的作用一样，它们都是一种人造的记分的装置。"（R. B. Brandom, *Making It Explicit*: *Reasoning*, *Representing*, *and Discursive Commitment*, p.183）

系（3）。对于布兰顿而言，这样做不仅可以解决推理承诺的资格问题，而且可以避免话语推论因缺少承诺的资格而出现的内容上的空洞性。

（1）布兰顿对话语推论模式的建构所做的第一步是确定说话者的承诺的资格，他把说话者作出承诺的资格当作一种推理地显示和继承的社会现象来分析。为了把这个问题说清楚，布兰顿首先明确了两种道义状态：承诺和作出承诺的资格。我们应该清楚，作出承诺，就像逻辑上的演绎那样，说话者把自己与前事实的东西联系起来。因此，作出承诺并不是随意的行为，相反，作出何种承诺都是与推理的逻辑关系密切相关的：作出承诺实际上也总是意味着我们把自己的观点置于一种逻辑的推理关系之中。这也就是说，"承诺的继承（承诺一个论断是对另一个论断作出承诺的一种结果）就是可以称为继承性的，或承诺—保留的推理关系的东西。"① 也可以这样说，承诺总是处于一种逻辑的推理关系之中，我们之所以作出某种承诺，是因为我们先已作出了一种承诺（比如，在推理之前，我们对某种推理的前提作出了承诺），否则，作出承诺的行为就是不可思议的。因此，承诺带有一种继承关系。布兰顿认为，就像逻辑上好的推理探讨了一种推理承诺的继承关系，这里的推理也探讨了这样一种关系。比如，在推理中，a 在 b 的西边，所以 b 在 a 的东边；这个单色的贴片是绿的，所以它不是红的；打雷了，所以之前有闪电。任何人对这种推理的前提作出了承诺，也就对其结果作出了承诺。

另外，我们还应该看到，承诺是与资格关联的，而资格也是一种继承关系："资格的继承（有资格做一种论断是有资格做另一种论断的结果）就是可以称之为允许或资格—保留的推理关系的东西。"② 这就是说，资格也同样与推理有一种密切的关系，它也有一种资格的继承关

---

① R. B. Brandom, *Making It Explicit*：*Reasoning, Representing, and Discursive Commitment*, p.168.

② R. B. Brandom, *Making It Explicit*：*Reasoning, Representing, and Discursive Commitment*, p.168.

系，不存在独立的资格，相反，一种资格总是由另一种资格所赋予。在缺少相互抵消的证据的情况下，或前提与其结果并不矛盾的情况下，这种推理的前提就使人们有资格对它们的结果作出担保。但作出承诺的资格有一个不同于承诺的独立的来源（这是它与承诺的一个根本的不同），就像在经验的归纳中，表明我们有资格做某种断言的资格来自于经验，一种推理的资格若缺乏具体的东西的保证，作出一种断言的承诺的证明就不完整，因为作出承诺的资格不是可以通过承诺的继承性来证明的，它必须借助于推理来证明。这等于说，仅仅用承诺的继承的方式并不能表明我们有资格作出承诺。

（2）上述区分实际上暗示着，话语者作出承诺和拥有资格的道义状态，必然会产生相应的资格的继承和交往的继承两个方面。它们的产生与推理的个人内在的使用和人际间的使用的社会区别有关。根据第一种推理层面的区分，断言性推理的辩护模式，必然在结构上有基于人际间的（interpersonal）关系和基于个人内在的（intrapersonal）关系的两个方面。从整个辩护过程上看，人际间的推理通过人际间的话语关系，围绕着共同的内容或内在的内容（intracontent）对断言的资格作出辩护，即围绕同一个主题、论点或陈述展开有关断言的资格辩护；而个人内在的推理则借助于交互的内容（intercontent）来为断言的资格辩护，即针对各种具有相互关联关系的主题、论点或陈述进行辩护。因此，个人内在的推理通过承诺的继承获得资格，它是一种个人内在推理的方法；而人际间的推理则是一种依赖于人际间的对话的推理，它通过话语中的资格的授权获取资格。①

---

① "基于人之上的权威性（借用对他人的论断的遵从获得的）与基于内容之上的权威（通过对要进行的辩护的论断可以从它那里适当地推出其他句子的证明获得的）的结合就是作为言行（doing）的断言的特征。承诺和资格、权威和责任的组合，有关断言性承诺的人际间的和内在内容的，以及个人内在的和交互内容的资格的继承的组合，构成了这里所谈的断言性实践的模式的基本结构。"（R.B. Brandom, *Making It Explicit*: *Reasoning*, *Representing*, *and Discursive Commitment*, p.175）

在布兰顿这里，对于一个推理断言者而言，处于一种什么样状态是十分重要的。对道义状态（认知状态）的附带的继承，可以是个人的一种行为，即它很有可能并未或不能在公共的交往中获得承认。我们接受一种承诺或作出承诺，有可能是没有交往或没有足够的公共交往的情况下作出的，我们把某个论断当作推理的前提，这种推理有可能是基于内省的思考之上的，即是通过我们内省的个人思维得到，它是基于个人内省的思考的产物，在资格的获取上不可避免地会出现这类情形。

如果说在道义状态（认知状态）中，个人内在的推理结果的改变，还不能完全表明断言性实践的意义，那么，断言性的推理的真理性就必须在公共的交流中通过对话来确证。① 在公共场合提出一个认为是真的句子，只有在与对方的交谈中，才有可能使句子让别人相信是真的，并成为他人用来作为进一步断言的根据。因此，可以这样说：采取一种断言性的承诺具有给予别人资格和权力把这种承诺归属于断言者的社会后果。听者所采取的这种道义状态，可以反过来对听者有资格作出的承诺产生影响（听者因为采取道义状态，其原先的承诺的观点会改变）。提出一个认为是真的观点，就是把它当作一个他人会接受的观点，即会获得同意的观点。只有在提出被认为是真的观点，为处于承诺的人际继承关系中的听众接受为真，断言在交往中才算成功。

因此也可以这么说，对断言作出辩护的方法始终是**求助于另一个断言者的权威来表明断言的资格**。断言的交往性的功能是，允许聆听一种断言的人对断言作出再断言，这样做的好处是可以使断言者对其断言的依据（原初的断言）进行再考察以表明自己有资格作此断言。为证明一种断言，断言者也可以遵从听者，也可以对听者的再断言作出检查。

---

① "在公共领域提出一个当作是真的句子，就是让一个对话者使它可以为另一个对话者做进一步的断言所使用。……对一种断言性承诺的承认，具有同意或授权其他人对承诺作出认定的社会后果。……把一个论断作为真论断提出来，就是把它当作可以适当地使其他人也认为它是真的论断提出……"（R.B. Brandom, *Making It Explicit*：*Reasoning*，*Representing*，*and Discursive Commitment*，p.170）

因此，陈述性断言的证明是在一种交往性的推理链中来进行的：

> A 的断言具有赋予 B 作出再断言的社会意义，取决于 B 对 A 为论断的资格作出证明的责任的遵从的适当性。通过引用 A 的权威，B 就可以履行他的责任，依赖于这一点，B 就可以运用它的权力。①

在这种情况下，交往就不仅仅涉及承诺的分享——在作出断言承诺的说话者中从一个人传给另一个人，交往还涉及断言的接受者从作出断言的人的那里继承作出论断的资格的方法。在交往性的推理的证明中，断言仍然发挥着双重的功能：一方面，断言活动本身就起着交往的作用，它为一种观点或看法可以为他人了解创造条件；另一方面，断言也正是交往本身所追求的一种目的：它使一个对话者的论断可以成为他人的进一步的论断的材料或根据。听者不仅赋予作出断言的言语行为包含了作出断言的承诺的资格，听者自己（作为一个对话者）在这么做时也必须具有断言性的承诺和获取作出断言的资格。

（3）布兰顿提到了权威和责任这两个概念，因为现在这一点已经明确，即在作出断言时，断言者在尽到相应的责任的时候，还必须使其所做的断言具有足够的权威性。这也就是说，首先，断言者知道自己要说什么，他要知道，他的断言带有推理的性质，即他要知道，他所做的断言是否能成为别人的断言的依据或前提。这与他是否有资格做此断言（断言的依据）有关，因此他必须作出承诺，他的断言是有根据的。其次，在做陈述性断言时要向听者作出承诺，他有责任对其所做的断言的命题内容的真实与否作出回答，即他必须承担这样的责任：他能够向听者表明，他自己是有资格做此断言的（如果断言的资格受到质疑的话）。这也就是做某事的责任：它可以通过提出其他能表明原初的断言来做到

---

① R.B. Brandom, *Making It Explicit: Reasoning, Representing, and Discursive Commitment*, p.175.

这一点。

如果人际间的推理的辩护是"基于人"（不同的对话者）的，而个人的推理的辩护是"基于内容"（已具有承诺和资格的其他句子的断言内容）的，那么，前者的目的是要求体现出应有的权威，后者的目的则是要求体现说话者的责任。有了责任，我们就能看到，一种交往的推理性断言总是以某种内在的内容为根据（并非主观的或任意的）：在这里，断言的内容并没有改变，它只是从一个记分者传向另一个记分者；另一方面，一旦体现出应有的权威，我们就能发现，不同的内容是借助于已经被认为是具有命题性承诺和资格的句子为自己的断言辩护的，或表明了它作为断言的推理的前提的地位，而这也正是它表明自己的断言内容的权威性的一种方式。这样，通过权威与责任这两个概念，在布兰顿有关断言承诺的客观真理性的自我辩护（话语推论）中，人际间的交往推理的辩护机制与带有历史承继性的不同的个人推理证明的辩护机制就统一了起来。这样，能够称得上是一种完整的陈述性的断言行为，就是那种既能满足人际间相互承认的要求，又具有一种命题内容的内在的继承关系的断言行为。

对于布兰顿而言，如果证明就是给出理由，并且是能够为他人所理解和接受的理由，那么，这里的理由是通过"承诺—保留和资格—保留"这样的具有公共交往性质的推理关系所提供的。这是一种借助社会化的推理实践的内在关系来进行的有关断言的客观性的证明。这里的"证明"不是一般地给出理由的那种情形，因为，为一个论断提供理由总是意味着作出更多的论断，而且，断言的前提也很有可能是把原初的论断作为结论来遵循的东西。这种证明方式的特点是：在推理链中，只要对话者接受了对断言性承诺的真实性的证明性的辩护，即他接受了作为对从资格到结论的证明而提出的理由，就等于已经隐含地同意了相关的推理。在推理链中，一个陈述性断言既是证明物（作为进一步断言的前提）又是被证明之物（作为被接受的结果），即在推理链中，它扮演着双重的角色；既作为前提又作为结果出现在证明性的推理中。布兰顿相信，只有这样的断言才是具有命题内容的断言，因为也只有这种命题内容是可以断言的和可信的。

4. 布兰顿在其推理主义语义学中发展的话语理论，也一直是哈贝马斯的客观真理的有效性（Wahrheitsgeltung）理论所探究的一种话语理论。由于哈贝马斯的有关真理的话语理论也是其《交往行动理论》中很重要的一部分，它一直有很大的理论影响。哈贝马斯关于客观真理的有效性的话语推论的理论，由他与阿佩尔根据皮尔士的康德式的实用主义发展而来。而布兰顿的所发展的话语理论，所依赖的一方面是达米特和塞拉斯的推理主义，另一方面是黑格尔哲学。从布兰顿所建构的话语理论本身可以看出，他似乎是有意回避基于舆论一致性或共识之上的话语理论的。一个根本分歧是，布兰顿始终认为，话语推论是基于话语者的推理之上的，这里的推理始终是与推理者所作出的承诺的资格联系在一起的。① 因此，布兰顿保留了推理的整体论的思想：他试图像达米特探究理论整体与个别命题的关系那样，对话语者的推理（个别的命题内容）与理论整体的授权（承诺与资格）的关系作出规定。

当然，不能说这样的话语理论与哈贝马斯的话语理论有本质上的差异，它们在理论目标上是相同，而且它们都要求一种规范的语用学来作为引导。因此，哈贝马斯也高度评了布兰顿的话语理论，在他看来，布兰顿把话语推理与塞拉斯的"给出理由和要求理由"的推理主义语义学结合了起来：他也因此把基本的有关意义的理论的语义学问题，改变为语用学的问题，即把对什么是一个句子的真的证明，改变为针对说话者的言语行为和态度的考察：说话者提出一个言语 P 如何表达了一个真理性断言。言语活动的解释者认定说话者在表达断言时作出了承诺，即

---

① 布兰顿认为，哈贝马斯这方面的研究的一个缺点是，他没有重视话语者作出承诺的资格的问题总是在原理上有争论的这一点（这就是说，哈贝马斯没有充分探讨话语者在作出推理时，其应作出的承诺和应有的资格的问题）。(Cf. R. B.Brandom, "Fact, Norms, and Normative Facts: A Reply to Habermas", *in European Journal of Philosophy*, p.361)

表明该言语可以证明，解释者也看说话者是否有这种作出断言的资格，以此对他的言语作出判定。哈贝马斯与布兰顿在话语理论上的分歧在于，哈贝马斯认为，布兰顿的规范的话语推论的模式缺少"根据客观的有效性的主体间性解释，把论辩的实践与一种强的理想化的预期联系起来的方法"①。"强的理性化的预期"与在展开充分的话语对话的情况下，对话所可能给对话者带来的共同的认识的问题相关。这个问题也可以这样来说：话语推论的实践能形成多大的共识，或能带来多少与的断言的命题内容的真理性相关的认同。但布兰顿的话语理论已经事先把一种概念实在论作为对话的基础，他的话语理论存在语义被动性的问题（1），因此，他的话语理论并没有话语理论所应有的那种有助于形成普遍共识的"理想化的预期"（2）。

（1）布兰顿在基本立场上同意麦克道尔的观点：话语者面对是一个由一系列的**事实**（facts）构成的世界，而不是一个由事物（things）构成的世界。而事实的不同（与事物的不同）恰恰在它们原理上是可以陈述的。事实是一种真论断——这并不是就它是论断的行为的意义而言的，而是就它是可以由这些（可能的）论断的行为来表达的可论断的内容的意义上而言的。因此，话语者是处于语言的世界之中的，话语者不可能进入一个非语言或非概念的世界。事实上，在概念领域之外也并无他物。在这个世界中，可论断的内容（它作为种，事实是作为一种属性归属于它的），在根本上是相互处于一种实质推理和不相容性的关系当中的。所以它们是《清晰阐释》一书在推理主义的意义上所赋予"概念"的那种意义上的概念清晰地构成的（articulated）。这里也存在没人表达（应用或使用）概念的情况，因为这里还不存在推论的实践。但这里决不会出现没有事实的时候（比如没有人使用概念或加入推论的活动）。概念与事实一般都不会因果地建立在思想者之上。坚持在理解的秩序中，推论的实践具有某种优先性，是布兰顿的语用主义的一部分：没有同时理解

---

① J.Habermas，*Truth and Justification*，p.127.

作出论断和推理是什么，我们不可能理解事实和概念是什么——前者的某些关键的特征在明确地求助于事实和概念之前可以弄得很清楚。

哈贝马斯把布兰顿的这种观点称为"概念实在论"。对这种观点，他表达了两种担忧：这种观点承诺了一种会遭到反对的**认识论的消极性**，从而带来一种会遭到反对的**语义的被动性**。哈贝马斯担心，由于这方面的漏洞，布兰顿的话语交往的认知使命会沦为一种只是对前存在的事实（pre-existent facts）的发现，即会把认知局限于仅仅是被给予的接受的过程中：它好像是让世界直接呈现在我们面前。

在哈贝马斯看来，概念实在论的本体论承诺使布兰顿错误地使用了语用学规范，他把一种契约论意义上的行动的规范当作合理的语用规范。布兰顿力图寻找语用的实践概念的康德式的实践规范的来源，同时又使用了一种维特根斯坦式的解释：他把规范当作语言游戏的语法，并把它想象为生活形式的基本结构。他以这种理解方式把逻辑的、数学的和语法规则还原为文化模式和行动规范上的一般的命名。他的概念囊括了认知的和社会文化规则，而不做任何区分。因此，哈贝马斯认为，"布兰顿在某种程度上产生了误解，因为他使用了规范性的一种包容性过强的概念，并把最广泛意义上的合理性规范（逻辑的、概念的和语义规则的以及语用学的）等同于行动的规范"①。

哈贝马斯对布兰顿的批评显示了他们之间对问题的关注方式的差别。在讨论布兰顿的规范语用学时，我们已经看到布兰顿对实用主义的社会评价理论的批评。在那里，布兰顿显示了一种与哈贝马斯非常相似的观点，即他严格区分了"规律"与"规范"、"功能"与"推论"。布兰顿指出了去先验化后规范实践的两难，而没有接受任何古典实用主义的同化论。布兰顿强调，一方面，我们在本体论上必须作出某种承诺，有某种规范的事实的存在，以及我们的话语世界的语言的规范性；

---

① J.Habermas，"From Kant to Hegel：On Robert Brandom's Pragmatic Philosophy of Language"，in *European Journal of Philosophy*，p.329.

另一方面，出自本体论的规范的事实又并不等于规范，因为话语者的命题态度是自主的，它并不直接受事实和规范事实的制约，它只接受规范本身的制约，尽管它不能脱离事实和规范的事实。因此，这里始终存在**事实、规范和规范的事实**的区别和关联。消极地看，我们面对的是一个在语义上饱和的语义世界，我们受制于语言的规范，这无疑是对我们的话语的一种约束；积极地看，我们可以不断提出新的语句，表达之前没有的命题内容。虽然在我们的认知话语中有语义接受的成分，但能动性（spontaneity）还是一个可以发挥重要作用的角色。因为我们必须从我们的那些备选的信念承诺（doxastic commitments）中获得推理的结论，包括获得对于那些如果我们以某种方式行动，会发生或应该发生的实践的结论，然后是对这些结论性的论断的真理性作出评价，以及对各式各样的论断所存在的实质性的不相容性作出评价。对布兰顿而言，积极的认知是话语的根本要素，它总是要压倒消极的承诺；这意味着，"自主性"始终是压倒"被动性"的。在他看来，如果把概念视为就是我们在某处找到的，就会忽略我们的能动性和自由中的一种重要因素，它就会导致产生无法理解概念的发展（我们的概念的产生和改进）这个关键的问题的危险。

布兰顿也同样认为，语义被动性是一个必须予以认真对待的问题，特别是在蒯因的本体论的承诺提出以后。蒯因的本体论的贡献是，它表明，我们并不能自由地制造概念，因为我们面对的并不是一个非概念的实在，一个能以某种方式决定我们使用概念作出的论断哪一个是真的或正确的实在。蒯因已经表明，决不可能存在这种情形：我们所做的陈述的意义是完全由我们决定的，而我们所表达的信念的真理性则不是由我们决定的（它由外部的经验实在决定）。应该拒绝这样一种因果模式。但蒯因自身的理论又太过于消极了，为概念的正确应用而对这个问题作出回答的意义上而言，一般的本体论承诺对于我们的概念对非概念的某物到底有何用变得无法理解了。必须看到，谈什么从什么当中得出（正确的概念是什么），以及谈什么论断是真的（什么是事实），它们一个与另一个是不可分离地联系在一起的。我们是在接受或承担某种承诺的意义上作出我们的承诺。我们是自己作出承诺的这一点已经表明，与我们的能动性分离，就没有论断和推理。①

布兰顿业已看到，在交往模式中始终会出现对话语者的承诺资格的无限追溯：如果我们不能先验地假定存在某种原初的作出断言的资格，或如果我们不能提出某种合乎资格要求的辩护程序，比如整体论的或融贯论的辩护程序，而只能借助一个资格与另一种资格的关系来获得一种资格，我们就会陷入这样的困境。作为断言的主体的对话者求助于不同的内容，比如在以往的不同的概念内容中寻求断言的推理的前提，在这种推理的求助中，所求助的承诺总是会追溯到没有真正被证明过的承诺，因此，断言性承诺的资格的问题会一再出现。在这种情况下，作出断言的推理过程就会被迫中止。在求助于那些在资格上有疑问的前提来证明作出承诺（作出断言）的资格时，也会出现，断言性承诺的资格的辩护无法进行下去的情况。"在对承诺辩护的每一个阶段，都有可能牵涉到对那些事先并没有行使过的承诺的求助，对于这些资格的证明的问题就会一再出现，这样，资格证明的问题就只有暂时搁置了。或在某些时候，是通过求助那些在资格上早已陷入质疑当中的一系列前提来完成证明的（资格证明也只有暂时搁置了）。"②

在交往性的辩护模式中，作出断言的对话者求助于另一个对话者对相同的内容的承诺，但该对话者的承诺可能并没有真正被承认过，在这种情况下，他的断言性的资格就始终会是一个问题。断言性推理会因此被中断（无法有结论），若所求助的对话者的承诺是有疑问的，断言性的推理就得不到真正的辩护。一个对话者求助于另一对话者的断言性承诺，总会存在所求助的承诺本身可能并未被承认的情况，因此，似乎

<hr>

① Cf. R. B. Brandom, "Fact, Norms, and Normative Facts: A Reply to Habermas", in *European Journal of Philosophy*, p.360.

② R.B. Brandom, *Making It Explicit: Reasoning, Representing, and Discursive Commitment*, p.176.

在做这样的求助之前，对话者还得先解决所求助的承诺的资格的问题（这样，他才可能得到资格的辩护），但交往的资格辩护是基于人之上的，他为了做到这一点，又只求助于另一对话者，但同样的问题会再次出现，以至于呈现出一种无限倒退的情形。如果资格辩护陷入这样的困境，依赖于授权的交往的辩护模式就会失效，即基于权威之上的辩护就不能产生一种资格。

若采取资格的继承性的推理证明的方法，对断言性承诺的资格作出辩护，似乎就难以逃脱这种无限倒退的悖论。若出现上述情况，推理性辩护的基本形式就失效了，即那种通过"p，因此 p"的间接推理形式来进行的推理证明就不能帮助我们获得一种资格。

如何逃出这种资格辩护的怪圈？在布兰顿看来，按照应有的本体论承诺，首先把拥有原初的授权资格的规范状态视为社会实践中隐含的。作为一种社会实践中存在的隐含的规范，它们制约着给出理由和要求理由的语言游戏。我们可以首先把这些隐含的规范当作拥有资格的授权的规范。布兰顿认为，我们不必认为这些可以作为资格的授权主体的隐含的规范本身也是需要辩护的，即不要认为它们在获得证明之前是值得怀疑的，我们可以事先假定它们具有某种默认的正确性。

但这样认为并不是要放弃规范的辩护，而只是想以一种相反的方式，把辩护视为是基于某种规范的条件之上的辩护（把辩护放后），避免把辩护变为没有任何出发点的"纯粹的"或形式化的辩护。在这里，布兰顿打算把整体论的推理方法与辩护的模式结合起来，以最终走出辩护的无限倒退的悖论。① 按照布兰顿的看法，肯定有许多的论断，在没

---

① 布兰顿认为，推理主义的语义学是彻底的整体论。在一种推理主义对概念内容的解释上，除非某人有许多概念，否则他将不会有任何概念。如果对于每一个概念的内容而言，都是由它们与其他的概念的推理关系表达出来的，那么，它们就必须组合在一起（虽然这并没有得出它们必须形成只是一个巨大的组合的结论）。概念的整体论并不承诺，人们可以独立引导人们思考概念内容的推理采用概念。(Cf. R. B. Brandom, *Articulating Reasons：An Introduction to Inferentialism*，pp.15-16)

有证明是错的情况下，它们一定是对的。除非已有明确的证明表明它们是错的，否则，就应该把它们视为正确的。如果可以这样认为的话，那么，原初的资格授权的难题就消失了。①

布兰顿的**本体论**承诺使他有理由认为，一种普遍的怀疑本身也应作出证明才合理，怀疑本身不应是无条件的。"哪一种承诺是需要辩护的（在缺少有关它们的资格的证明的情况下被认为是有缺陷的），本身是一个社会实践的问题——实践者对它们所采取的实践态度的问题。……资格本来就是一种行为或承诺在一个共同体内所具有的社会状态。"② 根据这种理解，一些断言性的资格也可以是**默认的**，如果它们是基于社会潜在的规范之上的，它们根本不需要通过某种证明来表明其资格，即其资格在受到挑战之前是无须辩护的。在这种情况下，我们可以假定，许多的论断在没有证据表明它们是错误的之前，都可以把它们看着是正确的。但另一方面，语用学意义上的承诺的资格并没有永恒的、不可动摇的（尽管默认的规范是存在的）地位，布兰顿坚持一种认知主义的立场——他并不是一个带有融贯论的立场的整体论者。布兰顿在希望避开怀疑主义的同时也避开融贯论。③

----

① "如果许多的论断在被证明为有问题之前，都被看作是无纰缪的——在此之前或除非有人从某种立场提出有关它们的合法性的质疑，否则，它们都被看作是有资格的承诺——无限倒退的普遍威胁就消失了。"（R.B. Brandom, *Making It Explicit*：*Reasoning*，*Representing*，*and Discursive Commitment*，p.177）

② R.B. Brandom, *Making It Explicit*：*Reasoning*，*Representing*，*and Discursive Commitment*，p.177. 布兰顿在回答我们应采用概念的柏拉图主义还是采用实用主义的问题时，对前者做了批评：认为对概念的说明，必须借助于对概念内容的先验的理解，这是一种不能接受的概念柏拉图主义。从有关概念的使用活动和实践开始的解释，基于这种活动来形成对概念的解释，这就是值得信赖的实用主义的策略。各种语义和概念的柏拉图主义，总是用某种世界性的信念，有关陈述性的句子的真理条件，而不是很具体地表达这些概念。这里的实用主义从如何做某事的知识出发，对概念性的公共的命题或原理，直接从实践中的隐含的知识获取。（Cf. R. B. Brandom, *Articulating Reasons*：*An Introduction to Inferentialism*，p.4）

③ "这里所提出的模式可以称之为一种有关资格的默认和挑战的结构。经常是，一个对话者的承诺被认定了，承诺的资格也就被（按默认的方式）认定了。承诺的不

　　布兰顿认为，作为一种使用中的社会概念的默认的规范是存在的，但它们又始终处于**被挑战的**地位当中。因此，对断言承诺的资格的辩护是一个依据特定的情境条件的事情，即断言承诺的资格是否需要辩护，要根据其资格是必须受到挑战，还是可以通过默认的方式来获得的而定。即使对于挑战而言，也不能认为有一个固定不变的规范。对一个断言承诺的挑战，其本身实际上也就是提出一个针对性的断言，即挑战也就是再提出一个相应的断言（如果不能提出可替代的断言，挑战就不符合要求，即是无效的）。挑战本身并无独立的地位。"因此，一个人也只有提出一个与所要挑战的承诺不相容的断言来作出挑战。"① 挑战者不拥有任何优先的地位——他实际上也是给出理由和要求理由的语言游戏或话语推论中的一员。挑战者的挑战的资格完全取决于他提出的针对性的断言本身的资格（它本身是否具有资格）一种实用主义的立场使布兰顿相信，通过推理证明和交往对断言承诺的资格的来源的追踪，只有实际的冲突产生的时候，比如，两个自明的资格相互冲突的时候才是适当的。决不存在一个可以用来指导我们在哪里需要提出资格的证明，哪里可以不需要进行资格的证明的先在的观点。

　　把哪一种资格有问题或需要作出辩护的问题留给语言的社会实践，即留给了道义的话语实践者本身，是符合维特根斯坦的观点的。但实践的辩护本身不是一种消极的观点，而是一种苏格拉底意义上的论辩（elenchus）。对于布兰顿而言，对断言承诺的资格的实践论辩的关注，并不是为了回应基础主义或先验的理性主义的观点，而是出自于一个更重要的目的，这种有关承诺的资格辩护的理性活动能把何种命题内容赋

　　言自明的状态，作为对话者拥有的资格，并不是固定的或不可动摇的；一种断言性承诺的资格可以受到挑战。当受到了适当的挑战（当挑战获得了挑战的资格），所要做就是废除相应的断言的推理和承诺的权威（它们的传承资格的能力），除非断言者能通过对其承诺的资格的证明，为其承诺辩护。"（R.B. Brandom, *Making It Explicit：Reasoning，Representing，and Discursive Commitment*, pp.177-178）

① R.B. Brandom, *Making It Explicit：Reasoning，Representing，and Discursive Commitment*, p.178.

予它们认为具有断言意义的言语行为？

（2）哈贝马斯认为，由于注重话语者的推理承诺与资格的探讨，布兰顿没有真正重视在话语活动中作为第二人称的对话者的作用，他也不看重说话者对他的听者采取的以言行事的态度，以及说话者和听者之间的问和答的语用学关系。尽管布兰顿使用了一种"I-Thou"的模式，以区别于忽视对话者存在的"I-We"的模式，但他处理说话者与说话者之间的关系仍缺少真正意义上的对话的因素，因为他并没有在这一模式中真正讨论说话者和听者相互协商（共同形成某种判断或断言）的态度：在布兰顿的分析模式中，说话者和听者实际上各自得出自己的结论和判断。由于缺少真正的对话，说话者与其听者之间就没有真正构成一种互动的关系。这样，布兰顿的"I-Thou"的模式并没有真正把说话者和听者的关系置于对话的模式中来分析，而更多的是把他们置于一种彼此相互协调的记分式的关系中来分析。在这种分析中，听者只是说话者的断言性话语的判定者或检查者，他（或她）只负责作出判定，说话者所做的断言性承诺是否有根据，是否能根据其承诺把真理性的命题归属于说话者所做的断言。在这种情况下，作为第二人称的人的听者，已完全被客观化为第三人称的"他"（她）：一个并不担负对话的角色的中立的"他"（她）。可以肯定的是，只要把说话者与听者的关系，理解为说话者和他的话语的真实性的判定者的关系，作为第二人称的人（听者），就根本没有发挥任何话语辩护的对话的作用。一旦布兰顿"实际上把这种关系解释为，第一人称的人对一个陈述作出了承诺，而第三人称的人（以他自己的方式）把真理性的论断归属于第一人称的人。对于整个话语辩护而言是最根本的归属的活动，就把第二人称的人客观化为这里的第三人称的人了"。①

哈贝马斯认为，真正的交往必然要区分说话者和听者（listener）和说话者和倾听者（hearer），因为前者并非真正的第二人称关系，而实际

---

① J.Habermas，*Truth and Justification*，p.129.

上是第三人称的关系，只有后者才是真正的第二人称关系。当然，用什么词语来表示这里的"听"并不重要，重要的是要区分作为话语的旁听者与话语的直接对话者。哈贝马斯举例说："可以肯定的是，在法庭上，法官听审这个案件，而陪审员听这个案件，他们在某种意义上是在记录整个案件的判定的讨论和形成的过程，比如，谁得分，能记多少分，以便最终能对有争议的证人的证词作出评定。然而，在争论的过程中，要求作出的回应的不是旁听者，要作出回应的是直接在相互说话以及希望相互间持一种立场的一方。"①

在哈贝马斯看来，作为第二人称的对话者，应是能够采取一种立场和观点的对话者，而不是根据某种规则记分的记分员（法官或陪审员）。在布兰顿的 I-thou 的交往模式中，对话者恰恰是被当作陪审员或法官，因而不是真正的第二人称的交往模式（它实质上是一种客观化的第三人称的交往模式）中的对话者。哈贝马斯认为，真正的对话者只能是起诉人或辩护律师中的一方，也只有这样的对话者之间的交流才有可能是构成真正意义上的交往，而以旁听的方式形成的交流（类似于法官或陪审员的评判）并不能构成的真正意义上的交往。在布兰顿的交往模式中，作为交往的对话者的是记分者，从交往关系上看，他（她）只是旁听者，而不是倾听者。

这就是说，布兰顿把话语的记分者等同于话语的评判者，而没有把记分者视为能够作出回答的接受话语的一方（addressee）——作为记分者，他（她）并不需要作出回答。记分者从一种第三人称的观察者的视角承担一种判别，每一次对话都开始于这样的判别。这样的第三人称的评判恰恰不是交往的，因为它并没有真正在第一人称和第二人称之间形成相互的理解。

布兰顿的看法是，话语辩护的目的不是形成意义理解的共识，意

---

① J.Habermas，"From Kant to Hegel: On Robert Brandom's Pragmatic Philosophy of Language"，in *European Journal of Philosophy*，p.345.

义理解的共识也不是话语的语言活动能够达成的一个目标。而哈贝马斯则认为，对于话语而言，普遍的合理的可接受性的目标却是清楚的：只有一定范围内的主体间相互承认的有效性断言（这意味着，至少在这一范围内要形成完全的共识），才是真正的合理的可接受的断言。但布兰顿更多的是考虑彼此的相互配合，他甚至提议，我们应该把说话者与听者的关系看作是舞厅里的舞者之间的关系，他们每一个都可以跳出各自不同的舞步。这意味着，无论是另一个人的侧重于一方的理解，还是彼此的相互理解，都是相互协调的推论的产物，在其中，观点的不同保持着并获得支持。①

但这种"相互协调和配合"的理论是哈贝马斯所不能接受的。他的"强的理想化的预期"要求把达于相互理解，并形成共识的过程视为必不可少的，对他来说，说话者和听者形成相互协作或"配合的"关系（帮助认定所说的话言之有据）是远远不够的。在他看来，达于相互理解和并形成共识是听者加入话语实践的基本动机，因此，一个加入话语中的听者必然带有批评的倾向：他必须对所提出的断言是否有效作出评价。

对于哈贝马斯而言，把意义的客观性理解为相互理解和共识的产物，还意味着把意义的客观性理解为是某种超出一般的事实建立起来的

---

① 布兰顿在回答哈贝马斯对他的语用学模式的质疑时表示，他更偏向于把获得意义的主体间性的语言交往模式（语用学模式）视为一种相互协调和相互制约的模式（参与者彼此作为记分者的相互协调和制约），而不是把它看作是由参与者彼此的观点所构成的共识的模式。这就是说，布兰顿并不相信话语推论的参与者的观点"整齐划一式地"彼此协调是可能的或是必要的。按照他的看法，参与者不必都做相同的事（观点的分享），以便加入共同的事业，即不必把对话的伙伴描绘为按部就班的机器，像列队的士兵，而更应把他们描绘为像舞厅里的舞者，每一个都跳出各自不同的舞步（在任何时候，一个人领着，另一个跟着，一个向前走，另一个退后，一个移向左侧，另一个移向右侧，等等），并且因此分享由他们个人的不同的舞步的协调构成的舞蹈。理解——无论是另一个人的侧重于一边的理解，还是彼此的相互理解——是相互协调的推论的产物。（R.B. Brandom，"Fact，Norms，and Normative Facts：A Reply to Habermas"，in *European Journal of Philosophy*，p.363）

论辩的东西（理想性的东西）。因此我们能采取一种可错论的立场，即在吸取一切可能的经验的信息的条件下，总是把所确定的意义视为暂时的、有待于未来的修正的。只有采取这种强的理想化的姿态，"对于那个必然存在的、根植于语言的主体间性中的客观性的基础，我们有限的心灵才能有先验的洞察。"①

造成布兰顿和哈贝马斯的话语理论的不同的根本原因是：布兰顿并不认为语言实践可以完全从本体论上脱离语言表达思想的形式，语言实践一旦从本体论上脱离语言表达思想的形式（比如，断言性推理的形式），所表达的思想就只是一种属于意向性范畴的意向性的东西。布兰顿一直延续达米特的传统：不仅区分语言的理论与思想的理论，而且寻求二者的统一。这样的话，说话者之间并不一定是直接的对话，即使是直接对话，也不是在寻找彼此相同的观点或命题（共识），而是通过语言固有的推理表达形式表达某种相互能够认可的东西。布兰顿的一个基本的方法论的承诺是，在解释言语行为时，不求助于类似意向性和期望这种命题态度。这样做的想法是，在解释比如像什么是断言，我们不能用那些只有在包括了断言活动的具体情境中才能在原理上变得可理解的概念（类似信念，意向性和期望）来帮助自己，我们只能借用语言的断言推理的形式。因此，布兰顿的目的是对更基本的断言性实践作出描述。这就是说，布兰顿关注的是什么样的行为，责任和记分态度是适当的或正确的断言性实践。通过话语的评判，完全有可能使断言和与信念与意向性相应的命题态度这类言语行为变得可理解。

在布兰顿的记分概念中，他进一步明确了他的这一想法。在没有任何规定的对话中，信念、意向性和期望发挥着根本的作用，而在记分中则完全不同。因此，布兰顿把相互的记分与单纯的对话区别了开来，因为他真正感兴趣的是彼此围绕着一种推理（断言）展开的相互评价的活动（道义记分活动），他的目的就是对更基本的断言性实践作出描述：

---

① J. Habermas, *Truth and Justification*, p.130.

他不直接描述与命题的提出相关的意向性行为的交流活动。这也就是为什么布兰顿总是通过诸如"话语的责任"或"承诺和资格"等方式去寻找适当的或正确的断言性实践的原因。

(二) 理解的一致性与交往

布兰顿的以记分的话语推论的方式展开的推理，要求说话者的推理性断言不仅是作出承诺的，而且还能为听者所接受。达米特已经用话语提出的情境的适当性和被接受的后果的适当性来表明推理的基本特性，布兰顿提出的是更进一步的要求：他要求拥有一种提出理由和要求理由的交往模式。在布兰顿如此设计的推理模式中，推理性断言者根据其推理的前提作出承诺并提出相应的断言，而表明他的断言的意义的条件是，他的断言能成为接受者的推理性断言的前提。而一个推理性断言者之所以能够把另一个推理断言者的断言当作其推理的前提，是因为他们在评价断言内容上拥有共同的标准，他们所共有的规范承诺保证了他们之间能够形成一种相互理解的关系。

但一直以来人们就发现，这里始终存在断言者的附带的规范承诺完全不同的情形。如果不同的断言者彼此之间附带的承诺不同，而又不能找到交流的方式，布兰顿意义上的话语推论式的推理性关系就根本建立不起来。布兰顿本人也意识到了这里的问题："只要对于句子所表达的论断哪一个需要作出评价的附带的承诺有区别，同一个句子，在一个人的口中说出的含义就与在另一个人口中说出的含义不同。因此，即使在较为融洽的交流情境中，如果你想知道我所说的是什么，你就必须了解，一个句子在你口中所表达是一种意思，而我说出它表达的则是我的意思。"[1] 由于布兰顿的推理主义语义学在建构意义的客观性方面完全依赖于第二人称的话语交往，这里的推理断言性的交

---

[1] R. B. Brandom, *Making It Explicit*: *Reasoning*, *Representing*, *and Discursive Commitment*, p.510.

互的可接受性对他来说就非常重要。尽管从表面上看，所有方面都表明，在话语推论中能够形成一种交流是话语具有客观性的前提条件，但问题正在于，交流是否有助于推理性断言在不同的理解者之间达成观点或意义的分享？

布兰顿要解决他这里的交往的问题，就必须在蒯因—戴维森的交往概念之外寻求交往概念的解释，即重建交往概念，因为蒯因和戴维森关注的只是一种表征性的指称交流的可能性。即使蒯因的指称交流理论突破了不同的附带承诺的范围，它也只是在纯粹指称的范围内谈论一种共指，而布兰顿的断言性推理中交往所要进行的是命题内容的交换，它要求的是理解的一致性。

与蒯因不同，尽管布兰顿承认，凡是命题内容都具有表征的内容，因此，除非命题内容至少隐含地带有表征的内容，否则就不能算作是一种特殊的推理性实践，但他却始终认为，人们还是可以给予社会实践以足够的条件去表明其推理表达的意义，即表明其可以作为其他的论断的理由（也可以对它要求理由）而不必使用任何表征性的词汇。这就是说，处理表征层面的东西，可以是作为在承诺和资格上记分的话语模式所做的事。因此，布兰顿所要表明的是，论断性的推理内容所隐含的表征的层面，是如何从不同的社会视角中出现的，目的是用非表征性的词汇对使用清楚明白的表征词汇所表达的东西作出解释。

布兰顿始终认为，蒯因把表征的 de re 形式当作"量化的指称"是错误的。蒯因认为单项词不是必须的，他把量化的表达式视为指称承诺的真正的词汇的独特的观点，使他只关注量化的归属，但这也使他的讨论陷入了外延性承诺的问题当中。这种强调反过来导致了对一般的 de re 归属的分析的忽略。但 de re 形式具有"归属性的指称"功能（它不是量化的东西），而且 de re 的语言表达形式也可以转化为 de dicto 的表达形式，这两种语言表达形式还可以推理性互换。布兰顿相信，通过这两种语言表达形式的推理性互换，他可以重建交往概念，即建构一种带有说话者特定的视域和命题态度的交往概念，从而走出蒯因—

戴维森的那种"没有视域的或消去视域内容"(nonperspectival or cross-perspectival content)① 的交往。为此，布兰顿提出了 De re 与 De dicto 之间的替换性推理和对话式的"回指"的交往模式。下面我们将首先讨论布兰顿的交往概念的特定含义，然后在讨论他为其特定的交往概念所提出的替换性推理和回指的交往模式。

1. 交往这个概念涉及两个人或多人之间达成一种观点的分享的是什么的问题。最简单的观点的分享是观念的分享：一个人把一种有关事物的经验观念向另一个人传达，只要听者拥有相同的语言知识和经验，观念就会被他所接受。这就是洛克最早研究的一种基于观念的传达之上的交往。但我们已经看到，交往不只是观念的交流，它还涉及命题和意义等思想的交流。交往的概念必然涉及理解这一概念：要传达一种思想，就要求听者能对它作出正确的理解，即听者也必须具有推理的能力，他能够对此作出辨别：说话者所要传达的论断性的命题是否是出自于一种正确或合理的认知承诺。

一直以来，蒯因的本体论承诺对如何理解交往这一概念有重要的影响。蒯因的潜在的观点是：给予断言以一种认同所做的承诺、授权和不可比性，取决于人们还做了什么承诺，以及什么是作为所追问的推理的辅助性假设的附带的信息。在《经验主义的两个教条》一文的最后一部分，蒯因把这种杜恒式的证据上的相对性（互为关联性），置于一种总体的证据的语境中来处理。他强调，意义（所作出的论断）的理论概念是受现今的总体的经验决定的。单个的断言总是与"总体的理论"对应的，它只是后者的一部分。因此，从一个断言中得出什么，取决于还有什么其他的作为辅助假设的论断，但这也表明，任何附带的承诺的不同，都意味着推理的不同，以及意义的不同。不同的附带的承诺会有不同的推理的意义和不同的理解和意义。

---

① Cf. R. B. Brandom, *Making It Explicit*: *Reasoning*, *Representing*, *and Discursive Commitment*, p.600.

断言的意义就是所要作出把握来理解的东西，而什么是理解至少决定了对这一理解的认同的推理的意义。因此，自蒯因以来，一般认为，要实现观点的分享的交往，求助于意义的内涵是不可行的。内涵的概念在共时性和历时性上的意义沟通方面都存在问题。也因为如此，蒯因放弃了他认为的带有这种困难的内涵的概念，转而求助于外延的概念。在他看来，对于语义学而言，重要的不是意义而是指称——我们表征和所谈论的东西而不是我们所说之物。蒯因的"指称理论"提供了一条意义理解的新途径，但在布兰顿看来，蒯因等人所坚持的这种方法仍有一个缺点，这种基础上的指称交流缺少真正认知推理的特点，即塞拉斯十分重视的推论的（discursive）因素，因此，它仍然是一个在交往上受限制的理论，比如，它根本无法讨论带有不同的附带承诺的命题内容（断言的内容）的分享的问题。布兰顿的提议是，我们应走出这种仍然带有传统认识论模式的特点的、基于一般的内涵与外延的两分法之上的标准两层次的理论的框框。蒯因仍然只能从整体论上承认说话者和听者分享的一种本体的经验内容，这就是说，他只能获得一种"共同分享对某种共同的事物的占有的"交往。

布兰顿认为，关键的是，意义的分享是视角的（perspective），不是"共同占有的"，即是对不同的断言性的观点的相互理解和接受。因此，对于布兰顿而言，蒯因式的"共同分享对某种共同的事物的占有的"交往模式，必须为一种"实践中相互合作的"交往模式所替代。只有后一种交往模式是认知的、具有推论性的要求的；而前一种则没有真正的认知的或推论的因素。正因为后者是真正认知的或推论的，所以它应采取道义记分的实践方式。在前一种交往模式中，说话者和听者分享的东西不是观点集合的内容，而是对共同拥有或承诺的内容的分享，因此，这种共同的内容不是视角的。而对于布兰顿而言，"推理的内容在本质上是视角的——它们在原则上只能通过一种观点（a point of view）具体化。所分享的是驾驭和横跨不同的观点的能力，以及从不同的观点对内容作出具体解释的能力"。①

　　布兰顿不能接受包括蒯因的整体论所隐含的超级推理主义，他试图摆脱蒯因式的"共同分享对某种共同的事物的占有的"交往模式，因为他一直有这样的担忧：我们可能因为某种整体的意义的承诺而只能承认与整体性的意义相关联的意义，而不能很好地相互理解作为单个的命题内容的不同的对话者的语句。超级推理主义的一个根本的错误是，它否定了以判断形式表达的单个的命题内容（句子）的意义，这样等于说，单个的命题内容即使能表达，也没有相互理解的基础。如果这样认为，它实际上就否定了具有不同信念的对话者之间的交流的可能性。这里存在着一种达米特指出的整体的推理和单个的命题内容的表达的辩证矛盾。单一的整体论的缺点是，它总是要预设某种东西的存在（在蒯因那里是经验本体论的承诺），或对某种先验的或理性的"事实"作出承诺。这样的预设必然会取消单个的命题内容的意义：如果把它们还原为整体的意义概念的一部分，它们必然会失去其作为单个的表达句的表达的功能。

　　戴维森也试图用交往性的对话的解释来实现意义的转换，即把隐含的本体经验的知识转化为可以公开和明确表达的知识。戴维森也希望表明，没有脱离语言的言语活动的"独立的"思想，概念或思想是在相互就彼此的言语行为进行规范的解释中确立的。我们有关信念是正确的或错误的观念（思想）只有在具体解释的语境中才能形成，这就是说，要知道什么是真信念和什么是错误的信念，我们就必须去寻求客观的公共的真理。② 但在布兰顿看来，戴维森的交往概念是蒯因的整体论的"共同分享对某种共同的事物的占有的"的模式的翻版。如果我们有关信念是正确的或错误的观念（思想）可以在具体解释的语境中形成，那么，只要拥有一种整体的信念模式，就可以为话语的客观性作出解

① R.B. Brandom, *Making It Explicit*: *Reasoning*, *Representing*, *and Discursive Commitment*, p.685.

② Cf. D. Davidson, "Thought and Talk", in *Inquires into Truth and Interpretation*, p.170.

释。戴维森观点停留在属于"我们"的本体的经验领域，它并没有超出赋予作为整体的信念模式的"我们"的观点（共同体的观点）。也就是说，戴维森的交往模式只能构成一种偏向现有的概念解释"我们"的观点的 I-we 式的不平衡的对话。这种不平衡的交往模式并不能回答不同的语言共同体之间的话语如何展开的问题。若只注意主体间性的"总体的"的方面，就必然会忽略它的"局部的"（local）的方面。① 从"局部的"的方面看，主体间性指的是那种由不同的语言共同体中的话语者的观点构成的主体间性，它们构成的是一种不同的话语者处于一种"我—你"（I-Thou）的"第二人称"的对话模式。

戴维森的对话模式仍没有真正跳出传统的实用主义思想的藩篱，因为它把整体的信念模式作为话语解释的一个参照，从而把那种具有构成信念模式的可能性条件的"我们"的观点（共同体的观点）视为在先的，即视为优于单个的命题内容的、必须优先考虑的观点（它被当作一种具有命题内容的客观性的判决资格的观点）。这样，作为一种可能的信念模式的"总体的"（global）或"我们"的观点，就可以作为一种规则或规范，在具体话语解释中发挥话语调节的作用。

要真正实现不同的语言共同体之间观点的交流或意义的分享，而不只满足于简单的观念的分享，就必须走出蒯因和戴维森的 I-We 的对话模式。为此，布兰顿提出了实现不同的观点的分享的 I-Thou 的对话模式。该模式的优点是，它的主体间性的观点不带任何调节论的色彩，即它不会有某种信念模式意义在先的情形。I-Thou 的对话因此能做到表达的彻底性和解释的平衡。② I-thou 的对话模式的主体间性的观点没有假设可能存在的信念模式具有任何观点上的优先地位，相反，它要求排除把整体的信念模式作为话语解释的参照的解释的不平衡性和表达的

---

① Cf. R. B. Brandom, *Making It Explicit*：*Reasoning*，*Representing*，*and Discursive Commitment*，pp.643-649.

② Cf. R. B. Brandom, *Making It Explicit*：*Reasoning*，*Representing*，*and Discursive Commitment*，p.641.

不彻底性。这也意味着这一模式将把带有原初的意向性的断言性推理的命题内容置于首要位置。而 I-We 的对话模式由于把已有的信念模式作为话语解释的参照（整体论的），它的解释是不平衡的，表达也是不彻底的。

从 I-Thou 的主体间性的解释模式的角度看，把客观性等同于主体间性意味着，任何一个解释视角在具体的概念应用的情境中都具有它特定的优先性，因为承认不同的观点的优先性，就等于把不同的观点并置，这样就能够避免把客观正确的概念应用与主观认为是正确的概念应用混淆起来。当然，把不同的观点并置的平等主义，并不是要放弃或取消对唯一的客观的正确性的观点的寻求，之所以对不同的观点采取平等主义的态度，是因为 I-Thou 的主体间性的解释模式试图寻求的客观的正确性，正是一种基于不同的视域的组合之上的观点。在布兰顿这里，由于所进行的概念推理加入了表征的元素，即加入了可以实现回指的表征内容，推理性表达的概念内容就能为出自于不同视域的观点所采纳和分享。但没有前提和结论都是由一个人（单个的推理者）作出承诺的独白式的（monological）说理，说理必然是与记分式的对话者的不同的社会观点相联系的对话式的（dialogical）说理所表达的内容结合在一起的。

I-Thou 的主体间性的解释模式典型地反映了布兰顿的"认知的"（epistemic）这一名称所蕴含的那种主体间性的认知的意义。概念内容（信念内容）的客观性来自于社会，但必须看到的是，我们如何应用概念（拥有一种信念）与我们认为什么概念（信念）才是正确的是不同的。"我们如何应用概念"是不带认知性的，它可能只是我们形成的一种应用方式，它为任何人或每一个人在既定的程序下所应用。但当我们问，这种概念在什么情况下是正确的，即如何正确地拥有一种概念的时候，概念的应用就成为了一个真正的认知的问题。

而 I-We 的主体间性的对话则不是真正意义上的认知的：它把个别人认为概念如何应用才是正确的观点与社会共同体的观点加以区别，并认为个人的观点只有与社会共同体的观点保持一致才能证明概念应用的客观性。这是标准的把客观性当作主体间性来理解的方法。这种话语实践使得整个共同体的话语实践失去了概念应用的正确性和非正确性之间的区分。把语言共同体的观点当作概念的规范的客观性基础，似乎绕过了那种不可行的调节论（把概念的规范视为一种可以明确制定的规则），但这样做实际上还是把规范当作存在于实践中的一种规则。这种共同体主义的规范理论的缺点更直接地表现在它非认知的倾向上：它可以用语言共同体现有的观点代替真的或具有客观性的观点。对于布兰顿而言，我们所要追寻的是事物实际上是怎样的，即有关事物的客观性的观点，而不是寻求我或我们认为事物是怎样的观点。显然，我们认为事物是怎样的观点不等于就是关于事物的客观的观点。

> 即使在共同体内部这一现象很普遍：如何看待和调节什么是正确的概念应用是共同体钦定的，但仍然会出错，即使我们所有人都同意或总是同意宇宙的质量还太小，因此它永远会膨胀下去，也存在我们所有人都错了的可能性，还有许多未被我们发现的物质，它足以用引力的方式把它摧毁。①

因此，什么是概念的客观性，对于基于语言共同体之上的主体间性理论来说，仍然是一个未解决的问题。无数的个人的观点的集合不可能是客观的，客观性的东西是那种单一性的东西。无数的观点如何成为那代表客观性的唯一的观点？这里必然需要一种认知的机制来解决不同的观点与实在的世界的单一的客观性的矛盾，但 I-We 式的主体间性的理论没有这种矛盾——它通过对隐含的规范的认定回避了这里的矛盾。实际上，布兰顿的通过不同的对话者相互记分展开的话语推论，就是为

---

① R. B. Brandom, *Making It Explicit：Reasoning，Representing，and Discursive Commitment*，p.594.

解决这种矛盾设置的，即为了获得概念的规范的客观性所需要的那种同一性而设置的。

这也就是说，事物或对象的事实上的真，最终是需要通过话语的记分来获得的，也只有在话语的记分中，我们才能知道，什么仅仅是被认为是真的，什么是正确地被认为是真的。因为不是任何被认为是真的就一定是真的，这里还存在一个正确与错误的标准。与一般的语言实践不同，在话语的记分中，始终有一个正确和错误的标准，它决不会把被认为是真的直接当成就是真的。布兰顿认为，在交往的人际间的系统中，一定要区分一个句子被认为是真的与它实际上是真的区别。真理与信念是联系在一起的，一个人只有理解了错误的是什么和正确的是什么，他才真正有一种信念，否则，他若真的有一种信念，也只是非认知的信念。这也就是说，认知的信念是建立在对真信念和错误的信念的区分之上的，没有这种分辨，就不可能有认知的信念。传统的主体间性的观点（I-We 的对话模式）的错误是，它用个人（我）的承诺和社会共同体（我们）的承诺的区分来替代真的信念和和错误的信念的区分。但真正意义上的主体间性是建立在一个解释者与另一个解释者之间的对话关系之上的——用布兰顿的话来说就是，它是建立在不同的记分者相互记分的话语实践的关系之上的，它具体地表现为这样的关系：一个记分者解释另一个记分者所接受的承诺，以及记分者把承诺归属于另一些记分者之间的关系。①

---

① Cf. R. B. Brandom, *Making It Explicit*: *Reasoning*, *Representing*, *and Discursive Commitment*, p.599. 概念的规范可以是同质的观点直接构成的，也可以是不同的观点经过组合间接构成的，前者的构成方式是非话语的，因为它并不是通过不同的视域的协调形成的，而后者之所以是话语的，正因为它是由不同的观点的协调后构成的。前者取消了什么实际上是客观正确的规范及其应用，什么是被认为是客观正确的规范及其应用——它把被认为是客观和正确的规范当作规范，后者则试图对此做分辨，并把客观正确的规范当作是不同的解释视域相互协调的结果。这也是因为在 I-Thou 的主体间性的解释模式中，"我"、"你"、"他"，作为不同的对话者是处于一种平衡的关系中的，而在 I-We 的主体间性的解释模式中，"我"和"我们"的话语关系则是不平衡的。

I-Thou 式对话承认不同的观点的优先性，就等于把不同的观点并置，这样就能够避免把客观正确的概念应用与主观认为是正确的概念应用混淆起来。一个对话者也许会相信自己所作出的认知承诺，即认为自己清楚正确地表达了自己的观点，但这还不能表明自己的观点一定是正确的，因为需要一个评价的机制，才能确定一种认知承诺的归属是否是确切的，所以，每一个对话者都既是归属者（评价或记分者）又是被归属或评价的对象。一种 de re 的表述可以为另一对话者所重新加以描述，作为评价者的另一个对话者还可以就 de dicto 的表述作出区分。因此，无论在何种情况下，都存在认为是正确的（认知者的观点）和被认为是正确的（被评价的观点）区分，这也就是说，总是存在客观的内容和主观的观点的区分。这也促使了在认知者和评价者之间保持一种平衡的关系，两者都有其规范的要求。不同的对话者之间所处的正是这样一种对等的关系，这种关系使交往或社会实践变得可理解。这表明，交往和社会实践是无须任何**调节规范**的，它也不是一种规范调节的交往和实践。布兰顿认为，这种无须外在的调节规范、完全以对话者的相互评价或记分为基础的交往和社会实践，也就是 I-Thou 的主体间性解释模式的优势所在。**该模式假定了每一个对话者本身的观点的本体性的优先地位，**因此构成了不同对话者之间的关系的平衡。I-We 的主体间性模式必须与它为基础。

必须看到的是：如果有某种观点已被赋予了优先的地位，在评价"我"的观点（一个句子的使用）的时候，我们就不可能在"我们"的观点之外采取**第三人称的**评价标准，即我们就不可能从"外部"作出比较，区分什么只是被认为是真的，什么是实际上为真的，相反，在具体的概念的应用中，我们会把符合"我们"的观点的应用视为真的或客观的。把认为是真的或客观的等同于共体同中的所有的人的观点、等同于共同体中的专家的观点，或等同于一直这么认为的观点、在某种理想的条件下，我们同时会接受的观点。这样理解必然会在句子的应用情境中排除什么实际上为真的思考。真正具有客观性的概念应用应该是在不同视角的话语推论中的应用，任何一个用来区分事物被认为怎样和事物实际是怎样的观点都没有特殊的权威性，因此，我们应根据不同的观点来对什么被认为是真的，什么实际上是真的作出分辨，而不应把某人所说的当成权威的观点。实际的社会交往实践的目的是表明，谁提出的理由更充分、更合理。在这里，真的论断始终是评价的结果，它是被正确地认为是真的，而不是动用了某种证明程序的结果，即认为是真的。

2. 在交互的话语对话中，我们往往会发现，一句话会有三个来源而不是说话者和引用该话的听者这两个来源：首先，作为归属的目标的个人，即把一项承诺归于他的那个人；其次，所归属的承诺的种类或类型；最后，所归属的承诺的内容。① 归属的目标是首先作出承诺的那个人，而这里将涉及所认定的承诺的类型或方式（归属是用 de re 还是用 de dicto 来进行他的命题归属），另一个要素是所归属的命题内容。比如，"黑格尔说，康德一直都相信北方的占星师就是卡纳尔"，归属的目标就是康德，所要认定的承诺类型就是 de re 或 de dicto 的承诺类型，而承诺的内容就是"占星师等于卡纳尔"。从类型上看，按照归属者，基于辅助性的前提的对内容的具体说明，归属所承认的目标，康德的信念被作出了承诺，它就是可以算是 de dicto 的归属。而基于辅助性的前提的对内容的具体说明，归属者（黑格尔）认定的，而归属的目标（康德）也可能不会认可的，就可以放入 de re 的归属形式之中。②

因此，传统的语言理论区分了两种命题态度：归属为 de dicto 的命题态度用一种断言（dictum）或一种说法（saying）来认定信念，而归属为 de re 的命题态度则用具体的事物（res）来认定信念。前者一般被

---

① Cf. R. B. Brandom, *Making It Explicit*: *Reasoning*, *Representing*, *and Discursive Commitment*, p.504.

② Cf. R. B. Brandom, *Making It Explicit*: *Reasoning*, *Representing*, *and Discursive Commitment*, p.506.

视为是表征式的命题态度，而后者则是抽象的或概念表达的命题态度。按蒯因的看法，这两种归属的关键的语法区分涉及出现于它们之中的单项词替换的性质。在归属的 de re 部分（在严格使用"of"算子的范围内）出现的表达式具有它们术语的使用上的指称的透明性：共同指称项可以互换而真值不变，即不会改变整个归属的真值。与此相反，在 de dicto 部分（在严格使用的"that"算子的范围内），这些互换就会改变整个归属的真值。

传统的观点并没有错，但也存在明显的缺陷，特别是对 de re 的表征的形式的理解上。我们是否能把二种命题方式之间的关键区别与基本的观察的意义联系起来，否认它们之间具有共同指称的替换的可能性？仅仅用是否符合外在性作为区分它们的标准是有争议的，但蒯因一直坚持这样的观点，因此，不奇怪，蒯因认为，对于 de re 而言，单项词不是必须的，他更相信量化的表达式的指称承诺才是词汇所能有的真正的语义。而布兰顿所反对的正是这样一种观点，在他看来，如果我们只关注量化的命题方式，就会陷入外延性承诺的问题当中，并会把我们引向对什么时候"输出"是合法的担忧之中。布兰顿认为，蒯因对量化分析的强调反过来导致了对一般的 de re 的分析的忽略。De re 是用来把一种优先的认知的关系归于所谈论和所想的对象的。采取这种方法对于我们理解证明的行为的特别之处有很好结果，特别是在模态的情境中。而蒯因的观点，对于一般地理解事物（aboutness）而言，它是绕道的和偏离方向的。

De re 的表述形式在蒯因以后仍然是在非常严格的指示性的（denotational）意义上使用的。开普兰把德纳特称为"指示性事物"（denotational sense of "about"）的"东西"，当作把想象的信念（a notional sense of belief）转变为记号指示关系的信念（a denotation relational sense of belief）的基础。布兰顿的观点有三个方面的不同：第一，布兰顿为 de re 命题归属形式提供了它的 de dicto 的潜在形式，这是一个求助于语言的引用记号（tokenings）而不是求助于字符（types）的命题形式，因此它不是一种直接引语（directly quotational）的形式。① 这也就是说，布兰顿把 de re 表述形式看作是与 de dicto 的表述形式不能分开的。第二，替换性关系的使用代替了明确指示的关系（an explicit denotation relation.）的使用。第三，对 de re 的整个的描述是置于社会—观点的框架中进行的，它依赖于不同的说话者之间的认知信念的承诺和交流，比如，通过交往，从一个话语者的承诺到另一个的承诺的转换，它要求适当地处理对 de re 和 de dicto 的混合命题表述形式的重复。这些方法都是为开普兰等人所拒绝的。对于开普兰而言，所要做的就是把一般泛泛而谈的有关"事物"（about）的指示性的含义，转化为不可替代的或独一无二的说明事物的方式，他把这种对待不同的说明事物的方式的态度称为"不平等的"态度（inegalitarian attitude）。②

布兰顿的推理主义语义学不同于一般语义学的地方是，它一开始就区分了表征的两种形式：作为感知激活端的可量化的表征与推理性的表征。"明确指示的关系"的使用只属于这里的第一种表征形式。对于布兰顿而言，推理性的表征又是不能脱离整个交往或推理实践的。首先，可以肯定的是，实现交往或推理的目标的一个前提是谈论表征的东西。从交往性推理的意义上说，谈论表征的东西就是谈论是什么东西使我们能够在我们的推理中使用另一个判断作为前提和作为理由来获得交往。但要实现这一交往性推理的目标，必须首先正确理解什么是 de re 的命题形式的重要性和它的弱点，以及与它与 de dicto 捆绑在一起的推理关系。

De re 的命题归属形式的重要性在于，在对为归属者认定的论断的内容做具体说明时，会出现对于所相信的东西（承诺的内容）所用的这样的说话的方式，归属者向谁负责的问题，而这时只能求助它。"……对他人的信念内容做 de re 的具体说明所表达的东西，对于交往而言是

---

① Cf. R. B. Brandom, *Making It Explicit*：*Reasoning*，*Representing*，*and Discursive Commitment*，p.548.

② Cf. R. B. Brandom, *Making It Explicit*：*Reasoning*，*Representing*，*and Discursive Commitment*，p.549.

非常重要的。能够理解别人在说些什么，即能够把他人的评论当作我们自己的推理的前提，恰恰取决于能用 de re 的方式对这些内容作出解释，而不只是用 de dicto 的方式对它作出解释。"① 不仅任何一个 de re 的表征形式都可以转换为 de dicto 形式，而且只要处于社会的语言交往中，它也一定会转换为 de dicto 的形式。但 de re 的语义的透明性使它具有独特的和不可替代的功能。由于它的存在，尽管一句话在我说来有一种意义，在听者那里则完全是另一种意义（它往往被理解为 de dicto 的表述），只要谈论的是同一个事物，即指称同一个对象，别人仍可以从我的话中获得相同的内容。因此，意义的传达或交往仍然是从 de re 的表述开始（而不是从 de dicto 的表述开始）。

认知者的不同信念，可以通过确定的 de re 的表征的形式而得到接受和传达，从而填平不同的信念之间的鸿沟。除此之外，一种信念就无法与另一种信念达于共识。因此，布兰顿一再强调了 de re 的表达形式在推理性断言中的重要性："能够用对论断的具体内容的 de re 的说明代替 de dicto 的说明，是任何人都必须能够做到的一件事情，至少是隐含地能够做到的，只有这样，才能理解拥有与我们不同的信念的人（不是整个地不同或完全不同，只是在某些观点上不同）。"②

但布兰顿也注意到，de re 的替换性推理并不总是能直接满足替换的真值保值的。De re 的表征也有它明显的弱点，它的弱点是在涉及复杂的念信承诺时容易被滥用或误解，一些带有个人习性的替换性推理会卷入推理中。比如一个政治家说：

> 爱国的自由战士解放了村庄。

如果另一个政治家不同意这样的断言，他可能会做这样的"替换

---

① R.B.Brandom, *Articulating Reasons: An Introduction to Inferentialism*, p.180.

② R. B. Brandom, *Making It Explicit: Reasoning, Representing, and Discursive Commitment*, p.514.

性推理"：他会说：

> 那些"爱国的自由战士"屠杀了所有的人。①

在这样的情况下，de re 的替换性推理就完全歪曲了原本的断言的语义，这是在使用断言中的承诺说反话（scare quotes）的一个极端例子，它在承担了原表达式中断言性承诺的情况下，又拒绝对该词的原意负责。正因为意识到，仅仅从语义学上进行替换性推理不能正确解释"说反话"的情况（从语义学替换性推理的角度看，"说反话"完全符合推理的规则）；替换性推理必须借助于语用学的方式来进行。布兰顿担忧的是，替换性推理完全可能是一种个人的行为，从而失去它的普遍的可理解性。在弗雷格关于一个好的推理决不会因为替换性推理变成不好的推理的论断中，并没有作出这样的区分。但对于布兰顿而言，这样一个问题是不能回避的，即在解释具体的信念承诺的后果时，**谁的替换性推理承诺是被允许求助的是一个关键的问题。**

要回答这个问题，要做的事情当然就是用 de re 的方式对包含在断言中的信念作出解释，并明确它的替换性推理的真正用意。但在这里，替换性推理作为一种解释虽然不能认为是按照明确的法则式的规则来进行的，它也有隐含的规则，即具有由具体的语言实践构成的规则。在"说反话"的替换性推理中，语言实践的隐含的规则并没有受到尊重，如果把这一推理视为一种解释，它就是一种典型的策略性的解释。维特根斯坦的"遵守规则"的解释把隐含于实践中的相互可理解的条件视为根本性的东西，它也是一种解释可以代替另一种解释而意义的真值保持不变的原因。对于布兰顿而言，这清楚地表明，我们并不能随意作出一种推理性断言（解释），我们只有在把（社会实践中的）相关的承诺当

---

① R. B. Brandom, *Making It Explicit: Reasoning, Representing, and Discursive Commitment*, p.230.

作辅助性的假设的情况下才能作出一种断言，即作出一种可以被理解的断言。缺少这样的条件，断言或解释都是不能理解的——在这种情况，替换性推理也是不可理喻的。因此，布兰顿认为，可以表征的词汇，与维特根斯坦的社会语言游戏中的那些具有公共的使用意义的词汇具有相同的规范性。

但必须注意的是，布兰顿是以一种完全不同的方式来理解维特根斯坦的"遵守规则"的。de re 的规范性并不直接来自维特根斯坦意义上的社会性的规范，它只是说它具有维特根斯坦的那种规范性，而它的真正意义上的"规范性"只能由交往的社会性推理给出。这就是布兰顿的"遵守规则"！在作出承诺或作出命题归属时，归属者（ascriber）必须做两件事：认定他引用的话语的说话者所作出的承诺，自己承担了这一承诺（自己承认这一内容）。"作出归属涉及两件事。归属是把一个承诺归属于另一个人，同时自己承担（承认）一个不同的承诺。"① 如果命题内容（可断言的）是用推理的方式来表达的，那么，要把握这种内容，就必须能够在实践中分辨什么是应从对命题内容的认可中得出的，以及这种认可又是从哪里获得授权的。给定的断言的授权认定的结果，始终取决于其他的承诺是否可以用来作为推理中的辅助性的假设。

在布兰顿这里，重要的是如何用社会性推理的观点来使用这些具有语用特征的表征性的词汇。必须这样理解：替换性承诺就是保证话语内容的认知承诺，既可以归于说话者，又可以被认定者当作其推理的前提（所谓一个所指可以替换另一个说话者的话语中的所指）。而这里也包括回指或间接引语的使用。② 必须看到，在语言交流中出现的这两种对命题内容的归属是具有不同的意义的，它们实际上是两种不同类型的承诺，而意义的含糊性正源自于此（上述例中已表明了这一点）。在布

① R. B. Brandom, *Making It Explicit*：*Reasoning*，*Representing*，*and Discursive Commitment*，p.504.

② Cf. R. B. Brandom, *Making It Explicit*：*Reasoning*，*Representing*，*and Discursive Commitment*，p.503.

兰顿看来，自然语言中的重复或转述引用等间接引语所提供的方式还不足以弥补这里可能存在的意义的含糊性，只有不同说话者用相互记分的方式才能彻底作出弥补。

布兰顿认为，通过引入记分的概念，在概念内容的承诺上就可以按照命题方式的归属者的归属的不同，对话语者做双重记分：当他把一种命题方式归属于说话者的断言时。一种记分根据说话者附带的承诺对说话者所做的承诺记分，另一种记分根据记分者的附带承诺对说话者的承诺记分。追踪一个出于不同的附带承诺的断言不同的推理上的意义，采取的是两边兼顾的策略是在实践上对概念内容的观点的最好的承认。在对话中充分注意概念内容在 de re 和 de dicto 的表达方式的不同，以及顾及替换、回指和"说反话"（scare quotes）的特点，就能很好地在一句话的理解中消除意义不能分享或不能达于相互理解的阻碍。

De re 的形式可以使一种表达在不同话语中实现回指，这已说明了，我们的语言是共通的，它们的区别只在于附带的信念的不同。两种语言之间区别也只是它们附带的信念的不同的区别，这种区别并不能影响我们谈论同一个事物，并相互理解彼此所谈。不同话语之间的区别，应理解为看待同一个事物的不同观点的不同。我们不是不能相互理解，概念内容本身固然是由特定的社会的观点构成的——它只有在整个话语承诺的体系内，其意义才能得到具体的说明，但只要能够在说话者（代表一种概念）和听者（代表另一种概念）之间来回作出记分：弄清楚，哪一种道义的、替换性的和表达的承诺是被接受的，哪一些是不同的各方所认定的内容，即提出的观点，那么，意义分享就能实现。这也就是说，具有命题内容的概念内容是可以分享的，它的特殊只是在于，由于概念内容固有的社会性，要实现其内容和意义的分享，就必须采用记分（相互做评价性的解释）的方法，而不可能采用直接的口头传达的方法。①

---

① Cf. R. B. Brandom, *Making It Explicit*: *Reasoning*, *Representing*, *and Discursive Commitment*, p.590.

　　由此亦可见，为了获得对 de re 的命题归属方式的评价或记分，也同样必须对 de dicto 的命题归属方式作出评价或记分，记分必须来回于这两种对断言承诺的命题内容的归属之间，**不能只根据其中的一种命题归属的方式打分。**① 一方面，是纯粹语言共同体内在的表达（无论是语言内在的还是主体间性的表达），对事物的语言的界定作为一种 de dicto 的命题归属方式完全是**语言内部的表达**；另一方面是外在于语言内部的表达，即基于 de re 的命题的归属方式之上的语言表达，**它以事物实际上究竟是什么，即指称上的单一性为标准，以求得表达在不同的语言范式之间的可公度性。**对于什么是正确的，没有最终的答案，一切都基于话语推论和未来的评价、质疑、辩护。但从根本上说，记分是一种求助于**语义外在论**来避免不同的语言内部的表达的意义不能在分享的方法，求助于语义外在性也是我们的语言的表达的普遍性的特征。②

　　如果在推理中发挥适当作用的都是命题内容，而且凡是命题内容都具有表征的内容，那么，除非命题内容至少隐含地带有表征的内容，否则就不能算作是一种特殊的推理性实践。当然，对于布兰顿而言，把表征的内容视为命题内容的可交流性的基本条件，并不是要否认概念的命题内容本身的基于非表征词汇上的说理的功能，因为人们还是可以给予社会实践以足够的条件去表明其推理表达的意义，而不必使用任何表征性的词汇——这也就是作为在承诺和资格上记分的话语模式所做的事。因此，布兰顿所要表明的是，论断性的推理内容所隐含的表征的层面，是如何可以从具有不同视角的理由的提出者和接受者的观点之间中出现的，然后用非表征性的词汇对使用清楚明白的表征词汇所表达的东

---

① Cf. R. B. Brandom, *Making It Explicit*: *Reasoning*, *Representing*, *and Discursive Commitment*, p.647.

② "语义外在论——我们意指事物的方式基于事物实际上是怎样的，基于我们是否知道它们是怎样或不是怎样——是命题内容的可分享的视域的（perspectival）性质的一种特征。"（R.B. Brandom, *Making It Explicit*: *Reasoning*, *Representing*, *and Discursive Commitment*, p.647）

西（de re 的命题归属）作出解释。换言之，布兰顿试图把表征和社会性的推理结合起来：一方面利用概念推理的相互之间的关系（互为前提和结论的关系）来表明规范性的概念本身的客观性；另一方面，利用表征的内容元素，即 dere 的回指或替换的功能，来排除可能存在于概念的客观性中的相互理解的障碍（概念不可公度的障碍），从而获得对概念的客观性的证明。

3. 交往就是跨越由不同的附带承诺带来的理解的沟壑，因此，拥有交往的能力，就是能在附带承诺的沟壑之间随意航行。在真正的交往中，每一个人都可以从另一个人那里获得信息（能够以 de re 归属所明确表达的方式，对其他的承诺的内容作出具体的说明），并且可以从他人的观点来看世界（能够用 de dicto 归属所明确表达的方式，对其他的承诺的内容作出具体的说明）。但在布兰顿这里，所有这一切都不是面对面进行的（这也是布兰顿的交往理论与哈贝马斯的交往理论的一个根本的不同）。对于布兰顿而言，交往的相互作用的目的在于获得一种取决于所承诺的内容的趋同的相互理解，这里所承诺的内容是从参与者的观点得到的具体化的 de re 形式的内容，以及从其他人的观点中得到的 de dicto 形式的内容。因此，所提供的概念上的原材料足以对这种交互行动作出描述。

布兰顿始终认为，在解释言语行为时，我们不能求助于类似意向性和期望这种命题态度。当然，这种承诺自身也许是固执的或违反常情的，但它并非是没有动机的。这样做的想法是，在解释比如像什么是断言，我们不能用那些只有在包括了断言活动的具体情境中才能在原理上变得可理解的概念（类似信念，意向性和期望）来帮助自己。至少我们不应自己使用它们，似乎它们是事先可以理解的，比如像格里希的分析所做的那样。因此，布兰顿认为，他的《清楚地表达》一书的目的是对更基本的断言性实践作出描述——一种在其中重要的是什么样的行为，责任和记分态度是**适当的**或**正确的**断言性实践（总是根据某人的记分）。在这些术语中，完全有可能使断言和信念这类与意向性相应的命题态度变得可理解。

布兰顿对回指的话语的研究，典型地体现了他的语言哲学的观点。布兰顿注意到，回指性的基点记号在句子中被看作是不同于它所出现的先行词。

因此，他首先区分了内在句子的回指与言谈或话语中的回指。话语的回指研究不仅仅处理内在句子的回指。这样，回指的语言学的研究必须区分内在于句子的（intrasentential）回指与言谈或话语中的（discourse）回指。[①] 话语的回指研究不仅仅处理句子间的（intersentential）回指，它还研究由不同的说话者表达的人际间的（interpersonal）回指记号。句子间的回指是在一般推理的情况下出现的，它主要是推理者针对一个句子与另一个句子在实质的替换性推理承诺之间的关系所做的回指。而人际间的回指则涉及不同的话语对推理的应用的交互关系，即一个对话者的推理与另一个对话者的推理之间的回指关系。它也是一种复合推理的关系：它通过把记号重现的回指的解释，即通过把决定哪一种替换承诺与它的语义评价相关来确定一个记号对另一个记号的继承的回指关系。

因此，虽然在详尽的探讨交往活动之前只能一般的谈回指性的交往，但一些重要的观点还是可以独立地提出来的。其中最重要的一点是：回指意味着使用他人的判断作为自己的推理的前提，这也说明，一个记分者接受的相互的替换性推理的承诺和他归属于其他人的承诺是不可少的。即使共享同一种语言，这样的关联性的解释也是需要的。交往需要这种回指式的解释的理由有两个方面：首先，说话者和听者总是具有不同的附属的（collateral）承诺，如果没有这样的不同，交往就成为多余的了。其次，论断的推理的意义是基于那种可以用来作为附属前提的辅助性的假设之上的。背景信念的不同意味着，一个评论对于说话者

---

① R. B. Brandom, *Making It Explicit*：*Reasoning*，*Representing*，*and Discursive Commitment*，p.473.

而言，具有一种推理的意义，而对于作为说话者的听众的其他人则具有另外一种推理的意义。

不同附带承诺的存在意味着，要使回指发挥交往的作用，它就必须具有推理的意义，而不能只是一种修辞性的表达。比如，回指对先行词的承诺性继承的推理就必须能成为一种能为其他的对话者接受的推理，即它就必须提供一种可以被其他推理者接受的理由。回指的语义内容的意义也就在于它能作为另一种推理的理由而存在。回指不是修辞式的回应，也不是自然记号的因果链，它处于给出理由和要求理由的话语推论的游戏之中，它是由这种游戏构成的一种推理的交互关系之网。对于一个要传达信息的回指而言，不管它是真的还是假的，要达到传达的目的，就必须作为一个推理的前提从其为一个对话者所接受转向为另一个对话者所接受。因此给出理由和要求理由的交往必然涉及有关内容（语义学和语用学的社会表达的内容）的推理性表达的相互作用。由此可见，回指的意义不在于形成一般的推理（内在于句子的回指推理），它的意义在于，在使不同的观点获得共同的指称的交往（句子间的回指）中，它是其中的一种不可缺少的引导性的方法。"回指用来在一个对话者认为是可互换的表达式的对等类，与另一个对话者替换性承诺所产生的对等类之间进行联结。由于说话者可能会有与听者不同的替换性承诺，所以在人际间的语境中就需要这种回指的机制。"[1] 回指的语义紧缩的作用不仅具有打破直指的语义垄断（打破形式语义学的语义外在论）的功能，由于它还涉及不同的对话者之间对先行词的承诺性继承的推理关系（没有语义上单独的指称或指示），它还可以形成一个意义的交往性辩护的结构。

必须看到，即使不同的附带承诺大量存在，语言总是存在它的可回指的语义项。如果说话者相信，美国的第一位邮政总督是双光镜的发

---

① R. B. Brandom, *Making It Explicit*: *Reasoning*, *Representing*, *and Discursive Commitment*, p.486.

明者，而听者并不这么认为，那么，"双光镜的发明者法语说得很好"的论断的推理的意义，就不会为听者所理解和接受。问题是，作为听者的一员的人如何能对说话者的同一论断具有同样的态度，同意它或不同意它，而不是像对待同一种响声或印迹那样作出各种不同的反应。假定说话者和听者对论断是否是关于第一位美国邮政总督的有不同的看法，那么，他们又怎么能维护谈话的共同的主题，以便对他是否法语说得很好达成相同的看法？回指的表达方式的使用，隐含地用回指的先行词（它以语义的方式所依赖的）规定了共同指称。比如，在这里，它指向"双光镜的发明者"，因为它才是共同的谈话的主题或共同的所指，即使听者不同意"他法语说得很好"也不会排除这一话题具有共同的指称这一点。"人际间的回指所达到的效果，正是有关在面对附带承诺的不同时，拯救交往的问题。"①

与蒯因以后出现的概念不可公度的相对主义的观念不同，布兰顿认为不同的概念是可以公度的，因为交流的形式或途径是存在的。的确，我们对词语的使用不同（赋予它的意义不同），因为对词语附带的信念不同，因此，意义的接受是有限的，即我们可以认定一种意义（翻译的可行性），但由于存在许多附带的信念的差异，我们不可能接受每一种意义。尽管如此，我们仍有可能通过某种交往或交流，使具有不同的概念承诺的对话者接受同一种意义，这也就是说，与概念相对主义认为的相反，交往仍然是可能的。对于这里的交往条件，布兰顿特别指出了它的特定性：它必须是内在于语言的解释性的交往，言下之意是，它不是内在于信念承诺的解释性的交往。只有那些可以作为话语推论的对象的东西才可以视为是"内在于语言的"，比如带有 de re 归属特性的命题归属。布兰顿认为，只有它们才是可以通过回指间接引语的形式来实现某种意义共享的途径。"'回指'不仅可以保证对话的存在，而且可以

---

① R. B. Brandom, *Making It Explicit*：*Reasoning*，*Representing*，*and Discursive Commitment*，p.486.

保证记号在不同的对话者的不同的承诺体系之间重复显示。在把一个具有命题内容的承诺的**归属于**另一个承诺身上时，这种能力明显地显示了出来。"① 间接引语可以使那些原本意义不能共享的句子发生某种联系，这种回指的形式使它们之间的联系变得明确了。

De re 的形式可以使一种表达在不同话语中实现回指，这已说明了，我们的语言是共通的，它们的区别只在于附带的信念的不同。两种语言之间区别也只是它们附带的信念的不同的区别，这种区别并不能影响我们谈论同一个事物，并相互理解彼此所谈。不同话语之间的区别，应理解为看待同一个事物的不同观点的不同。我们不是不能相互理解，概念内容本身固然是由特定的社会的观点构成的——它只有在整个话语承诺的体系内，其意义才能得到具体的说明，但只要能够在说话者（代表一种概念）和听者（代表另一种概念）之间来回作出记分：弄清楚，哪一种道义的、替换性的和表达的承诺是能被接受的，哪一些是不同的各方所认定的内容，即提出的观点，那么，意义共享就能实现。这也就是说，具有命题内容的概念内容是可以分享的，它的特殊只是在于，由于概念内容固有的社会性，要实现其内容和意义的共享，就必须采用记分（相互做评价性的解释）的方法，而不可能采用直接的口头传达的方法。②

因此，要表明一种提出的论断的概念的或规范的真理性，也只有把它置于社会的话语的交流中才能确定。这也表明，所表达的句子的语义内容需要从它的语用学的实践中来确定。这就要求把语义学的理论从属于具有普遍意义的语用学的理论。所表达的句子和词汇的意义只有在它们的使用中才能确定——这里的"使用"当然不是应用性的使用，而是认知性的（道义记分的）使用。如果做到这一点，我们甚至也就不用

---

① R. B. Brandom, *Making It Explicit*：*Reasoning*, *Representing*, *and Discursive Commitment*, p.588.

② Cf. R. B. Brandom, *Making It Explicit*：*Reasoning*, *Representing*, *and Discursive Commitment*, p.590.

去区分什么是语用学的内容，什么是语义学的内容，因为在话语记分的评价性解释中，它们已完全统一了。

在布兰顿看来，回指是实现这一要求的一种主要的方法。在一些通常似乎无法重复的表达式之间，回指的语言功能通过间接的推理性替换的原理可以实现它们的语义的联结。它像一个链条，把不同的语义内容贯穿起来。正是"回指的链条使不同的观点联系在一起，并使记分者有可能对它们做相互的关联，按照统一的语义内容（尽管是透视的）构造不同的语用学的意义"。[①] 因此，作为在不同的语义内容进行交流性的联结的回指的语言活动（它在间接引语和替换性推理等言语行为中的表现），就既不属于语义学也不属于语用学。在布兰顿看来，回指的语言现象的存在，也使得对 de re 和 de dicto 表述形式的定位超出了语义学和语用学的二分法（由于忽略了回指的语言现象，人们大都错误地在语义学和语用学之间画出清晰的界线）。

不管怎么说，对推论的实践而言，重要的是，回指是有关信息的人际间交往的社会语境中的手段。"对于一个要传达的信息而言（不管它是真的还是假的），达到传达的目的，就是作为一个推理的前提从其为一个对话者所接受转向为**另一个对话者**所接受。交往是理由的社会生产和消费。"[②] 因此，给出理由和要求理由的交往涉及有关内容（语义学的和语用学的社会表达的）的推理性表达的相互作用。特别是在填平由听者和说话者的不同的承诺所产生的认知信念之间的沟壑上，人际间的回指能发挥重要的作用。回指性地把说话者的记号加以显示的能力，保证他们能把说话者的表达与他们自己的替换性推理承诺联系起来，并确保他们通过获取信息能理解说话者的话语。由不同的对话者说出的记号之间的回指性联结，提供了一种使他们的不同替换性承诺相互渗透的方法。

---

① R. B. Brandom, *Making It Explicit*：*Reasoning*，*Representing*，*and Discursive Commitment*，p.592.

② R. B. Brandom, *Making It Explicit*：*Reasoning*，*Representing*，*and Discursive Commitment*，p.474.

第 三 章

哈贝马斯的康德式的实用主义视角

一、概 述

　　哈贝马斯的客观真理的有效性（Wahrheitsgeltung）的理论，一直是他的话语推论（交往行动理论）的一部分，它是与道德的规范有效性（Sollgeltung）的理论（这一部分的理论构成了他的影响很大的法和政治哲学的研究的基础）不同的广义的真理论的另一个重要部分。哈贝马斯早期的《真理理论》一文，以及收录在《交往行动理论的补充材料》① 一书中的其他一些论文，都已明确地阐释和论证了他基于知识与行动理论的关系的真理的话语理论的基本特征。20 世纪 80 年代以后，在达米特、塞拉斯和布兰顿等人对真理的有效性的话语推论的辩护方式做了深入研究之后，包括普特南等新实用主义坚定地把客观真理的命题当作一种可断言性（assertibility）的命题来理解之后，对真理做规范的语用分析的真理探究方法日益受到重视，它成了与经验主义的因果—功能的探究方法不同的另一种重要的方法。在话语的真理论日益收到重视的背景下，哈贝马斯做了许多积极的响应，1999 年结集出版了《真理

---

① J.Habermas，*Vorstudien und Ergänzungen zur Theorie des Kommunkativen Handelns*，Frankfurt am Main：Suhrkamp Verlag，1989.

与辩护》[①] 一书，收集了他的真理的话语理论的最新研究。2003 年出版
了该书的英文版，在内容上又做了补充。在这些最新的研究当中，哈贝
马斯不仅深化了他早期的理论观点，而且再次对语言学转向之后的去先
验化问题和实在论问题做了更为全面的回应。

　　哈贝马斯一直认为，皮尔士的康德式的实用主义已经对行动的类
型与知识形式之间的内在关系做了最好的说明，它抵制了经验主义
过于狭隘的知识论只关注命题的语义分析的倾向。皮尔士已经表明，
"与实在保持一种联系"，意味着我们不是直接把握实在，因为"直面
的"实在并不能真正为我们所把握。从本体论的角度看，必须用语用
的"内在的"实在论替代康德的先验观念论中的"外部的"实在，只
有这样才能消除康德遗留下来的表象主义的难题（被给予的直观的难
题）。因此，不存在康德意义上的概念与直观的区分。这并不是说它
否认感性经验层面上的表征内容的存在，而是认为，真陈述中可以表
征的任何事物都是"真的"（它不是概念的"材料"）。通俗地说，语
用的认知实在论相信，事实总是通过"我们"的语言来解释的，世界
并没有以它自己的语言显现于我们面前，它总是以人类的语言展示于
我们面前。实在没有自己的语言，它也只是在象征性的意义上对我们
陈述作出回应。我们认定为事实的东西是出自于我们的学习的过程
的，并处于可能的证明的语义系统中。用皮尔士的方法，我们可以区
分真陈述中显示的"实在"与这些陈述论及的本体论意义上的"世
界"。换言之，内在实在论在"事情是这样的"（我们的学习过程中的
经验表述）与我们所面对和必须应对的"存在着的限制"（"世界"）
之间作出了区分。内在实在论承认，我们的认识所获得的事态只是间
接地表达了难以把握的对象（世界）。因此，可以在真陈述中显示的
"实在"，不能与假设为对象的总体的"世界"（形式的而非事实的世

---

① 　J.Habermas, *Wahrheit und Rechtfertigung*：*Philosophische Aufsätze*，Frankfurt am
Main：Suhrkamp Verlag，1999.

界）混淆。

一旦感知经验这种非语言的意识对象转化为语言的表述的意图，在语言的认知使用中，无论是对象实在（指称对象）还是命题内容（作出断言的命题内容）的关系都是由语言、认知和行动交织的关系构成的，这里并不存在二元论意义上的那种对象直接被给予的特征。对象通过语言的表述而呈现出来的判断和推论（经验审查）带有经验的内容，但它同时又是超感知的。断言性语句的命题内容的客观性，不取决于它与外在的"经验的"某种因果关系，而是取决于它是否可以在理想的认知条件下"兑现"。对于断言性语句，必须有一种能够具有普遍合理的可接受性的资质。这也就是为什么我们应该把普遍"合理的可接受性"当作概念或真理的一个充足的自我证明的条件的原因。

对于哈贝马斯而言，真理的概念正是在这种意义上发挥着一种调节的功能作用，既然"实在"现在仅仅是指对所有可能的解释者（科学家）的理解而言的一个实在、一个能从理性上被合理接受的实在（柏拉图意义上的实在、康德的现象主义的实在已被否定了），有关实在的真或一种直接指称的判断或命题的真，就只能从它是否能被整个科学研究共同体所接受来判定，如果能被接受，它就是有效的。因此，现在，真理就是一种有效的判断或命题，有效（Geltung）就是真理性。这也就是说，实在作为一个事实构成的总体只是为共同处于一个生活世界的解释共同体而存在的，因此，也只能在这一共同体中，通过相互间对某一事实的表达的解释而达于相互理解。这样一来，真理就只能是这样一种断言：它由某人在科学研究共同体中的其他成员面前提出，并能获得认可的断言。论断性的真理也只能体现在它的可论辩的有效性中。按照皮尔士的推论逻辑，必然存在一个在理想的认识条件下所有参与者以自我批评的方式展开的论证模式。这种没有限制的科学的"探究共同体"就是"理性的最高上诉法院"。原先与客观的外部事物的性质联系在一起的"真理"的概念，已转化为"理想的证明方式"或"理想的可接受的正当性"的调节观念。①

　　基于形式语用学的话语理论要求我们把对真理和谬误的区分置于他人的参与之上来进行，以及置于所有他人的判断之上来进行，因为与因果的证明方式不同，它的真理性条件是所有的其他人潜在地决定构成的。该理论强调，必须使每一个人相信，我们是以辩护的方式把所说的谓词归于对象的，因为也只有在这个意义上，我们才能说，一个命题的真理性意味着它所做的断言是理性的舆论的一致性的产物。真理的舆论一致性理论依赖辩护就必须避免把**偶然或被动形成的**舆论或共识当作真理：偶然获得的共识显然是不能用来服务于对真理的确定的。从普遍性上看，如果一种舆论被视为有效或合理的，那么它本身就不可能基于某一种**特定的**舆论之上；从特殊性上看，如果我们只能借助于一种特定条件下的舆论，又会存在这样的矛盾，即对真理作出担保的舆论本身并不是一种舆论，它仍然是某一种**有限的**观点（还不足以称为舆论）。哈贝马斯为此区分了作为一种真正的话语论辩形式的实质推理和非实质推理，以及提出了避免遁入话语或推论的偶然性或语义被动性的理想的话语条件。

　　哈贝马斯注意到，语言学转向之后，融贯论也给出了一种答案：它把命题之间在整体上的相互一致的逻辑关系视为这里的问题的答案，它相信，只要已经拥有许多概念，我们就能作出判断，一个断言性句子的命题内容是否具有真理性（一个合理的理由）。只要表明概念和命题之间的关系融贯一致，也就证明了一种真理性的命题的存在。但哈贝马斯认为，这种把我们所相信的信念与早已存在的信念联系起来的方式，并

---

① 普特南用"内部主义"（internalist）来表示这样一种观点：真理是（理想的）理性的可接受性，是我们的信念之间的某种理想的融贯以及与经验的理想的融贯。它与符合论的真理观完全相反：它不承认任何独立于话语的"事态"（discourse-independent 'states of affairs'），它把"事态"或经验视为是我们的信念系统本身所呈示的东西。（Cf. H. Putnam, *Reason*, *Truth and History*, Cambridge University Press, 1981, p.49ff）

不是一种最令人满意的回答，因为它同样存在许多漏洞。首先，我们如何表明命题或信念之间联系是真的？其次，假设我们据此能得到真命题，这种真理证明又必然是随着现有的意义解释标准的改变而改变的。最糟的是，这种证明纯粹是论断性的，它的证明超出了所有可能获得的证据。这也就是说，融贯论的真理证明方式存在极大的漏洞，从根本上说，由于并不能取消外部实在这个概念，我们不可能把真理直接等同于某种作出了担保的可断言性。因此，哈贝马斯认为，融贯论不仅让我们遁入了两难困境，而且它自身的矛盾表明，基于语言观念论之上的真理证明方式是有很大缺陷的：

> 　　为什么我们的信念组合在一起（假定它们可以被组合在一起），至少表明它们是真的？我们面临着两难困境：为了使我们相信一个命题为真，我们所能使用的就是辩护的理由（即使我们在超过了所有可能的证明的绝对意义上使用真理谓词）。然而，我们的证明的实践是随流行的标准而改变的，我们只能把"真理"与超出了所有可能获得的证据的断言联系在一起。这一实在论的障碍阻止了我们遁入把"真理"等同于"做了担保的可断言性"的语言观念论。①

哈贝马斯承认，我们并不能"非解释的"或直接接近实在（类似于指示词构成的直指的语义关系并不能表达实在世界），但他明确地反对把语言的世界释义的功能本体论化的客观观念论的立场。对于哈贝马斯而言，我们不能因为语言具有本质性的表达世界的功能，而把它所表达的或建构的概念世界实在化，即我们不能认为存在一个概念的实在、一个可以代替客观世界的概念的实在，相反，我们仍然必须承认，在语言所表达的概念世界之外还有一个客观的对象性的实在世界。

---

① J.Habermas, *Truth and Justification*, p.250.

根据这种观点，哈贝马斯在后期著作中进一步加强了对他早期提出的问题的论证，即对真理理论在实用主义转向之后，如何理解实在论的问题的论证。语言学转向和实用主义变向是否意味我们只能接受融贯论或概念实在论，即接受一种世界完全是由"事实"构成的世界的实在论？

罗蒂和新实用主义者都表明了他们的融贯论的立场，他们都赞同实用主义和黑格尔对康德哲学残留的表象世界的"被给予的神话"的批评，他们都认为，世界是一个没有超感知的实在限制的经验世界。这个"经验世界"就是一个概念的世界，因为它没有先验的"被给予的"特性，在概念之外并无他物，概念实在并没有一个外在的界限。① 哈贝马斯并不接受这种概念实在论，相反，他仍然坚持他早期的康德式的概念唯名论的立场。在他看来，无论语言与世界有多么紧密的关系，世界仍然是由"事物"构成的，而不是由"事实"构成的，由"事物"构成的世界具有它的本体论的含义，因此这一世界决定着我们所做的陈述：

> 我们用真句子所要表达的是，某些事态是"获得的"或是"被给予的"。而这些事实反过来指称着我们用以陈述事实的、作为事物的总体的"世界"。这种本体论的表述方式在真理与指称之间建立了一种关联，即在陈述的真理与我们对某物作出陈述的"对象"之间建立了一种关联。②

按照哈贝马斯的理解，一个不能取消的康德意义上客观世界，迫使我们在真理概念上必须谨慎地对待实用主义的某些主张。我们不可能像融贯论或概念实在论那样，只考虑所陈述的命题本身的适用性或命题与命题之间的推理关系，我们还必须回到这一实在论的论题上来：如何

---

① 比如麦克道尔的观点。（Cf. J. McDowell, *Mind and World*, p.44）

② J. Habermas, *Truth and Justification*, p.254.

使一种独立于我们的描述、对所有的观察者而言都是一样的世界的观念，与那种从语言的视角看，认为我们不可能有一个可以直接面对的、非语言接触的"赤裸裸的"实在世界的观念相协调？[①] 一方面，语言学转向之后，世界被视为是由基于语言的视角的断言性的命题构成的；另一方面，如果我们坚持康德的形式世界的概念，那么，世界又是独立于语言与心灵的一个客观对象（对于任何人都一样），因此，这个问题的根本在于，如何表明由语言构成的世界的断言性的命题具有它的客观性，即表明它不仅仅是某一特定的语言固有的视角或理论范式的产物？

哈贝马斯认为，如果我们正确地理解了去先验化的意义的话，那么，去先验化给我们带来的最大改变不是世界与内在世界的同化或意义的客观性的丧失。去先验化意味着，我们不再可能把理想的话语条件与真理直接联系起来，这就是说，话语辩护的模式是有限制的或有它的局限性的。尽管在去先验化之后，由辩护带来的合理的可接受性仍然是真理的衡量尺度，我们必须满足于话语辩护的方法（这里已没有了退路），[②] 但现在我们必须承认，即使理想的话语推论的方法是可设想的，它也是不充分的，因此，我们不能认为话语推论或辩护与真理存在着一种直接的关系（哈贝马斯早期的理论没有对此作出清楚的区分）。话语辩护的方式对命题作出理想的担保仍然不能使我们确定一个命题是真的。因此，带有理想化条件的"话语的概念并非是错的，而是不充分的。它仍然没能解释，是什么授权我们把我们认为是有理想担保的命题视为是真命题"。[③] 这意味着，我们不可能直接从话语辩护中得出真理，

---

① Cf. J. Habermas, *Truth and Justification*, p.2. 根据这里的康德式的形式的世界的观念，哈贝马斯的与此相关的另一个命题是：由生活世界的参与者的合理的话语实践构成的规范性，如何能与自然而然地发展起来的生活的文化和社会形式的偶然性相融合？

② "……在真理和辩护之间一定存在一种内在的联系。"（J.Habermas, *Truth and Justification*, p.250）

③ J.Habermas, *Truth and Justification*, p.252.

把理想的辩护直接等同于真理是错误的。①

哈贝马斯认为，去先验化以后，我们也必须面对"规范—实在论的两难"。从规范的先验约束上看，我们既不能接受康德的带有规范调节意图的先验规范的约束，但同时我们又不能缺少一种规范的先验约束，生活世界的经验规范并不是一种约束，谁把使对客观世界的认识成为可能的生活世界的结构，视为是世界本身显现的东西，谁就会遁入那著名的"物自体"的难题（aporia）中。②"物自体"在康德那里是一个悖论性的概念：按康德的说法，我们的感知总是由外物的刺激而产生，由此说明了世界存在着某种东西；从实在论的先验约束上看，我们既不能接受表象主义的"被给予的"实在的先验约束，同时又不能没有实在的先验约束。

对于哈贝马斯而言，这样的"两难"是无法回避的。按照哈贝马斯的康德式的实用主义的理解，我们永远生活在两个世界之下，一方面，尽管存在不同的概念和理论范式，我们总是面对着一个"对可能存在的所有人都一样的"世界；③另一方面，尽管存在我们所接受的生活形式，但我们又总是会发现我们生活在一个不是我们所期望的世界（在

---

① 康德之后，黑格尔为了避免了经验直观与概念的矛盾，选择了一种他认为是前后一致的概念实在论和观念论。实用主义者都支持黑格尔的这一选择，认为这样做可以从根本上放弃对超感知的实在（物自体）的承诺，并能够把感知经验从"被给予的"先验性中彻底地解放出来。后来的维特根斯坦的实用主义也赞同回到一个没有超感知的实在限制的经验世界，即一个没有先验的被给予性的经验世界。麦克道尔和布兰顿都坚持一种概念实在论的立场，即他们都认为在概念之外并无他物，概念实在并没有一个外在的界限，在概念实在之外并没有另一个实在。(Cf. J. McDowell, *Mind and World*, p.44；R.B. Brandom, "Fact, Norms, and Normative Facts：A Reply to Habermas", in *European Journal of Philosophy*, 8：3，2000，p.357) 当然，布兰顿是在一种与麦克道尔完全不同的推理主义的意义站在概念实在论的立场上的。这就是说，布兰顿对概念实在论的理解有不同于麦克道尔的地方，因为他仍然对观察做了推理主义的承诺。

② Cf. J. Habermas, *Truth and Justification*, pp.21-22.

③ Cf. J. Habermas, *Truth and Justification*, p.254.

现代社会中，生活世界不可能处于自足的非反思状态，总会有一个更好的世界的概念）。从客观真理的概念上看，这意味着存在一种辩护—先验的约束，① 即它意味着真理与辩护之间的鸿沟是不能被填平的。存在一个康德意义上的形式的世界的原因，我们不得不考虑这一点：在一个对所有人都一样的世界中，没有任何一种发生在具体时空中或语境中的真理辩护（无论它设置了多么理想化的条件）可以"穷尽"真理这个概念。

我们将从三个方面分析和揭示上述简单提及的哈贝马斯的话语推论的逻辑。"意义理论的语用学转向与话语推论的逻辑的建构"一节探讨了与哈贝马斯的真理的话语理论的基本特征。我们首先把哈贝马斯的真理的话语理论转向与分析哲学内部的真理论的某些变化联系起来进行考察，以揭示其真理的语用学转向的必然性。一个典型的特征是：传统意义上分析哲学的真理论不仅难以在固有的真值语义学的框架内为继，而且已经明显地向语用分析转化了，这就是说，在皮尔士之后，即使在分析哲学内部也出现了从语言的认知的功能上探讨意义的真理性的方法。唐纳兰、D. 卡普兰、普特南、克里普克的理论的发展多少表明了，在盎格鲁—撒克逊阵营的分析哲学中，也出现了不再迷信表象式的或描述式的意义理论的倾向。这就是说，描述性的真值语义学已不再被视为圭臬，取而代之是基于形式语用学之上的语言的认知功能的分析。其中，无论是唐纳兰还是普特南的直接指称理论实际上本身就带有形式语用学的维度，他们的理论的发展从另一个侧面支持了哈贝马斯话语理论。② 在话语理论中，哈贝马斯不仅揭示了语言的认知功能在实质的推

① Cf. J. Habermas, *Truth and Justification*, pp.247-248.

② 拉芳在《解释学哲学的语言学转向》（C. Lafont, *The Linguistic Turn in Hermeneutic Philosophy*, The MIT Press, 1999）一书中指出了这种关联。在她看来，哈贝马斯20世纪80年代以后的真理论的一个变化是提出一种指称的理论，它弥补了早期真理论过于依赖语言的交往功能的倾向。她指出，哈贝马斯早期似乎没有意识到，基于交往的舆论共识理论的局限性，因为一切交往都是从现有的生活开始的，即没有超出我们所熟知的生活形式和语言的交往，因此，所能形成的共识是受限制的，交

理上的作用，而且指出与科学共同体的行动类型合为一体的语言的认知功能所具有的理想的认知的潜力。这就是说，哈贝马斯看到了皮尔士式的科学共同体有关推理的理由的适当性判断的重要性，即在一个未被扭曲的社会交往和科学共体内，语言所能发挥的理想的认知功能。

　　"去先验化的限度"一节探讨了哈贝马斯对语言学转向之后哲学的去先验化的理解。哈贝马斯关心的问题有：一旦去先验化取消外部世界的先验约束，一个失去了独立于心灵和语言的外部世界的约束的实在论的知识形式，如何避免在一种随意的观点上使用"……是真的"判断，即如何避免简单地把隐含的经验概念当作真概念。实践的意义或断言的语气能够决定我们认为什么是真的吗？毫无疑问，实用主义对真理这一概念的使用做了非常有启发意义的解释，但这种观点却不像它看起来的那样站得住脚。在实践或行动中寻找真理的条件，而不仅仅在信念中去寻找这种条件，这样的观点超出了表象主义及其符合论的观点，但对"真"的使用需要更多的解释，不能只是把它解释为作出断言或承担一种断言性的承诺。一种真理论不可能只因为作出承诺而完全是真的。

　　另一方面，去先验化对语言认知和理解的先验条件消解是否符合

往者不同的附带承诺始终会伴随着交往而存在（从这种意义上说，哈贝马斯早期提出的普遍语用学是不能成立的）。在这种情况下是无法满足真理的客观性要求的，除非有一种指称的理论，即建立一种指称交流的模式。此外，哈贝马斯的交往理论的依托是语言转向之后的语言的理论，但语言的理论的一个缺点是容易遁入唯我论。这一点可以从融贯论的唯我论倾向中看出（另一形式的人类中心主义的产物）。如果缺少一种指称的理论，哈贝马斯的依托于语言的交往理论同样有陷入唯我论的可能。拉芳的观点来自于她对唐纳兰和普特南的指称理论的研究。她看到了唐纳兰和普特南的指称理论的某种优势：它既依托于语言的理论但又超出了语言的理论，它是语用的，但又是实在论（内在实在论）的。她也看出了它们与哈贝马斯的指称理论之间的某种相似性。当然，哈贝马斯曾多次表明了他的内在实在论（他也称之为"语用的认知实在论"）坚持的是与普特南相同的观点。在本书看来，尽管拉芳的一些论点并不正确（比如，她认为哈贝马斯的指称理论是后来提出的、哈贝马斯早期过于依赖解释学意义上的语言的世界揭露的功能），她所做的联系和比较还是具有启发意义的。有鉴于此，本书也做了类似的比较，但突出了哈贝马斯的"语用的认知实在论"中所包含的指称理论这一方面。

人类的语言的本性? 根据其康德式的实用主义的观点, 哈贝马斯提出了一种去先验化的辩证理论。在对语言的认知功能的理解上, 他坚持认为, 一方面, 语言的实践会与独立于语言的客体发生联系, 而这个客体是我们能说出某物的对象; 另一方面, 如果语用学把主体置于从整体的体系允许的一种命题态度来理解 (而不是把主体置于任何一种时代和共同的话语中来理解), 语用学就会设置一个形式的客观世界。这意味着, 语言的**学习过程总是超越了不同时代的语言的扩展和生活形式**, 特别是在科学研究中所涉及的 (它不比在日常生活中少) 与对象相关的行为的不同的观点时, 这种现象就更为普遍。当一种解释在它的认识条件下被合理地接受, 在另一种认知条件下却明显是错误的。从一种解释向另一种解释转化的解释的必要条件的现象是不会消失的。对于自己的对象的解释必须在各种不同的规定中来加以确定。因此, 哈贝马斯的观点是, 去先验化以后仍必须区分经验交流的经验语用学和 (思想的) 普遍理解的形式语用学。为此, 他批评了后期维特根斯坦对语言的功能的理解的片面性: 去先验化后, 维特根斯坦的生活世界的理论引导他走向了一种语义整体论, 因此他只看重语言作为交流的工具的意义传达的功能, 否定命题主义意义上的语言的认知的功能。

"把世界指称置于生活世界中来理解"一节探讨了哈贝马斯20世纪90年代后对其早期的话语理论所做的深化研究。哈贝马斯重新思考了他的话语理论在实在论上的一些基本特征, 他指明了他早期的理论没有明确表明的一点, 即: 既然话语的真理论是基于语用的内在实在论的, 那么它的指称就是一种"内部"的指称或不能脱离语境的指称。随着80年代后他的"生活世界"与"行动体系"的辩证关系的观点的提出, 他开始强调把世界指称置于生活世界中来理解的观点。在他看来, 语用的内在实在论的特殊性在于, 它既不能接受一般实在论的语义外在性的约束, 但又没有放弃实在论所指示的世界 (它承认存在一个形式语用学所假定的世界), 而这也表明, 内在实在论的世界指称只能基于生活世界 (整个社会行动的体系) 中来理解的 (没有康德的或传统分析哲学的脱离语境的世界指称）。这同时也表明，基于生活世界来理解的世界指称并不等于生活世界的世界指称，世界指称与生活世界处于一种辩证关系之中。在他看来，实用主义的实践理论的某些洞见实际上早已揭示了这里的辩证关系。语言在应对实在论的两难时所运用的不只是行动体系内的科学行动，它还通过话语来达到它的目的。这就是说，语言的认知的目的既是通过作为生活世界的行动体系的一部分的科学的自主性语言来实现的，又是通过与此相关的作为科学的话语的语言来实现的。从这个角度看，我们倒是应该把探究真理的社会学的方法与作为一种论辩逻辑的方法统一起来，因为语言在**应对实在论的两难时，已经具有了它特殊**的性质。即使从实用主义的角度看，这一点也是清楚的：世界诠释的理论基本概念方面与内在于前释义的世界的学习过程，可以形成一个循环，它可以揭示知识的扩展的内在关系的趋向。这种循环本身就具有先验的功能，因为它的进步的观念可以使学习的进程朝向一个特定的方向；它可以使学习进程中的修正的力量产生反作用，以使基本概念的重新解释成为必然。

内在实在论也促使哈贝马斯思考了分析哲学与解释学互补的可能性。在他看来，我们在洪堡的语言哲学中可以发现同样的应对实在论两难的方法，我们的语言与世界的关系实际上早已是一种特殊的关系：语言的世界指称的功能与世界揭露的功能（对这一功能的揭示一直是解释学的功绩）是统一的，决没有分析哲学和解释学以各自的方式表示的那种单方面的语言功能。而这意味着，一方面，从内在实在论的角度看，语言的世界指称与世界表达的功能是相辅相成的，因此，生活世界的自我表达并不仅仅是一种非认知的自我表达；另一方面，世界指称是内置于生活世界中的，世界指称早已走出了探求实质的真理的幻觉。因此，一旦通过语言的交往实现了语言的表征即是一种表达，语言的表达也是一种指称，那么，语言的表征（世界指称）、表达（断言或意向性的表达）和交往（共同拥有某物，提出异议和达成理解的相互一致）就真正统一了起来。从这个意义上说，分析哲学只从语言的表征的功能上理解语言的真理的做法显然太片面了，而实用主义和解释学只从语言的表达和交流的功能上理解语言的真理也是不完整的。因此，解释学与分析哲学应实现某种互补。

二、意义理论的语用学转向与
话语推论的逻辑的建构

哈贝马斯很早就注意到，从皮尔士开始，真理论就开始走向了一条与分析哲学不同的道路，而其中的一个最具革命性的特征是：这种真理论开创了从行动的类型与知识形式之间的内在关系论证知识的真理性的认识论的道路（这也正是哈贝马斯本人希望发展的一种认识论和真理论）。这里的真理论是语用主义的，因为它对知识的求证不依赖于形式语义分析的方法，而是从具体的科学活动的行动背景中去寻找知识的真理性，而且这样的方式必然涉及话语的说理。这样的真理论抵制了分析哲学的知识论只关注命题的语义分析的倾向。哈贝马斯认为这是真理论的一条正确的道路，因为他始终认为，真理的有效性要求不是与句子，而是与陈述性的言语行为联系在一起的。对于哈贝马斯而言，皮尔士的哲学革命暗示着，哲学可以在探讨真理、客观性、有效性和合理性问题采用完全不同于传统哲学的一套全新的方式，即它可以依赖一种具有规范内容的相互理解的概念。通过提出在推论上可兑现的有效性要求，并借助于形式语用学的内在实在论，说话者就可以把对推论的理解置于合理的可接受性的条件之上。陈述性的行为是我们就某物、某事态或事实提出真理性断言（给定一个命题）的言语行为。这里不是依赖等值原则来证明"雪是白的"这个词的意义（真值），而是要具体提出，理解"雪是白的"是如何可能的认识论的问题。不存在图像式的事实之符合的真，也不存在句子的等价的真（在一种特定语言中的真），真理是通过陈述性的言语行为来辩护的，它的标准就是一种内部的或社会的可接受性或适切性。"我们根据在断言性的句子中所表示的事态的存在，而称陈述'真的'或'错的'。当一个命题对一个真实的事态或一种事实作出了陈述，我们称它为真。断言可以是得到辩护的，也可以是没有得到辩护的。通过对某物作出断言，我对我所断言的命题提出了真理的有效性要求。真理不是断言的一种性质；相反，我通过陈述性言语行为，为一个命题提出了'真的'或'错的'有效性要求。"①

哈贝马斯也正是沿着这条道路构建了他的真理论，该理论要求我们把对真理和谬误的区分置于话语交往的参与之下来进行，因为与因果的证明方式不同，它的真理性条件是话语潜在地决定构成的。该理论强调，必须使人们相信，我们是以辩护的方式把所说的谓词归于对象的，因为也只有在这个意义上，我们才能说，一个命题的真理性意味着它所做的断言是理性的舆论的一致性的产物。真理依赖辩护就必须避免把**偶然或被动形成的**共识当作真理。我们将首先讨论哈贝马斯对分析哲学的方法论的批评，以及他所提议的新的理论发展方向；其次，比较唐纳兰和普特南对意义理论的语用学扭转与哈贝马斯的语用学转向的某些相似性，目的在于揭示哈贝马斯把真理论推向语用的认知理论的发展道路的必然性。最后，我们将分析哈贝马斯的话语推论的逻辑的基本特征和基本要求。

（一）摆脱分析哲学的客观主义幻觉

在语言学传向之后，分析哲学并没有放弃经验主义的实在论信念，它仍然为实在论设置了表象主义的形式语义分析方法。经验主义的实在论信念使分析哲学把语言的命题和语句当作一种固定的语义形式来分析。弗雷格后期创建的真值语义学、罗素和维也纳学派，以及戴维森的真值语义分析都带有这种思想：对陈述句以及对命题所进行的语言分析，都必须把它们当作句子的范式性的样态来处理。因为他们多少仍然相信，一个句子的意义就存在于它的真值条件中，以及一个词的意义在

---

① J. Habermas, *Vorstudien und Ergänzungen zur Theorie des Kommunikativen Handelns*, Suhrkamp, 1989, S.105.

于它决定了其本身也是从中产生的任何句子的真值条件。但基于这种真值语义学之上的意义理论虽然维护了实在论的直觉，在方法论上却是成问题的。哈贝马斯与达米特和布兰顿都认为，我们拥有一种"现成的"语言，却并不意味着我们拥有一种纯粹语言的理论。自然语言并非只是一个僵死的符号交流形式，它的原始的意义并非是固定的。实际上，只有区分了不同类型的句子、指称句、含义句或带有语力的断言句，我们才能明白，为什么说理解一个句子的意义就是理解它成真的条件。不同的句子类型，它们的成真条件是完全不一样的；去了解一个句子的意义，就是去了解在具体的语言实践中使它**成真的**条件。[1] 我们不能笼统地说，一个句子的意义就存在于它的真值条件中，因为真理并不是一种信息，它不带信息的特点，它只是陈述（Aussagen）的一种性质，它的真值不能用概率或等值的分析模式来衡量或判定，而是只能通过话语推论的有效性要求来衡量（这就涉及推论的效性要求是否有效或是否能兑现的问题）。这也就是说，真理的有效性要求不是与句子，而是与陈述性的言语行为联系在一起的。"当我们用话语行为的有效性要求对任何一个论断（在句子的应用中）提出都可以得到辩护，一个陈述就是真的。"[2] 因此，"……真理就是我们能为之提供根据的陈述"[3]。哈贝马斯不仅同意达米特对分析哲学的革命所采取的步骤，也同意一种为普特南所使用的方法，即把意义的可接受条件视为意义的真理性条件的方法。通过对什么是值得主体间承认的有效性断言作出评判，使相应的断言变得可以接受；他希望以这样的方式走出分析哲学的客观主义的幻觉。

　　1. 分析哲学的形式语义分析是一种典型的形式语义理论，因为它对句子是意义理论的中心的看法是完全从句子的语义上着眼的。这是一

---

[1]　M.Dummett, "What is a Theory of Meaning? (II)", in *The Seas of Language*, p.35ff.

[2]　J. Habermas, J.Habermas, *Vorstudien und Ergänzungen zur Theorie des Kommunkativen Handelns*, S.135.

[3]　J. Habermas, J.Habermas, *Vorstudien und Ergänzungen zur Theorie des Kommunkativen Handelns*, S.136.

种在分析哲学传播很广的意义分析方法，它一开始也用于解决一些语义悖论。像我们常看到，这种语义分析针对的是句子，即作为对象语言出现的句子。在这里，语义分析的目的就是要对作为对象语言的句子的意义是否为真或在何种条件下为真作出解释，以解决对象语言作为一种自然语言纠缠于说话者的主观意图、语境而可能带来的意义的歧义性。

但作为一种仍然是语义学上的等价原则，形式的语义分析不足以解释所有非模态的、非规范的和非逻辑的词汇的使用问题，比如断言性语句的认知的问题。问题出自于形式语义分析的主要的认识论信念，即经验主义的信念：当形式语义分析在考虑非逻辑词汇的语义意义时，它仍然是以假定一种表征的功能的存在为前提的，它并不考虑和处理语言的认知断言的功能。如果我们给出句子"证人昨天所说的一切是真的"，这个句子中的真理—谓词的意义，是**寄生**于证人的论断的断言模式（加引号的）之中的。而这意味着，在这个断言能被引用之前，这个断言（证人的断言）必须先说出。而这恰好意味着这里存在对话的可能性，它们之间的关系并非简单的引用和被引用的关系。按照哈贝马斯的理解，这种假定的断言的意义，必须是通过针对论辩的参与者的论点的"是"和"不是"的回应来表明的。

因此，任何形式的真理的语义学概念都不能对真理—谓词的完整的意义作出明确的解释。模态的、规范的和逻辑的词汇一直以来都是语言哲学感兴趣的和始终致力于研究的对象，但它们与非模态的、非规范的和非逻辑的词汇的使用关系（它们与其他词汇之间的、由语用的方式调节的语义关系）的关联，在分析哲学的传统中却并没有得到研究，甚至没有被注意到。在探讨基本的词汇的由语言的使用调节的语义关系时，**不能缺少对那些非模态的、非规范的和逻辑的词汇的使用特征，即意向性词汇的使用特征的关注**。而分析哲学的一个常见的看法是：语义学研究各种词汇的意义，而语用学则研究词汇的具体的使用。分析哲学忽略了这一事实，语义学的词汇研究是不能与相关的语用学研究分开的。像指示词和索引词这类表达式，它们固然有其明显的字面上的语义意义，但要真正认识这些表达式的表达或指示的功用，仍必须通过其在不同的场合的使用关系，即通过对其所进行的语用学的研究。像"我"、"这里"、"现在"、"这个"、"那个"这些指示词和索引（包括所有量词）的表达的意义取决于它们作为记号的使用过程：谁说了它们，在哪里说的或什么时候说的，以及在什么情境下说的等等。这些清楚地表明，我们不能从语义上把许多的词语的意义当作某种实体性的意义，有许多词语的意义脱离了它们的使用过程就得不到具体的或确切的解释。需要从使用的过程中才能把其真正的语义意义显示出来的词汇当然不止是指示词和索引词。必须通语用学的解释的**词语的范围很广**，真势模态的（alethic modal）词汇、道义的（deontic）规范词汇，甚至包括古典的逻辑词汇都属于这种类型。要理解这类词汇的真正的语义意义，必须从断言者所使用的意向性词汇上来理解。

真理—谓词属于论辩的语言游戏（虽然不是完全属于这种游戏，因为还有意义的语义学分析的成分）。由于这个原因，断言的意义在很大程度上只有在语言游戏（话语）中，即在谓词的特定使用的语用学的层面上才能得到清楚的解释。把分析局限于句子和元语言的句子评注的语义学之上，就是在语言实践的层面之外来把握句子的意义。形式语义学的根本问题是：我们应该说什么东西是真的和错的？句子（Sätze）、言语（Äußerungen）还是（作出断言的）陈述（Aussagen）？对于这个问题，形式语义学提供了一个非常狭窄的选择范围：形式语义分析只把句子看作是区分真假的对象。但句子有不同种类，句子本身也可以应用于不同的事物。同一个句子在话语中联系到不同的事物，它就能表达各种不同的事态（Sachverhalt）。因此，哈贝马斯认为，我们不应把一般的表达性的论断看作是有真有错的，"我们只把通过复述或表达对事态形成一种观点的陈述或断言（Aussagen）看作是有对有错的。"①

---

① J. Habermas, *Vorstudien und Ergänzungen zur Theorie des Kommunikativen Handelns*, S.128.

因此，塔尔斯基（包括戴维森等人）所暗示的"句子是意义的统一体"的观点是不确切的，他们把这种观点归于弗雷格也是不对的。"这并不是说我们所需要的真理概念不是（T）图式所言的那一种：对于真理的适当性概念而言，这一图式仍然是正确的，即使逻辑是非经典的。然而，这里的主要论点是，当逻辑是非经典逻辑的时候，无论（T）图式是否正确，一种塔尔斯基类型的真理论将不能展示句子按照其构成方式被确定为真或非真的方式，正因为我们知道一种编程性的解释做不到这一点。这也就是说，对于一种意义理论的目的而言，我们需要的并不是可以得到（T）图式的每一个实例的有关真理的任何描述，**我们所需要的是可以表明每一个句子按照其构成方式是如何被确定为真或非真的描述**。一旦我们获得这样的描述，我们才会有需要去了解（T）图式的每一个实例是否可行。"[①] 塔尔斯基的 T 图式只是利用了等价原则，但等价原则是中性的，在任何一种真理论中，"雪是白的"都等价于"'雪是白的'是真的"。这表明它可能只是一个空洞的形式化的真值语义学的定义。科学并不需要这样的真理定义。

塔尔斯基的"s 是真的当且仅当 'p' 是真的"这类语义的真定义，其中 s 只是意指 p 的一个断言句。这一例子表明，真理的语义学概念回避了命题的真理的问题的实质，**它用未经证实的假定来证明一种论点**。也正因为如此，塔尔斯基能用"s 是真的当且仅当 p"来代替上述真定义。在哈贝马斯看来，塔尔斯基之所以能这样做，是因为他假定了下列等价原则："p = 'p' 是真的"。但正是这里的等价原则把根本的问题隐藏起来了。问题的实质是：我通过"p"意旨一个以断言形式表示的真命题，这只有在我把这一断言句 s 置于采取断言形式的言语行为中才有可能。在具体的陈述性的言语行为之外，我是不可能作出任何真断言的（它只是在经典逻辑中有效）。如果我们试图对断言中隐含的有效性作出解释，我们就不能满足于这里的等价原则，相反，我们必须对我们

---

① M. Dummett, *The Logical Basis of Metaphysics*, p.65.（黑体为引者所加）

在陈述性言语行为中提出的断言的有效性问题作出澄清。

因此，在哈贝马斯看来，形式语义分析无论是采用塔尔斯基的等价形式还是采用卡尔纳普的语义符合论形式，它们都与亚里士多德传统的古典的真理的本体论的符合论极其相似，它们都依赖一种"相似性"的真理符合论：它们都依赖等价原则，符合论的本体论形式则依赖一种图像的一致性或指称的相似性理论。但如果真理是通过陈述性的言语行为（konstativen Sprechakten）来获得的，那么，陈述性的行为就是我们就某物、某事态或事实提出真理性断言（给定一个命题）的言语行为。这里不是依赖等值原则来证明"雪是白的"这个词的意义（真值），而是要具体提出理解"雪是白的"是如何可能的认识论的问题。不存在图像式的事实之符合的真，也不存在句子的等价的真（在一种特定语言系统中的真），真理是通过陈述性的言语行为来辩护的，它的标准就是一种内部的或社会的可接受性或适切性。

> 我们根据在断言性的句子中所表示的事态的存在，而称陈述"真的"或"错的"。当一个命题对一个真实的事态或一种事实作出了陈述，我们称它为真。断言可以是得到辩护的，也可以是没有得到辩护的。通过对某物作出断言，我对我所断言的命题提出了真理的有效性要求。真理不是断言的一种性质；相反，我通过陈述性言语行为，为一个命题提出了"真的"或"错的"有效性要求。①

真理不是断言本身的一种性质，它也不可能是所指称的对象的一种性质。真理存在于社会中，即存在于理性的存在物的真理的有效性辩护的过程中。因此，哈贝马斯认为，当我们作出一个论断，就是对事态

---

① J. Habermas, *Vorstudien und Ergänzungen zur Theorie des Kommunikativen Handelns*, S.105.

或事实作出断言：话语是从其论断的**言语行为**中获得断言的语力的，这就是说，虽然命题内容可以表现在命令、提问或应允这类论断性的言语行为中，但只有在证实性陈述的（Konstativen）言语行为的论断中，一个命题内容才能以命题的形式呈现。因此，不是句子或复合句，而是证实性陈述的言语行为才应是一种真理论所要分析的对象。① 也只有这样的要求既可以是正确的也可以是不正确的。这也意味着，断言可以既不是真的也不是错的，它要么可以辩护，要么不能辩护。真理在这里意味着在断言中应用一种话语的意义。真理的意义与一种特定的言语行的语用学的解释相关。在这里，语义学分析没有与语用学分析分开，它们始终是联系在一起的。一旦语义分析具有语用学的思考，我们就可以根据正当性要求对一种有效性要求作出解释。一种资格要求可以通过争论和辩护得到承认。获得承认的资格要求就是有效的（gelten）。有许多种情形可以使有效要求得到了承认，但要使论断有足够的基础来获得承认，是必须使用论辩和辩护的方法。因为说一种论断要求被承认，就是说它已具有了资格（berechtigt ist），或者也可以说，它为之所做的辩护得到了承认。因此，这里的论辩实际就是采用对真理概念的紧缩论的处理方式：它实际上已经用"客观性"这一概念代替了"真理"这一概念。这样的真理概念的紧缩论的处理方式的好处是，它可以回避对真理的性质的探讨，而又不至于丧失在知道和相信、是真的和被认为是真的之间进行区分的最基本的认知主义的立场。

2. 真理冗余论出自于这样事实：在一些元语言的断定上，我们能很容易发现，真理这一用语是多余的（在所有的"p 是真的"这种断定的语句中，"是真的"这一表达是多余的）。在这类断定性的语句中，谓词就代表了一切，而不必再加上任何多余的表明其断定的确实性的其他

① "真理是一种我们与用来作出论断的断言性陈述（Aussagen）联系在一起的有效性要求。论断（Behauptungen）属于证实性陈述的言语行为类型。通过它我作出某种论断，我对我作出的陈述提出有效性的要求是真的。"（J. Habermas, *Vorstudien und Ergänzungen zur Theorie des Kommunikativen Handelns*, S.129）

用语。

从某些方面看，真理冗余论为形式语义分析做了辩护（我们也可以认为，兰姆赛最初提出这一论点时，本身也带有为塔尔斯基的形式语义学中的 T 约定辩护的意思）。真理冗余论试图表明，一旦确定在所有形式的句子中"p 是真的"，表达式"是真的"在逻辑上也就是多余的了，因为这里根本就不需要额外的真理论（只要由谓词构成的一种真值条件得到了满足就行了）。

但真理冗余论的结论也只有在由谓词判定的断定（Feststellung）语句中才存在。问题是，在语言认知形式中，非断定的论断（Behauptung）语句并不能由其谓词来判定（兰姆赛的真理冗余论是在没有做这样的区别的情况下提出的）。一旦我们把问题集中到论断句身上，真理冗余论就不能成立了；论断句需要表明其命题的真理性，而命题的真理与谓词的真理相反，它需要的正是一种"真理论"，因为它的命题内容需要"……是真的"这样的话语推论的或一般推理的表达方式来确定；除此之外，它就无法表明其命题内容的意义。从对一个陈述的论断和元语言的断定的区分来看，这一点也是明显的，即我们只是对作为一种陈述性的论断的真理性提出资格要求。而断言包含了一种并不是有关事实的话语，它是有关事实的关系的话语，因此只有它支持了真理冗余论的观察方法。在这里，"p 是真"并不是对"p"的命题的一种补充（等于什么也没说）。提出命题"p"只是为它提出一种真理性要求，它只具有命题的**语用学的**意义。如果我们不注意这一点，以幼稚的方法提出论断的有效性要求，冗余论所忽略的那种区分就会出现（即，我们就会认为只存在独立的元语言的陈述，而否认存在与特定的事态或事实相关的陈述）。如果说有关论断的真理性的争辩，也可以在元语言的层面上作为问题提出，那么，这里的"元语言的断定"是不需要通过不同的层面的交往性的辩护使论断的真理性问题主题化的。

可以这么说，独立于具体的句子的使用语境（句子与特定事态和事实的关系），真理这个概念也可以说是多余的。但有关句子的意义的分析是离不开与之相关的语用学的分析的，在这一领域，真理这一个概念是不可或缺的。兰姆赛或塔尔斯基给定的句子分析的范围太狭窄了。的确，在后期弗雷格的形式语义学中，他也试图寻找这样一种完全能够通过谓词显示的真值条件，但这只是他的理论的一部分。达米特在批评戴维森的形式语义学时尖锐地指出的，形式语义分析把句子的分析局限于与事态或事实分离的复合句，因此错误地认为，意义是给定的，我们只要去求它的真值就可以了。由于把意义的解释视为只是一种对自然语句的证明，或"寻找证据"，而不是把意义解释理解为是对意义本身的推断，形式语义分析根本没有触及真正的陈述性的断言句。[①] 达米特的批评是有道理的，如果当我们把意义分析压缩在对"语言片断或事件"这类自然语句的分析上，那么，塔尔斯基的 T 约定（"'P'是真的，当且仅当 P"）也就穷尽了真理这个概念，即除了体现在去引号用法中的真理外，不需任何额外的真理理论。正像普特南指出的，冗余论的真理论根本不能说明意义问题，因为它的这种去引号的真理形式不能使我们知道 p 是什么。[②]

在一个陈述性的论断句中，其命题内容的真假一旦超出了纯粹的语义分析的范围，这里的语义分析就必须满足语用学的要求，因为若不把论断句置于由不同的陈述性论断构成的交互推理中，我们就无法证明命题的真理性。这样，真理这个概念就远远超出去引号的真的用法的范围，因而变得不可或缺了：因为在这种情况下，我们需要相互地把"是

---

① 达米特曾明确指出："一个句子的意义存在于它的真值条件中吗？一个词的意义在于它决定了其本身也是从中产生的任何句子的真值条件吗？对于由目前存在的最流行的解决方法对这些问题所提供的肯定的回答，根本就无需刻意点明，那些不会完全抛弃意义的概念的哲学家中，都对会对这种概念作出解释，它也一直是弗雷格、《逻辑哲学论》中的维特根斯坦和戴维森明确地希望作出解释的。我很难确定这种肯定的回答是否是错的，但我可以很肯定地说，这些肯定的回答将面临很大的困难，而且我们也无法表明它是正确的，除非我们表明它能够克服那些困难。"（M.Dummett, "What is a Theory of Meaning?（II）", in *The Seas of Language*, p.34）

② Cf. H. Putnam, *Realism and Reason*, Cambridge University Press, 1983, p.75ff.

真的"（或"错的"）判断加于彼此的论断之上，用以表达对彼此的论断的同意或不同意（拒绝）。因此，哈贝马斯特别强调了这一点：论断的真的问题只有在推论的言语**行动**中才能说清楚。在句子命题"p"是有效的与句子命题"p"是真的之间有一种**推论的**关系。这里的"行动"一词指的是交往层面上的行为，通过它，我们把表达上和论断上隐含的有效性要求暗自作为前提并加以承认，以便相互交流相关的观点和信息；"推论"（Diskurse）一词指的意思是：以交往性论辩的方式来获得观点的一致的方法，它把受到质问的有效性要求主题化，并寻求为其作出辩护。但要走向推论，我们就必须明确地从一般的行动和与经验相关的行动中走出来，因为这里的交往并不是信息的交流，而是寻找或指出成问题（受到质疑的）的有效性要求的根据，以便拒绝或接受这一有效性要求。推论要求排除行为的强制，并要求论辩者指明他的有效性要求所涉及的具体事物（事物、事件、人物或表达式），最终就所涉及的事实中的规范的逻辑作出解释。

形式语义学的另一个特点是，它的分析依赖于一种真理符合论：它相信我们所作出的命题性的判断的事实是与我们经验中的对象直接相关的。但语言学转向后的另一种观点是，我们有关事实的断言与经验对象是有区别的。这种区别可以通过描述（摹状）和指示或指称的区分来加以解释。因为没有不经过陈述的"事实"（Tatsache），只有能**作出辩护的命题内容，才可以称之为事实**，即只有一个陈述作出真的陈述，它的命题内容才是一种事实。所以我们也可以称"事实"为一种陈述的事实。从这个意义上说，事物（Dinge）、事件（Ereignisse）只有它们所作出的陈述是可辩护的，它们才成为事实。换言之，只有一种命题得到了辩护或能够得到辩护，才能说它们关于经验对象的命题是一种事实。

事实还有与经验对象不同的另一种状态：当它是真的，事实就是陈述所做的陈述，它并不是陈述所陈述的东西，它并不像地球上发生的事件或事物是可以证实或听到看到的。**我们把对象看作经验，把事实视为**

命题，我们可以有没有经验的事实和没有命题的对象。说我们有关世界的经验中只有对象，这样来谈论事实的方式是不对的，不能认为对象也是某种处于世界中的东西。当我们把事实与被给予的经验对象区分开，那么就必须认为：我们指称的事物和人等是陈述所指示的东西、是与陈述的指称的实质相互关联的。指称的性质或特性实际上就是确定一种属于它的关系，**它与事实的相符也是假定的一种相符**，因为事实只与陈述有对象性的关系。

更确切地说，**事实只是交往层面的东西，它与出自于对象的经验有很大的不同**。从根本上说，它是话语表达的东西（与话语相关的有效性要求的主题）。有一只苹果放在那里或交通灯此刻变为黄色的，这些经验的对象无疑也构成一种事实，但事实并不就是这种直接指示的感知经验，事实更重要的部分是指一种关系，比如：什么交通情况使交通灯在此时变为黄色的，在什么特定情况下，它应是黄色的而不是红色的？或一只苹果的存在，是否意味着应该再买些更新鲜的苹果？这是两种事实，因为它们都是语言表达的东西，它们都可以构成一种谓词表达式（陈述），但在语言的交往中，它们表现的是不同的。在交往行为中，前者是信息的传达；它传达有关对象的经验或交流这种经验；后者是一种带有可以质问的有效性要求的话语；话语不是简单的信息的传达，而是带有判断和推理成分的观点或思想的交流。①

作为具有命题内容的事实是出自于事态的，事态也可以理解为带有论断的命题内容的，即一种其真理性可以问题化的内容。"当我们说，事实存在着事态，我们并不是说它存在对象性的存在（Existenz von Gegenständen），而是说它存在着真命题，通过它，我们对存在的可辨

---

① 哈贝马斯在这里提出的有关语言能表达两种"事实"的看法，与达米特区分传达信息的语言与传达思想的语言是相似的，布兰顿亦做了类似的区分：他在语言的理论之外，肯定了语言表达式与意向性状态的关系。在一般的语言交流的行为中，我们可以就我们的经验参照对象进行交流，而在推论的交往活动中，我们则针对所提出的话语的有效性要求作出正确与否的判定。

析的对象作出谓词性的陈述。"① 不通过采用推论的方法,"事实"或"事态"的意义是无法解释清楚的,这些是我们必须对它们的命题的有效性要求作出检查的关键术语。实际上,有关经验对象的思想本身也不可能是一种经验或对象性感知的东西。② 哈贝马斯很早就注意到,在奥斯汀之前,皮尔士为了避免使用狭窄的语义分析的方法,刻意使用了关注句子(Satz)和事实(Tatsache)的关系的语用学的方法。这种方法与关注表意(Vorstellung)与对象(Gegenstand)之间的关系的语义学的方法完全不同。通过把基于句子和事态之上的分析方法扩展为一种三元的关系模式,皮尔士成功地完成了他的哲学方法论的语用学革命:与对象相关的句子以及具有事态意义的表述,必须通过说话者和听者之间的解释来加以证明。一旦在规范的话语行动中,把世界—事实的命题的主要成分与主体间的以言行事的成分结合起来,不仅产生于说话者和听者之间的、与主体间性相关的言语行为得以确立,与世界相关的客观关系也建立了起来。

理解总是与他人有关世界的理解相关。无论是描述还是交往,语言表达总是同时指向两个方向:世界和话语的接受者。因此,不能把事实当成是对**被给予的对象**的反映。事实只是交往层面的东西,因此,不应把它当作出自于对象的经验,事实与话语所表达的有效性要求的主题是分不开的。人们固然可以针对经验提出有效性要求,但经验也

① J. Habermas, *Vorstudien und Ergänzungen zur Theoire des Kommunikativen Handelns*, SS.134-135.

② 哈贝马斯也对表象主义(即康德所批评的经验观念论)进行了批评,并表示在这一点上,他的立场与弗雷格是相似的。我们的感官是不会错的,如果我们弄错了,那决不是感官的问题,而是别的原因,比如它可能是表示它的时候出错了。或者根本就不存在感官的活动,尽管看起来似乎感觉了什么,但可能只是幻觉。因此,在感官知觉中是无法确定什么的。当感官要求某种客观性对,在主体的这种确定性中是没有矛盾的,因为经验的客观性的内容是由主体的确实性经验来担保的。但"……世界的真理的范畴是属于思想的(弗雷格意义上的思想),而不是属于感知的"。(J. Habermas, *Vorstudien und Ergänzungen zur Theoire des Kommunikativen Handelns*, SS.151-152)

需要通过推论的解释，它的有效性只有通过推论才能得到辩护。从这个意义上说，只有通过推论性的论辩，真理的有效性要求才能得到兑现，而基于经验的有效性要求并不是一种有根据的有效性要求。总之，我们把真理视为一种有效性的要求，**它不是与句子，而是与陈述性的**（Konstativen）言语行为联系在一起的。一旦言语行为中不成熟的有效性要求是成问题的，便需要一种真理性概念。在推论中对其假定的有效性要求作出检验时，有关陈述的真理性的讨论便不是多余的。一句话，真理的概念只有通过使用有效性要求展开的推论来兑现。

3. 从语用学的视角审查形式语义学最早是由弗雷格开始的。一个关键的转折是弗雷格对心理主义和指称语义学的双重批判。反心理主义意味着把意义与语言表达式的形式上的普遍意义联系起来，即只从客观的和具有公共使用性的语言表达式本身来分析和理解句子可能有的意义，而不是从表达者的隐含的意向上去分析和理解意义。反指称语义学意味着，放弃那种以单个的名称赋予对象以一种意义的指称语义学的方法，即不再把单个的名称等单项词的指称性视为意义的中心，而是从在可能的语境中出现的句子与其所表达的事态的关系上去理解意义。

这样做的意义在于，如果构成一种语言表达式的意义的中心的是句子，而不是名称等单项词，那么，意义的有效性就不再表现在句子的语义真值（它由名称等单项词所赋予）的概念上，而是表现在句子的命题的真理的有效性概念上。正因为看到了这一点，弗雷格在一般的断言句的层面上构建了一种对于正确理解真值条件的语义学极为关键的理论。这个理论的主旨是：如果我们知道使句子为真的条件（这里的"句子"是特定语境说出的断言句），我们就知道了句子的意义。弗雷格由此区分了使一个句子成为断言句的断言性的语力（思想）与句子所陈述的命题内容（语义内容）。① 因此，什么是句子的真含义或真内容，完全

---

① 由于弗雷格区分了含义与指称，句子的"语力"就成为了十分特殊的范畴：句子的"思想"可能与句子的语力相同，也可能不相同。因此，达米特认为："如果我们把弗雷格的含义和语力的分析运用于我们的句子中，我们看到，句子分成了两个部分，一

是从使它成真的条件上去理解的。句子的真正含义或思想，是不可能由虚假的语力构成的表达式来表达的。也许一个句子看起来像是真的、拥有它的含义或思想，但无论我们在语力上如何加强句子的表达力，也仍改变不了那些没有带有句子的真正含义的句子"空无性"。如果一个句子根本没有应有的真正含义，它就没有真假可言，我们说它为真还是为假就毫无意义。因此，除了句子中的某个词的直接的指称（reference）以外，只有句子的真正含义，即思想本身才有真假。因此，任何一个命题句"P"都必须满足这两个方面。

但哈贝马斯同意达米特的看法，弗雷格的理论仍有它的缺点：弗雷格后期思想中的真理论仍然对二值原理抱有强烈信念，以及认为自然语言的含糊性可以消除，因此可以建立一门纯粹**分析的**真值语义学的观点等，都阻碍了他的思想的完成。由于对句子含义的把握与把握者的能力的关系不关心，而是仍然寄希望于语义分析，他希望建构一种能避免自然语言的缺陷的语言，通过一种控制句子中的词语的原理来表达思想：他相信，思想是彻底的可以传达的，决不可能留有不能传达的成分，而它之所以能传达，是因为它完全依赖于一种普遍能被理解的指派词语的含义的原理。但这样一来，弗雷格就不可能真正转向语用学，即转向求助于与说话者的能力相关的意义的话语辩护的（discursive）分析。

对于弗雷格理论的片面性，哈贝马斯用"三种抽象"来表示。[1] 在他看来，这也是弗雷格之后的分析的意义理论的弱点。第一，语义学的抽象：尽管弗雷格提出了语义二元论，他仍然认为对语言的意义的分析可以局限在对句子的语义分析，即认为可以在不考虑与句子的使用的语

部分传达句子的含义（思想），另一部分标示了依附于句子的语力，推断，疑问，命令等。从这个角度来看，只有思想本身，才适合说是真还是假的，无论我们认为它们是真的，询问它们是否为真，要求它们是由真做成的，或其他任何理由。"（M. Dummett, "What is a Theory of Meaning? (II)", in *The Seas of Language*, p.47）

[1] Cf. J. Habermas, "Communicative Rationality and the Theories of Meaning and Action", in *On the Pragmatics of Communication*, edited by Maever Cook, The MIT Press, 1998, pp.193-194.

用学规则的关系时所展开相应的语义分析。第二，认知的抽象：弗雷格认为，我们可以把所有的意义还原为命题内容，并且可以间接地还原为断言性句子的意义或命题（语言的交流和表达的功能被忽略了）。第三，客观主义的抽象：弗雷格坚持一种真理的客观性的概念，它与后来戴维森使用的塔尔斯基的真理论相似，它也与在一种柏拉图的本体论承诺的意义上发展的真理论相似（这也是弗雷格的理论为戴维森所接受的唯一的方面）。概而言之：认为语言的意义可以限制在句子的意义的分析，它与语言的使用无关，这是语义学的抽象；认为所有的意义都能还原为带有命题真理的内容的表达，这是认知性的抽象；认为真理条件是句子为真的前提，进而认为，真理条件与说话者和接受者的互动无关，这是客观主义的抽象。无论何种"抽象"，在弗雷格这里，句子的成真条件都排除了与说话者或听者的理解的证明的关系——反心理主义使弗雷格在一定程度上也反对与主体的理解相关的认识论，因为出自于它们的真理完全可以被当作一种主观的真理来看待。①

弗雷格哲学中的这"三种抽象"把意义理论带入了一种极为狭窄的分析领域。尽管我们也可以像达米特那样认为，从弗雷格前后期的思想的特点的不同，以及从总体上看，弗雷格的理论还是具有很大的灵活性的，但一般而言，在语言哲学发展的历史中，弗雷格的语言哲学的"灵活性"并没有为大多数人所认识，相反，他在语言哲学中所树立的这"三种抽象"倒是具有巨大的影响。当然，这一影响在达米特、哈贝马斯等人看来是消极的，因为它们本身不仅过于狭窄地局限在形式语义

---

① 根据达米特的看法，这似乎只是后期弗雷格所坚持的一种观点。与早期《概念文字》中树立的推理主义不同，后期的"弗雷格的新的逻辑方法是倒退的，对于逻辑的特点，他说道，尽管所有的科学都以真理为目标，但在逻辑中，真理不仅是目标，而且是研究的对象。然而，对于逻辑的主题对象是什么，传统的回答是，它的主题对象不是真理而是推理，或确切地说，是逻辑后果的关系。这一直是一个在沉闷的逻辑中为人们所接受的观点，直到逻辑的主题被弗雷格所推翻；这（指对逻辑的传统看法——引者注）当然是一种正确的观点"。（M.Dummett，*FREGE*：*Philosophy of Language*，pp.432-433）

的分析上，而且包含着一些困难的、不能达到的要求和不能实现的目标（比如，纯粹形式化的人工语言的建构）。因此，此后的语言哲学和意义理论的发展都一直试图克服由弗雷格所带来的这三种抽象。哈贝马斯高度评价了达米特、斯特钮斯（Stenius）、塞拉斯和奥斯汀在这方面的贡献。达米特的证明主义的理论（verificationist theory）、斯特钮斯和塞拉斯的模态理论都放弃了真理的客观性的概念，把弗雷格局限在断言句内的真理分析拓展到非断言性语句的分析；奥斯汀则发展了一种言语行为的理论，摆脱了语义学的抽象。

达米特的贡献是改变了弗雷格的客观主义的抽象，因为他改变了我们对真理的成真条件的理解：他把说话者和听者的知识与真理的成真条件联系起来。确切地说，达米特把这里的意义的"成真条件"与理解者或说话者的"隐含的知识"以及整个理解的过程联系起来。而且达米特还把这里的理解与直觉主义逻辑的那种"间接的证明"的方式联系了起来；因此，知识、理解是达米特的意义理论的两个具有密切的逻辑关系的概念。意义的证明的实据（认知的证据）不可能有（没有实在论相信的直接的证明条件），这意味着，意义是在由"隐含的知识"引导的"理解"的过程中"显示"（manifest）出来的。这里的"显示"的意思是指一种与经验主义本体论或逻辑实证主义的意义证明不同的证明的要求；它要求在证明的过程中把语言的非逻辑的原始意义显示（表达）出来。这样一来，达米特的意义证明理论就摆脱了完全从认知条件衡量句子的真伪的客观主义。按照哈贝马斯的理解，达米特的证明主义的意义理论的缺点是，它在证明的方法上仍然是抽象的，它虽然摆脱了客观主义的抽象，使句子的成真条件与听者和说话者联系了起来，但在证明句子的意义的方法上，达米特并没有使用话语推论的方式，而仍然是采用一种独白式的证明（哪怕他把这种证明改变为一种直觉主义逻辑的间接的证明）。因此，达米特仍然发展了一种认知的抽象，他也没有真正走出语义学的抽象。

此外，哈贝马斯还谈到了受弗雷格影响发展起来的模态理论的局限性。在他看来，斯特钮斯、肯尼（Kenny）、图根哈特等人的模态理论虽然有抵消认知主义抽象的作用，但又遁入了语义主义抽象的怪圈，因为这种理论并没有走出语言—世界的图像论，它们仍然相信带有断言性语力的句子是直接指向事态的，就像祈使句的语力所指向的就是使事态符合于句子。这样就等于认为，语言是直接反映事态的，而且认为我们可以找到它们之间的符合的关系。如果做此理解，以言行事的语力就不需要从句子的使用中去考察，即就不需要从语用学的话语推论的角度去考察或检验这里的语力是否是有关事态的——这种关系在语义模态上就可以确定了。因此，这一理论并没有改变语义学抽象。我们不能把句子的模态分析仅局限在断言句或祈使句这两种形式上，言语行为的类型是十分广泛的；任何句子类型的分类都不能囊括所有重要的言语行为范畴。不能从语言—世界相对应的关系来对言语行为进行分类，因为像规范的义务表达（它不是一般的祈使句）、命令和陈述或声明句（Deklarationen）等都不是基于语言与对象世界的关系所能够解释的，即如果我们坚持从语言—世界的关系去考察言语行为，我们就会无法解释这些言语行为的意义。在哈贝马斯看来，这种理论仍然是一种弗雷格语义学中的逻辑中心主义的产物。

在哈贝马斯看来，只是到了奥斯汀这里，语义学抽象的壁垒才真正被打破，因为正是他在后期维特根斯坦的影响下，走出了语言—世界的关系的狭窄的范围，对言语行为做了广泛的研究。奥斯汀非常坚决地用一种意义使用的理论替代了真值语义学，用对话语中的句子的使用的分析替代了对句子的分析。这样，他就把句子的以言行事的语力从一般断言性句子的范围内解脱了出来。奥斯汀与后期维特根斯坦一样放弃了世界是语言的客观存在的对象的看法，即放弃了一切语言所能表达的事态都是客观世界的事态的本体论；因此，语言分析也不再局限于对断言性语句的分析，命题的语义上的真也不再视为真理的唯一范畴。奥斯汀的以言行事的概念使整个言语行为成为了语言分析的对象。这完全符合后期维特根斯坦的语言哲学的精神。现在，句子的意义不是从它与世界中存在的客观对象的关系去寻求的，而是从句子的合乎约定性规范的使用中去寻求的，这样，语言分析就转向了对人们在生活世界中规范性地（合乎语法地）运用语言的语言游戏的分析。[①] 但从语言—世界的客观事态的语义关系进入具体的语言使用的语境，并不是完全放弃对语义学意义上的真理性的考虑，只不过这种考虑完全改变了形式：它把句子的意义的有效性与生活形式中的社会实践的有效性联系了起来。但这也意味着面临新的问题，即语言使用的语境的多元性的问题。每一个句子都会有无数的使用的语境，如果奥斯汀不愿屈从语境主义的话，他就必须有一门超出特殊语境的形式的语用学，这样才能对言语行为作出系统的解释。但奥斯汀本人对句子使用的类型的分析并没有使他发展出这样一种一般的理论。[②] 其后继者所发展的也只是一种经验的语用学，而不是真正的形式的语用学。

　　而哈贝马斯的目的是发展一门真正的形式语用学，以摆脱经验语用学只能描述不同的语言使用方式而不能对其统一的意义作出解释的局限。以阿佩尔的普遍主义为出发点，他试图以一种新的方式重建奥斯汀和早期塞尔的理论，用他的话来说：

　　　　——借助于德国语言学家毕勒（K.Bühler）的语言交流理论，提供一种意义的普遍有效性的解释。

　　　　——把真理条件的客观性概念一般化为一种一般的（普遍的）

---

① Cf. J.Habermas, "Communicative Rationality and the Theories of Meaning and Action", in *On the Pragmatics of Communication*, p.196.

② 哈贝马斯此处的观点与达米特的相同。后者批评了以奥斯汀为代表的日常语言学派，因为它只有特殊主义的语用学，而没有普遍的或一般的（general）语用学。与日常语言学派的看法相反，达米特指出，任何句子中的大部分的词语，都不是用来确定它们属于哪类范畴的，而是用来确定它不同于其他范畴的成员的**个别性内容**的，而且还必须看到，不论何种范畴，句子的个别性内容都是由一种**一般的方法**确定的。(Cf. Michael. Dummett, "Can Analytical Philosophy be Systematic, and Ought It to Be?", in *Truth and Other Enigmas*, p.449)

有效性概念（包括规范命令的正确性和主观表达的真诚性的有效性概念），并因此放弃世界的本体论。

——进一步推进由达米特发起的认知转向（epistemic turn），①通过把有效性条件与由论辩所表明的证明的主体间性条件相结合来。

——这样做的目的是，把言语行为中的以言行事的成分，当作是提出能够在话语推论中兑现的有效性要求的语言表达来看待。②

上述选择都因为哈贝马斯坚持认为，句子的意义的有效性或它的普遍的可接受性，不能从句子的语义内容中得出，只有听者知道，一句话是在什么语境下说出的，即使听者知道这句话的说出成为有意义的规范是什么，听者才能真正理解这句话。如果缺少对满足一句话说出的条件的规范的理解，一句话的意义就不能真正被理解。没有规范的授权或支持，任何一句话都不能被看作是已经被理解了的。因此，不是句子或话语的字面的意义，而是说出它们的理由或规范内容，才是使这些话变得可理解的关键。

达米特的认知转向也就是在这种意义上提出来的。与达米特一样，哈贝马斯否定了形式语义学的意义的成真条件论，这种为后期弗雷格和戴维森所坚持的方法论已被彻底放弃。认知转向意味着求助一种意义可接受条件；哈贝马斯不仅同意达米特在这方面所采取的步骤，也同意一种为普特南所使用的方法，即把意义的可接受条件视为意义的真理性条件的方法。真正的改变是，意义的有效性的客观条件不是直接从语言表

---

① 所谓"**认知转向**"指的是：达米特不再单纯求助于形式语义学的形式推理的证明（形式逻辑的）方法，而是采取一种从实质的命题内容出发，探究知识和意义的可接受性的证明的方法。

② J.Habermas, "Communicative Rationality and the Theories of Meaning and Action", in *On the Pragmatics of Communication*，p.197.

达式的语义内容来获得的，而是通过说话者的认知的立场（其用以言行事的方式所做的有效性断言）来表明的。这种意义的有效性断言是基于潜在的可以在话语中兑现的理性之上的。这里的理性对什么是值得主体间承认的有效性断言作出评判，并使相应的断言变得可以接受。在哈贝马斯看来，只有这样做才真正走出了语义学抽象，同时也符合后期维特根斯坦和奥斯汀的理论。而这也是克服认知的和客观主义的抽象的方法。

（二）语言的语用认知的功能

按照皮尔士的康德式的实用主义的观点，区分现象和"物自体"的实在论已变得毫无意义，经验和判断与应对实在的实践结合了在一起，它们通过解决问题的行动与实在保持一种联系。把作为一种可能的经验事物的总体视为是"为我们"而存在的表象的世界的先验观念论，已经为一种内在实在论所替代。因此，在真陈述中可以表征的任何事物都是"真的"，虽然事实总是通过"我们的"语言来解释的。语言学转向早已表明这一事实：世界并没有以它自己的语言显现于我们面前，它总是以人类的语言展示于我们面前。实在没有自己的语言，它也只是在象征性的意义上作为一个可以对我们陈述作出回应的实在而存在。这意味着，我们认定为事实的东西是出自于我们的语言的学习过程的，并处于可能的证明的语言的语义系统中的。用皮尔士的说法，可以在真陈述中显示的"实在"与这些陈述论及的"世界"之间有根本的不同，因为我们可以在"事情是这样的"与我们所面对和必须应对的"存在着的限制"之间作出区分。所获得的事态只是间接地表达了难以把握的对象实在，所以，假设为对象的总体的世界（而不是事实的世界），不能与包含了事实的可以在真陈述显示的"实在"混淆。这是对世界的或传统意义上的外部实在的内在实在论的解读，它颠覆了分析哲学的实在论及其表象主义的语义学。

弗雷格之后，罗素也实施了语言学转向：他认为我们不能确定一种可指示的对象，即我们不能假定有这样一种先于语言表达式的对象的存在，只有词语本身才是实在的。① 但罗素的语言学转向的归宿是一种语义学逻辑主义或逻辑主义的语义学，而不是任何一种语用的认知理论，这是因为罗素始终相信这一点：没有一个约定的所指，因此，我们不能把指称与所指联系起来，我们"必须抛弃含有指称词组的命题与其所指有关联的观点"②。只有词语的指示（denotation）功能（确定性摹状）才是对象或指称存在的条件。

罗素的语义学逻辑主义信念是：数学与逻辑词汇之间的语义关系的描述总是正确的，这一信念表现在他和怀特海的《数学原理》对数学与逻辑词汇之间的语义关系的描述中。但一个根本的问题是，罗素求助逻辑词汇，不求助任何目标词汇，他能真切地认知事物吗？或用唐纳兰的话来说，罗素省掉了摹状词的指称性的（referential）用法，他正确地指明了语言认知与世界的关系了吗？按照唐纳兰的后经验主义的观点，尽管经验主义面临重重困难，但这并不等于我们可以不再求助目标词汇的建构。换句话说，限定性摹状词决非像罗素认为的那样只能指示（denote）对象，它实际还能指称（refer）对象。③ 由于不打算承认约定所指的存在，罗素把限定性摹状词只当作对词语的对象的"如此这般的性状"进行归属（指示）的一种功能，这也就是说，他仅从对象的性状上去规定对象，而并不假定某个对象适合于这种描述（摹状）；但摹状词完全可以在一种更为完整的条件下来使用，它对事物的"如此这般的性状"的描述，并不只是对其表面属性的"归属"，它还可以用来确定事物正是特殊的"这一个"或"那一个"。唐纳兰之所以说，罗素的限定性摹状词只表示了摹状词的一种归属的功能，而遗漏了它的指称的功

---

① 实体性实在论必然会接受一种词语或词组单独地指称外在对象的观点。布伦塔诺和迈农都对意向与外在对象或意识与外在实体性存在的关系做了一种抽象的联系，后来的穆勒因为同样的原因而认为，存在着有指称但没有含义的专名。这一切都是罗素所反对的。

② 罗素：《论指称》，载《逻辑与知识》，商务印书馆 1996 年版，第 57 页。

③ 参见唐纳兰：《指称与限定摹状词》，载 A. P. 马蒂尼奇编：《语言哲学》，商务印书馆 1998 年版，第 448 页。

能，原因就是它没有把事物的作为“这一个”或“那一个”的本来面目揭示出来。基于这一看法，唐纳兰、普特南和布兰顿都不约而同地提供了一种新的方式，即实质推理的方式，这也是哈贝马斯的真理论所依赖的带有形式语用学特征的话语推论的方式。

1. 大多数传统的指称理论都依赖于意义或内涵（一组描述）和外延（指称）之间的区分，并因此认为意义或内涵是描述一个词的基础，而外延或指称则是由关于意义的描述所决定的。但在由唐纳兰、D. 卡普兰、普特南、克里普克发起的不依赖这种二元的描述关系的直接指称理论是对这样一种传统观点的反叛。这一理论的一些基本特征在唐纳兰和普特南的理论中以一种比较特殊的形式表现了出来，而且它们还具有一些其他的直接指称理论没有的优点。比如，它既把握了直接指称理论的本质特征，而又没有像克里普克那样带有形而上学的承诺，即认为语言中的名称和语句的意义具有一种不能更改的或可以预料的历史决定性。克里普克的观点相当于说，专名有为其指称所规定的意义（本质），而没有特定语境中说它的说话者所赋予它的含义。①

---

① 克里普克对于描述主义理论的批评获得了多数哲学家的支持，但他的因果指称理论作为对描述主义理论的替代，虽然获得了许多支持——如戴维特（M. Devitt）和埃文森等——但也为达米特和普特南等人所反对。对于达米特而言，这个理论的一个优点是，它揭示了罗素的限定性摹状词的直接指称事物的方式的局限性，同时也否定了实体性指称理论的关于对象事物的**先验存在**的假定，但其缺点也是致命的。可以用一句话来简单说明它的缺点：因果的传递链的意义解释是一种**反认知的**历史的解释理论，因为它取消了对语言的认知功能的说明。因此，达米特并不认为这种超语境的因果指称链的描述有多少认知的价值。“在指称链中，完全有可能出现指称在不知不觉中改变了的情形。一旦承认这一点，指称链的解释就土崩瓦解了。剩下的只是：如果存在一种交流链，名称就指称一个对象，它追溯到最初提出的作为那个对象的代表的名字，在交流链的每一个阶段，都能**成功地**保存它的指称。这样的看法当然是对的，但几乎没有任何启发性的意义。”（M.Dummett, *FREGE：Philosophy of Language*，p.151）普特南说得委婉些，他认为，克里普克与自己一样，并非简单地运用一种因果的术语来进行指称的定义，而只是认为，“……某些种类的词语只有在它们与某物或某种类型的事物之间具有一种因果联系时，才能有所指称。我们并没有试图把指称还原为因果关系。”（H. Putnam, "Explanation

唐纳兰的理论的最重要的观点是，它揭示了罗素等人把意义或内涵还原为摹状词的描述主义的错误。意义或内涵作为一种指称性的表达式并不能对事物作出规定，即我们不能把指称性的表达式理解为是对对象的归属（attributes）。唐纳兰把限定性摹状词分为两种用法，一种为归属性的用法（attributive use），另一种为指称性的用法（referential use）。在一个论断里以**归属**方式使用一个限定摹状词的说话者，叙说凡是如此这般的（适合该摹状词的）人或东西的某件事情；另一方面，在一个论断里以**指称**方式使用一个限定摹状词的说话者，使用该摹状词的目的是使其听者能够辨认出他谈论的东西：他有关那个人或那个东西的某件事情的断言。在第一种情形下，限定摹状词的出现可以说是必不可少的，因为说话者想要断定有关凡是适合那个摹状词的东西或人的某种事情；而在指称性用法中，限定摹状词仅仅是用来完成一种断言，它起着一种辅助性的作用。如果说在归属性用法中，把限定摹状词所描述的如此这般的性状进行归属是至关重要的，那么，在指称性用法中则并非如此。①

在唐纳兰看来，罗素在勾画他的限定性摹状词理论时根本没有做此区分，而是相信它的归属性用法是指向对象的（在不预设一个对象存在的情况下指称对象）。但限定性摹状词完全可能没有指称任何对象：它只指述一种现象或某种性质，而该现象或性质根本就不属于任何对象（类似"戴高乐是法国的国王"这种描述或摹状）。就此而言，限定性摹状词还是需要依赖有一个对象与此相符或适合它的描述的假定。

但唐纳兰强调，除非在指称性的用法中，限定性摹状词的归属性

---

and Reference", in *Mind*, *Language*, *and Reality*: *Philosophical Paper*, vol. 2, Cambridge University Press, 1975, p.221）从表面上看，普特南似乎在为克里普克辩护，但实际上，他只是把一个能为他自己所承认的，或与他自己的观点相似的克里普克与自己联系起来。

① 参见唐纳兰：《指称与限定摹状词》，载 A. P. 马蒂尼奇编：《语言哲学》，商务印书馆 1998 年版，第 451 页。

用法是没有对象的。比如，"杀害史密斯的凶手是丧心病狂的"这个描述完全可以在根本不知道杀害史密斯的凶手是谁的情况下给出；我们不知道凶手是谁，但我们却也可以这样说——这其实就是限定性摹状词的归属性用法的一个显著特点：它可以不关心它要描述的是什么（是谁杀害了史密斯）。只有在假定一个名叫琼斯的人成为被告并因此受审，在法庭上的有关凶手的残忍行为的讨论中，我们说"杀害史密斯的凶手是丧心病狂的"这句话才有真正的所指。比如，如果有人问，我们说这句话指的是谁时，我们回答"是琼斯"时，它才有所指；而这正是唐纳兰的限定性摹状词的指称性的用法。

　　由此可见，限定性摹状词的这两种用法是完全不同。在这两种使用中，它们都假设了或意味着有一个凶手。但如果根本不存在凶手，比如，史密斯是自杀，情况会如何呢？在第一种情形下，如果没有凶手，就没有这样一个人，因此，"丧心病狂"一词的摹状就没有一个合适的对象，因此，这样的摹状词是不正确的。但对于第二种情形而言就并非如此。"在第二种情形中，限定摹状词不过是用以识别我们想要谈论的那个人的一种手段，即使没有人适合我们所使用的摹状词，也完全有可能作出正确的识别。"[①] 这就是说，它即使没有对象，也在进行指称：即使琼斯不是凶手，我们也是谈论他，即我们认为属于他的行为。

　　唐纳兰给出的另一例子是：假定一个人正在出席一个宴会，看到一个神色显得很有趣的人手持一个他认为装有马丁尼酒的酒杯，他问"饮马丁尼酒的那个人是谁?"，假如万一结果表明那个酒杯里只有水，那么他仍然询问了一个关于某一个特定的人的问题，即某人有可能回答的一个问题。假想一下，若是当地的禁酒协会主席被告知有一个人在该协会的年会上饮马丁尼酒，这位主席问道："喝马丁尼酒的那个人是谁?"，

---

① 唐纳兰：《指称与限定摹状词》，载 A. P. 马蒂尼奇编：《语言哲学》，商务印书馆 1998 年版，第 425 页。

在询问这个问题时，这位主席的心目中并没有特定的人，如果没有人在喝马丁尼酒，如果所提供的那个消息是错误的，那么，就没有人能被挑选出作为其询问问题的特定的人，因为如果没有任何人具有这一属性，那么，对这位主席的问题就不能作出任何直接的回答。①

因此，唐纳兰指出："在一个限定摹状词的指示性用法中，如果没有东西适合这个摹状词，我们也能辨认出这个人或事物；但在归属性用法中，如果没有东西适合这个摹状词，就不可能对这个疑问句作出任何直接的回答。"②

此外，包含了限定摹状词的指令句或命令句可以进一步说明这种差别，如下例：把那张桌子上的那本书给我拿来。如果"在那张桌子上的那本书"这一限定摹状词是以指称方式使用的，那么，即使桌子上没有书，也能执行这道命令，比如，尽管那张桌子上没有书，但那张桌子旁边有一本书，那么，人们就有可能把那本书带回来。相反的情况是那张桌子是一张获奖的古董桌子，人们通常不应该在那张桌子上放任何东西，那么，除非那张桌子确实放有一本书，否则就无法执行"把在那张桌子上的那本书给我拿来"这道命令，因为在这种情形下，人们事先会假定，除了适合该摹状词的那本书之外没有任何"适当的书"，如果在那张桌子上没有书，那么便没有可能就其发出一道命令的书，而且这道命令本身也无法执行。

限定摹状词的这种用法的区别归根结底是由它们不同的意义的成真条件决定的。限定摹状词的归属性用法的成真条件，就罗素的描述性的方式（就某摹状词分析出的命题涵项（f(x)）而言，至少可以按照一个变项（"x"）取值使该涵项为真）来确定。比如，"杀害史密斯的凶手是丧心病狂的"等于"当且仅当存在一个人，他杀死了史密斯，这个

---

① 参见唐纳兰：《指称与限定摹状词》，载 A. P. 马蒂尼奇编：《语言哲学》，商务印书馆1998年版，第453页。

② 唐纳兰：《指称与限定摹状词》，载 A. P. 马蒂尼奇编：《语言哲学》，商务印书馆1998年版，第454页。

人是丧心病狂的"。但限定摹状词的指称性用法的成真条件则完全不同，它的成真条件不是归属性的，即它的摹状词的意义的真值条件并不是建立在"杀害史密斯的人"这个预设的存在之上的，即使史密斯先生系自杀而没有凶手，该陈述也可以为真。

因此，在限定性摹状词的归属性用法用中，如果所描述的东西不能满足于它的成真条件，那么，它就不具有任何指示的功能，它也就是一句无意义的空话。但在摹状词的指称性用法中，则不存在这种后果，这是因为，描述性的真值条件在指称的确定上并不是一个决定性的因素。在限定性摹状词的归属性使用中，我们只是通过描述假定有一个对象符合该描述，但该对象是否就是描述者所指的那个对象，描述者本身并不知道（描述者所知道的只是一些可描述的性质）。但在限定性摹状词的指称性用法中，一旦把描述性的成真条件排除掉，就不再把描述当作一种与某一个存在对象吻合的描述来看待。描述被当作是可错的，即描述可能描述了一个对象，也可能没有描述任何对象。因此，在指称性的用法中，描述是可修正的（在归属性的用法中，错误的描述是不存在的，因为从"归属性"的方法上看，错误的描述是不可思议的），我们可以根据新的信息或他人的看法对所做的描述作出修改。在归属性的用法中，由于不存在"可错性"（归属性用法认为，描述必然是正确地描述了某种东西），这种修正或更改就完全不可能了。

这表明，在归属性的用法中是不允许描述的非同一性的，而在指称性的用法中则可以这么做，它表明，不同的表达式可以表达相同的对象内容，而不是一种对象内容只能有一种表达式。这也就是说，我们可以就同一对象进行再描述。① 但与此相反，归属性用法所使用的是一种

---

① 传统分析哲学的基本观点是，直指性的记号对我们作为处于经验中的认知者和主体的概念而言是至关重要的。但什么是指出或指示一个对象？用直指或索引的模式来讨论指示会认为，它的根本的表现就是指示（pointing）：指示对象就是指着它，好像是用食指来指出它。但事物并非如此简单；"赤裸裸的"指示可能是空洞无物的（类似限定性摹状词的归属性描述没有适合它所描述的对象）。因此，布兰顿指

量的分析，它无法指称一个特定的事物，而只能一般地断定这个世界。归属性用法不是由主谓词来构成一个断言，相反，它是通过量词来显示事物的。

拉芳在其所做的相关研究中指出，唐纳兰对限定摹状词的区分给了罗素的观点以一种语用学的修正：唐纳兰表明，指称某种外在对象不应用量词对事物加以限定，即不应只依赖语义学的方式来指示或标示，而应依赖说话者的能力，用语用学的复合推理的方式来表示。"一旦说话者用指称的方式，在陈述中对摹状作出释义，就能认识到，指称在逻辑上是独立于我们的描述方式或标识（identifying）方式的。"① 布兰顿也指出了这一点：在一般的语义内容中，单项词的概念内容和谓词必须按照它们的具有语用学意味的**间接推理**的作用来理解（它们不可能有独立的直指的作用），因为它们只存在于句子的语境中。直接语句中的单项词并没有认知的意义（它并不能指称特定的"那一个"），只有通过复合推理的命题内容的形式，它们才有意义（断定"那一个"）。而作为命题内容的东西就是可以作为推理的前提和结论的东西（一旦单项词所表征的对象性的内容成为推理的内容，它们也就是在间接的推理中发挥作用）。这也表明，罗素的"亲知"所指涉的外延性应是一种复合推理的外延性，而不应是量词内的描述性的外延性。这也是为什么唐纳兰说了下述这一段话的原因："……下述这种看法一般来说是不正确的：语句能够被划分成谓词、逻辑算子和指称表达式。在限定摹状词的情形下，人们无法脱离使用摹状词的某个特定的场合而始终把指称功能指派给限定

出，直指性的"……记号的相关特征正是它的回指的先行词，它并没有什么特征可以独立于或先于语义学和语用学而获具体解释，只有说话者的方式、时间和地点可以 "。(R.B. Brandom, *Making It Explicit*: *Reasoning*, *Representing*, *and Discursive Commitment*, p.460) 这也就是说，只有作为有关它自己的回指（另一个相同的指示）的先行词（antecedent），直指记号或索引结构才具有功能性的作用或意义。唐纳兰对限定性摹状词的归属性用法与指称性用法的区分，也可以根据布兰顿对直指与回指的区分来理解。

① C. Lafont, *The Linguistic Turn in Hermeneutic Philosophy*，pp.245-246.

摹状词。"①

唐纳兰对限定摹状词的归属性用法与指称性用法的区分使传统的意义理论失效了。如果指称表达式并不能作为一种意义或内涵（一组描述）与外延（指称）并列，我们就不能认为意义或内涵是描述一个词的基础，而外延或指称则是由关于意义的描述所决定的。这就是说，意义并不能决定指称。特别是因为指称的一致性并不是在一种静态的符合关系中确定的，语言的约定性的规范并不像某种先验的法则那样规定着语义的共指性；相反，它们的关系是动态的，在加入了认知的因素后，它们的关系是充满了一种可变的张力的。可以这么说，语言的语义或意义只有在当下的认识中才能确定（"杀害史密斯的凶手是谁"，"喝马丁尼酒的人是否存在"，只有在当下的认知语境中才能确定）；它是不能根据句子的语义内容的分析来作出的。显然，意义不可能根据语义的规则来确定。因此，我们不能以限定摹状词的指称性用法不符合语言的语义规则或约定（与语义内容不一致）为由，把它视为是一种对语言的误用。在语言指示对象的许多复杂的情况下，使用语义学的规则是无法确定一种语言的描述是正确地使用了语言表达式还是错误地使用了它。②

在限定性摹状词的指称性使用中，听者可以把一种描述形式视为不适当的而表示反对，并可以提出他自己的完全不同的描述形式（在限定摹状词的归属性用法中则不可能有的"重新描述"或重新断定的可

---

① 唐纳兰:《指称与限定摹状词》，载 A. P. 马蒂尼奇编:《语言哲学》，商务印书馆 1998 年版，第 465 页。

② 语义中心主义往往用"精确性"或客观性作为挡箭牌，以此来抵制对限定摹状词的区分。比如，克里普克和塞尔等人认为，唐纳兰的限定摹状词的指称性用法存在的话，那么它很可能也只是语言的一种误用；这样的指称性用法不是严格的语言的使用，它往往是错误的，它像"私人语言"那样没有明确的语义的确定性；它可能是不能交流的，缺乏共指的。而与此不同，限定摹状词若能满足它的语义的指称的要求（而不是说话者的指称的要求），它就可以在语义内容上做到严格的规定，并因此显示它的共指性。但语义中心主义的"精确性"或客观性的要求乃是语义中心主义的客观主义的幻觉，它并没有真正的说服力。

能性）。这实际上是，听者可以通过直接指称的命题形式对说话者的描述进行再描述。（用唐纳兰的例子来说，如果听者不认为杀害史密斯的凶手是琼斯，他可能会说："你说杀害史密斯的凶手琼斯是丧心病狂的，这不是真的，被指控为是凶手，并不一定就是凶手。"）这表明，听者可以就某一个实际的对象作出承诺，而不一定非得对一组摹状词的描述作出承诺。这种表示异议并再描述的过程是非直接指称的理论所不能解释的。因此，不可能存在这种情形：一旦获得一组满足了摹状词要求的描述就可以不必修正，相反，始终存在认知上的可修正或被否决的情形。这表明，在限定性摹状词中区分归属性的描述（它不必修正也无法修正）和指称性的指称（可以修正和重新定义）是正确的。①

2. 一般认为，塔尔斯基的真理概念具有符合论的性质。塔尔斯基认为他的真理论能公正地处理亚里士多德的真理概念。亚里士多德的真理定义是，"是什么说不是什么，不是什么说是什么，这是假的；是什么说是什么，不是什么说不是什么，这是真的"。塔尔斯基认为这一说法不够清楚和精确，他试图从语义学的角度给真理下一个"内容上（实质上）适当、形式上正确的"定义。他所谓的内容上适当，指的是能符合日常直觉的含义，即能表达古典的真理定义所包含的内容，而形式上正确则是指能清晰明确的定义词项，而无歧义地适用于被定义词的外延。可以看出，塔尔斯基致力于澄清语义关系，试图在自然语言与形式表达（元语言）之间找到一个平衡。这种努力进一步表现在他对其语义学理论的认识论意义的认识上。但一般而言，他的真理概念只是适用于形式语言，即卡尔纳普在《语言的逻辑句法》一书中谈到的那种语言，它包括有自己的形成规则和变形规则的语言，即有明确规定的结构、所有词项都是通过定义引入的语言。人们对塔尔斯基对其理论在自然语言中的应用的可能性持悲观的看法，② 因为他的形式正确性条件排除了对

① Cf. C. Lafont, *The Linguistic Turn in Hermeneutic Philosophy*, pp.253-254.

② 塔尔斯基自己对其理论能否用于自然语言也表示悲观，但我们知道，戴维森则乐观地认为自然语言的更多部分能被纳入塔尔斯基方法的范围，他主张将塔尔斯基的方

自然语言作出恰当的定义的可能性。塔尔斯基的理论的意义在于，他的"约定 T 和 T-语句提供了在直觉上很明显的关于真理概念的真理与**形式语义学**之间的唯一的联系"①。正是塔尔斯基首先看到，若要回答一个表达式或陈述为真意味着什么的问题，把它的**外在所指之物（实体性的外延）**看作是使它为真的根据，我们就会陷入混乱之中（塔尔斯基借此反对亚里士多德的本体论的真理符合论），因为当一个陈述或语句的真理性必须依据它的整体的语句之外的实体性存在或事实和事态来证明时，就会陷入一系列无法自圆其说的论证的恶性循环之中。② 因此，塔尔斯基的看法与弗雷格的某些看法是一致的，真值指的只是一种抽象的语义关系的相互关联，它并不指事实的图像这种外在的对象概念；在塔尔斯基那里，真值是句子的谓词而不是对象。尽管如此，塔尔斯基的理论仍然陷入了真理符合论之中。

达米特从语义符合论只适合于可以判定的陈述，而不适合于不能判定的陈述这一特点出发，主张放弃陈述或真或假的二值原理。在他看来，我们在解释一个陈述的意义时，不应依据**这个陈述的组成部分的真值**来规定陈述的真假，而应该依据在什么条件下这个陈述的组成部分是

法运用于自然语言之前要做一些"整理"工作，他自信每一个自然语言构造都有一个唯一的逻辑形式，这种想法来自以下的信念：塔尔斯基定义真语句的方法所用的形式表述以一种理想的、清楚的方式表示了本质结构。然而，自然语言有种种模糊性，戴维森及其追随者沿着其意义理论的思路对索引词的研究，用间接叙述法来推进塔尔斯基方法在自然语言中的应用，虽然取得进展不少，并实现了语用的渗透，但是，所有的努力并没有说明塔尔斯基的理论在自然语言中具有普遍的可用性。

① D. Davidson, *Inquires into Truth and Interpretation*, p.66.

② 对于像"雪是白的是真的"这样一个陈述，证明它为真的并非外在的"雪是白的"自然属性或语义（自然种类的语义本身就存在含糊性——普特南指出了这一点），而是根据自然语言本身的说法；只要我们能证明一种自然语言普遍认为雪是白的，或其断言有充分的证据的时候，它即为真（这即所谓"去引号"的最低限度的真理）。塔尔斯基的这一约定 T 构成了戴维森的意义理论的真值条件语义学的一个出发点。值得注意的是，在这里，对"外延"这一概念的理解是完全不同于传统的实在论的；"外延"这一概念被保存了下来，但它现在指（大致上可以这么说）具有或满足了语言意义的整体语义关系的语义值。

可以断定的，从而规定这个陈述在什么时候是可以断定的。达米特指出，塔尔斯基（包括戴维森等人）所暗示的"句子是意义的统一体"的观点是不确切的，他们把这种观点归于弗雷格也是不对的。"弗雷格从来没有提出这种荒谬的观点：由'地球是圆的'或'5 加 7 等于 12'的句子、甚至是'在橱里，碟子少于杯子'这样的句子所表达的思想，在语言中是通过单个的**非复合的**符号来传达的，而且他明确地说，一个句子的含义是在它的构成词的含义的**外部**建立起来的，这也就是说，不仅我们事实上通过构造它的词语达到了对句子的理解，而这些含义是内在复合的。"① 达米特在另一处做了更直接的评论："这并不是说我们所需要的真理概念不可能是对于（T）图式而言是真的那一种：对于真理的适当性概念而言，这一图式仍然是正确的，即使逻辑是非经典的。然而，这里的主要论点是，当逻辑是非经典逻辑的时候，无论（T）图式是否正确，一种塔尔斯基类型的真理论将不能展示句子按照其构成方式被确定为真或非真的方式，也正因为我们可以看出，一种编程性的解释做不到这一点。这也就是说，对于一种意义理论的目的而言，我们需要的并不是可以得到（T）图式的每一个实例的有关真理的任何描述，我们所需要的是可以表明每一个句子按照其构成方式是如何被确定为真或非真的描述……"② 普特南提出了类似的观点，在他看来，塔尔斯基的 T-语句只是利用了等价原则，但等价原则是中性的，在任何一种真理论中，"雪是白的"都等价于"'雪是白的'是真的"。这表明它完全是一个空洞的形式化的真值语义学的定义。科学并不需要这样的真理定义。"认为科学寻求发现真理与认为科学寻求建构一幅世界的图景，并使它能在理想的限度内满足理性上可接受的标准，这两个主张并没有什么不同。"③

基于这种认知主义的立场，普特南进而认为，只有从科学的理论术语的应用中才能更好地理解和显示语言或限定性摹状词的归属／指称

---

① M.Dummett，，"Frege's Philosophy"，in *Truth and Other Enigmas*，p.95.

② M. Dummett，*The Logical Basis of Metaphysics*，p.65.

③ H.Putnam，Reason，*Truth and History*，p.130.

的区别的意义。在科学的领域中，我们的认知的具体情形是，它更多地表现为是不稳定的和充满了修正的。在科学理论术语的使用中，一种直接指称的理论显得比罗素的摹状词理论更贴切。普特南对科学概念的功能的分析更接近前面提到的唐纳兰式的直接指称论，而不是接近古典的意义决定指称的非直接指称论。

对科学中的概念术语的使用的分析表明，与日常语言的术语不同，科学中的概念术语的确是由严格的定义而来的，因此，在这里，科学概念的用法是归属性的：由其定义所给出的意义对相关的对象作出归属。但这正是普特南的指称理论所要反对的观点。在有关自然种类这一特殊概念的分析中，普特南对非直接指称理论进行了批评。在他看来，像"柠檬"、"老虎"、"水"或"黄金"这类术语，以及在自然科学的归纳中获得的概念术语："电子"、"原子"、"动量"等都属于自然种类的术语，因此，它们是不能定义的，即为之提供一种描述并不能帮助我们确定它们的指称。这些术语的意义不管有多么精确的描述，也不能使它所指向的那个对象的一般特征显示出来。因为所有自然种类的事物都有其不能满足范式性的或类型描述的要求的异常的构成部分。一个绿色的柠檬也可以是一个柠檬，一只三条腿的老虎也可以是一只老虎，等等。人们对此并不怀疑。这表明，与非直接指称理论认为意义（描述）决定指称（外延）的看法相反，名称的外延并不是由意义或描述性的概念确定的。① 对于意义的理解或概念的使用，从本质上来说是社会性的。所谓社会性，普特南还特别指出了它的索引式的结构，即它所具有的社会性的参照框架，包括特定语境中的推理，比如，说话者所做的断定的目的和背景，他与所谈论的对象的因果联系等。普特南称之为意义的向量

---

① "外延一般是由社会决定的——语言劳动的分工像'真正的'劳动的分工一样多——而且……外延部分地是由索引的方式确定的。我们的术语的外延是基于作为范式的特定的事物的实际的本性之上的，而一般而言，这种实际的本性，对于说话者而言，并不是完全知道的。"（H. Putnam，"The meaning of 'meaning'"，in *Mind, Language, and Reality：Philosophical Paper*，vol. 2，p.245） (meaning-vector）的东西，其实指的就是一种话语的索引结构。

从某种意义上说，普特南的自然种类的名称的索引成分，与唐纳兰对限定性摹状词的指称性用法的分析是一致的。像"水"这个术语或名称就带有索引成分，它与地球所存在的水有一种直接的相似性关系。这也就是说，与唐纳兰的看法相同，普特南认为，作为一种内涵（intension）的语义描述性的表达，并不能确定像自然种类这类客观对象；自然种类的存在物，根本就不是语义描述所能确定的。它们是通过在特定语境（比如，地球这个语境）中直接指称的；直接指称使用的是一种语用学的方法，它的索引结构并不是一般语义分析的索引结构（指示词或量词的显示），它远远超出了一般语义学的描述方式的范围。这主要是因为，自然种类的事物并不是一种具有一般性质的对象，我们根本不能把某种一般的性质（property）归于它们或根据某种一般的性质为它们下定义。古典非直接指称理论的语义分析的缺点是，它把一种一般的性质归于指称对象，而从根本上不相信索引可以直接指称对象，即揭示对象的基本特点。

这也就是说，自然种类的事物并不是一种抽象的专名，它们本身并没有一般的性质可以与语义的分析和描述相对应。普特南说自然种类的事物的概念中包含了反常的类（abnormal members），就是要表明，它们是一种带有索引结构的概念构成，而不是某种一般的性质，因此，归属性的限定性摹状词对它们并不适用。柠檬也可能是绿色的，或柠檬也可能是甜的（比如，由某种反常的自然环境造成的），但它们仍可以是柠檬。黄金在气体状态也仍然是黄金。只有正常的柠檬才是黄色的，才是酸的，或只有正常的老虎才是四条腿，等等。关于每一个柠檬都具有 P 的形式不存在分析的真理。

语义的描述和分析的局限是，它有赖于对象具有一种单一的性质，因此能在根本上通过词语加以定义。但自然种类的对象恰好并不是这样一种对象：一方面，它并非由单一的性质构成；另一方面，在许多特殊情况下，它会发生变化。因此，词语的意义不可能就是它所指称的对象的意义。语言的词语的命名的确具有"世界揭露"的功能——世界的确是通过语言而被揭示的，但语言的世界揭露的功能是有限的，它不能超越对象自身（物自体）所设定的限度。即使是科学本身的定义，也不能把它当作一种分析的真理来解，即不能认为它可以给出一个确定不变的指称（对象）。

从表面上看，物理学所借助的数学形式给出了有关事物的一种定义（比如，动量等于质量乘以速度），但这种定义却并不是分析的定义，把物理学的定义视为分析的是错误的，它们实际上是出自于归纳法的一种定义。对于普特南而言，这一点是很清楚的，即在科学中不存在分析的定义，科学的理论名称不是语义分析的产物，限定性摹状词的归属性用法在科学中并不存在。很明显，科学的理论术语并不是对外在事物所下的"最终的"定义，尽管所使用的数学形式具有必然的定义的特征。这也就是说，科学并不提供有关外在对象的必然的和充分的标准，它只满足于对理论上独立的实体作出一种最接近于正确的意义的指派。科学的理论术语对独立于语言或理论的实体作出意义的指派，决不是要表明，所使用的名称与实体对象是相符合的，或它们之间存在着意义的一致性。实际上，从科学的理论概念总是可以修正的这一点可以明显地看出，科学的理论名称不可能是定义性的，它不像罗素的限定性摹状词那样表现了指称与对象的某种契合关系，相反，它更像是一种"可操作的定义"，我们对外在实体的特性作出临时性的定性以满足可修正的要求。这意味着，其他的理论也同样可以对这同一实体对象作出再定义。① 如

---

① "玻尔在 1911 年认为，存在着数 p 和 q（在每一间隔），使粒子的位置（一维的）是 q，而（一维的）动量是 p；如果对于玻尔来说，这就是'粒子'一词的意义的一部分，而且'意义的部分'意味着'术语的外延的组成性的必然条件'，那么在玻尔的意义上，电子就不是粒子，而且可以这么说，并没有'玻尔意义上的'粒子。（也没有玻尔意义上的'电子'的'电子'，等等）在玻尔 1911 年的理论中，并没有术语有所指！这一说明表明，我们并不能说目前的电子理论是玻尔所指称那同一种粒子的更好的理论。"（H. Putnam, "Explanation and Reference", in *Mind Language and Reality: Philosophical Papers*, Volume 2, p.197）

果科学的概念术语是归属性的，它就不可能修正，因为它对事物的定义只能是"一次性的"，这样也不存在修正的可能性。限定性摹状词的归属性用法，很容易把这种类似数学的定义方式混同于科学的定义方式，但两者显然很不相同。科学本身所依赖的归纳法的修正性的特点也说明了，只有带有语用学特征的（包括它的索引式的方式）指称性用法，才是真正具有科学的意义的。

3. 语言具有两种功能，一种是认知的，另一种是交往的。从表面上看，一般的陈述句带有关于某物或某事态的断言，因此具有命题内容，而一些提问、命令、要求或警告等则并没有断言什么。但这只是表面现象，它们也可以具有命题内容（比如，它们可以转化为具有主题化的内容）。交往形式可以改变（比如，从陈述句变为问题句，从问题句转化为命令句等），但命题内容并不会因此而失去。这表明，语言的认知的使用与交往的使用是联系在一起的。当然，一般而言，总是带有明显的命题内容的陈述性的言语行为是认知性的，因为它通过言语行为建立的人际关系，目的是达成有关事态或事实的认知的共识。与此相反，那些达于对事态和事实的理解，目的是建立一种人际关系的言语行为则是语言的交往性的使用。在认知的语言使用中，命题内容是主题，它就是交往所要交流的对象；而语言的交往的使用在论及命题内容时，它只是用来在听者和说话者之间建立一种主体间的关系。这也表明，语言的不同的使用功能是相互关联的。

语言的两种形式是相互关联的，它们的功能不是社会语言学或乔姆斯基的语言学能说清楚的。在哈贝马斯看来，之所以如此的根本原因是：一方面，它们都不只是一般的句子的生成能力；另一方面，它们也远远超出了在恰当语境应用语言的实践能力。这也就是说，它们是建立在一种普遍的语用能力之上的言语行为。关于它们，我们可以建立一门普遍的语用学（形式语用学）。

有一点是明显的，在语用的基本结构中，有许多方面已显示出它们是带有普遍的语用结构的特征的。比如：

（1）人称代词（包括单称的和复数的）；

（2）用来做说话的开场白和为了演说的词语和短句（语法形式：称呼、尊称）；

（3）直指的表达式（有关时空中的位置的）；指证和限定词；数词、量词（语法形式：时态、语法模态）；

（4）行事动词（语法形式：疑问句、祈使句）；

（5）非行事的意向性动词和模态副词。

这些语言的基本表达类型都具有语用学的普遍性，"因为它们能够运用于话语条件的普遍结构之中。"① 第一和第二种表达式说明了一种在谈话中，说话者—听者和可能的参与。第三种表达式表明言语条件中的时空和事实的成分。第四种表达式表明说话者与话语的关系，以及说话者与听者之间的一种关系。第五种表达式表明了说话者的意向和经验。

这些表达式对于我们在一定的言语条件下达于理解并不是一个完整的普遍语用学的条件。但哈贝马斯认为，只有在话语的句子中使用这些普遍的语法句型，才有可能为交往建构一种必要的条件。如果不引用这些普遍的语法形式，我们甚至不能对在特定条件下说出的话语或句子作出正确的解释，以及不能在说话者和听者之间达成相互理解，或就有关某外在的事态和事实达成共识。

在语言的认知使用中，我们使用普遍的语用化的语法形式是为了构造一个可描述的对象。这种构造性的经验需要一个指称的理论来解释。而在语言的交往的使用中，我们对普遍的语用化的语法形式的使用是为了在言语行为的实施过程中建立一种人际间的关系。语言的这种使用需要一种言语行为的理论来解释。在这两种情况下，我们都遵循一种规则、一种与一般的语法规则不同的规则；它不只是表征语言内部的一种关系，它一方面揭示的是外在实在和社会的关系；另一方面揭示认知

---

① J. Habermas, *Vorstudien und Ergänzungen zur Theorie des Kommunikativen Handelns*, S.95.

的内在实在过程和出自人类组织的基本动机。社会和自然的可描述的实在是由为普遍语用化的语法形式制约的语言、认知和行动的相互的作用构成的。与此同时，我们也通过为普遍语用化的语法形式制约的言语行为构建具有互主体性经验的交往情境。因此，对于哈贝马斯而言，必须加以关注的问题是，语言的认知使用和交往的使用的普遍语用学基础的问题。哈贝马斯对这一问题的探究显示了他的普遍语用学（形式语用学）的基本特征。

但形式语用学在在基本的陈述性的言语行为中，还有两个根本的条件需要满足：首先是语言具有一个指称对象：我们的断言必须有一个客观存在的对象；其次，我们认为所做的断言为真，即我们提出相关的真理性断言的真命题。第一个条件下的有关对象的客观存在的指称问题只有在下述情况下才能得到证明：相关的说话者都能清楚地或没有异议地就所表述的客观对象的存在达成一致。第二个条件在下述情况下才能获得证明：就有关对象的断言，即命题中的断定的真理性事实上为真达成一致。前者是指称的明晰性和客观性（具有普遍的共识）：无论是单项词的直接指示还是确定性摹状词的描述，都能明确地被确定；后者是谓词性的表述，它的命题内容必须符合对象的事态。但从语用学的角度看，在语言的认知使用中，对象实在与命题内容的关系，是建立在对可能的经验的对象的先验的构造之上的，即任何给定的对象都是由语言、认知和行动交织的关系构成的；不存在二元论意义上的那种对象的直接的"被给予的"特征。

哈贝马斯并未否定感知性的经验在认知中的作用，因为它符合认知需要一个明确的所指对象的要求。感知经验是基于我们归属于事物、事件或事态的特征的感知之上的（我们看到某物处于某种状态）。当然，感知的经验只是认知的一个方面，它虽仅仅满足了一种指称的理论可以解释的陈述性断言的语义真实性的要求，但它还需要交往的经验来完成认知的第二个要求：所认为真的命题性内容的客观性或真理性的证明的要求。交往经验是基于感知之上的："基于感知的经验之上的交往的经验，带来了从感知到对人的理解、对我们归于人的话语或陈述的理解的过渡（比如，我们"了解"某人处于某种状态）。"① 但这种交往经验能够拥有信息内容，也只是因为在某种程度上它是对事物的恒定的期望的一种修正或否决。在语言的认知的使用中，我们把我们的信念置于命题内容中来理解，这就是说，我们不是直接把信念当作一种命题内容来看待，我们通过语言的表达来形成一种经验，并把信念置于这种经验中来寻求它的客观性。

　　哈贝马斯在这里明确表达了他的语用学试图把感知经验（这是一种非语言的意识的对象）转化为语言的表述的意图。对象通过语言的表述而呈现出来的判断和推论（经验审查）带有经验的内容，但它同时又是感知经验的转型。这是一种与表象主义对立的知识观，它认为知识具有一种**混合的性质**：

> 　　我们通过命名和确定性摹状词（Kennzeichnungen）指示对象。这样做我们必须做有关特征的描述。这也就是为什么我们总是能用确定性摹状词来取代命名的原因。但一旦这样做要发挥语用学的功能，确定性摹状词就必须包含一种有关对象的特征的描述。它一般是基于这样的语境中的：其特征的描述对于说话者和听者而言足以能够精确地把它从所有讨论中的可能的对象中辨认出来。②

---

① J. Habermas, *Vorstudien und Ergänzungen zur Theorie des Kommunikativen Handelns*, S.97.

② J. Habermas, *Vorstudien und Ergänzungen zur Theorie des Kommunikativen Handelns*, S.98. 布兰顿也谈到了这样一种关系：作出一种断言的十分独特的地方是，它不是在描述、指示或诉说，而是在表达一种观点或思想，因此它是一种由独立的陈述句（declarative sentence）构成的言语。一句话或一个陈述是一个句子，它包含一种要表达的观点，因此它不是直指式的指称或谓词式的指谓（predicates）。从这种意义上说，句子是由说话者带有一种观点而说出的——用康德的话来说，就是作出一种判断；这样说出的句子是断言式的句子，说话者说出它，同时也就是作出了一

哈贝马斯明确反对经验哲学对认知的描述，比如，集中于一般感知经验的描述。知识的混合性质表明，感知性的经验描述只是认知的一个方面。我们固然需要通过在量、关系、质地或其他时空关系上确定物体对象（即使康德的知性概念中的判断形式也包括感知经验的因素）。但这些感知性的语言表达只有当它在一个描述性的语言（有关事件的语言或有关意向性的语言）框架中得到解释后，才能真正形成一种有关对象的指示系统。因此，外在事物或事态首先可以被归类为事物或事态，其次，它们是存在于人的陈述或言语的关系网之中的。

从这个角度看，这里存在这样一种区别：事物和事件都发生在具体的时空中，要么存在于可测量的欧几里得空间中，要么存在于可记载的时间的延续过程中；而人及其言语行为则存在于与其社会和历史参照相关的暂时性中。因此，我们可以在具体的时空中把握事物，但与此同时，我们也把这种把握带入人际间关系之中，我们在一种主体间的层面上作为对话者相互分享共有的经验。为了真正对事物作出分辨，我们必须把仅仅作为个人的感知经验的直指的（deiktischen）表达与特定的言语行为（主体间性层面上的对话）结合起来。

为此，哈贝马斯谈了语言的三种认知形式：直指（由指示词和索引词表示）、述谓（Prädikation）和因果推理，并指出了它们的语用学形式。① 他虽然没有像后来布兰顿那样把直指与回指（anaphora）联系起来（他并未使用回指一词），但哈贝马斯同样认为，指示词并不是单独发挥作用的，其指示的功能不能做独立的理解。比如，不能把指示词的功能仅仅理解为只是指示某物（好像我们用食指指出某物）；这样赤裸

种承诺，一种认为某物在何种意义上是真的或某物实际是什么的承诺。推理与话语的推论的结合，断言作为一种知识或成为概念内容，它既有推理上的适当的承诺和资格，又有语言的社会实践的相互承认。（Cf. R.B. Brandom, *Making It Explicit*：*Reasoning*，*Representing*，*and Discursive Commitment*，p.199ff）

① Cf. J. Habermas，*Vorstudien und Ergänzungen zur Theorie des Kommunikativen Handelns*，SS.99-100.

裸地指示可能是空洞的、没有任何意义的。我们应当认识到，指示词的使用是在一种特定的话语层面中来进行的，因此，它只是在作为回指的先行词时才能真正发挥指示的功用。这就是说，直指实际上只能在回指的辨认中才能显示它是否指示了一个对象，离开了回指，它本身根本不能完成任何指示的功能（它可能只是错误的指示）。因此他说：

> 在有疑问的情况下，我们必须把直指的表达式与特定的行动联系起来，以便成功地辨认出一个对象。像"这个"、"那个"、"这里"和"那里"、"现在"和"当时"，以及"单个"和"许多"这样相同的代词和副词，在它们用于事物和用于人时，需要不同的分辨的行动。①

另一方面，在谈到述谓的语用学层面时，哈贝马斯指出，述谓并非一种简单的语义判断，它同样是与语言、认知和行动结合在一起的。确定一个事物是什么，必须知道它的普遍特征，据此才能表明我们的述谓是否正确。事物的这些普遍特征若只是通过观察而来的，那么，我们就可以依赖于观察。但如果它是通过带有认知者的意向性内容的命题形式来表示的，那我们就必须通过反驳或质疑的方式建立相关的证明。这种方法是典型的语用学的方法，述谓是否正确的证明被置于"语言游戏"之中：它要么是一种物理的测量，要么是一种主体间相互关系的话语。在述谓的形式中，因果推理是一种重要形式，我们通过它把经验对象归于一种法则性的联结关系之中。但前提是我们必须知道所有相关的事件、事态，即只有在皮尔士意义上的工具性行动中（具体的科学交往共同体的实践中），才能确定相关的因果联结法则。

在语言的交往使用中，言语行为是一个根本的现象，通过对它的

---

① J. Habermas, *Vorstudien und Ergänzungen zur Theoire des Kommunikativen Handelns*, S.99.

分析可以帮助我们弄清楚整个语言的交往使用的功能。我们知道，约翰·塞尔对言语行为做过深入的探讨，他提出了实施言外行为的恰当条件：准备条件、诚意条件、命题内容条件和必要条件。因此，按照标准的塞尔的观点：一个完整的言语行为将包括发话行为、命题行为、以言行事行为和以言取效行为四个方面。说出话语就实施了"发话行为"，进行指称和断言就实施了"命题行为"，完成陈述、提问和承诺等就实施了以言行事行为，最后，这种以言行事行为在听话者身上所产生的影响就是以言取效行为。哈贝马斯关心的是其中的最后一种，即具有认知维度的形式语用学的**以言取效行为**。

（三）话语推论

哈贝马斯的语用的认知实在论的指称概念，必须通过话语推论的理论才能一方面与融贯论对指称的理解区分开来，另一方面与表象主义语义学的指称概念划清界限。与融贯论和表象主义语义学不同，哈贝马斯坚持一种命题主义，他看重的是语言的认知推理的功能。他始终认为，不能因为语言体系或概念体系的可推理关系使语言失去认知的特性，认知必须带有推论的特性，即作出陈述或断言。话语推论的本性决定了我们不能把有关对象领域的适当的认知图式或相应的语言体系当作真理概念来理解。"可以是真的或错的，既不是认知图式，也不是概念或谓词。真的或错的都是我们应用这种概念和谓词建立的陈述（Aussagen）。"[1] 适当的认知图式和相应的语言体系只构成一个与获得有关经验对象的信息相关的认知概念。但在这个领域，与认知的概念相关的经验并没有使真理性要求主题化。与此不同的是，像在一般推论中那样，我们对事态作出推论，它与陈述的有效性相关，而不是与可信赖的信息或值得相信的认知行为相关。把两者合而为一是古典实用主义的

---

[1] J. Habermas, *Vorstudien und Ergänzungen zur Theorie des Kommunikativen Handelns*, S.169.

概念同化论的产物。但哈贝马斯一直认为，融贯论和概念实在论混淆了世界中的对象的经验的关系与事实的论辩的关系，相应地也就混淆了一种语言和概念体系的适当性和一种命题的真理性。

但哈贝马斯承认，推论的舆论一致性不是一种任意的东西，推论是在所选定的语言体系内进行的，即它是从特定的问题开始的，而这里的问题又只有在特定的语言和概念体系的协助下才能发现。哈贝马斯并不反对整体论的视角，但他明确地指出，由整体论走向概念实在论是不可取的，因为那样会使我们的推论陷入语义被动性之中。为此，他刻意谈到了与推论相关的更重要的另一方面，即推论所包含的积极的**认知学习**的一面。

哈贝马斯认为，在人类社会—集体实践的合理化过程中始终存在一种张力关系，因为我们在任何时候也没有把一种社会—集体的概念实践行为**直接**等同于无须辩护的合理性行为。任何一种合理化的社会—集体实践都有赖于一种论辩的理论。① 从合理的形式上看，它必须排除任何来自于外部的考虑：它是否能排除任何非认知的因素？比如，如何克服语义的被动性（一种融贯论的语义主义）和理解的非对称性（偏向某种理由）？

为了回答这里的问题，哈贝马斯指出了论辩的具体程序上的要求。必须把论辩看作是观点和理由的提出者和反对者之间为了寻找真正合理的答案而展开的一种话语辩护的过程。这里的话语的论辩的规则是：论辩者必须首先抱有一种假设性的态度（非独断的），即论辩者不应完全相信或依赖具体的实践操作或经验中固有的理由，而是必须从对这种固有的理由的信念中解放出来。只有这样，在把成问题的有效性要求主题化的情况下，论辩才能真正按照程序来进行，否则，任何把成问题的有效性要求主题化的言语行为都不可能达到真正的真理性论辩的目的。因

---

① 为此，哈贝马斯后来专门对克莱因（W. Klein）的价值中立的（即对论辩不做任何评价的）论辩理论做了批评。(Cf. J.Habermas, *Theorie des Kommunikativen Handelns*, Band 1, Suhrkamp, 1995, SS.50-56)

此哈贝马斯说，在论辩中，"使用证成的根据（Gründen）也只使用证成的根据来检查，反对一方所辩护的有效性要求是正确的还是不正确的。"① 下面我们将扼要阐述哈贝马斯有关话语推论的这三个基本特征：话语推论与实质推理的关系、话语论辩与历史—经验中的法则的关系，以及语义被动性与理想的话语条件。

1. 一般而言，语言体系是陈述的可能性条件，它是一种具有先在的适当性的认知图式。我们只有借助一种语言体系进行论辩（在这一点上，融贯论的整体论是对的），把过去证明为适当的认知图式运用于认知对象。但我们在应用认知和话语的手段进行表达时，必须确定事态，无论它存在还是没有存在。我们不能对语言做一种概念实在论的解释（把一切论辩的依据建立在它的概念系统之上）。无论事态是否存在，所要做的是，对描述事态的陈述的真理作出裁定，而不是对这种陈述的运用所包含的概念和谓词的适当性作出判定。使事态得以描述的陈述的真理与在这种描述中所使用的概念和谓词的适当性是不同的，只有前者才具有认知上的本体性地位：我们是用陈述（作出断言）的真理性去衡量概念和谓词的真理性（适当或不适当）的，而不是相反。哈贝马斯明确地赋予了陈述的真理以本体性地位，并强调了它的推论方法的重要性。因此，他反复强调了这一点。②

正是在这一点上，哈贝马斯发现，图尔敏的论辩模式为建立话语推论的逻辑提供了重要的方法，因为它很好地说明了在放弃了形式的逻辑论证之后，话语辩护应如何建立自己的逻辑，以使辩护本身具有规范

---

① J.Habermas，*Theorie des kommunikativen Handelns*，Band 1.S.48.

② "只有陈述才有可能真或错，真理必须与论辩明确地联系在一起。获得舆论一致性的力量，通过论辩而变得不可或缺，只要保证它不是基于过去在认知发展中形成的自然意愿的控制之上，即不只是基于语言体系与实际情况之间的'适当'关系之上，而是通过自身建构一种中介条件：它把每一个认知发展都当作有意识的不间断的学习过程。一种语言是否适合于对象，需要解释的现象是否完全指派给了对象领域，所选定的语言是否适当，这些问题都必须能够成为论辩的题目。"(J. Habermas，*Vorstudien und Ergänzungen zur Theorie des Kommunikativen Handelns*，S.171)

解释的力量。比如，一个根本的问题是，应该怎样做才能使话语推论摆脱缺乏真理意义的舆论共识？既然不能把句子的逻辑的一致性当作论辩的规则，也不能仅仅根据经验内容作出判定，那么，我们如何能够为相关的论断提供**实质的**根据或理由，即如何使推论具有切实的论辩的力量？

哈贝马斯认为，图尔敏的论辩模式回答了这里的问题，因为它是一种基于实质推理之上的论辩模式，它并不依赖推理的形式上的完善性，而是依赖推理所根据的理由和所做的相关的辩护以及所提供的事实。从这个意义上说，图尔敏的论辩模式具有方法论上的独立的意义。在哈贝马斯看来，只要排除图尔敏的论辩模式公理化的作用太强这一点，即把图尔敏的"理由"、"事实"与"论辩"置于一种紧张关系之中，以求最大化地发挥"辩护"的认知的作用（尽可能减少基于公理的辩护），推理主义的解释就完全能够由与命题的形式相关的地方开始。形式上好的推理概念，并不需要任何特别与逻辑相关的东西。推理的形式上的完善性，只能来自于解释和推理的实质的完善性。

如果是一种实质的推理，那么真正的改变是，意义的有效性的客观条件不是直接从语言表达式的语义内容来获得的，而是通过说话者的认知的立场来表明的。这种意义的有效性断言是基于潜在的可以在话语中兑现的理性之上的。这里的理性对什么是值得主体间承认的有效性断言作出评判，并使相应的断言变得可以接受。在哈贝马斯看来，这样做就真正走出了语义学抽象，同时，这样做也就彻底克服了认知的和客观主义的抽象。哈贝马斯正是在这种意义上探讨了他的真理的话语推论的逻辑，其中他表明了什么是话语中的实质推理，如何避免语义被动性，以及如同使话语的推论激进化，以便区分一般的舆论与规范的真理性的舆论。

哈贝马斯赞同图尔敏的论辩模式的基于实质推理之上的要求；在他看来，图尔敏的模式能够很好地证明，一种基于话语推理的逻辑和一般陈述的逻辑是不同的（后者对句子结构的分析带有真值要求）。话语推论的逻辑也不同于先验逻辑，因为它并不讨论与对象的可能的经验相关的基本概念（范畴）的建构。话语推论是一种交互推理、一种在不同的推理的交互关系中的话语辩护。"这种推论的逻辑是一种实用主义的（pragmatische）逻辑。它寻求的是论辩相互联结的形式的特性。"① 尽管逻辑模态的不可能性（矛盾）、必然性（否定的不可能性）以及其他模态，可以用来支持一种论辩，或对有效性要求的弱点进行形式化的弥补，但"令人感兴趣的是这样一种论辩，它通过舆论的可靠性来形成推论。我们把这种论辩称为实质的（substantiell），因为它提供信息，而且不完全依赖分析的一致性（或不一致性）而有效的（以及无效的）"②。一种论断性的要求，只要说明了理由，它的论断的有效性要求（命令或评价）就会获得承认。

哈贝马斯看中的正是图尔敏的基于实质推理之上的论辩模式，他认为，这一图式完全可以应用于他的理论—经验的实践推论中，因为在这种论辩模式中所提出论断的有效性要求，以及有关命令和评价的实践有效性要求是可以通过论辩来兑现的。在论断中，可以把事态的存在与对它的真实性所提出的"是"与"否"的有效性要求联系在一起。反对者可以驳斥它的真理性，或支持它认为不真实的看法，也可以相反，支持它为真的看法。因此，哈贝马斯认为，带有有效性要求的论辩可以按

---

① J. Habermas, *Vorstudien und Ergänzungen zur Theoire des Kommunikativen Handelns*, SS.161-162.

② J. Habermas, *Vorstudien und Ergänzungen zur Theoire des Kommunikativen Handelns*, S.162. 图尔敏的论辩理论典型地体现了在合理化实践中超出描述性的理论陈述的合理性论辩的重要性。这一论辩模式具有哈贝马斯所特别重视的特征：它既属于非形式逻辑所拓展的那种实质的推理的领域，又与自然主义化的概念释义方法完全不同。它的前一个方面的特征决定了它必然带有后一个方面的特征——因为这种论辩模式不是把真理这个概念置于形式语义分析之上（或自然主义还原论之上），而是把它置于形式语用学之上，即，它是一种有赖于具体言语行为展开的有关话语的真或假的论辩，而不是一种通过形式化的语义分析求得某种语言的真值条件的证明；而且它还是作为一种真理性论辩模式而出现的，而不是作为否认真理概念的独立意义的概念合理化释义的论辩模式出现的。

照图尔敏所提出的形式来应用。

图尔敏的论辩的形式结构所表示的正是这样一种观点。比如，命题"亨利是英国公民"（C = conclusion）可以通过指出这样的**事实**（D = data）获得解释："亨利出身于百慕大"。这一解释可以通过一种结论性的规则："出生在百慕大的人必然是英国公民"来获得一个可信的演绎的证明（W = warrant）。这一推理的普遍前提或结论性规则还可以通过指出"**基于随后情形**（新的科学的证据）以及其他合理的规定"得到辩护（B = backing）。形式逻辑学三段论法（大前提、小前提、结论）的论证图式，试图将各种论证所进行的论证演绎出一种齐一的推理形式。它所借助的区别（即前提和结论的区别），并不能正确地使我们理解现实生活所实际进行的论证，反而混淆了语言的使用的特殊性，掩盖了论证与实际经验对象的复杂关系。因此，图尔敏试图将论证从形式逻辑学中解放出来。他的论断性结论（C）、数据（D）、理由（W）、支持性辩护（B）的各种陈述的功能差异，确实可作为论证推理的有效工具。特别是它明确地区分具有定言的、事实信息的支持性辩护（B），与具有假言的、推论规则的理由（W）的使用。因此，图尔敏的模式的意义在于，它揭示了下述关系：如果没有使数据（D）到结论（C）成为可能的证明依据或正当性理由（W），一个论辩就是没有确定性意义（哪怕它符合一般形式逻辑的规则）；如果 D 能够从 B 中得出，那么一个论辩就具有**必然的**有效性（在模态上）。

但要真正运用图尔敏的模式，还必须认识到，这一模式是有缺陷的。图尔敏没有意识到，在他的论辩模式中，与 B 相比，W 并没有任何信息的提供，它只提供论辩推理的正当的理由。与此相反，B 则具有信息提供，但它的局限性是：只有我们能穷尽**所有相关的**信息，它才是必然为真或有效的（在推论的模态的意义上而言）。图尔敏的模式并没有真正解决 B 和 W 之间的矛盾关系，它更多的是把 W 当作演绎的法则来使用。对于哈贝马斯而言，这一点很重要：决不能简单地把 B 当作是依附于 W 的一种证明，B 在这里具有对 W 的实际应用是否**适当性提供**支持的意思，它表明 W 在具体的情境应用中是受限制的："只有在 **B 和 W** 之间**不存在演绎的**关系的情况下，而且 B 因此仍然具有充分的理由，才有可能坚持 W 的立场。"① 而图尔敏的模式的缺陷也恰恰表现在这里：他对论辩逻辑的重建，对于解决有效性理由或正当性规范的应用并没有帮助，这就是说，他只是指出了真理性论辩必然要涉及有效性根据或正当性规范（**W**），但之于如何正确地（也就是适当地）应用它，他并没有提供任何解释。图尔敏证明了在具体的论辩中，一种实质的理由或根据（不是形式推理的前提）是必要的，没有它，论辩就无法展开，但他却似乎认为，有了论辩和辩护的理由，问题就解决了。因此，图尔敏给出的论辩的结构表明，它仍然带有形式论辩的特性，它还不是一种真正的实质的论辩。"我们只把这样的论辩称为实质的：尽管在 **B 和 W** 之间拥有类型的转换的可能性，但在逻辑上是非连续的。"② 这也就是说，如果我们认为在 **B 和 W** 之间具有一种逻辑的连续性，比如它们可以通过一种逻辑的关系互推，那么，这种论辩就仍然是形式的，而非实质的。

哈贝马斯对图尔敏的模式的内在矛盾的分析足以表明一个关键的问题，即在推论性的论辩中，舆论的力量与合理性动机的关系的问题。基于何种基础，我们对从 **B 到 W** 的转换作出辩护？（即基于何种基础，把一种作为辩护使用的事实看作是合理的？）这里的问题涉及 **W** 是如何得到正确的应用的问题。

哈贝马斯举了下面两个简单的例子来说明这里的问题，一个涉及理论—经验的真理，另一个涉及实践的正当性的真理：1. 需要解释的论断：水在这个盆子中洒了出来（**C**）。这里的解释是水煮开了（**D**）。

---

① J. Habermas，*Vorstudien und Ergänzungen zur Theorie des kommunkativen Handelns*，S.164.

② J. Habermas，*Vorstudien und Ergänzungen zur Theorie des kommunkativen Handelns*，S.164.

它的论辩的形式结构是一种规则性的假设：与热力学定律一致的定律（**W**）。经验的因果性的证明对假设的支持：一些基于多次的观察所表明的物体可能在体积、重量和温度上的大小或强弱的差异的表现（**B**）。2. 需要辩护的陈述：你必须在周末还给汉斯五十马克（**C**）。这里的辩护是，汉斯只把这钱借给你四星期（**D**）。它的论辩的形式结构基于一种行为的准则：比如基于一种适当的规范，借线必须在给定的期限归还（**W**）。对规范进行因果的证明性的支持（**B**），因为这里的规范的应用还需考虑应用中的后果和附带后果，以及借贷的一些特殊原因等。①

　　由于存在从 **B** 到 **W** 的转换的问题，在这两类涉及不同对象的例子中，都不能理解为具有逻辑的连续性，而应理解为是非连续的，它们之间的逻辑关系都需要**话语辩护**的方法来证明。在论辩中要获得观点一致，就要与适合于论辩的适当的语言以及相应的概念体系结合起来。一种论辩获得舆论的一致性的力量（**konsenserzielende Kraft**），必须与相关或适当的语言和概念体系结合起来。在哈贝马斯看来，这一点是肯定的：只有当论辩的所有部分都归属于这种语言，才有一种令人满意的论辩。我们必须借一种语言体系（**Sprachsystem**）以便形成一个明确的概念，通过它，对解释等需要辩护的现象（**C**）加以说明。这种说明的目的是，一方面在这种说明中显现的单个存在的陈述（即 **C**），能够从 **D** 和 **W** 中出现的陈述中得出；另一方面，**B** 的辩护性支持又能使任何参与推论的人（有充分的动机的参与者）都能够对 **W** 加以接受。

　　通过所选定的语言体系确定，在一种给定的论辩关系中，哪一种经验类型应该作为证据引入，即哪一种支持性的方式是被允许的。因此，我们在论辩中必须引入的观察和有问题的数据，应该是解释了的经验，并因此是依赖于所选定的语言体系之内的范畴的；但另一方面，"尽管在正当性理由和支持性论据中出现的陈述之间没有演绎的关系，从 **B**

---

① 前者是"理论—经验的话语推论"（theoretisch-empirischer Diskurs），后者是"实践的话语推论"（praktischer Diskurs）。（Cf. Fig.8；Diskurstypen, J. Habermas, *Vorstudien und Ergänzungen zur Theorie des Kommunkativen Handelns*，S.164）

到过渡到 W，只有从舆论一致性意见所获得的力量中得到一种辩护。"①
哈贝马斯进而认为，这种辩护在理论—经验的推论中可以借助于归纳法
原理（Induktionprinzips），作为具有单一性特征的假设的根据。② 在理
论—经验的推论中，归纳在这里发挥一种桥接原理的作用，它使逻辑的
非连续的方法从无止境的数量的单个陈述（数据）向普遍的陈述（假
设）转化变得合理（作出合理性辩护）。就像在实践推论中，普遍化原
理也起着桥接原理的作用，它使描述性的提议（规范应用和附带后果的
一般的可接受性的提议）向规范提议演变作出辩护。当我们把应用于论
辩的语言体系，即作为根本理由的话语和先于经验的语言体系，同样当
作基于经验的描述过程的结果来理解（不是简单地赋予这一在某种意义
上是先于经验的语言体系以一种本体性的地位或把它实在化），就必须
解释为什么通过基于话语的归纳可以确定论断的根据，因为这里已经没
有了概念实在论的地盘；同样的，必须解释为什么对于命令和价值的论
断而言，普遍化原理是必要的，因为这里已没有了道德实在论的地盘。

　　哈贝马斯考虑归纳如何与所选定的语言和概念体系结合的问题，
说明他并不愿像一般经验主义那样赋予归纳以神秘的本体的地位，完全
无视所存在的语言和概念体系的经验的先在性，但他也不能接受没有归
纳的因果证明的独断方法。因此，在把归纳法当作理论—经验的推论不
可或缺的部分后，他又指出，"归纳上可以证明和反驳的数据必然要通
过所选定的语言体系在尽可能大的范围内加以选择，以使'经验'不可
能独立于所确定的语言体系的检查"。③ 哈贝马斯看到，这里始终存在
一种方法论上的辩证法，作为整体的经验（语言和概念体系）和归纳都

---

① J.Habermas，*Vorstudien und Ergänzungen zur Theorie des Kommunkativen Handelns*，
　　S.166.

② 在实践推论中则借助于普遍化原理（Universalisierungsprinzips），作为行为的规范的
　　基础来寻找解释。

③ J.Habermas，*Vorstudien und Ergänzungen zur Theorie des Kommunkativen Handelns*，
　　S.168.

不是独立自主的，它们处于一种微妙的相互制约的关系之中。因为不管怎么说，作为基本根据的语言体系与实在的关系是由一个学习和发展的关系来调节的，把选定的语言体系加以确定的认知，能把在这个语言体系中可能出现的每一个论辩事先指出。

2. 话语推论的关键无疑是论辩的效果的问题：一种论辩如何让人信服，如何让人觉得它的辩护性断言是可以兑现的（包括是可以反驳的），从而使人相信，通过提出者和反驳者之间的有效性要求的交锋是有结果的，即他们的争辩的结果或结论最终是能转化为知识的。因此，论辩需要一套方法上的规则。在哈贝马斯看来，一个满足了话语推论要求的（修改了的）图尔敏的论辩模式可以提供这样的一般规则。我们在论辩中就某种认为是有问题的话语提出有效性要求，此即图尔敏的下结论（conclusion）的断言。但我们不是简单地下结论，相反，我们是通过某种理由或根据（ground）来作出断言；而且，这里的理由或根据是通过某种法则或原理来建立的，因此它是作出了担保的（warrant）。但与完全根据某种法则或原理的推演不同，这里的具有法则的根据的断言还要能够为不同的证据所支持（backing），而且在需要的情况下，它所下的结论性断言能够作出修正（modifier）或接受某种限制。

尽管图尔敏的模式与那些迷信法则性的论辩逻辑的观点不同，它是支持一种有效性断言的多元论的，但正像我们已经看到的，图尔敏仍然没有很好地区分论辩的逻辑（它需要普遍化原理）的层面和经验的层面（历史和经验中的法则）。图尔敏把论辩置于广泛的合理化的经验科学（法律、道德、科学、管理和艺术批评等等）的层面，他把论辩的可能性基于对这些合理的科学本身的合理化辩护的过程上。① 在他看来，如果我们不能理解这些本身就是通过论辩来进行的科学论辩的意味，我们就不能就一种有关它们的断言的有效性的正确与否的论辩作出判断。

---

① 图尔敏的观点类似于托马斯·库恩，后者把话语的可能性限制在具体科学的"范式"之内。

在图尔敏看来，比如在实际的法律诉讼中，司法的论辩的力量不能单独来理解，我们不能从逻辑上赋予它力量，它的论辩的力量只能来自于这门法律的功能目的以及具体的判定情形。在科学的论辩中也是如此，科学论辩的力量也不是由它的论辩的结构或秩序决定的，只有把科学论辩置于它提出的问题的语境，所针对的问题以及它对于科学的更大的事业的贡献的考虑中，我们才能对它的论辩的力量作出判定。只有对深化我们的科学理解有帮助，我们才能说，一种科学的论辩是合理的或有意义的，正如只有对整个司法程序实现其更高的目标有帮助，我们才能认为，一种法律的论辩是合理的或有意义的。对于任何其他合理化的领域而言也是如此。我们只有理解了医学事业本身，才能理解一种医学论辩的力量是什么。在经济、政治或其他领域中也可以做如此推论。真理性论辩和推理是以这些人类的科学事业为背景；是人类的整个科学事业使得真理性论辩和推理成为了整个人类事业的组成部分（使它避免成为一种主观的论辩和推理）。因此，图尔敏认为，我们也必须把真理性论辩当作一种"合理化的事业"来看待，因为论辩和推理存在于任何合理化的科学事业中，决不是真理性论辩本身才依靠或需要论辩和推理。

图尔敏对论辩与具体的合理化的科学以及整个人类事业的关系的考虑不无道理，它类似于黑格尔的目的旨在"去先验化"的现象学分析，从整个人类精神科学的历史过程中去考察科学的合理性规则一样是有道理的。但哈贝马斯指出，这种考虑同样有它的缺陷，它可能会用另一种"先验的"承诺来代替先验的承诺，即它可有可能会走向一种摆脱不了某种先验承诺的概念实在论：把经验中现存的合理化的理性法则实在化，把它们当作是无须再检验的、具有某种不变的恒定性的法则性的东西。无疑，论辩与具体的合理化科学必然有某种关系，但这并不等于我们可以把真理性论辩同化为一种经验的科学的论辩。

当然，图尔敏是意识到这一点的：他从未想放弃那种具有自身逻辑的真理性论辩。但在哈贝马斯看来，他赋予论辩逻辑历史经验的特性太多，赋予论辩逻辑的独立的方法论的内容太少。他力图避免论辩逻辑带

有不能令人满意的先验性或抽象的普遍性，因此他想从具体的科学中
"提取"一种独立的论辩模式，从而反过来，又能用这种论辩的逻辑限
制这些具体的合理化的科学论辩（图尔敏的论辩模式的本意）。但他的
反先验论和反抽象的普遍主义的观点，又使他更多地倾向于通过具体历
史的合理化的科学概念的重建制定论辩的逻辑的方法。图尔敏摇摆于两
者之间。①

　　这样一来，图尔敏就必须发展一种他称之为"集体理性批判"的
概念，对整个科学（科学、技术、法律、医学等等）的合理化过程中特
定时间内的合理性概念作出分析。但如何从这种历史分析中得出一个公
正的评价呢？我们有许多种相关的科学的观点，没有任何一种科学的观
点能在没有一个公正的标准下证明自己。图尔敏也试图寻找这样一种能
够体现公正性的标准。但在哈贝马斯看来，"只要图尔敏没有对科学合
作的一般的交往前提和方法作出清楚解释，他就不可能从形式语用学上
指出，什么是论辩的参与者所采用的一种公正的观点。这种'公正性'
在论辩的应用的结构中是看不到的，而只是在与有效性要求的推论的兑
现的条件联系在一起时才能看清楚。"② 这就是说，图尔敏不可能通过对
人类的集体的理性活动的理解和分析来获得对这种活动进行评价的标
准。尽管图尔敏意识到，论断的有效性最终是建立在社会共同体的共识
之上的，但他没有清楚地区分一般的舆论的共识与经过证明的共识。这
也就是说，在大多数情况下，图尔敏把这两种不同的理论共识混淆起
来。他没有真正或在令人满意的程度上把论辩的逻辑置于具体的科学论
辩中来考虑，相反，他有时往往用存在于具体科学内部的（法律的、道

---

①　对此，哈贝马斯做了下述评论："……论辩逻辑的任务就是对可能的论辩的解释的框
　　架进行限制。因此像法律和道德、管理和艺术批评就会把它们的合理性归结于这种
　　共有的核心。但在另一种关系上，图尔敏又转向对这种普遍性的理解方式的坚定的
　　否定；他对直接把握基本的和不变的合理性框架的可能性表示怀疑。因此，他用一
　　种概念和范式转换的历史—重建的研究方法来反对波普尔式的规范的科学理论的非
　　历史性的方法。"（J.Habermas, *Theorie des Kommunikativen Handelns*, Band 1, S.59）

②　J. Habermas, *Theorie des Kommunikativen Handelns*, Band 1, SS. 60-61.

德的、科学的以及医学和艺术批评等）论辩当作逻辑的论辩所依赖的东西。的确，法律诉讼上所达成的共识或妥协，可以作为论辩的争辩的一种形式，在科学、道德和艺术批评中的论辩则可以作为达于相互同意的论辩的形式，但它们都不属于真正的话语辩护的形式。比如，在法庭上的法律的论辩的真正目的是，在平衡权利的关系时是力图维护现行法律中规定的既定的利益层次，它并不进行如何使利益普遍化这样的论辩逻辑需要去考虑的问题。因为它受制于现行的法律以及相关的涉及各方面利益的法律诉讼程序。显然，哈贝马斯不同意把具体科学中的制度性的或功能性的推理论辩规则当作一种论辩的逻辑来看待。在他看来，"所有的论辩，无论是与法律、道德、科学假设或艺术批评相关，都需要这种相互合作的真理性探求的基本的组织形式，它从属于既定目标的手段，并通过主体间的令人信服的力量建立更好的论辩。"①

对于哈贝马斯而言，这里始终存在受制于经验语用学的具体语境的制度性的论断与形式语用学的普遍有效性论辩的区别，哈贝马斯与达米特和布兰顿一样不赞同简单地采用具有自然主义倾向的概念融合论（把概念与实践同化）。他同样认为，在人类的社会实践中，一方面是吸取环境信息和对外在世界的工具性的干预的非概念的活动（实践），另一方面是概念的使用和判断。在这两者之间固然有密切的关联，但它们两者的区分是明显的。这里始终存在着概念使用的分化，即始终存在概念的使用和判断独立于或超越现有的概念和工具性行动的情况。

陈述性的言语行为的有效性，即一种断言的命题的真理性基于两个基本条件之上：第一，它必须具有经验的基础，即它的陈述不能与经验发生冲突。第二，它必须是可以通过话语推论来证实或兑现的，即它的陈述可以经得起听者的反对观点，并因此能为所有的可能的论断辩护的参与者所同意。第一个条件必须满足，以便获得一种可信性（经验内容是断言的命题内容的可信性的基础）；第二个条件也必须满足，以便

---

① J. Habermas, *Theorie des Kommunikativen Handelns*, Band 1. S.62.

符合推论的有效性要求。只有把推论式的兑现这一方法具体化，隐含于断言的语用学之中的真理的意义才能显示出来。这实际上就是舆论一致性理论所要做的事。① 我根据他人的判断（所有那些能加入我的断言推论活动的人）来分辨什么是真的断言什么是错误的推言。包括所有我可能遇到的对话者。命题内容的真理条件是所有其他人的潜在的断言构成的。每一个人都应该认为，我把命题断言归属于对象是正当的证明的，并因此有可能同意我的观点。从这种意义上说，"真理的普遍语用学的意义是通过要求达于合理的舆论一致性的方法决定的。有效性论断的推论的概念带来了舆论一致性的概念。"②

如果我们面对的不是单个的句子与需要解释的经验的对应关系，那么，获得论辩的舆论一致性的能力就显得非常重要了。但如何理解这里的获得舆论一致性的能力？我们当然不能从自然主义的概念同化论的角度理解它们，因为这只会带来对话语推论有极大损害的语义被动性。

3. 为了避免任何可能的概念实在论和概念同化论所带来的语义被动性，哈贝马斯提出了涉及论辩的理想的交往条件。从论辩性的话语的最高要求来看，除了依赖"更好的理由"或真理这一最高层次的论辩力量，其他的理由不会作为一种理由而被考虑。如果按这样的条件来理解，论辩就必须理解为是达于真正的理解的可无限延续的过程的一部分（它是开放的），而不能理解为不能修正的或封闭的。

概念实在论的理论立场带来了一种认识论的消极性，以及它带来了一种必然是不能接受的语义的被动性。当我们把认识的使命想象为受制于现有的语言和概念体系或对前存在的事实的发现，就会把认识和

---

① 哈贝马斯承认，"这样的看法的结果是，当每一个能够加入我的对话的其他人能把同一谓词归于对象的时候，我也就应该（通过谓词性的句子）把这个谓词归于这个对象"。(J. Habermas, *Vorstudien und Ergänzungen zur Theorie des Kommunikativen Handelns*, S.136)

② J. Habermas, *Vorstudien und Ergänzungen zur Theorie des Kommunikativen Handelns*, S.109.

实践局限于被给予的接受的过程中：它好像是让世界直接呈现在我们面前。在图尔敏的论辩模式中就包含了这种理论倾向：如果 W 作为理由或根据本身就是存在于特定的语言和概念体系之内的，那么它就有可能作为一种前存在的事实规定着推理性的论辩。

因此，哈贝马斯特别指出了这一点：当把图尔敏的论辩模式改造为上述有关理论—经验的和实践的话语论辩的推论模式，并因此对真理和正当性的有效性要求的合理动机作出具体的说明之后，推论就必须有这样的形式："允许对首先选定的语言体系作出修正。"① 只有这样，反思的经验与语言体系的不适当性在论辩中同时出现的情形就会消失。对于推论而言，提出这样的推论的形式要求不仅是针对真理论中的理论—经验的真理的，它也是针对真理论中的实践的真理的。因此，在哈贝马斯这里，这个问题首先可以从理论—经验上来回答，然后可以从实践上来回答。

哈贝马斯认为，为了达到这样的目的，理论推论的形式必须一步一步地激进化，即它应逐步地具有一些更完善的性质。这里所要走的第一步是，从自身的行为所表现出来的有问题的论断，走向其争论能够与其他推论者对照的论断，即加入一种推论；第二步对有问题的论断作出理论解释，以及在一个选定的语言体系中给出一个论辩（理论的推论）；第三步是寻找对选定的语言体系进行修正的方法，以及寻找作为替代的语言体系进行评价的方法（元理论推论）。最后走向对基础性的话语进行系统的修正的反思，并通过实质的话语自我批判对现有认识论的重构，以逐渐实现对不适当的语言和概念体系的克服，从而进一步走向更高阶段的认识的**规范概念**（认识批判）。② 哈贝马斯强调，这里需要一

---

① J. Habermas, *Vorstudien und Ergänzungen zur Theorie des Kommunikativen Handelns*, S.174.

② 实践（道德）推论以同样的方式也必须在推论上一步一步地激进化，即它需要行为主体的自我反思的可能性。第一步是对于那些已经出现问题的命令或戒律，通过提出有效性要求把它们置于推论中加以论辩（加入推论）；第二步针对有问题的命令和

种认识批判的理由是，科学理论与科学史的理论的系统的关联，一直是
处于一种相互作用的辩证的张力关系之中的，就像库恩、波普尔、拉卡
托斯和图尔敏等人所揭示的那样。这种推论的方式打破了理论推论的界
限，它把我们引向了这样一个层面：借助特有的循环，用合理的重建表
明，什么应是认识上有效的。对事物的认识与人类兴趣的关系也可以是
认识批判的主题。在根据有效性要求的合理动机提出理论的解释和辩护
时，就应该应用这些不同的推论的层次。论辩的舆论一致性的获得的力
量需要在不同层次来体现，直到获得所有的舆论的一致性。这意味着，
不是在某一个层次获得论辩的舆论的一致性，而是在所有这些领域获得
舆论的一致性。

　　哈贝马斯认为，要满足这些条件的推论的形式特性，推论就必须
有一个理想的话语条件。所谓"理想的"话语条件，指的是这样的话语
条件，即话语的交往不会由于外在偶然情况的影响，特别不会由于强迫
而变得残缺不全，而完全是交往的结构本身获得的。理性的话语条件可
以排除交往的系统的歪曲。如果所有的推论的参与者都有系统的参与机
会，选择相应的言语行为并表现出来，交往的结果就不会是强制的结
果。不同的言语行为和不同的要求，就可以按照参与者的平等的参与机
会给予平等的表达和选择的权力。为此，哈贝马斯特别为理想的话语条
件设置了特定的要求：（1）一种推论中的所有潜在的参与者必须具有相
同的运用交往的言语行为的机会，因此，只要是通过言谈和反驳，能够
持续地提出问题和作出回答，在任何时候都可以开展一种推论。（2）所

　　戒律，在**所选定的语言体系**内作出论辩（实践的推论）；第三步是对选定的语言体系
或作为替代的另一个语言体系的适当性作出评价（元伦理或元政治的推论）。"元伦
理或元政治的推论"也就是后来哈贝马斯称之为规范的有效性商谈。最后一步以及
进一步的激进化是对我们的基于知识和能力状况之上的需求结构作出反思，即对在
人类具体的知识和能力的状况下，人类的真正需求是什么的问题的反思。我们可以
基于现有的信息，对我们的需求作出解释：认识它可以去追求的和能够实现的范围。
有哪类的信息是我们未来将首先考虑去做的，也是一个实践的问题，可以通过认识
的政治学建立这样的观点。这就回到了一个康德式的问题上：我们应该认识什么。

有的推论的参与者必须有相同的机会，对释义、论断和表达提出解释和辩护，并对其有效性要求提出质疑、支持或反对，这样，就不会有先见在主题化和展开批判时保留下来。这些是针对推论的社会性条件的要求，它要求保证参与者加入推论的话语论辩并不表现在形式上，即仅仅是拥有这种权力，而是在有关真理的判断性上有真正的发言权。只有在纯粹的交往行为中，推论的话语论辩才有可能从强制的行为中解脱出来。因此，（3）我们应该明白，推论的参与者是作为话语的表达者加入论辩的，他或她必须是自身的言语行为的代表，从而能够把与自身相关的想法、感觉和愿望等表示出来。自由的个人相互规定彼此的表达，并保证是话语者内心真实的意愿的流露。(4) 只有话语者才是论辩的主体，他或她才有权力作出命令，反对、允许或同意、禁止或作出某种答应和保证以及就某事作出说明，等等。只有排除单方面的义务和价值规范的特权，建立相互的规范期待，才能真正保证推论的参与平等的特性。也只有这样才可以算是真正开始了一种推论，也只有这样，才能消除现实的外部的强制，并最终转向陈述和没有行为的约束性的推论的交往层面上去。

理想的话语条件可以保证，缺乏合理动机的辨别机制的具体特定的话语世界不会束缚我们的思想。但理想的话语条件也不是一种先验的认知规则：哈贝马斯特别强调了理想的话语条件只是针对现实的言语行为的，它只是要求每一种事实上的舆论都必须置于问题中来反思。因此，理想的话语条件只是表示，在具体的生活形式或特定语境中产生的舆论或观点，不能直接作为一种具有语用学的先在的意义来接受，即不能认为只要是话语者隐含的知识都是可以信赖的知识。若**直接**把说话者隐含的知识（它表现在**特定的**语境和非主题化的具体的言语行为中）当作具有语用学意义的知识，必然会带来语义被动性，即会导致认识的能动性（皮亚杰意义上的具有认知—学习特性的认识）的丧失。理想的话语条件的目的是维护认识的能动性，使推论在认识上具有"强的理想化的预期"。

如果没有理想的话语条件，我们就有可能盲目地停留在对某个断言（Behauptungen）本身的有效的论辩的阶段，就不可能进入对论辩可以参照的具体的语言体系和概念系统的选择的理论论辩的阶段，至于进入对现有的语言体系和概念系统的元理论批判的阶段就更不可能了。黑格尔在把语言体系和概念系统本身历史主义化时已犯了类似的错误：黑格尔把由特定的语言体系和概念系统规定的规范状态理解为一种社会状态，固然因此把这些问题带回现实的世界，但他通过提出所有的先验的建构都是社会的制度的建构观点也消除了任何理论的元批判的可能。黑格尔哲学中的推理始终是处于概念之下的推理（概念先于命题）或一种基于概念的推理。在元理论批判这样的激进的推论性论辩阶段，概念系统或语言体系不是被当作是一成不变的或完全实在的东西来看待的，它作为一种先在的概念或语言，其适当性是被认为是需要不断予以考虑的问题。

任何现实存在的规范（语言体系和概念系统）都不可能是一种可以直接应用或具有直接应用功能的规范。如果承认这一点，那么，也就必须承认，在这里一定存在一个独立的中介的环节，即如何正确应用它们的环节（它与黑格尔从现象学的视角所提出的中介并不相同）。这里的作为中介的"推理"，哈贝马斯也称它为"理性的话语"（vernünftiger Reder），是一种在普遍（形式）语用学（与经验语用学对立）的条件下才能进行的推理。理想的话语条件就是这样一种为形式语用学设置的条件。正像哈贝马斯自己承认的，就其不是一般的经验话语的条件而言，理想的话语条件具有某种"先验性"（transzendentalen Schein）。但这里的"先验性"不能理解为是超出经验的，或理解为是独立于经验的智性范畴式的东西："理想的话语条件的先在性，对于任何可能的交往而言都具有一种构造性的显示（Scheins）的意义，它与一种生活形式的显露（Vorschein）是一样的。"① 这就是说，由理想的话语条件支配的理性

---

① J. Habermas, *Vorstudien und Ergänzungen zur Theoire des Kommunikativen Handelns*, S.181.

话语也可以是一种生活形式的表现，或换言之，一种生活形式本身也完全可能是具有理想的话语条件的（并非任何一种生活形式都是经验的或缺少意义的主题化的要求的）。总之，寻找意义理解的主题化，即寻求它的客观性（真），推理性的或理性的话语就不能以特殊主义的（经验的）语用学为前提（因为它在语义上是被动的）

　　由科学共同体的话语推论展开的证明模式依赖的是规范证明的方法，它是实用主义变向后，真理理论由因果—功能的证明模式向规范—功能的证明模式的革命性转换的结果。从因果—功能的分析模式的角度看，若两个语言表达式具有不同的意义或正相反对，那么只有借助于真值条件或借助某种外在的"事实"（经验表象），才有可能作出孰是孰非的判定。但这种按照正确的表象和真值条件的判定方法已被证明是失败的。而皮尔士是最早意识到真理证明模式必须选择改变的人。图尔敏、哈贝马斯、阿佩尔、佩里曼、普特南和布兰顿都步皮尔士后尘选择了相同的真理证明模式。哈贝马斯在 20 世纪 90 年后的理论中仍强调了有效性断言的无条件性。他仍然认为，尽管皮尔士式的论证模式所设置的话语推论的理想化条件带来了种种错误，但这并不能表明这种证明模式本身是错误的。实际上，一旦采取了规范—功能的话语推论的模式，必然会有一个话语推论的理想化条件这个问题。这也就是说，类似皮尔士对科学探究共同体的理想化的设置方式是难以回避的，即话语推论的理想化的条件是重要的或不能缺少的。用哈贝马斯自己的话来说：

　　　　无论在理想的认知条件（普特南）下、理想的听众（佩勒尔曼）或理想的交往环境下的（哈贝马斯）、旨在获得正当的舆论的理想化扩大的交往共同体（阿佩尔）这种设想多么容易带来错误，我们都没有办法不做这样的理想化的设置。因为在日常实践中，由变得成问题的真理性论断带来的损伤，还必须由既不能被"确定性的"证据，也不能被"令人信服的"论证"一劳永逸地"中止的商谈来治疗。①

一旦放弃皮尔士的带有"最终的"理想化要求的真理承诺，话语推论的理想化条件就可以真正发挥作用。虽然真理的断言不能在话语中明确地得出，但只有通过论辩本身，才能使我们相信成问题的命题的真理。可以信服的东西就是可以作为合理的东西接受的。这样的论辩程序必须向任何可能的反对意见开放，以及考虑任何认知条件的改变。这种包容性强并持续久的论辩性的实践，必须考虑社会空间、历史事件和实质的能力，并以此走出现有的交往形式的限制。这样，康德的先验观念论所提出的对象世界的理性的理想化（理性为世界立法），就变成了一种社会实践的规范的理想化的问题。关键的是，这样，我们就不必把总体的理想化的过程仅仅设想为一种超越具体时空的无终止的论辩过程，而是可以把它分开：从总体化的理想化中分出当下的、处于特定社会交往条件的论辩。由于商谈和论辩者本身追求的是真理，那总体的理想化中的真理总会反映在具体的论辩中。

三、去先验化的限度

随着后期维特根斯坦哲学的影响的增强，20世纪下半叶以后的实用主义更带有自然主义的倾向，它对哲学发起了全面的去先验化运动。去先验化的自然主义态度既可以在维特根斯坦、蒯因和罗蒂等人的实用主义哲学中看到，也可以在海德格尔的存在论的哲学中看到。这些全面的去先验化运动都对认识做了语境主义或自然主义的描述。它们的去先验化都打破了由康德提出的先验哲学的假定，即作为理性和具体的人不可回避的认知条件的先验假定。

哈贝马斯的康德式的实用主义也是去先验化的产物，但它仍保留

①　J.Habermas，*Truth and Justification*，p.101.

了康德关于世界与内在世界的区分，因此它承认一个不同于以上帝为中心的世界，即康德的宇宙论意义上的世界。哈贝马斯的康德式的实用主义的方案与皮尔士的康德式的实用主义一样带有弱的先验要求。也正是坚持这种康德式的实用主义，哈贝马斯认为，虽然语言学转向及其实用主义变向缓和了先验和经验之间的巨大隔阂，从而终结了先验论对哲学的控制，但去先验化仍然是有其限度的。如果先验的条件不再被认为是认识的一个必要条件，那么一个摆在眼前的问题便是：人类中心主义意义上的偶然语境和有限的观点是否能保证认识的客观性？人类为中心的观点是由某个时间段开始的，这实际上表明，仍然存在"人类视角的世界"和"客观的世界"的区分，即"内在的"和"外在的"世界的区分，这样的区分并没有因语言学转向和实用主义变向而消失。这种区分对于真理论而言是十分重要的，但去先验化的语境主义却又模糊了这两种世界的区分。先验哲学从无源和绝对的至高境界下降到平凡的还俗的理解也带来了显著的矛盾：一旦先验的规则不再是世界之外的某种纯心智性的东西，它就必须转变为具体的科学或文化的生活形式的表达形式，并且成为一种在时间中是有开端的东西。但问题仍然存在：一方面，如果缺乏"一般性"和"必然性"，我们就无法把先验的可能性的经验认识当作客观的判断来看待；另一方面，作为进入经验世界的手段的先验条件又必须是某种在世界中能找到的东西（经验的东西）。哈贝马斯为此提出了一种温和的自然主义，他希望以此表明，对康德哲学的去先验化预示着在真理概念上的一系列调和，而不是一种样式替代了另一种样式。

哈贝马斯试图扭转实用主义的去先验化运动的偏激走向。在他看来，尽管实用主义的去先验化运动很好地阻止了基础主义认识论，但如果我们完全把概念体系和特定的语言规范当作无须再解释的"原初的"认知体系，那么，我们就不能对意义的客观性作出评价。另一方面，语言学转向之后，我们不应匆匆放弃理性反思和理解的能力，我们不能把具有言语行为能力的主体囚禁于语言中。如果希望在交往中达于相互理解的话，或在实践交往中成就某事，语言的使用者就必须能够从他们共享的生活世界的视域内指称客观世界的事物。这意味着，无论是在有关事态的交流，还是以实践的方式谈论人和事物，主体只有"走出语言"、从语言的"普遍的"（形式的）语用学的假定前提出发，他才能指称某物。我们不能只假定一个我们所归属的语言的世界，而否认存在一个大家都可以讨论和指称的独立存在的客观世界，即一个独立存在的事物的总体的世界。因为说一个世界是客观的，意思是说它是以一种对于每一个人而言都是相同的方式存在的。正是语言实践方面固有的特征表明，我们必须有这样一种"客观的"世界的假定。自然语言的指称的体系显示，任何说话者都可以事先设想一个指称所指的可能的世界。说话者相互就这一可以设想存在着的指称的世界达于相互的理解或相互提出不同的看法。为了能够准确有效地指称，即获得可靠的语义指称，说话者可以保证以相同的方式指示同一个对象。下面，我们将首先探讨在去先验运动的问题上，哈贝马斯对实用主义由"去验化"的理念引导的极端的自然主义的批评；其次，我们将主要分析哈贝马斯为何强调形式语用学的重要性，以及他由此希望纠正维特坦根斯坦的忽视语言的认知功能的语言交往理论的意图。

（一）语言学转向之后的自然主义的问题

语言学转向之后，20 世纪下半叶发展起来的实用主义大都带有否定客观世界的独立存在的概念实在论的承诺，它们都赞同回到一个没有超感知的实在限制的经验世界，即一个没有先验的"被给予的"特性的概念的"经验世界"。麦克道尔等人甚至认为在概念之外并无他物，概念实在并没有一个外在的界限，在概念实在之外并没有另一个实在。[1]但实用主义的去先验化大大削弱了实用主义的真理论：在把实在论彻底还原为概念实在论之后，实用主义的真理论变得只是一种只关注句子之

---

[1]　Cf. J. McDowell, *Mind and World*, p.44.

间的整体的意义关系的弱的真理论。在从根本上忽略了句子本身是否真正对事态作出了描述这一较强的真理要求之后，实用主义的真理概念恰好走到了真理符合论的反面：符合论的缺点是太过于注重句子与事态的描述性关系，忽略句子本身作为语言的意义系统的一部分的使用关系，而实用主义的真理概念则完全忽视句子与事态的描述性关系，只关注语言的使用关系。

哈贝马斯并不反对去先验化，他反对的是去先验化之后的概念实在论和概念同化论的极端的理论倾向。他并不认为把本体论自然主义化是错的，他只是认为，实用主义的去先验化做得太极端了。在他看来，在实用主义之后，我们仍然有必要一方面对本体论作出反思，另一方面对语言的世界显示的功能与客观世界的关系作出反思。不能认为去先验化可以赋予我们这样的权力：在认识中，任何能够成为经验对象的东西，最终都应该是我们活动的一种表达——包括人类的关怀、兴趣，行动和信念。在去先验化之后，我们仍然应该认为，对于在经验中什么可以被视为客观的，存在一种我们的心灵所强加给我们的先验的约束，因此，只有符合这些约束，我们才能认识对象。这就是说，我们仍然需要在先验论与自然主义两极之间保持某种平衡。但当代哲学理论在许多方面都表现出删因的严格的或强的自然主义和海德格尔的存在历史的观念论之间的对立。哈贝马斯认为，如果我们采用被这两种理论所忽略的选择，即采用一种温和的或弱形式的自然主义的观点，将能更好地对语言学转向之后一系列去先验问题作出回应。

1. 实用主义坚持认为，经验的内容是在思维中发挥一种规范的作用的，不能把它们理解为一种限制理性思维的外在的原因，即把它们当作理性的语言表达一种“指证”。因此，实用主义把经验内容看作本身就是概念性的东西（把它当作概念思维的一种形式，因而否定了概念内容之外还别有他物的观点）。在实用主义看来，认为感觉经验独立地存在于理性思维的空间之外乃是一种的“幻觉”。实用主义希望一劳永逸地解决直观与概念或经验论与融贯论的矛盾。实用主义认为，康德之后，黑格尔选择一种前后一致的观念论或绝对观念论的解释是正确的，它避免了经验直观与概念的矛盾。放弃对超感知的实在（物自体）的承诺，把感知经验从"被给予的"先验性中解放出来，就可以回到一个没有超感知的实在限制的经验世界。这个"经验世界"就是一个概念的世界，因为它没有先验的"被给予的"特性，这也就是说，**在概念之外并无他物，概念实在并没有一个外在的界限。在概念实在之外并没有另一个实在**。对于实用主义而言，这种理解并不是反常识的，即并不是否认或忽视实在世界的独立性，它的根本意图是打破感知经验"被给予"的被动性或先验性，恢复感知经验乃是概念活动的自主性活动的一部分的"常识"。

与此极端的实用主义的观点相对照的是，哈贝马斯的形式语用学所假定的世界观则认为，康德的不同于以上帝为中心的世界的**宇宙论意义上的客观世界**是不能取消的。他仍然支持保留对语言的世界（内在世界）与作为表征内容的来源的对象世界（外在世界）的区分。在他看来，我们必须承认，即使在今天，我们也仍然为世界的先验性问题所困，像带有先验承诺的康德一样，我们也不得不承认，尽管概念及其实在是存在于主体的世界之中的，是主体的先验的构造，但它却只是与独立存在的客观实在相对应的另一种活动和另一个实在。

哈贝马斯认为，从皮尔士的形式语用学的角度看，作为一个具有言语行为能力的主体，如果希望在交往中达于相互理解的话，或在实践交往中成就某事，语言的使用者就必须能够从他们共享的生活世界的视域内指称客观世界的事物。无论是在有关事态的交流，还是以实践的方式谈论人和事物，主体都必须假定存在一个大家都可以讨论和指称的独立存在的客观世界，即假定一个可以加以判断的作为独立存在的事物的总体的世界。说一个世界是客观的，意思是说它是以一种对于每一个人而言都是相同的方式"给予"我们的。特别是从单项词的指示的角度看，正是语言实践方面固有的特征表明，我们必须有这样一种"客观的"世界的假定。自然语言的指称的体系显示，任何说话者都可以事先设想一个指称所指的可能的世界。说话者相互就这一指称的世界达于相互的理解或相互提出不同的看法。为了能够准确有效地指称，即获得可靠的语义指称，说话者必须保证以相同的方式指示同一个对象。

但在极端的实用主义的世界假定中，世界的观念保留了某种形式化的特性，以至于它相信，可能的指称体系并不能事先符合一般事物的任何特定的性质。这也就是说，对于实用主义而言，为可能的指称对象而进行的所有具有实质意义的先验重构（事先对指称作出描述，以便使它可以指称对象）都是必然是要失败的。这种实用主义的语言世界观假定，我们所认定的客观世界与作为客体出现在它之内的事（事态、事物和事件）并不相同。这种实用主义把康德的知性概念及其知性直观建构的"客观的世界"看作是不真实的，在它看来，是我们的理性引导的实践构成了"客观的世界"，而单独的知性的运用，并不能形成对象性的概念。因此，康德区分知性与理性是没有意义的。

如果实用主义这样来看待认识与对象世界的关系，那么，它的语用学上的世界的假定前提就并不是一种调节的观念（它亦不可能把真理视为一个调节的观念），而是一个关于任何可能建立某种事实的事物的"构造性的"观念。蒯因之后的融贯论和概念实在论都属于这种类型的实用主义，它们并不把世界和真理当作一个调节的观念来使用，而是不约而同地把它们当作构成性的观念来使用，对它们而言，世界和真理纯粹是构成性的。

但一直以来，唯名论就用一种与这种实用主义完全不同的方式来处理这里的问题。与融贯论或概念实在论所理解的这种对自在的命题建构的世界不同，唯名论把世界理解为完全是由个别"对象"(Gegenstände) 构成的世界。唯名论的根据是，我们无法表明我们对事物的陈述是一种事实，除非所陈述的东西是在世界中存在的。但唯名论也受到了质疑。恺撒被谋杀是一个有具体时间的事件。我们还可以更详尽地指出，恺撒是在某个时间和某个地点被谋杀的。但如果这一句子是正确的，由此规定的情境只是一个事实或事态，因为这一事实只是一种

"事件"，它与作为一个"对象"的存在并不相同。但不管怎么说，唯名论的存在迫使我们不得不思考这样的问题：由命题（所陈述的命题或事态）构成的世界，是否与由事物（具体时空中个别对象）构成的世界相关？世界要么由对象的概念来思考，要么由命题来思考。如何回答这里的问题，对于本体论、认识论和真理符合论和指称的概念而言，都具有颠覆性的意义。哈贝马斯无法接受实用主义的概念实在论，因为他认为完全把世界理解为是由命题或事态构成的是错误的。在他看来，尽管唯名论本身很难行得通，但在有关世界的构成的认知论基础的假定上，概念实在论并不显得比唯名论更合理或更可信。不仅如此，哈贝马斯甚至认为，"从本体论的角度看，在作出形而上学的假定上，与概念实在论相比，唯名论让人怀疑的地方更少。"①

唯名论通过使用"外在于语言的"单项词，以及存在的量词，不仅获得了一种抽象的对象性概念，而且对对象的可表达的存在的意义做了解释。唯名论的缺点是，它的"外在于语言的"认识模式带来了认识的反映论。概念实在论的优点是，它纠正了这种思想，它把经验与独立的外部事物的感知经验区别了开来，它强调与语言的句子结构相适应的世界所给予我们的"经验的"意义。概念实在论通过使用"内在于语言的"、基于句子的可断言的模式来解释事态形成的意义，它也因此回到了围绕句子展开的真理的有效性证明，即那种通过其他的句子的论辩或反驳来证明其自身的有效性的方式。它表明，事态的形成是通过与对象相关的事态的说话者指向对象的。当事态的形成是具有多种意义的时候，即它与存在着的对象区分开来后，它的形成就不可能独立于相关的句子的话语（即不能独立于语言，而是内在于语言的）。但概念实在论对经验的理解，完全没有承认社会中的人成功地解决问题和学习的能力。我们的经验总是面临着风险，这意味着，实在本身也会给人挫折感，比如失败。因此，在我们的可错性的理解或

---

① J. Habermas, *Truth and Justification*, p.31.

经验中，构造性的东西与经验是结合在一起的。这解释了为什么通过对现有的知识的不断修正，是我们的知识得以扩展的根本方式。哈贝马斯坚信，只有把话语建构的生活世界的视域推向客观世界自身来建立，概念实在论才能表明自己不是以一种柏拉图实在论的形式来表明它的概念实在论信念的。①

哈贝马斯认为，康德的概念与直观的两分法，仍然揭示了实在论的某些不可回避的问题，它暗示，无论在何种情况下，都存在概念的语言的世界（内在世界）与实在的世界（外在世界）的区分。因此，我们必须承认，即使在今天，我们也仍然为世界的先验性问题所困；像带有先验承诺的康德一样，我们也不得不承认，尽管概念及其实在是存在于主体的世界之中的，是主体的先验的构造，但它却只是与独立存在的客观实在相对应的另一种活动和另一个实在。而这意味着，一方面，语言的实践会与独立于语言的客体发生联系，而这个客体是我们能说出某物的对象；另一方面，如果任何一个主体都从属于整体的体系允许的独立的时空，而不只是处于任何一种时代和共同的话语中，我们仍然会面对一个形式的客观世界。②

模糊两种世界的区分的后果是，我们将不清楚，一个失去了独立于心灵和语言的外部世界的约束的实在论的知识形式，如何避免在一种随意的观点上使用"……是真的"判断，即如何避免简单地把隐含的经验概念当作真概念。实践的意义或断言的语气能够决定我们认为什么是真的吗？毫无疑问，自然主义对真理这一概念的使用做了非常有启发意义的解释，但这种观点却不像它看起来的那样站得住脚。在实践或行动中寻找真理的条件，而不仅仅在信念中去寻找这种条件，这样的观点超

① Cf. J. Habermas, *Truth and Justification*，p.32.
② 普特南也提出了这样的问题，学习过程是如何有可能超越不同时代的语言的扩展和生活形式的。当一种解释在它的认识条件下被合理地接受，在另一种认知条件下却明显是错误的。从一种解释向另一种解释转化的解释的必要条件是不会消失的。对于自己的对象的解释必须在各种不同的规定中来加以确定。

出了表象主义及其符合论的观点，但对"真"的使用需要更多的解释，不能只是把它解释为作出断言或承担一种断言性的承诺。一种真理论不可能只因为作出承诺而完全是真的。

哈贝马斯认为，如果我们有条件地接受一个不能取消的康德意义上的客观世界，即不否认语言的内在世界与非语言的外在世界的划分，那么，我们在真理概念上就必须谨慎地对待实用主义的某些主张，我们还必须回到这一实在论的论题上来：

> 一方面，……从参与者的角度看，在这个生活世界中是无法回避的规范性，如何与自然进化的生活的社会文化的偶然性相融合？另一方面，我们如何把一种独立于我们的描述、对所有的观察者而言都是一样的世界的观念，与那种从语言的视角看，认为我们不可能有一个可以直接面对的、非语言接触的"赤裸裸的"实在世界的观念相协调？[①]

第一个问题是对今天的实用主义的实践本体论的回应，第二个问题是对它的认知实在论的回应。前者与自然主义化的实用主义对理性规范的还原相关；后者与自然主义化的实用主义把语言与客观世界的关系还原为语言与概念世界的关系的概念实在论相关。仅从这里的第二个问题来看，有一点是肯定的，假设原始的实在不是我们能用非语言的方式所能直接接触的，我们只能用我们的语言来指称，那么，通过辩护来表明这里的陈述的命题的真理性就是有限的，因为我们根本不可能用纯粹的理论辩护的方式来获得一种类似于真理符合论意义上的那种真理。

哈贝马斯相信，信念的融贯不足以澄清作为中心议题的真理概念的意义。我们必须看到，在语言学的范式中，没有任何真理命题可以看作是与世界上某物相对应的（如果融贯论认为它的融贯的命题是自足

---

① J. Habermas, *Truth and Justification*, p.2.

的，可以代表真理，它就会陷入这种幻觉），如果那样认为，我们就在使用语言的同时走出语言之外了。即使命题的真理性被认为是与其他的命题的融合或在一个断言的相互关联的体系内被证明是可以接受的，也仍然有必要问："为什么我们的信念组合在一起（假定它们可以被组合在一起），至少表明它们是真的？"① 融贯论也会带来一种不恰当的符合论，如果它满足于自身的融贯性解释的话。充分证明了的断言也可能是错误的，虽然真理作为命题的一种性质是不可能丢失的，但仍然有必要使其自身接受不断改变的评价标准的引导。②

2. 实用主义反叛传统哲学的去先验化运动的根本动机是：它力图使康德的先验哲学和达尔文的自然主义的两极相互制衡以消除它们之间的对立。在米德和杜威那里，解决认知问题的去先验化的条件是被置于自然形成的生活实践之中的，这要求在自然主义和传统的理性概念之间进行调和。但大部分的实用主义的调和论带有十分明显的同化论的倾向，即它在某种程度上同化了人类推理性表达的能力与人类一般的非概念使用的生物的行为。正因为这个原因，布兰顿曾经试图一方面利用杜威、海德格尔、维特根斯坦、达米特和蒯因的实用主义的语言理论，另一方面又试图把自己的理论与它们区分开来。③ 布兰顿明确地指出，正是推理性表达的能力使人类的行为不同于一般非概念使用的生物的行为，而推理性表达本身（由于它不是一种个人的行为）又可以被看作是一种特

---

① J. Habermas, *Truth and Justification*, p.250. 哈贝马斯也以这种方式给话语推论以一种限制："即使是把辩护的实际条件理想化，也不能填平真理和辩护之间的鸿沟。"（J. Habermas, *Truth and Justification*, p.252）

② 哈贝马斯并没有否认，这里存在着两种看起来同样有道理的观点的争论，即实在论和观念论的争论：一方面，如果我们拥有世界，即对象的知识，我们所相信的世界的真理必然是独立于我们关于它的信念之上的，因此证明必然是关于某物的；但另一方面，证明不可避免地存在通过其他的信念来支持一种信念的问题，因此，就最小化的意义上说，它也就是一种信念融贯的问题。这两个同样有道理的观点的存在表明了一种事实，一种真理论必须满足两种要求，即它必须做两个方面的工作。

③ Cf. R.B. Brandom, *Articulation Reasons: an Introduction to Inferentialism*, pp.10-11.

殊的话语辩护的实践。① 哈贝马斯基于相同的原因对实用主义提出了批评：在他看来，从杜威到海德格尔和后期维特根斯坦，实用主义类型的语用学虽然缓和了先验和经验之间的对立，但它把先验哲学从无源和绝对的至高境界拖入平凡世界也带来严重的后果。

哈贝马斯承认，在先验哲学的古典概念向维特根斯坦的现代概念转化之后，如何解决固有的理论的先验化的问题就需要更详尽和更完备的理论解释。康德的先验概念是：对于在经验中什么可以被视为客观的，存在一种我们的心灵所强加给的先验的约束，因此，只有符合这些约束，我们才能认识对象。但从维特根斯坦的现代概念来看，任何能够成为可能的经验对象的东西最终都是我们活动的一种表达，它包括人类的关怀、兴趣、行动和信念。康德的先验概念是一种要求极高的强的先验概念，按它的规定，世界的可经验的对象性都是通过我们的精神结构来把握的。维特根斯坦去先验化的"先验概念"是一种弱的先验概念，但它太弱了，因为它已完全退回到生活世界的视域：我们的精神结构被置于主体的地位，因此，它的规定是（与康德的相反），那些作为我们可认识的对象的世界，必须能够与我们固有的实践精神结构相符合。

但不管怎么说，维特根斯坦之后，先验分析的对象已不再是纯粹的意识，即不再是那种构建了经验智慧的一般本质的没有来源的（先验的）意识，相反，我们发现，先验分析的对象是与具有实践和做事的话语和行为能力的主体联系在一起的，它只能在生活世界的深层结构中来探讨。而且，这种分析是不断变化的，因为通过确定先验问题，可以不断扩大探究的领域。这不仅说明了，经验的概念是用语用学的方式来理解的，而且表明了，认知必然具有一种学习的功能，它通过整个生活世界的实践的认识领域得到加强。

---

① 布兰顿关心概念的使用和非概念的使用的区分（differentiation），即试图区分两者，而其他一些语言学家（福多、德尔特斯克和密里坎等人）则关心它们二者的同化（assimilation）。哈贝马斯坚持同样的立场，这使他和布兰顿都不同于这些语言学家，以及不同于古典美国实用主义和后期维特根斯坦。

不可否认，从社会实践的角度看，今天，生活于特定时空中的主体都具有解释的知识，以及具有言说和行动的能力，因此都能加入实际的生活中的科学的实践之中。这里所涉及的已不仅是经验判断的东西，而且是合乎语法的句子，几何学的对象，手势或姿态，言语行动，本文，合法性、具有逻辑性的话语，行动，社会关系或社会交往。维特根斯坦用"遵守规则"的概念作为解释来分析这类基础性上实践的特点。这是一种在直觉上已非常熟练的知识，它使我们能从实践中掌握那些生成的规则或在实践中做到自我理解，它优于对规则的明确的认识。这种隐藏的有关规则的知识能使每一个生活社会联结在一个基本的实践和事业中，并以此使它的生活形式明晰化。由于其隐蔽性并且有历史的性质，胡塞尔把主体相互参与的生活世界理解为一种"非主题化"的"背景"。

但哈贝马斯认为，即使基于这样的条件，世界与我们的精神结构的关系的问题仍然存在，我们仍然会发觉，我们难以弄清楚，我们的精神结构和世界是如何具有本体论上的一致性的。通过我们的精神世界所揭示的世界总是有选择的，而且也不能排除它被曲解的可能。而按照弱的先验论的理解，必然会招致怀疑论的驳斥：我们永远也不可能一般地和必然地知道，一种"属于我们的"客观世界的先验的可能性的知识（实际上，维特根斯坦最终也陷入了一种怀疑论）。世界产生的逻辑的多样性和偶然性使人们再次对认识的客观性产生怀疑。

在维特根斯坦去先验化的概念中，先验的约束发生了改变，即那种精神承担着对可经验的世界的认知的约束改变了，它进入了处于具体的时空和地点中的、带有先验特征的生活形式之中，即深入到了与生活形式的价值、兴趣和行动方式相适应的可能的经验之中。但这里仍隐藏着一个危险：这类可能的经验一般都丧失了它的一般性和必然性。即使我们满足于从自身的视域出发，对于任何一个生活形式而言，也还是存在一个它所不能违背的客观世界。一旦我们不再把先验的规则视为是世界之外的某种纯心智性的东西，而是把任何与先验的规则相关的必然条件都转化为生活形式的表达形式，即把它们视为一种在时间中是有开端的东西，那么，我们就必须考虑这里的问题：在把先验性还原为生活形式的表达形式之后，如何保证在意义的理解中仍然拥有"一般性"和"必然性"这样的概念。如果做不到这一点，我们就无法把一些具有先验的可能性的经验认识，当作客观的判断来看待。

先验哲学的问题就其涉及先验的可能性前提而言，不仅与对象相关，也与我们对对象的认识相关。去先验化不能失去对一般和必要的条件的再建构，因为只有在一般和必要的条件下某种经验和认识才有可能是客观的。实际上，一旦我们把它与自我反思的心智的概念联系切断，以及把它与"先验的"和"后验的"的关联概念分开，先验概念就有可能成为一般性的东西。实用主义的语用学对康德的先验概念做了还俗化的理解后，康德的"先验分析"就应被视为是在寻找一般性的前提。一个事实上不可避免的前提条件是必须拥有的，因为只有拥有了它，特定的基础性的认识和实践才能得以实现。

哈贝马斯的康德式实用主义在这些观点的理解和表达上提出了强的认知主义的要求。按照康德主义的世界观或现代世界观，那种认为不存在文化和语言的错误，以及它们不需要外在的批评的观点是前现代的或神话时代的观点。哈贝马斯接受了康德式的世界观，他严格地在自然、文化、语言和世界之间作出区分；他否认我们可以对文化做纯粹自然主义的解释，从而赋予它本体存在的地位。他同时也反对把语言本体化，即反对那种认为世界不仅是通过语言而被揭示的，而且语言的世界揭示是不可怀疑的观点。哈贝马斯因此认为，推理不能以隐含的概念的存在为前提。什么是"被认为是真的"与什么是"是真的"区别，不是表现在现有的或隐含的概念的普遍性，与明确显示的规范的概念的客观性的区别，而是表现在处于争论之中的或多样的"被认为是真"，与被普遍认可的客观的或唯一的"是真的"之间的区分。因此，在话语推论中，哈贝马斯关注于每一个话语互不相容的观点，即它们独自的命题态度，而不是它们隐含接受的普遍一致的观点。他要求话语推论具有这样的功能：它能够把每一个说话者的信念与所接受的那种现有的信念区分开来。对于哈贝马斯而言，重要的是获得具有真正的认知意义的命题，而不是把认知限制在对现有的有关世界的概念之上。因此，有关客观世界的有效性断言，在原则上是向所有的批评开放的，因为它们是基于形式的世界概念之上的。有效性断言假定存在一个对所有可能的观察者都是一样的世界，或假定为一个团体的所有成员分享的世界，而且这种主体间性的分享采取的是一种抽象的形式，它摆脱了所有特定的内容的约束。这意味着，意义的理解不能缺少一种形式的（普遍的）语用学的规范，站在行动的体系上非反思地依赖规范性的概念，会剥夺对规范性概念进行释义的权力。站在行动的体系上非反思地依赖规范性的概念，会使我们把规范概念视为一种自足的封闭的系统，从而只相信或依赖行动体系内的原始的概念和意义，忽略与命题内容的表达联系在一起的语言表达或话语的意义。

就此看来，虽然我们不接受外在于生活世界的纯粹心智的先验性概念，但有一些事实却是不能改变的。这就是说，我们必须承认，哲学的去先验化之后，虽然作为进入经验世界的手段的先验的条件必须是某种在世界中能找到的东西，它不再可能是康德意义上那种纯粹理性的观念，但我们仍然需要一种独立于生活形式的"一般性"和"必然性"的意义理解的可能性条件。从意义理解的交往性的语用学的角度看，意义的理解始终要求理解者或解释者按无条件的有效性要求行事，即拥有"一般性"和"必然性"的意义理解的可能性条件，因为只有这样，理解者或解解者才能相互抱有一种追求确切性的态度。因此，理解或解释的过程总是超越具体的特定的生活情境，虽然这种反事实的假定又必须基于日常实践的事实性之上。我们应该看到实践或生活世界本身的人为的性质，不能把它视为世界本身所显现的东西，即把它视为某种必然的客观性的产物。实际上，与认知相关的规则系统的规定，是出自于参与者的视域的实践的解释概念的，在构造性的科学的客观领域，弱的意义上的先验的规则早已确定了下来。虽然这里的主体间性的经验的可能性条件的形成，完全只能从经验的角度来加以解释。但对先验条件的形成的解释，是必须属于上述类似的先验论解释的一种的。"如果把使我们认识客观世界的任何东西成为可能的生活世界的结构，理解为世界中自我显现的东西，我们就会陷入与'物自体'相关的那个著名的悖论之中。"①

这就是说，去先验化带来的概念同化论的基本假定是不存在的，在整个合理化的社会进程中，任何一种合理化的行为都有赖于合理化的论辩（概念性的"干预"）。当然，一方面，必须看到的是，概念不是一种自立的抽象的实体，它可以通过演绎的方式表明其自身的真理（绝对主义）；另一方面，概念也并非主观的东西，即不是一种心理的东西（不能从心理学的角度理解它）。毫无疑问，概念是一种能力、一种按照规则思维的能力；我们也可以说，拥有一种概念就是拥有一种能力——S 具有概念 F，等于 S 能运用概念 F。概念是实践及其技能发展的结果，而不是先于实践的东西。但我们又不能像一般实用主义者（比如，格莱希和密尔坎等人）那样认为，概念的能力就是一种技术或一种有其运用规则的技术。从概念的角度来看，始终存在着概念本身作为一种命题构成部分是什么的问题。需要回答的是，概念如何可能既是思维的方法又是命题的构成部分？这个问题涉及概念作为一种实践的技术是如何评价

---

① J. Habermas, *Truth and Justification*, p.21. 按康德的说法，我们的感知总是由外物的刺激而产生，由此说明了世界存在着某种"外在的"东西。康德的先验概念也正是在这一点上陷入了悖论：先验同化论的悖论。对认识的先验概念，马克思所做的第一件事就是对其做唯物主义的解释：自然的世界自我建构了社会劳动的形式，在其中，社会和它的物质对象之间进行具体的"物质交换"，由此把自然视为"为我们"而存在的自然（它不再是一个陌生的"感觉或对象意识的激活器"）。这种在劳动与自然之间的认识关系，无疑具有深远的自然主义的含义。劳动的中介是建立在下述形而上学信念之上的：客观的自然是完全与主观的自然所确立的自然的可能的发展形式合为一体的，它们之间的同化是不可抗拒的。但在哈贝马斯看来，尽管马克思的自然主义走向的是一条正确的道路，但劳动的去先验化的解释仍是一种**过强的**自然主义解释，因为它完全排斥了人类推理表达或表意的中介功能，它也排斥了从人的精神方面所进行的思考，因此，它也是一种同化论。

的。这里的评价包括给出理由的论证、新的经验条件下的检验（修正或再确认）等。①

3. 在实用主义变向之后，今天的哲学在许多方面都表现为蒯因的自然主义和海德格尔的存在历史的观念论（seinsgeschichtlichem Idealismus）之间的对立。② 蒯因的强的自然主义是与我们对认识的可能性所做的科学主义的解释联系在一起的。在蒯因看来，康德以后，有关认识的客观性以及有关世界和内在世界的区分的问题在根本上是多余的，除非我们接受康德的世界的先验性的约束概念，否则，根本就不必去考虑这样的问题。这也就是说，如果人们一开始就安心做一个休谟主义者，对先验哲学的问题不予以考虑的话，有关认识的客观性以及有关世界和内在世界的区分的令人不安的问题就不会出现。对于蒯因而言，强的自然主义的一个主要作用就是可以彻底取消这里的令人不安的先验问题。从他的强的自然主义的角度看，一旦所有的认识最终都必须回到经验科学的认识方法上，那么，在世界建构或世界揭露（Welterschließung）和因果关系所能解释的世界的呈现之间也就没有区别了。当我们取消了对世界和内在世界的先验区分，怀疑论反对"显现的世界"的前提也不复存在了。而且，随着有关我们生活世界的理解性的重构和有关客观世界的进程的方法论的二元论的消失，也就没有必要去考虑基于内在视角的生活世界的实践，与基于外部视角的世界的起源的因果解释是如何相互协调的问题。

---

① 布兰顿在批评实用主义时指出，实用主义的一个令人不能满意的方面是，它同化了概念的使用与工具性的非概念的使用活动。这样，原本具有某种理论的独立性的概念的使用和判断就失去了它的可分辨性：它不再能够把自身与生物性的吸取环境信息的工具性的干预活动区分开来。人类进化中的自我学习的能力就被单纯的自然进化的适应能力所替代。知识的客观性、存在和人类自我理解的自我关联性等先验约束完全失去了。哈贝马斯与布兰顿一样都从一种论语推论（discourse）的高度指出了概念的使用和判断独立于或超越现有的概念和工具性行动的"分化"（differentiation）的特殊情形的重要性。

② Cf. J. Habermas, *Truth and Justification*, p.22.

　　基于同样的理解，蒯因清除了在卡尔纳普那里还保持的对分析与综合的区分，反对逻辑经验主义两阶段的方法论，运用实用主义的颠覆性的方法，通过把概念分析视为综合的经验的同一种形式，完全在经验的使用中来决定概念的有效性。这是一种方法论的非决定论的观点。蒯因由此走向了一种经验的整体论，它不仅克服了弗雷格的意义理论的柏拉图主义的残余，而且取消了意义理论本身。蒯因的做法不仅涉及把"思想"客体化（Vergegenständlichung）的柏拉图式的认识论的批判（这是维特根斯坦用另一种方式也批判过的），通过用行为主义的刺激—意义的概念来替代话语意义的解释学，他还取消了所有出自于语言和语言理解的规范性的内涵意义。但很明显，这种经验主义传统的自然主义的观点所付出的代价是：它使我们的规范实践完全客观地适应于世界中可观察的事件。原先作为概念分析的手段的哲学，现在完全不再是概念分析的，它也不需要这样的分析，因为它完全与法则性的经验科学的理论语言联系在一起了。

　　从另一方面看，影响了今天的解释学，甚至现象学的海德格尔哲学则完全倒向存在历史的观念论。为了抵制先验化以及消除先验化所隐藏的悖论，海德格尔的语言学转向走的是完全不同的道路：他希望把经验世界产生的先验的原发性，转译成语言中的世界揭露的事件。海德格尔感兴趣的是，如果任何自然的语言都带有范畴性的意义，它对整个文化生活形式的历史话语共同体以及世界的前理解作出了解释，那么，先验性的问题是可以理解为语言固有的能力的问题的。但海德格尔知道，要实施这种语言学转向，就必须把世界和内在世界的先验区分当作存在（Sein）和存在之物（Seiendem）的本体论的区分，并把每一种具有支配力量的存在的理解置于语言的世界揭露的先验的意义之上。海德格尔为此把每一个具有原发的行动和说话能力的主体的意识纳入他们所处的特定时代的普遍的语言意识中。这就是说，他试图在本体性的历史变化中消除先验主体的各种不同的意识。海德格尔相信，作为存在之物的行动和说话者，是深陷于内在世界的历史模式之中的，即具有说话和行动的能力的主体是毫无选择地被带入存在的历史之中的。重要的是，如果语言的世界揭露就是我们所能理解的世界的客观性，那么，康德意义上的物自体的概念就是多余的，也没有必要假定这一概念的存在；对世界的理解的客观性的先验的约束就与纯粹心灵的理性理念无关，它只与语言所表达的存在的历史观念相关。正是通过使用这一概念，海德格尔把世界生成的原发性的去先验化，在一种具有先验意义的历史性中来理解，而没有因此带来悖论性的结果。通过对世界和内在世界的先验区分，海德格尔因此在研究的方法论上对本体性的（ontologischen）和实体性的（ontischen）研究之间的不同做了明确的规定。海德格尔也因此为认识的客观性设置了一种辩护方式，只要是基于存在本身的辩护，它在方法论上就是适合的，只要清楚明白地根据存在的方法来思考，就不会陷入主观的或片面的思考中之中。只要语言的世界阐发的存在，一直与存在的事物一同显示出来，它本身也就是存在的事物。显然，海德格尔的哲学是蒯因的自然主义哲学一个对立面，它完全排斥世界的自然的历史（它只看重存在的历史）。

对于海德格尔来说，在进行有关精神和肉体或存在与存在之物的对立的问题的探讨时，可以把相关的客观经验的先验条件的探讨，转换为心智的先验领域或存在的历史领域的探讨，这就是说，由文化带来的自然的延续性的总的前提应该决定这里的探讨。但海德格尔的存在历史的观念论的去先验化只是消除了世界或存在的去先验化：他用存在者的存在的历史的先验意义（Sinnaprioris）取代了存在的先验的（transzendentale）性质，因此，从这个角度看，海德格尔的语言学转学的去先验化是一种伪装的形式。

海德格尔存在历史的观念论的不合理之处是：具有话语和行动能力的主体是有能力说"是"和"不"的，要他们接受一种存在的命运是比较牵强的。面对语言的世界揭露的那种无法企及的隐秘的话语的灵活性，要理解推论性的思想和基础性话语的有效性辩护，就必须引证一种通向真理的特殊的方式。如果说蒯因的严格的自然主义是对哲学的去先验化的一种误用，那么，海德格尔的存在历史的观念论则太过于保守了。存在历史的观念论完全把自己封闭在存在历史的观念论中，拒绝思考任何存在的自然历史的问题：海德格尔沉浸于存在历史的观念论（一个去先验化而来的存在的观念）之中，拒绝任何自然主义意义上的进化所带来的人类自我学习。相应的是，蒯因的自然主义不涉及任何纯粹的指称理论，它只从一种整体论的意义关系中理解指称的作用，因为它把认识完全等同于自然科学的认识，从而完全取消了推理性的认识——蒯因的自然主义只相信能为自然科学判定的语义内容，否认存在任何推理的语义内容。

哈贝马斯首先反对蒯因的自然主义，他认为，我们的学习过程应在更高的层面上来发展，应在温和自然主义的认知方法的角度来理解，它不应当有任何还原论的承诺，即不应把学习只当作一种单一的经验归纳的学习过程。对此，哈贝马斯作了一个比较："'严格的'自然主义的方式是，通过自然科学的方式来分析生活世界的实践，比如用对人类行为的神经病学的（neurologische）或生物发生学的解释代替对人类的智力活动的解释。与此相反，温和的自然主义只满足于这样一个基本前提：作为一种生物有机体的现代人和它的文化生活方式有它的'自然的'起源，因此从根本上是可以用一种进化论来解释的。"①

接着，哈贝马斯提出了他反对海德格尔的存在历史的观念论的原因。在他看来，海德格尔在这一点上是对的：尽管包含了有关精神和肉体的关系的所有哲学的讨论方法应在方法论上保持一种区别（即保留它的方法论的多样化），但只要我们有条件地保留了先验的问题，任何一种对生活世界结构的理性的重建，都必须严格地与自然科学使用观察的因果分析所形成的有关这一结构的看法区分开来。但海德格尔错误地认为，我们可以在探讨有关精神和肉体或存在与存在之物的对立的问题时，直接把客观经验的先验条件引向心智的先验的领域或存在的历史领

_____

① J. Habermas, *Truth and Justification*, pp.27-28.

域。哲学的去先验化，并不等于彻底取消先验性。不能认为，我们不必再回到自我关联的先验难题，即不能认为，我们可以把先验的条件彻底消解，或把先验的问题完全置于经验知识的客观领域中来解释。去先验化并不是要取消先验问题，而是使用后形而上学的方法对它作新的解释。

哈贝马斯坚信，温和的自然主义既可以避免采用从内部透视文化生活世界的方法（此乃传统的先验论的方法），也能避免采用从外部剖析文化生活世界的方法（此乃激进自然主义的方法）。这就是说，温和的自然主义可以像以往一样始终坚持文化和自然之间的联系，以使经验自然科学的和解释学的相互对立的理论观点重新回到元方法论的层面上。从温和的自然主义的方法出发，我们就不会简单地把自己置于纯粹的自然进化的方式之中，也不会固执地抛弃这一进化方式。我们可以把自然的进化理解为一种学习的机制，即一种在社会文化的发展层面才有可能发生的学习的能力，或一种"解决问题"的思维，而不是把我们的学习的能力视为一种无意识的、完全适应环境的纯粹自然进化的能力。而这意味着，我们的学习能力总是趋向更高水平的学习能力，一直向着更复杂的层面上发展的。经验的自然科学和解释学都必须去思考类似的问题，即为什么我们不应把人类自我学习的能力与某种单一的理论框架联系起来。有一点是明显的，即通过我们参与来进行的学习的过程，不能片面地从新达尔文主义的概念来解释，否则，它将不再带有温和自然主义的含义；而内嵌的学习过程的不同层面的阶段又表明，我们能够保持世界和内在世界的区分，而不至于需要提出一个完全封闭的存在历史的领域。重要的是，把自然进化视为一种类似于学习的进程的观点，确保了我们的学习进程的自然形成的结构始终带有认知的内容。但也正因为我们是一个（温和的）自然主义者，我们仍然明白，为什么我们不能损害我们在偶然的情况中的有关客观世界的必然性和一般性的观点的起源的认识。

哈贝马斯认为，当把自然的进化置于人类解决问题的能力中来考察，就会具有一种特殊的认知价值，因为这样，自然的进化就与"我们"关于它的知识结合在一起了。由这种的知识出发来规定社会文化形式就是有效的。交往经验的结构与有关客观世界的陈述相结合就先验地成为可能的了，并且可以把它视为与认知相关的教化的结果。

由蒯因和海德格尔各自所代表的这两种占支配地位的理论对一些问题的理解是十分极端的。而温和的自然主义是一种折中的选择，因为它仍然试图寻找一种理解世界和自我的方式：它既不像把人类实践置于严格的自然的因果解释之中，忽略它的存在的规范的历史解释的强的自然主义，又不像忽略经验的历史建构，完全把人类实践理解为存在的自我建构的存在历史的观念论。温和的自然主义可以引导我们去关心这一问题：去先验化后，在受两种极端思维模式支配的思想的世界中，有哪些东西被忽略了，有哪些有关人类实践的特性是我们应该看到的。考虑这样的问题，将促使我们采用被两种理论所忽略的选择，它既不偏向蒯因式的强的自然主义，也不偏向海德格尔式的存在历史的观念论。

（二）统一语言的交往功能与认知功能

去先验化在后期维特根斯坦哲学中的一个根本表现是：他彻底退缩到经验的语言世界，放弃任何可能触及主体的先验理解条件的语言认知理论，完全从语言的具体实践的过程中探究意义的问题。但这样的选择也使他的理论带有理论静默主义和语义悲观主义的特征。因此，在维特根斯坦那里，语言的交流和传达的功能被视为语言的本质，而体现在语言的表达和表征中的语言的认知的功能则被排除在外。由于后期维特根斯坦的哲学通过经验语用学（生活形式中意义使用的理论），把语言的功能压缩在交流的功能的范围内，它并未讨论说话者就某事（事态）和某物（对象世界）的思想表征性的言语行为，它把语言的功能极大地精简了：语言表达思想或命题的功能消失了。

达米特曾在他的意义理论中提出了一个有关语言的本质的问题：语言是意义交流的工具（传达信息）还是思想的载体？"……语言的这两

种功能哪一种更重要。是否因为它是一种交往的工具，所以它又能作为思想的载体？或者相反，因为它是一种思想的载体，所以它因此能表达思想，以至于一个人可以用来向他人表达他的思想？"① 在达米特看来，意义的交流就是把语言作为传达经验的观念的工具来使用，语言就成为了一种类似于编码化的符号体系的东西。但如果认为语言是思想表达的工具，就是把语言视为说话者就某事（事态）或某物（对象世界）的看法或思想（命题内容）的载体。达米特的论题引发了布兰顿对语言的功能的思考，哈贝马斯在其深入地研究了洪堡的语言哲学后也思考了类似的问题。哈贝马斯支持达米特的观点，因此他说："交往的语言使用是以认知的语言使用为条件的，因此，我们需要命题的内容，正像反过来说，认知的使用是以交往的使用为条件的，因为断言只有通过陈述性的言语行为来表示。"② 这也就是说，语言交往的功能是与语言的认知的功能分不开的。语言的两种功能是统一的，其中没有哪一种功能可以单独发挥作用：思想的表达（认知）需要语言的编码化的符号体系所特有的意义传达（交往）的功能，以使思想或命题内容可以作为一种可辨认的语义内容而得到传达；而语言的符号交流也不会只停留在单纯的信息的符号传达的功能之上。哈贝马斯认为，如果我们接受语言与思想的关系的理论，那么这意味着，必须区分经验交流的经验语用学和（思想的）普遍理解的形式语用学。为此，哈贝马斯一方面肯定了维特根斯坦的语言交流理论或语言游戏理论，但另一方面又不同意维特根斯坦对语言认知功能的还原。在他看来，语言的交往与认知是不能分开的，因此我们需要一种形式语用学，仅仅有经验的语用学是不够的。语言的交往的功能与认知的功能是统一在一起的或相辅相成的。实际上，二者的统一，正是意义的真理性或客观性得以建立的手段。

1. 弗雷格以后，一方面，对经验、表意和判断的心智性的分析为

① M.Dummett,"Language and communication",in *The Seas of Language*，p.166.

② J.Habermas, *Vorstudien und Ergänzungen zur Theorie des Kommunkativen Handelns*, S.81.

语义的语言表达的分析所替代；另一方面，维特根斯坦把语言学转向引向了一种激进的现象学的道路。因此，自休谟和康德以来的认识论的问题获得了一种全新的语用学的意义。但由于语用的实践仍只局限在语境主义的或经验语用学的交往和行动的模式之上，这种认识论的新变化的意义并没有完全表现出来。语境主义极大地妨碍了语言的认知功能的显示。语境主义的错误是没有区分语言的不同的使用功能。符合语境地使用语言的能力无疑是社会语言学思考的对象，但它只是语言使用的一种方式。语言的语境的使用无法取代语言普遍交往的使用，语言实践的能力也不能还原为经验语用学意义上的语言实践的能力。在语言的语境使用之外，还存在超语境的语言的使用。因此，经验语用学不能替代形式（普遍）语用学。与经验语用学思考语境中的说话能力不同，形式语用学探求的是一种普遍交往的能力。另一种超语境的语言研究是语言学研究，但它只探究一般语言使用的能力，或一般所说的生成句子或句法的能力。

　　当然，语言的普遍的交往能力与语言能力（句子生成的能力）、语言的恰当应用的能力或语言的符合逻辑的使用的能力（提出命题的能力）是相互关联的。不同的语言的使用既与不同的语用能力相关，但又是独立的一种。语言使用的不同意图构成了语言研究的四种对象的区别：

　　　　社会语言学（经验语用学）的研究对象（合乎语境地使用语言的语用能力）
　　　　形式语用学的研究对象（普遍的交往能力）
　　　　语言学的研究对象（句子生成和语法能力）
　　　　形式逻辑的研究对象（提出命题的逻辑的能力）

　　这四种语言实践能力既互为不同又相互关联，一个不可能替代另一个。在后期维特根斯坦的理论中，普遍交往的能力并没有作为一个语言的一种实践能力来研究（他的理论带有社会语言学的特点）；乔姆斯基的生成语法只关注一般的语言能力；而在一些依赖于形式逻辑分析的理论中，所被关心的也只是与命题的逻辑相关的逻辑能力的分析。

维特根斯坦的语用学只关心语言的具体使用的正确性的分析和诊断，但如果他希望建立一门有关语言的游戏的理论，这样的理论就必须采取普遍的语言学的形式。但维特根斯坦只对句子在特定语境中的使用的语法感兴趣，即他并不关心应用于话语中的句子的语法，形式的或普遍的语用学对他来说就根本不需要。但问题是，语言的语法规则应是独立于具体应用的语言的语法规则的，后者应是前者的应用的结果。在不知道一个超越语境的语言的语法规则之前，我们是无法有关于特定语境的语言语法规则的使用是否适当的概念的。我们当然可以说，语言游戏的语法是包含在语言符号表达式那些符合语境的恰当地使用规则之中的，但这里的顺序不能颠倒：具体恰当的表达式的合乎语境的使用规则（语言使用的适当性规则）是出自于独立于语境的语言游戏的规则的，它是第二性的东西。生活的交往形式，即它自身的语法，是基于语言游戏的语法之上的。哈贝马斯与达米特和布兰顿一样认为，维特根斯坦的后期哲学的特殊主义的语用学转向，使这里的区别消失了。[①] 但一旦我们对可能存在的语言游戏的理论作出分析，这种区别就立刻会显示出来。我们对有关事态和事实的认识的共识的达成需要一种语法规则，它超出了特定的语言应用的语境。必须具有一种普遍的交往模式才有可能确定特殊语境中的认识是否能达成共识。

知识的构造性理论是寄生于生活世界之中的（生活世界并非仅仅是一个非反思的领域），如果我们注意到语言的认知的使用功能（探究未知的领域或就有关事态和事实进行认知的功能），这一点就很清楚。这样，我们对特定的生活的交往形式的分析，就必须是对它的语言的普遍的认

---

① Cf. J. Habermas，*Vorstudien und Ergänzungen zur Theorie des Kommunkativen Handelns*，S.83.

知能力的一种分析。哈贝马斯指出，乔姆斯基的生成语法理论，为我们提供了对语言使用的能力进行普遍化分析的一个样本，尽管对语言使用中的语言的普遍交往能力的分析与乔姆斯基的理论意图完全不同。

由于语言的认知与语言的交往密切相关，因此，这种普遍语言的分析范围也必然涉及语言的认知的使用的能力和语言的交往的使用的能力。不同于后期维特根斯坦的理论，乔姆斯基从语言学理论的角度揭示了这一点：说话者可以在句法上、语义上和语音上产生无限制的句子的能力。不仅如此，说话者还能对表达式是否正确地按照上述三个方面来使用作出判断。这也就是说，说话者可以说和运用无限多的句子和词语并能理解许多并未说过的话，而且说话者还能区分正确使用的语句和那些在语义上、语音上不正确不清楚的句子。说话者所具有的这些语言能力表明，说话者具有一种解释和重建固有的语言的直觉或默会的知识（tacit knowledge）。这也是一种需要语言学家来解释的说话者的语言实践的知识（know-how）。这些虽然已是说话者隐含的一种语言实践能力，但却并未从理论形态上获得明确的认识。普遍的语法的理论就是要重建语言理解的规则。重建必须达到这一目的：使对一种语言的每一个相关的表达式作出结构上的描述成为可能。由于不可能列举一种语言的所有相关的语句，系统的规则就进一步需要形成递归的能力，用有限的语句来定义对象的无限集合（语句）。一种重构的理论只要满足了这两个条件，它就能对一种语言的所有语句之间的关系是如何相互联系起来的问题作出解释。

但必须指出的是，这种理论重建的计划的目的有两个，首先，发展一种生成语法的结果是导致一种普遍化的研究策略：为某一个个别的语言的规则系统的重建，应在更高的一般化水平上发挥作用，直到语法的普遍性或为所有个别语言的基础的要求得到满足。此外，生成语法有两个层面，即它是一个转换语法，语言表达式是表层结构，它是由一组转换规则从其基础部分的深层结构转换而来的。每一个深层结构都可以与解释它的表层结构的某一类型相互联系在一起。

对于根据普遍语法来建构一种普遍的语用学而言，有一点值得注意，即乔姆斯基为了表明一种语言能力的概念，被迫采取了理想化的方式，他谈到了一种理想的言说者和听者，而语言的理论主要关心的是理想的说话者和听者，在一个完全同质的交往共同体中，他对自己的语言了如指掌，并且不受与语法无关的记忆的限制、分心、注意力和兴趣的转移，以及在实际言语过程中（胡乱地或个性化地）错误地应用语言知识等等条件的影响。

因此，说生成语法采用了自然科学的研究方法，主要是因为它认为抽象的数学模式要比普通的感觉认识更真实。生成语法的论证方法和数学中的论证方法相似，都旨在建立起一个关于真实世界的模式。生成语法和数学模型及遗传基因一样都是一个具有明确属性的抽象模式，与日常生活中人们关于"语言"的概念相比，它更加确定和明晰。正是这样的观点导致了理想化条件的产生。具体地说就是，以研究普遍语法和人类语言为目的的生成语法不是先对具体语言进行语种划分，而是不断提出一些语法模式，让这些语法模式生成句子，排除非句子，这样就会得出一个关于句子的集合，某一集合就是某一种具体语言。当然，这个句子的集合不可能以简单的递归方式生成某种具体的自然语言中的全部句子，所以同实际情境有距离。这种描述必然只是一种理想化了的现实。生成语法认为，人在获得具体语言知识或能力的过程中所经历的事实、环境各有不同，这在理论上是无法描述的。所以它把人类的后天语言经验过程看成是同一的，忽视个体经验间的千差万别不计。这两点是生成语法研究中规定的理想化条件的主要内容。

但也正因为这个原因，社会语言学提出了完全不同的观点：理想的说话者或语言的掌握者并没有错，错的是认为实际的语言的使用完全是基于语言的一般能力以及经验的参照之上的。在具体语境中的语言的应用的能力也是有系统的规则的，即语言能力的应用也是受制于规则系统的，不只是应用语言的一般的能力才有系统的规则。这里指的是在实际的语境中应用语言的实践的知识，而不是乔姆斯基的一般的使用语言的能力。这种在实际的语境中应用语言的实践的知识，也有自己的规则的系统，当然，这个系统不是语法的系统，而是语用学的系统。由这种系统制约的语言规则或习惯决定了一个句子（或非口头的表达式）的使用是否适合它的语境，即在某一个语境中是否正确。这种使用并非是不变的，而是受制对它的社会文化的特性的。当然，必须指出的是，如果对这里的语言的惯例理想化，也会出现把一般的语言能力（生成语法）理想化而不能说明任何实际的语言应用的情形。因为每一种语言惯例都有它相应的规则的能力，虽然这种能力是基于一般的语言能力之上的。在掌握一种自然语言之前，没有人能知道这种语言的方言或它的行话。

但两者的区别还是清楚的，前者是一种语言的运用能力，即对一种语言的掌握，后者是在特定语境中应用语言的能力，它是对语言在恰当的语境中的应用的掌握。前者是一种语言语法的能力，后者则是一种语言的语用的能力。当然，对于哈贝马斯而言，困难的不是作出此区分（这种区分应该还是明显的），困难的是在语用学的层面上把特殊的语用能力与一般的或普遍的语用能力区别开来，确立一种像普遍的语言语法能力那样的普遍的语用能力。在哈贝马斯心目中，形式语用学一方面是基于语言学之间，另一方面是基于经验的语用学之间的。一方面，它带有语言学的一般规则的特点，另一方面它又是与语用的实际使用能力结合在一起的。语言学的缺点是它受制于普遍化的语言表达的条件，并因此与具体语境中的可能的语言应用无关，但惯例的语言理论，即经验语用学由于只关注意于语言的不同的使用，则认为具体语境中的相互理解早已形成。但这其实是一个句子和非口头的语言的表达并未获得解释的领域。语言学并没有考虑这种情况，即没有考虑语言的运用在特定语境中是否有变化或有特殊性的问题（特定语境中的相互理解的问题），而关注于惯例的经验的语用学则认为问题根本不存在，因为它认为在特殊语境中的相互理解完全是语言惯例决定的。但不管怎么说，有一点是肯定的，即在正常情况下，在任何可能的言语条件下产生的言语成分都不是超语言的东西，因为任何一种具体的言语行为都是受制于一般的语言的语法条件的。"一种可能的言语的一般结构是嵌入语言惯例的概念之中的；它潜藏于个别的惯例的不同的确定性之下。显然，在实施言语行为时，我们也运用了言语行为得以产生的条件，即句子首先能表达出来的条件。"①

在特定的语境中应用一种语言，自然不同于按一般的语法规则运用一种语言。作为言语的最小单位的言语行为，同时具有语言学规则和制度性的惯例的意义，因为它同时拥有作为一般的语言的语法规则的部分和作为使语句符合特定语境的部分。"我答应你我明天会来"，不仅表达了一种许诺，我还作出了一种许诺。通过语言行为，这一个许诺被表达出来了。但重要的是，通过这种言语行为，我们为这个语境化的句子构造了一般的理解的条件。它既是一个情境化的言语行为，又是一个符合语言的一般语法的表达。言语行为有表意和行事的区别。一般语言学的语法只能帮助我们理解语言的表意行为（句子的字面上的意义），只有一种语用学意义上的把握言语行为的惯例的能力才能使我们理解它的以言行事的意图。语言的使用不仅仅在于许诺什么，它大量地使用于对事物或事态的认知当中。一般而言，在一个语句中，一方面是实施性的从句（表象行为句），另一方面是命题性的从句（行事行为句）。前者可以帮助我们构成一种人际间的交往关系，后者是确定交往的内容：就某事物和事态的交流。实施性的从句和命题性的从句的存在表明了日常语言交往的双重结构。一个句子要达成相互理解，就必须有这样的两个层面，即在交往的两个人中确立这样两个方面：相互交流的主体间性的交往层面和交流何种对象或事态的方面。因此，**对于某物或事态的陈述以及表达，存在一种达于普遍理解的语言能力，它超出了经验语用学意义上的按照语言的惯例理解一种语言表达式的能力。**哈贝马斯把（超语种和超文化的）普遍理解的能力视为一种普遍语用学应该去加以重构的带有认知意图的语言交往能力，把按照惯例的理解能力视为社会语言学所

---

① J. Habermas, *Vorstudien und Ergänzungen zur Theorie des Kommunkativen Handelns*, S.89.

描述的语言实践的能力。

2. 后期维特根斯坦思想的戏剧性转变的一个最引人注目的地方就是他对实在论的彻底放弃。放弃实在论的维特根斯坦对语言游戏的分析只集中在语言的意义构成的方面，即语言的使用的方面，他并因此忽略了语言的知识的构成方面，即它的表征的功能。[①] 这样的理论偏向也带来了争论：人们对外在的经验事实不能推翻语言的语法规则这一点不会有争议，但对于语言的语法是否像一般的游戏规则那样可以独立于外在的约束（一种来自实在的约束）来构造意义却会有不同看法。与游戏规则不与外在世界的事实发生关系的特点相反（一般的游戏规则在语义上是自足的），语言游戏的语法规则是指称外在世界的；我们通过语言讨论一些不是属于语言内部的事物。在一般的游戏中，规则与那些与游戏无关的事物无任何关系，但语言的规则不同，它涉及未知的外在事物。这里的不同，也就是为什么说语言的语法规则是"建构性"的原因（语言可以描述或指称外在世界的事物）。语言的语法规则不同于作为游戏的规则，它构造了经验的可能性。虽然语言是先于经验的，但它们决没有独立于外在世界，即独立于各种人为的事态和自然的事实。后期维特根斯坦也承认，与一般的游戏规则不同，语言的语法规则与外在世界的经验对象有关，因此，他指出了这一点：语言本身的意义和语法规则带有"经验构成"的特点。[②] 没有相应的经验对象和与我们相关的外在世界，语言就没有任何意义。但维特根斯坦对此的区别的分析是不系统和不完整的，因为他放弃了任何理论建构的意图，即放弃了形式语用学这个反映事实和具有经验事实的理论建构。

早期维特根斯坦力图建构一种语言的认知的理论，他把语言的功能视为是对外在世界（事实或事态）的反映。在《逻辑哲学论》中，他建构了一种表征事实的普遍的语言形式。只有带有经验内容的语言陈述

[①] Cf. J. Habermas, *Vorstudien und Ergänzungen zur Theorie des Kommunkativen Handelns*, S.80.

[②] Cf. L. Wittgenstein, *Philosophical Investigation*, 142, p.56^e.

或命题才有可能是正确的。由于感到在逻辑上有困难，后期维特根斯坦不再接受这种语言—世界的二元论，即他早期的语言图画理论，而是转向对语言交往的研究：他开始把交往视为属于语言的一种重要的功能，完全否定了他早期所认定的语言认知的功能。对他来说，语言根本不是一种用来反映外在世界的工具。他开始注意到，语言并不只是具有表征对象的语义学的性质，语言在言语行为中所表现出来的语用学的性质似乎更重要。在语言的语用学中，语言能够以不同的方式达于意义的理解。因为"我们称为'符号'、'词语'、和'句子'的东西具有无数种使用方式……我们可以说，新的类型的句子，新的语言游戏开始出现，而其他的则开始绝迹并被遗忘"。① 但维特根斯坦在理解语言的功能时，剥夺了语言的认知功能。在哈贝马斯看来，维特根斯坦后期理论的转变似乎在这个问题上迷失了方向："把描述和解释事实视为只是许多其他种类的言语行为的一种建构，使维特根斯坦不只是切断了事实陈述对话语的语言游戏的支配，以及与'语言的逻格斯标志'（阿佩尔）的联系。这还使他犯了一个顺带的错误，他把语言使用的认知的特殊作用给忽略了。"② 实际上，即使我们放弃语言—世界的二元论，也应该认为语言仍然带有它认知的功能，而不能认为语言只有一种交往的功能。在维特根斯坦的语言游戏中，对外在对象的描述、物理的测量以及对假设的证明是与命令，给予某种劝诫或应允混合在一起的：他并未认识到它们之间的差异。因此，他并未意识到，只有语言的认知的使用才能展示所有言语行为所必须涉及的方面。从基本的语言的使用中，我们也能看出语言的认知功能的作用。

从语言的交往的功能上看，这一点也是明显的：达于相互理解的交往不能离开交往实际指示的对象事实、事态或经验世界，因此，交往中也必然带有认知。在每个一个基本的 Mp 的话语形式中都带有独立的表

---

① L. Wittgenstein, *Philosophical Investigation*，23，p.11ᵉ.

② J.Habermas, *Vorstudien und Ergänzungen zur Theorie des Kommunkativen Handelns*, S.79.

达某种特定的命题内容的 p 从句，这都是需要相互理解和同意来达于共识的主题。言语行为在这里展示了它的双重结构，即认知和交往统一的结构。这种双重结构反映了言语行为的特性。语言一方面要求保持说话者和听者之间的主体间性，即与独白式的表述相反的特性；另一方面要求相互交往的内容带有对象性的指称（有关事实或事态的内容）。除非对话者在这两个方面同时满足了这里的要求，即同时做到了这两点，否则就不可能有相互的理解。在每一个言语行为中，交往者就世界中的事实和事态或事件相互交流，或就某人及其话语相互交流。如果缺少在论断性的命题 p 的形式中的语言的认知的使用的表达 "daß p"，语言甚至不能行使交往的功能（在这种情况下，它充其量只是一种信息传达的编码符号）。维特根斯坦完全忽视了语言的知识—建构的方面。对语言游戏的整体论的分析使维特根斯坦根本看不到所有的言语行为都具有双重结构这一特点。言语行为的意义包含了命题内容 p（它由独立的从句表达）以及寻求相互理解的 M 的含义（它表现在行为句中）。这样的以言行事的言语行为的成分决定了我们的话语声称的有效性的意义（它的客观的真理性）。

哈贝马斯认为，所有的言语行为都带有认知和交往的维度。因此，一种言语行为总是与证明和论辩联系在一起的。每一个言语行为都隐含作出证明的承诺，即都带有给出理由使命题内容得以兑现的说理活动。在言语行为中，我们彼此给出一种理由和要求一种理由。就像布兰顿指出的那样，"给出理由和要求理由"是保证意义的客观性的根本途径。[①] 用哈贝马斯的话说就是，每一个言语行为都提出了有效性要求，并且因此都受制于合理的批评。以言行事是任何言语行为的组成部分，这就是说，提出有效性要求并加以兑现是任何以实现交往为目的的言语行为必然具有的一种性质。

---

① Cf. R. B. Brandom, *Making It Explicit: Reasoning, Representing, and Discursive Commitment*, p.167.

　　当然，语言的认知功能并不只与外部实在相关。为了不混淆语言的认知功能在所涉及的对象上的差异，哈贝马斯区分了四种带有这种有效性要求的言语行为：可理解性（Verständlichkeit）、真理性（Wahrheit）、规范的正确性（Richtigkeit）和真实性或真诚性（Wahrhaftigkeit）。一种言语行为要么是可以理解的（可以作为可以理解的命题主体化），要么是真理性的（其命题内容就某一事实或事态做了有效性断言），要么是合乎规范的（表达了某种规范的有效性或表明其话语是在恰当的社会语境中提出的），要么是真实或真诚的（出自于真实的情感）。① 在哈贝马斯的分类中，真理性当然是言语行为中最为重要的范畴。一种有关事实或事态的断言或解释被当作具有客观的真理性的命题提出时，真理性的问题就出现了。但如果相关的事实或事态未能获得证明，它就无法表明它的真理性。这种类型的语言使用是典型的认知性的，因为它的交流的意图是，把有关对象实在的断言置于话语的交流中。而真实性或真诚性与规范的正确性是两个相互关联的范畴。狭义上说，所有的言语行为都表达一种真诚性（情感、欲念和意愿），但如果说话者口是心非，即不是真实地表达自己的意图，那么，言语行为中的断言就都是虚假的。所有类似发出命令、劝诫、应允等带有规范意图的行为都试图表明它们在规范上是正确的，但如果它们所依赖的主要规范不能表明其合法性，那么这些言语行为的断言就无法得到证明。哈贝马斯把这种言语行为看作是典型的语言的交往性的使用的实例，因为在这里，我们的意图是指证某种事实以建立某种特定的人际间的关系。

　　这里的问题始终与语言是意义交流的工具还是思想的载体的问题有关。意义的交流把语言作为传达意义的工具，即当作类似于编码化的

---

① "可理解性"这一范畴后来被哈贝马斯省去了（在《交往行动的理论》一书中，他只保留了后三种言语行为范畴）。它的基本含义是：通过每一个实际作出的话语，说话者保证其所说在给定的条件下是可以理解的。如果说话者和听者不使用同一种语言或不理解彼此使用的语言，这种言语行为的内容就无法得证明，即为听者所理解。因此，这就需要作出一种解释学的努力，以使内容为他人所理解。

符号体系，其所代表语义意义可以在不同的人那里得到再现。但语言作为思想的工具则不同，它的功能作用是表达说话者就某事（事态）或某物（对象世界）的看法或思想（命题内容）。语言的这两种功能是统一，其中没有哪一种功能可以单独发挥作用：思想的表达（认知）需要语言的编码化的符号体系所特有的意义传达（交往）的功能，以使思想或命题内容可以作为一种可辨认的语义内容而得到传达；而语言的符号交流也不会只停留在单纯的信息的符号传达的功能之上。达米特有关这方面的观点来自弗雷格的语言哲学，即来自后者有关语言必然与思想有关而不只是指称某物的观点。达米特曾反对把语言与思想的表达的分离的语言理论（这种理论认为"思想"是个人心理的东西而非语义的内容，因而它不可能是语言的表达所能显示的）。

　　但由于后期维特斯坦语言哲学的影响，在其后的许多语言分析的理论中，虽然语言的语用学特征被充分地揭示了，即语言被恰当地当作一种言语行为来分析，语言的认知的功能，即语言带有特定的与说话者内在的意向性意图相关的命题内容的断言的特征还是被忽略了，剩下的只是一种不带有说话者意向性内容或断言的单一的言语交流的行为；这种交流性的言语行为是建立在语言是一个独立的意义系统的假设之上的。意义分析的任务是对语言作为意义的传递符号或编码符号的功能作出分析。这样，语言的交流就不是认知，而是理解，一种解释学意义上的理解。①

---

①　在对解释学的批评中，哈贝马斯指出了解释学使语言学成为了日常语言和意识形态的复制场所的明显的缺陷。他认为，支持解释学的是那些由日常语言假定的系统的规则，而这些规则在日常语言中是不能主题化的。我们是生活在语言中的，但这并不意味着，我们是被囚禁在语言中的。不同的语言中的相似的目的论结构，是我们（生活在不同的语言中的人）总是能够在不同的场合下相互之间说点什么的根本原因。相互都能说些什么，也就意味着我们彼此都能相信些什么。都能相信些什么，也就等于说，我们能通过语言进行无限的对话。在伽达默尔看来，这种对话也就包含在解释学所要求实现的**意义的普遍理解**的目标当中。但在哈贝马斯看来，任何基于合理性动机之上的舆论，都必须同时使用认知（使信服）和语言修辞（劝说）的手段，相互理解不能只依赖修辞性的劝说，它还有赖于使人信服的**认知的**方法。

与这种语言理论不同，哈贝马斯强调的是语言的认知和交往的特性的相互补充。后期维特根斯坦的语言理论中不再有语言的认知的使用，因此，他并没有合理地对待语言的功能；他似乎认为，他所揭示的多样性的语言游戏已经包含了所有可想象的语言的句子和词汇的使用方式，它不再有更多的使用方式。他没有意识到，它们只是语言使用的多种范畴的一种。哈贝马斯认为，只有走出后期维特根斯坦的语言交往的理论的非认知主义的经验语用学，我们才能发展一种把语言的认知和交往的功能统一起来的语言理论。①

3. 尽管哈贝马斯不同意维特根斯坦对语言的认知功能的看法，但他并未否认为后期维特根斯坦的语言理论对语言作为意义的交流的工具的分析（尽管这种分析仍然非常不完善）。哈贝马认为，维特根斯坦的分析极为重要，因为它表明了，离开了语言符号媒介的意义共享的功能，单纯的语言的认知的使用是不存在的，即那种脱离语言符号的意义传达功能的对语言符号的"独自"的使用是不可能的。因为我们对语言使用是遵守某种规则的使用，单纯的个人不能遵守规则，遵守规则必然是公共的遵守，不存在不与他人沟通的遵守规则。"私下"的遵守规则必然无法表明自己是否遵守了规则。我们必须表明我们所遵守的规则是其他人所遵守的规则相同的规则。揭示了语言的交往功能是语言发挥认知功能的前提条件是维特根斯坦的理论的重要意义。这种重要意义主要体现在以下几个方面：（1）语言交往保证了对理解或命题的相互评价的性质，避免了理解规则的"私下的"方式的产生；（2）语言交往阻止了怀疑论，即它是解决意义证明的无限倒退悖论的有效方式；（3）语言交

---

① 基于这种批判性的看法，哈贝马斯也指出了与维特根斯坦相反的语言学的先验主义的错误，因为它走的相反的道路也不符合语言功能的双重性的特征，因为它构造了一种完全脱离非认知的语言使用的有关可能的经验构造的"一般的语言"。另一方面，语言学经验主义也不可取，因为它试图把语言分析还原为可观察的事件和情节，完全忽略语言的主体间性的结构。此外，卡尔纳普的彻底与自然语言分离的语言构造论也同样是不可取的，因为它放弃了对自然语言的分析。

往具有把我们的"实践的"知识显示出来的功能，它因此有助于我们掌握社会实践的规则，摆脱认知的独断论。

（1）"维特根斯坦使用'遵守规则'的概念的分析以表明，对意义的相同性的理解是以加入至少一个主体与另一个主体间展开公共的实践为前提的，在这种实践中，所有的参与者都必须有这样的能力：具有以受规则约束的方式行动和对这种行动作出批评性的评价的能力。"① 单个的主体如果只具有这里的一方面的能力，就不可能把握共同一种语义的意义。也正因为如此，维特根斯坦明确地指出："认为是一种遵守规则并不是遵守一种规则。因此，不可能'私下地'遵守一种规则：否则，人们认为在遵守一种规则就与遵守一种规则无异了。"② 显然"私下地"或"私人地"遵守规则并不一定是遵守规则，因为在没有他人的检验或他人的证明的情况下，人们完全有可能把自认为的规则当作规则。它甚至或出现把违背规则的行为当作遵守规则的行为来看待。

克里普克在谈到维特根斯坦的遵守规则的问题时认为，这里的问题的关键是，一个人怎么证明自己的行为是符合规则的，如果缺少他人的认可，自我证明是行不通的（用他的话来说：在演算中，我怎么表明我使用的加是普通的加，而不是克里普克的加）。只有在我知道错误（违背规则）的可能性是什么，而他人也指出存在这种错误的可能性是什么，才能表明我的意义表达遵守了一种规则。证明一个独自表明的意义表达是遵守了规则还是任意的或主观的，最好的方法是求助于意义使用中的惯例或借助他人的批评性的检查，除此之外，别无其他方法能表明哪一种规则实际上被运用了。传统哲学的内在论的证明，即用一种规则证明另一种规则的方法会带来规则证明的无限倒退，它本身亦是一个悖论。维特根斯坦提出不能私人地遵守规则，已非常清楚地表明了他的观点：只有在意义的使用过程中我们才知道什么是遵守规则，内在的规

---

① J.Habermas, *Vorstudien und Ergänzungen zur Theorie des Kommunkativen Handelns*, S.66.

② L. Wittgenstein, *Philosophical Investigation*, 202, p.81ᵉ.

则的证明不能证明这一点，个人也无法独自证明这一点。

因此，维特根斯坦的方法是把可作出比较的句子或词语的意义，看作是从不同的实践者的言语行为的对话中显示出来的。通过外在的分析，我们并不能得出这样的结论。维特根斯坦把意向性内容完全当作独立于意向性经验的东西来看待，从而彻底放弃了意向性内容与直接的对象的经验关系。"句子的意义并不是心灵之物"，它只是一种存在于语言中的东西。因此，去了解一种意向性就是去了解句子在一种语言系统中的作用。这也就是说，实践者隐含的知识（意向性内容）只有通过语言才能表现出来。但隐含的知识不仅仅是"隐含的"（如果它仅仅是隐含的，我们就不能称它为一种知识），它还是一种可显示的（manifest）知识。在《哲学研究》的某些段落，维特根斯坦把对语言的掌握视为一种心灵的意向的显示的条件（否则我们将不知道何为心灵意向），即我们心灵中的记忆只能通过语言来显示；没有掌握一种语言，我们将不能表达任何意向，我们也不知道什么是记忆。维特根斯坦用下面这个例子来表明，我们为什么不能把一种意向归于没有掌握语言的动物："我们说一只狗害怕它的主人打它，但是我们不说，一只狗怕它的主人明天会打它。为什么不说呢？"① 维特根斯坦这个例子的意思是，意向性的理解与知识之间存在一种密不可分的关系（由于狗没有"语言的知识"，它就没有"明天"的意向性观念；或者说，即使狗有这样的时间关系的观念，即隐含的知识，它也无法显示出来）。除了假定每一个说话者都隐含地把握了语言的由词语构成的句子的用法的规则以外，我们就无法解释他理解和使用语言的事实。②

---

① L. Wittgenstein, *Philosophical Investigation*, 650, p.166^e.

② 与哈贝马斯相同，达米特赞同维特根斯坦的观点，即一方面，作为具有理解能力的主体（人），他拥有属于他自己的隐含的知识；另一方面，也正因为他是一种语言的生物而不是非语言的生物，所以他又能把自己的隐含的知识显示出来。因此，说话者的理解作为一种意向的表达必然是某种隐含的知识的显示，这里的"隐含的知识"首先是关于语言的知识的。对于达米特而言，这也表明，一个**积极的**维特根斯坦与完全走向行为主义的**消极的**维特根斯坦是不同的。但这样说并不是要肯定心理

（2）维特根斯坦曾说："属于我们的悖论是：没有任何行为的过程可以由规则来决定，因为每一个行动的过程都可以是按照规则给出的。答案是：如果任何事情都可以按照规则作出，那么，作出它们也可以做的是与规则相冲突的。所以，这里既没有符合规则也没有与规则相冲突的事。这里可以看到一个误解，从我们作出论辩的过程中，我们一个接一个地作出解释的纯粹的事实来看，好像每一个解释都至少能给我们暂时的满足，直到我们想到这种解释背后的另一种解释。这些事实表明，存在一种不是用解释来把握规则的方法，它显示为一种我们可以称之为'遵守规则'和在实际事例中'按照规则做'的方法。"① 维特根斯坦通过"遵守规则"和在实际事例中"按照规则做"的方法瓦解了怀疑论。维特根斯坦理论的反怀疑论的方法表明了一种共同的实践惯例和主体间性交流形式存在的重要性。如果把规则性的惯例理解为某种事实性的东西会受到怀疑论的驳斥，它必然会遁入内在论证明之无限倒退悖论之中，那么，只有表明我们遵守的是实践惯例中的"同一个"规则，怀疑论就不存在了。但一方面必须把自己的意义表达向他人传达、接受他人的批评性意见；另一方面必须表明它可以获得意义的共识，即为他人所承认。这里的实践惯例始终是主体间性的，而不能是事实性的。维特根斯坦由此表明，解决怀疑论和证明的悖论的方法不能离开一种主体间性。规则的主体间性意味着规则是一种共识的结果，它的有效性是由不同的实践者的相互认同决定的。缺少相互认同或相互检验的过程，我们就不能说某种规则是主体间性的，即我们就不能说存在"同一个"规则。缺少这种主体间相互的遵守规则的可能性，单个的实践者甚至不能有规则的概念。

（3）传统哲学基于因果证明理论的实在论之所以受到怀疑，一

主义；为了避免误解，达米特特别提出了隐含的知识的显示性要求（manifestation requirement）："把隐含的知识归于某人，只有当他在适当的情况下，能够充分把那种知识显示出来，才是有意义的。"（M. Dummett, "The Philosophical Basis of Intuitionistic Logic", in *Truth and Other Enigmas*, p.224）

① L. Wittgenstein, *Philosophical Investigation*, 201, p.81^e.

个根本原因是它没有区分实践的知识（knowing how）与理论的知识（knowing that）。对一种由规范或公理支配的规则的认识，只是理论的知识，而如果能够真正知道，规则在具体应用情境如何应用才是正确的，即符合特点情境要求（时间、条件等），我们才有实践的知识。只有理论的知识，就不可能知道什么是规则在具体应用情境中的正确应用。维特根斯坦已表明，借助于规则的解释，比如在一个规范或公理系统内对规则的解释是循环论证的，即是无限倒退的。规则与公理（axioms）不同的地方正在于，它是用来指示事物的，因此是受制于特定的应用情境的。对于公理而言，独立于应用情境并不影响它的系统的自我解释的一致性。依赖于规则的推理与依赖于公理和规范的推理解释的不同正在于，它的推理的条件句中是包含了个别事物在内的，因此，规则必须指导如何应用条件句，即如何把一个具体的对象纳入推理的条件句中，从而构成一种有内容的推理，而公理或规范则的推理解释则并没有这样的要求（它可以是没有内容的）。因此，把握这样的规则性推理的实践的知识是隐含的，它与明示的规则本身的知识（理论的知识）完全不同。在哈贝马斯看来，维特根斯坦表明，语言的游戏规则可以指导我们该怎么做，但在这一如何做的过程中，规则是与具体怎么做联系在一起的，我们对规则的掌握不能仅仅从理论上进行；规则虽然可以从理论上加以描述，但理论的描述并不能真正告诉我们规则是如何运作的。这就是说，规则是在使用中才能真正为我们所把握的。一个人只要知道如何按照一种规则去做就行了，而不必有对规则作出完整的描述的能力。因此，规则是在实践中掌握的，而不是在理论上掌握的。没有真正进入语言的交往性的游戏活动中，我们就不能掌握任何规则。"理解一种游戏，就是某人知道他'能做'什么。"[1] 一旦掌握如何运用规则的"技术"，我们还能灵活的应用规则：不只是以一种方式来应用，还能以

---

[1]　J. Habermas, *Vorstudien und Ergänzungen zur Theorie des Kommunkativen Handelns*, S.70.

多种不同的方式来应用（找出符合规则的多种实例）。

　　当然，哈贝马斯也像达米特和布兰顿一样看到了维特根斯坦的语言理论的弱点，即他对作为意义的发生条件的语言体系的定义的弱点。维特根斯坦把语言体系称着为语言游戏，它类似由符号和其他标识构成的符号游戏、数字游戏、多人参与的预先设置了规则的游戏，以及棋牌游戏等。维特根斯坦关注的是语言的相互合作或交往的意义传达的作用，而不是语言的语义上的、句法的或语法上的功能机制。实际上，他刻意把语言自身的语法与他的作为语言游戏的语法区分了开来。他的"语法"是完全从一种语用学的角度来理解的，它实际上亦可称为一种语用学的语法，它决定了句子的使用在何种语境中是否可以相互理解，或是否符合一般的意义理解模式。但这意味着，我们必须从理论上建构一种普遍的语用学（形式语用学），而不能把某种特定的语言游戏的"语法"当作一种理论上的语言游戏的语法。然而，维特根斯坦刻意选择了一种理论沉默主义的立场，这样他就不仅没有去建构形式语用学，还默认了一种特殊主义的语用学。维特根斯坦并不认为对语言的语法的研究可以是一种理论的研究。用哲学的方式建构某种理论的做法，是他根本不能接受的。他坚持采用一种病理诊断的分析方式：纠正人们的语言使用的错误，认识所使用的语言是如何工作的。这也是对语言采取的一种现象学的方法，它的根本目的是把语言游戏在具体的语言实践中呈现出来的。因此，维特根斯坦实际上是反对从理论上去建构一种语言的语法规则的，他只赞同去描述现有的语言的语法规则，在描述的基础上做一些属于理论的反思（病理诊断）的工作。

　　为维特根斯坦忽视的一个事实是：一般的游戏规则是外在于游戏的，而语言规则是渗透在说话者本身的认知能力之中的。游戏是按约定规范设置的，一旦做了规则的约定，它就可以使用了，规则是相对固定的，但语言规则却完全不是如此，对于具有交往能力的说话者而言，语言游戏的语法在文化的发展和变化中始终在发生改变，说话者实际上也是在语言的社会化的进程中形成语言交往或运用语言的能力的。但由于只关注语言的病理诊断，维特根斯坦在他的论述中对此并未作出充分的论述。因此，维特根斯坦仍受制于一种意义较为狭窄的语言的游戏模式的制约（这也是他放弃理论建构的原因）。

维特根斯坦错误地把意义的判定，理解以规则为引导的主体间的相互承认的结果，这使他没能对两个接受规则的说话者之间的相互的意义理解的关系作出区分。意义的判定不是在对规则的相同的理解的前提下获得的，即对一种语言规则的理解并不能使我们获得意义的认识。维特根斯坦太相信语言的文化的底蕴，从而使他不能正确地看到语言交往的意义批判的作用。说话者应该通过他人来确定自己是否遵循规则，其意义的理解是否能为他人所接受：这里存在着说话者就自己的观点进行相互批评的过程。这就是说，意义的判定是相互交流后形成的，而不是规则的同一性和某种外在事实（生活形式）决定的。尽管相互的规范期待是达于相互理解的必要条件，但这里起作用的不是规范期待。每一个说话者都能期待他人像自己一样按一种规范去理解，但更重要的是意义的相互认定，即说话者彼此所获得的相互同意，由彼此的同意构造一种意义。

维特根斯坦没有看到，自然语言有它自身的元语言的成分，即它能发挥一种元语言的作用（有它自身的普遍的语用学依据），它不只是拥有一种自然语言信息传递或意义指示的功能，它还能对信息和意义的客观性作出定义。因此，哈贝马斯认为，不应把交往仅仅当作获得信息或意义所指的交流的自然交往，交往也可以从"元交往"的角度去理解：我们可以就交往传达的信息或意义的客观有效性作出定义。[1] 正是在这种意义上，哈贝马斯把言语行为当作一种重要的语言活动来分析。每一个言语行为都可以看作是采取了一种 *MP* 的模式。*M* 代表着表达一种以言行事的话语行为，即面向交往、用一种交往的方式去兑现其意义的话语行为。*P* 代表通过相互理解所希望达成共识的言语行为所表达的

---

[1] Cf. J. Habermas, *Vorstudien und Ergänzungen zur Theorie des Kommunkativen Handelns*, S.76.

命题内容，它带有认知的意向。而在 M 的形式中总是包含着作为说话者的第一人称的我和作为诉说对象的第二人称的你的交互关系。言语行为是依赖于相互的对话关系的；提出问题、回答问题或作出肯定的答复和否定的答复等等是可以相互转换的。

四、把世界指称置于生活世界中来理解

语言学转向之后，我们"被剥夺了直接解释真值条件的可能性，我们只能完全依赖更好的理由"①，但实在论的辩护—先验约束却始终存在，即我们仍然需要一个与实在相关的真值条件。为了应对实在论，哈贝马斯探讨了生活世界的行动体系（科学）与形式语用学（话语辩护）的关系，提出了他所谓的"内在超越"的论点。

这里的观点带来了两个结果：第一，哈贝马斯希望通过强调话语辩护对生活世界的行动的体系的反馈，把科学行动的理论与话语的理论统一起来，抵制忽视实在论的语境主义。他同时也承认，反对语境主义并不等于我们可以改变语言学转向趋于内部主义的事实，即我们也必须接受这一点：只有在现有的概念和理论受到质疑的情况下，才需要真理性辩护，因此，不存在脱离由具体的科学信念和常识组成的生活世界的真理性辩护。第二，他强调解释学与分析哲学互补的重要性，把话语论辩置于实在论的辩护—先验的条件之下的条件是，综合语言的表征、表达与交往的功能，一方面维护实在论的直觉，即维护话语辩护的实在论的辩护—先验条件，合理地运用分析哲学的世界指称的认知方法；另一方面放弃单一的工具主义的语言观，寻求语言的世界指称的功能与解释学的语言的世界揭露或表达的功能的统一。

---

① 客观真理的概念不可能完全通过辩护这种认知的方法来说明。这也就是说，如果真理概念不能摆脱实在的"真值条件"的制约，那么，真理就不可能是一个纯粹**构造性的**概念；在他看来，只有在道德的有效性的问题上可以采用纯粹构造论的解释，而在认知的真理的问题上则不能。

（一）双面真理

哲学的语言学转向以及实用主义变向之后，罗蒂拒绝了任何逻辑的或话语逻辑的认识论，他完全倒向社会理论视角的语境主义。在有关科学方法论的理论中，库恩在拒绝了逻辑实证主义探讨科学论辩的形式逻辑的视角之后，打开了通向探讨作为社会化过程的科学论辩的社会—制度视角的大门。库恩的社会视角鼓励了人们建构有关科学知识的实质性的社会学理论，而不是始终把逻辑的方法论的论辩视为一个起点。但他的理论也带来了逻辑与社会理论的方法论之间的对立：库恩本人退缩于社会理论的方法论一端，抵抗另一端，他放弃了对任何实在论的辩护—先验的条件，这加重了实用主义向极端的自然主义的转向，但逻辑与社会理论的方法论之争在库恩之后并没有因此而停止，相反，它们之间形成了更为深重的对立。哈贝马斯并不认为我们可以取消实在论的辩护—先验的条件的约束，实在论的两难迫使他认为，我们不能在社会理论的视角与逻辑的视角之间作出选择。他通过"双面真理"的概念，探讨了应对实在论的两难的科学辩护的双重性，即它作为生活世界的行动体系的行动（科学实践）的自我辩护与作为话语的辩护的双重性。

1.哈贝马斯的真理辩护理论依赖其舆论一致性的理论，该理论自提出以后，一直存在反对意见。威尔默、拉芳和罗蒂等人都认为，尽管在真理理论的实用主义转向之后，或在表象主义的因果指称的理论的局限性暴露出来之后，在处理真理和证明之间的关系的复杂性时，有充分的理由通过证明的理想化条件把"真理"与"合理的可接受性"联系起来，但哈贝马斯在真理理论中设置的"理想的话语条件"与普特南的"理想的认知条件"和阿佩尔的"理想的交往共同体"一样都过于理想化了：它把一个命题是否为真与理想的可以被接受性相联系。但问题正在于，这样的理想化的证明条件是不可能实现的，它要么使真理远离证明的可论断性，要么根本不够理想。

在面对这里的批评时，哈贝马斯承认，他的话语辩护的确处于一种理想化条件下，而符合这样的理想化条件的知识概念的确存在悖谬之处，它会带来固定不变的知识（绝对知识），一种无需再进行进一步的解释的知识，而这样的知识只能是一种人类的终极的知识，它是不可想象的。他也接受了罗蒂的批评：他部分地接受了罗蒂的下述观点，即任何一种证明的理想化条件若超过生活世界的界限就会有问题，因为即使在理想化的条件下，我们也总是把某种我们熟悉的东西作为谈话的开始，它通常就是"我们的"观点，即我们所熟知的交往共同体的观点。① 因此，哈贝马斯承认，关于话语条件我们只能想象"近似的理想的满足是怎样的"②。

　　在与维尔默和拉芳的讨论中，哈贝马斯更为明确地指出了这一点（他早期的理论并没有特意指明）：客观真理并不是一种融贯论意义上纯粹构造性的真理，只有在道德的有效性问题上可以采用构造论的解释，而在客观真理的问题上则不能；在客观真理这个理论—经验的领域，真理只是一个调节概念，这就是说，它必须接受实在论的先验辩护条件的约束。在方法论上这也明显地表现在理论—经验的论辩与道德—实践的论辩的区别上。道德有效性的论断并不像典型的客观真理的论断指称世界的方式那样指称世界。无论是道德情感的理论把道德的正当性等同于外在的情感价值，还是语境论把道德的正当性等同于外在的文化，都无法令人信服地表明一种道德实在论。然而，在客观真理的有效性论辩中，情况正好相反，在这种真理概念中，我们根本无法放弃一种实在论的承诺，即我们不得不承认，有关客观真理的陈述总是指向一个独立存在的外部（形式的）世界（因此对它采用纯粹构造论的方式是不合适的）。

　　哈贝马斯借用了他所认为的"实用主义固有的观点"来解释实在这个先验辩护条件的存在以及它早已发挥的那种作用。在他看来，实用主义早已表明，生活世界中的自我演化的能力隐藏在它应对世界的反馈

---

① 威尔默、拉芳和罗蒂等人的反对意见以及哈贝马斯的态度，参见 J.Habermas, "Richard Rorty's Pragmatic Turn", in *On the Pragmatics of Communication*, p.365ff。

② J. Habermas, "Richard Rorty's Pragmatic Turn", in *On the Pragmatics of Communication*, p.368.

机制之中：一方面，行动者是通过那些不需要辩护的理由（纯粹应对世界的理由）来树立一种真理的标准的。这就是说，在行动中，应对世界就是一种理由，它可以决定一种信念是否有用或有意义。只要这种应对世界的方法是成功的，它就会持续下去，即继续成为我们行动的合理性的理由。但另一方面，一旦应对世界的方法失效，世界就会失去它与行动的关系，即变得不再是特定的行动所规定的世界。在这种情况下，它将迫使我们重新寻求世界的原来的面目，即寻求那个对每一个人而言都是一样的世界（康德意义上的形式的世界）。

从实用主义的社会心理学的角度看，一旦主体感觉到存在永不会让他失望的期待，一般而言，他就无法拥有一种可错论的态度。只有当失败的实践以及表现出来的矛盾，即被认为是自明的真理被当作仅仅是"需求的真理"而产生了在根本上是成问题的真理性的意识时，句子或话语的真理性才会成为主题出现。借助于从行动到话语的方法，参与者首先采用了一种反思的态度，并按照基于赞成与反对来表达的方法对成为主题的真理的有争议的话语进行论辩。如果不是这样，即缺少任何范式变革的压力，生活世界的实践会因为某种消极意识的存在而变得失去活力，它将不可能有提出真理性观点的空间。解决问题的态度会变得令人失望，而且在具体情境中大多数都持幼稚的真理性观点。在实践交往的行为中，面对被设想为是独立和特定的客观世界，行为者依赖于行为的确定性模式，完全有可能再次回到由行为引导的真理信念上。

但可以肯定的是，"我们决不会踏上任何一座我们认为不可靠的桥。"[①] 人类怀疑主义的天性使行动的真理对话语的真理有一种依赖性，它本身也具有向话语的真理转化的能力。这表明，真理既存在于行动的领域之中，也存在于话语的领域之中。在一种情况下，真理保持在行动的体系中：行动中的引导行动的确实性规范就是真理；但在另一种情况下，引导行动的确实性规范并不是真理，因为一旦丧失它的确实性，就

---

① J. Habermas, *Truth and Justification*, p.39.

没有人还会把它当作真理来接受，真理就只能在话语中来重建。

为此，哈贝马斯提出了下述与一般的实用主义不同的规范实用主义的论题：

——行动体系并非一个非反思的世界。因为存在一个它总是面对着的康德意义上的形式的世界（实在），它总会处于某种自我调节、反馈的机制中，因此具有改变自己固有的信念的演化的能力。

——行动体系不只是纯粹应对世界的产物，它也是理论化的构造世界的认知（话语）的产物，因为它的自我调节或反馈离不开认知的话语形式的帮助。

——行动体系中的行动是话语的另一副面孔，因为如果说理论的话语实际上也只有当它充当行动体系的危机的辩护者的角色的时候才存在，那么，陷入危机但又处于自我辩护状态的行动体系也就是话语不可缺少的条件。

行动体系与反馈机制直接导致了双面真理的产生。行动体系的反馈机制来源于行动对世界的应对。一方面，行动者是通过那些不需要辩护的理由（纯粹应对世界的理由）来树立一种真理的标准的。这就是说，在行动中，应对世界就是一种理由，它可以决定一种信念是否有用或有意义。只要这种应对世界的方法是成功的，它就会持续下去，即继续成为我们行动的合理性的理由；但另一方面，一旦应对世界的方法失效，世界就会失去它与行动的关系，即变得不再是特定的行动所规定的世界。那些具有共享的一致性的隐含的信念和确实可靠的规范就会产生变化，因为一旦它们不再为整个社会或生活世界所接受，它们就会成为成问题的信念和规范。在这种情况，社会或生活世界将会中断其延续性，它会开始转向话语的阶段，即信念和规范的辩护阶段。在由行动转入话语的过程中，实践模式原有的确定性消失了，它将迫使我们重新寻求世界的原来的面目，即寻求那个对每一个人而言都是一样的世界（康德意义上的形式的世界）。这也就是说，"世界的拒绝合作"将迫使行动者放弃其处于语境中的信念。用哈贝马斯的话说，"通过失败，我们在实践中感受到世界撤销它合作的意愿，而世界的这种拒绝带来了客观性的概念。"① 行动的失败是使我们重新回到一个独立于语言与心灵的世界的观念的原因。就像在道德领域，信仰或信念的丧失是使我们重回一个不是我们所希望的世界这个观念的原因（我们所满意的世界已不存在）。在这种行动的反馈的机制中，社会认识（包括道德上的）必然会从行动阶段进入话语的阶段。

在由行动转入话语的过程中，实践模式原有的确定性消失了，实践转而采取假设性陈述的形式，而且在通过论辩的检验之前，这种假设性的陈述形式始终保持未确定的状态。用哈贝马斯的话来说，"在行动向话语的转换的过程中，首要的是在认为是真的东西中去除其实践的确定性形式，并代以其有效性处于未确定状态的假设性陈述的形式，直到它通过或没通过测试或论辩。"② 在话语阶段，决定一个成问题的信念是否有意义的唯一方法是给出好的理由，即那种需要辩护的理由。而且，把实践中的确实性信念与合理的可断言性加以区别并不是单方面的，因为合理的可断言陈述（假设性陈述）也必须能成为行动中的确定的信念，否则，它就仍然只是那种理想担保的断言性陈述。"那同一种动摇了行动的确实性并把它转换为只是假设的机制，同样也可以把合理接受的断言重新转换为行动的确定性。"③ 只有在这种情况下（话语的假设性的陈述转而成为行动的确定性），原先具有行动的确定性但已受到怀疑的信念危机才得以解除。

根据这样的分析，行动向话语的转换不是某种人为的力量或主观的意志操纵的，它实实在在就是行动与世界之间的相互作用的关系的产

---

① J. Habermas, *Truth and Justification*, p.255.

② J. Habermas, *Truth and Justification*, p.253.

③ J. Habermas, *Truth and Justification*, p.253.

物。这也充分说明了，话语辩护实际上是在生活世界的行动的领域中建立起来的，它并不是拥有自己的真理主题的真理辩护（这样的主题无法想象），因为不存在脱离需要辩护的或成问题的信念的话语辩护。这也说明话语辩护本身是受限制的：只要成问题的或需要辩护的信念得到了辩护，即重新获得了它作为行动的确实性信念的地位，话语辩护就没有必要再进行下去了。"从话语内部的角度看，在话语推论根植其中的生活世界中展开行动的需要，给了什么是'一种无限的对话'以暂时的限制。"①

但哈贝马斯也指出，这里的限制也只是暂时的。尽管生活世界的行动或实践的信念的确定性拥有它特定的自主性地位，它不会把自己的地位轻易让出，但正像成熟的现代科学所发展的那样，相伴于具体的动行或实践，总会有一种高度智能化的合理的辩护形式，它是被刻意地与生活世界中的行动或实践分隔开的。它使科学能建立持续的假设性的思维（而不是只有行动或实践的理论）。成熟的或制度化的科学具有这样能力，它可以在认识或实践中采取一种可错论的形式。而把生活世界的行动或实践本身固有的真理视为是永恒的，乃是前现代思想的一种幻觉。

哈贝马斯的双面真理的概念既改变了他原先对待生活世界的态度，也维护了话语的地位。虽然真理的断言不能在话语中明确地得出——话语必须首先把自己置于具体的行动中，即置于经验实践的科学化或合理化的概念中，但也只有通过话语论辩本身，才能使我们获得确定的信念和真理性的命题。因为重要的是，可以信服的东西就是可以作为合理的东西接受的。对于哈贝马斯而言，双面真理的存在也意味着，在解释真理概念上，我们既不可能单方面地采取自然主义的方式，也不能使用过于理想化的话语辩护方式。自然主义的方式只会使我们只关注于现有的或手头上的概念和理论，忽视理论的建构；而过于理想化的辩护方式则

---

① J. Habermas, *Truth and Justification*, p.253.

会使我们错误地把真理视为一个纯粹认知的或构造性的概念。

2. 双面真理的概念是反语境主义的，因为它让话语辩护始终受制于实在的辩护—先验的条件之下。取消了实在这个辩护—先验的条件的语境主义依赖的是经验或经验语用学（正因为它取消了实在的条件），而保留了实在的辩护—先验的条件的哈贝马斯的话语辩护理论依赖的是形式语用学。也正因为保留了实在的辩护—先验条件，也才需要形式语用学或才存在形式的语用实践。在形式语用学所假定的世界中，如果希望在交往中达成相互理解的话，或在实践交往中成就某事，话语者就必须能够从他们共享的生活世界的视域内指称一个客观世界的事物。无论是在有关事态的交流，还是以实践的方式谈论人和事物，主体也只有从形式语用学的前提出发才能指称某物。他们必须假定存在一个大家都可以讨论和指称的独立存在的客观世界，即假定一个可以加以判断的作为独立存在的事物的总体的世界。在生活世界中，不论使用何种语言或概念，认知指向的都是同一个客观世界。假定大家所谈论的是同一个对象世界的真理，就有可能超越不同的概念的理解模式而达于彼此的相互理解和认同。

哈贝马斯认为，当罗蒂认为，彻底地实行语言学转向就必须把语境主义作为一种结果加以接受，他在某些方面是对的：语境主义表明了一种只有当我们运用内在于语言实践中的理性时才会出现的问题；但罗蒂在这一点上又是错的：他把语境主义同样当作解决这一问题的途径。这样的理解是基于对哲学范式的一种成问题的理解之上的。①

与阿佩尔和图根哈特一样，罗蒂把哲学史分为三个连续的阶段或范式：形而上学、认识论和语言哲学。当然，在这里，语言哲学对意识哲学的替换不是他很情愿地加上去的（因为罗蒂认为在这种语言哲学的真理论中仍带有形而上学的企图）。罗蒂认为，只有采取脱离这些哲学

---

① J. Habermas, "Richard Rorty's Pragmatic Turn", in *On the Pragmatics of Communication*, p.352.

范式的理性批判的形式，哲学的语言的转向才能前后一致地发展下去。我们可以划分古代的、近代的和启蒙后的现代的语言转向的哲学范式，但不应认为，在它们之间存在连续的哲学问题。笛卡尔问题不应认为是亚里士多德的问题的延续，罗素等人的哲学问题也不能认为是洛克的问题的延续。罗蒂认为，哲学问题是非连续性的，各个哲学范式并不是同一个问题的不同解答的结果。这种非连续性的观点意味着，罗蒂并不认为哲学就是在寻找正确的答案（对他而言，这个世界也并没有一种客观的真理等待哲学去发现），相反，哲学只是一种谈话，不带任何真理性假定的谈话。

罗蒂因此只坚持一种消极或保守的实用主义的观点，他确信，在实践中不会有问题的观念，对哲学而言也就不会有问题，即有关它的真理性的问题就不存在。相信一个命题 p 就是相信关于它的辩护（justification）。根本没有必要区分真理与辩护，我们可以把它们视为同一件事。为一个命题提供辩护才是关键，没有必要参照一个普遍为真的真理概念。如果不可能有没有辩护而直接求助于真理的情形，那么真理便是一个多余的概念。因此，对于罗蒂而言，如果按这种范式转换的意义来理解，带有真理概念的认识论的问题已过时了。

哈贝马斯对罗蒂的这种极端的语境主义进行了批评。在他看来，在罗蒂这里，甚至真理紧缩论也仍然显得太强，因为它并未完全否定真理概念的独立意义，它仍然带有真理的认知的意味。对于罗蒂而言，如果实在是一个不可解释的概念，那么，除了辩护之外，真理的概念完全是多余的，因为辩护并不会导致得出真理的概念。在哈贝马斯看来，在反思性的话语的层面上，如果罗蒂承认，我们离不开一个客观世界的假设，即我们总是处于与实在的一种关系之中，赋予论断以确实性的经验语用学的授权就无效了，因为在这里，论辩将不再依赖于行动领域中的各种现存在的理由，而将完全依赖论辩本身。这就是说，这里实际上仍然需要一种真理概念。针对一个客观世界的种种经验的困难将不再是关注的中心，论辩的注意力将全部集中在有关世界的不同的解释之上。在这一反思的话语的层面，一个陈述或命题的真理性只有通过理由来确证，即通过可能的反驳，而不是实际的经验的方式来确证。当然，在这一层面的话语中，符合论的直觉或假设也不再具有必然的约束力，因为论辩将把可错论当作一种正确的直觉，即它认为，即使是最完美最理想化的证明也会出错——它不会因为基于一种实在论之上而免于犯错。寻找无条件的真的愿望将被放弃，现在，对无条件的真的探讨，已变为对知识（Wissen）和意见（Meinen）的区分的反思。我们总是会犯错的意识使我们走出符合论的实在论的幻觉：它总是使我们的观点当作是真的东西。既然寻找无条件的真是不可能的，这样的真也不存在的，对我们的所知作出区分就是唯一的选择。

按照这种观点，信念的主体性并不是通过直面对象世界，并与之相对照来检验的，而是通过与在交往共同体中获得公共一致性意见来检验的。主体的思考必须交给理性的商谈者。这样一来，达成相互理解的主体间性就取代了经验的客观性。语言—世界的关系成为了基于说话者和听者之间的交往之上的一种关系。表征某物的直接的世界关联，或关于某物的命题被置入交往中的参与者的相互合作的视域中。主体一般所习惯的生活世界的主体间性代替了主体所面对的一种世界的客观性。对于参与者而言，渴望客观性并不是渴望从他的共同体的有限中挣脱出来，而是渴望获得尽可能多的主体间性的同意。

因此，证明的评价与真理还是完全不同的两个概念，因为证明可能只是在非常有限的条件下做的，它也可能不为他人所同意。罗蒂求助于证明实际上已经求助于真理概念了，证明是真理概念的表现形式，这就是说，罗蒂无法通过证明的概念否定真理概念。但罗蒂的看法是，证明总是向某人作出证明，而真理则不只是对于某人为真的，即真理是一个普遍概念，它是为每一个人而为真的。他认为，证明不需要普遍的有效性，即使戴维森也没有普遍有效性的要求，而真理则必然有普遍的有效性的要求。罗蒂一方面试图用证明的概念来回避相对主义，但又不愿接受证明的有效性条件，因此他根本无法摆脱相对主义。这就是说，如果像罗蒂这样把证明与普遍的有效性要求分开，就不可避免地会走向相对主义，不管他对证明做了何种辩护。① 罗蒂相信真理是不可定义的，因此他所做的只是消解真理的概念，而不是去解决真理的概念。

正像我们看到的，尽管哈贝马斯并不认为行为领域中的非反思的真（各种现存的理由）是无意义的，但他仍保留了区分"被认为是真的"（现存的信念）和"是真的"（真正的知识）的要求。语用的认知实在论或内在实在论对真理的谨慎用法与取消真理是两个完全不同的概念。坚持有限的真理概念也是坚持一种可错论的前提，否则，我们将回到无需真理（行动中的知识即为真理）的概念实在论或融贯论的立场上去。哈贝马斯始终认为，没有任何一种信念是免于批评的。

因此，话语推论是依附于生活世界之上的，并不存在封闭的生活世界，这里仍然存在两种信念：行动中的信念和话语中的信念。但对于罗蒂而言，信念是通过话语者全部的生活和行为的含义来证明的，这种证明之外的"另一种信念"是不存在的。为了消解罗蒂的语境主义对推论的还原所带来的困难，而又不至于重新回到完全超越生活世界中的行动的信念的"无条件的信念"的证明上去，哈贝马斯把信念的真理分为两个部分，他承认，生活世界中的行动（它的整个经验的构成物）的真理性，但又强调它与推论的真理的关系，要求它必须具有一种"内在的超越"的特性。只有由真理概念的两副面孔，在与行动相关的语境和合理性推论中所扮演的不同的语用学的角色结合起来，才能解释为什么我们在语境中获得的辩护是支持辩护性的信念的独立于语境的真理的。哈贝马斯不愿像罗蒂那样满足于对可辩护的信念仅仅做一种经验语用学的解释，但也不认为经验语用学所描述的行动—信念的经验的世界是非实在的。相反，他强调的是两个方面的结合或相互干预：正如一方面真理的概念使行动的确实性转变为有问题的命题一样，另一方面明确拥有的真理则反过来把推论证明的断言置入一再确立的行动的确定性之中来

① Cf. M. Dummett, *Truth and the Past*, p.103.

解释。

生活世界和行动中的经验必然存在"被认为是真的"信念，但我们不能把这种信念完全等同于"是真的"信念，因为"被认为是真的"信念仍有它的客观性的问题。从实践的角度看，我们不得不无条件地依赖"被认为是真"的信念（如果不这么做，实践就无处开始）。从信念的客观性的角度看，这种"被认为是真"的信念又必须超出它的语境的自我证明，即它又要求一种超越语境的理想化的证明条件。在哈贝马斯看来，即使一个语境论者也会同意这样的区分：一方面，话语的参与者需要向其他对话者证明某种解释或信念的正确性；另一方面，话语的参与者又共享一个语言游戏的视角。罗蒂实际上也同意这样的区分，因为他也同意论点或信念需要解释，即也承认这里存在两种视角：共享的语言游戏的视角和理论辩护的视角。但罗蒂的极端的语境主义却使他认为，这两种视角始终是同一，它们不可能有对立，即不可能出现一种视角反对另一种视角的情形。因为在罗蒂看来，由于我们不能想象有脱离证明的语境的证明，因此，最终的观点仍然是特定语境之内的观点：各种不同的观点都综合为一种文化—民族中心的观点。因为对于罗蒂而言，除了语境内的根据特定的语言游戏的证明，没有一个客观实在的对象可以作为证明的依据；我们不应像柏拉图主义者那样相信存在一个客观的实在，它超越特定的语境并规定或制约着我们的真理性辩护。在罗蒂看来，对于我们而言，一种通过论辩获得的语境的知识是唯一的知识；整个哲学的使命就是在改变人们的实在论的动机、打消人们由于实在论的信念而产生的获得超出语境之外的知识幻觉。

3. 实际上，在罗蒂之前，库恩的范式革命已经从另一个角度带来了话语辩护的先验视角与语境主义的社会经验视角的对立。库恩采取了完全倒向语境主义的社会经验视角的方式，① 结果是，在他之后，极

---

① 库恩在其 1962 年出版的《科学革命的结构》一书中指出，尽管逻辑经验主义也看到了一些科学实用的问题，但它仍然过度关注科学证明，轻视科学发现过程。因此，逻辑经验主义提供的是一种片面的、脱离具体科学运作程序的证明模式。在

端的规则怀疑主义的方法（rule-skeptical approach）和人种学的方法（ethnographic approach）①占据了科学的真理论的领域。这两种方法尽管对维特根斯坦的哲学与库恩的科学理论的革命之间的内在关系的理解不同，但都相信这两种理论之间存在着密切的关系。人种学的方法是一种极端的经验社会学的视角，它不像库恩那样只在具体科学学科的社会学关系（科学共同体）中对科学理论的社会学作出解释，而是深入文化、政治和人类兴趣等更微观的社会学的层面，把科学理论的革命与文化、政治和人类生活信念的变革联系起来理解。该派理论相信，在科学理论变革的历史中，即使像霍布斯与波义耳关于科学方法的中立性之争也带有社会—政治的色彩，即也为党派和集团的利益所左右。规则怀疑主义对明确给定的科学方法的规则（法则、理论概念和方法等）一概予以否定，即一概否定科学理论的变革与具体存在的方法有任何因果的关系。对于规则怀疑主义而言，对科学实践有影响的东西不是形式的或逻辑的方法，而是来自于人类由生物—心理—社会的自然情结所表现出来的实践形式。科学理论的变革与这一自然情结的改变密切相关。对于规则怀疑主义而言，科学不是按照规则进行的，科学是自主的，但这种自主性

库恩看来，常规科学家显然并不是遵循一般的方法来形成自己的标准，而是根据实际的科学经验中的知识来解决科学问题。但逻辑经验主义（包括证伪主义）注重科学证明而忽略科学发现的过程。亨普尔和卡尔纳普花了大量精力探讨了由假设和证据、释义项和被释义项构成的科学方法论的内在证明形式。这种方法论严格区分了演绎和归纳的逻辑表示的理论的方法和通过习惯或经验语用学表示的经验的方法。但传统的归纳本身的方法论困难十分明显，比如，归纳法寻求证据的方法极大受制于证据的确立，但证据的有限性如何支持证明的确定性一直是个难题。这是亨普尔到卡尔纳普的方法论费尽心机所试图解决的难题。就他们寻求"确证的可信度"而言，逻辑经验主义的方法论完全是一种关注科学证明的理论。逻辑经验主义对归纳的关注完全是认识论的而不是经验的，它试图建构一种归纳的逻辑，以便用它来判定科学理论。这种归纳逻辑完全是一种内在的逻辑，即与实质的经验内容和特定的语境无关。

① W.Rehg, *Cogent Science in Context：The Science Wars*, *Argumentation Theory*, *and Habermas*, The MIT Press, Cambridge Massachusetts, 2009, p.50.

完全来自于科学本身。规则怀疑主义坚持一种严格的自然主义，它相信没有独立的科学的理性的方法（没有方法）。在这一点上，它的观点又与人种学的观点完全不同：后者的理论认为，规则怀疑主义的观点是误解了维特根斯坦的哲学的结果，因为它认为，维特根斯坦的哲学并没有走向自然主义，相反，维特根斯坦的哲学坚持的是一种社会—文化的观点，强调科学革命与特定的生活形式（规范）的关系。维特根斯坦的哲学并没有把科学自然主义化，而是赋予它以一种生活形式的特性，或者可以这么说，它把科学也视为一种生活形式，因此，对于维特根斯坦而言，科学亦有自身的规范。这意味着存在这样的可能性（这是规则怀疑主义所否定的），即我们可以通过科学的规范去理解科学。为此，人种学派提出了规则描述主义的观点：从科学本身的实践形式中去寻找科学的规范。

以上两种科学方法论都加深了库恩最初给出的逻辑与社会制度的观点的对立：逻辑的与社会的方法论视域之间的"鸿沟"变得更加不可逾越了。[①] 这样的方法论的对立也带来了这样一种消极的后果：逻辑的方法与社会的方法的支持者相互对立，各自都认为自己的观点是正确的，并因此都希望打倒对方的观点。这样就带来了一个过于武断的结果，似乎我们只能在两种方法论之间作出选择，根本不存在两种方法论之间的第三条道路。

为了顺应实用主义哲学的思潮，不仅库恩坚持把科学作为独立的生活形式来看待，图尔敏等人也都试图把论辩置于广泛的合理化的经验科学（法律、道德、科学、管理和艺术批评等等）的层面上，即把论辩的可能性奠定在对这些合理的科学本身的合理化辩护的过程上。在这一点上，图尔敏的观点与库恩把话语的可能性限制在具体科学的"范式"之内的观点是一致的。从某种意义上说，库恩和图尔敏的观点是对的；

---

① Cf. W.Rehg, *Cogent Science in Context*：*The Science Wars*, *Argumentation Theory*, *and Habermas*, The MIT Press, Cambridge Massachusetts, 2009, p.53.

只有对深化我们的科学理解有帮助，我们才能说，一种科学的论辩是合理的或有意义的，正如只有对整个司法程序实现其更高的目标有帮助，我们才能认为，一种法律的论辩是合理的或有意义的。对于任何其他合理化的领域而言也是如此。

尽管库恩和图尔敏对论辩与具体的合理化的科学以及整个人类事业的关系的考虑不无道理，它类似于黑格尔从整个人类精神科学的历史过程中去考察科学的合理性规则一样是有道理的，但这种考虑同样有致命的缺陷，因为它可能会用另一种"先验的"承诺来代替先验的承诺，即它可有可能会走向一种摆脱不了某种先验承诺的概念实在论：把经验中现存的合理化的理性法则实在化，把它们当作是无须再检验的、具有某种不变的恒定性法则性的东西。无疑，论辩与具体的合理化科学必然有某种关系，但这并不等于我们可以把真理性论辩同化为一种经验的科学的论辩。图尔敏赋予论辩逻辑的历史经验的特性太多，赋予论辩逻辑的独立的方法论的内容太少。他力图避免论辩逻辑带有不能令人满意的先验性或抽象的普遍性，因此他想从具体的科学中"提取"一种独立的论辩模式，从而反过来，又能用这种论辩的逻辑限制具体的合理化的科学论辩（图尔敏的论辩模式的本意）。但他的反先验论和反普遍主义的观点，又使他更多地倾向于通过科学概念的重建制定论辩逻辑的方法。

哈贝马斯尽管没有直接批评库恩的理论，但他通过对图尔敏论辩模式的批评，仍清楚地表明了他的立场。如果说库恩混淆了作为社会行为体系的实践的科学与作为理论辩护的科学，那么，图尔敏则没能把论辩的逻辑（它需要普遍化原理）的层面和经验的层面（历史和经验中的法则）区分开来。哈贝马斯认为，如果我们不能理解科学行动与科学理论（话语）的区别，或不能理解科学本身有赖于科学的理论的论辩这一点，我们就不知道什么是科学的有效性。就像在实际的法律诉讼中，司法的论辩的力量不能单独来理解，它的论辩的力量来自于法律的功能目的以及具体的判定情形，在科学的论辩中，科学论辩的力量也不是由它的论辩的结构或秩序决定的，只有把科学论辩置于它提出的问题的语境，我们才能对它的论辩的力量作出判定。有一点是肯定的，即必须把论辩看作是观点和理由的提出者和反对者之间为了寻找真正合理的答案而展开的话语辩护。这里的辩护规则是：论辩者必须首先抱有一种假设性的态度（非独断的），即论辩者不应完全相信或依赖具体的实践操作或经验中固有的理由，而是必须从对这种固有的理由的信念中解放出来。只有这样，在把成问题的有效性要求主题化的情况下，论辩才能真正按照程序来进行，否则，任何把成问题的有效性要求主题化的言语行为都不可能达到真正的真理性论辩的目的。

在人类社会实践的合理化过程中始终存在一种张力关系，因为我们在任何时候也没有把一种社会实践行为直接等同于无须辩护的合理性行为。任何一种合理化的社会实践或语言都有赖于一种逻辑，即论辩的理论。[①] 从合理的形式上看，它必须排除任何非认知的因素，比如，如何克服语义的被动性（遁入语义语境之中）和理解的非对称性（偏向某种理由）？但库恩的方法论本身带有某些非理性的（被动的）因素，比如，他曾用视觉上的格式塔转换（那个著名的"鸭子"的格式塔图形）来表明科学革命与逻辑无关。科学革命具有非理性和不可预测的特征，它只与习惯性的经验和科学信念的改变有关，科学革命绝非理性或规定主义的"方法"按计划一手操办的。库恩的错误在于他只是从适当的理性和社会心理学两个方面去解释科学的变化，但科学家是不会完全让信念或习惯约束他的（尽管他处于这种约束当中）。在一定的时候，科学家是会接受新的范式和理论的。虽然用形式的逻辑不能解释科学的变革，但这并不意味着科学是非理性的。

显然，哈贝马斯不同意把具体科学中的制度性的或功能性的推理论辩规则当作一种论辩的逻辑来看待。在他看来"所有的论辩，无论是与法律、道德、科学假设或艺术批评相关，都需要这种相互合作的真理

---

① 为此，哈贝马斯后来专门对克莱因（W. Klein）的价值中立的（即对论辩不做任何评价的）论辩理论做了批评。(Cf. J. Habermas, *Theorie des Kommunikativen Handelns*, Band 1, SS.50-56)

性探求的基本的组织形式，它从属于论理的手段，通过主体间的令人信服的力量建立更好的论辩"①。对于哈贝马斯而言，这里始终存在受制于经验语用学的具体语境的制度性的论断与形式语用学的普遍有效性论辩的区别，哈贝马斯与达米特和布兰顿一样不赞同简单地采用具有自然主义倾向的概念同化论（把概念与实践同化）。他同样认为，在人类的社会实践中，一方面是吸取环境信息和对外在世界的工具性的干预的非概念的活动（实践），另一方面是概念的使用和判断。在这两者之间固然有密切的关联，但它们两者的区分是明显的。这里始终存在着概念使用的分化，即始终存在概念的使用和判断独立于或超越现有的概念和工具性行动的情况。

哈贝马斯拒绝库恩基于社会实践本体论的科学观念，但并不反对库恩对逻辑经验主义的批评。他清楚地意识到，是库恩打开了通向探讨作为社会化过程的科学论辩的社会视角的大门：库恩的社会视角鼓励了人们建构有关科学知识的实质的（substantive）社会学。库恩的方法表明，科学的内容是深深地与科学共同体（具体的科学学科）内部的社会秩序交织在一起的。逻辑经验主义的科学方法论在本质上还是逻辑主义的，因为它首先关注的是科学的理性逻辑，其次才考虑与逻辑相关的科学理论的实用性的问题，因此，逻辑经验主义始终没有意识到这一点：处于具体的科学范式之外的科学家是不能对方法论提出令人信服的论辩的（因为我们从来都不能站在科学之外）。实际上，"处于科学之外或先于科学"的逻辑也不能对科学的变化作出正确的解释。如果科学是理性的，那么它也仅仅指科学家的理性、好的理由、共享的认知价值、精确性、一致性和解释性的见解等等。

但不同的是，在把一般的逻辑的语义词汇转化为语用学意义上的词汇时，哈贝马斯重构了逻辑的论辩形式：一般的逻辑词汇被置于辩论的（dialectic）逻辑形式中来处理，它不再是一种形式逻辑的建构。逻

---

① J. Habermas, *Theorie des Kommunikativen Handelns*, Band 1, S.62.

辑经验主义或分析哲学对逻辑词汇的处理仍然是形式逻辑的。也正因为用形式逻辑方式处理逻辑词汇，逻辑经验主义赋予了逻辑论辩形式以一种内在性，比如，它符合形式逻辑的同一性原则或等价原则的内在性。这样，逻辑经验主义对逻辑在科学方论的建构中的作用的理解就停留在了形式逻辑的水平上，逻辑的辩论的功能完全被忽略了。但逻辑辩论的形式是体现论辩的话语行动中的，它的论辩的有效性完全不能由形式逻辑的形式的有效性来衡量（它的有效性只能建立在辩论的逻辑的实质的有效性之上）。

由于把逻辑与辩论联系起来，哈贝马斯不再像方法论的规定主义那样把逻辑视为独立的，而是把逻辑当作是辩论的一种形式。哈贝马斯的论辩理论反对单一的逻辑的方法论，因为他反对这种方法论所默认或拥有的那种过于简单的实在论（这种实在论从根本上看都是经验主义的表象主义的产物）。对于哈贝马斯而言，哲学的语言学转向和实用主义变向之后，实在论的问题已经彻底改变了：实在论已经像达米特所认为的那样必须从其反实在论的视角才能获得恰当的解释。所谓的"反实在论视角"既可以说是达米特意义上的说话者的"隐含的知识"（"意向性"或一种命题态度）、布兰顿意义上的科学理论论辩的参与者的"道义态度"或哈贝马斯自己的"可信赖性"，它还可以是一种关于科学知识的实质的社会学的视角（比如，哈贝马斯早期理论建构的理解知识与人类兴趣的关系的视角）。

哈贝马斯语用的认知实在论的真理辩护理论试图给科学真理一种全面的解释，它希望合理地看待去先验化问题，从而把准先验的逻辑的视角与社会内在的经验的视角结合起来。库恩之后的人种学的观点不恰当地处理了去先验化的问题，它因此使两种方法论的视角完全丧失了任何联系：它的范式理论主要来自于一种社会的经验的视角，而这一视角是与逻辑的视角不能相容的。哈贝马斯基于交往行动理论之上的方法论并没有这样的倾向性，相反，他的论辩理论本身就带有涵盖不同视角的意图。哈贝马斯没有像库恩那样把自己暴露在方法论的二元对峙的分裂之中，从而让片面的规则怀疑主义（自然主义）和狭隘的人种学的方法大行其道，为了给衡量科学理论的适当性提供一个完整的评价模式，哈贝马斯批评了人种学方法的纯粹社会经验的视角的真理辩护模式，同时也拒绝了方法论规定主义的逻辑，他试图把逻辑转换为论辩，把方法论的社会学分析与准先验的逻辑辩护结合起来。由于哈贝马斯的论辩理论带有这些不同的视角，它的论辩理论最为全面、在方法论上最具包容性，它填补了"库恩的鸿沟"，即它避开了方法论规定主义不恰当的逻辑的视角，但并没有牺牲逻辑；它避开了人种学的社会经验的视角，但也没有使真理辩护与社会经验的视角失去联系。

（二）解释学与分析哲学的互补

弗雷格语言哲学带来的一个根本性的转变是回到对语言的描述性的功能、断言性话语的指称的语义学分析。后来的发展表明，弗雷格哲学引领了后来的整个分析哲学的走向，弗雷格以后的盎格鲁—撒克逊的分析哲学是表象主义的，它的经验主义的实在论承诺使它遁入了达米特所揭示的实在论的困境。但在德国，弗雷格之后的语言学转向走的完全是另一条道路。维特根斯坦和海德格尔的语言学转向的目的都在于寻找语言的去先验化的意义，而不是任何形式的实在论意义上的语言的"意义"，他们的方法不同，理论也不同，但殊途同归：二者都走向了含义优于事实的确定性的语言的世界揭露的理论。含义优于事实的确定性的语言理论把他们的理论引向了语境主义，后来的伽达默尔的语言的"前理解理论"所走的也是同一条道路。

实际上，语言学转向之后的德国解释学的语言理论一直具有忽视实在论的辩护—先验约束的特点，它的意义理论满足于不同文化的世界观的交流，即只关心不同意义的理解的观点的接近，但这种文化的贯通并不能解释对客观世界的事态的理解的一致性以及所产生的相关的争论。因此，它的语言理论始终停留在了含义的解释的范围内，语言的描述的功能以及对话语的指称和真理的可信性的条件的分析被忽略了。解释学语言理论虽然正确地提出了反工具主义语言理论的观点，但它的弱点还是很明显的。从其康德式的实用主义出发，哈贝马斯希望通过针对实在论的辩护—先验约束的形式语用学的建构，使解释学摆脱其忽视实在论的世界指称的语境主义。在他看来，这也是回到洪堡的语言的认知理论。他希望通过洪堡的康德批判，提出了一种语用学转向的康德主义的语言理论。他的这一提议表现在他的"解释学和分析哲学互补"的观点上。①

哈贝马斯一直认为，对解释学的自我批判式的发展，即把解释学的方法转换为先验语用学（阿佩尔的用语），或转换为形式语用学（哈贝马斯自己的用语）的发展，如果没有对分析哲学传统的指称理论和真值语义学的方法作出回应是不可能的。在他看来，阿佩尔的从解释学获得灵感的范围广泛的语用学忽略了与皮尔士相关的指号学，从而缺少的正是一种语言的理论，即一种分析哲学传统的意义理论，特别是当我们从分析哲学的角度来看待这一问题时，这一点就显得更加明显。② 但解

① 现代哲学的语言学转向既包括弗雷格—盎格鲁—美国传统的分析哲学，也包括洪堡的德国传统的解释学。哈贝马斯十分重视这两种传统的比较和融合的问题。哈贝马斯看到，保留那种可以对规范的命题作出解释，从而拥有指导我们认知和交往的实在论的视角，是分析哲学的一大优势，而解释学的优势是，它对语言的表达的功能作了深入的探讨，避免了各种自然主义因果论的片面性。哈贝马斯批评蒯因、戴维森等人的分析哲学的真理概念，也基本上是从这一看法出发的。在哈贝马斯看来，尽管分析哲学在理论上接受了后期维特根斯坦用的语言实用主义，但它仍然在许多方面没有全面地看待语言的认知功能。以蒯因和戴维森为代表的分析哲学带有过激的自然主义的倾向：它把语言的意义的交流或交往行动等同于可观察的行为，即等同于具体当下的行为实践，而不是把语言的意义或指称交流的行为，视为由某种理解的普遍规范引导的交往行为。从另一方面看，分析哲学发展到蒯因和戴维森阶段，也一直没有真正重视语言与思想的关系，它更多的是关注于语言与外部世界的融贯的关系。这样的理论必然不会顾及由说话者的意向性（思想）所显示的语言的表达的功能。但如果能把实在论的有关语言的指称功能的语义学解释，与有关语言实践的世界揭露的功能的语用解释结合起来，那么就能全面和深入地揭示我们的语言的实践和认知的本性。

② 因此，哈贝马斯要求对阿佩尔的先验语用学作出修正，即要求把阿佩尔混为一谈的社会世界和客观世界这两个概念区分开来。这或许是哈贝马斯一直回避使用先验的（Transzendentale）这个词的原因之一。哈贝马斯不接受阿佩尔的"先验语

释学与分析哲学的互补也必须清除分析哲学的工具主义的语言观，以及它经验主义的表象主义语义学：分析哲学用其实质的实在论抵消了任何实在论的两难，但它也因此遁入了达米特所揭示的实在论的困境。从这个角度看，解释学必须保留和发挥其固有的优势。解释学的德国传统的语言学哲学的优势是，它对语言的世界揭露或表达的功能作了深入的探讨，它由此形成的语言理论有助于纠正实质的实在论的工具主义的语言观，避免各种自然主义和因果论缺少语言的世界揭露或表达功能的片面性。而分析哲学的优点则是：它始终集中于对语言的描述性的功能的分析，它的断言性话语的指称的语义学分析指向的正是"同一个客观世界"。分析哲学抵制了漠视语言的描述和指谓功能，只关心语言的理解的功能（有关事物或世界的概念形成）的语言观念论，它保留了那种可以对规范的命题作出解释，从而拥有指导我们认知和交往实践的实在论的视角。因此，哈贝马斯认为，把分析哲学有关语言的指称功能的语义学解释，与有关语言的世界揭露的功能的解释结合起来，是应对实在论的两难的唯一的方法，这两种语言哲学的结合，实际上也正是我们的语言的认知的本性的真实表现。

1. 在语言学转向之后，语言分析的主流还是把陈述句及其描述的功能置于首要的位置上。从由弗雷格创建的真值语义学传统到罗素和维也纳学派，从蒯因到戴维森，全都认为，对陈述句以及对命题所进行的语言分析是不可缺少的。分析哲学仍坚持采用传统的认识方法，理论认识的问题仍被置于比实践更重要的位置上。因此在它的方法论中仍然是理论高于实践，描述高于交往。在这种情况下，对行为的语言学分析仍完全依赖对认识的过程的分析。

用学"这个概念，他愿意使用"形式语用学"或"普遍语用学"（早期论文中的用法）这样的概念。20 世纪 90 年代后，他的"先验—辩护"这样的概念，指的也仅仅是实在论的约束，即指皮尔士意义上的世界总体的概念（J.Habermas, *Truth and Justification*, pp.247-248；J. Habermas, *Wahrheit und Rechtfertigung：Philosophische Aufsätze*, SS.284-285）。

这也就是说，由罗素和卡尔纳普发起的经验主义的语言分析，仍一如继往地给语言转向打上了方法论的烙印，这一思想通过蒯因和戴维森而赢得了世界的有效性。由于戴维森仍迷恋一种真值语义学，他把话语参与者的理解的行为等同于一种观察者的理论解释的行为，并且最终对语言采取了一种唯名论的解释。这样，语言就失去了社会的事实性，即失去了洪堡用客观的精神概念所表达的那种东西。

分析哲学对句子与事态的语义分析，无疑突破了对人类表达活动中的自然语言的解释的原始性：分析哲学的逻辑分析的方式的明晰性或精确性，在一些方面也优于基于语言的实质的内容的释义的方法。但分析哲学遁入了实在论的幻觉，它也没有把表征与语用学的话语实践的视角结合起来，它对语用学的分析毫不关心。分析哲学既有它特殊的贡献（它描述了我们如何能够拥有一个客观的世界的概念），又存在很大的缺陷（它缺少语用学意义上的内在实在论的视角，它的实在论形式是与这种视角完全对立的）。因此，对分析哲学的世界指称的理论必须一分为二地来看。

分析哲学的实在论是它走向经验主义和自然主义的根本原因。布兰顿在批评分析哲学时指出，经验主义求助于现象学的词汇，使它必然不能再求助于目标词汇，即不能再求助那些关于事物实际上是怎样的规范性的理论词汇。一旦它同时求助于这两种不同性质的词汇，它必然无法解释两种之间的关系，如果它只是用逻辑的词汇来解释它们的话。而在基础词汇方面，自然主义求助于基本的物理的词汇，或更一般地求助于自然科学（包括具体的科学）的词汇，或径直求助于描述性的词汇，即使这些词汇与具体的科学理论并不是合法地相容。① 经验主义始终认为，只有现象的、第二性质的或观察的词汇具有真正的认识的意义，即与其他词汇相比，它们具有认识上的优先性。在分析哲学形态的经验主义中，这些被认为具有真正的认识的意义的词汇被当作认识论的语义内

---

① Cf. R. B. Brandom, *Between Saying and Doing：Towards an Analytic Pragmatism*, p.2ff.

容来研究，并否定了其他词汇是这种语义内容的构成物。而自然主义则把基本的物理的、某一特定科学的或类似的描述性的词汇，视为是在本体论上与其他词汇相比具有优先性的词汇。这样，对于认识，这两种思想就树立了认识论的、语义学的或本体论的标准。而凡是希望用基础性词汇来获得对象性的词汇，都必须符合这里的标准：要么以认识论或语义学的方式来进行，要么以本体论的方式来进行。这也等于说，我们只能通过经验主义和自然主义所钦定的基本词汇来形成对象性的词汇，亦即，若要表明任何事物是可知、可说或可想的，关于它们的实事，就必须在原则是可以通过这种基础性词汇来表达。按照这样的观点，这些基础性词汇就是一种普遍的词汇，由它们代表什么是可表达、可知的或实在的，什么是不可表达、不可知的和不实在的。经验主义和自然主义在这里无意中遁入了一种形而上学：赋予某种词汇以普遍的表达力量，从而把这些词汇等同于可知的实在世界的反映的形而上学。而这也正是一种一直在分析哲学的思想中占据着主要的位置的观点，从这个意义上说，只要分析哲学坚持和发展这样一种理论，它就是形而上学的，一种坏的形而上学。①

总之，分析哲学提出的是一种直接指称论的世界指称关系，它对语言的意义揭露与指称对象的理解是经验主义和自然主义的。这种对意义和指称的理解，因为坚持经验主义和自然主义的指称论而实际上否定了语言的推理表达的功能。尽管在这一传统中，普特南的内在实在论试图改变这种状况，但大部分的分析哲学的语言哲学是经验主义和自然主义的，因而都带有因果论或形而上学实在论的倾向。

但分析哲学的自我修正早已表现在塞拉斯、达米特、普特南、布兰顿和阿佩尔各自的不同立场和观点上。通过他们的"分析哲学自我批判"的方式，分析哲学固有的优势充分显示了出来，这是解释学所没有

---

① Cf. R. B. Brandom, *Between Saying and Doing: Towards an Analytic Pragmatism*, pp.219-220.

的一种优势。哈贝马斯特别提到了他们的理论对分析哲学的发展的贡献。他们的理论的共同的特点是把哲学的语言学转向当作一种思维范式的转换，而不只是丢弃什么或拒绝什么。达米特不像阿佩尔那样求助于洪堡，他是在维特根斯坦的背景下工作的。达米特的"反实在论"充分揭示了实在论的两难，因此他反对维特根斯坦的意义使用的理论，该理论使意义的真值条件成为多余，并否定了语言的认知的功能。就像本书在达米特部分中表明的，达米特提出了一种带有真理的有效性要求的"真值条件语义学"、一种不同于一般传统分析哲学所使用的经典的真值语义学。达米特的经典公式是：当一个话语表达了它的真值条件，就必须为人们所理解。当我们知道一个句子如何为真的理由，我们就理解了它，当我们知道了与它可能产生的行动相关的结果，我们就把它当作真理加以接受。因此，正确的命题性的表达，并不是因为它符合语言表达的规则或使用的规范而真，而是因为正确的使用语言而能获得合理和普遍的接受而真。这也意味着我们必须拥有语境观察的知识，因为对使句子为真的条件的认识是基于句子所表达的事实为什么能实现的认识的基础之上的。为此，达米特促使意义理论在一个话语的真值条件和相应的真理性要求的辩护之间建立一种内在的关联，而辩护性的实践以及论辩游戏，对于达米特而言具有一种特殊的意义和价值。阿佩尔的先验语用学也具有同样的目的，他用语用学的普遍性来解释不同语言的世界观的公度性，而寻求意义的普遍性也正是分析哲学的长项。实际上，在蒯因之后，分析哲学的指称交流理论（比如我们在布兰顿的理论中所看到的）是具有规范语用学的意义的（类似布兰顿的规范语用学），它是在放弃了实质的实在论的意义真值语义学之后，应对实在论的一种选择。由奥斯汀和塞尔发展的言语行为理论，在意义与有效性关系的联系上，也没有完全背离达米特的语义学主旨。

从构建真理论的角度看，分析哲学的一个根本教益是：要从客观世界和社会世界两个方面区分话语的生活世界（作为交往的内容的来源和每一个参与者的话语语境）的结构，而不能把这两个世界混为一谈，解释学的语言学转向的一个共同特点是，它选择是倒向社会世界，放弃客观世界及其先验约束。但作为每一个说话者的话语情境和交往内容的建构的源泉的生活世界，是区分为客观的形式设置的世界和社会世界两部分的。交往的参与者和行动者要么与他的语言相关，要么在与世界中的存在物相关的实践过程中自己面对这个世界。

鉴于分析哲学的优点，哈贝马斯认为，必须从两个方面来看待解释学传统的语言学观点：一方面，必须看到，它对语言的世界揭露的功能的挖掘和开拓具有重要的意义，它抵制了自亚里士多德以来的只注重语言的表征功能，忽视它的表达功能的工具主义的语言理论；但另一方面也必须指出，它在把语言具体化为世界揭露的工具时，也走向了从根本上放弃实在论，忽视语言的表征功能的狭隘的语言观念论，并由此导致了语境主义的语言概念的产生。

2. 解释学传统的语言学转向，抵制了自亚里士多德以来的工具主义的语言理论。从历史上看，从哈曼开始，解释学传统关心的就是语言的世界理解的功能，它不再从传统的亚里士多德的工具主义的语言观看待语言。哈曼在批评康德的纯粹理性批判时指出，语言固有的理解和世界揭露的功能完全被纯粹理性批判忽略了：康德因为忽视语言的世界显示的功能，只把语言的功能与对事物的直观性表征和判断（断言性的陈述或指谓）联系在一起，因此，康德把语言视为人类的感性经验把握对象事物的符号。对于康德而言，只要这里的感性经验是普遍的，语言所表示的对象的意义（它的符号性的赋值或语义）就是普遍可理解的或可交流的。康德的纯粹理性批判的结果恰恰消解了语言表达和理解世界的功能，因为康德的纯粹的理性正是独立于作为世界的表达和理解的语言的。在哈曼眼里，由于把语言当作世界的经验描述和有关这种经验的交往的工具，康德的语言观是不折不扣的亚里士多德式的工具主义的语言观。在哈曼看来，一种纯粹理性批判是做不到这一点的，即把描述和语言的指谓完全独立于所有现存的语言，这就像它不可能使纯粹理性完全独立于现有的经验和日常生活实践中的认知活动一样。经验使用中的语言是不能逃避的，就像现有的经验知识和存在的历史条件是理性不能逃避的一样。但康德的纯粹理性是以一种颠倒了的方式来理解理性与语言的关系的。康德没有看到或不承认这一点：如果语言具有形成事物的概念的功能，那么，纯粹理性就不可能是语言描述和指谓事物以及相关的意义交往的标准，相反，作为一种具有事物的概念形成功能的语言才是决定什么是理性的标准。因此，哈曼认为我们应首先接受语言早已为我们所揭示的世界。这就是说，我们不能远离现有的语言，寻求某种独立的语言描述和指谓对象的功能。①

　　哈曼以后，在赫德尔、海德格尔和伽达默尔的解释学中，我们都可以看到一种把语言的世界揭露和理解的功能置于语言的描述和指谓的功能之上的观点，这正是一种最初由哈曼明确指明的对真理的语言把握的特殊视角。由于认为语言在功能上并不是单一的描述和指谓的，语言在功能上具有表达的能力，解释学视语言与世界的关系为一种带有自身的理解的前结构的语义释义关系，否认语言与世界的关系是康德所描述的那种排除了任何语言的概念显示功能的纯粹指谓的关系。因此，后来的解释学一致认为，我们应把指称的语义内容的真，置于语言固有的意义的结构中来判定，只有意义才能决定指称。换言之，指称的真是特定的语言及其表达式的意义决定的，只有在语言的意义系统内，我们才能确定或理解一种指称是否指称了某个对象或与其他指称共同地指称了一个对象。纯粹理性的意识结构并不能帮助我们做这样的判定。——解释学不是借助"纯粹理性"，而是通过这里的意义决定指称的方式来解决意义的传达和交往的问题，它也因此避免了指称的主观性。

　　如果世界或对象的可理解性（指称）是语言本身才能指明或揭示的，那么，只有通过特定的语言及其表达式的意义，我们才能把握这个世界（所指称的对象）。正是语言赋予了世界以某种可理解的意义。在

---

① 关于哈曼对康德纯粹理性批判中的描述和指谓性的工具主义语言观的批判，参见 C. Lafont, *The Linguistic Turn in Hermeneutic Philosophy*，chapter1。

语言及其表达式的意义的世界之外，我们就不能指称世界，而且，缺少语言的固有的意义的语义结构，我们就不能共同地指称世界，就很有可能会出现任何一种指称都具有它特定的意义，但其指称却无法交流或无法确定其客观性的情形。哈曼之后，在狄尔泰的影响下，19世纪出现了与古典的自然科学不同的历史的精神科学。它们的区别是，传统的本文解释的艺术让位给了意义理解的方法，客观主义的解释经验并不是它的目的，它的目的是意义的理解，即对由符号的表达、文化传统（实践）和社会制度显示的意义作出理解。总之，哈曼以后的解释学都意识到，语言符号与其他符号不同的地方是，它以不同的方式来指称同一个事物。语言不仅可以指派对象而且可以对它们作出分类。比如，把不同的对象归于同一项目中和把相同的对象归于不同的项目中，它因此具有世界揭露的功能，即它使我们对世界有个一般的解释。这是语言的一种重要的功能，如果没有这种功能，不管何种语言学转向都是不可能的。意义决定指称从语义上看似乎是有害的（不是严格的有效的），对语言学而言，这似乎是一个负担：一个不同的语言表达和不同的意义决定了对其指称的理解的"负担"。但语言学转向似乎需要的正是这种负担，因为如果语言哲学不是仅仅发挥语义分析的功能，而是要解决哲学的问题的话，它就需要有这种负担。

但意义决定指称的语言学转向的观点在20世纪70年代的盎格鲁—美国的传统中遭到了质疑。一个一致的看法是：这个观点的有害之处是带来了多元性的文化相对性的理论；不同语言中的世界的客观知识和主体间的共同理解并不可能存在。但对于这两种语言学转向的发展，这一观点并没有起到决定性的作用。以洪堡为代表的德国语言哲学仍然对通过特定的历史过程发展起来的自然语言感兴趣。因此，意义决定指称的观点在自然语言研究中的有害后果并未明显地出现在形式语言的研究之中（只有在后分析的阶段，才有这样"有害的"影响）。

在解释学阵营，由于海德格尔的解释学的意义理论带有鲜明的存在论的特点，因此看起来它可以超越文化多元论和相对主义。但引人注目的是，这种方法论的转型，在海德格尔那里走向了一种极端形式：它完全转向了人类存在的基础问题，历史的精神科学开创的有关人的世界以及人对世界的理解的问题则完全被放弃了。海德格尔对自我存在的理解的结构做了仔细的分析，因为对他而言，任何一种对世界的理解，同时就是对其自身存在的理解。在这种理论建构中，海德格尔把胡塞尔的先验现象学的基本思想加以利用，然而他又用解释学的本文诠释的模式来替代现象学的感知性描述的方式。原先出自于对对象的观察，已完全为表达的意义和与人的理解的生活相关的解释所替代。海德格尔利用了现象学描述的这一区分，把人置于与它们熟知的环境中的事物和事件联系在一起的实践的过程中来揭示。他寻求反映了日常事件、计划、期待和世界的把握的理解过程中的话语表达，在这一理解的视域中把某物当作某物来理解。正是这一"理解的前结构"的现象学把海德格尔带回洪堡的先验的语言理论。

简言之，海德格尔所要作出区分的正是两种不同的言语行为：他试图把陈述性的言语行为与解释性的（hermeneutische）行为区分开来。对他而言，我们对世界的描述不只是指谓性的（prädikativen），即陈述性的，相反，它是某种"呈示性的东西"（Offenbarung），即事件、对象、体验和没体验的对象；遇上的、发现的和建构的对象；象征的、主动和被动的对象和事件等等。海德格尔的策略是，根据对象的存在的根源，把所有陈述性的言语行为都置于呈示性的或解释性的行为之下，这样就否定了任何陈述性的言语行为的独立的意义。我们由此可以对特定事物的特定性质加以判定。通过这种言语活动，我们就能获得一个语言所展示的世界，即一个隐含的早已存在的世界。换言之，通过存在方式的先验性，语言就能对什么实体或事物的何种性质早已存在的问题作出回答。

哈贝马斯并不认为海德格尔的存在论毫无意义，相反，他认为，海德格尔的语用学是有意义的，它抵制了康德的认知主义的语义学抽象，因为它特别强调真理与使用着语言的存在者之间的关系。海德格尔说得没错，真理并不能脱离存在者使用的语言的特定的世界揭露的视角（它所展示的世界存在的事实）；真理也不是我们从现象世界"看到的"或描述的"真实的"事物。海德格尔在这一点上也是对的，即所有关于对象的指谓的陈述，以及相关的谓语陈述句的真理都是有其来源的现象（不是当下观察到的现象），它们作为一种可能的真理是基于语言的"真理的发生"（Wahrheitsgeschehen）之上的。哈贝马斯不能接受的是海德格尔的极端的存在历史的观念论的立场。在他看来，正是这一立场使海德格尔固执地认为，认知主义的真理论毫无存在的依据，也毫无必要，因为原本就不存在具有普遍意义的真理。的确，从海德格尔的极端的存在历史的观念论来看，一种随着世界的揭露模式的改变而改变的"本体论"的真理，是不会以一种单一的不可分割的真理的面目出现，相反，有关对象的"揭露的"确定性形式是一种有关先验的事实的语言的世界揭露，因为其自身既不是错的也不是对的，而只是"发生"（geschieht）。① 在哈贝马斯看来，与海德格尔不同，伽达默尔并没有把语义学直接用于世界揭露的功能上，而是在作者和解释者之间采取了一种语用学的理解方式，但他最终还是把相互理解置于过去的、由传统的文化认定的观念之中：伽达默尔与像海德格尔一道完成了解释学的本体论转向，他同样把解释学的目的旨在相互理解的语用学，整个地置于存在的本体论的视域之中。

后期维特根斯坦哲学也向解释学回归了：它以一种神秘的方式得出了与海德格尔同样的结论。维特根斯坦的革命性的理论的意义不止于对语言的去先验化，通过对事实的语言使用方式的描述性的把握，他走出

---

① 由于哲学的解释学错误认识了语言特有的认知的功能和话语固有的命题结构，海德格尔排除了语言和世界知识相互作用的结果。因为他把语言的世界建构的语义学完全置于相互理解的语用学之上，他从根本上忽略了语言的先验意义与内在世界的学习的结果之间的相互作用的可能性。（Cf. J.Habermas, *Truth and Justification*, pp.67-68）在哈贝马斯看来，与洪堡仍强调语言的认知和跨语言交往的功能的语言观相反，海德格尔完全把话语参与的活动的功能局限在特定的语言的世界揭露（特定存在的意义的呈现）之上。这样，说话者是囚禁在他特有的语言之中的。

了语言的认知主义的框框。维特根斯坦取消了有效性要求与社会的有效性的区别，他把世界建构的自主性建立在历史的语言游戏的多样性和生活形式之上；他像海德格尔一样，把真理的和错误的话语的判定，置于无所谓真理与错误的世界的理解的背景之中。

这种类型的意义决定指称的理论同样否定了语言的直接指称的功能。这样一来，不同的语言对事物的理解的差异的问题也就同样得不到回答。否定了语言的直接指称的功能，语言就不再具有真正意义上的 de re 的指称特性。由于把本体性（ontologischen）之物从实体性（ontischen）之物中剥离，并用前者取代后者，原本作为经验世界的一般特征的存在（Sein）和存在之物（Seiendem）的区分消失了。一旦本体性之物被赋予一种先验的历史性，实体性之物完全被取代，de re 的直接指称形式也就失去了其原本的意义，它将被 de dicto 的表述形述（"为我的"、由我的叙述展露的东西）所替代。当我们只把语言与 de dicto 的表述功能联系起来，真正意义上的客观性也就丧失了：意义的客观性只能理解为是特定语言的表达的"客观性"。[①] 但对于有能力说"是"和"不"的主体而言，他们接受意义的客观性是不可能由他们所存在于其中的语言决定的。

3. 在哈贝马斯之前，阿佩尔就已经指出，只有借助于德国传统的语言哲学，才有可能帮助我们避免没有相关的语言的世界揭露功能的语言哲学的片面性。德国传统的语言哲学的特点是，它对语言的世界揭露的功能做了深入的探讨，它与各种自然主义和因果论完全不同。因此，真正富有挑战性的工作是，"保留那种可以对规范的命题作出解释，从而指导我们认知和交往的实践的实在论的视角，与此同时，又把它融入也能对这些活动的解释和创造性的特征作出说明的一般的语用学的策略

---

① 布兰顿要求在 de dicto 和 de re 的表达之间实现一种推理的相互转化，就是试图避免混淆世界和内在世界、意义和指称（或他所说的，避免混淆"认为是真的"和"是真的"），以便通过它们之间的推论的关系确立意义的客观性。

中。"① 这就是说，把实在论的有关语言的指称功能的语义学解释，与语用主义的有关语言实践的世界揭露的功能的解释结合起来，而不只是单方面地发展语言的一种功能。哈贝马斯后来发展的整个交往行动理论的优势是，它可以作为对这一系统的挑战的一个理论的依托，这就是说，他的理论可以在整个德国哲学的传统中完整地接受这种挑战。

按照哈贝马斯的看法，洪堡区分了语言的三种功能：认知的功能（构建思想和对事物的描述）、表达的功能（情感的表达和形成某种感受），以及交往的功能（共同拥有某物，提出异议和达成理解的相互一致）。相对于这三种功能，洪堡又把语言划分为三种层面：第一，语言的世界建构的层面；第二，语言的话语和理解的语用学结构的层面；第三，事态的主题化的表征的作用的层面。但洪堡之后，解释学和分析哲学只注重了这三个层面的一个方面：解释学只关注这里的语言的第一个方面的功能：解释学一直停留在对语言的表达和交往的功能的关注上，而语言的世界揭露（阐发）的功能被当作了语言唯一的认知功能；② 而传统分析哲学则只关注第三个方面的功能。二者都以各自的方式把语义学视为高于语用学。从分析哲学这边看，就像海德格尔对洪堡的形式语用学毫无兴趣一样，弗雷格也对形式语用学没兴趣。海德格尔只关心语言的世界揭露的功能，对语言的描述功能不感兴趣，这代表了解释学与分析哲学的一个根本的差异。在方法上，弗雷格只关心句子与事态的语义分析，海德格尔则只关心对世界的整个表达活动中的自然语言的解释。两者使用的是不同的方法：一个使用的是逻辑分析的方法；另一个使用的是实质的关注于内容的语言科学的方法。

解释学对语言采取彻底的本体论的解释与分析哲学相信语言对世界具有真实的表征功能的理解形成了鲜明的对照。但像蒯因、戴维森这

---

① C.Lafont, *The Linguistic Turn in Hermeneutic Philosophy*, p.xvi.

② 洪堡之后，解释学的缺陷正是对语言的表征功能（指称的真理的可信性条件）的忽视，这实际上也一直是解释学的最薄弱的环节。(Cf. J.Habermas, *Truth and Justification*, p.61)

样的接受了实用主义思想的分析哲学家，都没能像他们自己所认为的那样真正走出经验主义的思维范式。也正是因为这个原因，他们的思想都做了某种实在论的承诺：要么把语言理解范式的相对性，视为理解实在世界的不可缺少的条件，要么认为通过某种语义外在性的承诺，语言本身的客观性才有保障。分析哲学都把一个独立的指称性的对象世界与语言联系了起来，从而在其意义理论上显示了某种说服力（这与解释学传统直接求助意义的前理解不同），但分析哲学却从根本上忽略了语言与思想（人的原初的意向性）的关系、语言与具体的科学经验以及行动和话语辩护的关系。

为了避免类似的错误，哈贝马斯一方面批评了忽视语言的表征功能（描述和指谓）的解释学，另一方面批评了忽视语言的表达功能的传统分析哲学。他认为，在面对语言与世界的关系的实在论问题时，我们仍然应该从语言的不同的功能上去理解。语言与世界的关系只有完整地再现了语言表征、表达和交往的三种功能才能得到正确的解释。他把这种语言功能的分类解释，视为完整或准确地运用真理概念的参照。在他看来，只有同时分析语言的表征的认知功能（认知和对事物的描述）、表达的功能（原初意向性的表达和形成某种感受）和交往的语用的功能（共同拥有某物，提出异议和达成理解的相互一致），一种真理理论才能建立起来。

根据语言的三种功能来建立真理理论，意味着必须把解释学的真理理论与分析哲学的真理理论结合起来。分析哲学的真值条件论突出了语言的表征的功能，但这一点是远远不够的，一旦语义学的描述与语用学意义上的话语辩护脱节，即不能与说话者或断言者的概念表达或判断（原初的意向性活动）联系在一起，有关表征的语义分析就不能对语言的认知的本性作出说明。分析哲学有关真理的真值条件论明显有这种缺陷：它的语言分析在根本上是独立于语用学意义上的话语辩护的。哈贝马斯承认，在探讨客观有效性的真理方面，相比于解释学，分析哲学有它的优势，因为它重视指称的理论，但分析哲学方法论上的语义学逻辑主义，对于语言的认知的分析是不恰当的，它基于形式语义学分析之上的真值条件论是不正确的。形式语义学分析对语言的表征功能的理解的错误是：它赋予了表征以独立的语义意义，并因此认为表征性的语义意义可以直接决定一个句子或陈述的意义。

　　哈贝马斯重视指称的理论，但不接受分析哲学的形式语义学分析的指称理论。哈贝马斯不满的是，尽管分析哲学在真理理论上接受了后期维特根斯坦用的语言实用主义，在许多方面并没有全面地看待语言的认知的功能。今天的分析哲学的真理理论还带有极端的自然主义的倾向：它把意义的交流或交往行动等同于可观察的行为（蒯因），或等同于具体当下的行为实践（戴维森），而不是把语言的意义或指称交流的行为，视为由普遍规范引导的交往行为。从另一方面看，今天的分析哲学也一直没有真正重视语言与思想（概念表达、判断或原初的意向性表达）的关系，它更多的是关注于语言与社会或外部世界的直接的指称关系（它的整体论或融贯论也是为了解释这种关系而提出的）。这样的真理理论必然不会顾及由说话者的意向性（思想）所显示的语言的表达的功能。①

　　但在另一方面，哈贝马斯也认为，非常有必要澄清这样一种误解，即认为一种语用主义的话语辩护的真理论可以是或本身就是一种纯粹构造性的真理论，它只涉及"被认为是真的"，而不必讨论"是真的"。或者说，一种有关真理的舆论的一致性理论，将迫使我们把话语辩护中普遍被接受的陈述当作真理加以接受，而不必从根本上考虑指称的理论。如果这样理解话语辩护的真理论的话，作为一种客观有效性的真理的证明方式就与规范的（道德的）有效性的真理的证明方式无异了（哈贝马斯正是以没有清楚地区分这两类真理为由批评了阿佩尔的真理论）。

　　20世纪90年代以后，哈贝马斯更为系统地阐明了这里的问题。他

①　达米特反对戴维森的"适度的"意义理论而提出的"无条件的"意义理论、布兰顿反对分析哲学的语义学逻辑主义而提出的逻辑表达主义，都是与哈贝马斯的观点相同的、试图修正分析哲学的真理理论的片面性的理论。

明确地指出：客观的有效性真理不同于规范的有效性真理的地方正在于，它是与一个独立于语言共同体的世界相关的。因此，探究这一真理仅仅从带有语言交往视角的话语辩护出发是不够的，它还必须有相关的指称理论作为补充。这里的要求意味着我们不能没有一种系统的意义理论。如果语言的交往、表达和表征的功能是同样重要的，那么，偏向任何一方都会失去对语言的认知的本质特征的认识。因此，一种真理性的言语行为理论（规范语用学）就必须具有以下三个部分：a. 说话者表征某种事态，b. 与听者建立一种主体间性的交流关系，c. 明确地表达自己的话语的原始意向性。在这种言语行为模式中，语言表征的行为是通过它处于其中的整个言语行为体现出来的。

由于对语言的交往、表达和表征的功能的重视，哈贝马斯特别看重删因之后的分析哲学的第三种思潮。这一思潮由奥斯汀、达米特、普特南、布兰顿和塞尔发展的言语行为理论的各自不同立场组成。他们的共同的特点是把哲学的语言学转向当作一种思维范式的转换。达米特的意义理论打破了分析哲学和解释学之间的隔阂。在他的意义理论中，他重构了后期维特根斯坦的意义使用的理论：他把维特根斯坦的意义使用的理论置于意义理解的真值条件中来理解，并因此提出了一种不同于一般真值语义学的带有真理的有效性要求的语义学。这一理论在某些方面与传统的解释学是互通的。比如，它的意义成真的条件认为，当一个话语建立了它的真值条件，它就必须保证，它所建立的真值条件是可以理解的，即什么是使一个真值为真的条件是可以理解的。根据这一要求，对语境的观察所获得的知识（语言所显示的习惯性用法的意义、通常意义上人们认为是真的）就还不足以构成意义的成真条件，因为从本质上说，对使句子成真的条件的理解或认识是基于句子所表达的事实为什么能实现的认识的基础之上的。因此，在真值条件和相应的辩护或解释之间就有一种内在的关联，辩护性的话语或论辩游戏，就有了一种特殊的意义和价值。任何一种语言游戏都是认知的，它因此都有其形式语用学的要求：它要求话语的参与者给出理由（针对自己的言论）和要求理由（针对他人的言论），对于达米特而言，这样的形式语用学是意义理论的重要的基础，它确保意义理论不会停留在对完全是描述性的语言现象的处理上。

在达米特的意义理论的基础上，由奥斯汀和塞尔发展的言语行为理论，适合于在交往行动的理论的范围内做进一步的发展。现在，可以确定的是，一种言语行为的理论必须在意义与有效性之间建立一种关系。根据达米特的语义学的主旨：当我们知道一个句子如何为真的理由，我们就理解了它，当我们知道了与它可能产生的行动相关的结果，我们就把它当作真理加以接受。这是一种意义的批判性的立场：通过听者对说话者提出话语的意义的有效性要求以便确定一种言语行为是否有意义，即是否作出了真实有效的断言。当听者不仅认识到一句话基于一种理由上的方式，而且对话语的有效性与行动相关的结果有所认识，他（她）也就理解了这句话。一个表达句的意义与它的理性上的可接受性条件之间的内在的关系，是由理解和相互理解的语用学概念产生的，它通过"是"与"不是"的认定方式，把言语行为的以言行事置于批评性的有效性要求中来衡量。

从解释学这一方面看，解释学也不能忽略意义的成真条件或意义的有效性的问题。阿佩尔后来对解释学的重建表明，缺少对与理解的有效性相关的方法论问题的考虑，解释学对可能的理解的条件就不可能作出清楚的解释。当时代变化的事实压迫固有的真理的规范概念，有效性反思就必须在所有的理解中加以修正。阿佩尔用语用学的普遍性来解释不同语言世界观之间的关联，他因此指明了这一事实：前理解的可能性暗示着，"活着的"话语的语义学内容，可以通过意义的理解加以重建。但阿佩尔的新解释学亦有它的缺点：它从解释学获得灵感的范围广泛的语用学，忽略了与皮尔士相关的指号学，从而缺少的正是一种语言的理论，即一种与指称相关的意义理论，特别是当我们从分析哲学的角度来看待这一问题时，这一点就显得更加明显。① 这意味着，阿佩尔

---

① Cf. J. Habermas, *Truth and Justification*, p.76.

的形式语用学需要作出修正，它必须更好地区分社会和客观世界这两个不同的方面。为了把有关客观世界的存在物的描述性的叙述和对社会世界的义务的规范性的叙述区分开来，就要从客观世界和社会世界两个方面区分话语的生活世界的结构。这就是说，作为每一个说话者的话语情境和交往内容的建构的源泉的生活世界，必须区分为客观的形式设置的世界和社会世界两部分。交往的参与者和行动者要么面对一个由社会生活形式构成的生活世界，要么面对一个作为客观的自然而存在的形式的世界。①

_____

① Cf. J. Habermas, *Truth and Justification*, p.77.

主要参考文献

Barry, M. Taylor editor, *Michael Dummett: Contribution to Philosophy*, Martinus Nijhoff Publishers, Dordrecht, 1987.

Bernstein, R. J. *The Pragmatic Turn*, Cambridge, Polity Press, 2010.

Brandom, R. B. *Between Saying and Doing: Towards an Analytic Pragmatism*, Oxford New York, Oxford University Press, 2008.

Brandom, R. B. *Making It Explicit: Reasoning, Representing, and Discursive Commitment*, Harvard University Press, 1994.

Brandom, R. B. *Articulating Reasons: An Introduction to Inferentialism*, Harvard University Press, 2000.

Brandom, R. B. "Reply to Michael Dimmitt's 'Should Semantics be Deflated?'", in *Reading Brandom*, Edited by Bernhard Weiss and Jeremy Wanderer, Routledge, 2010.

Brandom, R. B. "Reply to John McDowell's 'Brandom on Observation'", in *Reading Brandom*, Edited by Bernhard Weiss and Jeremy Wanderer, London and New York, Routledge, 2010.

Brandom, R. B. "Fact, Norms, and Normative Facts: A Reply to Habermas", in *European Journal of Philosophy*, 8: 3, 2000.

Brandom, R. B. *Tales of the Mighty Dead: Historical Essays in the Metaphysics of Intentionality*, Harvard University, 2002.

Coffa, J, A. *The Semantic Tradition from Kant to Carnap to the Vienna Station*, Cambridge University Press, 1991.

Davidson, D. *Inquires into Truth and Interpretation*, Clarendon Press Oxford, 1985.

Davidson, D. *Truth and Predication*, The Belknap Press of Harvard University Press, 2005.

Dummett, M. *The Seas of Language*, Oxford, 1993.

Dummett, M. *FREGE: Philosophy of Language*, Harvard University Press, 1981.

Dummett, M. *The Logical Basis of Metaphysics*, Harvard University Press, 1991.

Dummett, M. *Origins of Analytical Philosophy*, Harvard University Press: Cambridge, Massachusetts, 1993.

Dummett, M. *Truth and Other Enigmas*, Harvard University Press, 1978.

Dummett, M. *The Interpretation of FREGE'S Philosophy*, Harvard University Press, 1981.

Dummett, M. *Truth and the Past*, Columbia University Press, 2004.

Dummett, M. "Reply to John McDowell", in Barry M. Taylor editor, *Michael Dummett: Contributions to Philosophy*, Martinus Nijhoff Publishers, Dordrecht, 1987.

Frege, G. "On Sense and Reference", in *Modern Philosophy of Language*, edited by Maria Baghrarman, University College Dublin, 1999.

Frege, G. *Die Grundlagen der Arithmetik*, 1884, English translation, *Foundations of Arithmetic*, by J. L. Austin, Northwestern University Press, 1959.

Habermas, J. *Vorstudien und Ergänzungen zur Theorie des Kommunkativen Handelns*, Frankfurt am Main: Suhrkamp Verlag, 1989.

Habermas, J. *On the Pragmatics of Communication*, edited by Maeve Cooke, The MIT Press, 1998.

Habermas, J. *Wahrheit und Rechtfertigung: Philosophische Aufsätze*, Frankfurt am Main, Suhrkamp Verlag, 1999.

Habermas, J. *Truth and Justification*, edited and translation by Barbara Fultner, Cambridge, Massachusetts, The MIT Press, 2005.

Habermas, J. *Theorie des Kommunikativen Handelns*, Suhrkamp, 1995.

Habermas, J. *On the Pragmatics of Social Interaction—Preliminary Studies in the Theory of Communicative Action*, Polity Press, 2003.

Habermas, J. "From Kant to Hegel: On Robert Brandom's Pragmatic Philosophy of Language", in *European Journal of Philosophy*, 8: 3, 2000.

Habermas, J. *POSTSCRIPT*, in *Habermas and Pragmatism*, ed., Mitchell Aboulafia, Myra Bookman, Catherine Kemp, Routledge, 2002.

Hermes, H. Kambartel, F.and Kaulbach, F. eds. *Gottlob Frege: Posthumous Writing*, University of Chicago Press, 1979.

Kant, I. *Critique of Reason*, Translated by N. Kemp Smith, Macmillan and Co, Limited, 1929.

Lafont, C. *The Linguistic Turn in Hermeneutics Philosophy*, The MIT Press, 1999.

McDowell, J. "In Defence of Modesty", in Barry M. Taylor editor, *Michael Dummett: Contributions to Philosophy*, Martinus Nijhoff Publishers, Dordrecht, 1987.

McDowell, J. *Mind and World*, Cambridge, Mass, Harvard university press, 1994.

Miller, A. *Philosophy of Language*, London and New York: Routledge,

2007.

Putnam, H. *Reason, Truth and History*, Cambridge University Press, 1981.

Putnam, H. *Realism and Reason*, Cambridge University Press. 1983.

Putnam, H. "Explanation and Reference", in *Mind, Language, and Reality: Philosophical Paper*, vol. 2, Cambridge University Press, 1975.

Putnam, H. "The meaning of 'meaning'", in *Mind, Language, and Reality: Philosophical Paper*, vol. 2, Cambridge University Press.

Russell, B. *An Inquiry into Meaning and Truth*, George Allen and Unwin Ltd, 1956.

Quine, W. V. *Ontological Relativity and Other Essays*, New York: Columbia University Press, 1969.

Ralph Walker, C. S. "Theories of truth", in *A Companion to the Philosophy of Language*, Edited by Bob Hale and Crispin Wright, Blackwell Publishers Ltd., 1998.

Rehg, W. *Cogent Science in Context: The Science Wars, Argumentation Theory, and Habermas*, The MIT Press, Cambridge Massachusetts, 2009.

Redding, P. *Analytic Philosophy and the Return of Hegelian Thought*, Cambridge, 2007.

Rorty, R. "Pragmatism, Davidson and Truth", in *Truth and Interpretation: Perspectives on the Philosophy of Donald Davidson*, edited by Ernest LePore. Oxford, UK; New York, NY, USA, Blackwell, 1986.

Rorty, R. *Philosophy and the Mirror of Nature*, Princeton University Press, 1979.

Rössler, B. "Die Theorie des Verstehens", in *Sprachanalyse und Hermeneutik: Untersuchungen am Beispiel M. Dummetts und F. D. E. Schleiermachers*, Duncker & Humblot–Berlin, 1990.

Sandbothe, M. "The Pragmatic Twist of the Linguistic Turn", in

The Pragmatic Turn in Philosophy: *Contemporary Engagements between Analytic and Continental Thought*, edited by William Egginton and Mike Sandbothe, State University of New York Press, 2004.

Sellars, W. *Empiricism and the Philosophy of Mind*, second printing, Cambridge, Mass and London: Harvard University Press, 1997.

Somes, S. *Philosophical Analysis in the Twentieth Century*, *Volume 2*: *The Age of Meaning*, Princeton University Press, 2003.

Witigenstein, L. *Tractatuslogicao-Philosophicus*, Kegan Paul, London, 1922.

Witigenstein, L. *Philosophical Investigation*, Oxford, Basil Blackwell, 1958.

索　引

后　记

　　2008 年下半年我产生了撰写本书的念头，而且从一开始我就把研究一种哲学的思想运动定为我的研究目的，而没有打算单独地考察某位哲学家。

　　自进入现代哲学的发展阶段以后，哲学研究无疑在方法上日益多样化了，其中，哲学的研究也可以是哲学自身的历史的研究，或某个哲学问题与问题史的考察相结合的研究。我对三位哲学家的研究虽然并非严格的带有哲学自身的概念发展史的研究，但也可以说，它属于这类研究，或（至少对我而言）是这类研究的一种尝试。解释学意义上的哲学思想史研究要求解释者看出原著作所没有看出的理论和思想的宏旨，甚至是对自身的理论的误解，但这并不是我对本书提出的要求。事实求是地说，至少就目前而言，这也不是一般问题史的哲学研究必须采用的方式。

　　不管怎么说，理解或正确理解一种思想运动的最好方式，就是努力尝试在解释中使用不同的概念框架。我做了类似的努力，但我无法保证我所使用的概念框架一定是正确的或恰当的。感谢责任编辑李之美女士的耐心和理解，以及在涉及本书出版的诸多细节方面所给予的帮助。

刘　钢

2015 年 6 月 22 日于广州